中南大学"双一流"建设文科战略先导专项经费资助

国家社科基金项目《知识产权行政与司法保护绩效研究》
（09CFX033）研究成果

法治湖南建设与区域社会治理协同创新中心研究成果

中南大学哲学社会科学学术专著文库

知识产权行政与司法保护绩效研究

何炼红 / 著

中国社会科学出版社

图书在版编目（CIP）数据

知识产权行政与司法保护绩效研究/何炼红著.—北京：
中国社会科学出版社，2018.5
（中南大学哲学社会科学学术专著文库）
ISBN 978 - 7 - 5203 - 2440 - 3

Ⅰ.①知…　Ⅱ.①何…　Ⅲ.①知识产权保护—研究—
中国　Ⅳ.①D923.404

中国版本图书馆 CIP 数据核字（2018）第 085899 号

出 版 人	赵剑英	
责任编辑	郭晓鸿	
特约编辑	席建海	
责任校对	李　莉	
责任印制	戴　宽	

出　　版	中国社会科学出版社	
社　　址	北京鼓楼西大街甲 158 号	
邮　　编	100720	
网　　址	http://www.csspw.cn	
发 行 部	010 - 84083685	
门 市 部	010 - 84029450	
经　　销	新华书店及其他书店	

印　　刷	北京明恒达印务有限公司	
装　　订	廊坊市广阳区广增装订厂	
版　　次	2018 年 5 月第 1 版	
印　　次	2018 年 5 月第 1 次印刷	

开　　本	710×1000　1/16	
印　　张	42.5	
插　　页	2	
字　　数	533 千字	
定　　价	178.00 元	

《中南大学哲学社会科学学术成果文库》和《中南大学哲学社会科学博士论文精品丛书》出版说明

在新世纪，中南大学哲学社会科学坚持"基础为本，应用为先，重视交叉，突出特色"的精优发展理念，涌现了一批又一批优秀学术成果和优秀人才。为进一步促进学校哲学社会科学一流学科的建设，充分发挥哲学社会科学优秀学术成果和优秀人才的示范带动作用，校哲学社会科学繁荣发展领导小组决定自 2017 年开始，设立《中南大学哲学社会科学学术成果文库》和《中南大学哲学社会科学博士论文精品丛书》，每年评审一次。入选成果经个人申报、二级学院推荐、校学术委员会同行专家严格评审，一定程度上体现了当前学校哲学社会科学学者的学术能力和学术水平。"散是满天星，聚是一团火"，统一组织出版的目的在于进一步提升中南大学哲学社会科学的学术影响及学术声誉。

中南大学科学研究部

2017 年 9 月

目　　录

第1章 导论

1.1.1 研究背景

21 世纪是知识经济时代，经济发展直接依赖对信息的生产、分配和使用。知识与信息已成为非常重要的资源，知识产权保护也已是人类财富增长、社会经济发展的"原动力"和"正能量"。无论是欧美传统经济强国还是新近崛起的新兴经济体，都在抓紧实施本国的知识产权战略，以期在知识经济时代占据制高点。改革开放以来，中国日益重视知识产权工作，尤其是 2001 年加入世界贸易组织（WTO）之后，中国着手制定或修订了大量的知识产权法律、法规，同时积极参与知识产权领域的国际交流与合作。短短 30 多年的时间，中国的知识产权事业得到蓬勃的发展，在知识产权制度建设和保护方面取得了显著的成就，但也面临诸多挑战和困难，例如，知识产权市场交易秩序不规范，知识产权维权成本高，恶意侵权和群体性侵权等现象还很普遍，传统知识产权制度难以应对互联网经济带来的挑战，知识产权滥用行为对经济发展的不利影响逐步显现，等等。同时，随着国际贸易的发展、技术全球化和互联网的影响，知识产权的贸易摩擦越来越多，美国等发达国家纷纷指责中国"山寨""盗版经济"猖獗，中国知识产权保护面临着来自国际社会的压力。

中国自 20 世纪 80 年代确立知识产权制度以来，就对知识产权保护进行了规定。随着时代的发展，对知识产权保护的认识也在不断深化，相应的理念也在不断地调整。最初，中国法律确立了知识产权行政保护和司法保护并行的"双轨制"模式；2008 年 6 月，国务院颁布《国家知识产权战略纲要》提出，要发挥知识产权司法保护的主导作用；2015 年 12 月，国务院出台的《关于新形势下加快知识产权强国建设的若干意见》提出，要完善行政执法和司法保护两条途径优势互补、有机衔接的知识产权保护模式；2016 年 12 月，国务院发布的《"十三五"国家知识产权保护和运用规划》提出，要构建包括司法审判、刑事司法、行政执法、快速维权、仲裁调解、行业自律、社会监督的知识产权保护工作格局。从上述不同阶段对知识产权保护模式的表述来看，我们不难发现，中国知识产权保护的理念和模式在不断发展和完善。首先，这种发展是一种理念的变迁，从双轨制保护到"大保护"的发展是国家治理体系现代化的体现。其次，这是一种制度的跃升，通过保护方式的多样化、保护主体的多元化和保护功能的专业化，使中国知识产权保护体系更加完善。最后，中国的实践也体现了一种路径的探索，西方国家强调知识产权保护司法主导，而中国从双轨制保护到"大保护"的发展，无疑是中国特色知识产权保护模式的有益践行。

当创新驱动成为经济发展新常态，依法治国成为中国国家治理新常态，这为中国实施知识产权行政与司法保护绩效研究提供了新的时代背景。因此，将研究的重点立足于中国具体的国情和特有的场景，探讨如何构建符合中国实际的知识产权行政与司法保护绩效评价体系，是中国知识产权研究面临的重要课题。与此同时，中共十八届四中全会审议通过的《中共中央关于全面推进依法治国若干重大问题的决定》也为知识产权行政和司法保护研究提供了新的视野。实现依法治国的全面推进，就要求行政执法与司法保护建立更科学、合理的绩效评价体系。如何结合中国国情和学术研究的现状，构建知识产权行政与司法保护绩效评估指标体系的价值目标、基本原则以及具体逻辑框架，形成科学的绩效测评体系，并得出基于事实与资料的研究成果，是学术界需要完成的一项基本任务。

知识产权行政与司法保护绩效研究属于知识产权研究领域的前沿课题，目前除了少量学者对知识产权政策评估有研究外，对知识产权保护实绩的研究较少且深度不够。本书的研究进路，主要在于引入公共管理领域的绩效管理理论和方法并加以有效地应用。公共部门绩效管理旨在实现公共部门管理的经济、效率、效益和公平。自 20 世纪 70 年代以来，以英国、美国为代表的西方发达国家逐步推行了政府及公共管理部门的改革，绩效管理作为公共管理的一种重要理念和工具，成了政府和司法改革的重要措施之一。英国在 1991 年颁布了《公务员法令》，完善了公务员绩效评估法律制度。美国在 1993 年先后颁布了《国家绩效评论》、《戈尔报告》和《1993 年政府绩效与结果法案》，使得绩效管理在公共部门得以具体应用并取得了显著效果。[①] 以"绩效管理路径"替代传统的"效率路径"，对于改进公共部门及其工作人员的服务意识和服务理念，提高公共部门的管理效率具有重要意义。在西方国家，绩效管理已经成为公共管理及行政改革中一种全新的管理手段和方法。

在中国，公共部门绩效管理也已经成为大家普遍关注的问题，公共部门绩效评估研究和实践在公共管理学界和政府实际部门的共同努力下已经有了较大的发展。绩效评估从无到有，各级政府部门逐步认

---

① 李超显、周欢：《我国司法绩效的管理及其实施》，《重庆邮电学院学报》（社会科学版）2005 年第 3 期。

识并接受政府绩效评估这一管理工具，以强调"公众本位"和"结果导向"。绩效评估制度有了较大的发展，其指标体系、内容选择、评估方法、评估程序和评估结果等方面逐步规范，为推进行政管理体系高效、协调、规范运转起到了极为重要的作用。在知识产权保护领域，学界的目光也开始聚焦在知识产权救济途径的选择及横向比较上，特别是将司法保护和行政保护的特征、作用进行对比和研究，但是知识产权保护的量化体系和知识产权救济方式之间的衔接问题少有深度研究。知识产权保护绩效评价工作具有十分重要的理论意义与现实意义，能够为知识产权保护体系的完善提供有益的参考。

1.1.2　研究意义

在知识产权领域，尽管知识产权战略实施绩效管理已逐步得到重视，但是尚没有足够的文献对知识产权行政与司法保护绩效这一专门问题进行深入研究。目前，关于知识产权行政保护的地位、作用以及优化路径还存在不同认识，因而加强知识产权行政和司法保护的理论研究、实证分析与绩效评价尤为必要。通过以知识产权行政和司法保护绩效为视角，科学考量知识产权行政保护与司法保护的地位与作用，合理构建不同保护途径之间的衔接机制，有利于澄清理论研究的误区，发挥不同保护方式的优势，为国家知识产权战略的深入推进和实施提供理论支撑与决策参考。

知识产权保护领域如何构建知识产权行政与司法保护绩效评价体系？怎样利用绩效评价体系设计的技术方案和逻辑模型对中国的知识产权行政和司法保护问题进行实证分析？如何为相关部门提供有价值的决策参考？如何推动保护体系更加完善？这些都是有待我们研究解决的一些现实问题。本研究的开展将具有以下三个方面的价值。

1.1.2.1 为理论界开展交叉学科研究提供有益探索

目前，中国关于知识产权保护与绩效问题的研究分别属于法学领域和管理学领域，这两个领域对上述问题的研究基本上也相对独立，缺乏必要的学术交流。通过运用管理学领域绩效考评的理论和方法对知识产权行政与司法保护问题作系统深入探讨，将有效地实现学科交叉和资源整合，为知识产权研究打开一面新的视窗。从研究的视角上看，开展知识产权行政和司法保护绩效评价指标体系的构建研究，有利于突破以往借鉴西方绩效评价经验的做法，将视野和重点定位于中国的具体国情和具体场景，实现中国知识产权保护体制改革和模式创新，繁荣中国知识产权学术研究。

通过设计知识产权行政与司法保护绩效评价体系，运用一系列科学有效的程序和方法，对行政主管部门和司法机关完成知识产权保护任务采取的行为进行有计划的评价和研究，也可以使相关主管部门对于本领域的职能工作有一个更为直观的认识，从而深入了解现行知识产权行政与司法保护工作的优势与劣势，及时调整保护思路和措施，更好地实现二者功能优势的互补，共同营造一个严格保护知识产权的营商环境。

1.1.2.2 为实务部门开展绩效测评提供可行参考

国内已有的知识产权保护绩效研究尚处于起步阶段，绝大部分是理论研究，实证研究比较少，实用性相对较弱，没有权威的知识产权保护绩效评估体系，评价结果缺乏关联性和系统性。本书从法学的视角对知识产权行政和司法保护的基本问题进行探讨，通过梳理现行理论和实践中存在的诸多困惑，既回答了为什么要在知识产权保护领域引入绩效管理理念和方法这一问题，又从管理学视角对知识产权行政和司法保护绩效评价体系进行研究，从理论上回答了如何构建一套科学可行的知识产权行政与司法保护绩效评价体系。在借鉴当今国际先进的公共管理理论基础上，结合我国的知识产权保护实践，具体构建了一个包括绩效评价主体、指标和方法等要素在内的知识产权行政与司法保护绩效评价体系。该绩效评价指标体系兼具科学性和可操作性，通过采用专家访谈和问卷调查等方法设计逻辑框架和指标权重，确定绩效评价指标体系的设计原则和流程，选择评价标准和评价工具，具有极强的可应用性，被相关部门认可后，可以为知识产权行政和司法部门开展知识产权保护绩效评价工作提供参考依据。此外，本书的知识产权行政与司法保护绩效研究建立在可靠的数据基础上，既有定性分析，又有定量分析，研究成果可为政府决策提供有价值的参考，为规范知识产权行政保护和司法保护行为提供有力的支持。

1.1.2.3 为知识产权保护体系的完善和发展提供实证指引

2008 年 6 月 5 日，国务院制定并发布了《国家知识产权战略纲要》（以下简称《纲要》），在国家知识产权战略这个系统工程中，知识产权行政与司法保护是一个重要的组成部分。《纲要》实施至今已近十年，为了全面考察国家知识产权战略实施的效果，需要以《纲要》设定的目标为核心，在兼顾评估的科学性、数据的可获取性和可比较性的基础上，构建中国知识产权保护评估指标体系，通过分析和处理相关统计数据，对《纲要》的实施情况进行绩效评价。建设具有中国特色的知识产权保护体系是深入推进国家知识产权战略实施的重要内容。经过 30 多年的探索，我国在知识产权保护领域形成了行政执法与司法保护两条途径有机衔接的模式。在我国现阶段，这种模式有利于发挥行政与司法两种力量的优势，实现知识产权的有效保护。然而，在实践中，两种保护方式的运行并不是一帆风顺，面对改革和发展的要求，如何保证这两种途径之间能够有机衔接、优势互补成为必须应对的关键问题。尽管一般观点都认为，加强知识产权行政与司法保护有利于国家知识产权战略目标的实现，但是，对于知识产权行政与司法保护如何推进国家知识产权战略目标的实现，如何从战略的高度合理构建知识产权保护体系，尤其是如何用量化评估的方法推动知识产权战略深入实施，需要进一步的研究和探索。如果在建设与实施进程中，没有一套科学、标准的评估体系，没有比较系统的实证的分析和评价，就难以将国家知识产权的宏观战略和政府行为、规划确立与结果评价有机地结合起来，形成一种目标化激励机制和制度化的约束效应。因为，对知识产权行政与司法保护绩效进行评价并不是简单的结果评定，它既是一个指标评价过程，也是一个控制过程。通过绩效评价机制这根"指挥棒"，可以引导知识产权行政管理部门与司法保护部门准确定位，不断提高行政与司法保护的质量和效率，从而助推国家知识产权战略的深入实施。

1.1.3　研究内容与思路

本书将以《国家知识产权战略纲要》的实施为宏观背景，借鉴和学习公共管理领域绩效评估经验，综合运用法学、管理学和经济学等学科的理论和方法，具体构建符合中国国情的、科学可行的知识产权行政与司法保护绩效评价体系。在此基础上，力图通过科学的评价机制，从实证角度对中国知识产权行政与司法保护绩效进行定量分析与定性分析，以揭示、分析并解决在实践中已经遇到或可能遇到的一些问题，使中国知识产权行政与司法保护部门能够准确地自我定位，促进中国知识产权行政与司法保护的质量和效率不断提高，从而最大化地实现国家知识产权战略目标。

研究内容在篇章结构上分为 10 章，主要包括四部分内容：第一部分

（第 1 章至第 4 章）是基础理论；第二部分（第 5 章至第 8 章）是实证分析；第三部分（第 9 章）为对策建议；第四部分（第 10 章）为专题研究。

第 1 章至第 3 章对知识产权行政保护和司法保护的含义、特征、分类等基本问题进行全面探讨，厘清了知识产权行政保护和司法保护二者之间的关系，明确二者在整个知识产权保护体系中的地位和作用，并从合理性和科学性两个方面论证了知识产权行政与司法保护体系的制度价值。在此基础上，对中国知识产权立法的历史文本进行了分析，对国际和国内知识产权保护实践发展态势进行了考察，这对我国知识产权保护重心的调整具有重要的意义。

第 4 章为知识产权保护绩效评价的基础理论，对知识产权行政和司法保护绩效评价的内涵进行了界定，从系统论、控制论、信息论的角度论证知识产权行政和司法保护绩效评价的理论基础，并立足于我国知识产权战略的实践进程，构建起了一个包括绩效评价主体、对象、流程、指标、方法等要素在内的知识产权行政与司法保护绩效评价体系。从知识产权行政和司法保护绩效评价多元主体体系的运作、知识产权行政和司法保护绩效评价指标体系的构建、知识产权行政和司法保护绩效综合评价方法的应用等几个方面进行分析和探讨，提出了指标体系构建的原则是科学性原则、可行性原则、可比性原则、可预测性原则和定性指标与定量指标相结合的原则。在构建知识产权保护绩效评价指标体系的逻辑框架上，将评价对象分成投入、过程、产出、影响四个维度来作为一级指标，在一级指标下再具体细分相应的二级和三级指标，进而明确了绩效评价指标体系构建的基本流程、评价内容和具体的评分规则。

第 5 章至第 8 章的实证分析是从知识产权保护的投入、过程、产出和影响四个方面开展。其中，第 5 章从我国知识产权行政执法和知识产权司法保护的人力投入、财力投入和机构投入等方面情况展开实证研究和对比研究。第6章对我国知识产权行政保护和知识产权司法保护的过程展开实证研究和对比研究，主要包括执法程序、执法公开、执法手段、执法机制、司法程序、司法公开、司法手段、司法机制等方面。第7章对我国知识产权行政保护和知识产权司法保护的产出展开实证研究和对比研究，主要包括文件产出、结果产出和质效产出等方面。第8章对我国知识产权行政保护和知识产权司法保护的影响展开实证研究和对比研究，主要包括知识产权保护环境改善、知识产权体制改革推进、知识产权人才队伍建设、知识产权机关形象改进、知识产权维权意识培育等社会效果和知识经济水平提升、相关市场秩序保障、社会创新总量提高等经济效果。

第9章为知识产权行政和司法保护的发展对策。根据绩效评价结论，揭示了我国知识产权行政和司法保护中存在的问题，并从知识产权立法的完善、知识产权管理机构的统一、知识产权行政执法和司法水平的提高、知识产权行政服务职能的优化与发展等方面，为完善我国的知识产权行政和司法保护体系提出具体的建议与措施。

第10章专题研究中国知识产权纠纷行政调解的理论和实践。之所以选择这一专题，是因为本书提出的"建立专利纠纷行政调解协议司法确认机制"对策建议，被于湖南省人大常委会审议通过的《湖南省专利条例》采纳，在全国率先以地方立法的方式明确规定了专利纠纷行政调解协议司法确认制度。推动湖南省法院系统在全国率先启动并实施专利纠纷行政调解协议司法确认试点工作。因此，作为服务知识产权法制建设和经济、社会发展的重要研究成果，知识产权纠纷行政调解制度的完善和知识产权纠纷行政调解协议司法确认程序的构建，可以说是有效提升知识产权行政保护和司法保护整体合力的一个样本，有必要专题探讨。本书研究框架见图1-1。

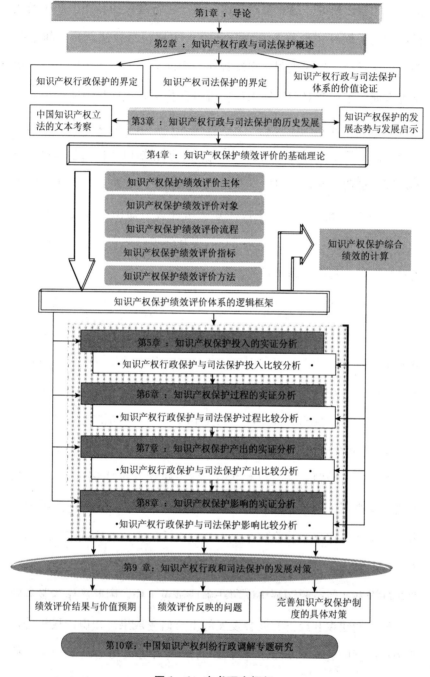

图1-1 本书研究框架

1.1.4　研究方法与手段

在研究进路和方法选择上，本书坚持理论研究和实证研究相结合，实际素材和理论概括相结合，综合运用法学、经济学、管理学、政治学等学科的有效研究方法，力求对中国知识产权行政与司法保护绩效进行合理的、有意义的解释，对中国的知识产权行政与司法保护制度的发展趋势予以前瞻。具体而言，主要采用以下六种研究方法。

第一，实证调查法。实证调查是研究社会发展自身的内在规律，分析揭示各种变量之间的关系，从客观的角度对相关问题进行分析和预测的一种研究方法。知识产权行政与司法保护绩效研究是一个实践性很强的课题，在研究过程中，组织开展了问卷调查、收集数据和资料，进行制度分析、案例研究和问题梳理。既用理论分析统领实证分析，也将实证经验提升到理论高度。

第二，定量分析法。定量分析法是对相关数据进行处理并将该处理结果作为论据用于论证相关论点的一种管理学研究方法。在论证知识产权行政与司法保护的成效与不足时，采用大量的、全方位的数据进行定量分析，主要是访谈和问卷的数据处理。通过层次分析法和专家评分法相结合对知识产权保护绩效指标的绩效权重予以计算，并通过汇总分析得出评价结论。

第三，文献分析法。广泛检索 EBSCO、Springer、Elsevier 和 CNKI、万方、维普等中外文数据库，以及 Google Scholar、Baidu 等学术或综合搜索引擎，尽可能充分收集知识产权行政和司法保护、绩效评价等相关的文献，运用文献归纳法和规范差距分析法等对文献资料进行整理、分析，作为知识产权行政和司法保护绩效研究的基础理论。

第四，历史考察法。本书除了对中国的知识产权行政和司法保护进行立法文本和实施制度的发展脉络梳理外，还从权力的演变、分化、扩张和限制等方面进行了本源性的探讨，得出知识产权行政保护体制和知识产权司法保护体制的合理性与客观性。

第五，比较研究法。在研究过程中，我们既从理论分析的角度比较知识产权行政保护和司法保护的差异，也从实证分析的角度充分关注国内不同省份、不同部门、不同知识产权类型在知识产权行政保护与司法保护中存在的问题及其成因。同时，知识产权保护问题在当今世界是一个热点问题，也需要对世界上其他国家和地区知识产权行政和司法保护的经验、做法和实践作比较考察，以呼应国际社会最新的发展动态。

第六，德尔菲法。知识产权行政和司法保护绩效评价指标体系的构建是本研究的核心和关键，其科学性和可操作性直接决定了本研究研究的成败。但目前国内关于该问题的研究较少，因此在指标体系的构建中我们采取德尔菲法，将备选的指标和权重的设定单独发送到各专家手中征询意见，然后回收、汇总整理出综合意见，并经过两轮反复才得出较为一致或相对科学的意见。

1.1.5　研究重点和难点

知识产权行政与司法保护绩效研究，是一项崭新的探索性的工作，国内外没有现成的研究成果可供借鉴，因此，从框架的设计、指标模型的构建到实证数据的分析，都是本研究需要突破的重点和难点，归纳起来，主要有以下三个方面。

第一，如何构建知识产权行政与司法保护绩效评价体系。知识产权行政与司法保护绩效评价体系应具备哪些基本要素？如何保证国家知识产权战略思想贯彻始终，如何保证考评体系设计的系统性和内在逻辑的一致性，是研究要解决的基本问题。

第二，如何对实证数据进行定量分析和定性分析，如何判断保护绩效。其一，如何保证指标设计的科学性，使相关的指标设计具有法定性、目的性、整体性、结合性、可比性和可行性。其二，如何充分尊重知识产权行政与司法保护工作的基本规律，正确处理好知识产权行政保护绩效评价与司法保护绩效评价的关系、正确处理好审判监督与行政执法的关系、正确处理好评价指数的绝对性与相对性的关系。其三，如何确保评价数据的真实性，从而得出可靠的评价结论。

第三，针对存在的主要问题，如何提出具体的、可操作的解决方案，如何在发挥知识产权司法保护主导作用的基础上做好知识产权行政执法体系的改革和建设，并使知识产权的多种保护手段相互协调。本研究提出的建议和措施既要能为我国现阶段构建"务实、灵活、高效"的行政保护与司法保护机制提供指导，也要为不远的将来能建立"归属清晰、权责分明、保护严格、流转顺畅"的知识产权全生命周期管理制度和知识产权行政与司法保护机制做出合理的前瞻。

1.1.6 学术价值和应用价值

1.1.6.1 学术价值

知识产权行政与司法保护绩效研究属于知识产权研究领域的前沿课题。本研究最大的特色在于在知识产权保护领域引入公共管理领域的绩效管理理论和方法，对其加以有效的应用。具体体现在以下三个方面。

第一，研究逻辑与体系架构科学合理。本研究，首先从法学的视角对知识产权行政和司法保护的基本问题进行探讨，通过梳理现行理论和实践中存在的诸多困惑，从而回答为什么要在知识产权保护领域引入绩效管理理念和方法这一问题。其次，从管理学视角对知识产权行政和司法保护绩效评价体系进行研究，从理论上回答如何构建一套科学可行的知识产权行政与司法保护绩效评价体系。再次，在上述理论基础上进行实证研究，包括对我国当前知识产权行政保护与司法保护的投入、过程、产出和影响进行实证分析，并确保评价数据的真实性，从而得出可靠的评价结论，使整个研究建立在可靠的数据基础上，既有定性分析，又有定量分析。最后，得出相应的对策和建议，能够为相关部门的科学决策提供极具价值的参考资料和测评工具。

第二，研究视角和方法多元。本研究坚持将理论研究和实证研究相结合，将实际素材和理论概括相结合，综合运用法学、经济学、管理学、政治学等学科的有效研究方法，真实地描述和揭示知识产权行政与司法保护的重大事件和过程，力求对中国知识产权行政与司法保护绩效进行合理的、有意义的解释，对中国的知识产权行政与司法保护制度的发展趋势予以前瞻。

第三，强调整体视角和内容协调。本研究将知识产权行政保护研究与知识产权司法保护研究进行有机整合，从整体的视角对两种保护模式加以比较分析，强调二者的协调、衔接与优势互补。

1.1.6.2　应用价值

本研究的应用价值主要有以下两点。首先，本研究具体构建了一个包括绩效评价主体、指标和方法等要素在内的知识产权行政与司法保护绩效评价体系。该绩效评价体系可以为知识产权行政和司法保护部门进行绩效测评提供操作参考。其次，本项目强调实证分析，整个研究建立在可靠的数据基础上，可以使相关主管部门对于本领域的职能工作有一个更为直观的认识，从而深入了解现行知识产权行政与司法保护工作的优势与劣势，及时调整保护思路和措施，更好地实现二者功能的优势互补。此外，本项目在对现行知识产权保护制度进行绩效评价研究的基础上，通过参与立法和推动司法改革，在地方大胆进行制度创新，开展知识产权纠纷行政调解司法确认试点工作，为知识产权行政管理部门运用法治思维和法治方式积极推动知识产权保护工作、实现社会管理制度创新提供有益的探索。

第2章　知识产权行政与司法保护概述

2.1　知识产权行政保护的界定

2.1.1　知识产权行政保护的含义

行政保护从我国知识产权保护模式的形成到现在都发挥着不可替代的作用。如何界定知识产权行政保护，也是首先需要解决的问题。然而，对于知识产权行政保护的界定和理解，无论在学术界还是在相关的法律法规中都没有一个统一的表述，呈现出百家争鸣之势。对于知识产权行政保护的概念界定，学界存在不同的看法，目前主流观点有以下四种。一是知识产权行政保护是指相关国家行政管理机关，如知识产权局、商标局、版权局等，依据有关法律规定，遵循法定程序，运用法定行政手段，对知识产权实施全面的法律保护。[①] 二是知识产权行政保护是指国家行政机关依据法律的规

----

① 郑成思：《知识产权法教程》，法律出版社1993年版，第227页。

定，运用法律规定的行政权力，遵从法律规定的行政程序，在对知识产权保护时使用的行政手段必须全面符合法律的规定。① 三是知识产权行政保护是指相关国家行政管理机关在遵循法定程序和运用法定行政手段的前提下，依法处理各种知识产权纠纷，维护知识产权秩序和提高知识产权社会保护意识，从而有利于知识产权制度扬长避短的一种保护方式。② 四是广义上的"知识产权行政保护"主要包括三类：行政管理活动、行政服务活动和行政执法活动。③ 从上述观点，可知学术界多采用"广义说"，即知识产权行政保护主要涉及行政管理、行政执法与行政服务等方面的活动，涉及事前、事中和事后的全面保护。

本研究涉及知识产权行政保护的内容，仅限定于知识产权纠纷的行政处理和知识产权违法行为的行政执法。这种取舍是基于以下三方面的考虑。其一，便于有效开展绩效分析。知识产权行政保护和司法保护的绩效研究主要侧重于对两种知识产权保护方式的绩效分析，而行政处理和行政执法则是行政保护方式中最具代表性的保护方式，这样可以抓住重点问题与主要矛盾。其二，突出研究的针对性。为了增强研究的针对性与实效性，如果对知识产权行政保护的方方面面都进行分析难免造成重点不突出，导致研究结果过于宽泛，实效性不理想。其三，体现绩效数据可比性。本研究涉及的知识产权行政保护以行政处理和行政执法为代表，可以集中体现行政保护与司法保护绩效的可比性，以便合理配置权力，增强保护实效。基于以上三个方面的原因，本研究涉及的知识产权行政保护不

---

① 刘春田：《知识产权法》，北京大学出版社 2009 年版，第 13 页。
② 邓建志、单晓光：《我国知识产权行政保护的含义》，《知识产权》2007 年第 1 期。
③ 吴汉东：《司法保护与我国知识产权保护体制》，钱峰主编：《中国知识产权审判研究》，人民法院出版社 2009 年版，第 13 页。

求广度，只求深度，仅以知识产权纠纷行政处理和知识产权违法行为行政执法为视角。

鉴于此，本研究对知识产权行政保护的界定采用"狭义说"，即知识产权行政管理机关根据相关法律规定，依照法定权限，遵循法定程序，运用行政手段实施的知识产权纠纷行政处理和违法行为行政执法活动。知识产权纠纷行政处理，是指知识产权行政管理机关作为第三者介入并处理民事纠纷的方式，包括侵权纠纷的行政裁决和民事纠纷的行政调解。违法行为行政执法，实际上是知识产权行政管理机关运用公权力对危害公共利益和社会秩序的违法行为进行的强制性执法活动，包括行政检查、行政处罚和行政强制等活动。

值得说明的是，目前学术界对知识产权行政执法的概念使用比较混乱。2015 年 7 月 1 日起施行的《专利行政执法办法》也规定专利行政执法包括：处理专利侵权纠纷、调解专利纠纷以及查处假冒专利行为。[①] 也就是说，其将处理知识产权侵权纠纷、调解知识产权纠纷，一同作为专利行政执法的属概念，犯了误将并列概念当作下位概念的逻辑错误。知识产权侵权，如果仅是双方当事人之间的民事侵权，也不应由行政公权力强制介入，除非是大规模的、重复性的或群体性的有损公益性的侵权违法行为，否则也不宜划归知识产权行政执法的范畴。通常意义上，知识产权行政查处的概念，包括行政检查和行政处罚，也有人认为还包括行政强制。而知识产权行政调处包含行政调解和行政处理，由于现有的知识产权法规只规定了

---

① 《专利行政执法办法》第 2 条："管理专利工作的部门开展专利行政执法，即处理专利侵权纠纷、调解专利纠纷以及查处假冒专利行为，适用本办法。"

"行政处理"的概念①，所以本研究予以沿用。当然，对于行政处理是否明确包括行政裁决，亦存在争议，但在行政部门的实践操作中，既有准司法性质的行政裁决的做法，也有一般性的各种形式的处理方法。

2.1.2 知识产权行政保护的特征

知识产权的行政保护有以下四个特征。

2.1.2.1 保护主体具有多元性和多层级性

"多元性"是指不同的知识产权行政主体分别管理和保护不同类型的知识产权。"多层级性"是指知识产权行政保护主体分为中央和地方两个层级，地方又分为省、市、县（区）等若干个层次，不仅不同类别的知识产权在地方机构的设置上差别很大，中央和地方知识产权行政保护机构设置上的不一致，且处于同一层级但主管部门不同的知识产权行政管理机构也存在权限差异，甚至出现重叠和交叉的现象。目前，在国家层面，国家知识产权局主管全国专利和集成电路工作，国家工商行政管理总局商标局主管商标注册和反不正当竞争工作，国家版权局主管版权工作。此外，海关、农业、林业等部门依法对本行业内的知识产权予以行政保护。因此，中国

---

① 《专利法》第 60 条："未经专利权人许可，实施其专利，即侵犯其专利权，引起纠纷的，由当事人协商解决；不愿协商或者协商不成的，专利权人或者利害关系人可以向人民法院起诉，也可以请求管理专利工作的部门处理。管理专利工作的部门处理时，认定侵权行为成立的，可以责令侵权人立即停止侵权行为，当事人不服的，可以自收到处理通知之日起十五日内依照《中华人民共和国行政诉讼法》向人民法院起诉；侵权人期满不起诉又不停止侵权行为的，管理专利工作的部门可以申请人民法院强制执行。进行处理的管理专利工作的部门应当事人的请求，可以就侵犯专利权的赔偿数额进行调解；调解不成的，当事人可以依照《中华人民共和国民事诉讼法》向人民法院起诉。"

知识产权行政保护主体呈现出多元性和多层次性的特点。

2.1.2.2　保护方式具有法定性和主动性

知识产权行政保护过程的运行方式具有法定性，行政主体必须在法律规定的职权和范围内行使知识产权行政保护的权力。知识产权行政保护机关作为行政主体的组成部分，其行为必须遵循依法行政的原则；知识产权行政保护机关的职能活动，作为行使国家行政权力的重要表现形式，也必须符合依法行政的要求，必须明确职责范围，严格依法办事，这是其存在并发挥作用的前提。与知识产权纠纷的司法保护具有被动性不同，对于知识产权侵权行为，行政机关可以依利害关系人的请求进行保护；对于侵害公共利益的知识产权违法行为则可以依职权主动采取相关执法措施。

2.1.2.3　保护手段具有多样性和灵活性

由于历史和社会因素，中国知识产权行政保护具有自身的特色，国家行政管理机关除了依法可以对知识产权予以确认和授权外，还可以通过行政调解、行政裁决和行政处罚等行政手段依法对知识产权进行保护。同时，每种手段可以采取不同的措施，即每种执法手段的表现形式是多样的。例如，针对一个知识产权违法行为采取行政处罚，行政机关可以采取没收侵权复制品、销毁侵权复制品、没收非法所得、罚款甚至没收主要用于制作侵权复制品的材料、工具、设备等措施，并且行政执法措施一经做出，即可付诸实施。综合运用多种高效的执法手段，能有效遏制知识产权侵权违法行为，为权利人提供比较全面的保护。除了上述单方面、强制性的行政行为方式之外，行政管理机关在现阶段还应突出注重运用行政指导、行政参与、行政检查等引导和服务的行政行为方式，以契合建设服务型政府、构建和谐社会的发展要求。

2.1.2.4　保护效果具有低成本性和高效性

知识产权行政保护的优势在于保护效果上的低成本和高效性。行政保护手段由于措施比较迅速、直接、有力，程序相对简单，能比较快速地处理侵权违法事件，及时有效地保护权利人的合法权益。有学者便指出："在处理侵权纠纷过程中，知识产权管理机关往往在现场送达请求书的同时，就对案件事实进行及时的调查，查实必要的证据，进行迅速查处。这一做法一方面节省了调查取证的时间，缩短了案件处理的周期；另一方面，知识产权行政管理机关及时、客观地了解案件的实际情况，避免侵权行为人隐匿、转移侵权证据，从而确保案件的处理过程相对顺利。在许多案件中，经过现场调查，侵权行为人都能承认侵权，并能立即停止侵权行为。"[①]《与贸易有关的知识产权协议》（TRIPS）第四十二条第 2 款规定了执法的低成本和效率的原则，"知识产权的执法程序应公平合理，它们不得过于复杂或花费过高，或包含不合理的时效或无休止的拖延"。知识产权行政保护与程式化的司法保护相比，能够大大节省交易成本，减少人力、物力、财力的消耗，有助于及时查处知识产权侵权违法行为。

2.1.3　知识产权行政保护的范围

从广义的角度理解，中国知识产权行政保护一般包括了行政确认、行政许可、行政调解、行政裁决、行政处罚、行政强制、行政复

---

① 王晔：《知识产权行政保护刍议》，《北大知识产权评论》第一卷，法律出版社 2002 年版，第 210 页。

议等七种方式。基于本研究的目的与价值取向，以下重点探讨行政调解、行政裁决、行政查处三种知识产权行政保护方式。

2.1.3.1 知识产权纠纷行政调解

知识产权纠纷行政调解是中国知识产权行政保护的有效组成部分，是知识产权行政管理部门作为调解主体居中协调促使当事人就争议内容达成合意的一种纠纷解决方式。[①]

从现行立法来看，知识产权纠纷行政调解在《专利法》中有明确规定，可以适用的纠纷有五类：专利申请权和专利权归属纠纷；发明人、设计人资格纠纷；职务发明创造的发明人、设计人的奖励和报酬纠纷；在发明专利申请公布后专利权授予前使用发明而未支付适当费用的纠纷以及知识产权管理机关对侵权赔偿数额的调解。[②] 在商标领域，工商行政管理部门可以就侵犯商标专用权的赔偿数额进行调解。工商行政管理部门还可以受理特殊标志侵权案件，可以依当事人的请求就侵权的民事赔偿主持调解[③]。对于集成电路布图设计侵权争议，国务院知识产权行政部门可以就侵犯布图设计专有权的赔偿数额进行调解[④]。省级以上人民政府农业、林业行政部门根据当事人的请求可以对以商业目的生产或者销售授权品种的繁殖材料侵权行为导致的损害赔偿进行调解[⑤]。由此可见，上述知识产权行政机关对知识产权纠纷的调解，目前大多局限在侵权赔偿数额方面。除了专利领域外，相关法律法规对商标权、著作权、集成电路布图设计专有权和植物

---

① 何炼红：《论中国知识产权纠纷行政调解》，《法律科学》2014 年第 1 期。
② 《中华人民共和国专利法》（2008 年）第 60 条、《中华人民共和国商标法》（2001 年）第 53 条。
③ 《特殊标志管理条例》（国务院〔1996〕令第 202 号）第 17 条。
④ 《集成电路布图设计保护条例》（国务院〔2001〕令第 300 号）第 31 条。
⑤ 《植物新品种保护条例》（国务院〔1997〕令第 213 号）第 39 条。

新品种权等领域的权属纠纷、合同纠纷普遍没有涉及行政调解的规定。知识产权纠纷行政调解可以适用的范围太窄，将不利于行政机关更好地履行服务职能，也不利于知识产权纠纷的及时化解。为此，有必要进一步扩大知识产权行政调解服务的客体范围，涵括一切当事人可合意处分的又不违反公序良俗和法律强制性规定的知识产权纠纷。

需要说明的是，行政调解这一措施并非从我国建立知识产权制度开始就存在。我国 1985 年施行的《专利法》并未涉及调解内容，直到 2000 年第二次修正后的《专利法》才加入可以就侵犯专利权的赔偿数额进行调解的规定。而 1982 年版《商标法》一开始在规定这一内容时，有关侵权人的损害赔偿数额是由行政机关通过行政命令的方式来确定，直到 2001 年在第二次修改《商标法》的时候，才将这一规定修改为"进行处理的工商行政管理部门根据当事人的请求，可以就侵犯商标专用权的赔偿数额进行调解；调解不成的，当事人可以依照《中华人民共和国民事诉讼法》向人民法院起诉"。针对知识产权侵权损害赔偿数额的处理，增加行政调解的方式，行政机关身份由裁判者、命令者转变为居间调解者，体现了对案件双方当事人意愿的尊重，也体现了对知识产权私权属性的认识和尊重。

2.1.3.2　知识产权纠纷行政裁决

知识产权纠纷行政裁决是指知识产权行政管理部门根据当事人请求，按照法律规定，对知识产权民事纠纷进行审查并做出裁决的活动。行政裁决是否存在知识产权的立法依据？这个问题尚有争议，因为现行知识产权法中仅规定了可以请求有关行政部门"处理"，并未明确使用"裁决""审理""裁判"等用语。例如，现行《专利法》第六十条规定："未经专利权人许可，实施其专利，即侵犯其专利权，引起纠纷的，由当事人协商解决；不愿协商或者协商不成的，专利权人或者利害关系人可以向人民法院起诉，也可以请求管理专利工作的部门处理。"有人认为使用"处理"这一模糊性的术语给行政裁决预留了空间，但也有人坚决不认为这赋予了知识产权行政管理机关行政裁决权，因为这不符合三权分立的现代法治精神。但实际工作中，从 20 世纪 80 年代开始，知识产权行政管理机关就存在大量的行政裁决现象，尤其是对知识产权纠纷赔偿数额的裁决例证，因此，本研究基于实证分析的需要，将知识产权纠纷行政裁决纳入研究对象。可以说，这是现实行政活动中一种非常重要的知识产权保护类型或保护方式，是行政机关干预知识产权纠纷的一种实际体现。

知识产权纠纷行政裁决目前主要有以下三种情形。

第一种，知识产权侵权纠纷的裁决，是指因知识产权合法权益受到他人侵犯而产生的民事纠纷中，知识产权行政管理机关应权利人或利害关系人请求而对侵权纠纷做出裁决的行为。知识产权侵权纠纷行政裁决是目前最常见的一种行政保护方式，其目的是制止侵权行为，保障当事人合法拥有的知识产权。在实务中，目前一般仅限于裁定停止侵权，对于其他内容采用行政裁决的较少。

第二种，知识产权确权纠纷的裁决，是指双方当事人因知识产权的权利归属而产生争议，请求知识产权行政管理机关依法做出的确认权属关系的裁决行为。比如某合作研发的工业技术，因一方在未征得合作方同意的基础上单独申请专利，由此引发争议，向知识产权行政管理机关提出处理请求。由于行政司法行为尚存异议，效力也可能遭到法院判决的否定，因此，知识产权确权裁决的发生很少。另外，有学者将专利无效和商标异议都归为知识产权行政裁决[①]，这有一定的不适当性，因为专利无效和商标异议实质上是发生在知识产权审查机关对专利应否授权、商标应否注册的博弈中，而非发生在双方当事人之间的争议中，不存在居中裁决之说。

第三种，强制许可使用费纠纷的裁决，是在专利、植物新品种、集成电路布图设计等强制许可中，许可方和取得强制许可的被许可方之间因使用费的支付额度不能达成协议，由知识产权行政管理机关做出裁决的行为。以专利强制许可费纠纷为例，取得实施强制许可的单位或者个人应当付给专利权人合理的使用费，或者依照中华人民共和国参加的有关国际条约的规定处理使用费问题。付给使用费的，其数额由双方协商；双方不能达成协议的，由国务院专利行政部门裁决。[②]专利权人对国务院专利行政部门关于实施强制许可的决定不服的，专利权人和取得实施强制许可的单位或者个人对国务院专利行政部门关于实施强制许可的使用费的裁决不服的，可以自收到通知之日起三个月内向人民法院起诉。

2.1.3.3　知识产权违法行为行政查处

知识产权违法行为行政查处，是指知识产权行政主管机关依据法定职权强制要求违法行为人履行义务或对知识产权违法行为予以制裁的活动。知识产权违法行为行政查处是知识产权行政主管机关依职权主动采取的一种手段，以及时有效地打击损害公共利益的违法行为。行政查处具有查处行为主动性、查处主体广泛性、查处手段强制性和

---

① 孟鸿志：《知识产权行政保护新态势研究》，知识产权出版社 2011 年版，第 70—71 页。
② 《中华人民共和国专利法》（2008 年）第 54 条。

查处对象违法性等特点。通常包括"查"和"处"两个方面，"查"是指知识产权行政主体对违法行为进行检查、调查和取证的过程，"处"是指知识产权行政主体对违法行为做出行政处罚决定或者强制其履行法定义务的过程。具体而言有以下三种。

第一种，行政检查，是指知识产权行政主管机关对知识产权的实施、利用、许可等过程是否遵守法律和履行相关法律义务进行单方面的强制了解。对于知识产权的拥有者或使用者来说，行政检查通常会产生的法律后果有：其一，促成授益性行政行为（如知识产权奖励和资助）；其二，导致侵益性行政行为（如知识产权行政处罚和行政强制）；其三，只是了解情况，对知识产权的拥有或使用不产生影响。本研究涉及的行政检查主要是指会导致侵益性行政行为的情况。在实际工作中，知识产权行政主管机关的行政检查权一般发生在调查取证的过程中。

第二种，行政处罚，是指知识产权行政主管机关为了维护公共利益和社会秩序，依法对违犯法律规范但尚未构成犯罪的行为，给予人身、财产、名誉或者其他形式的法律制裁的行政行为。行政处罚的种类一般包括行为罚、申诫罚、人身罚、财产罚。知识产权违法行为的行政处罚除了要遵循相关知识产权单行法律法规的规定外，还须遵循《行政处罚法》的规定。

第三种，行政强制，是指为实现行政管理目的或者当违法者不履行知识产权法上的义务时，知识产权行政管理机关针对违法者或侵权者的人身、财产或者行为所采取的单方面强制行为。能够做出行政强制行为的主体只能是相关行政主体，但实施行政强制行为的主体则不仅包括相关行政主体，还包括人民法院。

行政检查是行政主体正确做出行政处罚和行政强制的前提，行政处罚是行政查处的核心内容，行政强制是行政处罚得以实现的保障。三者共同构成对知识产权违法行为的行政查处。

2.2　知识产权司法保护的界定

2.2.1　知识产权司法保护的含义

知识产权司法保护是维护权利人合法权益的最后一道屏障，作为知识产权市场秩序的最终法律保障手段，可以在知识产权产生争议或遭受侵犯，甚至出现了严重侵犯知识产权的犯罪时，提供有效的法律救济。知识产权司法保护是民事保护、行政保护和刑事保护共同构成的有机整体，在知识产权保护体系发挥着主导作用。

我国的知识产权司法保护肇始于 20 世纪 80 年代，其标志是《商标法》《专利法》《著作权法》等一系列知识产权法律法规的颁布和实施。亨瑞·威东曾一针见血地指出了我国建立知识产权保护制度的背景："中国引进知识产权法的根本动机是来自对外开放政策的驱使，中国需要对外贸易、吸引外资以及从西方获取迫切需要的技术和设备。"我国的知识产权保护制度是迫于外来经济与和政治压力而被动建立的结果。就是在这种背景下，我国经过 30 多年的努力，通过及时制定司法解释以适应司法实践的不断变化、建立专门的知识产权审判组织等，朝着"专业化"道路迈进，已经初步建立适应国情需要、符合国际条约标准的中国知识产权司法保护制度。

关于知识产权司法保护的界定，通常有以下三种观点。

第一种，知识产权司法保护是当权利人的权利被侵犯以后，依法向法院提起民事诉讼，请求法院提供民事救济，保护权利人的权利，也包括法院根据《刑法》的规定，对情节恶劣、后果严重的犯罪嫌疑人追究刑事责任[①]。第二种，认为知识产权司法保护是指通过司法途径对知识产权进行的保护，即由享有知识产权的权利人或国家公诉人向法院对侵权人提起民事、刑事诉讼，以追究侵权人的刑事、民事法律责任，以及通过不服知识产权行政机关处罚的当事人向法院提起行政诉讼，对行政执法进行司法审查，以支持正确的行政处罚或纠正错误的处罚，使各方当事人的合法权益都得到切实的保护[②]。第三种，知识产权司法保护是凭借国家的司法力量对知识产权进行调节和分配，保障知识产权立法的贯彻和实现，维护知识产权权利人的合法利益，打击破坏侵害知识产权的各种行为，通过司法程序，审查行政行为，达到公平正义的目的[③]。从上述定义，可以看出学者对知识产权司法保护的认识在不断深化，无论是内涵还是外延都在不断发展，这也拓展了知识产权司法保护的范围，除了可以追究民事、刑事责任外，还可以提起行政诉讼，对行政执法行为进行司法审查。

本研究界定的知识产权司法保护，是指专门的审判机关和检察机关依据有关法律规定，遵循法定程序，通过对知识产权民事争议、知识产权犯罪及不服知识产权行政管理机关的处理结果予以诉讼裁决并追究相应法律责任，从而实现对知识产权的有效保护。

---

① 姜国锋：《论知识产权的行政保护》，《鲁行经院学报》2001 年第 2 期。

② 蒋志培：《中国知识产权的司法保护与展望》，《中国法律》1999 年第 3 期。

③ 徐家力：《我国知识产权司法保护目前存在的问题及对策》，《法律适用》2006 年第 3 期。

2.2.2　知识产权司法保护的特征

知识产权司法保护有以下四个特征。

2.2.2.1　司法保护的专属性

知识产权司法保护主体具有"单一性"，主要涉及行使审判职能的法院系统和行使刑事公诉职能的检察系统，不像知识产权行政保护主体涉及知识产权局、版权局、工商局、海关总署、科技部、商务部、林业局、农业局等多个部门。我国现行司法保护主体主要是法院，人民法院通过依法行使民事、刑事和行政审判职能，为知识产权提供司法保护。在知识产权刑事司法保护中，检察机关以及作为行政机关的公安部门也会参与进来，但是法院仍然居于裁决核心地位。根据《宪法》规定，法院和检察院行使的分别是专属的审判权和刑事检察权[①]，这种权力由法律直接规定，不能转委托或由其他机关代行使，这不同于知识产权行政执法中的可转授性。而且这种专属性也决定了审判和检察的独立性，依照法律规定独立行使审判权和法律监督权，不受行政机关、社会团体和个人的干涉。[②] 当前改革中，知识产权审判体制改革和专门法院的试点和建立也尤为显著地体现了司法保护的专属性。

2.2.2.2　司法保护的中立性

知识产权司法保护的中立性，具有两层含义：一方面，司法保护要求法院在审判过程中以不偏不倚的态度对待双方当事人或控辩双

---

① 《中华人民共和国宪法》第123条、129条。
② 《中华人民共和国宪法》第126条。

方。也就是说，司法的构成犹如等腰三角形，法院居于三角形的顶点，居中裁判，既不能预先支持或反对某一方的主张，也不能充当与自己有利害关系的案件的裁判主体。另一方面，司法过程要求法院保持被动的地位，不同于知识产权行政保护具有主动性。司法保护的启动要求以知识产权争议当事人发起诉讼，奉行"不告不理"的原则，不论针对何种性质的知识产权纠纷，也不论其危害程度如何，法院只能应一方当事人的请求才能出面予以解决，而不能主动干预社会生活。同时，法院在审理时，奉行"告什么审什么"的原则，只能在当事人诉讼请求的范围内作为，不得对于未向其诉求的事项有所作为。司法机关的中立性既是司法程序的要求，也是现代司法精神的体现。

2.2.2.3 司法保护的权威性

知识产权司法保护的权威性，包括两个方面。一是司法具有至上的地位。司法的介入意味着其他纠纷解决方式的无效或停止，是对其他纠纷解决方式可能产生的不公正性的矫正。在一个法治国家，法院应享有解决一切法律争议的终结权力。二是公众对司法裁判结果的普遍遵从。司法权威源于公众对司法的信任与认同。知识产权司法保护具有公平优先性，是一种更加注重权利人意愿的、相对更加公正合理的保护方法。当公正价值与效率价值不能兼得、发生冲突时，人们往往追求公正而适当地降低效率，此乃整个司法制度的逻辑起点。司法保护没有行政保护高效且成本低的优势，而且司法保护对权利人的权利意识和维权行动要求比较高，但司法保护追求是公正，即人们之间权利义务关系上的一种合理状态。司法保护的整套程序设计能够最大程度地保证审判结果的公正，保护知识产权权利人的利益，维护社会的公平正义。

2.2.2.4 司法保护的终极性

知识产权司法保护的终极性包括两层含义：一是指对于法院做出的已经发生法律效力的裁判，非经法定程序，不得再次审判；二是指相对于行政保护，司法保护的效力更具有终极性，保护结果更具有稳定性。立法、行政等非司法机关无权对司法机关做出的生效裁判重新进行处理，但行政机关对知识产权纠纷的处理结果还可以经过司法程序予以救济。这是因为司法是实现社会公正的最后一道防线，与和解、调解、仲裁、行政裁决等其他纠纷解决方式不同，司法保护是解决纠纷、实现社会公正的最后途径。同时，TRIPS 协议也明确规定了司法审查原则，即有关获得和维持知识产权的程序，以及由一些成员的法律规定的行政撤销程序和诸如异议、无效和取消的双方当事人程序等有关程序的行政终局决定，都应能够接受司法或准司法部门的复审。[①]

2.2.3 知识产权司法保护的范围

知识产权司法保护的范围分以下三种。

2.2.3.1 民事诉讼保护

知识产权是一种私权，而为私权提供保障的公权力救济主要是通过民事诉讼实现，这也是绝大多数情况下各国通行的做法。民事司法保护是保护知识产权的最基础的、也是最重要的公力救济。知识产权私权的本质决定了知识产权法律保护应以民事救济为最基本

---

① 《与贸易有关的知识产权协议》（TRIPS）第 41 条第四款、第 62 条第五款。

的手段。但由于民事诉讼保护相对于行政保护具有周期长、成本高的特点，知识产权权利人更多地寻求行政方式救济，这就有必要通过设置实体法和程序法中的相关制度来解决侵权行为人侵权成本偏低和权利人救济成本偏高的问题。只有同时解决了这两个方面的问题，才能起到有效预防知识产权侵权并为当事人提供充分救济的作用。

知识产权民事诉讼保护，是指人民法院对民事主体提出的确认或保护知识产权的诉讼请求进行审理并做出裁判，从而保护知识产权权利人的合法民事权益。目前，全国法院系统知识产权的审判领域不断拓宽。从以技术合同案件为主，扩展到著作权、专利、商标、不正当竞争和商业秘密案件，如今又扩展到网络著作权、植物新品种、地理标志、网络域名、驰名商标司法认定、非物质文化遗产、特许经营和申请诉前临时措施、确认不侵权以及反垄断等全新领域，已经覆盖到知识产权的创造、运用、保护和管理的全过程。

知识产权民事诉讼保护既具有一般民事司法的共性，又具有其自身的特殊性。目前，知识产权民事诉讼通常可分为知识产权确权诉讼和知识产权侵权诉讼。在知识产权确权诉讼中，用普遍的诉讼程序和诉讼制度就足以保障诉讼的顺利进行，保护当事人的权利；在知识产权侵权诉讼中，知识产权客体的非物质性导致了知识产权侵权具有以下特征：不同地域的多个侵权人可以同时实施侵权行为；不能要求侵权行为人承担恢复原状、返还原物的侵权责任，等等。因而，针对知识产权的特殊性和知识产权侵权行为的特殊性，现行民事实体法和民事诉讼法规定了涉及新产品方法的发明专利侵权举证责任倒置等特殊规则，来确保民事司法保护更顺利、更高效的开展。

2.2.3.2　刑事诉讼保护

知识产权的刑事司法保护，是指通过刑事实体法和刑事程序法实现对知识产权的保护。立法部门通过将一些严重的侵害知识产权行为规定为犯罪，给予侵害人刑事制裁，从而维护权利人的利益和国家对于知识产权的管理秩序。

从知识产权国际保护的趋势来看，运用刑法保护知识产权越来越得到重视。TRIPS 协议第六十一条就刑事程序对于各缔约成员国作了最低要求的规定，即缔约成员国或地区至少应该通过刑事立法制裁假冒商标或盗窃版权作品的犯罪。① 我国的知识产权犯罪随着知识产权价值的不断提高呈现上涨趋势。侵害知识产权的受害者包括权利人自身、广大消费者和相关的社会公众。此外，知识产权犯罪还经常和生产、销售伪劣产品联系在一起，迫切需要刑事保护介入知识产权保护体系。

目前，我国《刑法》在"侵犯知识产权罪"与"扰乱市场秩序罪"的章节中，对侵犯商标权、专利权、商业秘密权等严重侵犯权利人知识产权，扰乱市场秩序，危害社会公共利益，情节严重的行为认定为刑事犯罪行为，同时《刑法》规定单位也可以成为该类犯罪的主体。在刑罚种类方面，《刑法》对不同的侵犯知识产权犯罪规定了有期徒刑、拘役、管制、罚金等各种刑罚类型。2011 年 1 月，最高人民法院、最高人民检察院和公安部联合发布了《关于办

---

① 《与贸易有关的知识产权协议》（TRIPS）第六十一条："全体成员均应提供刑事程序及刑事惩罚，至少对于有意以商业规模蓄意地假冒商标或对版权盗版的情况是如此，可以采用的救济应包括处以足够起威慑作用的监禁或处以罚金，或二者并处，以符合适用于相应严重罪行的惩罚标准为限。在适当场合，可采用的救济还应包括扣留、没收或销毁侵权商品以及任何主要用于从事上述犯罪活动的原料及工具。成员可规定将刑事程序及刑事惩罚适用于侵犯知识产权的其他情况，尤其是有意侵权并且以商业规模侵权的情况。"

理侵犯知识产权刑事案件适用法律若干问题的意见》，针对近年来公安机关、人民检察院、人民法院在办理侵犯知识产权刑事案件中遇到的新情况、新问题，进一步明确了法律适用问题。①

2.2.3.3　行政诉讼保护

知识产权行政诉讼保护起源于英美法系国家的司法审查，"司法具有最终审查权"是一个法治国家实现制约和监督行政权力目标必须具备的基本法治理念。对权力进行制约的最好方式是权利主体在自身权利受到侵害时，可以根据国家的有关法律规定，向专门司法机关提起诉讼请求以制止权力的不正当使用，即保证司法救济作为终局性的救济途径。事实上，司法救济的范围和发达程度是衡量一个国家法治发展水平的基本标尺之一。②

知识产权行政诉讼保护，是指法院根据当事人的诉讼请求，依法对知识产权行政机关做出的行政确权、行政执法等行政行为进行司法审查，使各方当事人的合法权益都得到切实保护。我国知识产权行政诉讼通常分为知识产权确权行政诉讼和知识产权执法行政诉讼两大类。知识产权确权行政诉讼是指因专利、商标及其他知识产权的授

---

① 2011 年最高人民法院、最高人民检察院和公安部联合颁布的《关于办理知识产权刑事案件适用法律若干问题的意见》：一是进一步明确了侵犯知识产权刑事案件的管辖问题，对犯罪地认定、管辖争议、并案管辖等作了明确规定；二是明确了在办理侵犯知识产权刑事案件中行政执法部门收集、调取证据的效力问题；三是对办理侵犯知识产权刑事案件的抽样取证和委托鉴定问题作了规定；四是进一步明确了人民法院根据自诉人申请依法调取证据的问题；五是进一步明确了商标犯罪中同一种商品、与其注册商标相同的商标的认定，非法经营数额的计算，犯罪未遂的认定等定罪量刑问题；六是进一步明确了侵犯著作权罪中以营利为目的、未经著作权人许可、发行等犯罪构成要件的认定问题，并对通过信息网络传播侵权作品行为的定罪处罚标准作了规定；七是对侵犯知识产权犯罪的处罚问题作了进一步规定，如多次实施侵犯知识产权行为累计计算数额问题、共犯问题、犯罪竞合问题等。

② 孔祥俊：《WTO 知识产权协定及其国内适用》，法律出版社 2002 年版，第 368 页。

权、无效引起的行政诉讼。比如，商标、专利的申请人不服商标评审委员会、专利复审委员会驳回其申请的决定的，以及商标撤销、专利无效的当事人不服商标评审委员会、专利复审委员会有关商标、专利之效力的决定的，可以向人民法院提起行政诉讼。知识产权执法行政诉讼是指对于知识产权行政机关做出的知识产权侵权行政裁决，以及查处假冒专利、假冒商标、盗版等有关知识产权违法行为做出的行政处罚，如果当事人不服行政执法机关的处理决定，可以向人民法院提起行政诉讼。

知识产权行政诉讼保护可以避免行政权对知识产权这一私权的不法侵害，具有重要作用。在国际知识产权保护领域，TRIPS 协议在其第三部分"知识产权执法"的第四十一条规定了司法审查制度。对行政机关做出的行政裁定，一方当事人可以向有管辖权的法院提出进行司法审查，法律赋予这种司法审查最高的权威性。司法审查的内容有：行政机关适用法律是否正确、行政执法的程序是否符合法律的规定两个方面，主要是对行政行为的合法性进行审查。

在加入 TRIPS 协议之前，我国法院对知识产权行政管理机关的处理决定没有最终司法审查权。而知识产权行政管理机关拥有非常大的行政执法权限，如对侵权人的罚款、吊销营业执照、没收侵权复制品等行政处罚权，可以处理各类知识产权违法事件。行政执法行为，无论是在实体上还是程序上的错误都会侵害权利人的合法利益，甚至是极为严重的一种侵害。"入世"之后，修改后的《专利法》《商标法》等知识产权法律为了符合 TRIPS 协议的基本要求，进一步完善了知识产权行政审判制度，扩大了行政诉讼的受案范围，将关于专利和商标的授权程序、维持及无效程序改为由人民法院进行最终裁决，当事人对专利复审委员会和商标评审委员会的行为不服的，可以提起行政诉讼，确保了司法裁决的终局性。我国知识产权领域确立行政行为的司法审查制度，既是我国知识产权保护与国际接轨所必须采取的措施，也是我国建设法治国家在知识产权司法保护方面的具体体现。

2.3 知识产权行政与司法保护体系的价值论证

2.3.1 知识产权行政和司法保护体系概述

知识产权保护体系是指各种知识产权保护方式相互结合、相互配套、相互补充形成的有机整体和保护系统。广义的知识产权保护体系既包括公权力保护，也包括一切社会力量所提供的保护。公权力保护的主要方式有：其一，立法保护，通过立法规范知识产权主体享有的权利和义务；其二，行政保护，通过知识产权行政主管机关开展行政执法活动提供的保护；其三，司法保护，通过司法途径对知识产权提供的保护。社会力量参与的保护主要有和解、调解、仲裁等多元化纠纷解决方式。此外，知识产权权利人及利害关系人还可以采取保密、技术措施等方式施以预防和制止他人侵权的自力保护。狭义的知识产权保护体系仅指知识产权行政与司法保护体系。下面分两个部分予以论述。

2.3.1.1 知识产权行政保护和司法保护的关系

知识产权行政保护与司法保护各有所长、相得益彰。在不同的领域，知识产权行政保护和司法保护的角色有着不同的定位。具体说来，有以下三种定位。

第一，在普通知识产权民事纠纷领域，司法保护有着主导地位。在实践中，要逐步优化以司法保护为主导、以民事诉讼为主渠道的知识产权保护模式。"特别是专利权保护的特点和规律决定了民事诉讼是解决民事侵权纠纷的基本方式和主要途径。专利侵权纠纷涉及复杂的技术事实查明以及民法通则、侵权责任法、证据规则等一系列法律规则的适用，且案件处理结果对创新活动和行业发展影响甚大；民事诉讼中严格、成熟的诉讼程序以及统一的法律适用机制是正确妥善处理民事纠纷的重要保证。"[1] 在这一领域，知识产权纠纷的行政调解和行政处理基于其便捷和高效等优势，可以发挥有效的补充作用。

第二，在扰乱社会公共秩序、损害公共利益的领域，政府行政查处可以发挥主渠道作用。司法保护具有终局权威优势。"司法保护是知识产权保护的最终环节和最后的救济途径，具有终局的救济效力，较之行政保护更具权威性。"[2] 虽然法院系统认为，司法保护"可以加强对行政执法行为的司法监督，严格规范知识产权行政执法行为，强化对执法行为的程序审查和执法标准的实体审查，依法纠正执法错误。积极引导行政执法的调查取证、证据审查、侵权判定等向司法标准看齐"[3]"强化人民法院对知识产权行政执法行为的监督，规范和促进行政机关依法行政，是司法保护知识产权主导作用的重要体现"[4]，但我们同样可以说，这是司法对行政执法的监督和审查，是司法终局权威优势的体现，并不能否认在扰乱社会公共秩序、损害公共

---

① 最高人民法院民事审判第三庭对《中华人民共和国专利法修改草案（送审稿）》的修改意见。

② 陶凯元：《充分发挥司法保护知识产权的主导作用》，《求是》2016 年第 1 期。

③ 同上。

④ 同上。

利益的领域，政府行政查处发挥的主渠道作用。

第三，一旦违法行为触及刑法，则由司法起决定作用。对侵犯商标权、专利权、商业秘密权等严重侵犯权利人知识产权、情节严重的行为，要给予侵害人刑事制裁。行政机关要加强与司法保护之间的相互配合协调和衔接，做好刑事案件移送和交接工作。

综上，对于知识产权行政保护和司法保护的关系，要依照客观情况，区分不同领域正确认识。司法保护在普通民事纠纷领域发挥主导作用，行政查处则在扰乱社会公共秩序、损害公共利益的领域发挥主渠道作用。"行政保护缺乏程序保障和有效监督，容易造成行政权力的滥用。目前，行政执法中存在着程序冲突、执法缺乏透明度、'以罚代刑'、执法标准不统一等突出问题。而知识产权司法保护具有程序公正、裁判权威、透明度高等优势，可以有效克服行政保护体制的上述弊端。"①

2.3.1.2 知识产权行政保护和司法保护在整个保护体系中的地位及作用

在知识产权保护体系中，知识产权立法保护是一切保护方式的前提和基础；知识产权司法保护是世界上传统的主导保护方式；知识产权行政保护是近现代以来勃兴的重要保护方式；而社会力量的广泛参与，实现多元共治、社会协同是推动社会多层次、多领域共同化解知识产权纠纷的发展路径。知识产权立法保护暂略，下面具体从其他三方面来谈。

首先，司法保护应主导我国的知识产权保护体制。现代法治社

---

① 吴汉东：《发挥司法保护知识产权的主导作用》，《光明日报》2015 年 4 月 24 日第 10 版。

会，司法是社会正义的最后一道防线，是维护公平与正义的最后保障，是权利最终得以实现的保证。权利要得到充分而有效的保护，司法的保护不可缺少，知识产权权利的实现，更离不开司法的保护。知识产权司法保护作为占主导地位的公力救济途径，对于维护知识产权权利人利益方面意义重大。2008 年 2 月 28 日，国务院在《中国的法治建设》白皮书中提出："我国在知识产权保护等方面已逐步建立起比较完善的法律制度，符合社会主义市场经济要求的法律制度已基本形成。司法审判在知识产权执法保护中居于基础地位，发挥着主导作用。行政机构依法主动查处和依当事人请求居间处理相结合，为当事人提供可选择的途径。"同年，《国家知识产权战略纲要》重申："健全知识产权执法和管理体制。加强司法保护体系和行政执法体系建设，发挥司法保护知识产权的主导作用。"这是对知识产权司法和行政保护的格局更为完整、清楚的阐释和定位。行政保护和司法保护各司其职，协调运作，共同维护着知识产权市场秩序，保护当事人合法权益。

司法保护作为知识产权保护体系中的主导，一方面是由于司法保护具有全面性和基础性，相比行政保护具有的优势，已成为当今社会解决知识产权纠纷最有效、最重要的方法和途经。而行政保护存在管罚主体同一化等弊端，限制了其优势的发挥。另一方面这一主导从根本上取决于知识产权的私权属性，在现代法治社会，应当慎用和少用行政办法来解决财产纠纷和民事纠纷，行政机关只能应权利人的请求介入对知识产权民事纠纷的处理。英国知识产权委员会的报告也认为：知识产权的"私有"本质意味着通过庭外和解和根据民法解决两方争端的重要性①。此外，司法是社会救济的最终渠道，"司法终局决

---

① 任建新：《社会主义法制建设基本知识》，法律出版社 1996 年版，第 109 页。

定原则"决定知识产权行政机关应当接受司法机关的审查与监督。从之前的"发挥司法保护知识产权的主渠道作用"到目前的"主导作用",对于知识产权司法保护而言,是一种定位、一种要求、一种趋势和导向,更是一种挑战和责任,是对我国知识产权双轨制保护理论的深化。在法律保护体系中,司法保护的主导作用在于其是主要的、基本的和最终的救济渠道,其法律基础是一国司法的权威性和社会公信力[①]。在国家知识产权战略实施纲要中,也明确规定要发挥司法保护的主导作用,充分显示了人民法院在知识产权保护体系中的重要地位。

其次,行政保护是知识产权保护体系的重要组成部分。我国目前已经初步形成了以专利、版权、工商、农业、林业、公安、海关等行政主管机关为主的行政执法体系,与人民法院共同肩负起保护知识产权的使命。在中国知识产权法制建立初期,不可否认行政保护也发挥了特殊的作用。我国知识产权行政保护在《商标法》《专利法》《著作权法》等相关知识产权法律法规中有明确规定,具有法定性。司法保护不排拒行政保护,行政行为需司法规范,要在尊重历史和现实的基础上,构建司法保护与行政保护两条途径"相互补充、有机衔接"的保护模式。知识产权行政保护在司法保护主导下,可以发挥自身的优势,作为其有益的补充。与司法保护相比,行政保护在处理程序上更加主动、灵活、直接,也更加高效、便民、低廉,是捍卫社会公共利益和维护公平市场竞争秩序的需要,是实现严格知识产权保护的有效途径。在知识产权案件剧增、案多人少的严峻形势下,行政保护可以分流案件,实现判决外的调处,有利于多元化纠纷解决机制的建

---

① 广东省高级人民法院知识产权审判庭:《国家知识产权战略构架下的司法保护》,《人民司法》2009 年第 11 期。

立，也能解决司法保护的成本与资源节约问题。行政执法有着保护效率和保护力度的优势，能快速取证并固定证据，便于司法裁判，对加强司法保护有补足功能。同时，行政执法过程中强制措施的运用能弥补司法"执行难"的短板，即使在当事人提出无效和管辖异议时，也能实现快速停止侵权。发挥行政机关的组织协调力和行政引导性，协同行业组织自治管理，能消化大批量的知识产权纠纷。有必要加强行政调解，构建司法确认机制，通过行政与司法的衔接，推动多元解纷，形成解纷合力。

最后，司法保护、行政保护要与社会力量形成多元协同。多元协同是指司法、行政、社会力量等多主体相互协作参与知识产权保护，达到共同发展的多赢效果。理论界通常聚焦于知识产权的司法保护和行政保护，却忽略了"社会保护"。然而，没有每个社会个体的参与，难以真正形成具有广泛意义的保护。多元协同是知识产权保护领域可持续发展的根本基础，是构建完备、有效的知识产权保护体系的美好愿景和基本路径，是培育和发展知识产权保护生态系统的重要内容。积极倡导"多元协同"理念，要健全主体协同合作机制，知识产权保护不仅依赖司法和行政的力量，还应最大限度地发挥企业、行业协会等社会主体的参与作用，整合多方保护主体各自的特长与优势，或根据现状需求及时转轨创新，促进多元主体共同发展，共同实现知识产权保护目标的实现。

多元协同是推动社会多层次、多领域共同化解知识产权纠纷的发展路径。要"引导当事人选择适当的纠纷解决方式，合理配置纠纷解决的社会资源，完善和解、调解、仲裁、公证、行政裁决、行政复议与诉讼有机衔接、相互协调的多元化纠纷解决机制"。在知识产权纠纷解决领域，尤其是纠纷调解，因其具有低成本、自治性、专业性和保密性等特点，正越来越受到全社会的关注和当事人的认可。目前，在理论和实务界较为认同的调解类型有三种，即民间调解、行政调解和司法调解。狭义上的民间调解主要指人民调解，广义上的民间调解则包括人民调解、行业调解、商事调解、律师调解、专家调解等多种形式。知识产权纠纷对调解方式多样化、调解技能专业化、调解渠道多元化的诉求，要求社会提供纠纷调解的多元协同服务。提高全社会知识产权纠纷调解意识和运用知识产权多元调解的能力，快捷、低耗、和谐化解知识产权纠纷，已经成为我国知识产权纠纷治理体系创新和多元和谐解纷的迫切要求。

随着社会主义市场经济的发展和完善，加强和创新社会治理的一个重要方向就是充分发挥多元主体对社会治理的能动作用。正如党的十八大报告提到的：要加快形成党委领导、政府负责、社会协同、公众参与、法治保障的社会管理体制。在此背景下，治理现代化视角下的知识产权保护更应当强调多元保护，使知识产权不仅获得权利主体的自发保护、来自行政和司法的公权力保护，还获得社会层面企业、社会组织及广大公民的共同保护。

2.3.2 知识产权行政保护和司法保护体系的合理性

由于目前知识产权行政保护与司法保护存在各种各样的冲突，在现实生活中行政权力也普遍存在滥用现象，因此无论是理论界还是实务界都围绕着知识产权行政保护的"去"与"留"，知识产权保护模式的构建展开了激烈的争论。有法学家认为，"知识产权保护双轨制"的提法存在谬误，知识产权的行政保护和司法保护不是平行设置、互不干扰的，而是存在交叉和衔接的。本研究认同这种观点，但也认为知识产权保护双轨制的提法并无错误，只不过行政保护和司法保护的双轨会有交会，会有重合。有法学家认为，知识产权保护双轨制是中国特色，为中国所独有。实际上，世界各国都有一定程度上的知识产权行政保护，只是其他国家可能是行政管理和行政执法相对分离，不像中国目前的知识产权行政管理机关同时肩负执法职能。那么，知识产权行政保护和司法保护两条途径并存到底有没有合理性呢？这种保护模式的正当性基础是什么？下面分三个方面予以论述。

2.3.2.1　知识产权行政保护和司法保护是历史发展的产物，契合中国行政保护的传统

知识产权保护制度对中国而言是舶来品，发端于改革开放之初。20 世纪 80 年代初，新中国的首部《商标法》第三十九条和《专利法》第 60 条开始对知识产权的行政保护做出了明确规定，此后一些相关的知识产权法律法规也先后做出类似规定，这就为我国的知识产权保护模式设定了初步的框架，奠定了我国知识产权行政保护和司法保护并存的雏形结构基础。随着历次修法，知识产权行政保护和司法保护都进一步得到了加强。以《专利法》为例，其在第一次至第三次修改的征求意见稿中，立法者就通过修订和增加有关条款来强化专利行政保护制度[①]。当前酝酿的《专利法》第四次修改，在专家建议稿中也集中体现了专利行政保护制度的强化，同时进一步突出了专利司法保护的终局性[②]。由此可见，知识产权保护两条途径的确立是随着

---

①　1992 年 9 月第一次修改《专利法》新增第 63 条第二款关于处罚专利假冒行为；2000 年第二次修改新增第 60 条；2006 年第三次修改的《征求意见稿》新增第 A4 条、第 A5 条、第 A6 条、第 A10 条、第 A11 条、第 A13 条（该征求意见稿对建议增加的条款采用 A1、A2、A3……的方式予以编号）。

②　2012 年 8 月，国家知识产权局公布的《中华人民共和国专利法修改草案（征求意见稿）》，强化专利行政保护的条款集中在对现行《专利法》第 60 条、第 64 条、第 65 条的修改，强调司法的终局性体现在确立专利纠纷行政调解协议司法确认机制。

知识产权制度的引进相应并生的，是知识产权法制发展的自然产物。

由于中国几千年来一直处于封建专制的奴役下，奉行皇权至上，皇帝一般是口含天宪、言出法随，相权和法司①皆是皇权的附庸，其中代表行政权力的三省（或六部）是中国传统权力结构中势力最昌盛、机构最庞大的，代表司法权力的大理寺、刑部和都察院等司法机构则相对偏弱，这造成中国传统社会中司法权不独立的现象。在地方，秦汉以来地方行政长官具有兼理司法的传统。老百姓遇到纠纷，一般先经过乡里的三老、里正或家族中德高望重的长辈来调解，而非争讼到县廷，也就是"无讼是求"。在这种传统法律文化下，司法救济显得极其薄弱，尤其是重刑轻民，民事侵权往往得不到司法保护，即使获得救济，也主要是家族礼制的约束（或民间调停）和行政机关的裁判。虽然历经西学东渐和新文化运动，但中国行政机关的领导地位一直未变。中华人民共和国建立以后，由于长期实行计划经济为主导的发展模式，行政权力异常强大，成为社会生活和经济领域无不涉及、无孔不入的力量。知识产权制度确立时，也就会自然地寻求国家行政权力的保护，因此从历史文化传统来看，知识产权行政保护是契合中国行政保护的传统惯性和权力依赖的。

2.3.2.2 知识产权行政保护和司法保护是权力分立的必然，契合行政权力内在的张力

权力分立为近现代各国政治体制所普遍采用，可以说是权力发展过程的某种必然。因为随着社会经济的发展，为更好地控制社会，权

---

① 中国古代历朝历代的司法机关设置不一，前秦时期为司寇，秦汉为廷尉，北齐时改设大理寺，隋唐时期包括大理寺、刑部、御史台三大司法机构，明清设刑部、大理寺和都察院（合称"三法司"）。

力会必然发生分化和授让。追本溯源，分权学说可以上溯至古希腊和先秦。亚里士多德在其《政治学》中就曾将国家权力划分为审议、管理、司法三要素。在西周以前，就有若干分封建国和权力分立的情形，《诗·商颂·殷武》曾记载："命于下国，封建厥福。"在秦朝，已经形成三公九卿制度，是典型的权力分立现象。现代意义的权力分立学说为洛克首创，孟德斯鸠进一步发展，主张必须建立三权分立的政体，按照立法、行政、司法三权分立的原则来组建国家。孟德斯鸠认为，要防止滥用权力，就必须以权力约束权力，通过权力的分立和制衡来解决权力行使中发生的矛盾冲突。这种观点后来被资产阶级革命家孙中山所接受，并结合中国古代政治制度提出"五权分立"，即在行政、立法、司法三权之外，加上考试和监察二权。虽然我国实行的是民主集中制，不同于西方资本主义国家的三权分立制，但都存在着权力的分立和制衡。全国人民代表大会制度是我国社会主义的根本政治制度，形成我国权力结构居于顶端的立法权，在其监督之下设立"一府两院"，即构成国家行政权和国家司法权。立法为法所出，行政和司法为法之实施，这种权力的分立反映到知识产权保护领域就形成了知识产权保护体系的两种路径。

由于行政权力的触角伸及社会生活的方方面面，涉及经济文化等各个领域，为了公共政策的实施、公共安全的保障和公共福利的提供以及社会的全方位管理，行政权力天然具有扩张的本性。从行政体制的发展来看，复杂而不同于以往的社会发展推动了行政机关及行政立法数量的膨胀；从政治气候和经济环境来看，经济危机的爆发和政治丑闻的出现，都激起了官僚机构的增长浪潮；从行政权的功能来看，政府对经济生活和市场运作进行了大力度的干预并大规模地提供公共产品。自罗斯福新政以后，美国的行政权力及总统权力得到了极大的扩张，在欧洲随着福利经济和凯恩斯主义的盛行，行政权力也逐渐向各个领域蔓延。在中国，计划经济体制下强调政府有形之手的强力干预，行政权力也一直处于放大态势。在知识产权的保护领域，行政权力的干预就必然会带来知识产权的行政保护，也就形成了司法保护和行政保护并行的格局。这是符合行政权力扩张性的规律的，虽然行政权力的扩张应当受到一定的限制。

2.3.2.3 知识产权行政保护和司法保护是全面保护的要求，契合知识产权的特有属性

知识产权保护是一项系统工程，尤其在知识产权意识尚且薄弱的中国，通过行政保护和司法保护两条路径来共同为知识产权权利人保驾护航就显得很有必要，这是全面保护知识产权的一种要求。TRIPS协定在其序言的第1段、第2段（C）、第一条第一款、第七条、第四十一条第一款、第六十二条等条文中，都允许各成员国自由设置知识产权行政保护制度；第四十九条①、第五十条第八款明确肯定了知识产权行政保护制度；第二十四条第三款、第二条第二款、第六十五条第五款等条文中明确规定了"不得减损已有知识产权保护水平"的原则。可见，知识产权行政保护并不是TRIPS所禁止的，相反，擅自去除已有的知识产权行政保护，将会减损现有知识产权的保护水平，不利于知识产权的全面保护和充分保护。在我国目前的知识产权保护机制下，可以说知识产权行政保护和知识产权司法保护两者都不可偏废，不是存废去留问题，而是优化配置问题。

知识产权作为一种特殊的民事权利，既涉及知识产权权利人民

---

① TRIPS协定第49条规定："在以行政程序确认案件的是非并责令进行任何民事救济时，该行政程序应符合基本与本节之规定相同的原则。"

事权益的保护，又关系到社会公众利益的维系。正因为知识产权具有重要的公共利益性质，虽然其作为一种私权，却有着公共商品和私人商品的双重属性，要求法律除了在确认和保护知识产权权利人的私益外，还需要平衡和兼顾社会公共利益。由此，为了保障社会公共利益的需要，行政机关介入知识产权侵权领域就显得很有必要。这是由知识产权的特有属性决定的。虽然在不同的国家，知识产权行政保护的强弱会有很大不同，知识产权的保护模式也各有千秋。比如，欧美国家更强调知识产权司法保护为主导，但同时有知识产权海关保护，这就是知识产权行政保护的一种体现；还有有些国家的警察具有查封没收盗版违禁品的权力，这也是知识产权行政保护的另一种体现。在美国，还设立了美国国际贸易委员会，该行政机关具有准司法的职能，能针对《美国海关法》第三三十七条启动知识产权侵权的判定，并做出临时禁令、永久性禁令等裁定内容。由上可知，知识产权行政保护和司法保护并存有其合理性，在某种程度上是契合知识产权的公共利益品格的，同时契合知识产权的私人权益救济属性。

2.3.3　知识产权行政和司法保护体系的科学性

在知识产权保护体系中，知识产权行政保护与司法保护之所以存在冲突，其最根本的原因就在于权力界分的不明晰，行政权与司法权的配置存在不合理、不科学的地方，导致了交叉和冲突的现象。要协调知识产权行政保护与司法保护的关系，首先要解决的就是知识产权保护领域行政权和司法权的界分问题，要弄清楚行政权到底是什么属性，应包括哪些权能内容，司法权具有什么属性，司法权与行政权两者之间的边界在哪，如何来平衡行政权与司法权的关系，进而使知识产权行政保护与司法保护更加协调。以下就从权力来源和演化的历史、权力的扩张与控制、权力的配置和设定三个方面来论证知识产权行政和司法保护体系的科学性，探寻行政保护与司法保护的冲突化解之道。

2.3.3.1 权力的来源与演化

权力作为一种泛文化现象，可以说与人类社会是相伴而生的，也是无处不在的。凡是存在高贵与卑贱、权威与遵从、敬畏与膜拜、强势与依赖等对比关系时，权力就以隐形或显性的姿态存在着。何谓权力？马克斯·韦伯将其定义为"在社会交往中一个行为者把自己的意志强加在其他行为者之上的可能性"，认为权力意味着在一定社会关系里哪怕是遇到反对也能贯彻自己意志的任何机会，不管这种机会是建立在什么基础之上。帕森斯认为，"权力是一种保证集体组织系统中各单位履行有约束力的义务的普遍化能力"。后现代主义法学家福柯则认为，权力是各种力量关系的集合。究其本质，权力就是主体以威胁或惩罚的方式强制影响和有效制约其他社会关系，并借此获取价值资源的能力。

权力从何而来，又如何演化？在人类社会进入国家形态的初期，权力作为一种组织性的支配力开始出现，这时权力尚处于浑然一体的混沌状态，只是维护族群秩序的某种强大的影响力。到两千多年前的古希腊，亚里士多德首次提出分权理论[①]，当时政治社会也有了分权

---

① 亚里士多德在《政治学》中总结了构成民主政体基础的三大要素，其中之一就是行政机能部分，涉及行政职能有哪些职司，主管的是哪些事，以及他们是怎样选任的等问题，但没有明确提出行政权。古罗马史学家波里比阿继承其学说，在《罗马史》中将国家权力一分为三，分别由公民大会、元老院、执政官行使，其中公民大会是最主要的议事机构，元老院是集议事、执行与司法于一身的机关，执政官是日常政治和军事事务的执行机关。

实践的萌芽①。随着社会文明的进步，人们对权力的来源认知是不一样的，权力自身的发展也存在分合博弈。在奴隶社会和中古时期，无论是东方还是西方，都在君权的神化方面不谋而合，认为君权神授，"普天之下，莫非王土，率土之滨，莫非王臣"，皇帝（国王）的权力是神给的，具有天然的合理性。《尚书·召诰》说："有夏服（受）天命"。无独有偶，古埃及的法老自称为"太阳之子"，古巴比伦的汉谟拉比王则自称为"月神之裔"。在中国汉代，董仲舒提出"天人相与"的概念，认为天和人间是相通的，天是有意志的，是最高的人格神，天按照自己的面目创造了人，人应按天的意志来行动，皇帝是奉天之命来统治人世，人们应该无条件服从。在西方中世纪，查士丁尼大帝提出君权神授思想，竭力将世俗君权和宗教神权结合起来，使拜占庭帝国逐渐发展成为一个神权君主国。

文艺复兴时期，人文主义和科学精神催生了解释权力来源的社会契约论诞生②，包括国家起源、天赋人权、三权分立、主权在民等思想，代表人物有霍布斯、洛克、孟德斯鸠、卢梭、狄德罗等。在这些启蒙思想家的反对封建专制、保障个人自由的呼声中，1689 年英国《人权法案》、1776 年美国《独立宣言》、1787 年《美国宪法》、1789 年法国《人权宣言》等规制权力的宪法性文件陆续颁布，古典宪政体制开始形成。1689 年和 1690 年洛克接连发表《政府论》上下篇，将国家权力一分为三，即立法权、执行权和对外权。其中，立法权是"享有权力来指导如何运用国家的力量以保障

①　在伯里克利时代，雅典民主达至顶峰，出现公民大会、五百人议事会、元老院、执政官、十将军委员会和陪审法庭。

②　"社会契约论"主要探究了是否存在合法的政治权威，成为现代民主制度的基石。卢梭认为政治权威在我们的自然状态中并不存在，所以需要一个社会契约。在社会契约中，每个人都放弃天然自由，而获取契约自由；在参与政治的过程中，只有每个人同等地放弃全部天然自由，转让给整个集体，人类才能得到平等的契约自由。

这个社会及其成员的权力"，执行权是"一个经常存在的权力，负责执行被制定和继续有效的法律"，对外权"包括战争与和平、联合与联盟以及同国外的一切人士和社会进行一切事物的权力"。①1748 年，孟德斯鸠在《论法的精神》中进一步阐释了三权分立的学说，认为"每一个国家有三种权力：（一）立法权力；（二）有关国际法事项的行政权力；（三）有关民政法规事项的行政权力。依据第一种权力，国王或执政官制定临时的或永久的法律，并修正或废止已制定的法律。依据第二种权力，他们媾和或宣战，派遣或接受使节，维护公共安全，防御侵略。依据第三种权力，他们惩罚犯罪或裁决私人争讼。这最后一种权力可以称为司法权力，而第二种权力则可以简称为行政权力"②。孟德斯鸠的分权学说后来被美国联邦党人吸收、改造，发展成美国建国体制的"三权制衡"模式。与此同时，哲学家康德也将国家权力三分为"立法权、执行权和司法权"，黑格尔将其分为"立法权、行政权和王权"③。

当自由资本主义发展到中后期，马克思、恩格斯在 1848 年的《共产党宣言》中提出权力源于历史发展和阶级斗争的唯物主义观点，经列宁、斯大林、毛泽东等人不断发展完善。他们认为，国家是社会经济发展到一定历史阶段的产物，"经济利益互相冲突的阶级，不至于在无谓的斗争中把自己和社会消灭，就需要有一种表面上驾于社会之上的力量，这种力量应当缓和冲突，把冲突保持在'秩序'的范围以内；这种从社会中产生但又自居于社会之上并且

---

① ［英］洛克：《政府论》（下篇），叶启芳、瞿菊农译，商务印书馆 1982 年版，第 89—90 页。

② ［法］孟德斯鸠：《论法的精神》，张雁深译，商务印书馆 2012 年版，第 155 页。

③ ［德］黑格尔：《法哲学原理》，范扬、张企泰译，商务印书馆 1961 年版，第 286—287 页。

日益同社会相异化的力量，就是国家"。中国现行《宪法》规定，"中华人民共和国的一切权力属于人民，人民行使国家权力的机关是全国人民代表大会和地方各级人民代表大会，由民主选举产生，对人民负责，受人民监督；国家行政机关、审判机关、检察机关都由人民代表大会产生，对它负责，受它监督"。可见，我国权力体系的特点在于在人民代表大会的统摄下，实现立法权、行政权、司法权的分立和监督。

20 世纪 60 年代，西方社会出现了反对近现代体系哲学倾向的思潮，反对以各种约定俗成的形式来界定或规范，即后现代主义。其代表人物包括法国的福柯、美国的罗蒂、日本的柄谷行人、德国的哈贝马斯。他们的权力观不同于传统的权力观，把国家、政府和法律视为权力的中心，从而形成一种自上而下的支配、控制和统治的大厦，而是从知识、话语、真理、科学、空间、文本、法律、道德等视角来研究，探讨权力关系得以发挥作用的方式、技术和场所，使权力分析成为社会斗争和社会批评的工具。后现代主义认为，现代权力已经从宏观政治领域走向社会日常生活的方方面面，更多是从微观的角度阐释，构造现代权力运行的宏大谱系网络。福柯反对司法主义和国家中心论，认为权力是无中心、无主体、易变的一个巨大的关系网络，人人都是这个巨大关系网络中的一员；权力存在和作用于人类社会的一切微观领域，具有多样性、无主题性、片段性和不确定性。哈贝马斯从话语政治的角度论述了法律的合法性，提出"法律是交往权力转化为行政权力的媒介"。后现代主义者常常倾向于从文化研究和社会研究的角度理解权力，权力不再是传统意义上的压制性概念，而是对自然和社会之驱动力的抽象和解构。

2.3.3.2　权力的扩张与控制

权力是掌权者凭借某种资源的占有，进而控制、支配他人与社会集团的影响力，是维护统治秩序的"一种组织性之支配力，是制定法律、维护法律与运用法律之力"①。由于权力的固有属性，权力天然就具有易失控性、易扩张性、易异化和腐蚀性，在国家权力结构体系中行政权表现得尤为突出。

19世纪晚期以来，行政权力扩张已经是世界上一种客观、普遍且必然的现象，尤其是在西方资本主义国家陆续爆发经济危机以后，传统的行政权和放任自由的经济已无法应对这种挑战，"最小政府"理念已显得不合时宜，政府不干预经济的守夜人角色已发生悄然转型，要求在"无形之手"之外用"有形之手"，解决层出不穷的就业、卫生、环保、交通、福利等社会问题。无论是经济学家，还是政治家，都倾向于主张政府制定有关政策来干预和调控经济事务，以纠正市场失灵促进经济平稳发展，如凯恩斯的国家干预主义、米达尔的动态均衡论、凡伯伦的制度经济学派理论。"二战"后的美国，罗斯福亲政使总统权和行政权扩张到顶峰，通过高压政策解决高失业和高通货膨胀并存的"滞胀危机"。后来，由于新自由主义出现，行政权干预受到质疑，逐渐发展成以自由市场经济为主、以行政权适度干预为辅的折中路线。在社会主义阵营中，苏联和新中国推行计划经济模式，法律虚无主义盛行，行政权力无所不及，权力范围过大，甚至有泛滥之虞。我国实施改革开放以后，行政权力仍是推动经济社会改革的主要推手，行政权力虽有部分退出经济领域，但仍根深蒂固、坚不可撼。

---

① 谢瑞智：《宪法辞典》，台湾文笙书局1979年版，第61页。

那么，行政权力扩张是否应当，背后的动因是什么，是否应予限制和控制？从历史发展来看，行政权力扩张表现为两种趋向：一是行政权力随着社会经济发展的需要在不脱离传统行政权的本旨范围下的突破与延伸；二是行政权力超出了国家权力体系对社会权力的侵蚀或行政权力发生异化，向国家立法权和司法权进行侵犯。有学者认为行政权力扩张实质上是行政权力的增大，从行政扩张的表现形态可将其分为行政权力行使范围的扩张和行政权力自身行使程度的扩张①。从权力扩张的方向上来看，既有水平扩张，又有向上扩张和向下扩张。其中，水平扩张指一个权力部门将权力触角伸向与自己平行的权力部门，进而控制支配该部门的权力行为；向上扩张指掌权者将权力触角伸向上级权力部门，依靠自身权力或他人的权力影响、控制甚至支配上级部门的权力行为；向下扩张实际上是上级包揽下级部门的权力的行为。当然，这里的权力扩张更多的是从微观层面的描述，而我们评判权力扩张的正当性将从宏观层面进行审视，无论权力扩张是合法扩张②还是非法扩张③。

行政权力为什么会扩张？本研究认为有以下四个原因。一是公共利益的需要。为了满足自由资本主义发展和现代性④的需要，在理性

---

① 刘素梅：《论行政权力的扩张》，《苏州大学学报》2006 年第 2 期。该文认为行政权力自身行使程度的扩张包括自由裁量权的增大和行政程序被突破两方面，并将其归为行政权力扩张的表现，而这更多的是行政权力在自身范畴内的滥用，应否理解为权力扩张值得商榷。

② 有学者认为，合法扩张一般有两种情形：其一，通过合法途径争取改变权力分配的固有格局，重新划分权力范围以达到扩张权力的目的；其二，通过向上或主管当局要求、呼吁、抗议，凭借他们的干涉间接控制自身权力难以直接控制的单位和部门。

③ 有学者分析，非法扩张常常有三种渠道：间接制约扩权、私人关系扩权和权力交易扩权。

④ 满宁·纳希认为，现代性是有利于把经受过考验的知识运用于生产的各个领域和各部门的社会、文化和心理体系；现代化则是向着建立现代性并使之体制化的方向转化的过程。参见 Manning Nash ed. , "Essays in Economic Development and Cultural Change", in *Honor of Bert F. Hoselitz*, 1977。

主义和三权分立学说的基础上人们构建了传统行政权①，即国家行政机关执行法律、管理行政事务的权力。现代化是一个理性化作用于人类思想和行为的多重变化过程，它导致了人与自然关系的复杂化、人与人关系的复杂化，其具体表现为新型社会关系和社会事务的剧增。而理性化在客观上要求这些社会关系和社会事务应得到有序的安排，故权力作为一种管理能力其扩增就成为一种合理的客观需要。② 由于资本主义发展和现代化进程固有的矛盾爆发，市场机制具有自发性、盲目性、滞后性和外部性，传统行政权很难应对和解决，基于公共利益的需要和公共秩序的保障，行政权便有了扩张的现实性。二是权力的固有属性。一切权力都有潜在的扩张特性，这是由其固有属性决定的。孟德斯鸠说，"一切有权力的人，都容易滥用权力，这是万古不易的一条经验，有权力的人使用权力一直遇到有界限的地方才停止"③。国家权力的实质在于权力的拥有者和行使者能运用国家强制力实施指挥、命令和支配。行政权作为具有公共利益性的强制性支配力量，具有主动性和单方面性，操纵灵活，有弹性，因此是所有公共权力中最容易扩张的权力。权力一旦授予当权者，当权者就处于掌控和运用强制力量的强势支配地位，在公共领域和私人领域界线模糊且不确定时，他们往往会突破自身的合理界限，扩展行为范围或越权，导致对人民的奴役和侵犯。三是部门扩权的意志。英国法哲学家霍布斯说："全人类共同的爱好，便是对权力永恒的和无止境的追求，这种追求至死方休。"行政权之所以扩张和膨胀，也跟部门的集团利益或

---

① 美国法学家布莱克的定义是：行政权（excutive powers）即执行法律的权力，它是总统根据联邦宪法第二条的规定而享有的广泛权力……它与制定法律及对法律纠纷进行裁判的权力相区别。参见 *Black's Law Dictionary*，1979 年版，第 511 页。

② 季涛：《行政权的扩张与控制》，《行政法学研究》1997 年第 1 期。

③ ［法］孟德斯鸠：《论法的精神》，张雁深译，商务印书馆 2012 年版，第 154 页。

行政意志有关。为了更好地做出政绩，保障部门的行政管理顺畅有序，提高行政管理效率和实现行政管理秩序，行政部门更倾向于扩权，占有更多的行政资源。这种扩张，既可能源于传统的官本位意识作祟，为谋求私利进行的恶意扩张，也可能是行政主体为达成行政目标，而驱动行政权力进行的善意扩张。四是制度规范的缺失。现代社会具有极大的不确定性、流动性和复杂性，立法者的有限理性不可能使成文法或相关的规章制度涵盖社会的方方面面，这就使得法律天然具有一定的缺漏和盲区，不能适应社会发展的需要。加上行政权模糊不定，过度集中，往往在很多空白区间需要介入，而此时又缺乏相应的约束和监督机制，这样政府权力就会出现过度扩张的现象，甚至发生异化，染指司法和立法领域。

行政权力的扩张与控制是怎样的关系？本研究认为，应分别情形，究其法理，剖其成因，对其进行正当性评判，才能得出到底该不该限制、怎样控制的结论。美国学者约翰·肯尼斯·加尔布雷思将权力的行使方式分为三种：应得性权力（condign power）、报偿性权力（compensatory power）、说服性权力（conditioned power）。[1] 其中，应得性权力即通过强制的惩罚性后果的可能出现来使人敬畏，从而赢得服从；报偿性权力即通过给予对方某些利益的满足作为报偿来赢得服从；说服性权力即通过劝导、规诫、教育等方式来改变对方的信念和想法，从而赢得对方的自愿服从。按照加尔布雷思的分析思路，权力扩张的来源有三种[2]：第一种，基于组织化强制力量的行政权扩张。这种方式是传统行政权以原本的权力来源与行使方式的自在扩张，

---

① ［美］约翰·肯尼斯·加尔布雷思：《权力的分析》，陶远华、苏世军译，河北人民出版社 1988 年版，第 2—3 页。

② 季涛：《行政权的扩张与控制》，《行政法学研究》1997 年第 1 期。

也就是以组织化强制力量为基础，以单方面强制命令性行为为行使方式的应得性权力的扩张。从历史的发展来看，这种硬性的扩张慢慢让位于柔性的扩张，趋于萎缩。但本研究认为，由于社会经济发展的需要和特殊情形下的公共利益需要，行政权力在不脱离传统行政权的范围下进行适度的突破与延伸，是可接受的。比如战争时期的征用，或国家处于紧急事态下的强制性应急处理，但这种扩张需要严格的控制，限定苛刻的形式条件。第二种，基于公共权利的行政权扩张。由于社会现代化和政府行政目的的转向，政府越来越多地基于其控制的大量公共资源进行平等互利的外向事务管理，如公营企业、公共资源开发和经营、财政投资，也就是以公共权利为直接权力来源，以行政双方相互利益的满足来获得合作性的服从的报偿性权力扩张。我国经过社会主义改造后，表现得尤为突出，在控制国家经济命脉和国计民生的基础性行业多为国营企业提供垄断性的服务，比如银行、铁路、矿产、水利、基础设施建设等。目前，社会主义市场经济中地方政府通过财政拨款或国有土地出资等形式设立国有资产运营公司，从某种程度上是行政权的变相延伸，但这种扩张是间接性的、柔和的，在一定情形下也是合理的。第三种，基于统一独立政府人格的行政权扩张。现代政府具有独立的人格，将公共权力和公共权利融为一体，同时拥有行政立法权、行政司法权和行政执法权，可以为实现行政目的采取各种灵活、便捷、有效的措施，从事大量说服性的事实行为，如行政计划、行政指导、斡旋、仲裁等。这就形成了以政府人格为直接权力来源的说服性权力的扩张。这种做法在经济法盛行的德国和日本得到普遍认可，在其他国家并不受重视，但从服务型政府建设的角度具有一定合理性。

针对上述权力扩张情形，本研究认为如果行政权扩张是基于公共利益的安排，对传统行政权进行适度的修正和突破，则对社会权利的渗透和对私人领域或民间力量调整的领域进行介入，有利于社会整体福祉，则这种扩张是正当的；如果行政权向其他国家权力横向扩张，形成行政立法权和行政司法权，势将导致权力异化的情形下，则这种扩张是不正当的，应予严格控制，除非存在法律保留或经立法程序特别设定了准司法制度；如果权力扩张是通过引进私主体或行政指导等软扩张方式完成，这时权力扩张已不同于传统行政权意义的扩张，且有利于公共利益和政策导向的话，则这种扩张也正当，但需保证结果的公平和过程的可选择性。

行政权之所以需要控制，其法理根基可能在于分权学说和宪政理论。根据近代分权学说，传统行政权与司法权、立法权是泾渭分明、相互制衡的。孟德斯鸠曾说："当立法权和行政权集中在同一个人或同一个机关之手，自由便不复存在了；因为人们将要害怕这个国王或议会制定暴虐的法律，并暴虐地执行这些法律。""如果司法权不同立法权和行政权分立，自由也就不存在了。如果司法权同立法权合二为一，则将对公民的生命和自由施行专断的权力，因为法官就是立法者。如果司法权同行政权合而为一，法官便将握有压迫者的力量"。[①] 根据现代宪政理论，政府的权力既是有限的，也应是有效的。一方面，有限政府要求控制行政权力，合理界定行政权力和社会权利的边界，认识到政府权力可能对个人自由和个人权利造成侵害，因此政府权力的行使不能超出个人和社会集体的授权范围；另一方面，有效政府要求在宪政框架内，以正义和效率为宗旨、实现政治目标和人权自由为目的，在控制权力的基础上保障行政的规范、有序和高效。

---

① ［法］孟德斯鸠：《论法的精神》（上册），张雁深译，商务印书馆 2012 年版，第 153 页。

权力控制有哪些路径？笔者认为有以下五种。第一种，以权力制约权力。洛克说："在一切情况和条件下，对于滥用职权的强力的真正纠正办法，就是用强力对付强力。"制约权力、遏制权力最好的方式就是权力本身。这也是无论大陆法系还是英美法系的实践经验，在德国、美国都有司法审查机制，设立宪政法院或行政法院，对无权限、超越管辖权、实体瑕疵、违犯程序、滥用自由裁量权等行政权行使不当的行为进行控制。第二种，以权利制约权力。权力与权利之间的关系在西方近代宪制建构的国家主义与自由主义的思想中总是此消彼长的。国家主义主张国家、集体高于个人，颂扬集体的统一性和权力的至高性；自由主义主张社会高于国家，昭示个人的独立自由，以个人权利对抗国家专制。随着现代化的进程，"那些把整个个人都放到超越个人的目的体系当中的陈旧形式消失了，以家庭为单位的个体经济成为他们自上而下的核心，于是私人领域建立了起来，它和公共领域相互对立，也可以相互分离"①。私域的独立及存在，使得个体为抗争自己的权利受侵害，而实际制约和对抗权力。第三种，以法制制约权力。法律制度是权力运行的控制器和安全阀。如果缺乏健全的制度约束，就不能充分体现人民的意志，而代之以权力行使者的意志，权力就会滥用，损及权力的权威性。德国就有依法行政原则和平衡原则，通过法律原则来控制行政权扩张。因此，要通过国家立法对行政权的原则、范围、行使标准、行使程序做出明确界定，使权力关进"法制的笼子"里。第四种，以程序制约权力。程序能够保障行政权力在规范的法治轨道运行，威廉·道格拉斯就曾说道："正是程序决

---

① Joseph Schumperter, "The Crisis of the tax state", Alan T. Peacock (ed): *International Economic Papers*, New York: Macmillan, 1954.

定了法治与恣意的人治之间的基本区别。"① 有学者认为,在中国依法行政原则之所以长久等同于一句标语口号,不对行政行为产生实质性的效用,是因为在行政法体系中,缺少一个由外在力量制定的、专为行政机关设定具体行为守则的组成部门,这便是行政程序法。② 第五种,以社会制约权力。托克维尔在《论美国的民主》中提出要以社会制约权力,在公民社会与政治国家分离的前提下,通过社会群体、社会组织、社会势力的集体性权力,可以监控、制约、净化行政权力。这里的制约既包括组织化力量的制约,如政党、社会团体等对权力的监督制约,也包括新闻舆论和人民群众的制约。

2.3.3.3　权力的配置与设定

如果说权力的扩张和控制是从动态的视角来看权力应该限定在多大范围的话,权力的配置与设定就是从静态的视角来看应该赋予权力多大幅度。2008 年 6 月 5 日颁布的《国家知识产权战略纲要》早已将"健全知识产权执法和管理体制"列为五大战略重点之首,明确提出"加强司法保护体系和行政执法体系建设,发挥司法保护知识产权的主导作用,提高执法效率和水平,强化公共服务。深化知识产权行政管理体制改革,形成权责一致、分工合理、决策科学、执行顺畅、监督有力的知识产权行政管理体制"。可见,科学配置知识产权保护的行政权和司法权具有重要的意义。

要合理配置知识产权保护的行政权和司法权,我们应该透析这两种不同性质的权力的内在特质与品格,也就是要掌握这两种权力在知识产权保护的动态法律利益衡量过程中、在权力或权利的博弈

---

① 季卫东:《法律程序的意义》,中国法制出版社 2004 年版,第 1 页。

② 崔卓兰:《依法行政与行政程序法》,《中国法学》1994 年第 4 期。

空间中呈现的固有性格和品质，同时将这两种权力放到整个权力系统中进行定位和配置，这样才能形成清晰、合理、科学的知识产权保护体系。

那么，行政权与司法权到底应如何区分，应主要从哪些差异点进行设定？笔者认为有以下三点。其一，权力设定要考量两者的权力属性不同。行政权是管理权，司法权是判断权，行政权具有主动性、扩张性，司法权具有被动性、保守性。当今社会没有一种权力比行政权的行使更为广泛、更为经常，因此行政权相对于司法权，更可能会被滥用，而司法权作为维护法律事实和社会正义的最后一道防线，更偏向于中立。其二，权力设定要考量两者的价值导向不同。行政权的任务，在于维护公共利益和秩序安全，通过执行法律规范实现对社会事务的组织和管理，要求迅速、及时、高效地做出回应；司法权的任务则在于对特定社会成员的争议利益进行分析、筛选、判断和确认，以实现公正的分配和合理的调整。其三，权力设定要考量两者的运行机理不同。行政权主要是通过直接的"命令—服从式"的垂直干预和统领行为来达成行政目的，司法权则主要是通过实施法律过程中产生的纠纷处理来维护社会正义，旨在通过个别的具体的主体之间的相互交涉与论辩，来甄别和确立其间的利益分野与利益取舍。①

现代宪政体制下，一切权力都应有相应的边界，这在社会主义国家也不例外。行政权和司法权的划界常常随着历史的发展，呈现模糊不清的状态。20世纪以来，行政机关将自身的触角扩大到制定法律及裁判领域，有重新将立法、行政与司法聚集一身的趋势。行政司法化

---

① 汪习根：《司法权论——当代中国司法权运行的目标模式、方法与技巧》，武汉大学出版社2006年版，第17页。

或司法行政化，在现代社会变得常见，但如果没有法律的规制，这种权力的过度扩张和相互交叉往往带来更大的隐患，对人们的私域空间侵扰最大。从目前的权力体制架构来看，我们容忍一定程度的准司法或司法执行现象，也允许一定范围的行政裁决存在，但这是严格受限的。虽然现代化进程使传统的行政权和司法权受到很大冲击，但整体框架上仍延续三权分立的基本内涵，且不得任意突破，这是现代行政权和司法权权能分工的基础，也是知识产权行政保护和司法保护界分的基础。

在知识产权保护框架下，行政权的设定界限该如何把握，又该如何配置？就目前我国知识产权行政管理的现状，可以发现存在权力体系不清晰、权力配置层级不清楚、权力分配不均衡等问题。在加快推进法治中国建设的大背景下，要科学构建知识产权行政权的配置机制，需要把握以下三点。

首先，从行政权的内核和根本属性出发，行政权是以公共治理为轴心的，行政的目的在于追求公共利益。以传统的见解，行政乃实现国家目的之一切国家作用，而所谓国家目的者，具体言之，即指公共利益或公共福祉而言，是以追求公益可谓是行政的一项重要特征①。以洛克、孟德斯鸠为代表的古典宪政主义思想家认为，在社会生活中，个人的尊严和价值必须得到尊重，政府的目标在于保障人们的生命、自由和财产。在三权分立的宪政体制下，"制定和废除法律、宣战和媾和、派遣和接受使节、维持秩序、防御入侵、惩罚犯罪、解决私人之间的争端——这些是 18 世纪政府的基本职

---

① 翁岳生编：《行政法》（上），台湾元照出版有限公司 2006 年版，第 11 页。

能"。① 这是"最小政府"理念下的主张，但到了垄断资本主义时期，行政权对社会生活干预的深度和广度都发生了很大变化，行政权开始肆意扩张，但行政权的权能辐射都是围绕着公共福祉展开的。因此，行政权的根本属性就是公共治理性，其行使的基本方式就是公共管理。要科学地配置知识产权行政权，就必须以公共治理作为其权力行使的边界，不得滥用行政权，也不得随意设置行政权。

其次，由于公权力的天然扩张性，尤其是作为公共管理的行政权，其设定和配置必须在法治的框架下进行，必须由宪法和法律来预设。这既是限权的需要，也是设权的基本要求。从限权的角度来说，因为公权力不同于私权利，在马克斯·韦伯看来就是"在社会交往中一个行为者把自己的意志强加在其他行为者之上的可能性"，权力天生就具有一种不断膨胀的特征，一切有权力的人都容易滥用权力，除非遇有界限的地方才会休止。这就需要通过法律的预设，将权力的规制纳入法治轨道，才会使权力行使不偏离方向、不越轨、不逾矩。从设权的角度来说，在社会契约论者看来，政府的权力来自被统治者的认可，权力在某种意义上是人民为了公意达成进行的让渡和对自身权利的约束。"人是生而自由的，但却无往不在枷锁之中。"② 正是人们要忍受这种枷锁，就不会放任权力的设置和行使，这样知识产权行政权的设定就必须在法律的体系之中，要有明确的法律依据。

最后，知识产权行政权的配置还需以结构功能主义为原则，以效率行政为导向。要研究知识产权行政权的配置问题必须追溯到权力分

---

① ［英］詹宁斯：《法与宪法》，龚祥瑞译，生活·读书·新知三联书店 1997 年版，第 21 页。

② ［法］卢梭：《社会契约论》，何兆武译，商务印书馆 2003 年版，第 2 页。

立原则。对"权力分立原则"就国家权力的行使在功能与组织上分权及制衡的理解，已由传统上强调"组织的权力分立"进展为今日论及的"功能的权力分立"①。德国公法学者 Fritz Ossenbühl 提出应依"适当功能之机关结构"来划分和配置国家权力。Hans Herbert V. Arnim 认为，权力分立其实就是正确性与国家决定之正确性的概率应当如何尽可能提升的问题②。在他们看来，功能的权力分立，是指就国家权力的行使在功能与组织上划分的依据，是以各事务于自身的组成结构及决定程序等各层面均具最佳条件者为判断的标准③。据此，各政府部门在以功能的权力分立为划分标准下享有的职权，均有其核心功能，而这些核心功能不应受到来自其他政府部门的干扰、逾越及侵犯④，否则，即违反了在权力分立原则下所谓"合乎机关结构之功能分配"的规范要求。权力分立原则，在目的上，不仅一方面要节制政府权力以保障人民权利，另一方面更期待借由适当的分权与制衡，促使政府部门能顺利有效地达成自身之任务⑤。

　　什么性质的国家权力应当由其功能匹配的机关来行使才更为合适？在知识产权行政领域，本研究认为既要从组织机构方面考虑知识产权行政机关的权力配置，也要从功能上考察和审视其权力的配置，

---

　　① Klaus stern, Das Staatsreeht der Bundesrepublik Deutsehland, Bd. Ⅱ, 1992, S. 521. 转引自李宗惠《对立法权制衡机制之探讨》，《月旦法学》2004 年 6 月第 109 期，第 91 页。

　　② H. H. v. Arnim, Zur "Wesentlichkeitstheorie" des Bundesverfassungsgerichts, DVB1. 1987, S. 1243 f, 转引自许宗力《论法律保留原则》，《法与国家权力》，台湾月旦出版公司 1993 年版，第 138—140 页。

　　③ 陈爱娥：《大法官宪法解释权之界限——由功能法的观点出发》，"司法院大法官书记处"编：《大法官释宪五十周年学术研讨会记录》，台湾"司法院"印行，1999 年，第 326 页。

　　④ 李宗惠：《宪法要义》，元照出版有限公司 2002 年版，第 61 页。

　　⑤ 陈爱娥：《联合政府与权力分立原则》，台北《新野论坛》2000 年 10 月第 4 期，第 16 页；汤德宗：《权力分立新论》，台湾元照出版公司总经销 2002 年版，第 186—188 页；法治斌、董保城：《宪法新论》，三民书局 2003 年版，第 36—37 页。

做到传统形式和功能内容的统一。按照这一思路，本研究认为，应从以下三个层面对知识产权的行政权力进行有效配置与整合。

第一，实现知识产权行政管理和行政执法相对分离。知识产权行政的权力可以划分为行政管理权（行政服务权）和行政执法权（行政强制权），可以借鉴欧美发达国家的经验并结合中国的执法力量不足等实际，将行政管理权（包含行政服务权）划归现有的知识产权行政主管机关，将行政执法权独立分离，与新闻出版、产品质量、消费维权、城市管理等归并，形成综合的执法队伍。

第二，实现不同知识产权行政管理部门的有机整合。知识产权涉及专利权、商标权、著作权、植物新品种权、集成电路布图设计专有权、地理标志、商业秘密等不同种类。国家层面，我国专利、商标、版权、植物新品种、地理标志等知识产权分别由国家知识产权局、国家工商管理总局、国家新闻出版总局、农业部、国家质量监督总局等多个政府部门管理。多部门管理模式不适应知识产权发展和行政管理的内在规律。知识产权是一个完整的概念，各类知识产权相互联系，相互补充，形成有机统一体，在行政管理和法律保护上有其特殊性、一致性和综合性，人为地将其割裂开来分而治之，容易造成知识产权行政管理和保护政出多门，其结果是权力分割化、部门利益化现象越来越严重，知识产权行政管理整体效能不断下降。因此，要积极推进知识产权综合管理改革①，横向发挥专利、商标、版权等知识产权的协同效应，由一个部门综合行使专利、商标、版权等知识产权相关管理职能，实现知识产权的集中管

---

① 2016年12月5日，习近平总书记主持召开中央全面深化改革领导小组第三十次会议，审议通过《知识产权综合管理改革试点总体方案》。2016年12月30日，国务院办公厅印发了《知识产权综合管理改革试点总体方案》的通知，对开展知识产权综合管理改革试点工作做出了全面部署。

理，是深化知识产权领域改革的关键。

第三，实现对知识产权服务的全链条打通。提供公共产品和公共服务是服务型政府的一个基本职能。知识产权公共服务，应纵向打通知识产品的创造、知识产权的运用、管理和保护等各个环节，构建起"创造和运营相统一、监管和保护相统一"便民、利民的知识产权全链条公共服务体系。

那么，司法权在知识产权保护领域又该如何配置呢？笔者认为应从以下三方面着手。第一，要明确司法权的判断权和救济权属性，其权力配置框架都要围绕这一功能进行展开和设计。行政权设定与运行的主导价值是效率和秩序。国家法律设定行政权并赋予政府行政部门行政职能，目的就在于对社会事务实施及时、高效的管理，否则，社会秩序就有可能出现紊乱①。而司法权则不同，它是当事人谋求救济的最后一道屏障，是社会正义在权力体制内的最终保障，其主导价值在于公平和正义。因此，司法权的微观组织形式是双方当事人与审判人员的等边三角结构，宏观组织形式是由基层人民法院、中级人民法院、高级人民法院和最高人民法院的层递式梯形结构，这样整个司法力量在纵向也是按一审、二审、再审或审判监督的救济链条设置，在横向是按审判权和执行权设置了审判庭和执行局。这样设置，其最终的目的是确保社会正义，因此就有必要设置漫长的救济程序和繁杂的救济渠道，避免在最后一道环节出现救济不能的结局。

第二，既要考虑到司法救济机制的普遍共性，同时要考虑到知识产权司法实践的独特个性。知识产权不同于物权，客体是非物质性的，无论是占有方式还是流转、利用、开发等方式都有其独特性，这

---

① 刘学在、胡振玲：《论司法权与行政权的十大区别》，《湖北教育学院学报》2001年第 4 期。

就决定了其权利认定、价值评估、侵权判断等方面的差异，需要由掌握专业技能的专业审判人员来处理知识产权纠纷。尤其是与技术紧密结合的专利、商业秘密等，没有相应的技术背景，可能根本无法读懂相关的技术方案，更遑论公平正义地做出司法裁判，因此审理的专业性和裁断的不统一性，都要求知识产权司法在权力配置和组织设计上予以特殊关照和因应。目前，从传统审判体制中独立出来的知识产权法院和知识产权法庭，最主要的也是基于这样的考虑。本研究认为，构建知识产权法院和知识产权法庭，要坚持统一性、完整性、专门性和均衡性的原则，大胆借鉴欧美发达国家的知识产权司法职权配置模式，充分吸纳各地试点的"三审合一"审判经验，合理设置知识产权专门审判机构内部和外部组织体系，由法官和专家辅助人组成合议庭审理专利、非专利技术等复杂案件。在管辖权设置上，建议按照大区设置的模式，与目前的专利审查协作中心的设置区域大体一致，既要考虑到行政区划问题，又要考虑到经济发达水平和知识产权案件的集中度，在北京、上海、广州先行实施，再逐步按华南、华中、华东、华北、西南、东北的布局在全国设置。在审级设置上，知识产权法院同海事法院、铁道法院等特别法院一样，为中级人民法院，受理专利、商业秘密及不正当竞争等纠纷的一审案件、受理商标、著作权等纠纷的二审案件。

第三，要从打击知识产权侵权的规律性出发，合理配置知识产权司法资源，把重心前移，将以事后补偿为主的方式转变为以事前预警为主的方式。权力乃社会之公器，是实现社会公共利益的工具。知识产权侵权由于具有客体非物质性、可重复性、蔓延性，其侵权不仅仅是对被侵权对象的某种利益侵犯，往往因其大面积的扩散性，损害广大消费者的利益，损害社会的普遍利益或公共利益（the general interest or the common welfare）。这种普遍利益，在某种意义上讲是所有私人利益（private interest）的总和。① 而公共事务是公共利益的具体载体，知识产权司法权虽为一种中立的判断权，但作为一种公权力在维护公共利益的时候，往往允许其在限制的范围内进行能动司法。正如哈耶克所言，"法官的职责乃在于通过对妨碍或侵扰秩序的行为进行矫正，以维护一种不断展开的行动秩序"②。因此，考虑到知识产权侵权的特殊性，在知识产权司法权的运用上设置了禁令制度、证据保全制度和财产保全制度，通过诉前请求停止侵权行为、诉前和解等程序将司法重心稍作前移，把资源配置进行优化调整，以达到对知识产权侵权的有效干预、调整和控制。

　　总之，知识产权行政保护和司法保护要处理好行政权和司法权的行使边界，合理优化配置权力资源，既要尽可能按应然的图景去设计，又要按实际的情况和异质性的因素来调适，使知识产权行政保护和司法保护做到相互协调、相互配合，共同服务于知识产权事业的蓬勃发展。

---

　　① J. Bentham, *An Introduction to the Principles of Morals and Legislation*, London, 1823, Vol. I, p. 4.

　　② ［英］哈耶克：《法律、立法与自由》（第一卷），张守东等译，中国大百科全书出版社 2000 年版，第 153 页。

第 3 章　知识产权行政与司法
保护的历史发展

3.1　中国知识产权立法的文本考察

3.1.1　20 世纪 80 年代知识产权立法：保护权利人利益，促进科技进步

1978 年，邓小平同志在党的十一届三中全会上提出了改革开放政策。为了真正实现改革开放，我国不仅要在政治、经济等方面有所调整，还需在法律和权利保护方面跟上世界主要国家的脚步。其中一个重要方面，就是对知识产权的保护。因此，在改革开放政策提出同年，国家领导人做出了在我国建立专利制度的批示。在国际形势的要求和相关政策的支持和指引下，我国开始引入知识产权保护理念，并开始积极筹划和建立全面性的知识产权制度。

中国知识产权保护"双轨制"模式发端于改革开放之初，并随着新中国第一部《商标法》和《专利法》的实施而得以正式确立。改

革开放初期，我国经济上实行的是"有计划的商品经济"，政府计划在经济领域的作用十分强大。根据经济基础与上层建筑、政策与法律之间辩证关系，知识产权保护法律法规的制定受经济基础与政府政策的影响不可小觑，因而在知识产权保护的权力配置中，行政保护的地位非常重要。1982 年，我国在知识产权法律领域首先颁布了《商标法》，次年开始正式施行，并颁布了《商标法实施细则》，对商标的保护与利用做出了进一步明确的规定。1984 年，《专利法》出台，次年又颁布了《专利法实施细则》，这对我国的专利保护和专利制度的建立具有里程碑的意义。1985 年，我国加入《保护工业产权巴黎公约》，1989 年，加入《商标注册马德里协定》。通过国内法的出台和对国际条约的加入，我国在工业产权保护方面逐步达到现代化程度。1990 年，我国又颁布了《著作权法》，次年颁发《著作权法实施细则》，我国的著作权保护制度正式建立。此后，我国又相继加入多项知识产权领域的国际条约，如《建立世界知识产权组织公约》《国际专利合作条约》等。随着国内专利、商标、著作权等法律的先后颁布及对国际公约的加入，20 世纪 80 年代，我国知识产权保护"双轨制"模式初步建立，这既是经济与社会发展对知识产权法律法规制定的现实诉求，也是加入国际组织的具体要求。下面分别介绍三部知识产权法律。

3.1.1.1　1984 年《专利法》

尽管专利制度曾一度难以被长期处于计划经济影响下的国人所认识和接受，但专利制度本身的合理性和必要性，包括在保护发明成果，激励创新，引进国外先进技术，促进技术成果转化与应用方面的重要作用是其他机制所不可替代的，因此经过反复的讨论和宣传，专利制度逐渐获得了国内民众的认同。1984 年,《中华人民共和国专利法》在第六届全国人大常委会第四次会议的通过标志着我国现代专利制度的正式建立。《专利法》的立法宗旨是保护专利权人合法权益,促进科技进步,平衡权利人利益与公众利益。正如《专利法》第一条规定所述,《专利法》旨在保护专利权,鼓励创新,推动发明的转化应用,促进科技发展,促进社会主义现代化建设事业的发展。

1984 年我国《专利法》的制定与实施对于中国的法学理论、司法实践、社会观念、价值取向都产生了重大的影响,为科技成果商品化、科技商品产业化、科技产业国际化从理论到实践提供了法律依据。① 但是 1984 年颁布《专利法》是由政府主导的制度"舶来"过程,是决策者依据我国具体情况,在借鉴发达国家专利制度和国际专利条约的基础上制定的。这种由政府推动的、自上而下的制度变迁,在一定程度上并不完全符合制度的内在需求,所以这种移植过来的制度从一开始就埋下了"修订"的种子。②

第一部专利法在知识产权保护方面最为明显的特征是奠定了知识产权保护"双轨制"保护模式,具体法律规定体现在 1984 年《专利法》第四十三条、第四十九条规定:对专利局驳回实用新型、外观设计专利申请的决定不服及对专利复审委员会宣告实用新型、外观设计专利权无效或者维持实用新型、外观设计专利权的决定不服的,实行行政裁决一裁终局制;对专利局驳回发明专利申请的决定不服及对专利复审委员会宣告发明专利权无效或者维持发明专利权的决定不服的,可以向人民法院起诉。同时《专利法》的第六十条对于专利侵权

---

① 范晓峰:《专利法修订中需要研讨的几个问题》,《科技与法律》1999 年第 4 期。
② 崔鑫生:《从"舶来"到"自生":中国专利法的诞生与发展》,《科技进步与对策》2010 年第 15 期。

行为也进行了明确的规定：对未经专利权人许可，实施其专利的侵权行为，专利权人或者利害关系人可以请求专利管理机关进行处理，也可以直接向人民法院起诉。专利管理机关处理的时候，有权责令侵权人停止侵权行为，并赔偿损失；当事人不服的，可以在收到通知之日起三个月内向人民法院起诉；期满不起诉又不履行的，专利管理机关可以请求人民法院强制执行。第六十一条对专利的司法保护诉讼时效进行了明确的规定，侵犯专利权的诉讼时效为二年，自专利权人或者利害关系人得知或者应当得知侵权行为之日起计算。

侵犯专利权是一种侵犯财产权的行为，国外主要是提供司法保护，我国 1984 年《专利法》对专利侵权行为，除规定予以司法保护外，还给予了行政保护。这是因为，考虑到我国的现实国情，当时我国司法保护力量不够，由政府部门对专利纠纷进行调处有时比法院更有效，故在专利法中规定专利权人或者利害关系人可以请求专利管理机关进行处理，也可以直接向人民法院起诉。这为我国专利保护"双轨制"模式的构建提供了法律理据，它既符合现实国情又具有国际化的特点，同时适应了专利制度国际化的发展趋势。[①]

3.1.1.2 1982 年《商标法》

20 世纪 80 年代初对于我国而言是政治、经济、社会等各方面发生重大变革并进入新的历史发展阶段的一段重要时期，在此期间，商品经济的发展使商标制度的建立成为一种顺应时代的客观需求，而建立一部周全、适合的商标法则是整个商标法律制度建设的起点和基础。在明确社会主义市场经济体制的大环境要求基础上，总结和确立

---

① 吴汉东：《知识产权法学》，北京大学出版社 2011 年版，第 149 页。

我国商标法律制度所应遵循的主要原则，使商品经济能够通过商标制度的完善在现代经济中获得更大程度的发展。当然，对商标权利的保护和商标功能的发挥，本身就是社会主义市场经济对相应法律制度的要求体现。

1982 年《商标法》对于侵犯注册商标专用权的保护也明确了"双轨制"的构建保护模式，行政保护与司法保护并行。被侵权人既可选择行政保护，向侵权人所在地的县级以上工商行政管理部门要求处理，也可寻求司法保护。1982《商标法》第三十九条为被侵权人寻求商标行政保护与司法保护提供了法律理据。同时，明确了保护主体的相关权限：责令停止侵权、赔偿被侵权人的损失及损失的计算方法。如果当事人不服商标局所作的撤销注册商标的决定，可以在收到通知之日起 15 日内申请复审，对此有权作出终局决定的主体是商标评审委员会，终局决定作出后应当以书面的形式通知申请人。① 此外，如果注册商标专用权受到侵犯，被侵权人可以选择向人民法院起诉，即通过司法途径保护自己的权益。根据 1982 年《商标法》第三十一条、第三十三条和第三十四条，当事人不服工商行政管理部门作出的罚款决定的，可以在规定期限（收到通知 15 日）内，向人民法院起诉。

其后制定的 1988 年《商标法实施细则》第四十三条规定：工商行政管理机关在处理注册商标侵权案件时享有权力和职能包括责令侵权人立即停止侵权行为，封存或者收缴其商标标识，消除现存商品和包装上的商标，责令依法赔偿被侵权人的经济损失，根据情节予以通报，并处以非法经营额 20% 以下或者侵权所获利润两倍以

---

① 1982 年《商标法》第三十五条："对商标局撤销注册商标的决定，当事人不服的，可以在收到通知十五天内申请复审，由商标评审委员会做出终局决定，并书面通知申请人。"

下的罚款。《商标法实施细则》第四十四条进一步规定，当事人如果不服上一级工商行政管理机关的复议决定，可以通过司法途径寻求保护，在收到复议决定通知之日起 15 天内，向人民法院起诉。这种对注册商标有争议的实行行政保护"一裁终局制"，对侵犯注册商标专用权的实行司法保护与行政保护并行"双轨制"保护模式既考虑了当时情况下我国商标司法保护的实际情况，也增强了对商标保护的实效性。

3.1.1.3　1990 年《著作权法》

随着 20 世纪 80 年代商标和专利法律制度的相继建立，知识产权领域的另一项制度——著作权保护制度也亟待从探索的呼声中转变为现实。1990 年，在第七届全国人民代表大会常务委员会第 15 次会议上终于通过了新中国成立后第一部《著作权法》。这部《著作权法》的出台，既是顺应着改革开放和社会转型的时代潮流，又符合了这一时期国内民众对于著作权保护的需求，因此，它标志着我国著作权法律保护制度的初步建立，是我国社会主义法制建设的一项重要成果。从其立法宗旨上看，该部《著作权法》对于激励文学、艺术、科学领域的创作，促进作品传播、丰富人们的精神文化生活，促进国际文化交流等具有深远的影响和意义。

1990 年《著作权法》关于对著作权的保护模式同样采用了"双轨制"，既有行政保护，也有司法保护。在某种程度上，这体现了国家对知识产权保护立法的内在逻辑统一性，也切合了当时我国行政保护与司法保护的实际情况，为著作权保护提供了切实的保障。1990 年《著作权法》的第四十五、第四十六条对著作权侵权行政保护主体及承担民事责任的方式予以明确的规定，对著作权侵权行为，应当根据情况，承担停止侵害、消除影响、公开赔礼道歉、赔偿损失等民事责任，并可以由著作权行政管理部门给予没收非法所得、罚款等行政处罚。第四十七、第四十八、第四十九、第五十条对著作权侵权的调解、仲裁及行政保护与司法保护的对接与互补进行了具体的规定,[①] 有效地贯彻了"双轨制"保护模式。

1991 年我国还颁布了《计算机软件保护条例》，该《条例》的第三十条至第三十七条就软件著作权侵权的行政保护、调解、仲裁、起诉予以了明确规定，同时根据"双轨制"保护模式的特点对不同保护方式的互补与对接也进行了明确的规定。这种立法体例与著作权立法结构基本一致。1993 年 9 月我国又颁布了《反不正当竞争法》，该法对知识产权保护也进行具体规定。其中第二十一、第二十九条对于假冒他人的注册商标及其他知识产权侵权行为给予了行政保护与司法保护的规定。至此，我国知识产权行政保护与司法保护"双轨制"保护模式已初步确立，知识产权保护法律法规渐趋完备。

3.1.2 20 世纪 90 年代初第一次修法：为了"复关"和平息中美知识产权争端的需要

20 世纪 90 年代初第一次修改知识产权法律，主要涉及以下两部法律。

3.1.2.1 1992 年《专利法》（第一次修正）

1984 年《专利法》的制定，在鼓励发明创造、推动科技进步等

---

① 1990 年《著作权法》第四十八条："著作权侵权纠纷可以调解，调解不成或者调解达成协议后一方反悔的，可以向人民法院起诉。当事人不愿调解的，也可以直接向人民法院起诉。"

方面无疑起到了积极重要的作用，但是在实施过程中，其立法缺陷和不足也开始显现。20 世纪 80 年代，发达国家为了更好地实现各自的国家利益，于是强烈要求并促使关贸总协定在知识产权保护方面加强干预力度。借此时机，发达国家将知识产权保护要求引入国际贸易条件，发展中国家为了继续进行对外贸易，就必须强化本国知识产权保护。在此期间，中美之间在相互贸易过程中对于知识产权保护力度所起的冲突最终也以 1992 年 1 月签订《中美关于保护知识产权的谅解备忘录》告终。在备忘录中，双方同意对等保护知识产权就意味着中国仍有必要加强对知识产权的保护力度。为了使专利制度和专利保护更符合中国当时深化改革、扩大开放的社会变革需求，以及恢复中国在关贸总协定中的地位，1992 年，我国对《专利法》进行了第一次修正，使我国专利制度与发达国家专利保护水平更为接近，进一步靠拢国际标准，为"复关"做准备。从当时的历史语境来看，此次修订虽然有部分内容考虑到了国内专利法实施操作的需要，如在将授权前的异议程序改为授权后的无效宣告程序，但更多的是考虑到"复关"和平息中美知识产权争端的需要而作出的被动性制度安排。

对于专利双轨制保护模式的主要变化体现在第四十三条，扩大了对驳回专利申请或者对专利局撤销或者维持专利权的决定不服能提出专利复审的主体范围，1984 年《专利法》仅限于申请人，修改后扩大到了专利申请人、专利权人或者撤销专利权的请求人，同时保留了对发明专利复审不服可以向人民法院起诉，对实用新型和外观设计的复审请求作出的决定为终局决定。第六十条第二款在突出了"新产品"的制造方法前提下由制造同样产品人承担举证责任。第六十三条增加一款作为第二款，即对于冒充专利的行为，专利管理机关有权责令停止冒充行为，公开更正，并处以罚款。同时，1992 年制订的《专利法实施细则》第七十八条规定对将非专利产品冒充专利产品的或者将非专利方法冒充专利方法的，专利管理机关可以视情节，并处以一千元至五万元或者非法所得额 1—3 倍的罚款，[①] 进一步加强了对专利的行政保护力度。

这次专利法的修订明确规定将非专利产品冒充专利产品的或者将非专利方法冒充专利方法的处罚权赋予行政机关，一方面扩大了知识产权行政保护的范围，同时明确了行政保护与司法保护的职责与分工，进一步提高了知识产权行政保护的力度与效率。

3.1.2.2　1993 年《商标法》（第一次修正）

1993 年，距《商标法》颁布已经十年，社会、经济的发展在这十年中可以说有着质的飞跃，商品经济更为活跃，涉外经济活动不断增加，这种日新月异的经济形势表明，十年前通过的《商标法》已经力不从心，例如：随着涉外经济活动和对外交往日渐频繁，原商标法因缺少相关的国际惯例条款而使法律滞后于经济；经济水平的大幅提高使得商标法中对商标侵权行为的处罚力度显得过轻，无法有效保护商标权人利益；相关的社会实践越来越丰富和多样化，原有条款不尽完备而给实际操作带来困难[②]。在这种背景下，1993 年我国商标法进行了第一次修正。

《商标法》修改后，对侵犯注册商标专用权无论是行政保护力度

---

① 1992 年《专利法实施细则》第七十八条："依照专利法第六十三条第二款的规定，对将非专利产品冒充专利产品的或者将非专利方法冒充专利方法的，专利管理机关可以视情节，责令停止冒充行为，消除影响，并处以一千元至五万元或者非法所得额一至三倍的罚款。"

② 居长志：《对〈商标法〉修改决议的思考》，《江苏商业管理干部学院学报》1993 年第 3 期。

与司法保护力度都有提高，行政保护方面在修改前只有情节严重，可以并处罚款，修改后侵犯注册商标专用权，未构成犯罪的，工商行政管理部门可以处以罚款。同时保留了原来的当事人既可以先启动行政保护机制，对行政保护有异议时再起动司法保护机制，也可直接启动司法保护。对于假冒他人注册商标，构成犯罪的，除赔偿被侵权人的损失外，依法追究刑事责任。这一修改增强了对假冒他人注册商标的打击力度，也满足了在经济发展过程中打击伪造、擅自制造注册商标标识和相关销售行为的现实需求。

1993 年《商标法实施细则》第四十三条则进一步明确和加强了对注册商标专用权的行政保护，工商行政管理机关认为侵犯注册商标专用权的，在调查取证时可以行使下列职权：询问权、封存权、查阅、复制相关资料权等，相关当事人必须配合。对侵犯注册商标专用权的，工商行政管理机关有权责令停止销售；收缴、消除或销毁侵权商标标识和相关作案工具等，采取以上措施仍不足以制止侵权行为的，或者侵权商标与商品难以分离的，责令并监督销毁侵权物品并可在法律规定范围内进行罚款。

3.1.3　21 世纪初第二次修法：顺应我国加入世贸组织的形势需要，将知识产权制度融入国家创新体系

21 世纪初第二次修法，主要涉及以下三部法律。

3.1.3.1　2000 年《专利法》（第二次修正）

《专利法》第一次修订以后，国际和国内的局势有了新的发展。一方面，从国际形势来看，随着 TRIPS 协议的正式签署，在世界知识产权组织的主持下，专利制度领域已经取得了国际协调的重大进

展。1994 年，我国正式加入《专利合作条约》（PCT）。此外，1995 年加入《国际承认用于专利程序的微生物保藏布达佩斯条约》，1996 年加入《国际专利分类斯特拉斯堡协定》。我国加入和批准这些专利国际公约表明，我国专利法需要顺应国际形势新的变化，特别是需要进一步缩小与 TRIPS 的差距。另一方面，从国内形势来看，《专利法》1992 年的修正是针对中国计划经济向市场经济转型初期所作的系列修改，但这一转型的历史性转变时期是在 20 世纪 90 年代中期，社会主义市场经济体制对于科技创新和专利制度有了更深层次的需求。基于上述原因，我国在 2000 年对《专利法》又进行了第二次修改。

《专利法》制定之初即借鉴了很多相关国际标准，因此在诞生之初就被国际上认为其是符合现代化要求的专利立法。加之 1992 年对《专利法》的第一次修正使相关专利制度更趋完备并克服了先前的一些缺陷，因此 2000 年对《专利法》的第二次修正并未涉及整体结构变动，而主要是对部分条款的修改和完善。这次修改的一项重要目标是将专利工作与促进科技创新的法律基础相结合，促进科技创新。"创新"二字的突出体现了我国经济发展战略的转变，因为进入 21 世纪，我国的经济发展方向已经不再是过去向发达国家科技领域的单纯跟风学习，而开始逐步转变为自主创新，并通过科学技术转化为实际应用，将我国的经济结构带到更高层次的发展水平。因此，2000 年修订的《专利法》将专利制度融入了国家科技创新体系，其最终目的是为科教兴国战略服务。

这次修法，在行政执法方面，除确定了专利管理机关有权处理侵权纠纷以及其他纠纷外，还强化了对假冒和冒充专利行为的查处力度。具体表现为将行政机关的执法权限、范围进一步明确规范，对专利侵权行为，行政机关只能责令停止侵权，不能直接确定赔偿数额，只能应当事人的请求对赔偿数额进行调解；对假冒专利，行政机关有权责令改正，没收违法所得，进行罚款。同时，2001 年制定的《专利法实施细则》进一步扩大了管理专利工作部门行政调解的范围。

这次修法对专利司法保护的力度有所加强，具体表现为以下三点：其一，专利行政管理机关对专利侵权行为只能责令停止侵权和对赔偿数额进行调解，不能对赔偿数额直接作出行政裁决，当事人不服行政的调解的可向司法机关提起诉讼；其二，加强了对专利行政管理机关约束，赋予了当事人提起行政诉讼的权利，对专利管理部门认定侵权行为成立的，当事人不服的，可以自收到处理通知之日起 15 日内依照《中华人民共和国行政诉讼法》向人民法院起诉；其三，2000 年《专利法》第六十一条增设专利权人或者利害关系人提起诉前禁令的权利。①

总之，此次专利法修订，不仅顺应了我国加入世贸组织的形势需要，而且更加突出了我国《专利法》促进科技进步与创新的立法宗旨，进一步适应了我国全面建设小康社会的需要。

3.1.3.2　2001 年《商标法》（第二次修正）

《商标法》第二次修改，既实现了与 TRIPS 协议的接轨，适应了中国发展社会主义市场经济和加入世界贸易组织的需要，也进一步完

---

① 2000 年《专利法》第六十一条：“专利权人或者利害关系人有证据证明他人正在实施或者即将实施侵犯其专利权的行为，如不及时制止将会使其合法权益受到难以弥补的损害的，可以在起诉前向人民法院申请采取责令停止有关行为和财产保全的措施。”

善了商标保护的内容，强化了对商标权的保护。①

2001 年《商标法》修改内容主要体现在两个方面。其一，把 1993 年《商标法实施细则》部分内容上升为法律，强化了工商行政管理部门行政查处权，第 55 条赋予了行政执法机关查封权和扣押权。其二，提高对知识产权司法保护的力度，主要表现在两个方面：一是对于行政机关的约束上，取消了商标评审委员会的终局裁决权，所有商评委作出的决定都有可能接受司法的最终审查，同时对地方工商行政管理部门作出的行政处罚决定不服可以提起行政诉讼；二是对于权利人的救济上，为了与 TRIPS 协议接轨，给予权利人更充分及时的救济，避免损失的扩大，在第 57 条和第 58 条规定了诉前禁令、诉前财产保全和诉前证据保全，同时在损害赔偿的计算上，也更加有利于权利人。

从 2001 年《商标法》修改内容来看，对商标的行政保护与司法保护力度都有所提升，但是相比较而言，对商标的司法保护提升的空间与增强的力度都要更大，修法在权力配置上，更加突出了对商标的司法保护。

3.1.3.3　2001 年《著作权法》（第一次修正）

《著作权法》实施十年以来，虽然在国内取得了瞩目的成就，但随着国家之间文化交流的日益频繁，著作权制度国际化趋势也越来越明显，我国著作权法与国际著作权规则的脱轨始终是制约我国文化输出和文化软实力提升的重要因素。此次著作权法修改主要是针对与 TRIPS 协议不相符合的条款进行了较

---

① 冯晓青：《我国商标制度国际化的重要进展——试论〈商标法〉的第二次修改》，《盐城师范学院学报》（人文社会科学版）2002 年第 3 期。

大程度的修正，同时为了适应数字技术环境下的著作权保护新需求，规定了信息网络传播权，进一步实现了我国立法与国际公约的有机衔接，标志着我国著作权立法保护水平进入一个全新的高度。①

2001 年著作权法修改是为加入世界贸易组织、回应著作权国际保护的新要求而对著作权法进行的修正，因而对于著作权的行政保护变化不大，主要变化具体体现在第四十七条，该条款对侵犯信息网络传播权专有出版权等损害公共利益的侵权行为，信息网络传播权、专有出版权等损害公共利益的侵权行为，赋予了著作权行政管理部门没收、销毁侵权物品和相关材料、工具、设备等的权力，对没有损害公共利益的侵权行为则没有赋予著作权行政管理部门相应权力，突出了对公共利益的行政保护，同时尊重了著作权的私权性质。

这次修法对于著作权的司法保护力度明显提高，这是 21 世纪初知识产权法律修正的一个共性特征，因而著作权法的修改中同样有体现，主要是赋予了著作权人和相关权利人申请诉前禁令与诉前财产保全、证据保全的权利。具体规定体现在 2001 年《著作权法》的第四十九条、第五十条，但同时附加相关条件，著作权人或者与著作权有关的权利人必须提供相应担保。

2001 年我国对《计算机软件保护条例》也进行了修正，其中最主要的内容是把 2001 年《著作权法》新增加的关于著作权的行政保护与司法保护的相关内容融入进了《计算机软件保护条例》，如著作权行政管理部门的行政裁决权及司法保护的诉前

---

① 冯晓青、杨利华：《我国〈著作权法〉与国际知识产权公约的接轨——〈著作权法〉第一次修改研究》，《河南省政法管理干部学院学报》2002 年第 5 期。

禁令、财产保全与证据保全等内容被写进了《计算机软件保护条例》。

3.1.4 2008 年第三次修法：建设创新型国家，促进经济社会全面发展

2008 年第三次修法，主要涉及以下两部法律。

3.1.4.1 2008 年《专利法》（第三次修正）

2000 年专利法经过第二次修改且随后我国加入 WTO 后，专利产业迎来全新的发展机遇，进入蓬勃兴盛的时期，专利申请量逐年上升，被授权的专利质量明显提高，专利权人的维权意识也随之增强，但是也暴露出许多问题。尤其是改革开放 20 多年来，虽然我国经济增长呈现迅猛之势，经济实力有了巨大的提升，但这些经济成就是建立在对资源的无限索取和消耗之上，这种粗放型的发展模式已经不再适应可持续发展的社会理念和需求。党的十七大提出了要建设创新型国家。2008 年 6 月，国务院印发了《国家知识产权战略纲要》，进一步明确了"提升我国知识产权创造、运用、保护和管理能力，建设创新型国家，实现全面建设小康社会"的战略发展目标。

党中央的战略部署，为《专利法》的第三次修改确定了纲领性的目标。知识产权战略作为一项重要的政策需要不断调整以适应不断面临的新形势、新需要。2008 年 12 月 27 日，十一届全国人大常委会第六次会议第四次全体会议通过了《全国人民代表大会常务委员会关于修改〈中华人民共和国专利法〉的决定》。修订后的《专利法》吸收了上述基本国情和国家知识产权战略的目标要求，专门将"提高创新能力"作为立法宗旨在条文中予以明确，体现出国家

希望通过专利制度促进社会创新的宏大视野和高瞻远瞩的战略眼光，具有重大的意义。

从《专利法》的前两次修改情况看，是力求与国际条约以及其他某些国家专利权制度接轨，我国在对国内专利法进行修改时，都有明显的适应国际主流专利权规则的倾向，此次专利法修改也不例外。但与前两次修改明显不同的是，《专利法》第三次修改更多的是一种主动的法律完善过程，符合国情和实际工作是此次立法修订主导思想，而不是单纯被动地全盘接受国际规则。

2008 年《专利法》第三次修改在知识产权行政保护方面，将 2000 年《专利法》第五十八条、第五十九条合并为第六十三条，整合了假冒专利和冒充专利，赋予专利管理部门查处假冒专利行为的行政职权。提高了行政处罚的标准，将原来的罚款数额从违法所得 3 倍提高到 4 倍，没有违法所得的，将罚款数额从 5 万元提高到 20 万元。[①] 这次修法增加管理专利部门的行政处罚权，而且罚款数额进一步提高了，这说明国家立法部门更加注重对知识产权的行政保护。知识产权司法保护的相关条件也提高了，特别是明确将权利人的维权成本纳入侵权赔偿范围，增加了诉前证据保全措施。通过对比分析不难发现，这次修法对知识产权行政保护的作用有所提高，对于知识产权司法保护的门槛也有所提高，这些内容都是立足我国经济社会发展现状和法律可操作性基础上作出的改变。

3.1.4.2　2010 年《著作权法》（第二次修正）

2009 年 WTO 专家组裁定我国《著作权法》第四条第一款不符合

---

① 2008 年《专利法》第六十三条："假冒专利的，除依法承担民事责任外，由管理专利工作的部门责令改正并予公告，没收违法所得，可以并处违法所得四倍以下的罚款；没有违法所得的，可以处二十万元以下的罚款；构成犯罪的，依法追究刑事责任。"

《伯尔尼公约》和 TRIPS 协定，这使得我国必须进行相关的法律修改。从该条的社会效果来看，《著作权法》第四条第一款在国际贸易中起到了贸易保护的作用。我国在认真研究评估 WTO 专家组的两个报告对我国国际贸易的影响作用下，在最大限度维护我国利益的前提下运用 WTO 规则对该条进行修改。① WTO 专家组的裁定引发了我国《著作权法》的第二次被动修改。

2010 年《著作权法》的修改内容仅涉及两条，其一就是在第四条取消了之前违禁作品不受著作权法保护的规定，同时增加国家对作品的出版传播进行监督管理的规定；其二就是完善了著作权出质（质押）的登记程序，这一条款的增加主要是增强了对著作权的出质管理，其他有关著作权的行政保护与司法保护相关条款都没有修改。同时，《著作权法实施条例》在 2013 年进行了相应的修改，在第三十六条增加了著作权行政管理部门对侵犯著作权同时损害社会公共利益行为的处罚力度，加强了对著作权的行政保护。

3.1.5 正在进行的新一轮修法：严格知识产权保护，为建设创新型国家提供有力的制度支撑

正在进行的新一轮修法，以下分三部分予以论述。

3.1.5.1 2012 年开启《中华人民共和国专利法》第四次修改

2011 年 11 月，国务院颁布了《关于进一步做好打击侵犯知识产权和制售假冒伪劣商品工作的意见》，其中提出对知识产权侵权和假冒伪劣行为要加大惩处力度，随后国家知识产权局开始着手《专利

---

① 苏如飞：《WTO 裁决与我国〈著作权法〉的修改》，《中南林业科技大学学报》（社会科学版）2010 年第 2 期。

法》第四次修改的准备工作，专利法修改列入国务院 2012 年的立法工作计划中。2012 年 8 月 9 日，国家知识产权局在经过多次调查和分析后公布了其研究起草的《中华人民共和国专利法修改草案（征求意见稿）》和修改说明，向社会公开征求意见，揭开了专利法最新修改的序幕。2013 年，国家知识产权局向国务院提交了《专利法修订草案（送审稿）》，两个草案将目前专利保护中的问题归纳为"举证难、周期长、成本高、赔偿低、效果差"，进而提出了相应的修订《专利法》的意见。[①] 2014 年，国家知识产权局在原有工作基础上启动了专利法第四次全面修改准备工作。2015 年 4 月 1 日，国家知识产权局对外发布《专利法修订草案（征求意见稿）》。经过深入调研和广泛征求意见，国家知识产权局对草案进行了进一步完善，形成《专利法修订草案（送审稿）》，于 2015 年 7 月 20 日上报国务院。2015 年 12 月，国务院法制办公布《中华人民共和国专利法修订草案（送审稿）》及其说明，面向社会公开征求意见。

虽然专利保护的一般化目标是不变的，但随着社会经济的发展和国家政策的调整，其专利保护的目标又呈现变迁性和阶段性。近年来，随着科技发展和市场竞争加剧，专利保护领域的新问题、新矛盾不断出现，专利侵权现象较为普遍，特别是群体侵权、重复侵权严重，加之专利权无形性和侵权行为隐蔽性的特点，导致专利维权举证难、周期长、成本高、赔偿低、效果差，使一些创新型企业处境维艰，严重挫伤了企业的创新积极性和对专利保护的信心。在这种背景下，专利保护的目标就在于通过实行严格的专利保护制度，保护创新者的合法权益，促进专利实施与运

---

① 李明德：《关于〈专利法修订草案（送审稿）〉的几点思考》，《知识产权》2013 年第 9 期。

用，充分激发全社会的创新活力，为深化科技和经济体制改革、转变经济发展方式、实施创新驱动发展战略、建设创新型国家提供法律保障。

《专利法》第四次修改的重心在于解决我国专利保护中长期存在的制约保护水平提升的突出问题，通过设计符合我国实际国情的专利制度，将行政执法和司法保护各自的优势充分发挥出来，从而最大限度地维护权利人的利益。此次专利法修改的建议有：赋予司法机关和行政执法机关调查取证权，解决专利维权"举证难"的问题；明确无效宣告请求审查程序与专利侵权诉讼的衔接，建立专利纠纷行政调解协议司法确认制度，实现行政保护与司法程序的联动，解决专利维权"周期长"的问题；增设对故意侵权的惩罚性赔偿制度，解决专利维权"赔偿低"的问题；赋予管理专利工作的部门查处和制止恶性侵权行为的职能，解决专利维权"成本高，效果差"的问题；新增"通知—删除"基本规则，明确网络服务提供者在专利法中的法律责任，等等。

总之，实行严格专利保护，是新形势下专利保护应坚持的目标，也是确定专利保护强度的基本定位。为此，应当发挥司法保护的主导作用，整合行政保护的优势，合理配置社会保护资源，形成司法保护、行政保护、社会保护多元协同的保护格局。

3.1.5.2 2013年《商标法》（第三次修正）

《商标法》第三次修改最大的特色在于本土化，从1982年新中国第一部商标法制定到2013年新商标法出台，其间历经三次修改形成四个法律文本，经过30多年的理论探讨与实践检验，我国的商标制度已经日臻完善并且具有鲜明的中国特色，同时与民法、知识产权其他法律之间也实现了相互协调，因而此次修法的目的主要是对现实中出现的突出问题有针对性地进行修改和完善。①

《商标法》自 2001 年修订后，直至 2013 年才进行第三次修订，这次修法对于因商标专用权纠纷引发的争议可通过协商解决、向人民法院起诉，请求工商行政管理部门处理三种方式解决问题。对于商标权的司法保护主要的变化有：针对实践中权利人维权成本过高、进行维权往往得不偿失的现象，增加惩罚性赔偿的规定，提高侵权赔偿额；增加侵权人举证责任，使人民法院在确定赔偿数额时更有法可依。② 这将对商标权利人维护合法权益、打击商标侵权行为起到积极作用。

对于商标行政保护的修改主要体现在三个方面：一是《商标法》第六十二条明确规定了商标侵权行政查处案件中的中止程序，③这款内容说明在行政保护与司法保护同时启动的情况下，司法保护优先；二是《商标法》第六十八条扩大了工商行政管理部门行政保护的范围，对于商标代理机构的侵权行为明确由工商行政管理部门

---

① 金武卫：《〈商标法〉第三次修改回顾与总结》，《知识产权》2013 年第 10 期。

② 2013 年《商标法》第六十三条规定："侵犯商标专用权的赔偿数额，按照权利人因被侵权所受到的实际损失确定；实际损失难以确定的，可以按照侵权人因侵权所获得的利益确定；权利人的损失或者侵权人获得的利益难以确定的，参照该商标许可使用费的倍数合理确定。对恶意侵犯商标专用权，情节严重的，可以在按照上述方法确定数额的一倍以上三倍以下确定赔偿数额。赔偿数额应当包括权利人为制止侵权行为所支付的合理开支。人民法院为确定赔偿数额，在权利人已经尽力举证，而与侵权行为相关的账簿、资料主要由侵权人掌握的情况下，可以责令侵权人提供与侵权行为相关的账簿、资料；侵权人不提供或者提供虚假的账簿、资料的，人民法院可以参考权利人的主张和提供的证据判定赔偿数额。权利人因被侵权所受到的实际损失、侵权人因侵权所获得的利益、注册商标许可使用费难以确定的，由人民法院根据侵权行为的情节判决给予 300 万元以下的赔偿。"

③ 2013 年《商标法》第六十二条第三款规定："在查处商标侵权案件过程中，对商标权属存在争议或者权利人同时向人民法院提起商标侵权诉讼的，工商行政管理部门可以中止案件的查处。中止原因消除后，应当恢复或者终结案件查处程序。"

管辖;① 三是进一步提高了工商行政管理部门认定侵权行为成立时的罚款标准，《商标法》第六十条首次对处罚标准及额度进行了细化规定。②

3.1.5.3 2012年开启《中华人民共和国著作权法》第三次修改

国家版权局2012年3月31日公布了以中国社会科学院知识产权中心、中南财经政法大学知识产权研究中心、中国人民大学知识产权学院分别起草《著作权法》第三次修改的专家建议稿为基础的《著作权法修改草案》，向社会公众征求和收集修改意见。2014年6月，国务院法制办公室将国家版权局报请国务院审议的《中华人民共和国著作权法（修订草案送审稿）》（以下简称"送审稿"）及其修订说明全文公布，面向社会各界公开征求意见。此次著作权法修改，不同于过去历次修改都有国际社会压力和加入国际公约需求的

---

① 2013年《商标法》第六十八条规定："商标代理机构有下列行为之一的，由工商行政管理部门责令限期改正，给予警告，处一万元以上十万元以下的罚款；对直接负责的主管人员和其他直接责任人员给予警告，处五千元以上五万元以下的罚款；构成犯罪的，依法追究刑事责任：

（一）办理商标事宜过程中，伪造、变造或者使用伪造、变造的法律文件、印章、签名的；

（二）以诋毁其他商标代理机构等手段招徕商标代理业务或者以其他不正当手段扰乱商标代理市场秩序的；

（三）违反本法第十九条第三款、第四款规定的。

商标代理机构有前款规定行为的，由工商行政管理部门记入信用档案；情节严重的，商标局、商标评审委员会并可以决定停止受理其办理商标代理业务，予以公告。

商标代理机构违反诚实信用原则，侵害委托人合法利益的，应当依法承担民事责任，并由商标代理行业组织按照章程规定予以惩戒。"

② 2013年《商标法》第六十条第二款规定："工商行政管理部门处理时，认定侵权行为成立的，责令立即停止侵权行为，没收、销毁侵权商品和主要用于制造侵权商品、伪造注册商标标识的工具，违法经营额五万元以上的，可以处违法经营额五倍以下的罚款，没有违法经营额或者违法经营额不足五万元的，可以处二十五万元以下的罚款。对五年内实施两次以上商标侵权行为或者有其他严重情节的，应当从重处罚。销售不知道是侵犯注册商标专用权的商品，能证明该商品是自己合法取得并说明提供者的，由工商行政管理部门责令停止销售。"

外在因素推动，而更多的是出于本国具体国情需要而主动进行修改。这是因为近几年我国的科技文化事业发展迅速，版权产业日渐成为我国经济发展的生力军，并引领着我国经济发展方式的转变。此外，版权产业的发展还影响着本国文化安全，要想在全球化以及发达国家不断对外输出文化产品的重重扩张和竞争环境中增强本国文化实力，促进文化繁荣，确保文化安全，就必须建立适合且完备的法律机制来推动文化创新和文化产品贸易，并为国际文化交往明确安全界限。①

此次著作权法修改拟对《著作权法》的体例与结构进行重大调整，包括废除《计算机软件保护条例》、重新梳理著作权的权利体系、突出规定相关权，以及强化对于著作权和相关权的保护等。② 对于著作权及相关权利的保护调整内容比较大，在司法保护方面主要有加大法定赔偿额度、规定行政调解的司法确认等措施。在行政保护方面的修改内容主要有：对于破坏社会主义市场经济秩序的侵权行为，著作权行政管理部门有责令停止侵权行为，予以行政处罚；著作权行政管理部门对违法行为的警告、没收违法所得、罚款权；著作权行政管理部门在进行查处过程中，有询问，调查，现场检查，查阅、复制涉案资料，查封或扣押相关物品的权力等；著作权行政管理部门可以设立著作权纠纷调解委员会，并对行政调解协议的效力、行政调解协议的司法确认程序作出规定，以实现行政保护与司法保护的互动与对接。

---

① 吴汉东：《〈著作权法〉第三次修改的背景、体例和重点》，《法商研究》2012 年第41 期。

② 李明德：《我国〈著作权法〉的第三次修改与建议》，《知识产权》2012 年第 5 期。

3.2 中国知识产权保护的发展态势

3.2.1 知识产权行政保护与司法保护立法渐趋完善

中国关于知识产权保护立法最先始于晚清，民国政府也进行了探索与实践，20世纪80年代，随着我国改革开放的大潮和对国际政治、经济环境的适应，中国再次启动了知识产权领域法律法规的制定和重建工作。在本国国情和国际环境的形势要求下，1982—1985年，我国相继颁布了《商标法》、《商标法实施细则》、《专利法》和《专利法实施细则》。我国知识产权保护立法自此开始，其后因经济发展、国外压力及加入国际组织的要求先后经历了20世纪90年代的第一次修法、21世纪初期的第二次修法、2008年前后的第三次修法及正在进行的第四次修法。自20世纪80年代立法开始设置的知识产权"双轨制"保护模式，历经30多年的修法历程，虽对知识产权的行政保护与司法保护在不同阶段权力配置与侧重力度不同，但总的来说中国知识产权行政保护与司法保护立法渐趋完善。

专利法方面已形成以《专利法》为基点，《专利法实施细则》《发明奖励条例》等为补充，《刑法》《民法》《反不正当竞争法》《侵权责任法》及相关司法解释等为保障的专利法保护体系，对专利的行政保护与司法保护相互配合、相互补充，构筑了坚强的法律保护体系；商标法方面形成了以《商标法》为基点，《商标法实施细则》《商标评审规则》《驰名商标认定与保护规定》等为补充，《刑法》

《民法》《反不正当竞争法》《侵权责任法》及相关司法解释等为保障的商标法保护体系；著作权法方面虽立法时间相对较晚，但由于其借鉴了专利法与商标法方面的成功经验，立法相对更趋成熟与完善，也形成了以《著作权法》为基点，《著作权法实施细则》《计算机软件保护条例》《著作权集体管理条例》《信息网络传播权保护条例》等为补充，《刑法》《民法》《反不正当竞争法》《侵权责任法》及相关司法解释等为保障的著作权法保护体系。知识产权的行政保护与司法保护从 30 多年前的起步，到现在已渐趋完善，知识产权保护在有法可依的前提下，现阶段的重点是放在有法必依、执法必严、违法必究方面，使知识产权保护真正落到实处。

3.2.2　知识产权行政保护与司法保护机构设置日趋专业

行政保护对知识产权保护而言是不可或缺的，甚至可以说目前在我国是无法替代的，特别是在知识产权制度建立初期，职责划分细致而明确的行政管理机关（如版权局、商标局、知识产权局、海关、质量监督检验检疫局、农林行政管理机关等）起到了重要的知识产权保护作用，且绝大多数的知识产权保护都是通过行政保护的方式进行的。[①] 著作权方面由著作权行政管理部门负责，实行中央与地方两级管理；商标方面由国家工商总局商标局主管全国商标注册和管理的工作，商标评审委员会负责处理商标争议事宜，地方各级则由工商行政管理机关对商标的使用和侵权行为等进行监督管理；专利方面由国家知识产权局负责对专利的申请审查和行政管理，同时根据《专利法实施细则》规定，省、自治区、直辖市人民

---

① 中国社会科学院知识产权研究中心：《中国知识产权保护体系改革研究》，知识产权出版社 2008 年版，第 7 页。

政府以及专利管理工作量大又有实际处理能力的设区的市人民政府设立的管理专利工作的部门有权处理专利侵权引起的纠纷；海关主要是依照法律、行政法规的规定，对与进出境货物有关的知识产权实施保护。知识产权司法保护体制应包括侦查、起诉、审判、监督及执行等，但只有法院系统有专门的机构设计，[①] 知识产权司法保护工作起步于20世纪80年代，主要举措是最高人民法院、高级人民法院及部分中级人民法院、基层人民法院设立知识产权审判庭，负责对知识产权进行司法保护。

知识产权行政保护的这种机构设置弊端明显，职能部门多、职能交叉、职责不明、分工合作机制不畅通严重影响了知识产权行政保护效率与社会效果，因而根据"大部制"改革精简高效原则的要求整合现有的知识产权行政管理机构，形成一个完整的组织体系，可以克服知识产权行政保护机构重叠、职能交叉、权力冲突被动的局面。[②] 近年来，深圳、江苏、长沙和上海已在知识产权管理机构改革方面取得了一定的突破。2009年年初，深圳市委、市政府在《深圳综合配套改革总体方案》中，决定"深化知识产权管理体制改革，实行专利、商标、版权、技术秘密四位一体的大知识产权管理体制"。2009年8月深圳市工商行政管理局（物价局）、质量技术监督局、知识产权局（版权局）整合为市场监督管理局。2012年2月，为了加强知识产权管理，深圳市市场监督管理局加挂市知识产权局的牌子。2014年5月深圳市再次改革，整合了市场监督管理局（食品安全监管局）、药监局，新组建深圳市市场和质量监督管理委员会及市场监督管理局

---

① 中国社会科学院知识产权研究中心：《中国知识产权保护体系改革研究》，知识产权出版社2008年版，第20页。

② 孟鸿志：《知识产权行政保护新态势研究》，知识产权出版社2011年版，第58页。

（质量管理局、知识产权局）、食品药品监督管理局。

2008 年 12 月，江苏省苏州市决定将原在苏州市科技局挂牌的苏州市知识产权局独立设置，并将原在文化广电新闻出版局加挂的"苏州市版权局"牌子，改挂在苏州市知识产权局，为苏州市政府正处级工作部门，率先在全国实现了专利与版权的"二合一"管理模式。2010 年，长沙市将版权管理职责划入市知识产权局，也实现了专利、版权"二合一"。2017 年，长沙市成为全国首个在市级层面开展"专利版权商标、三合一"综合管理改革的试点城市。2015 年 1 月 1 日，上海市浦东新区在全国率先成立并启动运行了专利、版权和商标"三合一"的知识产权局。2016 年 12 月 5 日，习近平总书记主持召开中央全面深化改革领导小组第三十次会议，审议通过《知识产权综合管理改革试点总体方案》，强调要紧扣创新发展需求，发挥知识产权的引领作用，打通知识产权创造、运用、保护、管理、服务全链条，建立高效的知识产权综合管理体制，构建便民利民的知识产权公共服务体系，探索支撑创新发展的知识产权运行机制，推动形成权界清晰、分工合理、责权一致、运转高效的体制机制。国务院办公厅随后印发的《知识产权综合管理改革试点总体方案》，强调要充分发挥有条件的地方在知识产权综合管理改革方面的先行探索和示范带动作用，并对知识产权综合管理改革试点作出整体部署。

同样，知识产权司法保护的体制设置存在冲突，根据不同地方经济和社会发展水平的差异，结合知识产权案件专业性强的特征，实行知识产权案件的民事、行政与刑事统一审理势在必行。理论研究为实践探索提供了指引，设立专门的知识产权法院，实行民事、行政、刑事集中审理为解决知识产权案件"审理尴尬"提供了解决路径，北京、上海、广东等地法院的知识产权案件"三位一体""三审合一"审判模式试点工作纷纷拉开序幕。1995 年 10 月，最高人民法院成立知识产权审判庭。2014 年 11 月起，北京、广州、上海知识产权法院相继成立。2017 年，南京、苏州、成都、武汉、杭州、宁波等知识产权专门审判机构先后设立。2016 年 7 月，知识产权民事、行政和刑事案件审判"三合一"在全国法院推行。技术调查官以及司法鉴定、专家辅助人、专家咨询等技术事实查明多元化机制初步形成。① 中国在知识产权司法保护方面的专业化经验，增强了参与全球经济共同治理的能力。

3.2.3　知识产权行政保护与司法保护救济方式不断丰富

我国知识产权行政保护的主要方式有行政确认、行政查处、行政许可、行政强制、行政处罚、行政调解、行政裁决、行政复议等，其中行政调解、行政裁决、行政查处等救济方式为知识产权行政保护最常用的救济方式。以行政调解为例，20 世纪 80 年代《商标法》与《专利法》制定时并没有规定行政调解，行政机关可以直接裁定侵权损害赔偿数额。2000 年《专利法》和 2001 年《商标法》修改后，赋予了行政机关对于侵权损害赔偿进行行政调解的职能。《专利法》第四次修订草案增加了行政调解司法确认程序的规定。2012 年的《中华人民共和国著作权法修改草案》第八十三条也对同一情形作出了规定。② 以行政查处为例，历次修改的《专利法》对其赋予的权力都呈不断加大的态势，尤其是《专利法》第四次修改草案进一步强化了管

---

① 参见最高人民法院《中国知识产权司法保护纲要（2016—2020）》。
② 该条拟赋予著作权行政管理部门调解协议具有法律拘束力，著作权行政管理部门可以设立著作权纠纷调解委员会，负责著作权和相关权纠纷的调解。调解协议具有法律拘束力，一方当事人不履行调解协议的，另一方当事人可以申请人民法院司法确认和强制执行。

理专利工作的部门对涉嫌扰乱市场秩序的专利侵权行为的行政处罚权以及调查取证权。随着知识产权保护立法的完善，知识产权行政保护的方式在不断丰富与完善，行政保护措施和手段在不断多样化，保护力度在不断强化。

我国知识产权司法保护的救济方式主要为民事诉讼、行政诉讼与刑事诉讼三种。知识产权是一种私权，而为私权提供保障的救济渠道主要是通过民事诉讼实现，这也是绝大多数情况下各国通行的做法。民事司法保护是保护知识产权的最基础的、也是最重要的公力救济方式。行政诉讼救济方式在知识产权立法初期也只是在部分行政行为有所体现。例如，1984 年《专利法》对专利复审委员会的裁决，专利复审委员会宣告发明专利权无效或者维持发明专利权的决定不服的，可以在收到通知之日起三个月内向人民法院起诉；而专利复审委员会对宣告实用新型和外观设计专利权无效的请求作出的决定为终局决定。随着知识产权保护立法的完善，法律在很大程度上赋予了权利人启动行政诉讼救济方式维护自身合法权益。为了加强对知识产权保护的保护力度，增强对知识侵权行为的打击，对严重侵害知识产权的行为知识产权法律法规也设置刑事诉讼救济方式。特别是最高人民法院、最高人民检察院和公安部联合在 2011 年 1 月发布的《关于办理侵犯知识产权刑事案件适用法律若干问题的意见》主要针对近年来公安机关、人民检察院、人民法院在办理侵犯知识产权刑事案件中遇到的新情况、新问题，进一步明确、完善了刑事诉讼救济方式。此外，还建立健全了知识产权多元纠纷解决机制，充分发挥诉讼调解、人民调解、行业调解、商事调解和行政调解的作用。知识产权大保护工作格局正在形式，注册登记、审查授权、行政执法、司法裁判、仲裁调解、行业自律等各个方面的作用得以充分发挥，正在形成多元协同的保护合力，营造一种能动、有效的知识产权保护生态环境。

3.2.4 知识产权行政保护与司法保护衔接途径不断优化

纵观中国知识产权保护行政保护与司法保护的立法与修法历程，尽管每次修改承载的历史使命、完善的立法内容都有所不同，但司法权与行政权一直处于强弱交变的动态平衡中，行政保护与司法保护的衔接也在不断优化。

20 世纪 80 年代，随着我国知识产权法律制度的建立，初步确立了知识产权行政和司法保护"双轨制"模式。随着时代的发展，对知识产权保护的认识也在不断深化，相应的理念也在不断地调整。2008年，《国家知识产权战略纲要》出台，该纲要从国家整体和大局的战略角度出发，提出要发挥司法保护知识产权的主导作用。2015 年出台的《国务院关于新形势下加快知识产权强国建设的若干意见》进一步提出，要完善行政执法和司法保护两条途径优势互补、有机衔接的知识产权保护模式。再到 2016 年，《"十三五"国家知识产权保护和运用规划》提出，要构建包括司法审判、刑事司法、行政执法、快速维权、仲裁调解、行业自律、社会监督的知识产权保护工作格局。从知识产权双轨制保护到大保护的发展，充分体现了中国知识产权保护理念的进步和保护格局的不断优化。

在着力构建知识产权大保护格局的现阶段，尤其要加快构建行政和司法两条途径优势互补、有机衔接的保护模式，以真正实现知识产权的"严保护、快保护"。在推进知识产权行政保护与司法保护的对接过程中，已形成一些成功的经验。首先，"三审合一"知识产权审判工作的试点初步显现了知识产权司法保护的综合效能，北京、广州、上海知识产权法院，南京、苏州、成都、武汉、杭州、宁波等知识产权专门审判机构的设立进一步便利了知识产权行政保护与司法保护在程序与机构方面的对接。其次，湖南等省、市探索的专利纠纷行政调解协议司法确认理论研究和试点工作，为知识产权行政保护与司法保护的成功对接积累了有益经验。最后，行政部门与司法部门也在不断探索建立知识产权保护的协作配合机制和协调会商机制，目前已逐步建立起公安机关"主动侦查"与行政部门"阵地控制"相结合的工作模式，形成了"信息共享、事先介入、联合行动、优势互补"的协作新机制。这些举措进一步强化了知识产权的保护。

改革开放至今，中国知识产权立法已历经了 30 多年的时间，目前的中国已经开始走出仅仅是被动地保护知识产权的阴影和困境，朝着知识产权强国的目标和方向迈进，这是一个了不起的历史性转变，更是中国经济、社会全面进步的标志。

3.3　国际知识产权保护的发展启示

3.3.1　知识产权国际保护横向合作日益加强

3.3.1.1　知识产权国际保护的框架更趋合理

知识产权国际保护制度兴起于 19 世纪 80 年代，以《保护工业产权巴黎公约》（1883 年，简称《巴黎公约》）、《保护文学艺术作品伯尔尼公约》（1886 年，简称《伯尔尼公约》）、《成立世界知识产权组织公约》（1967 年，简称《WIPO 公约》）、《专利合作公约》（1970 年，简称"PCT"）、《与贸易有关的知识产权协议》（1994 年，简称"TRIPS"）等代表性的国际公约共同构成知识产权国际保护的基本框架。

从发展过程来看，知识产权国际保护历经"巴黎联盟和伯尔尼联盟时期"、"世界知识产权组织时期"和"世界贸易组织时期"，知识产权国际保护的成员国越来越多，保护的方式由国内法单独保护体系走向国际法一体保护体系，保护的内容从国民待遇原则、优先权原则发展到最惠国待遇原则、透明度原则、争端解决原则和司法审查原则，保护的范围从最初的发明、实用新型、商标、商号、文学艺术和科学作品不断扩大到原产地名称、植物新品种、视听作品、印刷字体、奥林匹克会徽、集成电路布图设计等，保护的效力从纯粹的"软法"走向可制约和执行的"硬法"。这一切知识产权公约内容的变迁说明了知识产权国际保护的框架越来越趋向开放、合作，也越来越趋于合理、同化。

由于发展中国家在国际贸易中常遭遇发达国家的知识产权壁垒，都纷纷重视知识产权保护工作，积极参与框架性条约的缔结，并加强南南合作，在原则性问题和重大制度设计上表达自己的立场、主张和诉求，努力消除发达国家和发展中国家在知识产权贸易中的"剪刀差"和利益的不均衡性。比如，巴西、阿根廷等国家于 2004 年提出的"WIPO 发展议程"，就是发展中国家根据本国的约束条件采取积极举措，主动地参与并融入知识产权法协调的国际议程，对不合理条款予以坚决抵制。这使得知识产权国际保护制度在发展中渐趋合理，会更多地照顾到知识产权不发达国家和地区的利益。

为了适应新时代科学技术的迅猛发展，在国际知识产权领域也越来越多地更关注网络环境的盗版侵权和规模复制问题，越来越重视创意、表演者、传播者等的权益保护，世界各国也都在寻求全球性框架下的新的知识产权保护机制和问题解决方案。例如，由日、美等少数几个国家发起的《反假冒贸易协定》、由亚太经济合作会议成员国发起的《跨太平洋伙伴关系协议》先后进入了国际社会的视野。目前在知识产权国际保护领域，保护框架越来越合理，保护理念越来越开明，保护机制越来越强化，保护影响也越来越全球化。

3.3.1.2　知识产权跨国保护机构日渐增多

随着知识产权国际保护问题的凸显，国际协调扮演了越来越重要的角色，各国政府在区域间或全球范围内相继成立相关的国际知识产权组织，很多民间智力团体和行业协会也纷纷组建了知识产权保护的非政府组织（NGO）。这些组织有官方强制性的，也有民间研究型或提供信息情报类的，它们都助推了知识产权国际立法和保护的发展。

知识产权国际协调是国家及非政府组织在 WTO 和 WIPO 构建的框架下，通过国际会议、国际论坛、多边协商等方式，推动保护发明创造、保障公共健康、维护生物多样性、保存非物质文化遗产等一切与文学、艺术、科技相关的框架性体制建立和"软法"制定，使之成为现有国际知识产权保护法律制度的重要补充，以实现多渠道的冲突协调解决机制。如果"软法"及其部分条款、重要性机制能得到多数成员方的支持或赢得共识，就可以在未来的知识产权国际条约制定或修订过程中予以增补、新设，使其转化为"硬法"的约束性条款。知识产权跨国保护机构在这些立法的研究和转化方面，有着功不可没的贡献。

随着国际知识产权保护共识的增加，越来越多的知识产权跨国保护机构成立起来，使国际的对话和联系机制得到进一步发展。目前，政府间国际组织主要有：世界知识产权组织（WIPO）、与贸易有关的知识产权理事会（TRIPS 理事会）、联合国教科文组织（UNESCO）、国际植物新品种保护联盟（UPOV）、非洲知识产权组织（OAPI）、欧亚专利组织（EAPO）、非洲地区工业产权组织（ARIPO）等。有影响的非政府间国际组织主要有：国际商标协会（INTA）、发明者协会国际联合会（IFIA）、国际反假冒联盟（IACC）、国际唱片业协会（IF-PI）、国际作者作曲者协会联合会（CISAC）、音像制作者权利管理协会（EGEDA）等。

知识产权跨国保护机构发展的一个里程碑式的成果，就是通过引入"WTO 争端解决机制"（简称"DSU"），把知识产权问题纳入世界贸易的框架下，构建了精细的操作程序和交叉报复的机制。为了达成知识产权方面的一致意见，以前的国际条约往往回避了知识产权执行机制问题，将知识产权实施程序、纠纷解决和执法措施授权各成员国自行规定，但在 TRIPS 协议第六十四条规定"除本协议的特殊规定之外，1994 年关税与贸易总协议文本达成的解决争端的规范和程序的谅解协议，应适用于就本协议而产生的争端协商与解决"。这样，WTO 体制下一般贸易的争端解决机制就相应地延伸适用于知识产权领域，可以通过专家组报告或上诉机构的裁决解决无法协商、斡旋或调解的国际知识产权纠纷。

可见，知识产权跨国保护机构的发展史是一个从无到有、从少到多、从软到硬，从争议到共识的发展历程，虽然随着知识产权新问题的不断呈现、知识产权领域的新矛盾不断丛生，知识产权跨国保护的争议会越来越多，但相应达成的共识也会越来越多，在国际范围内知识产权司法和行政执法力度会进一步加强。

3.3.1.3　知识产权执法呈现跨国联动的趋势

在复制无所不能、传播无孔不入的新技术时代，盗版、盗链和跨区域网络侵权的行为十分猖獗，屡禁不止，已经演变成为一个全球性的问题。为了积极应对日趋恶化的知识产权维权环境和维护自身的知识产权利益，欧盟、美国、日本等发达国家出于对 TRIPS 与 WIPO 框架下知识产权国际保护标准与执法现状的不满，2010 年以来一直在磋商对话，以达成新的国际规则来约束、惩罚和制裁知识产权侵权行为，维护服务贸易的基本秩序。由此，《反假冒贸易协定》（Anti - Counterfeiting Trade Agreement，ACTA）和跨太平洋伙伴关系协议（Trans - Pacific Partnership Agreement，TPP）应运而生。这两个协议的共同宗旨是加大全球打击假冒、盗版和其他知识产权侵权行为的力度，谋求建立新的打击全球知识产权违法犯罪的国际执法框架，进一步深化国际合作，强化执法实践。

互联网、云计算、大数据技术、人工智能等高新技术的应用以及在社会、经济全领域的蔓延，带来了一系列棘手的知识产权国际保护问题，进一步催化了知识产权的全球化变革，国际知识产权组织和各国都在寻求统一的保护框架。在知识产权授权确权方面，欧洲专利局准备实施一体化的专利公约；中、美、欧、日、韩、俄等知识产权大国正在酝酿全新的互认机制，认可彼此审查的专利授权结果，未来将有可能出现"申请在少数国家审批，多数国家生效"的制度。在知识产权执法方面，各国开始积极谋求跨国协作执法，在不突破知识产权和国家主权的地域性基础上，寻求实质性的合作执法，使打击知识产权违法犯罪符合各国利益，真正实现最大化的共赢利益。

由于知识产权与贸易、投资已经完全融合，难以分割，知识产权问题已经成为各国日益重视的关键领域，也是实施国际贸易交叉报复的重要手段。因此，近年来各国知识产权保护部门都在不断加强与知识产权国际组织的合作，不断加深与其他国家的对话与沟通，不断深度参与知识产权多边谈判与规则制定。2006 年 6 月，美国贸易代表办公室专门成立新的"知识产权执行办公室"，使知识产权与服务、投资工作相互分离，进一步强化了知识产权的跨国执行。2007 年，中美海关在华盛顿签署《关于加强知识产权执法合作的备忘录》，就知识产权执法的实践经验、数据交流、技术运用、信息通报和人员合作等方面达成了一致意向。中国警方也通过积极磋商，签署谅解备忘录、合作协议等形式，与各国执法机构相继建立中美执法合作联合联络小组、中欧知识产权保护合作项目等双边协作机制。

2007 年，中国与英国、美国、日本、新西兰、澳大利亚等国家以及国际刑警组织、世界知识产权组织一致通过了《深圳宣言》，积极开展假冒信息通报、侵权案件核查、联合执法办案等方面的执法培训，共同打击跨国犯罪活动。针对当前侵犯知识产权犯罪链条化、网络化、国际化凸显的态势，近年来，公安部会同国际刑警组织及有关国际执法机构连续开展了多期打击侵犯知识产权犯罪的国际执法行动，取得积极成效。这些迹象都表明，知识产权执法已呈现出跨国联动的趋势。

3.3.2 各国知识产权综合保护机制日趋完善

各国知识产权综合保护机制日趋完善，主要体现在以下三个方面。

3.3.2.1　建立了司法为主、多部门协调的综合性执法体系

在知识产权制度建立初期，各国主要是通过法院或者准司法机构来实施知识产权保护。但随着经济社会的发展和利益结构、交易模式的复杂化，专利执法面临着新的挑战，各国开始愈加重视多部门的协作治理，逐步构建起以司法为主导，行政机关、准司法机构、海关等专门机构参与的专利执法体制。这时，司法不再是单一的保护进路，相应的多元行政保护渠道开始形成，而且这种趋势越来越凸显和清晰。

在美国，确立的是以联邦巡回上诉法院为核心的司法体制，同时又建立了美国专利商标局、司法部、海关、贸易代表办公室、国际贸易委员会、联邦贸易委员会等多部门各自负责、相互协调、相互配合的综合性执法体系。在英国，执法体系是围绕民事诉讼及相关程序构建的，虽然英国专利局有较大的专利争议管辖权，专利局长被赋予了准司法审判的权力，但法院始终是知识产权保护的核心。在德国，法院和海关是主要的执法机构，专利权人可在较短的时间内通过禁令获得司法救济。在日本和韩国，法院也是知识产权保护的重心，但同时特许厅、监察厅、警察厅、海关和贸易委员会等部门保护知识产权的职责也在加强。

可以说，建立健全知识产权法律法规和政策体系，构建版权、专利、商标等知识产权的综合管理机构，提升知识产权管理和保护的能力和效率，推动行政执法与司法保护的有机衔接与互补，是知识产权保护的发展方向。

3.3.2.2　合理配置行政资源、发挥行政执法效率优势

社会现代化带来了社会关系及事务的复杂化，市场经济和功利主

义价值观在全球肆掠，知识产权侵权及机会主义行为越来越盛行，迫使人们越来越依赖公权力的行使，以维护公共秩序和保障私人权利的实现。由于司法是中立的被动性权力，立法是宏观的决策性权力，权力行使的要求自然落在了具有执行性的行政权上，如何在限制行政权滥用的基础上发挥行政权的执行优势，是各国维护社会秩序、发展经济和文化的共同选择。

在美国，由贸易代表办公室、联邦贸易委员会和国际贸易委员会，加上警察、海关等非知识产权行政主管部门共同构成了美国知识产权行政执法体系的有机整体。这些非知识产权行政主管部门能针对海外或国际贸易中的知识产权问题采取环环相扣的保护措施，强有力地打击知识产权侵权行为，最大限度地维护美国知识产权权利人的利益。在韩国，特许厅、警察厅、产业资源部贸易委员会及海关担负了重要的知识产权保护职责，检察机关和警方可以共同调查假冒商品及其制售者，并实施以刑事处罚为目的的执行查处活动；海关总署及地方海关设有专门的调查科室，负责监视和稽查假冒伪劣商品的进出口通关；产业通商资源部贸易委员会可以调查和制止不公正贸易行为，采取限令改正措施并征收罚款。

不仅我国，其他发达国家也存在行政执法的分散管理模式。为切实提高知识产权行政保护的绩效，提升知识产权行政执法水平，如何整合错落交叉的行政职能、科学合理地配置行政管理和知识产权执法资源，可以说是世界各国都需要去解决的难题。条块分割的管理体制无法灵敏有效地应对当代科学技术的发展狂澜，尤其是技术催生的分离式侵权、规模侵权等现象，这要求行政权适时地调整自身的运行方式，理顺自身资源的配置和机构的设置，以尽可能好地迎接现代化引发的社会持续变迁。

3.3.2.3　设立知识产权专门法院提升司法保护实效

随着经济、社会发展和企业运用知识产权的能力提升，加上复杂技术的不断更新，知识产权领域的案件已经为普通的民事法官所难以驾驭，这就呼唤建设专业化法官队伍，建立专门知识产权法院。在美国、加拿大等国家，专利无效案件的当事人可以直接向联邦法院提起无效诉讼，而不是向行政管理机关提出确权申请。美国设立联邦巡回上诉法院，专门审理不服地方法院判决和不服专利复审委裁定的专利上诉案件。德国、法国等成立了专利法院，日本设立了知识产权高等法院，宣布专利无效的案件或不服专利、商标等权利确认、撤销、复审和无效的案件以及技术型侵权案件都统归知识产权专门法院审理。在德国的联邦专利法院，技术背景与法律背景的法官各占一半；在日本，除了法官，还设了技术调查官和专门委员。国外的实践表明，知识产权专门法院在专利授权标准、专利权利范围及侵权判断标准上起着举足轻重的作用，处于核心和枢纽的地位。建立知识产权专门法院不仅有利于解决专业、复杂的问题，也有利于统一司法标准和提高司法效率。

第4章 知识产权保护绩效评价的基础理论

4.1 知识产权行政和司法保护绩效的含义

4.1.1 绩效

"绩效"一词，最初来自管理学。根据管理学的理论，绩效是指为了实现组织的目标和使命，对既定任务完成的出色程度和有效输出。目前，对绩效的内涵和外延主要有以下三种解说。其一，认为绩效是结果，他们认为通过结果可以很好地反映行为活动，记录工作的成果。Bernadin 等认为，以结果来定义绩效是最恰当也最精准的，因为结果能直接与组织投入的经费支出、实现的顾客满意度、要达成的战略目标相挂钩。① 其二，认为绩效是行为本身，而不是结果，绩效

---

① Michael Armstrong and Angela Baron, *Performance Management*, London: The Cromwell Press, 1998, pp. 15 - 16.

应当体现为实现结果过程中的一系列行为或者活动。比如，Murphy 认为，绩效是指这么一组行为，这组行为要与一个人服务的组织或实体要实现的目标或任务有关。[①] 其三，认为绩效是行为与结果共同构成的复合体，不能说绩效只是反映行为成效的结果，也不能说绩效只是单方面体现为行为过程。Brumbrach 认为，绩效是行为和结果的统一，从事某种工作或职业的人将组织的任务付诸实施，就会通过其行为表现出来；这时候行为不仅是结果的手段或工具，其本身在某种程度上也是结果，是需要付出巨大的脑力和体力以实现工作目标的结果，只不过这种行为能与结果进行分开判断而已。[②] 由此可见，从不同维度，对绩效的内涵会有不同的理解。在本研究中，笔者认为第三种观点较为合理，绩效不仅体现一系列行为的表现，还应当体现行为运作的结果以及由此带来的外部影响。当对行政或司法机构的绩效进行评价时，既要考虑行为又要考虑结果；既要考虑投入又要考虑产出；既要考虑应该做什么又要考虑如何去做。

4.1.2　公共管理绩效

绩效，目前广泛应用于政府的公共管理活动中。当绩效引入政府的公共管理活动之后，就使绩效有了新的内涵。绩效理论研究最初起步于政府的绩效评价（the appraisal of government performance），最早的实践活动可追溯至 20 世纪初的纽约市政研究院对当地政府开展的绩效评价，是对政府部门在公共行政和社会管控等方面的成效、结果、效能的综合评估，是对政府部门行使职能、实现公共意志、维护

---

① Richard, S. Williams, *Performance Management*, London：International Thomson Business Press, 1998, p. 93.

② Michael Armstrong and Angela Baron, *Performance Management*, London：The Cromwell Press, 1998, p. 41.

公共治理秩序的管理能力的考察和敦促。关于公共管理绩效，尚没有一个公认的定义能让学者普遍接受，学者们大都基于自己的研究目的和视角对其内涵进行界定。究其原因，主要是因为公共机构不同于私营部门，没有像利润这样具有广泛应用性和综合评价性的评估尺度，不同的利益相关者对于绩效的认识也是不一样的，缺乏应有的一致性。① 因此，要对公共管理绩效内涵有一个科学的界定，就不仅需要考察一般组织绩效的产生过程，而且要重点关注公权力机关区别于一般营利性组织的"公共性"特征。公权力机构管理活动的"公共性"，主要体现为政府或法院等国家机关及其授权组织在对公共资源进行分配和管理的过程中向社会公众提供公共产品或公共服务。"在特定的社会情境中，尤其是有着多重因素或各种利益导向共同作用时，任何组织或单位的绩效产生的逻辑链条都能够被分解成资源、管理、效果、投入、产出、影响等要素，这些要素构成了整个组织系统运作的全过程。"② 由此，一般组织或单位的绩效就是指该组织或单位运作过程的一系列行为表现以及行为带来的结果和外部影响；公共管理绩效就是指公权力机关及其授权组织在向社会公众提供公共产品或公共服务的过程中实施的一系列管理活动及其产生的效果和社会影响。

4.1.3 知识产权行政和司法保护绩效

知识产权保护作为社会公共管理的重要部分，是公权力机关自身的一个重要职责，主要是指国家机关及其授权组织依据现行法律，对

---

① Al Gore, *Serving the American Public*：*Best Practices in Performance Measurement*，http：//govinfo. library . unt. edu/ npr/library/review. html. 1997 – 6.

② Ellen Taylor – Powell, *The Logic Model*：*Program Performance Framework*. http：//www. raguide. org, 2001.

侵犯知识产权的行为进行制止和打击等一系列的活动。如本书第一章所述，目前我国的知识产权保护同时存在行政保护和司法保护两条途径。由于知识产权行政与司法保护是公共管理活动的一部分，其绩效也应当分别是政府绩效和司法绩效的某个具体方面，故公共管理绩效的内涵同样适用于知识产权保护绩效的定义。具体来讲，知识产权行政和司法保护绩效是指行政机关或司法机关在知识产权保护活动过程中实施的一系列行为表现以及由此带来的效果和影响。

在本研究中，笔者将知识产权行政与司法保护绩效分为内部绩效和外部绩效两个层面：内部绩效从行政机关或司法机关在保护活动中的投入、管理过程和产出的角度来反映知识产权保护系统内部的运作过程及其效益；外部绩效则从效果和影响的角度反映基于知识产权保护系统内部运作过程带来的实际效果和社会影响。从最终的保护目的来看，外部绩效应当是知识产权行政与司法保护绩效的核心体现，它从结果的角度反映了公权力机关进行知识产权保护的价值所在，但这并不能说明内部绩效不重要，恰恰相反，内部绩效才是知识产权行政与司法保护绩效的基础所在。因为，要想真正提高知识产权行政与司法保护的水平，就必须对知识产权保护系统内部的运作过程进行优化和设计，以提高其系统内部的运行效益，发挥其最大的效能。因此，本研究将内部绩效和外部绩效作为一个统一体，它们相互联系，不可分割，共同构成知识产权行政和司法保护的绩效。

4.1.4　知识产权行政和司法保护绩效评价

绩效评价（performance measurement），又称绩效评估，通常认为它是指评价主体依据一定的原则，通过构建合理的指标体系和运用科学的方法对一定的个人或组织的行为及其效果进行考核和测评。绩效评价广泛应用于企业的人力资源考核、政府的公共管理评价等各个领域，基于评价的科学性和可操作性，现阶段的公共管理绩效评价大多是围绕某一特定的政府部门或公共管理机构而展开，主要是为了评估这些部门或机构的工作业绩与成效，将其运作过程的效率、效能、效益、效果、质量等作为测量目标和关注对象。2000年，在韩国施行的《政府绩效评估框架法案》中，公共管理绩效评价是指对中央及地方政府（包括内设部门、下辖机构）的履职情况或公共服务事项所开展的审查、评议及分析工作，是对政府部门公共管理活动的内容、结果的整体评价。美国国家绩效衡量小组认为，公共管理绩效评价是根据政府部门的既定目标和公共管理任务，采取资源配置和优位排序的手段，以利用绩效管理信息来指导其工作开展或目标调整，并督促政府部门自觉履行目标实现状况的告知义务。而中国行政管理学会则认为政府部门的绩效评价是"运用科学的方法、标准和程序，对政府机关的业绩、成就和实际工作做出尽可能准确的评价，在此基础上对政府绩效进行改善和提高"①。由于本研究涉及的知识产权保护既包括政府有关主管部门的行政保护，也包括法院、检察院等司法机关的司法保护，因此定义知识产权保护绩效评价时可以参考上述概念，并将评价主体和评价范围等延伸到司法保护领域中。

知识产权行政和司法保护绩效评价就是指评价主体对知识产权行政和司法保护系统运作过程的行为表现及其产生的效果和影响，依据一定的标准、指标体系、方法和程序开展的科学评价。从某种程度上而言，是根据知识产权行政机关或司法机关在履行保护职责的过程中

---

① 林鸿潮：《美国〈政府绩效与结果法〉述评》，《行政法学研究》2005 年第 6 期。

所涉的权力运行效率、公共服务质量、公共管理能力、社会满意度等方面的评判，对知识产权保护工作中的投入情况、管理过程、产出情况、中间成果和最终影响反映的绩效进行测算、分级、评定和审核。在此，本研究认为，知识产权保护绩效评价可以从静态和动态两个角度来理解：从静态角度来讲，知识产权保护绩效评价是一个包括评价主体、评价对象、评价指标体系和评价方法等因素在内的有机联系的统一体，它主要体现为评价主体围绕如何优化知识产权保护系统，提高知识产权行政和司法保护系统的运行效益这一目标而形成的一系列制度安排和设置的必要的技术支撑体系。从动态角度来看，知识产权保护绩效评价是一个动态运转的操作系统和开放布局的实施流程，它包括明确评价目标、构建指标体系、收集资料、统计处理数据和分析绩效等若干个步骤，通过完成这些步骤来达到对知识产权行政和司法保护状况的实际测评。

4.2　知识产权保护绩效评价的理论基础

4.2.1　知识产权行政和司法保护绩效评价的必要性

知识产权行政和司法保护绩效评价，需要运用数理逻辑、计量测算、工程统筹等原理和专门设计的指标体系，按照统一的程序，通过定量和定性对比分析，对知识产权保护公权力机关在特定时期和特定阶段的工作业绩做出科学、准确、合理的客观评判。它是检验《国家知识产权战略纲要》实施情况的内在要求，是决定《国家知识产权战略纲要》未来实施的方向指引，是调整《国家知识产权战略纲要》实施力度的决策依据。[①]

对于知识产权保护绩效评价的必要性，本研究认为需从知识产权保护的机制完善、学科发展和政策衡量的现实要求三个方面来予以考量，下面分别论述。

4.2.1.1 知识产权行政和司法保护绩效评价是完善知识产权保护机制的需要

随着经济全球化的进程加快、科学技术的迅猛发展和国际竞争的白热化，知识产权成为各国及其跨国企业参与国际贸易的重要考量因素和战略性的竞争武器。我国从 20 世纪 80 年代开始就逐渐形成了知识产权行政保护和司法保护的双轨制保护格局，但由于知识产权保护制度建立时间并不长，还存在知识产权未得到有效保护和应用，知识产权交易许可秩序不规范，知识产权维权成本过高，知识产权侵权行为泛滥等问题。而这些问题的存在，反映了我们的知识产权保护工作不容乐观，呼唤我们实施知识产权行政和司法保护绩效评价制度。具体说来，知识产权行政和司法保护绩效评价有以下三大功能。

首先，知识产权行政和司法保护绩效评价具有良好的发现功能，能通过科学合理的制度设计，客观公正地回答知识产权行政主管机关和司法机关在知识产权保护过程中"如何做"以及"做得怎么样"的问题，在一定程度上明确了"做什么""应该怎样做""做得不好怎么办"等问题，使得知识产权保护工作更加有章可循，使得知识产权行政和司法保护双轨制得到更多的检视和反思。

---

① 张鹏：《基于关联关系模型的知识产权战略实施绩效评估体系研究》，《科技与法律》2013 年第 3 期。

其次，知识产权行政和司法保护绩效评价具有有效的评测功能，有助于激励知识产权保护主体降低执法成本，有效配置行政执法和司法裁判的资源，对绩效评价过程中发现的知识产权保护问题进行及时整改，有利于执法效率的提高和司法公正的维护。绩效评价制度的推行，可以将绩效意识贯穿于知识产权行政和司法保护的全环节和各流程，提升行政执法的自觉性和司法过程的能动性。

最后，知识产权行政和司法保护绩效评价具有有力的约束功能，因为绩效评价本身是一种积极的监督，能够促使知识产权执法机关和司法机关按照评估标准、理想值和目标规程去认真落实，而不是随意执法、运动式执法。在绩效评价中，有专家机构、新闻媒体、社会中介组织等独立第三方主体的介入，可以使知识产权行政保护和司法保护置于公众监督之下，做到阳光执法、公开审判。

因此，知识产权行政和司法保护绩效评价可以进一步完善知识产权保护机制，提高知识产权创造、管理、保护、运用和服务的能力，更有力地推动创新型国家建设。

4.2.1.2　知识产权行政和司法保护绩效评价是知识产权学科发展的需要

近年来，随着知识产权保护问题日益引起人们的关注，鉴于知识产权保护不仅涉及知识产权的立法，还涉及知识产权的司法和执法，对知识产权保护状况的量化评价会存在一定的困难。因此，学者们在对知识产权保护进行评价时主要是依靠定性的方法进行评价，即主要凭借主观经验和现有的认知水平去判断知识产权保护状况。对知识产权保护状况进行量化测评，直到20世纪90年代才有人开始尝试，最早进行这方面研究的学者是 Rapp 和 Rozek，以及后来的学者 Ginarte

和 Park。在 Rapp 和 Rozek 的方法中只是笼统地将知识产权保护水平划分为 5 个不同的等级，并分别用 0 到 5 的整数来定量表示①，而在 Ginarte 和 Park 的方法中，则将知识产权保护水平细化为五个方面：保护的覆盖范围、是否为国际条约的成员、权利丧失的保护、执法措施、保护期限。② 上述二者对知识产权保护的量化评价，都仅是针对知识产权保护的立法予以定量评价，未考虑相关法律的实施状况，即未对知识产权保护的执法和司法进行评价。这对于知识产权立法与司法相对同步的西方国家来说，评价结果可能会比较符合实际，但对于我国，立法与执法及司法尚不完全同步的国家来说，评价结果可能就会脱离我国知识产权保护的现实。因此，近年来国内学者针对上述方法进行了修正，韩玉雄、李怀祖在《关于中国知识产权保护水平的定量分析》一文中，在对知识产权保护水平进行评价时，除考虑了原有的立法状况，还将知识产权执法的状况进行了评价，将二者的结果进行综合来反映知识产权保护的水平。对立法的评价，仍采用 Ginarte - Park 方法，对执法的评价则从以下四个维度展开：社会法制化程度、法律体系的完备程度、经济发展水平、国际社会的监督与制衡机制。③ 许春明、单晓光在《中国知识产权保护强度指标体系的构建及验证》一文中，对知识产权保护强度进行评价时，同样将其分为立法强度和执法强度进行评价，然后将二者进行综合。

目前的研究主要从知识产权保护内部运作机制方面进行浅层探讨，集中分析制约知识产权保护水平的内在因素，没有反映知识产权

① Richard Rapp, Richard P. Rozek, "Benefits and Costs of Intellectual Property Protection in Developing Countries", *Journal of World Trade*, 1990, 75/77, pp. 75 - 102.

② J. C. Ginarte, W. G. Park, "Determinants of Patent Rights: A Cross - national Study", *Research Policy*, 1997, Vol. 26, pp. 283 - 301.

③ 韩玉雄、李怀祖：《关于中国知识产权保护水平的定量分析》，《科学学研究》2005年第6期。

保护过程中存在的深层问题，因而在知识产权学科领域对于绩效评价的概念、程序、标准、技术方法等方面尚未形成系统的理论体系，研究成果数量有限，也比较凌乱，不能满足知识产权学科发展的需要。笔者认为知识产权行政与司法保护绩效研究应当变"纯定性研究"为"定性、定量结合研究"，变"粗放性研究"为"精细化研究"，变"形而上研究"为"理论与实践相结合的研究"。

4.2.1.3 知识产权行政和司法保护绩效评价是衡量知识产权政策的需要

从国家层面而言，知识产权制度是一个社会政策的工具。[①] 是否保护知识产权，对哪些知识赋予知识产权，以何种水平保护知识产权，是一个国家根据现实发展状况和未来发展需要作出的公共政策选择和安排。[②] 知识产权行政和司法保护绩效评价有利于合理调整知识产权政策目标，为知识产权政策体系的修改、更新和发展提供依据。

自世界贸易组织通过 TRIPS 协议将知识产权纳入国际贸易框架以来，有关知识产权保护水平对经济增长、社会福利、技术扩散等方面影响的研究骤然成为经济学领域研究的热点，[③] 也是法经济学领域研究的焦点。2004 年 5 月，日本经济产业省根据日本《知识产权战略大纲》（2002 年 7 月）和《知识产权的创造、保护及有效利用的推进计划》（2003 年 7 月），发布了《知识产权战略评价指标》。该评价指标

---

① 刘华：《知识产权制度的理性与绩效分析》，中国社会科学出版社 2004 年版，第 46 页。

② 吴汉东：《利弊之间：知识产权制度的政策科学分析》，《法商研究》2006 年第 9 期。

③ 韩玉雄、李怀祖：《关于中国知识产权保护水平的定量分析》，《科学学研究》2005 年第 6 期。

体系包括宏观层次、企业层次和微观层次三类指标，其宏观指标主要涉及研究开发投入、知识产权创造量和经济效应产出，但没有设立与知识产权法律制度相关的指标。[①] 无独有偶，瑞士洛桑国际管理与发展研究院（IMD）的世界竞争力年鉴（《洛桑年鉴》）和世界经济论坛（WEF）的全球竞争力报告都将知识产权保护纳入其评价指标体系。《洛桑年鉴》（2009 年版）的评价指标中，在一级指标"基础设施"下，除了设立专利产出等硬指标外，还将知识产权保护作为一项调查性指标，采用问卷调查方式对各国的知识产权保护状况按 1—10 区间进行主观评分。《全球竞争力报告》与之类似，也是将各国知识产权保护状况作为一项评价指标，通过企业领导人观点调查（executive opinion survey），按照 1—7 档打分评价。[②] 这些知识产权保护的评价指标都在一定意义上为衡量知识产权政策提供了操作范本，尤其是从国家或企业的竞争力方面为知识产权政策的评估和测度给出了新的方向。

知识产权行政和司法保护绩效评价是客观、公正地评估知识产权政策效果的基本途径，也是知识产权政策走向科学化和决策民主化的必由之路。对于知识产权政策的制定者来说，缺乏科学的绩效评价体系，会导致其难以准确评价政策及其实施效果，并由此采取不适当的调整方案；对于政策调整的相对人而言，在绩效评价体系缺失的情况下被动接受知识产权政策，不利于其对相关政策的意见表达和诉求主张。通过对知识产权保护进行绩效评价，不仅关注知识产权保护的外在表现，更对知识产权保护系统内部各因素及其相互之间的运作机制

---

① 詹映、佘力焓：《国家知识产权战略实施之法治环境完善绩效评价研究》，《科技进步与对策》2011 年第 2 期。

② 同上。

进行分析研究，这样不但能对我国知识产权保护水平有整体的了解，还能对知识产权保护系统中存在的深层次问题有所把握，有利于衡量我国的知识产权政策，优化知识产权保护系统。

4.2.2　知识产权行政和司法保护绩效评价的可行性

知识产权行政和司法保护绩效评价的可行性分以下三个方面予以论述。

4.2.2.1　知识产权行政和司法保护所涉因子具有一定的可测度性

绩效评价在实际上应用的是评估理论和方法，其方法论在一定程度上具有共适性。从总体上来看，现代评估理论大体经历了价值评估、技术评估、系统性评估以及响应性评估等几个主要阶段，每个阶段的转化都是与对政策评估性质和功能认识的逐步深化密切联系的。[①] 知识产权行政和司法保护绩效评价是按照事先确定的价值、评价工具和指标体系对知识产权保护系统进行综合性绩效评价，在这里既有价值判断，又有技术分析。由于知识产权保护绩效评价的价值目标就是使行政保护和司法保护在资源配置和结果实现上达致公平和正义，因此强调价值评估的重要性和凸显保护体系的功能性是知识产权行政和司法保护绩效评价的应有之义。但在不排斥价值评估的基础上，技术评估在知识产权行政和司法保护绩效评价中其实处于更为重要的地位，在评估实践中要更多地关注于技术层面、事实层面的分析，利用实证技术方法以分辨政策目标的设定和政策结果之间的对应关系，进

---

① 贠杰、杨诚虎：《公共政策评估：理论与方法》，中国社会科学出版社 2006 年版，第 256 页。

而可以验证性地确定政策的实际效果。

从知识产权行政和司法保护所涉因子的分解可以知道，知识产权保护系统的运作分为投入、管理和产出等，这属于绩效评价内涵的过程或者行为，而知识产权保护取得的效果或者带来的影响则属于绩效评价内涵的结果部分。对知识产权保护状况进行评价，既有对过程的考察，也有对结果的衡量，符合绩效评价包含的内容。同时，知识产权保护涉及利益相关的多方主体，既有政府机关、知识产权权利人，也有知识产权违法行为人、社会公众等，在对知识产权保护进行评价时，需要适当关注相关利益主体的满意度，合理平衡不同主体之间的利益。从我国目前的情形来看，知识产权保护分为行政保护和司法保护，虽然行政保护更加注重效率，司法保护更加注重公平，二者的价值取向有所不同，衡量的内容也有所区别，但绩效评价的目标往往具有多维性，而二者的绩效指标构成也是具有相应的可获得性和可测度性，在对知识产权保护进行绩效评价时，只不过要求我们协调不同的目标，针对不同的价值目标使评价内容各有侧重。总之，充分考虑到知识产权行政和司法保护绩效评价的综合性及指标数据的可获取性，能够通过资料检索、问卷调研、现场访谈等方式采集到指标数据，并在某种程度进行科学的测量与赋值。这使得本研究在技术评估层面具有可操作性。

4.2.2.2 知识产权行政和司法保护绩效评价已有一定的理论积淀

近年来，关于知识产权行政和司法保护绩效评价的文献逐年增多，在知识产权保护水平对于经济增长、技术创新、社会福利、国际贸易等方面的影响尤其引起了法学学者、经济学者以及从事国际贸易与投资的工商界经营者的广泛关注与研究，都想找到一个可以比较清晰地反映知识产权保护实效的指标模型。从国际层面来看，已经出现了一些研究来构建相关的指数，并且某些指数在全球范围内开始得到广泛的认同。比如 G-P 指数，其最大的特点就是测量指标涵盖的范围相当广，数据运算简单，便于国别之间、历史数据之间的指标对比，可以清晰地反映一国或一地区的知识产权立法进程，但对于知识产权保护的实施状况有所忽略，指标的区分度不令人满意，指标的时效性也较弱。① 国外关于知识产权行政和司法保护绩效评价的直接文献不太多，多包含在科技政策或创新政策的整体评估中，且评价重点限于保护效果的评价。例如，Uthai Chareonwong 和 Hugh Cameron 采用利益相关者分析（Stakeholder Analysis）和多属性效用理论（Multi – Attribute Utility），分析了科技政策的各种利益相关者如何影响政策的制定和评估，并且以泰国软件产业的知识产权保护政策为例，验证了这两种方法能够清楚地解释政策的制定和评估过程。② Kugai Takashi 通过对日本知识产权协会、专利应用前 200 强公司运用问卷调查等方法，对日本政府 2002 年以来实施知识产权战略的进展进行了评估，并对战略实施中的知识产权保护情况进行了分析。③ Kondo 在对知识产权保护强度测量时，将调查法和立法评分法结合起来，对知识产权法用立法评分法计分，执行效果通过调查法

① 李娜、余翔、田芳芳：《知识产权保护强度指标合理性分析及其改进》，《科技与经济》2014 年第 4 期。

② Uthai Chareonwong, "Hugh Cameron: Policy Evaluation Using Stakeholder Analysis and Multi – Attribute Utility Technology Methods: A Case Study of Intellectual Property Protection Policy in Thailand", *Proceedings of the Fourth International Conference on Technology Policy and Innovation*, http://in3. dem. ist. utl. pt/curitiba2000/, 2014/3/11.

③ Kugai Takashi, "Evaluation and Future Direction of Intellectual Property Strategy—Setting Out a New Intellectual Property Policy", *RIETI Policy Discussion Paper Series* 10, 2010, p. 6.

获得或者用其他变量予以替换。①

从国内的研究情况来看，众多的学者也开始关注了我国知识产权保护的经济效应和实施效果，其中代表性的研究成果有七项。其一，许春明建立了我国知识产权保护强度指标体系和知识产权经济增长动态模型，以专利制度为例实证检验了知识产权制度对我国技术创新、技术扩散的影响以及对经济增长的贡献度。该指标体系包括知识产权立法强度和执法强度等2个一级指标和9个二级指标。② 其二，郭俊华出版专著《知识产权政策评估理论分析与实践应用》，从知识产权政策评估体系的建立、模式、方法、流程、环境等进行了理论阐释，并将其应用到上海市专利资助政策评估的实践中。③ 其三，万小丽、朱雪忠建立了专利价值评估指标体系，运用层次分析法计算指标的权重，并采用模糊综合评价法设计了专利价值的初评值和偏差等级及其分值，得出专利的实际价值量。④ 其四，杜晓君、张序晶建立了包括知识产权战略实施、知识产权信息系统、知识产权研发和运用、知识产权保护、知识产权管理制度等5个一级指标在内的知识产权管理绩效综合评价指标体系，并对某高科技企业知识产权管理绩效进行了评价。⑤ 其五，李迎波建立了知识产权管理绩效影响因素评价的理论体系，并运用层次分析法确定了指标权重。⑥ 其六，郭俊华、曹洲涛借鉴公共政策评估的理论与方法，构建了知

---

① 孙赫：《知识产权保护强度测量方法研究述评》，《科学学研究》2014年第3期。
② 许春明：《知识产权制度与经济增长的机制研究》，博士学位论文，同济大学，2008年。
③ 郭俊华：《知识产权政策评估理论分析与实践应用》，上海人民出版社2010年版。
④ 万小丽、朱雪忠：《专利价值的评估指标体系及模糊综合评价》，《科研管理》2008年第2期。
⑤ 杜晓君、张序晶：《高科技企业知识产权管理绩效模糊综合评价》，《研究与发展管理》2004年第2期。
⑥ 李迎波：《知识产权管理绩效评价体系研究》，《知识产权》2006年第1期。

识产权政策评估的体系，包括评估的理论模型、结构体系、评估对象、评估标准、指标体系、权重设计等内容，并且提出了优化和改进知识产权政策评估的有益建议。[①]其七，党国英总结了国内对于知识产权保护水平的定量测度的三类方法[②]：第一类从知识产权立法和执法两个方面度量知识产权保护水平；第二类从专利保护过程出发，构建了专利保护程度指标体系，如宋河发等从专利立法、专利审批、专利司法和社会保护等四个层面构建了含有 5 个二级指标和17 个三级指标的专利保护程度指标体系[③]；第三类从不同方面选取多个指标对知识产权保护强度进行度量。比如，吕敏和张亚斌考虑经济因素、法律因素、国际因素和社会因素四个方面，构建了 10 个三级指标，采用熵值法和主要成分分析法计算了中国实际的知识产权保护水平。[④]

上述成果为本研究的开展提供了宝贵的素材和可资借鉴的理论模型，但是，毕竟与本研究有着不同的目标。比如，不完全是围绕知识产权保护展开的评价，缺乏对知识产权行政和司法保护的运行机理和绩效特征的系统评价，绩效评价指标体系不尽完善等问题的存在，促使我们要对知识产权行政和司法保护绩效评价进行进一步的系统化和专门化研究。

[①]　郭俊华、曹洲涛：《知识产权政策评估体系的建立与推进策略研究》，《科学学与科学技术管理》2010 年第 3 期。

[②]　党国英：《TRIPS 协定下中国知识产权保护水平测度》，《技术经济与管理研究》2014 年第 11 期。

[③]　宋河发、李玉光、曲婉：《知识产权能力测度指标体系与方法及实证研究》，《科学学研究》2013 年第 12 期。

[④]　吕敏、张亚斌：《中国知识产权实际保护强度度量——一种改进方法》，《科技进步与对策》2013 年第 20 期。

4.2.2.3 公共政策评估为知识产权保护绩效评价提供了参照样本

在论述知识产权行政和司法保护绩效评价的内涵时，从其与公共管理绩效的比较中，我们就可以发现，知识产权保护绩效评价与公共政策评估在诸多方面是互通的。公共政策评估是伴随着政策科学兴起的，20世纪50年代以来，各种理论方法不断呈现，研究范围不断扩展。Frank Fischer通过对社会科学和公共政策评估的深刻反思，提出了将事实和价值结合起来的全面评估理论，从项目验证、情景确认、社会层面的论证、社会选择等方面系统分析了公共政策评估的理论、方法与实际案例。① Egon G. Guba 和 Yvonna S. Lincoln 认为，评估是众多相互影响的建构和再建构发展的结果，可以分为四个时代：第一代为技术性评估的测量时代；第二代为目标评估的描述时代；第三代为基于决策导向、效果导向等评判模型的判断时代；第四代为以谈判协调为核心动力，评估专家角色是合作者，评估以利益相关者的方式进行的建构时代。② Thomas R. Dye 以美国的政治体制为分析基础来研究政策评估，提出"政策效用"的概念，强调政策产生的所有效果，包括对目标群体或现状的作用、对目标群体或状况以外的溢出效应，对未来情况的作用、直接或间接成本。同时，从政策的象征性效果、方案评估、实证性政策研究等方面分析了如何通过政策评估寻求政策实施后的效果。③

---

① ［美］弗兰克·费希尔：《公共政策评估》，吴爱明等译，中国人民大学出版社2003年版。

② ［美］埃贡·G. 古贝、伊冯娜·S. 林肯：《第四代评估》，秦霖、蒋燕玲译，中国人民大学出版社2008年版。

③ ［美］托马斯·戴伊：《理解公共政策》，孙彩红译，北京大学出版社2008年版。

近年来关于政府公共管理活动的绩效评价在我国学界也受到了广泛的关注和探讨，学者们相继提出了诸如"平衡计分卡"框架、"政治—经济—社会"三维框架、"经济（Economy）—效率（Efficiency）—效益（Effectiveness）—公平（Equal）"4E 框架等公共政策评估的多种逻辑框架和相应的评价方法。比如，林水波、张世贤将政策评估的标准归纳为 10 个：工作量、生产力、效率、过程、绩效、公平性、妥当性、充分性、回应程度、社会指标。[①] 吴勇将公共政策评估的标准划分为政策的目标标准、政策的投入标准、政策的公平、公正、效率标准和公民参与回应政策的程度 4 个。[②] 张润泽指出公共政策评估要体现三个维度：形式维度（公共政策的形式合法性）、事实维度（公共政策结果的有效性）和价值维度（公共政策价值的合理性）。[③] 目前，这些逻辑框架和方法已被广泛应用于政府的政策评估中，为政府机关推进体制改革，改善服务质量起到了很好的推动作用，并且积累了宝贵的经验，尤其是在教育和科技创新政策的评估领域。由于政策目标不明确、政策影响的广泛性、政策资源的混合和政策行为的重叠、评估主体的单一性和依附性、评估经费的短缺、评估能力的不足等障碍，公共政策评估虽然存在评估内容注重政策产出，片面追求经济增长，公共政策与社会效果之间的因果逻辑关系难以确定，缺乏理性设计和量化评估方法，重价值判断轻事实分析等问题，但为知识产权保护绩效评价提供了理论指导和经验借鉴。

---

① 林水波、张世贤：《公共政策》，台湾五南图书出版有限公司 1997 年版。
② 张国庆：《现代公正政策学导论》，北京大学出版社 1997 年版，第 194—195 页。
③ 张润泽：《形式、事实和价值：公共政策评估标准的三个维度》，《湖南社会科学》2010 年第 3 期。

4.2.3　知识产权行政和司法保护绩效评价的基础理论

知识产权行政和司法保护绩效评价的基础理论主要有以下三种。

4.2.3.1　系统论

系统论主要研究的是构成系统的有关单元、要素结构、一般模式和运行规律，最早由美国学者 L. V. 贝塔朗菲（L. Von. Bertalanffy）教授根据"抗体系统论"的衍生理论创立。系统是由具有关联性的若干要素按照一定的结构规律形成特定的结构型式，使之具有特定的功能目的的有机统一体，具有开放性、复杂性、一体性、联结性、时序性、自组织性、等级结构性、动态平衡性等基本特征。系统论的核心思想是系统的整体观念，通过综合研究系统的组合特征和各种系统的普遍特征，以寻求并确立普适性的、科学性的原理和模型。系统论不仅符合马克思主义关于物质世界普遍联系的哲学原理，也具有科学的方法论意义，通过分析系统的各要素构成、功能结构、外部环境以及彼此之间的相互影响和作用，发现系统内部与外部的变化规律，从而予以优化和重塑。

系统论认为，系统各单元具有密切的广泛联系，形成一个具有联结点的网状结构，每一单元的变化会通过联结关系牵一发而动全身，导致其他单元随之变化。这种网状结构也不是平面的，而是多维、多层次的，展现了空间的立体性和功能的多元性；每一层级均可能成为构筑相关或相邻层级的支撑元素，有助于共同功能的实现。同时，系统具有自我进化和动态发展的功能，能够在开放的系统环境中不断汲取外部的养分进行学习，对其层级结构和功能状态实行重组与完善，以不断适应环境的变化和自身的新陈代谢，并对未来的发展趋向有一定的预知和判别能力。①

　　知识产权保护体系就是一个系统，是一个有机的整体，不只是知识产权司法保护和行政保护的随意组合或简单相加，而是有着彼此之间的协同作用和特殊功用，具有各部分、各要素在机械孤立、相互游离的状态下不具备的性质。在知识产权保护体系中，行政保护和司法保护不是孤立存在的，都在整个保护体系中处于一定的位置，起着特定的作用，共同构成一个不可分割的整体。正因为知识产权保护是一项系统工程，可以按不同层级和团组形成不同的子系统，这些子系统不仅具有大系统的全部功能特征，还可以相互分离、独立运行，因此本研究在知识产权行政和司法保护绩效评价中采用层次分析法和系统论的理论对其展开研究，从整体性、目的性和发展性的视角切入，分析总体与部分、局部与单元、系统与外部环境之间的有机联系，并力图对等级结构、逻辑同构、功能效用等进行数学描述。

4.2.3.2　控制论

　　控制论是研究各类系统的调节和控制规律的科学，最初由诺伯特·维纳于 1948 年提出，以其代表作《控制论——关于在动物和机器中控制和通讯的科学》为标志，此后控制学原理开始席卷各门学科，成为重要的基础理论。控制论逐渐由研究机器和生命通信与控制的狭小视域放大到研究整个系统在动态环境下如何保持稳定与变化的宏观视野，成为研究物态系统信息传递与控制平衡的一般规律的科学。控制论是基于通信语言和传导技术的创造，发明一套解

---

① 李景平、刘军海：《复杂科学的研究对象：非线性复杂系统》，《系统辩论学学报》2005 年第 7 期。

决系统间及其内部元素间对话与控制的技术方案，并用恰当的思想、概念体系和技术表现手段来应对和改善受控对象的功能和进化。控制论与信息论是相生相长的关系，信息是控制的基础，通信技术的发展和沟通技能的改善会带来控制操作能力的提高，使得作用于受控对象的控制力更精确、更有效。一切信息的传输与交流都是为了控制，反过来一切控制的实现又有赖于信息的反馈和表达，通过功能模拟仿真、黑箱系统辨识、模糊信噪过滤等方法，可以研究系统的动作、状态和功能，从而调节系统在可能的范围内稳定地趋向最优状态。

知识产权行政和司法保护绩效评价，如果从控制系统的特征来考察的话，也是一种典型的控制科学应用于人文社科领域的尝试，与生物系统、智能机械系统一样，实质上都是通过信息表达来揭示实际成效与预设目标之间的差，并通过矫正机制来纠偏，使系统能在标准的控制下和目标的幅度内实现稳定的运转。罗斯科·庞德（Roscoe Pound）认为"法律作为社会控制工具之一，本身就是一项社会工程，其任务在于调整各种利益的冲突，实现社会的有效管控"。[①] 在知识产权保护过程中，这种法律的社会控制其实类同于控制论中的"控制"用语和功能，原因有三点。其一，两者的行为方式和作用过程是类似的，都包括"确立标准—衡量成效——纠正偏差——实现矫正"四个阶段。为了实施有效的控制，两者都需要事先预设控制的目标和标准，然后通过某种机制进行运作，形成一定的输出结果，再将成效与标准进行衡量与比较；如果出现较大偏差，则需要采取必要的纠偏技术，使偏差控制在容许的阈值空间内。其二，知识产权保护体系也是

---

① ［美］罗斯科·庞德：《通过法律的社会控制》，沈宗灵译、徐显明编，商务印书馆1984年版，第42页。

一个信息反馈系统，通过信息的传递与反馈，可以很好地揭示知识产权保护体系运转中的障碍和制约因素，有效帮助系统进行自我调节和改良，以追求臻至完善、趋于稳定、达致优化的理想状态。其三，知识产权保护的控制机制和自然科学中的控制系统在本质上也是一样的，都是一个需要根据内部、外部环境的变化来相应调整的自组织系统，需要通过不断地完善和改进来克服系统的不稳定性，并经常性地纠正失调状态。

在给定的条件下，设置预期的目标，可以通过控制对系统的运行过程实施一定的干预和影响。在知识产权行政和司法保护绩效评价中，知识产权保护的理想目标就相当于标准值，绩效评价的实际状况也就是成效值，通过本研究，实际上是使知识产权保护系统按照理想的目标和预先设定的计划运行，并维持良好的、可持续的状态。在知识产权保护过程中，当确定了总体目标和规划蓝图以后，就有必要通过某种控制机制来调整其运行状态，纠正偏离目标的差异及违犯预期原则、方案、计划的不当行为，以保证整个知识产权保护系统能得到最佳运行。

4.2.3.3　信息论

信息论是一门用数理统计方法来研究信息的度量、传递和变换规律的科学。在信息科学中，往往利用概率论和模糊算法、统计分析作为研究工具，从量的角度描述信息的获取、传递、输出等问题，并构建合理的通信模型以运用于社会实践。随着信息科学的发展，其研究领域逐渐扩大到机器、生物、社会聚群、人工智能等各种系统，发展成为一门利用数学与语言、信号等相互交织的方法来研究信息的传输、截获、存储、转换、计量、测度及信息系统的构建与控制的新生学科。因此，在本研究中，信息论会成为知识产权行政和司法保护绩效评价研究的重要理论基础。

信息是对事物现象加工后的反映，是对数据中包含意义的解释。知识产权行政和司法保护的指标设计和数据收集实际上是一种信息的筛选和整理过程，没有信息的收集、清洗、过滤、处理和利用就很难开展有效的知识产权保护状况的评估，数据信息来源的准确性和分析过程的科学性都对整个研究课题结论的可信度起着极其重要的作用，因此必须保证信息采集的权威性、信息传递的不失真性、信息分析和处理的科学性。虽然我们面对的是混乱不堪的信息熵，但必须将已在自然科学领域证明有效的研究方法引入社会科学的研究当中，使本研究具有说服力和实证性。

在知识产权行政和司法保护绩效评价研究中，信息论的基本原理对绩效管理的形成、评价指标的确定和取得以及绩效管理运行等方面的指导作用意义重大，也有助于在本研究中形成一种信息优势。以信息的抓取与反馈为例，控制系统先按预设的指令发出动作信号，附着于控制系统的信息工具要对其运行状态等数据进行识别、抓取、汇总、整理，把其作用的结果相应地返送回来，通过控制系统的矫正机制对信息的再输出产生影响，以实现预期的目标或满足预定的标准。我们的知识产权行政和司法保护绩效评价结果，实际上是为改进知识产权保护的现状和矫正知识产权保护机制服务的，因为绩效评价通过绩效指标实现。绩效指标是绩效评价的依据和评价导向，通过绩效信息的分析将结论反馈到知识产权保护过程中，才有助于知识产权保护水平的提高。

4.3　知识产权保护绩效评价的主体与对象

知识产权保护绩效评价是由知识产权行政保护和司法保护的评价主体、评价客体、评价标准、评价方法和评价结论等要素构成的有机整体，要回答"由什么人、对什么对象、根据什么标准和方法、从哪些具体方面来评价、评价结果如何"等问题，没有中立客观的评价主体、科学的评价指标体系和评价工具、丰富的信息收集渠道，就不能得出可靠的、具有说服力的评价结论。

4.3.1　知识产权保护绩效评价的主体

知识产权保护绩效评价主体是指开展知识产权行政和司法保护绩效评价的组织或个体，其所持的理念和立场、参与评价的态度、拥有的评估知识和经验、自身的职业伦理等都是知识产权保护绩效评价体系中的最核心要素，是决定整体评价结果输出质量的关键变量。为了界定绩效评价分析工作的视角和明确绩效评价的目的，最首要的就是成立绩效评价指标设计小组，确定绩效评价实施主体。

一般而言，任何评价活动都可以从内观和外观两个视角展开，即内部评价与外部评价。内部评价是由绩效评价对象的实施方或参与方自行发起的对其内部组织部门及成员的评价，主要包括上级评价、下级评价、同级评价等；外部评价是由绩效评价对象的实施方或参与方以外的其他绩效评价主体发起的，包括第三方评价、群众或客户评价等。内部评价的主要目的是通过设立绩效目标来引导内部组织的工作，具有一定的利益偏向，无法实现绝对的客观公正；外部评价的主要目的是独立第三方或引入专家制度来对评价对象进行分析、研究，可以远离偏见。本研究的知识产权保护绩效评价考虑到评价的客观性、科学性和全面性，主要依托于高校科研机构的研究力量，从法学、经济学、管理学、政治学、社会学等视角出发，展开外部专家测评，同时吸纳知识产权主管机关的相关人员、社会公众（包括知识产权权利人、利害关系人及消费者）进行多维度测评，构建一个多元化参与的绩效评价主体机制。

在评价主体的选择和绩效评价机构的组建上，要建立科学的知识产权保护绩效评价体系，协调各方参与主体的利益诉求的冲突和利益倾向的摩擦，使各评价主体能最大化地发挥自身的优势特长和功能作用，既相互配合、取长补短，又相互制约、互助互济，形成上下结合、内外平衡、结构合理、功能优化的绩效评价主体机制，充分发挥多领域专家的综合评估作用。

4.3.2 知识产权保护绩效评价的对象

知识产权保护绩效评价对象是指评价主体运用绩效评价工具开展知识产权行政和司法保护绩效评价分析的研究客体或标的范围。明确绩效评价对象是绩效评价工作的必需步骤，只有确定好研究的对象，才能清晰地界定绩效评价范围，高效有序地开展知识产权保护绩效评价工作。

绩效评价主体开展工作首先需要确定评价的对象，不同的评价对象需要采用不同的评价工具，在一定程度上，评价对象决定了绩效评价的工具和方法。对知识产权行政保护与司法保护绩效评价而言，评价的对象不应只是知识产权保护的投入和产出，更重要的还在于对知识产权保护执法过程的评价，因为在现代法治社会中，人们对政府管理活动的要求不仅是得到一个最终结果，更在于对政府管理的过程是否公开，程序是否公正等的了解，以便对政府行为进行监督，揭开"管理黑箱"的面纱。因此，对知识产权保护的绩效评价，其实质是通过对知识产权保护的投入、运作的过程、最终的产出、取得的效果和影响等因素进行考察，分析知识产权保护系统运行的效益以及内部的运作机制，进而为知识产权保护水平的提升提出合理化的建议。

从系统论的角度看，知识产权保护体系中的各个要素构成了一个相互联系的有机系统，知识产权保护绩效评价就是将知识产权行政与司法保护体系当作一个评价对象，对其现存的或应有的功能与结构进行分析，揭示要素、系统、环境之间的相互作用和相互关系。在这个意义上，知识产权保护绩效评价对象就是行政机关和司法机关在践行知识产权保护方面的行为、机制等形成的系统。以行政执法的保护为例，知识产权行政保护系统主要包括以下要素：执法投入、执法过程、执法产出、执法效果和影响等。执法投入是指知识产权行政执法活动的消耗，其主要体现为政府在知识产权保护中的经费投入、人员和执法装备的配置等方面；执法过程是指具体如何将执法投入转化为一定产出的各种行为，其主要体现为各类执法手段、措施的适用、案件处理的效率、成本等方面；执法产出是指知识产权行政执法活动所取得的结果，其主要体现为执法机关处理各类知识产权违法案件的数量；执法效果和影响是指执法机关活动的质量、效益及其对经济社会带来的影响，主要体现为各类知识产权案件的结案情况、当事人的上诉情况等，相对应地，知识产权司法保护系统主要包括司法的投入、过程、产出、效果和影响等要素，此不赘述。

虽然明确评价主体和评价对象是知识产权保护绩效评价的基础性工作，但选择主体的恰当性和评价对象的清晰性往往决定了绩效评价结论的科学性、评价工作开展的顺畅性，因此应当予以慎重考虑、认真对待。

4.4 知识产权保护绩效评价指标体系的构建

评价指标是绩效评价体系中的重要组成部分，知识产权行政与司法保护绩效评价指标体系设置的科学与否，将直接决定评价结果的科学性和可信度。指标体系的设置必须依据一定的原则和遵循一定的逻辑框架。这对规范知识产权保护绩效评价指标体系设置的随意行为，实现科学评价知识产权保护绩效具有很重要的意义。目前，在知识产权保护领域尚没有一个公认的绩效评价指标体系可供参考。因此，在构建绩效评价指标体系时，就必须依据一定原则和依托一定的逻辑框架。

4.4.1 指标体系构建的原则

科学的绩效评价指标体系是全面、真实反映知识产权行政和司法保护水平绩效的基本保证，因此指标体系的设置需要遵循一定的原则，避免在指标设置过程中的主观随意行为。在目标管理理论（MBO）中，目标的设定与实现往往遵从 SMART 原则，[①] 这一原则可

---

① 目标管理由管理学大师德鲁克（Peter F. Drucker）提出，SMART 原则主要指：其一，绩效指标必须是具体的（specific）；其二，绩效指标必须是可以衡量的（measurable）；其三，绩效指标必须是可以达到的（attainable）；其四，绩效指标是要与其他目标具有一定的相关性（relevant）；其五，绩效指标必须具有明确的截止期限（time – bound）。

以被引入指标体系的构建。由于指标体系设置与目标管理存在极强的类似性，本书认为，知识产权保护绩效评价指标体系的设置应遵循以下五项原则。

第一项，科学性原则。它是指指标体系应由若干指标有机组合构成，这些指标应既互相联系，又互相制约，各指标之间既协调统一，又层次分明，各指标之间的内涵应尽量避免重叠和交叉。同时，指标数量也要适当，以能比较恰当、客观、真实地反映我国目前知识产权行政和司法保护的现状为宜。

第二项，可行性原则。它主要是指指标体系数据的可获取性和数据的易处理性。数据的可获取性是指指标的数据应能够依托现有的条件，通过常规的统计手段，可以获得数据或者经过努力可以获得的数据。在这里，数据的可获取性还包括在现有的研究经费或经济条件下可以低成本地获得数据信息。如果收集数据资料的成本耗费太大，那么就算通过一些方法可以获得相应的数据，也是得不偿失的。数据的易处理性是指数据的处理方法应繁简适中，以便于指标数据统一的规范化和标准化。

第三项，可比性原则。它是指指标体系的数据应能够进行比较，包括数据既要方便进行纵向比较，也要能便于进行横向比较，选用的指标应在数据口径、计算方法等方面尽量保持一致，以使指标之间能够进行相互比较。因此，设计的指标要具有明确或为相关行业所公认的内涵，而不能仅具有某个区域或某个领域所独有的经济、文化、社会指标。①

第四项，可预测性原则。它是指指标体系的设计应具有一定的

---

① 易玉：《建立知识产权战略绩效评估指标体系的思考》，《知识产权》2007 年第 1 期。

前瞻性。指标的设计应具有适当的超前性，既能对知识产权保护的现状有一个初步的判断，又能对知识产权保护的未来走向有一个合理的预期，以确定知识产权战略的中长期目标。由于指标设计的可预测性功能，在绩效测量时，可以通过反馈功能来矫正战略的实施状况，弥补和修正原有的政策措施，从而进一步确保战略目标的有效实现。

第五项，定性指标与定量指标相结合的原则。知识产权保护水平的评价完全采用定量指标并不现实，在以定量指标为主的同时，必须适当采用部分定性指标，才能全面反映评价知识产权行政和司法保护的状况。因此，指标选取应尽量做到客观测量与主观分析判断相结合。

4.4.2　指标体系构建的逻辑框架

在设计企业或政府的绩效评价指标体系时，学者们常用的逻辑框架有以下五个。

第一，平衡计分卡框架。平衡计分卡（The Balanced Score Card，BSC），最初由哈佛商学院的 R. S. Kaplan 教授等人提出，它主要用于企业的组织战略绩效评价中，其突出贡献主要是改变了以往单纯使用财务指标衡量组织业绩的缺点，将客户因素、内部经营管理过程和员工的学习成长三个未来的驱动因素也纳入评价指标体系。这样的指标体系设置不仅很好地平衡了组织的财务指标与非财务指标，而且对组织的眼前利益与长远利益、内部与外部、过程和结果进行了平衡，使组织绩效评价体系更加平衡完善。

第二，"经济—效率—效益—公平"4E 框架。4E 框架是在"经济—效率—效益"3E 逻辑框架的基础上发展而来的。为了改变一直以来绩效评价体系中，效率指标这种单一的指标取向不能综合性地反映政府庞杂的公共管理体系和多元的价值目标，英国在 20 世纪 80 年代初改革了其财务管理政策与方案，发展出经济、效率、效益的"3Es"指标体系，并把这一指标体系纳入绩效审计的范畴，运用到政府以及国家健康服务系统（NHS）的评价框架和管理实践当中。[①] "3Es"指标体系虽然比之前单纯的效率指标体系有了很大的进步，但"3Es"评估指标体系仅限于经济、效率和效益，这与行政机关在履行政府职能时追求的公平、平等价值理念存在着一定的冲突，政府的公共管理活动应当体现一定的公平性原则，因此，在后来的政府绩效评价发展中又加入了有关"公平"（Equality）的指标，演变成了现在的"经济—效率—效益—公平"4E 框架。在这个框架中，"经济"原则强调投入，考虑在实现目标的情况下，如何能使投入尽可能的少；"效率"原则强调产出，考虑政府如何优化内部管理流程，使产出最大化；"效益"原则强调结果，考虑目标完成的实际效果；"公平"原则强调政府管理活动给社会带来的影响，考虑社会的公正、平等。

　　第三，"投入—管理过程—产出"框架。"投入—管理过程—产出"框架是根据政府管理活动绩效产生的逻辑顺序构建的。其中，投入是指政府进行管理活动所消耗的人力、财力和物力等。管理过程是指政府进行管理活动实施的一系列行为过程，它反映政府如何使用和分配投入的资源，并将其转化为相应的产出或者结果。产出则是指政府在管理活动中产生的实际输出。这一框架是对以往"投入—产出"框架的突破，在"投入—产出"框架下，只对政府的管

---

① Mary Henkel，"The Audit Commission"，in Pollitt，Christopher and Stephen Harrison（eds），*Public Services Management*，Oxford：Blackwell Publisher，1992.

理活动的投入与产出情况进行了评价，但对投入如何转换成产出的过程并未进行说明。在外界看来，投入经过"管理黑箱"转换成了产出，这一方面说明了政府管理活动的行为不透明；另一方面，由于未对政府内部管理过程进行评价，不能发现政府在管理活动中存在的问题，绩效评价的结论也就很难为下一步提高政府绩效提供有价值的指导。因此，"投入—管理过程—产出"框架加入了"管理过程"这一指标，可以很好地分析政府将投入转化成产出的过程和能力。

第四，"综合指标—分类指标—单项指标"框架。构建绩效评价指标体系时，按指标的特性可分解成层递式的指标结构，这些子指标的递阶关系由小到大分别是单项指标、分类指标和综合指标。一般而言，单项指标往往表征某一方面，结构相对单一，也比较简明可辨、易测量。[①] 可见，综合指标是位于顶级位阶的指标，是对评价对象的总体反映和宏观把握；分类指标是中观指标，反映的是中观层面某一具体方面的绩效情况；单项指标处于最低层级，是对分类指标从不同的微观角度进行具体测定，反映评价对象某一维度的一项具体问题。这种框架可以使绩效评价指标体系的设置思路更加清晰和条理化，可以为知识产权行政和司法保护绩效评价指标体系的设置提供一种技术上的指导和支持。

第五，"输入—转换—输出"框架。从系统论的角度来看，政策系统的运行表现为系统与环境之间的不断输入、转换和输出的过程。"输入—转换—输出"框架类似于"投入—管理过程—产出"框架，但两者的关注点稍有不同，前者更注重系统与环境的交互关系，后者

---

① 彭国甫：《地方政府公共事业管理绩效评价研究》，湖南人民出版社 2004 年版，第 172 页。

更注重管理过程的有效性、效率性和科学性。"输入"主要是指向政策系统提出的要求、主张以及相应的支持，这既可能源于政策系统的外部环境，也可能源于政策系统内部本身。输入主要是考察政策的供给情况。比如，政策制定是否给予了不同利益相关者同样的利益表达机会；政策资源投入是否充足；政策制定是否进行了有效的利益综合权衡，等等。"转换"主要是指政策系统将各种政策输入进行运转的情况，包括是否采取了有效的政策工具以确保政策目标的实现、政策资源的利用是否充分、政策执行的程序是否便捷高效，等等。"输出"主要是指政策的输出效应和实施结果，如政策目标是否实现，政策实施造成了什么样的影响，等等。

上述每一种逻辑框架为知识产权保护绩效评价指标体系的设计提供了宝贵的经验。根据知识产权行政和司法保护系统自身运作的特点，本研究主要借鉴"投入—管理过程—产出"的分析框架，综合吸收"经济—效率—效益—公平"4E 框架、"输入—转换—输出"框架等的合理成分，结合对知识产权行政和司法保护系统的自身特点，采用"投入—过程—产出—影响"的框架来构建知识产权保护系统的绩效评价指标体系，将评价对象分成投入、过程、产出、影响四个维度作为一级指标，在一级指标下再具体细分相应的二级指标和三级指标。[①]

这一逻辑框架，在一定程度上也对应了"经济—效率—效益—公平"4E 逻辑框架。首先，对知识产权行政执法和司法的投入进行评价，实则是在考察知识产权保护系统的经济性，因为在这一阶段，开展知识产权保护需投入大量的人力、财力和物力资源，要特

别注意其成本的大小。其次，对知识产权行政执法和司法的过程进行评价，实则是在考察知识产权保护系统的效率性、有效性、及时性，因为要使知识产权投入变成一定的产出，这中间需要知识产权行政主管机关和公安、检察院、法院等司法机关进行大量的管理、调查、取证、强制执行等活动，而这些行为活动决定了投入能否被有效利用并实现最大化的产出。再次，对知识产权保护的产出和效果的评价，实则是考察知识产权保护系统的效益性，因为当公权力机关将知识产权保护的投入转化为一定的产出后，人们就会通过执法的效果来关注政府知识产权管理活动和司法保护活动的质量和效益。最后，对知识产权执法和司法活动的影响评价，实则是考察政府知识产权管理活动的公平性和司法过程的公正性，因为评价知识产权保护的效果和影响，最终需要通过从社会公众的满意度来反映。

4.4.3 绩效评价指标体系构建的基本流程

知识产权保护绩效评价指标体系的构建除了需要遵循一定的原则和依托一定的逻辑框架外，在具体指标体系的设置过程中，还需要按照一系列流程进行具体布局和设计。结合上述知识产权行政和司法保护系统的特征分析，知识产权保护绩效评价指标体系的设置流程主要包括以下七个步骤：其一，明确绩效评价的目标，以及需实现的宏观政策目的；其二，确定知识产权保护绩效评价的对象；其三，分解评价对象的结构要素，建立绩效评价的分析维度；其四，分析知识产权保护绩效的形成机理和特征，比较知识产权行政和司法保护的异同，抽取同类项合并，建立相对抽象的二级目标；其五，细化各要素的评价内容，设置具体的三级、四级评价指标，初步建立绩效评价指标体系；其六，对绩效指标体系进行校验、修正和完善；其七，最终确立相对科学、合理的绩效指标体系。

知识产权保护绩效评价指标体系构建的基本流程如图 4-1 所示。

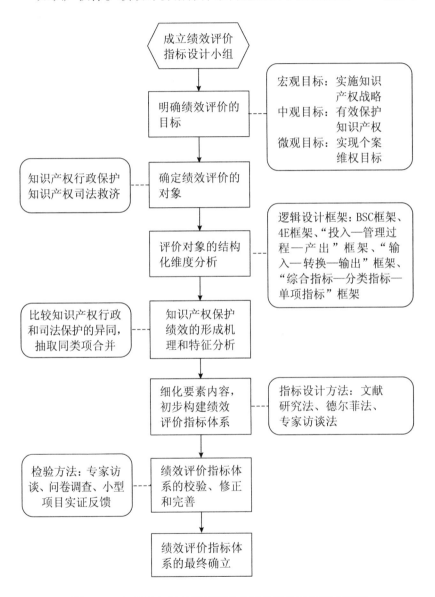

图 4-1　知识产权保护绩效评价指标体系构建的基本流程

首先，绩效评价指标设计小组要通过头脑风暴法，明确知识产权行政和司法保护绩效评价指标体系的目标和意义，其目标体系包括实施知识产权战略的宏观目标、在部门分割的体制下有效保护知识产权的中观目标和在行政执法与司法的具体层面实现个案维权的微观目标。在弄清楚"为什么要绩效评价"之后，就要搞明白"对什么进行绩效评价"和"怎么开展绩效评价"的问题，因此接下来就是要确定知识产权保护绩效评价的对象，即知识产权保护系统，本研究主要包括知识产权行政保护和知识产权司法保护两大部分。通过对知识产权保护系统进行绩效评价，旨在考察知识产权保护系统的内部运行的效益及其外部影响。其次，要对从逻辑设计框架的角度对绩效评价对象开展结构化的维度分析。由于绩效评价要落地、切合实际，这离不开对知识产权行政和司法保护的内在机理和特性分析，因此要查阅大量知识产权保护的文献和数据，分析知识产权行政保护和司法保护的共通点、差异点，采用提取共性抽象法，得出知识产权保护系统的二次指标框架。随后，以此为基础，整合和梳理现有的理论研究和实践成果，进一步分解评价对象的结构要素，将总的评价目标细分为若干个具体的目标，针对各个具体的评价目标，制定具体的评价指标内容，确定指标的层级和结构，进而构建初步的指标体系。最后，由于绩效评价指标体系不可能避免存在价值判断和主观设计，就应以开放性的方式来构建可动态发展、逐步完善的指标体系，可以通过专家咨询会议或者调查问卷的方法，征求意见，对指标体系进行修改、完善和补充。要对指标体系是否符合相关的原则和逻辑框架进行检验，确保指标体系逻辑上具有完备性、评价时具有说服力。

4.4.4　绩效评价指标体系的内容

指标化或指数化传递了一种可观测的、标准化的审视法治的方法,[①] 已然是一种趋势。依据指标体系构建的流程,结合指标体系构建的逻辑框架,笔者曾主持的"知识产权行政与司法保护绩效研究"课题组（以下简称"课题组"）认为在构建知识产权保护绩效评价指标体系时,首先需要确定指标体系的维度,根据前面关于"投入—过程—产出—影响"框架的分析,可以将指标体系分为投入维度、过程维度、产出维度和影响维度,这四个维度即"知识产权行政与司法保护绩效研究"课题绩效评价的四个方面,也是第一层次的指标。其中,投入维度指标是从知识产权保护投入的人力资源、财力资源、机构资源等角度进行分析,即考察知识产权保护主体的设置情况和经费投入情况；过程维度是从知识产权行政和司法保护系统具体运作的行为过程分析,主要考察行政执法程序、行政执法手段、行政执法效率、司法程序、司法效率、司法强制执行等方面；产出维度指标是从知识产权行政和司法保护系统的实际输出角度分析,主要考察处理各类知识产权保护对象违法案件的数量、各类违法案件的结案率、当事人的上诉情况、知识产权行政保护和司法保护的直接效果；影响维度指标从知识产权保护系统产出的质量、效益和影响的角度进行分析,主要考察知识产权行政保护和司法保护的间接效果和相关影响,包括对知识产权的管理、创造、运用以及经济社会产生的影响等方面的情况。据此,将上述维度具体到知识产权行政保护,就体现为执法投入、执法过程、执法产出和执法影响。具体到司法保

---

① 钱弘道、戈含锋、王朝霞、刘大伟:《法治评估及其中国应用》,《中国社会科学》2012 年第 4 期。

护，就体现为司法投入、司法过程、司法产出、司法影响。基于上述分析，将每个维度包含的内容作为具体的二级指标或三级指标。

绩效指标体系是绩效评价的核心，这些指标主要是由一系列构成知识产权保护体系组成部分的要素转化而成，能表征知识产权保护各个面向、各个层次、各个维度的行为或状态，全方位体现保护的最终成效及影响。为了科学地测度知识产权行政与司法保护是否完成既定的目的任务，在选取绩效评价指标时应把握其自身的客观性、开放性、动态性和体系性，既能综合反映知识产权保护的实施状况，又能根据社会情势的变更做出动态的调整。指标设计除了从质的角度讲求全面、客观外，还要从量的角度讲求可测量性，要在一定的标准下尽量选择操作性强、便于量化分析的指标，淘汰那些不经济、难测评、无关紧要的指标。对于关键指标的选取，从宏观层面而言，要把握国家的政策导向，细化国家知识产权战略的目标任务，建立科学的测度方法和标准化的绩效评价指标体系，设定统一的、合理的知识产权保护绩效状况标准值，作为知识产权行政和司法保护绩效纵横双向比较的基准，以判断与估算我国知识产权行政和司法保护的绩效水平和差距所在。从微观层面而言，指标的选取与数值的计量要明确、客观、具体，为制定知识产权保护政策及知识产权立法提供全面生动的素材和科学准确的数据。这些指标主要是以知识产权保护的手段、方式、投入状况及产出成果为对象来进行具体评价，以全面描述我国知识产权行政与司法保护的实施状态和客观成效。①

在本研究开展中，绩效评价指标体系的构建除了考虑上述宏观和微观两个层面、指标体系的普适性和全面性之外，还要充分考虑到知

---

① 谭华霖：《建立知识产权保护绩效评价体系》，《检察日报》2011年5月30日。

识产权保护制度的特殊性和差异性。在指标的选取上，注重指标数据的可获得性，凡是能够通过查阅档案、收集资料、问卷调研、现场走访等方式采集的，都坚持使用原始的客观数据，尽量避免评估主体在测评过程中的主观随意性。对于能定量的指标尽量量化表达，对于难以定量或无法定量的指标可以采取满意度调查和专家主观测评。在体系结构的设计上，既要合理控制指标体系的规模，又要全盘考虑指标体系的覆盖性；既要避免形成庞大的或层次过于复杂的指标群，又要避免指标过于简单、空洞化或流于形式。知识产权行政保护和司法保护有着很强的政策影响性和行为复杂性，为了使绩效评价研究更成熟完善，本课题的指标体系设计还兼顾到开放性和灵活性，可以根据不同阶段、不同地区的不同考核目标或工作任务，进行增删、修正、组合具体的指标项，使其能够完整、科学地反映评价对象的绩效结果。

为了确保本课题指标的代表性、确定性、灵敏度和实用性，在指标筛选和设计时出采取匿名专家咨询的方式反复论证外，还结合了聚类分析法和主成分分析法进行研究。其中，聚类分析法是在指标分类的基础上，对具有相似性质或高度相关的指标进行类别间的聚合，抽取典型指标代替原有的多个分散指标，减少指标评价的重复信息干扰或影响；主成分分析法是从变量的方差——协方差结构入手的多元统计分析方法，在尽量保留大量原始基础信息的情形下，用少数核心因子和新变量来阐释和说明原始变量。[①] 虽然这两种方法都是从指标的代表性角度挑选指标，在尽量压缩评价指标的数量和不损失指标表征的原有含义的平衡关系处理上，聚类分析法是通过典型指标来取代各分类中的其他指标，而主成分分析法是通过引入新变量或者说合成新指标，将

---

① 王芳：《主成分分析与因子分析的异同比较及应用》，《统计教育》2003 年第 5 期。

原来数目众多且具有关联性的指标，转化为少数且相互独立的综合性因子，并确保保留大部分信息。此外，本课题还通过对各指标的一些基本统计量，来衡量该指标是否具有评价价值、绩效意义以及区别能力，并针对个别指标采取了变异系数法，以考量指标的敏感性。

由于知识产权保护绩效评价指标体系涉及知识产权行政保护和司法保护的方方面面，既有价值指标又有事实指标；既有工作性指标又有建设性指标，覆盖面较广、类型相对众多。在本课题中，指标的量化表达主要有以下六种。其一，总量或均量指标：反映知识产权及其保护体系在特定时间、地点、条件下的规模、水平，如年知识产权侵权案件量、人均案件办理量。其二，比例指标：知识产权保护绩效评价对象各部分量的比率，如结案率。比例指标相对于总量指标，可以从纵向或横向比较中更科学地反映知识产权保护的质效和水平。其三，强度指标：反映知识产权保护工作力度的指标，通常表现为某一总量指标与另一相关联的总量指标的比值，可以有效弥补单纯总量分析的不足，如案件处理量占年立案量的比。其四，结构指标：各组成部分的数值与整体数值的比，有利于认识知识产权保护相关事项的内部结构，如知识产权法官人才结构中专科及以下、本科、硕士及以上等不同文化程度人员各自所占的比重。其五，比较指标：在特定条件下的某类数值与另一条件下的同类数值的比较，包括历时比较指标和共时比较指标。历时比较指标可以反映评价对象的动态发展趋势，如知识产权案件的年增长率；共时比较指标可以反映不同区域知识产权保护的水平和差异程度，如东部沿海、中部腹地、西部高原知识产权案件量和案件类型的差异。其六，相关指标：反映某两个指标之间相互关联紧密程度的指标，通常用两个指标数值间的相关系数来表示，如线性相关与指数相关。

以下分别结合本课题设计的知识产权行政保护绩效评价指标体系和知识产权司法保护绩效评价指标体系，对相关指标进行进一步解析和说明。

4.4.4.1　知识产权行政保护绩效评价指标

表 4 - 1　　　　　　　知识产权行政保护绩效评价指标体系

一级指标	二级指标	三级指标	量 化 表 达
执法投入	人力投入	执法人员配备的充足性	执法人员占所在机关工作人员的比率;执法人员与执法需求岗位的比率
		执法人员素质的合岗性	执法人员的本科占比;执法人员的法学本科占比;执法人员的专业背景占比
		执法人员招录的合规性	非正式招录人员占执法人员总数比
	财力投入	执法活动的财政保障度	执法财政预算占国家(或地方、部门)财政总额比例;专项执法经费占机关日常运转经费的比率
		执法财政支出的合理性	执法财政支出占机关日常运转经费的比率与执法事务占机关总事务的比率之间的接近度;执法财政支出与结案率横向对比
		执法财政投入的有效性	年执法财政支出与执法案件办结量的比率;东、中、西部的跨区域间对比
	机构投入	执法机构设置的合理性	各部门执法机构的数量与案件集中度对比;东、中、西部的跨区域间对比
		执法设施条件的充足性	执法场所投资占近五年财政支出的比率;执法器具、车辆占近五年财政预算的比率;执法物资的拥有量与执法人员、案件频发性的比率
		执法岗位设置的科学性	执法岗位编制与区域执法量的比率;东、中、西部的跨区域间对比以及不同类型知识产权执法部门的对比

续　表

一级指标	二级指标	三级指标	量 化 表 达
执法过程	执法程序	行政立案的便民性	行政立案的时间周期;行政受案后的平均响应时间;当事人对行政立案顺畅的满意度
		行政救济的经济性	当事人维权的经济成本;当事人对维权成本的满意度
		行政执法的效率性	行政执法案件处理的平均周期
	执法公开	行政执法的公开性	行政执法过程的公开性、行政执法结果的公开率
		行政公开的制度化	行政信息公开的周期和更新频率;行政执法信息的公开幅度和公开量
	执法手段	行政查处的合理合法性	行政查处案件占全年执法案件的比例;因行政查处提起行政诉讼的比率;因不服行政处罚的行政复议变更率;行政查处的次数及涉案金额
		行政调解的合理合法性	行政调解案件占全年执法案件的比例;因行政调解进行司法确认的案件量;调解成功率及履约率;行政调解的次数及涉案金额
		行政裁决的合理合法性	行政裁决案件占全年执法案件的比例;因行政裁决提起行政诉讼的比率;行政裁决的次数及涉案金额
	执法机制	跨地区执法协作机制的创新	跨地区执法次数的增长率;协作执法的区域数量增加情况;跨地区执法协作机制实施效果的满意度
		跨部门执法协作机制的创新	跨部门执法次数的增长率;跨部门执法协作机制实施的案件处理周期;跨部门执法协作机制实施效果的满意度
		日常执法与专项行动相结合机制的创新	专项行动开展的频率;专项行动的涉案范围、金额及次数;专项行动的效果满意度

续　表

一级指标	二级指标	三级指标	量　化　表　达
执法产出	执法文件产出	执法文件出台的适当性	执法文件的产出量、产出的密集度
		执法文件出台的科学性	冲突文件的数量
	执法结果产出	行政查处的产出量	处理违法案件的数量
		行政调解的产出量	行政调解的案件量
		行政裁决的产出量	行政裁决的案件量
	执法质效产出	行政执法的结案	行政执法结案率
		行政执法的质量	行政复议提起率、行政诉讼提起率、行政赔偿提起率、执法后的二次侵权率、当事人对行政执法的满意度
		行政执法的效益	维权成本与行政保护收益比
执法影响	社会效果	知识产权体制改革的推进	制度改革的立法活跃度、制度运行的有效性评价
		知识产权保护环境的改善	知识产权犯罪率、知识产权违法案件查处率、公众及国际社会对知识产权保护的满意度
		公众知识产权意识的提高	公众创新意识、维权意识的提高
	经济效果	知识经济水平的提升	知识经济产量占 GDP 的比率
		相关市场秩序的保障	公众对知识产权市场秩序改善的满意度
		社会创新总量的提高	年知识产权的申请总量及增长率、创新辐射的经济价值总量及增长率

（一）执法投入

1. 人力投入

（1）执法人员配备的充足性：描述的是执法人员的数量，考察行政执法队伍是否配备充足或者冗余。

（2）执法人员素质的合岗性：描述的是执法人员的学历、技能状况，考察执法人员的素质是否与岗位相匹配，是否经过培训达到岗位要求。

（3）执法人员招录的合规性：描述的是执法人员的招录情况，考察执法人员在入职时是否合规、合程序。

2. 财力投入

（1）执法活动的财政保障度：描述的是财政的分配情况，考察财政预算对执法活动的支持性和保障度，包括是否及时拨款，是否足额拨款。

（2）执法财政支出的合理性：描述的是财政的支出情况，考察在执法活动中财政、经费支出是否合理、合法，合乎比例原则。

（3）执法财政投入的有效性：描述的是财政投入的使用情况，考察在执法活动中财政投入是否达到应有的成效。

3. 机构投入

（1）执法机构设置的合理性：描述的是执法机构的设置情况，考察专利、商标、版权及海关等执法机构的数量、分布、设置的层级以及隶属关系。

（2）执法设施条件的充足性：描述的是执法机构的设施条件，考察执法设施是否充足，执法条件是否有利，执法物资是否有保障。

该指标也可划入财力投入中，因固定资产投资等要考虑折旧、磨损、报废，在指标中考虑占五年财政支出比。

（3）执法岗位设置的科学性：描述的是执法机构的编制情况，考察行政执法是否符合定岗、定员、定责的原则。

（二）执法过程

1. 执法程序

（1）行政立案的便民性：描述的是行政立案的受理情况，考察知识产权行政机关受理案件的简式化，可否口头立案，可否便式立案，受理案件的响应态度、响应速度，是否存在不作为。

（2）行政救济的经济性：描述的是行政救济的成本问题，考察请求知识产权行政机关实施行政制裁和行政救助，需要花费多大的代价和成本，是否经济可行。

（3）行政执法的效率性：描述的是行政执法的效率问题，考察知识产权行政机关在行政执法过程的办事效率和处理周期。

2. 执法公开

（1）行政执法的公开性：描述的是行政执法过程的公开情况和结果公开情况，前者考察知识产权行政机关在执法时是否举行听证，是否将损害公益或消费安全的事件予以公开，是否阳光执法；后者考察知识产权行政机关在执法时对影响公众利益的案件结果公开的情况，包括上网、上墙、广播等各种渠道和形式的公开。

由于知识产权的私权属性，并非所有知识产权都便于公开，如商业秘密，因此评价行政执法过程的公开性要区别具体情形。

（2）行政公开的制度化：描述的是行政公开的机制，考察知识产权行政机关在信息公开中的审议机制是否合理，层次是否过长，公布是否及时，形式和渠道是否多元。

3. 执法手段

（1）行政查处的合理合法性：描述的是行政查处的情况，考察知识产权行政机关是否存在不作为，是否对危害社会公益的侵权事件主动介入，是否在查处过程中进行了合法、充分的取证，做出的行政查处是否恰当、合理，查处的范围是否逐渐扩大，查处的手段是否完备。

（2）行政调解的合理合法性：描述的是行政调解的情况，考察知识产权行政机关是否及时、当面地进行调解，在行政调解中是否公正，有无违背当事人意愿强制调解的情况，是否存在违背法定程序或滥用职权的情况，调解协议的履行情况和调解制度的完善情况。

（3）行政裁决的合理合法性：描述的是行政裁决的情况，考察知识产权行政机关做出的行政裁决是否公正、公平，是否存在程序违法或滥用职权，行政裁决的权限是否逐渐强化、使用次数是否有增长，行政裁决的结果是否令当事人满意，是否有效制止侵权或可能导致二次诉讼。

4. 执法机制

（1）跨地区执法协作机制的创新：描述的是跨地区执法协作机

制的运行情况，考察跨地区执法机制的创新发展状况，区域协作执法机制是否完善，是否建立案件信息共享机制，是否有显著的成绩。

（2）跨部门执法协作机制的创新：描述的是跨部门执法协作机制的运行情况，考察跨部门执法机制的创新发展状况，部门间的协作执法机制是否完善，是否建立案件信息共享机制，是否有显著的成绩。

（3）日常执法与专项行动相结合机制的创新：描述的是日常执法与专项行动相结合机制的运行情况，考察知识产权行政机关开展专项执法行动的频率、力度和效果，专项执法行动在遏制假冒、恶意侵权、重复侵权、大规模侵权中是否具有成效。

（三）执法产出

1. 执法文件产出

（1）执法文件出台的适当性：描述的是行政执法文件的产出时机和结果，考察知识产权行政机关是否在适当的时机针对执法的空白区予以制定规范性文件，规范性文件是否具有一般性，执法文件的出台是否具有滞后性或存在不作为，执法文件的颁布是否过多。

（2）执法文件出台的科学性：描述的是行政执法文件的产出质量，考察知识产权行政机关的执法文件是否存在体系的科学性和潜在的冲突性，下位的规范性文件是否与上位的法律、法规冲突，是否按期对执法文件进行了编纂、梳理和修订，是否根据具体区域性特点在法定权限内予以了变通，如民族自治区域。

2. 执法结果产出

（1）行政查处的产出量：描述的是行政查处的情况，考察知识产权行政机关在假冒行行为政执法及非假冒行为行政执法中的案件处理量。

（2）行政调解的产出量：描述的是行政调解的情况，考察知识产权行政机关在知识产权纠纷行政调解中的案件处理量。

（3）行政裁决的产出量：描述的是行政裁决的情况，考察知识产权行政机关在特殊类型的知识产权纠纷中予以行政裁决的案件处理量。

3. 执法质效产出

（1）行政执法的结案：描述的是行政执法的结案情况，考察知识产权行政机关在行政执法过程的结案数量的产出。

（2）行政执法的质量：描述的是行政执法的产出质量，考察知识产权行政机关在行政执法中是否符合合法、合理、比例、诚信等原则，当事人对行政执法的满意度。

（3）行政执法的效益：描述的是行政执法的微观效益，考察当事人在行政执法维权中的经济成本是否较高，维权成本是否逐年降低，公众对维权成本的评价情况。

（四）执法影响

1. 社会效果

（1）知识产权体制改革的推进：描述的是知识产权体制建设，考察知识产权行政执法是否带来了体制改革，如联合执法机制、区域联动机制等，公众、媒体、学者对制度运行效果的评价及负面报道是否增多，实践操作中是否努力规避了制度弊端，并提出改革性建议与立法调研报告。

（2）知识产权保护环境的改善：描述的是知识产权保护环境的建设，考察知识产权行政执法是否带来了社会的保护环境改善，犯罪率和恶意侵权、大规模侵权、反复侵权案件是否下降，国际社会的指责与评价是否变化，权利保护水准是否超过实际国情，对地方综合竞争力的影响。

（3）公众知识产权意识的提高：描述的是知识产权维权意识，考察社会公众、企事业单位对知识产权的私有垄断权属性的认识，是否会主动采取保护措施。

2. 经济效果

（1）知识经济水平的提升：描述的是知识经济发展水平，考察知识产权行政执法给知识经济提升带来的促进效应。

（2）相关市场秩序的保障：描述的是与知识产权相关的市场秩序，考察知识产权行政执法给相关市场秩序带来的保障及改善，包括滥用垄断地位的减少，不正当竞争现象的减少，行政性限制竞争的减少等。

（3）社会创新总量的提高：描述的是社会创新水平的发展，考察知识产权行政执法给社会创新发展带来的激励作用，包括智力咨询、创意产业、高科技行业等的发展情况。

4.4.4.2 知识产权司法保护绩效评价指标

表 4 - 2 知识产权司法保护绩效评价指标体系

一级指标	二级指标	三级指标	量 化 表 达
司法投入	人力投入	司法人员配备的充足性	知识产权法官与年知识产权案件量的比率;知识产权法官增长数量占法官增长总量的比率;专职知识产权法官和检察官占所在机关工作人员的比率
		司法人员素质的合岗性	知识产权法官/检察官的本科占比;专利法官的技术背景占比
		司法人员选任的科学性	非专业背景人员占知识产权法官总数比
	财力投入	司法活动的财政保障度	司法预算占国家(或地方、部门)财政总额比例
		司法财政体制的科学性	源于地方财政的司法预算占年司法机关运转经费的比率
		司法经费收支的合理性	年司法财政支出与案件办结量的比率;案件受理费返还的比例;东、中、西部的跨区域间对比
	机构投入	司法机构设置的合理性	知识产权审判庭的数量、规模与案件集中度对比;东、中、西部的跨区域间对比
		司法设施条件的充足性	法院场所改进、执法器具、车辆占近五年财政预算的比率;知识产权案件的执行率
		司法岗位设置的科学性	知识产权审判岗位编制与区域案件量的比率;东、中、西部的跨区域间对比

续　表

一级指标	二级指标	三级指标	量化表达
司法过程	司法程序	司法立案的便民性	司法立案的时间周期;当事人对司法立案顺畅的满意度;因管辖权不当争抢或推诿的案件量;不受理案件量与当事人申请立案量的比率
		诉讼救济的经济性	当事人维权的经济成本;当事人对维权成本的满意度
		司法审判的时限性	审限内未审结的案件量占年立案量的比率;不同情形的期限超过的案件量;案件处理的平均周期
		庭审组织的合理性	当事人对庭审组织不合法或不合理的案件反馈量;拥有技术背景的法官或陪审员有较强专业技术背景出席占庭审次数的比率
		举证负担的合理性	因举证责任分配不合理导致上诉或重审的比例,;当事人对举证责任负担的满意度
	司法公开	裁判结果的公开性	当事人对司法结果公开的满意度、审判结果裁判文书上网率、公众查询通畅满意度
		司法公开的制度化	司法信息公开的周期和更新频率;司法信息的公开幅度和公开量
	司法手段	临时禁令的回应性	临时禁令的适用比例及裁定支持率、当事人对禁令运行的满意度
		证据保全的回应性	证据保全的适用比例及裁定支持率、当事人对证据保全的满意度
		财产保全的回应性	财产保全的适用比例及裁定支持率、当事人对财产保全的满意度
		强制执行的合理性	因强制执行程序不合法或强制措施不当的年被投诉量、信访量;强制执行的外部评价满意度

续 表

一级指标	二级指标	三级指标	量化表达
司法过程	司法机制	三审合一审判机制的改革	"三审合一"试点法院的数量、当事人及办案人员对"三审合一"的评价满意度、"三审合一"的案件量;"三审合一"相对于原审理模式的审判周期比
		技术事实认定机制的确立	拥有技术背景的法官占合议庭的比例、专家陪审员参与案件庭审的数量及比例
		司法衔接机制的完善	公检法在刑事案件中的配合满意度、行政机关向司法机关移交案件的数量与比例、行政裁决或确认与司法判决的冲突数量、调解的司法确认量、仲裁的司法执行量、仲裁不合法的司法救济量
司法产出	司法文件产出	司法性文件颁布的及时性	司法解释与立法颁布的时间差
		指导性案例发布的针对性	指导性案例的发布量和分布数
	司法结果产出	司法判决的产出量	诉讼判决案件的数量、判决结案率
		诉讼调解的产出量	诉讼前或诉讼中调解的案件量、调解结案率、调解导致民事诉讼的撤案率
		司法确认的产出量	司法确认案件的数量、司法确认分别占人民调解或行政调解的案件率
		批捕移送的产出量	批捕、移送、审查起诉的案件量
	司法质效产出	司法准确性	一审裁判上诉率、发回重审率、再审改判率、
		司法效率性	不同类型案件的司法裁判周期、诉讼调解的周期、当事人对司法效率的满意度、平均案件审理时间与审限比、未结案件平均案龄
		司法效益性	维权成本与司法保护收益比、法定赔偿所占的比例、损害赔偿的平均数额、调解结案的平均赔偿额
		司法执行性	司法的强制执行率、强制执行的顺畅度、当事人对司法强制执行的满意度

续　表

一级指标	二级指标	三级指标	量 化 表 达
司法影响	社会效果	知识产权体制改革的推进	制度改革的立法活跃度、制度运行的有效性评价
		知识产权保护环境的改善	知识产权犯罪率、知识产权违法案件查处率、公众及国际社会对知识产权保护的满意度
		公众知识产权意识的提高	公众创新意识、维权意识的提高
	经济效果	知识经济水平的提升	知识经济产量占 GDP 的比率
		相关市场秩序的保障	公众对知识产权市场秩序改善的满意度
		社会创新总量的提高	年知识产权的申请总量及增长率、创新辐射的经济价值总量及增长率

（一）司法投入

1. 人力投入

（1）司法人员配备的充足性：描述的是司法人员的数量，考察法官、书记员、检察官及其他行辅人员是否配备充足或者冗余。

该指标知识产权法官量为知识产权庭法官、书记员及其他行辅人员的总数。

（2）司法人员素质的合岗性：描述的是司法人员的学历、技能状况，考察司法人员的素质是否与岗位相匹配，法官知识产权专业化程度，是否经过培训达到岗位要求。

（3）司法人员选任的科学性：描述的是司法人员的选任情况，考察司法人员在任命时是否合法、合程序，是否为专业人员。

2. 财力投入

（1）司法活动的财政保障度：描述的是财政的分配情况，考察财政预算对司法活动的支持性和保障度，包括是否及时拨款，是否足额拨款，财政预算占国家（或地方、部门）财政总额比例。

不同于执法，司法有案件受理费。

（2）司法财政体制的科学性：描述的是财政的体制情况，考察司法财政投入应该来源于中央直拨还是地方财政，财政投入机制对司法独立的影响。

（3）司法经费收支的合理性：描述的是财政的收支情况，考察在司法活动中财政、经费收支是否合理、合法，是否符合经济原则，立案收费占多大比例，费用返回机制是否合理。

3. 机构投入

（1）司法机构设置的合理性：描述的是司法机构的设置情况，考察司法机构的数量、分布、层级以及内部庭、科、室的设置科学性。

（2）司法设施条件的充足性：描述的是司法机构的设施条件，考察司法设施是否充足、便利，法庭的软硬件建设情况。

该指标也可划入财力投入中。

（3）司法岗位设置的科学性：描述的是司法机构的编制情况，考察司法机关是否符合定岗、定员、定责的原则。

（二）司法过程

1. 司法程序

（1）司法立案的便民性：描述的是司法立案的受理情况，考察知识产权案件在法院立案的难度、便利度，可否口头立案，可否便式立案，司法保护的权利类型是否完备，是否有立法规定的权利类型不能顺畅进入司法途径，如传统资源、民间文化遗产及新科技促生的权利类型。

（2）诉讼救济的经济性：描述的是诉讼救济的司法成本，考察知识产权保护在诉讼过程中花费的经济成本、费用开销。

（3）司法审判的时限性：描述的是司法审判花费的时限要求，考察司法审判过程中是否存在非司法鉴定等法定因素外的延期审理情形，也包括司法系统对超过期限的处理情况，如举证期限超过、超期羁押等。

（4）庭审组织的合理性：描述的是案件庭审的组织构成，考察司法审判过程中是否按法定要求组成合议庭，是否对不该独任审理的案件采取了合议庭制度，是否对不应由人民陪审员组成的案件任用了人民陪审员，是否在专业性强的案件中没有由相应技术背景或专业背景的人员充任合议庭成员。

（5）举证负担的合理性：描述的是案件的举证责任问题，考察在知识产权司法审判过程中是否合理分配了当事人各方的举证责任，对于当事人无法取得的证据请求法院调查取证是否支持及回应情况。

2. 司法公开

（1）裁判结果的公开性：描述的是司法结果的公开情况，考察司法机关对审判结果和执行结果的公开情况，包括裁判文书公开化程度、建立执行信用黑名单等。

（2）司法公开的制度化：描述的是司法公开的机制，考察司法机关在信息公开中的审批流程是否合理，层次是否过长，公布是否及时，形式和渠道是否多元。

3 司法手段

（1）临时禁令的回应性：描述的是禁令制度的运行情况，考察司法机关是否按当事人请求及时、合法地采取了诉前禁令或诉中禁令，禁令的执行情况如何，申请途径是否顺畅，是否过于泛滥，是否快捷高效。

（2）证据保全的回应性：描述的是证据保全的运行情况，考察司法机关是否按当事人请求及时、合法地采取了证据保全措施，证据保全是否稳固，申请途径是否顺畅，是否过于泛滥，是否快捷高效。

（3）财产保全的回应性：描述的是财产保全的运行情况，考察司法机关是否按当事人请求及时、合法地采取了财产保全，财产保全是否有效，申请途径是否顺畅、是否过于泛滥、是否快捷高效。

（4）强制执行的合理性：描述的是司法执行的强制措施，考察司法机关是否采取了恰当的、经济的、合法的强制手段，是否履行法定的程序，处理方式是否符合社会的经济性原则和比例原则，是否存在明显的执行回转现象，是否预留了当事人家属的应有份额。

4 司法机制

（1）三审合一审判机制的改革：描述的是案件的审理模式，考察"三审合一"审判机制如何运作，运作是否具有成效，是否导致人员混同和推诿，能否有效解决审判程序合一引发的冲突，配套制度是否完善。

（2）技术事实认定机制的确立：描述的是案件的证据认定情况，考察司法审判过程中是否公正、公平、合法地采信证据，司法判决的证据采信是否充分说理、令人信服，是否对非法证据予以排除，是否建立技术事实认定机制，法院咨询技术专家的积极性如何，能否不盲从技术专家保证审判的独立性。

（3）司法衔接机制的完善：描述的是司法机关之间、行政机关与司法机关之间、调解与诉讼之间、诉讼与仲裁之间的衔接问题，考察不同管辖权的司法机关及不同分工的司法机关处室之间在司法审判和打击知识产权犯罪之间的衔接与配合情况，行政保护与司法保护认定标准是否统一，行政执法与司法保护的沟通与协调机制是否完善，执法信息和司法信息是否可以共享，知识产权行政调解与司法确认、人民调解与司法确认、诉讼调解及当事人和解与司法裁判之间的衔接制度是否完善，运行实际效果是否良好，知识产权商事仲裁与司法机关诉讼之间的衔接是否顺畅，尤其是仲裁执行与司法执行之间的衔接关系。

（三）司法产出

1. 司法文件产出

（1）司法性文件颁布的及时性：描述的是司法解释的产出过程，考察司法机关颁布司法解释是否及时，是否对多发性重大案件予以研究并出具指导性司法意见。

（2）指导性案例发布的针对性：描述的是司法指导性案例的发布情况，考察司法机关是否对案件予以了梳理和研究，并及时颁布有典型意义和针对性的案例。

该指标并不能准确反映指导性案例的针对性，但发布量从一定程度上反映了司法产出情况，也不是发布量大就意味着司法保护好。

2. 司法结果产出

（1）司法判决的产出量：描述的是司法判决的情况，考察司法机关在民事、刑事、行政诉讼中的案件判决量及判决结案率。

（2）诉讼调解的产出量：描述的是行政调解的情况，考察司法机关在民事、刑事、行政诉讼中的调解结案量及调解结案率。

（3）司法确认的产出量：描述的是司法确认的情况，考察司法机关针对行政调解、人民调解的案件予以司法确认的案件量及结案率。

（4）批捕移送的产出量：描述的是刑事案件过程的产出情况，考察司法机关在知识产权犯罪案件中进行立案侦查、移送、检察起诉、批准逮捕等的案件处理量。

3. 司法质效产出

（1）司法准确性：描述的是司法的公正性和准确性，考察司法机关在司法裁判过程中是否存在司法不公，是否存在认定事实有误，是否存在适用法律错误，是否存在漏审，是否存在程序违法，技术背景较强案件是否得到妥当处理。

（2）司法效率性：描述的是司法的诉讼周期，考察司法机关在不同类型案件中的裁判周期，以及与调解周期的对比。

（3）司法效益性：描述的是司法救济的效益，考察当事人在诉讼维权中的经济成本和时间成本是否较高，维权成本是否逐年降低、公众对维权成本的评价情况，通过判决赔偿的数额和情形，以及通过调解的赔偿情况，对知识产权犯罪惩处力度是否合理。

（4）司法执行性：描述的是司法强制执行的执行效果，考察司法裁判是否得到有效执行，执行效果的保持周期怎样，当事人对司法强制执行的满意度。

（四）司法影响

1. 社会效果

（1）知识产权体制改革的推进：描述的是知识产权体制建设，考察知识产权司法保护是否带来了体制改革，公众、媒体、学者对制度运行效果的评价及负面报道是否增多，实践操作中是否努力规避了制度弊端，并提出改革性建议与立法调研报告、知识产权法院的建立及改革意向。

（2）知识产权保护环境的改善：描述的是知识产权保护环境的建设，考察知识产权司法保护是否带来了社会的保护环境改善，犯罪率和恶意侵权、大规模侵权、反复侵权案件是否下降，国际社会的指责与评价是否变化，权利保护水准是否超过实际国情，对地方综合竞争力的影响。

（3）公众知识产权意识的提高：描述的是知识产权维权意识，考察社会公众、企事业单位对知识产权的私有垄断权属性的认识，是否会主动采取保护措施。

2 经济效果

（1）知识经济水平的提升：描述的是知识经济发展水平，考察知识产权司法保护给知识经济提升带来的促进效应。

（2）相关市场秩序的保障：描述的是与知识产权相关的市场秩

序，考察知识产权司法保护给相关市场秩序带来的保障及改善，包括滥用垄断地位的减少、不正当竞争现象的减少、行政性限制竞争的减少等。

（3）社会创新总量的提高：描述的是社会创新水平的发展，考察知识产权司法保护给社会创新发展带来的激励作用，包括智力咨询、创意产业、高科技行业等的发展情况。

本研究中的行政执法界定本来与行政调解、行政裁决有别，但构建体系时为便于知识产权执法与知识产权司法的直观对比，故设计本指标体系时将行政调解、行政裁决列入"大行政执法"的范畴。

本研究中的知识产权司法保护应包括民事、行政、刑事三方面的司法保护，其中刑事司法保护又涉及公、检、法三个机关的相互配合和运行情况，为便于与知识产权执法相呼应，设计本指标体系时采取提取公约数的方法，将共性部分设为更高层级的指标，不再按不同类别的程序部门法细分。

在构建知识产权保护绩效评价指标体系时，本研究尽量避免指标之间的重叠，使评价在体系内部之间相互均衡，但正如一种表象可以从不同视角进行解读，在量化表达时，同一数值可能反映上一级两种以上的指标情况，这是难以避免的，也是符合绩效评价的客观规律的，因此上述指标的量化表达会有少量重叠交叉。另外，根据绩效评价目标和任务、社会发展情况的变化，上述绩效保护指标也可以在具体实践中进行微调。

上述知识产权保护绩效评价指标体系，是一种理论上的应然设计，考虑到绩效指标的多维性和量化表达的多样性，本研究在构建时尽量对可能的量化表达方式予以充分列示，但由于官方统计数据的缺失和自身调研条件的限制，在实证研究时只能根据现有的权威渠道的可获数据予以分析，对于无法获取的数据则采取专家打分的主观评测方式来模拟和推演。

4.5　知识产权保护绩效评价方法的选择

绩效评价方法是指对绩效指标体系进行等级划分，对具体的评价指标数据进行分析、清洗和整理，得出评定数值的综合性评价方法。这是一整套规则在知识产权保护绩效评价中的运用，可以判断评价对象在具体绩效指标的得分。只有在确定的评分规则运作下，评价指标才会标准化、活化、量化，才能动态反映评价对象的行为效能。

4.5.1　绩效评价工具的选择

绩效评价工具的选择与设计是进行绩效评价的关键环节，恰当合理的评价工具是取得正确评价结果的重要保证。从已有的绩效评价过程来看，通常采用的绩效评价工具主要有层次分析法、平衡记分卡、关键绩效指标、欧洲通用评价模型、数据包络分析法及360°全方位考评系统等六种。下面分别予以介绍。

第一，层次分析法（Analytic Hierarchy Process，AHP）是一种实用的多层级决策方法，它能够将一个复杂的决策问题转化成一个具有递阶层次的多维结构模型，使问题有序化、层次化；然后对同一层级的评价指标两相比较，形成相对重要性的判断矩阵，得出各评价指标的相对权重及占比；最后在综合各层各个具体指标的得分基础上，计算组合权重，得出相对于绩效整体目标的优次序列。[①] 层次分析法要将定性分析与定量分析结合起来，对各项指标进行加总时，要对各项指标进行无量纲化处理。

第二，平衡记分卡（Balanced Scorecard，BSC）由哈佛大学的R. S. Ka – plan 教授等人提出，其核心思想是围绕组织的战略使命和阶段性目标，从财务和非财务两个维度对各种组织实体开展的全面性测评。这一方法引入非财务指标，规避了长久以来单凭财务指标评价组织绩效的片面性和非均衡性[②]。在设置知识产权保护绩效评价指标体系时，可以借鉴平衡计分卡的思想，从知识产权权利人利益与社会公共利益两个角度考量，在二者之间寻求恰当的平衡。

第三，关键绩效指标（Key Performance Indicator，KPI）是目前绩效管理活动中应用最为普遍的且相对成熟的评价方法，其通过对组织任务的分解、组织目标的细化、组织流程的分步，将其中的关键因子挑拣出来，对其参数进行合理设置、计量、整理、分析，比较输入端与输出端关键样本的数值差距，来衡量组织流程的绩效状况。作为一种目标管理工具，关键绩效指标常常是将组织的战略目标予以可实施、可操作的分解，通过量化管控的方式来实现绩效目标。在设置知识产权保护绩效评价指标体系时，借鉴 KPI 方法可以突出重点，选择最能体现知识产权保护水平的关键指标来反映保护水平。

第四，欧洲通用评价模式（Common Assessment Framework，CAF）是由欧盟公共管理质量大会制定并发布的，该模式主要是基于质量及

[①] Saatty，T. L. *The Analytic Hierarchy Process*，New York：McGraw – Hill Company，1980.
[②] 付俊文，赵红：《绩效评价新工具——平衡积分卡的理论综述》，《当代财经》2005年第7期，第112—115页。

生产力进行组织绩效评价，将评价维度分为过程指标和结果指标两大类别，既强调结果的重要性，又关注过程的影响性，避免了以往评价模式中过程与结果相分离、目标与任务相割裂的局面，使指标体系的设计更加科学，评价工作的展开更趋合理。[①] 在知识产权保护绩效评价指标设定时可以吸收该模式的优点，充分考虑过程性的指标和产出性的指标，侧重考察知识产权行政保护机关和司法机关的具体作为。

第五，数据包络分析法（Data envelopment analysis，DEA）是通过创设和应用"相对效率"的概念，对包含相同类型多投入项目、多产出项目的决策单元是否技术有效和规模有效的测评方法。[②] 技术有效讲的是，当项目运转处于最佳状态时，现有的输入量还可以获得最大的输出量；规模有效讲的是，当项目运转处于规模效益不变的阶段，如果输入量扩大了一定的程度，输出量也扩大到相应的程度。该方法通过将多种投入和多种产出转化为效率比，能巧妙地回避计算每项服务的货币成本，便于与其他组织横向比较或与自身纵向比较，但缺陷在于仅适用效率评价。

第六，360°全方位考评系统（360° Feedback）是绩效管理实践中相对科学、应用较广的考评方法之一，通过征询待考评对象的上司、下属、同级、客户（服务对象）、利益相关者等意见以及被考评对象自身评价，全方位地广泛收集各类信息，从多维度、多视角、多类型来评价待考评对象，可以使考评结果的误差最小化。在知识产权保护绩效评价过程中，对一些具体指标的考量，应由不同的评估主体参与，从不同的角度给出评价，最后再综合考虑各种因素得出一个相对

[①]　孙迎春：《欧洲通用绩效评估框架的发展及启示》，《国家行政学院学报》2006 年第 6 期。

[②]　杨洋：《服务型政府转型路径》，清华大学出版社 2009 年版，第 40 页。

科学可靠的评价结论。

总之，上述绩效评价工具各有优劣，单独将上述某一种评价工具运用于知识产权行政与司法保护系统进行评价时，无法完全适用。因此，在设置绩效评价指标体系时，课题组根据知识产权保护自身的特征，以层次分析法为主体框架，同时借鉴上述评价工具的优点，综合考虑各种因素对知识产权保护绩效评价指标体系进行设计。

4.5.2 绩效评价指标的权重确定[①]

知识产权保护绩效指标体系只是一种静态的构建，讲的是从哪些方面对知识产权保护进行评价，但是进行动态的测评，需要对具体绩效指标的内容进行科学的实证考察，确定每个指标的权重。权重表征着各评价指标在整体评价体系中的重要程度，也反映其对上层指标的贡献度。在对多维指标进行评价时，不同的绩效指标在指标体系框架中的位置不同，对评价对象所起的作用也大小不一。由于权重大小的设定、权重确定的方法对评价结果的可采性有重大影响，甚至直接决定整个评价系统功能的发挥，因此在设置和分配指标权重时，要减少评价主体的主观偏好，综合考虑各评价指标对组织战略和体系目标的重要性，尽量追求权重设计的合理性、评价尺度的客观性和评价规则的科学性。

目前，在实践中确定绩效评价指标权重的常见方法主要有四种：

---

① 该部分内容，课题组参考借鉴的研究成果主要有三项：其一，赵佩华、郑慕强：《知识产权保护水平的系统评价研究》，《创新》2012 年第 4 期；其二，万小丽、朱雪忠：《专利价值的评估指标体系及模糊综合评价》，《科研管理》2008 年第 2 期；其三，张明、张兰平、罗元：《基于模糊数学方法的高职教师绩效评价模型》，《硅谷》2009 年第 22 期；(4) 王金燕：《大宗固体废物循环利用专家评价模型研究》，硕士学位论文，湖南工业大学，2013 年。

一是经验判断法，评价主体借由自己过往的直觉经验，直接给待确定权重的评价指标进行赋值和加权处理，比较有代表性的是日本学者木林富士朗提出的经验赋值模型；二是专家调查法，通过邀请专家相互独立地对评价指标分配权重，再对每个指标予以加权求得平均值，以此为绩效评价的权重系数；三是德尔菲法，采用背对背的方式给每位专家发放加权征询表，通过多轮征询后对所有专家给出的指标权重系数进行统计，在意见趋于集中的情形下获得集体判断的结论；四是层次分析法，将绩效评估指标体系予以层级分解，再对具有类属关系的相邻层级之间的要素指标进行相对重要性的比较，根据评价主体的主观判断赋予相应权重，用数量形式表达出来。

因此，本研究优先考虑用层次分析法初步确定每个指标的权重，对于部分指标权重，根据各地实际情况征求专家意见对其数值进行适当调整，得到最后的权重。与单纯的主观赋权法和单纯的客观赋权法相比，本研究将定性分析与定量分析、主观评估与客观评估结合起来，既降低了专家评价的主观误差，又避免了完全由客观数据分析带来的与实际不相符的问题，较为准确地获得了不同指标的权重系数。确定权重的具体步骤有如下三个。

4.5.2.1　确立结构模型

运用 AHP 法将知识产权保护绩效评价的测算任务逐层分解，析出不同的层级和具体的核心元素，这个过程实际上就是知识产权保护绩效评价体系的构建过程。确立结构模型的目的就在于将复杂的问题分解成不同层级的因子，并厘清因子之间的联结关系和结构型式，使问题解决思路层次化、脉络化、条理化、清晰化。在研究中，层次结

构大体可以分成以下四层（见图 4 - 2）

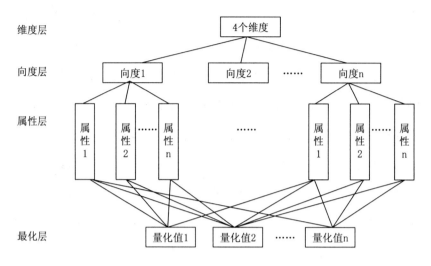

图 4 - 2　层次分析结构

第一，维度层：表征解决问题的总体目的和分析问题的宏观维度，在本书中分成投入、过程、产出和影响四个维度对知识产权保护绩效予以综合评价，即一级指标。

第二，向度层：表征各维度下解决具体问题的不同视角和具体向度，即二级指标。该部分根据知识产权行政保护和知识产权司法保护的不同会有差异化的设计，但为了便于比较分析，尽量使向度层的指标维持更高比例的一致性。

第三，属性层：表征为实现知识产权保护绩效评价目标涉及的具体指标对象的各种属性、特征、准则、措施、方案等，即三级指标。

第四，量化层：表征知识产权保护绩效评价指标的具体量化表达，属性层中各属性又可以分成若干个元素或子属性来全面描述，或可以进一步量化上级属性。该层可以由不同元素从多个面向来表示，具有不可避免的重叠性和选择性。

4.5.2.2 构造判断矩阵

假设向度层中某向度 B，其下位对应的属性层的构成元素分别为 q_1，q_2，$\cdots$，q_n，将它们相互间的关系及其对于向度 B 的重要程度进行两相比较，并按表 4-3 所示的 1-9 的比例标度对其重要性进行分配权重，这样对于向度 B，n 个被比较元素 q 就构成一个判断矩阵 $A = (a_{ij})_{n \times n}$，其中 a_{ij} 表示元素 q_i 与 q_j 相对于向度 B 的重要程度。

$$A = (a_{ij})_{n \times n} = \begin{array}{c} \\ q_1 \\ q_2 \\ q_3 \\ \cdots \\ q_n \end{array} \overset{\begin{array}{ccccc} q_1 & a_2 & q_3 & \cdots & q_n \end{array}}{\begin{bmatrix} a_{11} & a_{12} & a_{13} & \cdots & a_{1n} \\ a_{21} & a_{22} & a_{23} & \cdots & a_{2n} \\ a_{31} & a_{32} & a_{33} & \cdots & a_{3n} \\ \cdots & \cdots & \cdots & \cdots & \cdots \\ a_{n1} & a_{n2} & a_{n3} & \cdots & a_{nn} \end{bmatrix}}$$

表 4-3 　　　　　　　　　　　　比例标度的含义

标 度	含 义
1	表示两个因素相比,具有同样的重要性
3	表示两个因素相比,一个因素比另一个因素稍微重要
5	表示两个因素相比,一个因素比另一个因素明显重要
7	表示两个因素相比,一个因素比另一个因素强烈重要
9	表示两个因素相比,一个因素比另一个因素极端重要
2,4,6,8	上述两相邻判断的中值
倒 数	因素 i 与 j 的重要性之比为 a_{ij}，则因素 j 与 i 的重要性之比为 $a_ji = 1/a_{ij}$

假定判断矩阵 $A = (a_{ij})_{n \times n}$，如果在 $a_{ij} > 0$ 的条件下，且对于 $\forall i$，$j \in N$ 有 $a_{ii} = 1$，$a_{ji} = 1/a_{ij}$，那么就称 A 为正互反判断矩阵，即：

$$
A = (a_{ij})_{n \times n} = \begin{array}{c} q_1 \\ q_2 \\ q_3 \\ \cdots \\ q_n \end{array} \begin{array}{cccccc} q_1 & a_2 & q_3 & \cdots & q_n \\ \begin{bmatrix} 1 & a_{12} & a_{13} & \cdots & a_{1n} \\ 1/a_{12} & 1 & a_{23} & \cdots & a_{2n} \\ 1/a_{13} & a_{23} & 1 & \cdots & a_{3n} \\ \cdots & \cdots & \cdots & 1 & \cdots \\ 1/a_{n1} & 1/a_{n2} & a_{n3} & \cdots & 1 \end{bmatrix} \end{array}
$$

4.5.2.3 层次单排序及一致性检验

根据判断矩阵 A，利用特征根法求出 n 个元素 q_1，q_2，$\cdots$，q_n 对于向度 B 的相对权重 $V = (v_1, v_2, \cdots, v_n)^T$。特征根法是根据下述公式求得判断矩阵 A 的特征根的方法，λ_{max} 是 A 的最大特征根，V 是相应的特征向量，所得到的 V 经归一化处理（使向量中各元素之和等于1）后即可作为同一层次因素对于上一层次某元素相对重要性的排序权值。

$$
A_v = \lambda_{max} v
$$

排序权重是否有效，还有必要进行一致性检验。

假定判断矩阵 $A = (a_{ij})_{n \times n}$ 为正互反判断矩阵，对 $\forall i$，$j \in N$ 如果满足

$$
a_{ij} = a_{ik}/a_{jk}, i,j = 1,2,\cdots,n
$$

则称判断矩阵 A 为完全一致性判断矩阵。

当正互反判断矩阵 $A = (a_{ij})_{n \times n}$ 为完全一致性判断矩阵时，矩阵 A 的元素与权重向量 $V = (v_1, v_2, \cdots, v_n)^T$ 就满足如下关系：

$$
a_{ij} = v_i/v_j, i,j = 1,2,\cdots,n
$$

　　由于人的认识是客观见之于主观的反映，客观世界千变万化、错综复杂，而人的有限理性决定了认识的缺陷性和多元性，在构造和设计判断矩阵时，不可能构建出完全一致性的判断矩阵。加之，各属性的权重向量是根据判断矩阵计算所得，且排序向量的计算公式本身也是一种近似算法的运用，因此与完全一致判断矩阵偏离较大的判断矩阵肯定会导致结果的失真和决策的失误，需要进一步检验判断矩阵的一致性，保证其在大体上是一致的。

　　根据 Saaty 等人提出的一致性判断方法，其步骤如下：①

　　步骤 1：计算一致性指标 $C. I.$（$consistency\ index$）

$$C. I. = (\lambda_{max} - n)/(n-1)$$

　　该指标度量了判断矩阵的平均偏离一致性。当 $C. I. = 0$ 时，判断矩阵有完全的一致性，$C. I.$ 接近于 0，判断矩阵具有满意的一致性，$C. I.$ 越大，判断矩阵偏离完全一致性越远。

　　步骤 2：查找相应的平均随机一致性指标 $R. I.$（$random\ idex$）

　　该指标是一致性指标的期望，表示一致性指标的集中程度，表 4 - 4 给出了 1—15 阶正互反判断矩阵计算 1000 次得到的平均随机一致性指标。

表 4 - 4　　　　　　　　1—15 阶正互反矩阵随机一致性指标

矩阵阶数	1	2	3	4	5	6	7	8
$R. I.$	0	0	0.52	0.89	1.12	1.26	1.36	1.41
矩阵阶数	9	10	11	12	13	14	15	
$R. I.$	1.46	1.49	1.52	1.54	1.56	1.58	1.59	

---

　　①　王金燕：《大宗固体废物循环利用专家评价模型研究》，硕士学位论文，湖南工业大学，2013 年。

步骤 3：计算一致性比例 C. R. (*consistency ratio*)

$$C. R. = C. I. / R. I.$$

当 *C. R.* <0.1 时，通常表示判断矩阵 *A* 的不一致性程度在可接受的范围内，可以通过一致性检验，认为具有满意的一致性，然后将所得特征向量进行归一化处理，作为对应指标的权向量。当 *C. R.* ≥0.1 时，表示判断矩阵 *A* 的不一致性程度已经超出可接受的范围，需要对其做适当的修正，直至达到满意一致性为止。

在本课题中，由于过程指标和产出指标最能集中反映出知识产权行政保护和司法保护的绩效，经专家讨论，决定采取非均衡配值，其中投入指标占 20%，过程指标占 30%，产出指标占 30%，影响指标占 20%。假设以总共 100 分计算，采取上述方法，最终确定的各级指标权重结果如下（见表 4 - 5、表 4 - 6）。

表 4 - 5　　　知识产权行政保护绩效评价指标体系权重分配

一级指标	权重	二级指标	权重	三级指标	权重
执法投入	20 分	人力投入	6 分	执法人员配备的充足性	2 分
				执法人员素质的合岗性	2 分
				执法人员招录的合规性	2 分
		财力投入	7 分	执法活动的财政保障度	3 分
				执法财政支出的合理性	2 分
				执法财政投入的有效性	2 分
		机构投入	7 分	执法机构设置的合理性	3 分
				执法设施条件的充足性	2 分
				执法岗位设置的科学性	2 分

续　表

一级指标	权重	二级指标	权重	三级指标	权重
执法过程	30分	执法程序	8分	行政立案的便民性	2分
				行政救济的经济性	3分
				行政执法的效率性	3分
		执法公开	4分	行政执法的公开性	2分
				行政公开的制度化	2分
		执法手段	9分	行政查处的合理合法性	3分
				行政调解的合理合法性	3分
				行政裁决的合理合法性	3分
		执法机制	9分	跨地区执法协作机制的创新	3分
				跨部门执法协作机制的创新	3分
				日常执法与专项行动相结合机制的创新	3分
执法产出	30分	执法文件产出	6分	执法文件出台的适当性	3分
				执法文件出台的科学性	3分
		执法结果产出	9分	行政查处的产出量	3分
				行政调解的产出量	3分
				行政裁决的产出量	3分
		执法质效产出	15分	行政执法的结案	5分
				行政执法的质量	5分
				行政执法的效益	5分

续　表

一级指标	权重	二级指标	权重	三级指标	权重
执法影响	20分	社会效果	10分	知识产权体制改革的推进	4分
				知识产权保护环境的改善	3分
				公众知识产权意识的提高	3分
		经济效果	10分	知识经济水平的提升	4分
				相关市场秩序的保障	3分
				社会创新总量的提高	3分

注：由于本研究目的是比较知识产权行政保护和司法保护的优劣，同时考虑到知识产权行政保护的独有特点和关键节点，在权重分配上对于知识产权行政保护与其他行政执法活动共有的一般性要素会弱化处理，突出知识产权行政保护和司法保护之间的比较点，因此整个权重是按重要性进行不均衡的配置。

比如，在"执法过程"一级指标中，"执法手段"和"执法机制"是考量知识产权行政保护的重要组成，因此权重会偏重，均占9分；在"执法过程"一级指标中，知识产权的"执法程序"与一般的其他类型的行政执法程序并无太大差异，因此在设置权重时部分指标会适当弱化，如"行政立案的便民性"只占2分；在"执法产出"一级指标中，"执法结果产出"虽然非常重要，是对行政执法在量上的反映，但"执法质效产出"更重要，是对行政执法在质上的要求，因此"执法质效产出"的整体权重要更大，占15分。

表4-6　　　知识产权司法保护绩效评价指标体系权重分配

一级指标	权重	二级指标	权重	三级指标	权重
司法投入	20分	人力投入	6分	司法人员配备的充足性	2分
				司法人员素质的合岗性	2分
				司法人员选任的科学性	2分
		财力投入	7分	司法活动的财政保障度	3分
				司法财政体制的科学性	2分
				司法经费收支的合理性	2分
		机构投入	7分	司法机构设置的合理性	3分
				司法设施条件的充足性	2分
				司法岗位设置的科学性	2分
司法过程	30分	司法程序	8分	司法立案的便民性	1分
				诉讼救济的经济性	2分
				司法审判的时限性	2分
				庭审组织的合理性	1分
				举证负担的合理性	2分
		司法公开	4分	司法活动的公开性	2分
				司法公开的制度化	2分
		司法手段	9分	临时禁令的回应性	2分
				证据保全的回应性	2分
				财产保全的回应性	2分
				强制执行的合理性	3分
		司法机制	9分	三审合一审判机制的改革	3分
				技术事实认定机制的确立	3分
				司法衔接机制的完善	3分

续　表

一级指标	权重	二级指标	权重	三级指标	权重
司法产出	30分	司法文件产出	6分	司法性文件颁布的及时性	3分
				指导性案例发布的针对性	3分
		司法结果产出	9分	司法判决的产出量	3分
				诉讼调解的产出量	2分
				司法确认的产出量	2分
				批捕移送的产出量	2分
		司法质效产出	15分	司法准确性	5分
				司法效率性	2分
				司法效益性	3分
				司法执行性	5分
司法影响	20分	社会效果	10分	知识产权体制改革的推进	4分
				知识产权保护环境的改善	3分
				公众知识产权意识的提高	3分
		经济效果	10分	知识经济水平的提升	4分
				相关市场秩序的保障	3分
				社会创新总量的提高	3分

注：由于本研究目的是比较知识产权行政保护和司法保护的优劣，为此在设计知识产权司法保护绩效指标体系时尽量使一级指标、二级指标的权重与知识产权行政保护绩效指标体系保持一致，便于对比分析。但考虑到知识产权司法保护的特殊性，部分指标的权重会进行调整，因为知识产权司法保护的重点在于司法程序正义和实体正义的保障，而知识产权行政保护的重点在于执法手段的落实，执法程序则会基于行政效率的考虑，采取行政便宜主义。

"司法产出"部分，虽然知识产权刑事犯罪的立案率逐年上升，调解结案的情形也较多，但检察机关的批捕移送和调解协议的司法确认在整个知识产权司法中所占的比重，相对于诉讼结案是较小的，因此"批捕移送的产出量""诉讼调解的产出量""司法确认的产出量"要比"司法判决的产出量"指标少 1 分；在司法质效的分析中，由于"司法的准确性"关乎实质正义、事实认定和法律适用，"司法的执行性"向来是法律实施的症结和难题，因此权重相对较高，均为 5 分。

4.5.3　单项指标值的规范化

在复杂问题的决策过程中，事物往往由多种属性的元素和因子构成，所涉的问题也盘根错节，涉及各方各面，其间可能是相互支持、相互补充的关系，也可能有着利益冲突、属性相斥。由于不同属性的单位、量纲、数量级、度量标准等都互不相同，各属性相对于被反映对象的期望值就会存在差异，甚至完全相反。要消除这种差异给决策带来的影响，就必须消解指标属性的矛盾性，对属性值采取规范化处理措施。所谓规范化，是指在求解多属性决策问题时，利用数学变换的方式把量纲不同、性质各异的属性值转化为可以综合处理的标准量化值的过程。可以说，规范化就是将元素无量纲化的过程，也是将主观指标客观化的过程。在经济管理学领域，按照单项指标的属性，绩效指标通常可划为固定型指标、区间型指标、开放型指标、成本性指标、效率性指标和效益性指标等，不同类别的指标没有统一的标准化方法，常用线性变换、极差变换、指数变换和模糊隶属度函数等方式来规范化。就知识产权行政与司法保护绩效评价指标而言，效率性指标表征属性值越快越好，成本性指标表征属性值越小越好，效益性指标表征属性值越大越好。在判断知识产权保护的成效时，要以最终处理后的无量纲化结果为依据，不见得数值越大绩效就越优，而应根据不同的指标属性区别对待。

在本研究中，采用如下方法对知识产权行政与司法保护绩效评价指标体系中的相应数据进行规范化处理：

假设某一级指标层为定量型指标，总共含有 n 个指标，组成一维向量 $C = [c_1, c_2, \cdots, c_n]$，其规范化向量为 $R = (r_1, r_2, \cdots, r_n)$。比如，知识产权保护投入指标、产出指标中的各指标值，均可以通过具体的数值给出。

当指标 q 为知识产权保护投入指标中的成本型指标时：

$$r_i = (1/a_i) \bigg/ \sum_{i=1}^{n} 1/a_i$$

当指标 q 为知识产权保护产出指标中的效益型指标时：

$$r_i = a_i \bigg/ \sum_{i=1}^{n} a_i$$

所谓的定量指标，是指指标值可以由具体的数据给出；所谓定性指标，是指无法通过数据计量直接得出，需要对评价对象的属性、特征、状态等进行客观描述和主观分析的指标。由于定性分析主要是通过评价主体的主观印象来做出评判，这样人的认识差异就非常大，评价结果受到人为因素影响，无法做到定量分析那样的精准衡量，往往出现很大偏差，不能真实反映被考核对象的实际情况。对于定性指标，基于数据采集的难度，本课题部分内容主要以湖南省知识产权行政保护和司法保护的状况为样本，选取了 10 个知识产权学者、10 个知识产权行政机关和司法机关工作者、10 个知识产权律师或专利、商标代理人作为德尔菲法决策的专家团，同时独立地按照表 4 - 6 对这些指标进行打分，然后借助 Excel 和 Spss 等分析软件完成统计、比较矩阵的计算和一致性检验。对于其他省份的数据，主要通过权威渠道获取，对于实在无法获取的少量数据将以湖南样本为基础值，根据经济发展状况和知识产权保护力度予以模拟和微调。

表 4 - 7　　　　　　　　　定性描述与定量描述转化①

定性描述	定量描述（n）
很高/很好/优	[80,100]
高/好/良	[60,80]
一般/中	[40,60]
低/差	[20,40]
差/极差	[0,20]

对于涉及群众评价的满意度调查等数值，主要参照 2013 年《知识产权保护社会满意度调查报告》等报告，同时抽取湖南省内的 600 个专利权人、商标权人和著作权人及其他相关从业人员发放纸质或电子问卷，以期从公众视角对专家评价的结果进行弥补和验证。基于调查研究的实际困难，在处理数据时，本研究主要侧重依据专家团的打

---

① 本课题实证部分的五档计分微有调整，"很好"计 95 分；"好"计 75 分；"一般"计 55 分，"差"计 35 分，"极差"计 15 分；加权计算时如遇"不清楚""不知道""不熟悉"等情形，相应的分数不计算在内。

分数值，兼顾公众的满意度调查，但对于直接跟公众满意度相关的数值则以最大样本为依据，以确保数据采集的广泛性和结果的科学性。

为了避免考核结果偏差太大或太小的情况发生，可对各位专家给赋的权重予以加权，得出最合理的权重系数，根据权重和评判标准得出的绩效评分结果也可进行加权，这样可以确保最终的评价结果是相对客观、比较科学的量化值。

定性描述与定量描述转化：某一项指标属性的基本权重×定量值n% ＝该项定性指标属性的最终值

关于客观性指标，本研究分析的主要数据来源包括：国家知识产权局出版的《中国知识产权统计年鉴》《专利统计年报》《中国知识产权保护状况》《国家知识产权局年报》；科技部出版的《中国科技统计年鉴》；中国知识产权指数研究课题组发布的《中国知识产权指数报告》；最高人民法院发布的《知识产权司法保护白皮书》；中国专利保护协会调研组的《专利权保护制度实施效果评价与完善研究》《专利行政执法情况调查研究报告》《我国专利行政执法相关问题专题调查研究报告》；国家知识产权局、国家版权局、国家工商行政管理总局商标局、海关总署、国家农业部、国家工业和信息化部等知识产权主管部门门户网站发布的公告、信息。

4.5.4　知识产权保护绩效的评估测算方法

知识产权保护绩效的评估测算方法主要有以下两种。

4.5.4.1　单项指标的测度

由于知识产权保护绩效指标体系中某些单项指标难以确定统一的标准，本课题组只能通过德尔菲法集体决策拟定具体的标准区间值，并通过折线计算模型予以处理。根据多目标规划原理，对每一个绩效指标应逐个确定理想值、常态值和危险值；要以危险值为整个阈值区间的下限，以危险值为允许与不允许的临界线，再计算各个指标实现绩效理想值的程度，由此转化得到各个指标相应的绩效评价得分。

本研究采用的折线计算模型，设置了在同等可实现的条件下评价某指标参照的阈值范围，并根据该指标绩效表现的实际值在标准区间内所处的位置来计算其得分，评价其优劣。这样，可以与绩效评价多档次评价标准相适应，减少了因单一标准评价而造成的评价结果偏差，同时还可用于对临界值的调适，避免给接近临界值数据的赋分影响整体测度的准确性。

运用折线计算模型进行指标标准设定，常用的方法有常模参照法和标准参照法。鉴于目前关于知识产权行政保护和司法保护的绩效评价尚处于起步阶段，无科学的、普遍认同的标准值可供参考，更无法制定满意值及不允许值。因此，本课题采用常模参照法，即根据我国近几年知识产权保护的整体状况确定标准，选取样本数据均值为中间值，限于目前样本量较少，则选择"等距离平均分步法"设置各档标准值，做法如下：

中间值 = 所有样本数据的平均值；

优秀值 = 中间值 × 1.4；

良好值 = 中间值 × 1.2；

较低值 = 中间值 × 0.8；

较差值 = 中间值 × 0.6。

当然，本研究中也会遇到个别指标通过常模参照法难以确定的情形，对于这种指标只能通过专家评价法，根据多人、多次评价进行主观性的综合认定。

4.5.4.2 综合绩效的计算

对于综合绩效的计算，本课题采取模糊综合评价法[①]，使用模糊数学的基础原理和经典方法，在充分考虑主观判断的经验性的前提下，对模糊的、不确定的知识产权行政和司法保护绩效指标进行无纲量化处理，从而得出合理的评分，做出相对客观、科学、准确的评价。

由于每一个事物都处在多方面因素密集作用的影响圈内，在对其进行评价时往往会牵涉各方各面，在对这个事物评价时就不仅只对该事物做出单独的评价，而应该对其相关的所有因素进行综合模糊的整体性评价。而这种方法应用到本课题当中，其基本思想是把指标体系中每个指标得到的评估值经过模糊评价的规范化处理后，得出的分值是一个隶属度向量，再对所有指标的隶属度向量进行合成运算，最后求得评估对象的综合评定结果。[②]

根据模糊综合评价法，本课题对于综合绩效的计算，采用通过计算下层指标的得分来评价上层指标的得分。具体计算方法为：

二级指标得分 = ∑三级指标权重×三级指标得分；

一级指标得分 = ∑二级指标权重×二级指标得分；

总绩效 = ∑一级指标权重×一级指标得分。

[①] 1965 年美国控制论学者 L. A. 扎德（L. A. Zadeh）发表论文《模糊集合》，创立了"模糊集合论"，运用 Fuzzy 数学方法研究"计算机"与"大系统"的矛盾，进行判断、评价、推理、决策和控制，目前这种方法被应用于对公共政策绩效评价的实证研究。

[②] 姜秋、王宁：《基于模糊综合评价的知识产权价值评估》，《技术与创新管理》2005 年第 6 期，第 73—76 页。

第5章　知识产权保护投入的实证分析

5.1　知识产权保护投入绩效评价概述

投入，经济学上的解释是：为了达到一定的经济目的而发生的所有耗费，包括物质性和非物质性消耗、有形性和无形性消耗，具体由以下六种要素组成。

其一，人力（包括生产人员和管理人员）；其二，财力（包括固定资产和流动资金）；其三，物力（包括能源和原材料）；其四，运力（包括运输量和运输周转量）；其五，自然力（包括水、土地、生物、矿产等各种自然资源）；其六，时力（包括建设时间、生产时间和工作时间等）。投入与产出是经济学上的相对概念，投入的目的是为了产出，因此，投入可以理解为一种为过程增值和结果有效已付出或应付出的资源代价。

作为一种维持机关正常运转和增进社会应有福利付出的成本和代价，投入是执法和司法活动必不可少的环节之一，而作为一种市场调节之外的资源配置手段，投入在执法和司法活动中承载的始终是效益最大化这一目标。因此，投入与产出类比于成本与收益，两者必然不可分割，是评价知识产权保护绩效的两个紧密相关的环节。对知识产权行政与司法保护进行绩效评价，就是对知识产权投入与产出之间的关系进行量化比较和定性分析。就本课题的知识产权保护系统来说，知识产权保护的投入就是指知识产权行政管理机关和人民法院为了保障自身系统的有效运作、职能的正常履行以及执法、司法活动的有序开展投入的一切资源和条件。通过研究执法机关和司法机关在知识产权保护中投入的人力、财力和物力（机构）情况，对其进行具象化的指标分析以及抽象化的主观评价，可以反映我国近年来在知识产权保护工作上付出的努力以及存在的问题；同时通过行政投入和司法投入之间的相互比较，反映我国知识产权行政保护和司法保护在投入上的倾斜偏移，进而可以解析出行政保护与司法保护的优劣态势以及造成保护效果差异的个中缘由；最后通过将投入与最终产出成果进行对比，可以反映出知识产权保护资源的最终利用效率，从而揭示出我国知识产权行政和司法的整体保护效果。

对于投入的评价，课题组设置了三个维度的指标，即人力投入、财力投入和机构投入。这三项指标基本涵盖了知识产权保护工作运转所需要的各方面资源和条件，能够比较客观全面地反映我国知识产权行政保护与司法保护的投入状况。具体而言，人力投入是知识产权保护活动在人员构成最优这一目标下的现实映射。知识产权保护是一个系乎全社会的命题，往往牵一发而动全身，实际上参与知识产权保护工作的人员复杂而庞大，比如志愿者、消费者、社会中介等均属其中，但从自身能力和现实需要出发，我们仅选取与知识产权保护工作联系最紧密或最一线的行政执法人员和法院法官作为分析的样本，并从人员配备的充足性、人员素质的合岗性、人员招录的合规性三个方面进行细化研究和评价。财力投入是知识产权保护过程中投入的资金，体现为行政机关和司法机关在知识产权保护活动中的财政支出。根据西方经济学中的"理性人假设"，"以最小的金钱投入获得最大的收益回报"是一切从事社会活动的人的终极目标，这一"理性人"既包括了个人、企业、社会团体，又包括政府机构。政府的财政活动始终也是围绕利用有限资源换取最大利润或效益这一目标进行，只是作为国家公权力行使机关，其追求的不是自身效益而是社会效益的最大化。因此，财力投入这一指标，主要考察的是行政机关和司法机关在知识产权保护中消耗的财政是否实现了社会效益最优这一终极使命，我们从财政保障度、财政支出的合理性、财政投入的有效性三个方面进行评价。机构投入是知识产权保护活动依赖的基础设施和硬件设备的消耗情况，主要通过机构设置的合理性、设施条件的充足性、岗位设置的科学性三个指标来阐释。

在实证分析过程中，考虑到一些数据很难或暂时无法获得，或基于目前数据来源的权威性和科学性的考虑，在本章中笔者对个别数据会采取模糊处理或模拟处理，也可能对某些指标放弃评价，仅选取那些最重要、最客观、最能反映现实的关键绩效指标进行评价，尽可能把握知识产权保护投入绩效评价的重点。本章数据来源以权威公开数据为主、自行调研数据为辅，在实证中能找到政府、行业协会等官方数据的，从其数据；在未能找到相应官方数据的，以自行调研的数据为补充。

5.2 知识产权行政执法投入绩效评价实证分析

5.2.1 人力投入

5.2.1.1 执法人员配备的充足性

知识产权行政执法人员的配备，是知识产权行政保护中最重要的一项人力投入，能有效评估知识产权行政保护付出的成本大小。执法人员的配备是否充足直接影响到行政执法运行是否良善，对行政执法的结果是否理想，以及社会效果是否令人满意等均会产生影响。但如何评价知识产权行政执法人员的配备情况是本研究在进行实证分析时遇到的大难题。从哪些角度来进行评价？最直接的莫过于数量，通过知识产权行政执法人员在全国范围内历年的增减情况和各省、各区域的变化情况等客观数据来反映，似乎不失为一种可行的途径，但问题在于知识产权行政执法人员分布在专利、商标、版权等各个领域以及省、市、县多个层级，数据的采集难度和广度均很大，很多数据根本无法获得，同时单纯从数量上的变化来评价行政执法人员的投入绩效，也显得较为片面，因为执法人员的配备并非越多越好或者越少越不好，其充足性应当以满足行政执法的需求为标准。故此，在权衡上述各种因素的基础上，笔者决定采用"两全其美"的方式，即一方面从历年执法人员数量上的变化来揭示我国近年来在知识产权执法人员上的重视程度和具体投入情况，以及各省市在执法人员投入上的差异；另一方面，通过与行政执法案件量进行综合比较，从比率上的差异反映执法人员的配备是否与实际需求相匹配。此处还需特别说明两个问题：其一，由于我国的知识产权行政执法机构涉及专利、版权、商标等多个系统，其中版权和商标的机构设置较为混乱、人员组成也较为复杂，故我们只选取组织机构设置较为统一、人事管理相对独立的知识产权局系统的专利行政执法人员作为分析样本；其二，本研究实证分析部分所选取的数据，其时间跨度虽为 2008—2013 年，但可能由于国家层面统计难度较大，统计工作不彻底，信息公布不充分，近年来才有比较翔实的数据对外公开，同时由于课题组人力物力等条件有限，因此并非历年的数据均可获悉。对于全国各省市知识产权局的执法人员数量，本书只找到了 2012 年和 2013 年的有关数据，虽然这种"以小见大"的方式不全然客观，但也不妨碍我们从中窥探到我国知识产权行政执法人员配备的全貌。

从图 5－1 反映的情况来看，2012 年全国 31 个省、自治区、直辖市（港澳台除外）的省级知识产权局共有 1094.05 名行政执法人员，2013 年为 1106.95 名，增加 12.9 名，执法人员的总数虽然有所增加，但总体而言变化不是太大。[①] 其中，广东省和安徽省连续两年遥遥领先，省级的知识产权局的人数达到了 80 人以上。广东省在 2013 年甚至达到了 110 人以上，这与其近年来重视知识产权行政保护、加大知识产权执法队伍投入不无关系。2012 年，在行政执法人员数量

---

① 数据来自《2012 年全国专利实力状况报告》和《2013 年全国专利实力状况报告》，国家知识产权局知识产权发展研究中心编制。按照该报告的指标计算规则，图表中的数据并非代表实际人数，而是：执法人员数 ＝ 负责执法的实有人员数 × 执法业务工作量在全处工作量的比重，同时分管局领导至多计入 1 人。但这种处理并不影响本书利用其数据进行有关问题的分析。

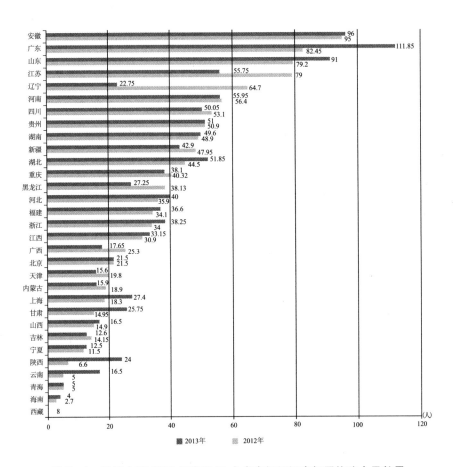

图 5 - 1　2012 年和 2013 年我国 31 个省省级知识产权局执法人员数量

排名前十的省份中，东部沿海的省份为 4 个，分别为广东、山东、江苏、辽宁，内陆的省份则占据了 6 席，分别为安徽、河南、四川、贵州、湖南、新疆，说明近年来内陆的省份在知识产权行政保护上开始引起重视，并加大了人力的投入，同时说明内陆省份对知识产权行政执法人员的需求量也在增大。这一情况在 2013 年发生了轻微的改变，广东省超过安徽省在执法人员的总量上突破了 110，遥遥领先于其他各省市，同时湖北省也跃进前十名。变化比较异常、值得我们关注的是江苏省和辽宁省，这两个原先执法人员较有优势的省份在 2013 年数量出现了萎缩趋势，人数骤减，其中辽宁省的减幅最大。此外，东北地区的其他两个省份黑龙江省和吉林省，人数均出现了减少的趋势，这可能与中西部地区知识产权战略的强力推动和东部企业向中西部转移带来的行政执法案件量增长有密切关系。但总体上西部省份在执法人员的投入上还是明显落后于东中部省份，排名最末位的 10 个省份，西部地区占了 7 个，且与东中部地区的数量差异较大，如西藏自治区和青海省，执法人员的数量均少于10 人。此外，陕西省、云南省以及甘肃省虽然执法人员总量不多，但在一年内的增幅均比较大，说明这些省份加大了对执法人员的投入并在数量上取得了一定的成效（见图 5 - 2）。

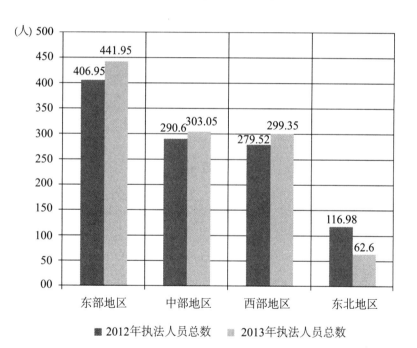

图 5 - 2　2012 年和 2013 年我国四大区域省级知识

产权局执法人员总数分布情况

图 5 - 2 是分析知识产权行政执法人员在每个地域的变化和差异，按照我国经济区域的最新划定方法，本书分为东部地区、中部地区、西部地区、东北地区四个区域进行比较。[①] 从图 5 - 2 揭示的现象来看，不论是 2012 年还是 2013 年，东部地区、中部地区以及西部地区在知识产权行政执法人员总数的变动上处于稳定且缓慢的增长状态，增幅均不大，这可能与近年来我国整体上的知识产权政策导向较为明确和执法环境较为稳定有关。东北地区相对而言数量上的波动较大，东北地区在 2013 年人员总数剧减，课题组推测，这一现象是长期的历史原因和偶然的介入因素综合作用的结果。历史原因源于自身长期的封闭环境，东北地区在知识产权保护的重视程度和投入能力上一直处于比较落后的地位，并且东北地区一直以重工业为主，缺乏拥有自主知识产权的科技创新型企业，对知识产权保护的需求不强烈；偶然的因素主要是指国家知识产权扶持政策的转移、地方政府对知识产权行政保护的重视程度以及经济转型和结构调整带来的企业、劳动力、投资等资源要素的"地域迁徙"。

由于每个区域所包含的省份数量不一样，因而相互之间在执法人员总体数量上缺乏可比性，故从图 5 - 2 只能得出四个区域自身在 2012 年和 2013 年纵向的发展变化情况，图 5 - 3 正好弥补了这一不足，通过计算每个区域内省份的执法人员平均数量，可以实现不同

---

① 根据国家统计局 2011 年 6 月 13 号的划分办法，为科学反映我国不同区域的社会、经济发展状况，为党中央、国务院制定区域发展政策提供依据，根据《中共中央、国务院关于促进中部地区崛起的若干意见》《国务院发布关于西部大开发若干政策措施的实施意见》以及党的十六大报告的精神，将我国的经济区域划分为东部、中部、西部和东北四大地区。东北地区包括：黑龙江省、吉林省、辽宁省。东部地区包括：北京市、天津市、上海市、河北省、山东省、江苏省、浙江省、福建省、台湾省、广东省、香港特别行政区、澳门特别行政区、海南省。中部地区包括：山西省、河南省、湖北省、安徽省、湖南省、江西省。西部地区包括：内蒙古自治区、新疆维吾尔自治区、宁夏回族自治区、陕西省、甘肃省、青海省、重庆市、四川省、西藏自治区、广西壮族自治区、贵州省、云南省。

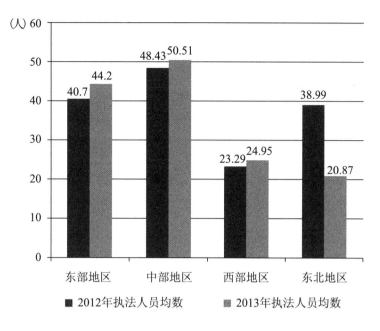

图 5 – 3　2012 年和 2013 年我国四大区域省级知识产权局

执法人员均数分布情况

区域之间的横向比较。从图 5 – 3 反映的情况来看，中部地区省份的平均执法人员数量在 2012 年和 2013 年均领先于其他三个地区，其次是东部地区，东北地区在 2012 年排名第三，2013 年因为总体人数的骤减排名垫底。按照我们以往的认知，知识产权行政保护的需求和力度一般与经济发达程度呈正相关，即经济越发达的地区对知识产权行政保护的需求力度也会越大，执法人员的数量作为行政保护力度强弱和投入多少的一个指标，故相应的执法人员的数量也与经济发达状况呈正相关，但从数据反映的结果来看并非完全如此。在执法人员的总量上，东部地区遥遥领先，然而在执法人员的均量上，东部地区却落后于中部地区，其中固然有东部地区省份数量居多导致在计算平均数时结果值被拉低的因素在内，但主要原因应该在于东部地区各个省份的执法人员总数分布极为不均衡，各省之间的人数差异极大，2012 年最高的广东省和最低的海南省之间相差了 79.75 人，2013 年这一差距更是扩大到 107.85 人，并且与中部地区相比，东部地区人数偏少的省份所占比例较高。例如，在人数少于 30 人的省份中，东部地区有 3 个，所占比例为 3/10，而在中部地区仅为 1 个，所占比例为 1/6。之所以在近两年出现中部地区赶超东部地区的情况，课题组认为与中部六省在国家"中部崛起战略"的政策指导下，积极谋求经济转型，完善自主创新机制体制，大力加强知识产权保护的工作是不可分的，同时中部作为承接东部发达地区产业和投资转移的主要地区，伴随而来的不仅是发展空间的拓宽，也有社会纠纷尤其是知识产权侵权纠纷的增加，故而行政保护的需求和投入也相应增加。

另外一个不可忽视的事实是，通过图 5 - 1 我们可以得知 2012 年和 2013 年全国 31 个省份的知识产权行政执法人员总数，进而计算出全国每个省的平均数量分别为 35.29 和 35.71 名，再与图 5 - 3 进行比较，我们可以发现东部地区和中部地区各省的行政执法人员均数始终在全国水平线以上，而东北地区则由全国水平线以上下降到了水平线以下，西部地区则一直处于全国水平线以下的位置。这说明东中部地区在知识产权行政执法人力投入上一直较为稳定且充分，东北地区在知识产权行政执法人员的投入上则不太稳定，而西部地区虽然近年来也开始对知识产权的行政保护予以重视，但人员投入仍然比较薄弱。

当然，如上所述，单纯的知识产权行政执法人员数量的多少并不能说明全国以及各个区域行政执法人员的配备是否充足，还得与实际中行政机关受理以及解决的行政执法案件量结合起来分析，才具有科学性和说服力。

表 5 - 1　　2012 年全国 31 个省、自治区直辖市专利执法人数与

行政执法案件数量统计表①

序号	省份	立案数(件)	结案数(件)	结案率	执法人数(人)	人均承载案件数(件)
总　数		9005	7898	88%	1094.05	7.22
1	云　南	349	336	96%	5	67.2
2	湖　南	1441	1372	95%	48.9	28.06
3	陕　西	175	133	76%	6.6	20.15
4	江　苏	1381	1310	95%	79	16.58
5	海　南	37	36	97%	2.7	13.33
6	浙　江	508	423	83%	34	12.44
7	山　东	1055	983	93%	79.2	12.41
8	广　东	1168	896	77%	82.45	10.87
9	辽　宁	426	450	106%	64.7	6.96
10	湖　北	351	300	85%	44.5	6.74
11	四　川	349	336	96%	53.1	6.33
12	福　建	215	197	92%	34.1	5.78
13	内蒙古	96	94	98%	18.9	4.97

① 全国 31 个省份专利行政执法案件的立案数和结案数来自国家知识产权局公布的《2012 年专利统计年报》，http：//www.sipo.gov.cn/ghfzs/zltjjb/jianbao/year2012/h/h1.html，2015 年 5 月 14 日访问。其中立案数 = 侵权纠纷立案数 + 其他纠纷立案数 + 查处假冒专利立案数，结案数 = 侵权纠纷结案数 + 其他纠纷结案数 + 查处假冒专利结案数，结案率 = 结案数/立案数，人均承载案件量 = 结案数/执法人数，编号按人均承载案件数降序排列。此处需要特别说明的是，从 2010 年开始，国家知识产权局《专利统计年报》中的"查处假冒专利案件"这一项只公开了结案数，而没有立案数。课题组参考了 2010 年以前的假冒专利案件的处理情况，发现其立案数与结案数基本保持一致。此处为了方便统计和分析，对该数据进行了特别的处理，将 2012 年查处假冒专利案件的立案数等同于其结案数。

续 表

序号	省份	立案数(件)	结案数(件)	结案率	执法人数(人)	人均承载案件数(件)
总 数		9005	7898	88%	1094.05	7.22
14	天 津	77	77	100%	19.8	3.89
15	新 疆	227	170	75%	47.95	3.55
16	江 西	123	105	85%	30.9	3.4
17	重 庆	228	131	57%	40.32	3.25
18	吉 林	40	42	105%	14.15	2.97
19	上 海	68	54	79%	18.3	2.95
20	河 南	310	159	51%	56.4	2.82
21	北 京	68	46	68%	21.5	2.14
22	安 徽	141	112	79%	95	1.18
23	黑龙江	29	42	145%	38.13	1.1
24	山 西	15	16	107%	14.9	1.07
25	河 北	61	31	51%	35.9	0.86
26	广 西	23	21	91%	25.3	0.83
27	甘 肃	13	12	92%	14.95	0.8
28	青 海	4	3	75%	5	0.6
29	贵 州	21	9	43%	50.9	0.18
30	宁 夏	6	2	33%	11.5	0.17
31	西 藏	0	0	0%	0	0

表 5－2　2013 年全国 31 个省（份）专利执法人数与行政执法案件

数量统计表①

序号	省份	立案数(件)	结案数(件)	结案率	执法人数(人)	人均承载案件数(件)
总　数		**16227**	**15055**	**93%**	**1106.95**	**13.60**
1	湖　南	2531	2487	98%	49.6	50.14
2	江　苏	2393	2263	95%	55.75	40.59
3	山　东	1771	1750	99%	91	19.23
4	浙　江	786	725	92%	38.25	18.95
5	辽　宁	408	406	100%	22.75	17.85
6	陕　西	392	404	103%	24	16.83
7	广　东	2292	1838	80%	111.85	16.43
8	河　南	928	863	93%	55.95	15.42
9	福　建	526	507	96%	36.6	13.85
10	内蒙古	215	215	100%	15.9	13.52
11	海　南	55	54	98%	4	13.50
12	湖　北	713	657	92%	51.85	12.67
13	四　川	535	507	95%	50.05	10.13
14	天　津	143	143	100%	15.6	9.17
15	新　疆	363	345	95%	42.9	8.04
16	黑龙江	228	219	96%	27.25	8.04

①　数据来源同上表。

序号	省份	立案数(件)	结案数(件)	结案率	执法人数(人)	人均承载案件数(件)
总　数		16227	15055	93%	1106.95	13.60
17	贵　州	363	362	100%	51	7.10
18	江　西	224	217	97%	33.15	6.55
19	北　京	172	140	81%	21.5	6.51
20	甘　肃	147	144	98%	25.75	5.59
21	云　南	100	75	75%	16.5	4.55
22	河　北	248	177	71%	40	4.43
23	上　海	121	118	98%	27.4	4.31
24	广　西	55	53	96%	17.65	3.00
25	安　徽	275	244	89%	96	2.54
26	重　庆	139	90	65%	38.1	2.36
27	山　西	31	28	90%	16.5	1.70
28	宁　夏	13	13	100%	12.5	1.04
29	吉　林	60	11	18%	12.6	0.87
30	西　藏	0	0	0%	0	0.00
31	青　海	0	0	0%	5	0.00

　　根据表 5 - 1 和表 5 - 2，从整体上分析，2012 年全国 31 个省、自治区、直辖市共立案 9005 起知识产权行政执法案件，结案数为 7898 件，结案率为 88%，2013 年立案数为 16227 件，结案数为 15055 件，

结案率为 93%，同时 2012 年全国 31 个省级行政区中结案率超过 80%
的有 17 个，2013 年达到 25 个，如果我们以结案率在 80% 以上为较高
标准，那么从上面数据反映的情况来看，全国每年行政执法案件的结
案率均处于较高水平，从而似乎可以得出行政执法人员配备较为充
足、能够应付现有的案件工作量这一结论。此外，理论上在假定每一
个行政执法人员尽职尽责正常工作的前提下，随着案件数量的增长，
执法人员的数量应该也要相应增加，不然无法很好地应对越来越多的
执法工作量，但上面数据反映的结果是，2012—2013 年，执法人员的
数量变化不大，只增加了 12.9 人，但处理的行政执法案件大幅增长，
结案率在这种情形下不减反增，由 88% 提高到了 93%，其中两年均
有一半以上省份的结案率在全国平均线以上，这似乎也从侧面说明我
国现有的行政执法人员配备量已经足够甚至处于过剩的状态。在现有
的行政执法人员数量完全能够处理现有的执法案件量甚至绰绰有余的
前提下，如果一味地按照执法案件增长的速度来增加执法人员的数
量，就会出现大量行政执法人员闲置的情况，即现实中大量拥有行政
执法资格证的执法人员实际上并不参与执法或不需要参与执法，从而
导致资源的闲置和浪费。

要证实上述结论，我们还得从另一个角度进行分析，即人均承载
的案件数量。2012 年人均承载案件量为 7.22，意味着全国每一个行
政执法人员年平均处理的案件量为 7.22 件，2013 年上升为 13.6 件，
大致相当于一个半月处理一件和一个月处理一件，按照这一统计结
果，全国人均承载的行政执法案件量明显偏少，从而说明现有的行政
执法人员配备有些过于充足。但从区域分析，考虑到各地区、各省的
差异，则情况又有所不同。表 5 - 1 中，2012 年，在人均承载案件数
排名前十的省份中，东部省份有 5 个，分别为江苏、海南、浙江、山

东、广东，其人均每年处理的案件量都在 10 件以上，在排名倒数前十的省份中，西部省份有 6 个，分别为广西、甘肃、青海、贵州、宁夏、西藏，其人均每年处理的案件量都少于 1 件。2013 年除了各省人均处理案件量随着整体案件量的增加有大幅增长，基本上仍然保持着"东多西少"这样的局面。从以上描述我们可知，东部省份的执法人员与中西部地区相比，其人均承担的执法工作量明显要大很多，故而在执法人员的配备上，东部要比中西部紧张这一点应属无疑。同时我们还可以发现，中部地区的湖南省在 2012 年和 2013 年的人均案件量在全国省市中均排在前列，2012 年为 28.06 件，排名第二，2013 年跃升为 50.14 件，排名第一，而像江西、安徽、山西等这些中部省份人均承载的案件量则始终处于较低水平，因此我们可以得知，即使同属于中部地区，各省之间的案件量、执法人员配备和面临的执法压力依然相差悬殊。还有一个值得关注的省份是西部的云南省，在 2012 年的人均案件承载量达到了 67.2 件，在全国排名第一，相当于每个执法人员平均每周都要处理 1 件以上的知识产权行政执法案件，而这一情况却在 2013 年发生了逆转，云南省人均案件承载量骤减到 4.55 件，排名也掉落到第 21 名，究其原因，从 2012 年到 2013 年，云南省的行政执法人数翻了三倍，而处理的案件量却缩减了 80%，直接导致年度人均处理案件量的骤减。同时我们可以发现，2012 年云南省在只有 5 名行政执法人员，却要面对 349 件案件的情势下，其结案率竟然达到了 96%，而在 2013 年，尽管需要处理的案件只有 100 件，执法人员也达到了 16.5 人，却只有 75% 的结案率，这也从另一个角度提醒我们，执法人员的数量配备与执法案件的处理效率之间有关联，但并不必然呈现正相关，因为行政执法案件的处理效率受到多方面因素的影响，行政执法力量的薄弱只是其中的因素之一，还有与案件本身的复杂程度、法律对行政执法的期限规定以及每年的执法强度不一和执法机关面临的绩效考核压力等均有关系。

"执法人员配备的充足性"指标属于客观数值，上述的数据分析虽然可以在一定程度反映现实情况，但为了保证主客观相统一，即检验行政执法参与主体的主观感受和客观数据反映的情况是否一致，我们有必要考察实践中行政执法人员本身以及相关参与人员对于行政执法人员投入和数量配备的主观看法如何。因此课题组在湖南省内发放了 600 份调查问卷，设置问题为："您认为在您所属的机关或参与过的行政执法案件中，行政执法人员的配备是否充足？"从结果反馈来看，认为"配备过剩"的有 135 人，认为"配备刚好"的有 240 人，认为"配备稍有不足"的有 180 人，认为"配备极度缺乏"有 30 人，认为"不太清楚"的有 15 人。加权计算值为 51.41，所占权重为 2 分（2%），因此指标得分为 1.03（见表 5－3）。

表 5－3　　　　　　　行政执法人员配备充足性的评价统计

执法人员配备的充足性	配备过剩	配备刚好	配备稍有不足	配备极度缺乏	不太清楚
统计（份数）	135	240	180	30	15
加权计算值	51.41				
指标得分	1.03				

5.2.1.2　执法人员素质的合岗性

知识产权行政执法人员的素质，是知识产权行政保护人力投入中另一个重要的方面。如上述分析所言，执法人员数量的配备是充足还是冗余，很大程度上取决于每年的知识产权案件数量的增减变化情况，但每年的行政执法案件从客观上来说不可控制甚至不可预测，而每年行政执法人员的数量只能在编制范围内进行有限的变动，所以相对而言处于比较稳定的可控区间，故在这种前提下，用行政执法人员的充足性与否来衡量行政保护在人力上的投入大小，实则存在不可避免的缺陷。为了弥补这一不足，我们引入执法人员的素质这一评价指标，通过对执法人员素质进行绩效考评，可以反映国家对知识产权行政保护的重视程度以及对知识产权行政执法岗位的要求，这也直接关乎知识产权行政保护的质量和政府在知识产权行政保护中所展现的形象。执法人员的素质虽然是一个带有较强主观色彩和感性判断的概念，但还是可以通过一些客观的数据进行量化分析，其中学历技能是一方面，另一方面则是培训状况。从学历构成及专业背景可以对行政执法人员的执法水平形成一个基本的认知，而培训状况则能够体现出执法人员在执法素质上的提升空间和国家为提高行政执法人员的执法能力所投入的资源与付出的心血。

知识产权行政执法是一个庞大复杂的体系，专业性很强，熟练掌握需要进行专门、深入、系统的学习及培训。因此，知识产权行政执法人员的学历并非越高越好，关键在于能够适应行政执法岗位的要求以及能够妥善处理好行政执法案件即可，一味地追求执法人员的高学历，也是一种资源的错配；培训的次数也并非越多越好，关键在于通过培训能够使得执法人员的素质和能力得到提高，因而在评价执法人员的素质时，其天生具备的条件基础差并不意味着其素质就低，如果能够通过培训实现能力的提升，也应该对其予以肯定。

需要做出说明的是，课题组原本试图以全国所有知识产权行政执法机构的执法人员的学历构成和专业背景为分析样本，但由于信息公开不充分以及信息收集渠道有限，课题组通过互联网、书籍、文献等各种途径也只能得到部分零星的资料，基于本课题的数据来源主要以官方公布为主、自我调研为辅，为了说明执法人员的学历背景和培训情况，课题组最终还是决定对这些零散的数据予以整理和采纳，虽然实现不了尽善尽美之本心，但至少保证数据的真实性和研究的完整性。本部分将主要以国家知识产权局 2010 年主持开展的专利战略制定子课题——"专利行政保护与地方专利管理体系建设"披露的数据为主要依据，同时选取中部地区的湖南省编制的《地方知识产权战略纲要实施评估报告》作为参考（见图 5-4）。

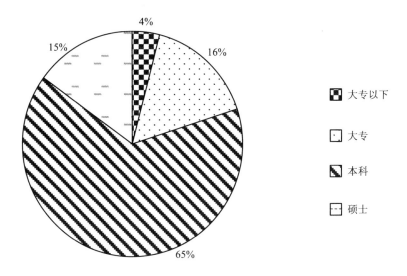

图 5-4　全国 31 个省级知识产权局专利行政执法人员学历构成情况

图 5-4 从全国层面进行整体分析，根据专利战略制定子课题——"专利行政保护与地方专利管理体系建设"报告所示，在学历构成方面，全国 31 个省级知识产权局的工作人员中，具有大学本科学历的人员占到了 65%，硕士研究生及以上的有 15%，大专学历所占的比例为 16%，大专以下的仅有 4%。① 虽然该数据描述的是知识

① 数据来自"专利行政保护与地方专利管理体系建设"课题组，2010 年 6 月。

产权局系统内整个工作人员的学历状况，但其中行政执法人员的情况也可能与此类似，故而可以推知我国专利行政执法人员的学历构成是较高的，绝大多数都达到了本科以上的学历。在执法人员的专业背景方面，2009年省级执法队伍中具有法律专业背景的人员超过50%（含）的有14个省（区市），分别是广西、北京、陕西、新疆、海南、青海、辽宁、浙江、宁夏、甘肃、云南、上海、四川，还没达到全国省份数量的一半，各省级专利执法队伍中法律专业背景人员比例平均为28.6%。[1] 这说明我国知识产权行政执法人员在专业背景方面还比较薄弱，具有法律功底的执法人员比较欠缺，同时既懂法律又懂专业的复合型执法人才更是处于紧缺局面，表明我国现有执法队伍的专业性还有待加强，在执法的综合能力上还有提升的空间。

图5-5从地方层面进行区域分析，以中部地区的湖南省为例，在学历技能方面，我们通过湖南省知识产权局提供的数据，以湖南省省局及地级市知识产权局为样本进行具体分析，从学历构成来看，大部分执法人员拥有本科学历，占65%，硕士研究生寥寥无几，仅占总人数的5%，博士研究生没有，专科学历的占21.25%，专科以下学历的占3.75%。从专业背景角度来看，大部分人为理工科专业和管理专业，但具有理工科背景的也只有35%；具有法律专业背景的所占比例极小，只有5.5%，并且都不是知识产权法专业；而既具有理工背景又同时有法律专业背景的比例更是少之又少。在知识产权案件中，专利案件往往会涉及很多复杂的技术问题，有些还涉及高端、前沿的技术领域。因此，只有相关执法人员对这些领域有一定程度的了解，

---

① 数据来自"专利行政保护与地方专利管理体系建设"课题组，2010年6月。

或至少达到普通技术人员在相关领域的技术水平，才有可能客观、全面、正确地把握案件，从而更好地开展专利执法工作。但目前行政执法部门进行专利行政执法的执法人员由于不了解案件相关的技术背景，做出处理决定时容易引发争议。

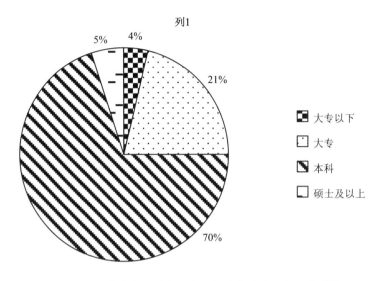

列1

5%　4%

21%

70%

- 大专以下
- 大专
- 本科
- 硕士及以上

图 5 - 5　湖南省省级及地市局专利行政执法人员学历构成情况

在培训方面，我国于 1995 年开始实行专利行政执法持证上岗制度；① 2001 年 12 月国家知识产权局第十九号令发布的《专利行政执法办法》在条文中明确规定专利行政执法人员必须持证上岗。为进一步完善执法人员持证执法制度，提高行政执法人员的业务素质和执法水平，国家知识产权局于 2002 年下发了《关于专利行政执法证管理办法的通知》（国知发法字〔2002〕73 号）。据此，国家知识产权局每年面向全系统组织专利行政执法上岗培训班，并对具备资格、参加专

---

① 数据来自 http：//www. sipo. gov. cn/gk/ndbg/2002/201310/t20131025_ 859937. html，最后访问日期 2014 年 3 月 22 日。

利行政执法上岗培训且考试合格的人员颁发专利行政执法证。① 2013年3月，为了深入贯彻党的十八大精神以及落实《知识产权人才"十二五"规划（2011—2015）》的有关要求，国家知识产权局制定并印发《专利行政执法能力提升工程方案》的通知，决定从2013年开始，通过三年的工作和努力，建成一支专业化、职业化、规范化、信息化的专利行政执法队伍，全面提升专利行政执法能力。② 方案中将"提高执法人员业务素质，提升执法队伍专业化、职业化水平"置于首要任务，并将"完善执法上岗培训和强化执法业务提高培训"作为重中之重的措施，由此可见国家知识产权局对加强专利行政执法人员执法素质的重视和决心。此外，国家工商行政管理总局、国家版权局、国家文化部、农业部、林业局、海关总署每年均举行和开展各种各样针对知识产权行政执法的讲座、研讨会以及培训班，在提高知识产权执法人员的执法素质上不遗余力。③ 在地方以湖南省为例，根据从湖南省知识产权局获知的信息，湖南省专利执法人员的培训次数从2008年的400多人次上升到2010年的500多人次，再到2012年的600多人次，整体上呈现上升趋势，说明湖南省受训人员有所增加，即政府在知识产权执法人员的投入力度上有所加强，但培训内容还有待深化。

对于"执法人员素质的合岗性"这一评价指标，最直观的感受莫过于来自执法相对人以及社会公众，因此课题组在湖南省发放的600份调查问卷中，设置了问题"在您经历过的行政执法案件中，

---

① 专利行政执法证是指本省各级管理专利工作的部门中的专利行政执法人员依据国家知识产权局的有关规定，取得的由国家知识产权局印制颁发的专利行政执法证，是执法人员行使专利行政执法权的资格证件。

② 来自国家知识产权局官网，http：//www.sipo.gov.cn/tz/gz/201303/t20130322_788843.html，最后访问日期2014年3月22日。

③ 具体培训情况可参见历年《中国知识产权保护状况》白皮书。

您对执法人员的素质怎么评价?"从结果反馈来看,认为"素质很好"的有45人,认为"素质较好"的有207人,认为"素质一般"的有222人,认为"素质较差"的有108人,认为"素质极差"的有18人。加权计算值为60.10,所占权重为2分(2%),因此指标得分为1.20(见表5-4)。

表5-4　　　　　　　　行政执法人员素质合岗性的评价统计

执法人员素质的合岗性	素质很好	素质较好	素质一般	素质较差	素质极差
统计(份数)	45	207	222	108	18
加权计算值	60.10				
指标得分	1.20				

5.2.1.3　执法人员招录的合规性

执法人员招录的合规性,主要是描述执法人员的招录情况,考察执法人员在入职时是否合规、合程序,是否合乎编制。这一指标是从源头考察行政执法人员的准入环节是否存在不当,同时也反映国家对知识产权执法人员的遴选机制是否科学。本部分拟从两个方面对这一问题进行阐释:第一个方面,对知识产权行政执法人员的选拔机制进行解读,分析其招录机制的科学性以及存在的问题;第二个方面,通过将执法岗位的编制与实际执法人员的数量进行比较,揭示现实中存在的"超编"现象,分析造成行政执法效率低下的原因,进而考察执法人员招录的合规性。

根据我国现行的人才选拔机制，要进入知识产权行政系统成为行政执法人员得经过两道程序，首先是参加国家或地方的公务员考试或事业单位考试，这是成为行政执法人员的前提，也是进入国家知识产权行政保护系统的"敲门砖"；其次则是在进入行政单位或事业单位系统后，参加国家或地方组织的知识产权行政执法资格培训并通过考试取得行政执法资格证，由此具有成为知识产权行政执法主体的资格。

在人员招录环节，现实存在的问题是知识产权行政机关招聘了很多并不在编制内的合同工和临时工，而这些合同工、临时工在知识产权行政执法任务较为繁重的时期，往往也会参与直接的行政执法活动。实践中不论是知识产权系统还是其他行政事业单位系统，存在大量的没有编制也没有行政执法资格的合同工、临时工、借用人员、工勤人员等进行行政执法的情况，究其原因在于我国行政事业单位长期编制不足、执法案件居多但执法力量薄弱的这样一个现状，同时也不排除行政事业单位"怕苦怕累、方便脱责"的这样一个心态。由于全国的知识产权行政机关的编制情况较为复杂且缺乏相关数据统计，此处，课题组仅以湖南省和广东省的编制情况作为例子说明。

据国家知识产权局保护协调司 2013 年 1 月编制的《地方知识产权战略实施试评估工作分报告·湖南篇》显示：到 2011 年，省、市、县共有专利行政管理人员 468 人，其中具有编制的人员 287 人。由此可知，湖南省具有编制的专利行政人员占整个专利系统人数的 61.32%，没有编制的人员占到 38.68%，超编人数达 181 人，这一比例和人数是比较高的。再看表 5-5 中广东省的情况。

表 5 - 5　　　　　广东省四类地市知识产权机构行政编制情况①

类别＼数量	平均行政编制（人）	平均实有人数（人）
一类地市	28	43
二类地市	5.6	6.1
三类地市	4.5	4.5
四类地市	2.8	2.8

根据表 5 - 5，我们可知，在广东省四类地市中，只有一类地市和二类地市出现实有人数超过行政编制的现象，尤其是一类地市，超过的幅度较大，达到了 53.57%，三类地市和四类地市的实有人数与行政编制保持了一致。这说明在经济发达的一类地市和二类地市，因为其知识产权侵权违法案件多，知识产权行政执法人员处于相对供不应求的紧缺状态，原有的行政编制已经无法满足其行政执法工作的需要，故而出现人员超编现象。

国家财政和地方财政一般只按编制内的人员数进行财政拨款，对于超编的人员往往没有财政保障，靠单位解决或自行解决，这样导致的后果就是，同样的财政投入下，知识产权行政机关为了维持自身的正常运转以及保证非编制人员的权益，需要在人员的日常经费上开销更多，这样势必就缩减了在执法机构基础建设、执法条件改善、执法人员培训等这些方面的经费支出，由此影响行政执法的效率和效果。知识产权行政机构人员超编现象的存在，固然有行政编制本身不合理的普遍原因，即地方机构在进行机构设置和人员编制时，往往是根据

---

①　数据来自《广东省知识产权战略纲要实施评估报告》，广东省知识产权局、中山大学编制，2013 年 1 月 14 日。

经济发展水平、财政收入、人口和辖区面积等这些指标进行确定，这样一来，那些贫县、小县分配的财政编制自然较少，而其行政机构的数量却与富县、大县保持一个标准。随着经济社会的发展，原先核定的行政编制数量无法满足行政机关正常开展工作所需要的人员数，但在我国当前背景下，向上级申请增加编制往往很困难，要解决机构人员不够的情况似乎只有"超编引进"这一条可行的途径了。但不能忽视的是，一些机关在人员招录环节不严格遵守编制纪律，违犯规定程序招人也是造成知识产权行政执法人员超编的重要原因。以上说明我国在知识产权执法岗位设置的科学性方面还比较欠缺，缺乏一套合理灵活的岗位编制体系和程序，也说明国家对这一问题的重视和投入还不够，进而影响了知识产权行政执法的效果。

2013 年，十八届三中全会《中共中央关于全面深化改革若干重大问题的决定》出台以后，各级政府和有关部门开始对全国行政执法人员进行全面清理，未取得执法资格的人员不得从事执法工作，对被聘用履行行政执法职责的合同工、临时工，要求坚决调离行政执法岗位。接下来，全国各地陆续开展了临时工"大清理运动"。据报道，从 2014 年 6 月初开始，河北省清理不合格和不在岗行政执法人员81720 名，占现有持证人员总数的 35%。此后，湖北省知识产权局于2015 年 6 月 15 日发布《关于开展全省知识产权行政执法主体执法人员清理工作的通知》，决定对全省知识产权行政执法主体、行政执法人员进行一次全面清理。由此说明，国家已经充分意识到了知识产权行政执法中存在的"临时工执法"现象，并加大力度进行整治，以保证知识产权行政执法招录的人员不违背国家法律法规的规定。

在执法培训环节，主要的问题是专利行政执法人员的资格认定比较随意，只要参加相关机构组织的培训便可以获得执法资格，没有形成科学的遴选与考核机制，不太规范。这主要源于我国目前知识产权行政执法中实行的"轮岗制"规则，即知识产权行政机关中的行政执法人员并不固定，往往是由机关内部其他科室已经取得专利行政执法资格证的其他人员兼任，然后在进行行政执法任务时轮流出动。这样的执法模式带来的两个现实问题是：一是在对行政执法人员进行相关执法培训时，往往行政机关会组织本单位编制内的员工都去参加，或者每年轮换人员去参加，造成培训资源的不合理分配，对平时根本不参加行政执法的人员进行培训而言是一种资源的浪费，而对真正需要参与行政执法的人员则减少了其接受培训和提高的机会；二是由于知识产权专职执法人员的缺乏，单位内部其他兼职人员往往要承担起自身本职工作以外的执法职责，过度的执法任务势必会影响其本职工作完成的效果，本末倒置，得不偿失。

对于"执法人员招录的合规性"这一评价指标，课题组在湖南省发放的 600 份调查问卷中，设置了问题"您认为现在知识产权行政执法机关在招录执法人员时是否合规？"从结果反馈来看，认为"完全合规"的有 105 人，认为"比较合规"的有 80 人，认为"不太合规"的有 76 人，认为"违规严重"的有 150 人，认为"不太清楚"有 189 人。加权计算值为 50.88，所占权重为 2 分（2%），因此指标得分为 1.02（见表 5-6）。

表 5-6 行政执法人员招录合规性的评价统计

执法人员招录的合规性	完全合规	比较合规	不太合规	违规严重	不太清楚
统计（份数）	105	80	76	150	189
加权计算值	50.88				
指标得分	1.02				

5.2.2　财力投入

5.2.2.1　执法活动的财政保障度

执法活动的财政保障度描述的是国家财政在知识产权行政执法中的投入和分配情况，考察政府对知识产权行政执法工作的经费支持和保障程度，以及财政拨款是否及时、足额。知识产权行政执法活动离不开经费的支持，而国家财政是其最主要的经费来源，由于我国知识产权行政保护机关实行"收支两条线"的财政制度，以知识产权局系统为例，每年收缴的专利申请费和维持费要上缴中央财政，而处理专利侵权纠纷和查处假冒专利行为所需要的行政执法经费则由地方财政负责。故我们在计算知识产权行政执法经费时，主要以地方财政拨付的金额为主，中央财政不计算在内。另外，由于目前大部分地方都把知识产权局视为普通的政府管理机构，一般地方财政只拨付行政费或事业费，而没有设立专利行政执法专项经费。[①] 虽然有些地区会从地方财政中划拨一部分作为知识产权局行政执法的活动经费，但往往都是临时性的措施，没有进行制度化、专项化。另外，有些省市虽然设立了专利专项资金，并且制定了相应的管理办法，但该专利专项资金主要是用于专利申请、实施、产业化等的资助以及对试点、示范性企业和人才培养的奖励，用于专利行政执法和执法条件建设仅占很小的一部分，故专利专项资金也不计算在内。

本部分我们决定，以全国31个省省级及地市级知识产权局的知识产权工作专项经费的投入数值为分析的对象，拟从两个角度来反映

---

① 赵国梁：《加强知识产权行政保护之我见》，《中共太原市委党校党报》2007年第6期。

知识产权执法活动的财政保障情况，第一是通过全国知识产权专项经费每年的增长情况，反映国家对知识产权行政执法的经费投入变化；第二是通过选取东部、中部和西部地区的几个代表性省份①，揭示知识产权行政执法经费投入的地区差异以及其中原因（见图 5－6）。

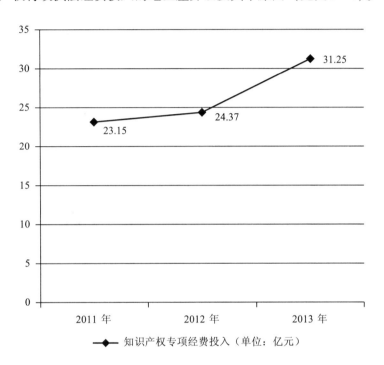

图 5－6　**2011—2013 年我国 31 个省省级和地市级级知识产权局知识产权专项经费投入情况**②

图 5－6 描述的是从 2011 年到 2013 年三年间，全国 31 个省省级和地市级知识产权局知识产权专项经费投入的变化情况，从中我们可以发现，全国的知识产权专项经费在三年间一直处于增长趋势，

①　东部选取广东省、浙江省、江苏省；中部选取湖南省、河南省、安徽省；西部选取贵州省、云南省、甘肃省。

②　数据来自《2012 年全国专利实力状况报告》和《2013 年全国专利实力状况报告》，国家知识产权局知识产权发展研究中心编制。

2011—2012 年增幅不大，但 2012 年到 2013 年的增幅超过了 28%，由此说明政府对知识产权行政保护越来越重视，在经费的投入上也越来越"舍得"。当然，单纯的执法经费变化情况在此现象上的说服力实在有限，但不妨碍我们树立起关于行政执法经费投入情况的直观印象，后文将继续对此进行深入研究。

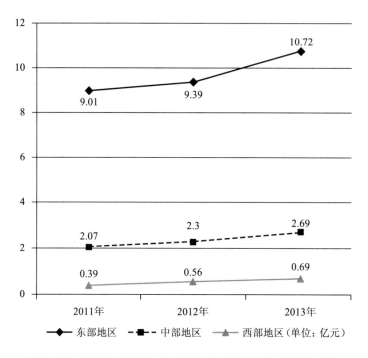

图 5-7 我国东中西部三个区域知识产权专项经费投入对比

图 5-7 通过东中西部地区各选取三个具有代表性的省份，将其知识产权专项经费进行累加，从而反映三个区域在 2011—2013 年执法经费投入的发展变化以及相比之前的对比情况。根据上图反映的结果来看，首先，三个区域的知识产权专项经费在三年间一直在增长，东部地区增长速度较快，尤其是 2012—2013 年，而中西部则较为平稳，保持缓慢的增长速度，这与全国知识产权专项经费的变化趋势是一致的；其次，东中西部三个地区知识产权执法经费的投入严重不平

衡，距离相差很大，东部地区每年高居 9 亿元以上，中部地区则在 2 亿元以上，而西部地区尚未达到 1 亿元。这说明知识产权执法经费的投入与经济发达程度是直接相关的，经济越发达的地区对知识产权执法的经费投入也越大。这也与经济发达地区面临的行政执法案件更多有关，因此需要更大的资源投入和经费保障。

对于"执法活动的财政保障度"这一指标的评价，课题组在湖南省内发放了 600 份调查问卷，设置问题为："您认为近年来知识产权行政执法机构经费的保障程度如何？"从结果反馈来看，认为"保障非常充足"的有 120 人，认为"保障比较充足"的有 156 人，认为"保障不太充足"的有 24 人，认为"保障十分欠缺"有 9 人，认为"不太清楚"的有 291 人。加权计算值为 60.05，所占权重为 3 分（3%），因此指标得分为 1.80 分（见表 5-7）。

表 5-7　　　　　　　行政执法活动财政保障度的评价统计

执法活动的财政保障度	非常充足	比较充足	不太充足	十分欠缺	不太清楚
统计（份数）	120	156	24	9	291
加权计算值	60.05				
指标得分（分）	1.80				

5.2.2.2　执法财政支出的合理性

执法财政支出的合理性主要描述的是财政的支出情况，即考察知识产权行政执法活动中财政经费的支出是否合理、合法、合乎比例。如果说上述"执法活动的财政保障度"侧重的是执法经费充不充足，即下拨的经费够不够用，那么"执法财政支出的合理性"则着重于执法经费用得合不合理，即有没有用在该用的地方以及有无出现超支的现象。因此本部分将从两个角度进行分析：一是通过知识产权专项经费占地区财政支出的比例，来说明知识产权行政执法经费在整个财政活动中的地位和受重视程度，进而说明财政支出有没有用在行政执法这一刀刃处；二是通过对知识产权局每年的"知识产权事务"的财政支出预算和支出决算进行对比，看是否存在决算超出预算的现象，进而判断知识产权执法财政支出的合法性。由于全国知识产权局系统每年的预算和决算情况比较难统计，故此处化繁为简，只以国家知识产权局2011—2013年6年的财政预决算数据为例说明（见图5-8）。

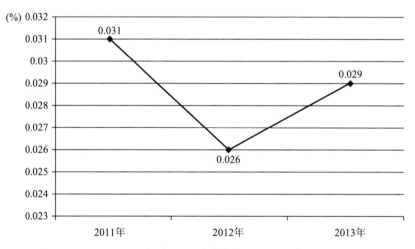

图5-8　2011—2013年我国31个省省市两级知识产权局知识产权专项经费占地方财政预算支出比例①

① 财政预算支出数据来自国家统计局官网，http：//data. stats. gov. cn/workspace/in-dex？a = q&type = global&dbcode = hgnd&m = hgnd&dimension = zb&code = A08050101&region = 000000&time = 2012，最后访问日期，2015年5月15日。课题组采用的是"地方财政一般预算支出"这一项数据，其中：2011年为92733.68亿元，2012年为107188.34亿元。由于下一年度的财政预算一般上一年度的年底开展，所以，知识产权工作专项经费占地区财政支出比例 = 当年知识产权局可支配工作专项经费（统计地级市及以上知识产权局）/上一年地区财政一般预算支出。

　　图 5-8 描述的是从 2011 年到 2013 年全国 31 个省的省市两级知识产权局知识产权专项经费占当年地方财政预算支出总额的比例情况，由此可以看出知识产权的财政投入在整个地方政府的财政投入中所占的份额，从而反映出知识产权行政执法活动的受重视程度。据图 5-8 可知，2011—2013 年这三年间知识产权专项经费所占的比例均很低，2011 年为 0.031%，2012 年为 0.026%，2013 年为 0.029%，甚至都没有达到 0.1 个百分点，而且随着年份的推进，该比重并没有一直处于上升趋势，而是先降后升，最终 2013 年的比重仍然低于 2011 年。结合图 5-8，我们可以得知，尽管知识产权专项经费每年都在增加，一定程度上说明政府对知识产权的投入越来越大，但相对于地方财政的其他项目支出，知识产权执法仍然没有受到应有的经费支持和财政保障。从长远而言，这对于知识产权行政保护的加强是不利的，因为知识产权专项经费尤其是执法经费的缺乏会直接影响执法活动的开展，不论是执法人员的工作、执法条件的改善甚至执法机构的运转都受制于资金和经费的及时、足额拨付。目前财政部立项的全国专利执法专项经费，对于推动执法工作的开展起到了积极作用，但远不能满足执法工作的需要。因此，这一数据说明，地方财政在知识产权行政执法的支出上存在不合理的情况，即支出过少，很难保证执法活动的效率和质量。

　　图 5-9 是从 2008 年到 2013 年知识产权事务财政拨款支出的预算和决算对比，该图反映从 2008—2013 年这 6 个年度，除了 2009 年，每一年都存在知识产权事务财政拨款支出的决算超出预算的现象，并且超出的差额一直在拉大，虽然其中有不可避免的估算因素在内，实际中不可能保证财政预算与决算完全一致。国家知识产权局对这一问

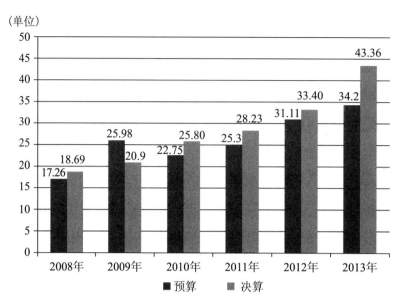

(单位)

图5-9 2008—2013年国家知识产权局知识产权事务财政预算与决算对比①

题的解释也具有一定的合理性，但预算和决算几乎每一年都出现如此差距，不得不引人深思。这说明财政拨款支出可能存在两方面问题。一是在预算制定环节的问题。在预算法治发达的国家，都特别重视预算编制环节，一般情况下，预算编制要提前三个月到半年的时间就启动，要经过公开征求意见、专家论证、议会提前介入审查、听证等多个环节。在这一过程中，为了使预算编制更贴合实际，减少并避免在执行过程中大幅度调整编制的可能，往往会要求相关人员在出现不同意见、不同观点时进行反复沟通。目前，我国的很多单位在编制预算时，不仅不愿意公开征求意见，也很少进行反复地听证、论证，知识产权局系统也不例外，这必然为决算偏离预算留下隐患。二是预算执行环节的问题。这是最能检验知识产权行政执法合理性的一个阶段。

① 数据来自国家知识产权局官网，http：//211.157.104.86：8080/ogic/view/index.jhtml，2015年6月1日最后访问。

以预算合理为前提，预算制定后，知识产权行政机关如果不严格按照预算列支的事项开展相关执法活动，出现过度投入的情形就极易导致最终的决算超过当初的预算。图 5 - 9 反映的正是这一情况，说明我国知识产权行政机关在利用财政拨款进行执法活动时，没有严格按照预算开支进行，如果这种现象不尽快纠正，长此以往在某种程度上会给国家财政造成负累。

对于"执法财政支出的合理性"这一指标的评价，课题组在湖南省内发放了 600 份调查问卷，设置问题为："您认为近年来知识产权行政执法机构的经费支出是否合理？"从结果反馈来看，认为"十分合理"的有 135 份，认为"比较合理"的有 170 份，认为"不太合理"的有 19 份，认为"极不合理"有 25 份，认为"不太清楚"的有 251 份。加权计算值为 58.78，所占权重为 2 分（2%），因此指标得分为 1.18 分（见表 5 - 8）。

表 5 - 8　　　　　　行政执法财政支出合理性的评价统计

执法财政支出的合理性	十分合理	比较合理	不太合理	极不合理	不太清楚
统计（份）	135	170	19	25	251
加权计算值	58.78				
指标得分（分）	1.18				

5.2.2.3　执法财政投入的有效性

执法财政投入的有效性，与上述两个指标相比，其侧重于描述财政投入的最终效果，即执法活动中的经费投入是否达到应有的成效。本部分设置以下两个方面的分析指标：一是通过年执法案件结案量与执法财政支出的比率，反映行政执法财力投入的经济效益性，即反映财政投入对知识产权行政执法案件的处理有多大的贡献价值；二是通过年执法满意度与执法财政支出的比率，反映行政执法财力投入的社会效益性，即分析财政投入与知识产权行政执法改善之间的关系。

从图 5 - 10 反映的情况来看，从 2011—2013 年，首先，随着行政执法经费投入的增加，行政执法案件的结案量也在上升，说明行政执法的经费投入与执法案件的处理量之间呈正相关关系。其次，虽然行政执法经费增长的速度比较缓慢，但行政执法案件的结案量增长速度非常快。这也说明行政执法案件的处理还受非经费投入因素的影响，但政府在安排行政执法经费时，如果追求行政执法案件结案量的提

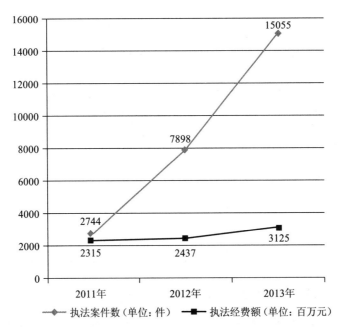

图 5 - 10　知识产权行政执法案件结案量与知识产权专项经费额对比①

① 为了方便图形上的比较，本部分对知识产权专项经费进行了特殊处理，在上述基础上同时将数据放大了 100 倍，即 23.15 处理为 2315，24.37 处理为 2437，31.25 处理为 3125，因而原先的亿元为单位转化为以百万元为单位。

升，那么增加相应的行政执法财政投入也会是较能见效的举措。最后，行政执法经费额与行政执法案件结案量两者之间的趋势线越往后差距越大，即从 2011—2013 年，在相同的执法经费下，能够处理的行政执法案件越来越多。这说明我国的行政执法财政投入收到了一定的成效。这种成效可能源于行政执法人员素质的提高或行政执法条件的改善，而这一切都依赖于行政执法经费的投入来予以保障。

　　图 5 - 11 中，课题组选取了《2013 年度知识产权保护社会满意度调查报告》中的数据作为参考，2012 年和 2013 年全国总体的知识产权保护满意度是上升的，四项指标中唯独"执法"这一项指标处于下降趋势。其中的"执法"这一项指标包括了行政和司法管理情况、行政执法、司法保护、行政执法与刑事司法衔接情况、执法效果这几项，2012 年的得分为 59.16 分，2013 年的得分为 58.45 分。尽管行政执法的满意度得分没有单列出来，但根据调查结果分析，受访各界对执法工作不满意，主要是对执法效果、行政执法和司法保护三项二级指标不满意，三者均在及格线以下，特别是执法效果满意度低至 50.39 分。与 2012 年相比，行政和司法管理情况、行政执法、执法效果进一步下降。结合图 5 - 11，我们可知 2012 年到 2013 年，虽然知识产权专项经费投入有所增加，但行政执法的社会满意度并没有因此提高，而是有所下降。这其中的原因，课题组推测：一是可能由于社会公众随着知识产权保护意识的提高，对行政执法的期望值也越来越高，所以该项指标的满意度不增反减；二是可能说明一个问题，即尽管知识产权专项经费的投入在增长，但社会公众对此感受并不强烈，该专项经费的使用在改善执法环境以及提高公众福利方面并不明显。这也是有关部门今后需要努力的方向。

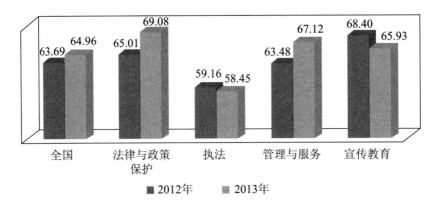

图 5 - 11   2012 年和 2013 年知识产权保护社会满意度得分情况（单位分）①

对于"执法财政投入的有效性"这一指标的评价，课题组在湖南省内发放了 600 份调查问卷，设置问题为："您认为近年来国家财政对知识产权行政执法机构的投入效果如何？"从结果反馈来看，认为"效果理想"的有 185 份，认为"效果良好"的有 113 份，认为"效果较差"的有 60 份，认为"效果极差"有 16 份，认为"不太清楚"的有 226 份。加权计算值为 59. 97，所占权重为 2 分（2%），因此指标得分为 1. 20 分（见表 5 - 9）。

表 5 - 9   **行政执法财政投入有效性的评价统计**

执法财政投入的有效性	效果理想	效果良好	效果较差	效果极差	不太清楚
统计（份）	185	113	60	16	226
加权计算值	59. 97				
指标得分（分）	1. 20				

---

① 图 5 - 11 来自《2013 年度知识产权保护社会满意度调查报告》，中国专利保护协会、中国商标协会、中国版权协会、北京美兰德信息公司编制，2014 年 2 月发布。

5.2.3　机构投入

5.2.3.1　执法机构设置的合理性

执法机构设置的合理性描述的是执法机构的设置情况，主要通过考察专利、商标、版权等执法机构的数量、分布、层级以及隶属关系等量化的指标来反映知识产权行政保护在机构投入上的绩效状况。本部分将从以下两个角度进行绩效分析：一是通过执法机构的数量变化以及地区设置的差异，来揭示国家政府在执法机构健全中投入的力度大小和倾斜性；二是通过对执法机构地位的现状进行描述，即对其性质、关系和级别的细化分析，反映国家对知识产权行政执法机构设置的重视程度。知识产权执法机构的范围涵盖了专利、商标、版权和其他类型知识产权执法机构在内，要统计全国所有知识产权执法机构的数量相当于进行一次全国行政机构设置普查，显然不太实际也没有必要。故课题组仅以专利行政执法机构即知识产权局为分析样本，借此管窥整个知识产权执法机构的设置和分布情况。

由表 5 – 10 可知，截至 2012 年，我国 333 个地级行政区中，已经有 298 个设立了知识产权局，占 89% 的比重。这一比例从侧面反映出我国在知识产权行政执法机构建设方面的重视和投入，也说明目前我国的知识产权地级行政执法体制基本完善，执法的广度和力度得到了进一步的拓展和提高。同时从表 5 – 10 我们也可以发现一个重要的信息，即从东部到中部再到西部，设有知识产权局的地级行政区占所有地级行政区的比重呈明显递减趋势，这与我国东中西部三个区域的经济发展水平和知识产权发达情况是保持一致的。众所周知，知识产权的管理与保护离不开经济基础的支撑，同时知识产权产业的发达和保护水平的完善也可以促进经济发展水平的提高，这是相得益彰的，所以，表5－10也间接体现了经济发展水平和知识产权保护状况的关系。在肯定我国知识产权行政机构建设取得良好成就的同时，表5－10反映出来的一些问题也不得不引起我们的关注。在西部地区，设立知识产权局的地级行政区占总数的82%，这一比例与中部地区的91%和东部地区的97%相差都比较大，说明西部地区在知识产权行政管理和行政执法方面仍然相对落后。例如，青海省所有地级行政区都未设立知识产权局，西藏自治区仅在日喀则地区和那曲地区设立了知识产权局。

表5－10　2012年我国地级知识产权行政执法机构数量区域对比情况①

区域	所含地级行政区数目	专设知识产权局的地级行政区数目	专设知识产权局的地级行政区所占比重
东部	98 个	95 个	97%
中部	105 个	96 个	91%
西部	130 个	107 个	82%
全国	333 个	298 个	89%

以上情况只能反映到2012年，根据课题组另行统计的数据表明，到2012为止我国34个行政区域内已全部成立起独立或相对独立的省市两级知识产权行政执法机构，省、自治区、直辖市下辖的334个地级市，除2012年6月新建立的海南省三沙市外，均设立了地（市）级知识产权局机构，个别县级行政区划内也已经设立或正在筹划设立

---

① 表格来自冯晓青知识产权网，http：//www.fengxiaoqingip.com/lunwen/20120701/8863.html，最后访问时间2014年4月24日。

专门的知识产权执法机关。

从地方层面分析，源于各地经济发展水平和行政编制上的原因，各地知识产权行政管理机构的建设情况相差悬殊。东部地区的广东省、山东省、北京市、上海市等省市的基层知识产权行政执法机构建设相对突出，所有县（市、区）均成立知识产权局。中部地区以湖南省为例，2008—2011 年，知识产权局的数量一直稳定在 15 个，即 1 个省级知识产权局和 14 个地（市）级知识产权局，覆盖了全省各个地级市。2012 年 1 月 1 日《湖南省专利条例》施行后，专利行政执法机构的设置扩充到县一级，目前，全省 123 个县（市、区）中设立了专利行政管理部门的有 110 个，其中 85 个县（县级市、区）设立了知识产权局。[①] 至于商标和版权行政管理机构，近年来一直保持稳定的数量，分别为 137 个和 123 个。湖南省省级知识产权行政管理和执法工作体系建设在全国各省中相对处于中等位置，与经济发达地区相比还有一定的差距。再看西部的贵州省，市一级知识产权执法机构除贵阳市独立设置外，其他市（州）均加挂在其他部门；县（县级市、区）尚有部分处于无机构、无人员、无经费的状态。同时，由于现行法律、地方性法规或者部门规章对区县一级的专利执法工作没有明确授权，基层执法机构建设明显不足。区县一级一般没有专门的知识产权执法机构、执法人员和执法经费，只能进行一般知识产权管理工作，不利于地方专利管理部门开展专利保护工作。在部分经济发达的省份，日益增长的知识产权保护需求和执法能力的缺失已构成突出矛盾，亟待解决。

根据表 5 - 11 和表 5 - 12 可知，我国知识产权行政主管机关的

---

　　① 该部分湖南省的数据均来自《地方知识产权战略实施试评估工作分报告——湖南篇》，国家知识产权局保护协调司编制，2013 年 1 月。

性质分为两种，一种是行政部门，另一种是事业单位。2009年，全国32个省级知识产权局中，19个为行政编制，13个为事业编制，其中属于政府行政部门的占到59.38%，说明我国的知识产权行政执法机构大多属于行政编制。在隶属关系上，有10个为政府直属机构，6个为政府内设机构，14个为二级局，另外有2个挂牌在科技部门，即内蒙古和吉林知识产权局。其中，政府直属机构和二级局占据了大多数，意味着省级知识产权局的独立性较强，基本上实现了机构独立，只有部分为政府内设机构，还有少量挂靠在科技部门。从级别上看，现有的省级知识产权局中，知识产权局存在着正厅、副厅和正处等几种不同的级别。正厅级的有10个，其中直属政府的独立机构8个，分别为北京、天津、上海、湖南、广东、四川、贵州和陕西，科技厅挂牌知识产权局的2个，为内蒙古和吉林；副厅级的有18个，其中辽宁和云南2个省为直属机构，浙江、广西、海南3个省为内设机构，其余13个省则为二级局；正处级的有4个，其中山西、西藏和新疆生产建设兵团为内设机构，青海为二级局。目前，我国事业编制的知识产权行政机构仍占很大比例，级别也以副厅级以下的居多，县（市、区）级行政执法机构的地位有待提高。无论是财政支持，还是职权行使，作为行政机关的知识产权部门较之事业单位性质的知识产权部门有着更强的力度、更有效的执行力和更完善的制度保障；相对较高级别的知识产权部门相较于低级别的单位，其配备的行政资源、赋予的行政职权更有利于保护职能的实现。因此，我们应当进一步统一机构的编制属性，实现事业单位向政府行政部门的转变；同时优化各级管理部门的资源配置和职权分配，缩小级别差距，实现知识产权保护力量的整体提高。

表 5–11　　2009 年全国 32 个省级知识产权局机构编制情况①

序号	地区	性质	级别	隶属	序号	地区	性质	级别	隶属
1	北京	行政	正厅	直属机构	17	湖北	行政	副厅	二级局
2	天津	行政	正厅	直属机构	18	湖南	事业	正厅	直属机构
3	河北	行政	副厅	二级局	19	广东	行政	正厅	直属机构
4	山西	行政	正处	内设机构	20	广西	行政	副厅	内设机构
5	内蒙古	行政	正厅	挂牌	21	海南	行政	副厅	内设机构
6	辽宁	事业	副厅	直属机构	22	重庆	事业	副厅	二级局
7	吉林	行政	正厅	挂牌	23	四川	事业	正厅	直属机构
8	黑龙江	行政	副厅	二级局	24	贵州	行政	正厅	直属机构
9	上海	行政	正厅	直属机构	25	云南	事业	副厅	直属机构
10	江苏	行政	副厅	二级局	26	西藏	行政	正处	内设机构
11	浙江	行政	副厅	内设机构	27	陕西	行政	正厅	直属机构
12	安徽	事业	副厅	二级局	28	甘肃	事业	副厅	二级局
13	福建	事业	副厅	二级局	29	青海	事业	正处	二级局
14	江西	事业	副厅	二级局	30	宁夏	行政	副厅	二级局
15	山东	事业	副厅	二级局	31	新疆	行政	副厅	二级局
16	河南	事业	副厅	二级局	32	兵团	事业	正处	内设机构

---

① 表中数据来自"专利行政保护与地方专利管理体系建设"课题组，2010 年 6 月。

表 5 – 12　　我国 32 个省级知识产权行政执法机构性质、关系与
级别分布情况①

性质	政府行政部门	19	59.38%
	事业单位	13	40.62%
关系	政府直属机构	10	31.25%
	政府内设机构	6	18.75%
	二级局	14	43.75%
	挂牌科技部门	2	6.25%
级别	正厅级	10	31.25%
	副厅级	18	56.25%
	正处级	4	12.5%

　　对于"执法机构设置的合理性"这一评价指标，课题组在湖南省发放的 600 份调查问卷中，设置了问题"您认为现行的知识产权行政执法机构设置的合理性程度如何？"从结果反馈来看，认为"非常合理"的有 57 份，认为"比较合理"的有 153 份，认为"一般合理"的有 219 份，认为"较不合理"的有 108 份，认为"极不合理"有 63 份，加权计算值为 56.1，所占权重为 3 分（3%），因此指标得分为 1.68 分（见表 5 – 13）。

---

　　① 不包括港澳台地区，其中新疆有两个知识产权局，一个为新疆维吾尔自治区知识产权局，另一个则为新疆生产建设兵团知识产权局。

表5-13　　　　　　　　行政执法机构设置合理性的评价统计

执法机构设置的合理性	非常合理	比较合理	一般合理	较不合理	极不合理
统计(份)	57	153	219	108	63
加权计算值	56.10				
指标得分(分)	1.68				

5.2.3.2　执法设施条件的充足性

执法设施条件的充足性，描述的是执法机构的设施条件，主要考察执法设施是否充足、执法条件是否有利、执法物资是否有保障等。良好的硬件设施是知识产权行政执法工作开展的物质基础，没有相应的办公场地、仪器设备工具等必要的执法条件作保障，行政执法工作的开展很难顺利进行。本部分将从以下两个方面对该指标进行阐释：一是通过对执法所使用办公场地的情况进行描述（见图5-12），反映执法机构基础设施的建设情况，考察其能否满足执法活动开展的需求；二是通过对执法必需的硬件装备情况进行描述，反映执法机构在执法基本物资上的保障程度，考察其执法条件是否达到现实应有的标准。

图5-12描述的是我国31个省级知识产权局的执法机构办公面积的分布情况，据此可知，全国范围内基本上都实现了办公场所的独立化，只有西藏、青海、内蒙古、山西还没有设置专门的执法处室。其中，重庆市的执法机构办公面积在全国31个省份中遥遥领先，达到了150平方米，四川、河北、广东、江苏、山东、湖南、海南、云南也都在80平方米及以上。此外，除了吉林省，剩下其他省份的执法机构办公面积都实现了在40平方米及以上。从这些数据反映来看，

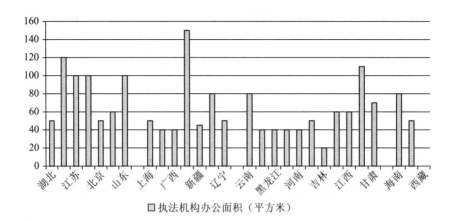

□ 执法机构办公面积（平方米）

图 5 - 12　我国 32 个省级知识产权局执法机构办公面积分布情况①

（单位：平方米）

我国知识产权行政执法机构的办公场所似乎基本处于较宽敞的状态，但单纯的办公面积数值并不能得出此结论，还得结合图 5 - 13 和图 5 - 14进行综合分析。图 5 - 14 描述的是我国 31 个省级知识产权局的执法人数分布情况，由于各省局的知识产权行政执法人数并不均等，因此必须计算出每个省的人均执法办公面积，相互之间才有比较的可能，图 5 - 14 正是对图 5 - 12 和图 5 - 13 进行比值计算得出的结果。从图 5 - 14 我们可知，我国行政执法机构的人均办公面积平均值为 12.1 平方米，即每个执法人员平均能够享受到 12.1 平方米的办公空间，总体而言，处于比较狭窄的状态。此外，在 31 个省份中，海南省和陕西省的人均办公面积最大，这主要是由于这两个省份的执法人员数量较少。东部地区的省份其人均办公面积普遍偏小，办公场所处于非常拥挤的状态，主要是由于执法人员数量过于庞大，而相应的执法机构建设没有及时跟上，可能是由于东部地区本身用地比较紧张或者政府在执法机构投入上的重视程度不够。

---

① 图表数据来自曾艺《我国专利行政保护研究》，硕士学位论文，湖南大学，2010 年。

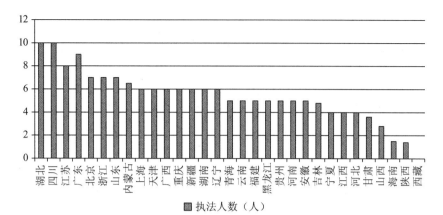

图 5 – 13　我国 32 个省级知识产权局执法人数分布情况①

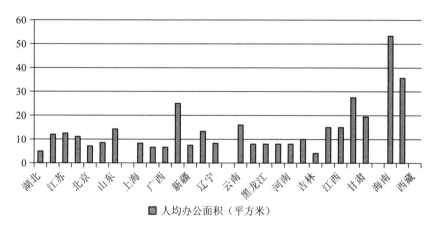

图 5 – 14　我国 32 个省级知识产权局执法机构人均办公面积分布情况②

　　图 5 – 15 描述的是 2012 年和 2013 年我国 31 个省级知识产权局的执法车辆配备情况，根据图 5 – 15 可得，2012 年我国省级知识产权局人均执法车量为 0.94 辆，不足 1 辆，有 5 个省份甚至连一辆可供执法的车辆也没有，大多数省份只配备了 1 辆专门的知识产权执法车辆，其中湖北省、重庆市、湖南省和黑龙江省配备了 2 辆。这说明执法车

---

　　①　数据来自《2012 年全国专利实力状况报告》，国家知识产权局知识产权发展研究中心编制。

　　②　计算方法为：人均办公面积 = 办公面积/执法人数，即图 5 – 14 = 图 5 – 12/图 5 – 13。

辆的整体配备情况并不理想。2013 年我国省级知识产权局人均执法车为 1.23 辆，相对于 2012 年的配备情况有所改善，其中山东省的变化最为明显，由 2012 年的没有任何执法车辆增加为 3 辆执法专用车辆，领先于全国其他省份，甘肃省和陕西省也由 0 辆增加为 2 辆，四川省、浙江省、河南省、江西省在 2013 年都达到了 2 辆。此外，理论上专用行政执法车辆很难出现减少的情况，但辽宁省、贵州省以及海南省在 2013 年均出现执法车辆不增反减的情况，贵州省和海南省甚至减为 0 辆。这可能与这三个地区执法案件较少有关，行政机关根据执法案件需要适时增减执法车辆的数量，当属情理之中的做法，但完全不配备执法专用车辆，可能导致的结果就是一旦出现紧急执法任务需要用车时，只能从其他单位借用或搭乘非专门的未贴有执法统一标识的车辆。这势必会影响执法的及时性和效率性，同时会损害行政执法的权威性和严肃性。

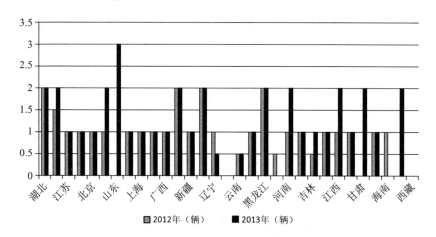

图 5 - 15　2012 年和 2013 年我国 32 个省级知识产权局
执法专用车辆配备情况①

---

① 数据来自《2012 年全国专利实力状况报告》和《2013 年全国专利实力状况报告》，国家知识产权局知识产权发展研究中心编制。按照该报告的指标计算规则，喷涂统一的执法标志的车辆计为 1 辆，其他未喷涂（如主导使用等情况）计为 0.5 辆。

对于"执法设施条件的充足性"这一评价指标，课题组在湖南省发放的 600 份调查问卷中，设置了问题"您认为知识产权行政机构现有的执法设施条件如何？"从结果反馈来看，认为"十分充足"的有 15 份，认为"比较充足"的有 126 份，认为"一般充足"的有 255 份，认为"不够充足"的有 150 份，认为"极不充足"有 54 份，加权计算值为 51.6，所占权重为 2 分（2%），因此指标得分为 1.03 分（见表 5 - 14）。

表 5 - 14　　　　　　　行政执法设施条件充足性的评价统计

执法设施条件的充足性	十分充足	比较充足	一般充足	不够充足	极不充足
统计(份)	15	126	255	150	54
加权计算值	51.60				
指标得分(分)	1.03				

5.2.3.3　执法岗位设置的科学性

执法岗位设置的科学性，描述的是执法岗位在知识产权行政执法机关内部的科室定位、人员编制和职责划分等，考察行政执法是否符合定岗、定员、定责的原则。执法机构的设置，描述的是宏观上我国知识产权行政执法机关之间的组织架构关系和数量分布情况，而执法岗位的设置是一个更微观的概念，其针对的执法机构内部的执法岗位安排情况，也是直接影响行政执法效果的一项指标。本部分拟采取以下视角进行研究：通过对知识产权行政执法机关内设机构的数量、组成以及负责行政执法职能的处室进行描述，了解我国知识产权行政执法岗位设置的整体情况以及各省各区域之间的差异性，对其科学性做出分析和评价。本部分课题组通过检索我国 31 个省级知识产权局的官方网站得到相关资料和数据，在东、中、西部各选取 4 个具有代表性的省份，其中选取东部并以此为样本分析全国的整体情况见表 5 - 15。

表 5-15　我国省级知识产权局主要内设机构数量以及行政

执法岗位所在处室分布情况

地区	省(自治区、直辖市)	内设机构数量	负责专利执法的处室
东部	北京市	10	专利执法处
	江苏省	10	专利行政执法总队
	浙江省	3	专利保护处
	广东省	6	执法与监督处
中部	湖南省	7	执法与监督处(政策法规处)
	湖北省	4	协调管理处(政策法规处)
	安徽省	6	专利管理处
	河南省	4	法律事务处
西部	陕西省	5	保护协调处
	四川省	9	法律事务处
	青海省	5	法律事务部
	新疆维吾尔自治区	4	法律事务处

根据表 5-15，我们可以发现我国知识产权行政机关内设机构和执法岗位设置的一些基本特点：其一，从内设机构的数量看，东部省份和直辖市内设机构的平均数量明显高于中部和西部地区，三个地区分别为 7.25 个、5.25 个、5.75 个，全国平均数量为 6.08 个。北京市

和江苏省的内设机构数量已经达到 10 个，说明东部地区更加注重知识产权行政机关内设机构和职能的细分化。这与其知识产权保护水平和保护理念领先于全国平均标准是直接相关的。这里需要特别说明的是浙江省，浙江省也是东部的发达省份，其知识产权行政保护的力度和水平也比较高，之所以其内设机构只有 3 个，是因为浙江省知识产权局是挂靠在省科技厅，相关处室与科技厅重叠合并，此处 3 个处室是专门针对知识产权的。从专利执法岗位和执法职能所在的处室来看，东部地区普遍建立了负责专利行政执法的独立处室，专门行使处理、调解专利纠纷，查处假冒专利行为的职能；中部地区省份差异比较大，如湖南省由执法与监督处负责，湖北省由协调管理处负责，安徽省由专利管理处负责，河南省则由法律事务处负责。这一差异不仅体现在处室名称的各样，更在于处室的职能也多样。例如，湖南省的执法与监督处除了主要负责专利执法工作，依法调处专利纠纷，查处假冒专利行为，还需要承担有关行政应诉及局机关相关法律事务以及指导知识产权预警和维权援助等，而安徽省的专利管理处则还需要负责专利的日常管理工作等。这一现象说明，在中部地区，知识产权行政执法岗位面临的职责范围更广，过杂的职能设置可能会对其行政执法职能的履行造成影响。西部地区的省级知识产权局主要由法律事务处负责专利行政执法工作，其职能之间相差不大。总体上而言，近年来随着知识产权行政机构的改革和对专利行政执法越来越重视，我国知识产权执法岗位的设置越来越优化，未来努力的方向应该：一是能够与其他处室之间保持职能的独立和紧密衔接；二是能够保证在应对行政执法案件时灵活自如，职能履行效果较理想。

对于"执法岗位设置的科学性"这一评价指标，课题组在湖南省发放的 600 份调查问卷中，设置了问题"您对知识产权行政执法机构现行的执法岗位设置如何评价?"从结果反馈来看,认为"十分科学"的有 86 份,认为"比较科学"的有 147 份,认为"不够科学"的有 139 份,认为"很不科学"的有 10 份,认为"不太清楚"的有 218 份。加权计算值为 51.18,所占权重为 2 分(2%),因此指标得分为 1.02 分(见表 5 - 16)。

表 5 – 16 　　　　行政执法岗位设置科学性的评价统计

执法岗位设置的科学性	十分科学	比较科学	不够科学	很不科学	不太清楚
统计(份)	86	147	139	10	218
加权计算值	51.18				
指标得分(分)	1.02				

5.3　知识产权司法保护投入绩效评价实证分析

5.3.1　人力投入

5.3.1.1　司法人员配备的充足性

司法人员的配备,是知识产权司法保护首要的投入要素,能有效评估知识产权司法保护所付出的成本大小。司法人员的充足性与否,直接决定了其能否发挥司法机关定纷止争的机构职能以及应对现实案件审判的合理需求,从而对司法保护的结果是否理想以及社会效果是否良好等产生影响。司法人员,理论上应该包括法官、书记员、检察官以及其他行政辅助人员等，但出于统计的可行性以及与行政执法机构的执法人员保持评价范围上的一致，司法保护实证分析部分所称的司法人员仅指人民法院的知识产权审判人员。本部分拟从以下两个角度对此指标进行说明：一是通过描述历年知识产权法官的数量，分析我国司法保护队伍的发展变化情况，从而考察国家在司法保护人员配备上的重视程度和投入力度；二是通过知识产权法官与年度知识产权案件量的对比，分析知识产权法官的数量能否适应案件审理的需求，考察国家在司法人员配备上付出的心血有没有取得相应的效果。

知识产权审判人员是实现知识产权司法保护的必要主体，知识产权司法保护水平的重要判断指标之一就是审判人员队伍的发展情况。从《2009 年中国法院知识产权司法保护状况》提供的数据来看，截至 2008 年 10 月，全国共有从事知识产权审判的法官 2126 人，这一数值历年都在增长，根据《2012 年中国法院知识产权司法保护状况》，截至 2012 年 12 月底，全国从事知识产权审判的法官已达 2759 人[①]。由图 5－16 我们可知，从 2008 年到 2012 年，仅从绝对数量上看，我国知识产权法官的人数四年内增加了 632 人，一方面说明我国日渐重视知识产权的司法保护，强调增加法官人数以壮大知识产权审判队伍；另一方面也说明，近几年来我国法院知识产权案件的工作压力越来越大，必须配备更多的司法人员才能满足案件的审判需求。

---

① 数据来自《2009 年中国法院知识产权司法保护状况》白皮书和《2012 年中国法院知识产权司法保护状况》白皮书。此处需要特别说明的是，尽管我国每年都会定期公布上一年度的知识产权司法保护状况白皮书，但从 2008 年起，只有 2009 年和 2012 年公布的白皮书中提到了具体的知识产权法官数量，只能得知 2008 年和 2012 年的数量。通过其他途径暂无法查找到 2009 年、2010 年、2011 年和 2013 年的数据，为了本课题分析的需要，此处我们采取了数据模拟的方法，即假设每一年增长的人数是一样的，以 2008 年和 2012 年的数据为依据计算每年平均递增 158 人，故而得到每一年的数据。虽然此方法可能存在不妥之处，但也是没有办法的权宜之计。

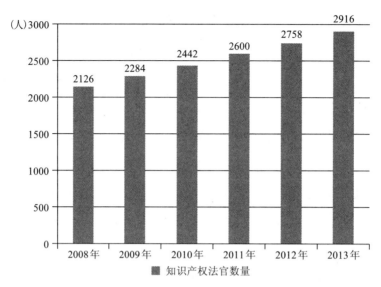

图 5-16　2008—2013 年我国知识产权法官数量变化情况

根据表 5-17①，我们可知，从 2008 年到 2013 年，一方面人民法院每年新收和审结的知识产权案件数量一直在增长，且增长的速度比较快，说明由于我国经济的发展和知识产权保护意识的增强，知识产权侵权纠纷和犯罪案件随之增加，审判压力加大；另一方面虽然知识产权法官的人数每年都有所增加，但增长幅度较小，增长的速度也明显跟不上知识产权案件数量的增长。从图 5-17 可知，我国法院知识产权法官的人均审结案件量从 2008 年起一直在增长，且增幅比较大，在 2012 年达到了 36.08 件，但在 2013 年有所下滑，主要原因在于从 2012 年起，人民法院通过充分发挥刑事审判职能，并对相关专项行动予以积极配合，有效地震慑和惩治了知识产权领域的犯罪行为，故侵犯知识产权犯罪案件在近五年来首次出现了下降趋势，且该年度整体

———————

①　数据来自历年《知识产权司法保护状况》白皮书，其中审结知识产权一审案件数量包括了民事、刑事、行政三类案件，因最高人民法院审结案件的数量信息不全，故此处只统计了全国地方法院审结案件的数量。人均处理案件量 = 审结知识产权一审案件数量/从事知识产权审判的法官人数。

的案件量增幅变小，导致人均审结案件量的减少。通过两个图表的数据分析，反映出我国知识产权审判人员负担的审判任务是比较繁重的，面临的审判压力比较大。这也说明当前我国知识产权司法人员配备的充足性还不够，知识产权法官还处于比较紧缺的状态。

表 5 - 17　　　2008—2013 年我国审结知识产权一审案件数量和
知识产权法官数量对比

年　份 数　量	2008	2009	2010	2011	2012	2013
审结知识产权一审案件数量（件）	27876	36140	48051	66175	99543	100399
从事知识产权审判的法官人数（人）	2126	2284	2442	2600	2758	2916
人均处理案件量（件）	13.11	15.82	19.68	25.45	36.09	34.43

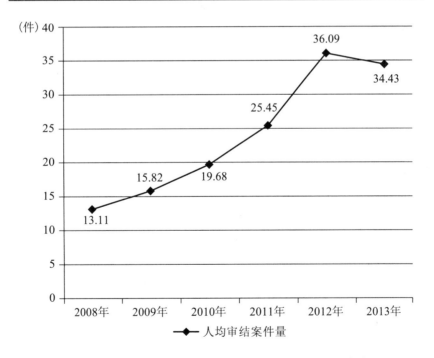

图 5 - 17　2008—2013 年我国法院知识产权法官人均审结案件量

"司法人员配备的充足性"指标属于客观数值，上述的数据分析虽然可以在一定程度反映现实情况，但为了保证主客观相统一，即检验司法活动参与主体的主观感受和客观数据反映的情况是否一致，我们有必要考察实践中司法人员自身以及相关参与人员对于司法人员投入和数量配备的主观看法如何。因此，本课题组在湖南省内发放了600份调查问卷，设置问题为："您认为在您所属的机关或参与过的知识产权案件审理中，知识产权法官的配备是否充足?"从结果反馈来看，认为"配备过剩"的有198份，认为"配备刚好"的有234份，认为"配备稍有不足"的有141份，认为"配备极度缺乏"有24份，认为"不太清楚"的有3份，加权计算值为55.30，所占权重为2分（2%），因此指标得分为1.11分（见表5-18）。

表5-18　　　　　　　　司法人员配备充足性的评价统计

司法人员配备的充足性	配备过剩	配备刚好	配备稍有不足	配备极度缺乏	不太清楚
统计（份）	198	234	141	24	3
加权计算值	55.30				
指标得分（分）	1.11				

5.3.1.2　司法人员素质的合岗性

司法人员的素质，是检验知识产权司法保护投入是否到位的另一个重要指标，知识产权审判具有很强的专业性，且涉及不同的专业领域，不仅需要具备扎实法律基础的法官，同时还需要具备计算机、机械等理工科专业背景的复合型审判人员。知识产权法官的自身素质能否与其岗位相匹配，能否达到知识产权审判的要求，直接影响知识产权司法机关的形象和司法审判的效果。该项指标描述的是知识产权审判人员的学历和技能状况，考察司法人员的素质是否与岗位相匹配、法官知识产权专业化的程度以及是否经过培训达到岗位要求。本部分主要从以下两个方面进行评价：一是通过描述全国知识产权法官的学历构成情况，以及选取三个区域具有代表性的省份，整理和描述这些省份知识产权法官的学历水平，从整体水平和区域差异方面反映我国知识产权司法人员学历状况；二是通过对历年国家开展的针对知识产权审判人员的培训活动情况进行描述，反映我国在提高司法人员素质上投入的资源大小。

根据《2012 年中国法院知识产权司法保护状况》白皮书的数据显示，截至 2012 年 12 月底，在全国从事知识产权审判的 2758 名法官中，本科学历的占 56.4%，研究生及以上学历的占 41.1%，本科以下学历占 2.5%。从这一数据来看，我国法院知识产权审判人员的学历处于较高水平，绝大多数知识产权法官都具有本科以上学历，本科以下学历的仅占很小的一部分，说明我国知识产权法官在知识水平上基本具备审判的要求。一个值得深思的现象是，1995 年《法官法》颁布时，法官任职规定的学历条件是必须达到专科以上。2001 年《法官法》修改后，法官任职的学历条件提高到本科以上。在图5－18 中，本科以下学历的法官虽然只占很小的比例，但说明仍然有本科以下学历的法官担任着知识产权法官的职位。这其中固然有 2001 年之前的老法官仍然身居审判岗位的原因，但也跟我国的转业军人就业安置政策密切相关，这一点将在后面详述，此处不细谈。在专业背景方面，根据法院系统公务员的招考条件，一般需要法学专业的本科生或研究生，所以知识产权法官一般均具有法律背景，但由于招考时一般不要求具有知识产权法专业或相关理工科专业背景，所以专门的知识产权法专业法官或既具有知识产权法专业又具有相关理工科专业背景的法官比较缺乏。

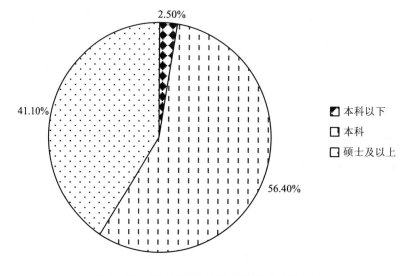

图 5 - 18　我国知识产权法官学历构成情况①

以上是全国层面的知识产权法官学历构成情况，在地方层面，课题组通过各省市发布的知识产权司法保护状况白皮书，整理出一些具有代表性省份的知识产权法官学历和专业背景情况，在此也予以阐述。广东省知识产权审判人员均为本科和以上学历，其中包括博士研究生学历 8 人、硕士研究生学历 98 人，② 占全省知识产权审判人员数量的 40.6%。浙江省知识产权审判人员全部具有大学本科以上学历，其中硕士研究生以上学历比重达到 61.98%，部分还具有物理、化工、机械、通信等专业背景。③ 安徽全省法院知识产权审判组织体系逐步健全，法官专业化水平不断提升，截至 2012 年年底，全省法院知识产权审判人员 98% 以上具有本科以上学历，39% 以上具有硕士、博士

---

① 数据来自《2012 年中国法院知识产权司法保护状况》白皮书。
② 数据来自《2012 年广东省知识产权司法保护白皮书》。
③ 数据来自《浙江省知识产权司法保护状况白皮书（2008—2012）》。

研究生学历。① 湖北省法院知识产权法官队伍的学历不断提高，截至2013 年年底，有博士后研究人员 1 名，博士研究生 7 名；同时知识产权法官队伍的知识结构不断完善，培养了一批具有法律专业和计算机、机械等理工科专业背景的复合型审判人员。② 四川省共 21 个中级法院设立了知识产权审判庭，现有审判人员 156 名，均为本科以上学历，其中硕士 85 人，博士 6 人，硕士及以上学历占比为 58.3%。③ 此外，课题组还从湖南省高级人民法院了解到，湖南省从 2008 年到2011 年，知识产权法官中拥有硕士及以上学位的比例分别为 31.2%、38.5%、42.7%、40.1%，平均值为 38.1%（见图 5 - 19）。

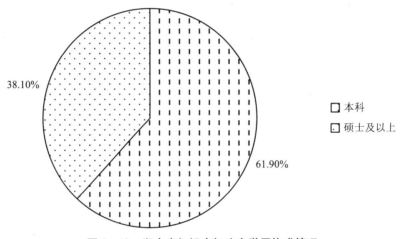

38.10%

61.90%

□ 本科
□ 硕士及以上

图 5 - 19　湖南省知识产权法官学历构成情况

在培训状况方面，知识产权审判人员的业务能力对实现案件的公正审判具有十分重要的意义，对法官的业务能力进行培训对提升法官的业务有很好的促进作用，因此，法院在法官业务培训方面的投入也

---

① 来自《安徽法院知识产权司法保护状况（2008—2012）》。

② 来自湖北法院网，http：//hubeigy. chinacourt. org/public/detail. php？ id = 24309，2015 年 4 月 16 日最后访问。

③ 来自华西都市网，http：//news. huaxi100. com/show - 111 - 456970 - 1. html，2015年 4 月 16 日最后访问。

是法院司法保护人力投入一个很重要的方面。由于对知识产权司法人员的培训涉及范围很广，同时这一指标很难进行量化的表达，所以我们决定采用定性分析法，即通过现状的描述来反映我国在知识产权审判人员素质的提升上所做的一些主要工作。在近年来的知识产权司法保护实践中，各级法院都十分重视法官业务能力的提升，通过多种途径对知识产权审判法官进行业务培训和实践锻炼，以进一步提高法官的知识产权审判能力和水平。根据课题组收集的相关资料可知，2008—2013 年，最高人民法院以多种方式，包括召开专题研讨、举办法律适用培训班等，积极推动开展了知识产权领域的审判业务交流，这对法官专业审判技能和水平的提高具有很大的促进作用。从具体列举来看，2008 年，最高人民法院主办或与其他部门联合举办的研讨会有知识产权法律适用高层研讨会、专利审判问题研讨会、知识产权司法保护国际研讨会、知识产权侵权责任问题研讨会等①。2009 年，最高人民法院举办了全国法院知识产权审判新问题研修班，培训对象是来自中基层法院的知识产权审判人员，人数达 240 余名。北京、湖南、重庆等地的高级人民法院也开展了类似的培训班。② 2010 年，最高人民法院举办了两期全国法院知识产权审判实务培训班，接受培训的知识产权法官近 200 名。③ 2011 年，来自全国各级人民法院的 230 多名知识产权审判庭庭长参加了全国首届法院知识产权审判庭庭长研讨班，该研讨班由最高人民法院与美国国际发展署、亚洲基金会联合举办。④ 2012 年，最高人民法院举办了全国法院知识产权审判实务培训班，同样来自全国各级法院的 200 余名知识产权领

---

① 引自《2008 年中国知识产权保护状况》白皮书。
② 引自《2009 年中国法院知识产权司法保护状况》白皮书。
③ 引自《2010 年中国法院知识产权司法保护状况》白皮书。
④ 引自《2011 年中国法院知识产权司法保护状况》白皮书。

域的法官接受了该培训。[①] 2013 年，最高人民法院通过国家法官学院知识产权培训课程，对各级法院知识产权法官开展了业务培训活动；选派知识产权法官参加西部巡回讲师团巡回授课活动，加强了对中西部地区法院知识产权法官的培训力度。[②]

通过对历年我国对知识产权法官开展的培训活动进行描述，我们可以得出三个结论：其一，培训的力度上，国家从 2008—2013 年，一直对知识产权审判人员的业务培训予以高度的重视，投入了大量的资源来提升知识产权法官的审判水平；其二，培训的形式上，随着每年培训活动的深入开展和经验积累，国家举办的培训形式也越来越丰富多彩，以各种形式各种专题致力于从多角度提高我国知识产权审判人员的素质和技能；其三，培训的对象上，从最开始的注重于全国整体法官水平的提升到逐渐向中西部知识产权司法保护比较落后的区域偏移，从针对知识产权整个法官队伍到针对某些在知识产权审判中发挥一定特殊作用的主体（如知识产权审判庭庭长）进行培训。上述三个方面的趋势，表明我国在提升知识产权司法人员的素质上，投入的力度是比较大的。

对于"司法人员素质的合岗性"这一指标的评价，课题组在湖南省内发放了 600 份调查问卷，设置问题为："您对近年来知识产权司法人员的素质总体上的印象如何？"从结果反馈来看，认为"素质很好"的有 150 份，认为"素质较好"的有 147 份，认为"素质一般"的有 261 份，认为"素质较差"有 30 份，认为"素质极差"的有 12 份，加权计算值为 68.10，所占权重为 2 分（2%），因此指标得分为 1.36 分（见表 5 - 19）。

---

① 引自《2012 年中国法院知识产权司法保护状况》白皮书。
② 引自《2013 年中国法院知识产权司法保护状况》白皮书。

表 5 - 19　　　　　　　司法人员素质合岗性的评价统计

司法人员素质的合岗性	素质很好	素质较好	素质一般	素质较差	素质极差
统计(份)	150	147	261	30	12
加权计算值	68.10				
指标得分(分)	1.36				

5.3.1.3　司法人员选任的科学性

司法人员选任的科学性，描述的是司法人员的选任情况，考察司法人员在任命时是否合法、合程序，是否为专业人员。本部分拟采用定性分析方法，以描述和评价我国司法人员的选任模式。

我国当前对法官、检察官的初任选拔实行"一职双考"模式，即初任法官、初任检察官既须通过国家司法考试，又须通过公务员考试方可任职。[①] 2001 年 6 月通过的《法官法》和《检察官法》修正案规定，"国家对初任法官、检察官和取得律师资格实行统一的司法考试制度"，标志着我国司法系统人才准入制度的规范化和统一化。司法考试制度从 2002 年施行至今以来，已成为社会人员进入司法系统从事审判业务的最低门槛，知识产权法官作为法院审判队伍的组成部分，毫无疑问也是遵循这样的选任规则。"一职双考"模式相比"一职单考"模式而言似乎显得更为科学，原因在于其既考察应试者是否

---

① 靳四梅、高魁：《试论我国司法考试制度的改革》，来自郑州市中级人民法院官网，http://zzfy. hncourt. org/public/detail. php? id = 146792010 - 06 - 2010 - 06 - 23，2015 年 4 月 16 日最后访问。

具备从事法官这项特殊职业的基本法律素养，又考察应试者能否达到一名国家公职人员要求的综合能力和水平。这种全方位的选拔制度保证了司法系统人才输送的高标准和高质量。

但对于知识产权初任法官的选拔上，上述"一职双考"模式也不能很好地保证其高质量法官人才的引入，原因在于知识产权案件审判最大的特点在于其具有极强的专业性，因此不仅需要司法人员具有良好的法律功底，对其专业背景也提出了较高的要求，既具有法律专业背景又具有理工科技术背景的人才无疑备受青睐。问题在于：第一，在我国文理分科的高校人才分类培养教育大背景下，既具有法律专业又具有理工科专业背景的人才并不多见，因此在复合型知识产权法官的人才储备和来源上就天生欠缺；第二，根据我国现行的公务员考试制度，一般法检系统的考试是与当年的省级公务员考试同时进行。这样就意味着每位考生只能选择其中一项考试参加，那些理工科专业的考生为了稳妥起见自然不会冒险去与法学专业的考生竞争法检系统的考试，所以，法检公务员考试的专业针对性无形中又把很多理工科人才拒之门外。因此在现行选拔体制下，要从社会招收具有多专业背景的知识产权人才作为知识产权法官预备人选是比较困难的。

国家对这一问题也开始有所重视并加大了改革力度，在制度层面，2015 年 2 月，最高人民法院制定发布了《关于全面深化人民法院改革的意见》，提出了改革法官选任制度，有针对性地为不同层级法院设置不同的法官任职条件。首先，在国家和省一级分别设立法官遴选委员会，由法官代表及社会有关人员参与，并制定公正、公开、公平的选任程序，确保法官人选符合品行良好、司法实践经验丰富、专业素质较高的标准，有效衔接法官任免机制与法官遴选机制。其次，对于出任法官，健全"统一由高级法院招录，一律在基层法院任职"的机制。改革、健全和完善法律职业职前培训制度以及预备法官训练制度。在年龄要求上，初任法官任职年龄不得过低。建立上级法院原则上从下一级法院遴选法官的机制。完善专业人才引入机制，包括在尊重其意愿的前提下将优秀学者、律师及其他专业法律人才选任为法官的制度。健全司法实践部门和法学研究机构在人员上的双向交流机制，通过互荐互聘、相互提供实习岗位等方式实现高校和法院人力资源流动。[①] 在实践层面，浙江省义乌市人民法院作为法官选任制度改革的先行者，在 2010 年其招聘的法院系统公务员中，根据被招录的审判人员的专业知识背景不同，将法律硕士专业毕业的研究生中具备机械电子、化学专业知识背景的人员充实到知识产权审判庭专利案件审判队伍中。江苏法院却另辟蹊径走上了不同的模式，针对知识产权审判力量不足的情况：首先鼓励具备理工科专业背景的法官参加专利代理人考试，然后再从通过全国专利代理人考试的法官中选取。

对于"司法人员选任的科学性"这一评价指标，课题组在湖南省发放的 600 份调查问卷中，设置了问题"您认为人民法院现行的知识产权法官选任机制是否科学？"从结果反馈来看，认为"十分科学"的有 78 份，认为"比较科学"的有 145 份，认为"不太科学"的有 41 份，认为"很不科学"的有 27 份，认为"不太清楚"有 309 份。加权计算值为 53.83，所占权重为 2 分（2%），因此指标得分为 1.08 分（见表 5 - 20）。

---

① 2015 年 2 月 26 日最高人民法院发布《关于全面深化人民法院改革的意见》（法发〔2015〕3 号），参见其关于"改革法官选任制度"的规定。

表 5 - 20　　　　　　司法人员选任科学性的评价统计

司法人员选任的科学性	十分科学	比较科学	不太科学	很不科学	不太清楚
统计(份)	78	145	41	27	309
加权计算值	53.83				
指标得分(分)	1.08				

5.3.2　财力投入

5.3.2.1　司法活动的财政保障度

司法活动的财政保障度描述的是财政在知识产权司法审判中的投入和分配情况，考察国家财政对知识产权司法审判工作的经费支持和保障程度，以及财政拨款是否及时、足额。古语有云"兵马未动，粮草先行"，没有充足的经费保障，审判机关的运转将成无源之水、无本之木。本部分，课题组原本设想以全国法院系统的预算额历年的变化情况以及占国家整个财政总额的比重情况，描述国家近年来对司法活动的支持力度，同时以知识产权工作经费占法院工作经费的比例，反映法院系统内部对知识产权审判的重视和投入情况。但现实存在两个无法回避和解决的问题。一是全国法院系统的财政数据无法获得，课题组检索了国家财政部、统计局、审计署、最高人民法院、司法部等可能涉及司法审判经费数据的国家各部门官方网站，均无果，同时从历年的最高人民法院工作报告、地方法院工作报告、地方财政预决算报告中，均查找不到与司法财政收支相关的具体数据。二是课题组最终在中国知网检索的相关论文和调研报告中获得了部分相关数据，但这些数据要么是年代久远，不具有参考性；要么是只有一年的数据，不具有概率性；要么是只是针对部分省市，不具有代表性；要么是描述整个法院系统的经费状况，没有对知识产权审判单列收支明细，不具有针对性。但财政确实是知识产权司法保护中必不可少的一项投入，为了尽力对该项指标进行说明，课题组采用了变通的处理方法，即对于第一个问题，根据整合收集的调研报告，选取尽可能多的省份并且保证选取的省份具有地域代表性，来反映全国整体的财政投入情况；对于第二个问题，虽然没有具体的关于知识产权司法保护财政投入的数据，但通过整个法院司法活动的财政投入情况，再根据知识产权案件量占整个法院案件量的比例，可以大致推算出知识产权审判的财政保障情况。

根据表 5-21，我们可知，2009 年相比于 2008 年，法院财政收入总额增加了 65.31 亿元，增长了 16.23%，增长幅度较大。其中，三项主要的财政收入来源为同级财政投入、中央财政转移支付和省级财政配套资金，均有所增长，增幅分别为 6.4%、53.46% 和 138%；省级财政配套资金的增幅最大，中央财政转移支付其次，同级财政增幅最小。上述情况说明国家财政近年来对司法机关的投入一直在增加，尤其是来自省级财政和中央财政的财政投入越来越大，说明中央政府和省级政府对地方法院的财政给予了很高的重视和支持力度，使得法院经费保障水平得到明显提高，从而说明 2009 年中央政府实行政法经费保障体制改革落实到位取得了初步的成效。

表 5 - 21　　2008—2009 年全国法院财政收入总额和具体来源情况①

单位:亿元

来源 年份	收入总额	同级财政 投入	中央财政 转移支付	省级财政 配套资金
2008 年	402.46	339.02	52	11.44
2009 年	467.77	360.72	79.8	27.25

　　根据图 5 - 20 全国法院财政收入各项来源所占收入总额的比重,我们可知,同级财政投入始终是各级法院收入的主要来源,占了绝大部分比例,其次是中央财政转移支付,再次是省级配套资金。从 2008 年到 2009 年,同级财政投入所占的比重有所下降,中央财政转移支付和省级配套资金所占的比例均上升,说明自中央实行政法经费保障体制改革后,各级法院为保障经费的充足积极向中央和省级财政争取支持,并取得了一定的成效。以中央财政转移支付为例,根据《全国法院经费保障体制改革情况调研报告》显示:财政部 2010 年下达全国法院的中央政法转移资金又增加到 85.8 亿元,连续两年,法院系统人均分配中央专项资金都位居政法部门首位,已达到 2.68 万元/人,对全国法院经费保障水平的提高起到了关键作用。

---

　　①　数据来自唐虎梅、郭丰、李军《全国法院经费保障体制改革情况调研报告》,《人民司法》2011 年第 17 期。

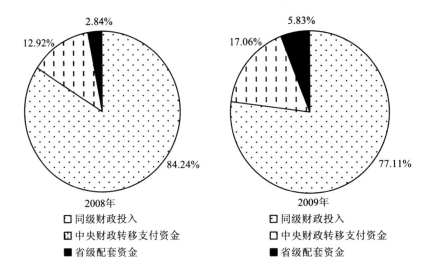

2008年
□ 同级财政投入
⊞ 中央财政转移支付资金
■ 省级配套资金

2009年
□ 同级财政投入
□ 中央财政转移支付资金
■ 省级配套资金

图5-20 2008—2009年全国法院财政收入各项来源所占总额的比重

根据表5-22和表5-23，我们可知，2009年与2008年相比，全国法院知识产权审判庭的财政收入增加了0.72亿元，增长了39.78%，增幅比较大，说明国家财政对于知识产权审判工作的投入一直在增加，且超过了全国法院财政投入的增长水平。其中，同级财政投入增加27.45%，中央财政转移支付增加86.96%，省级财政配套资金增加200%，说明省级财政和中央财政转移支付对于知识产权审判的重视程度和投入力度明显增大，也说明国家财政越来越关注知识产权司法保护。

表5-22　　　　知识产权一审案件与全国一审案件结案量对比

年份 \ 数量	知识产权一审案件审结量	全国一审案件审结量	所占比率
2008年	27876件	6258400件	0.45%
2009年	36140件	6684436件	0.54%

表 5 - 23　2008—2009 年全国法院知识产权审判庭财政收入总额和
具体来源情况①　　　　　　　　　　　　单位:亿元

年份＼来源	收入总额	同级财政投入	中央财政转移支付	省级财政配套资金
2008 年	1.81	1.53	0.23	0.05
2009 年	2.53	1.95	0.43	0.15

根据图 5 - 21，我们可知，同级的财政投入是法院知识产权审判经费的主要来源，所占的分量很大，中央财政转移支付和省级配套资金还是其次。从 2008 年到 2009 年，同级财政投入的资金所占比例在下降，其他两项比例均上升，说明中央财政和省级财政对法院知识产权审判工作经费的投入，在整个知识产权审判经费中越来越重要，也说明知识产权审判的财政投入来源越来越广，不再单一地依赖于地方财政的支持。这对加强知识产权的司法保护力度和发挥司法审判在知识产权保护中的作用大有裨益。

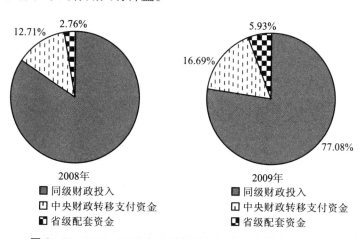

图 5 - 21　2008—2009 年全国法院知识产权审判庭财政收入
各项来源所占总额的比重

① 表 5 - 23 为数据模拟的结果，即根据表 5 - 20 和图 5 - 20，按照 2008 年和 2009 年全国法院财政收入总额分别乘以知识产权一审案件审结量与全国一审案件审结量的比率所得。

对于"司法活动的财政保障度"这一指标的评价，课题组在湖南省内发放了 600 份调查问卷，设置问题为："您认为近年来人民法院知识产权审判经费的保障程度如何？"从结果反馈来看，认为"保障非常充足"的有 109 份，认为"保障比较充足"的有 144 份，认为"保障不太充足"的有 38 份，认为"保障十分欠缺"有 10 份，认为"不太清楚"的有 299 份。加权计算值为 58.39，所占权重为 3 分（3%），因此指标得分为 1.75 分（见表 5 - 24）。

表 5 - 24　　　　　　　　　司法活动财政保障度的评价统计

司法活动的 财政保障度	非常充足	比较充足	不太充足	十分欠缺	不太清楚
统计（份）	109	144	38	10	299
加权计算值	58.39				
指标得分（分）	1.75				

5.3.2.2　司法财政体制的科学性

司法财政体制的科学性，描述的是财政的体制情况，考察司法财政投入应该源于中央直接拨付还是地方财政，以及财政投入机制对司法独立的影响。本部分由于主要研究的是我国司法机关的财政保障体制，并不需要涉及太多数据，所以课题组仍采用定性分析方法进行。

首先有必要对我国的司法财政体制进行介绍。从改革开放到 2009 年之前，我国法院的财政来源主要有两个渠道：一是地方财政拨款，由地方政府按照其财政预算额拨付给同级法院；二是法院的收费，即法院在司法审判过程中向当事人收取的各种费用，其中以民商事诉讼费占据绝大比例。这样的财政来源带来的结果是，由于法院的财政收入主要来源于同级地方政府，不是由中央统一预算拨付，而全国各地区的经济发展情况不一，地方财政状况也不同，故而导致法院享受到的财政投入也是不一样的：一些富裕的地区其法院经费也充足；而在一些财政状况不佳的地区，法院的司法经费经常是"入不敷出"，法院为了弥补自身的经费缺口、保障财政的收支均衡，在地方政府财政无法出力解决此问题时，只能寄望于高额的诉讼收费。长期在这种财政体制下，导致的后果就是，一是法院由于财政受制于地方政府，故而在审判案件时也无法真正做到司法独立，从而出现"司法地方保护主义"现象；二是由于我国司法领域存在的特殊的诉讼费用返还现象，即法院收缴的诉讼费上缴地方财政后，地方财政一般会等额或高额再返还法院以用作其日常支出经费，法院为了争取尽可能多的返还费用，往往向当事人收取不合理的高额诉讼费用，造成"滥收费"现象，甚至采取不择手段的方式向当事人索取资源或进行不正当交易，极大地违背法院自身的原则和理念，损害其公正形象。21 世纪后，尤其是在 2007 年施行《诉讼费用交纳办法》后，法院收取的诉讼费用大大减少，法院经费短缺问题更加突出，成为阻碍我国司法审判质量提高的重要因素。国家对这一问题越来越重视，中央于 2009 年进行了政法经费保障体制改革，将政法经费保障体制从原来的"分级管理、分级负担"改革为"明确责任、分类负担、收支脱钩、全额保障"，实行了分项目、分区域、分部门的政法经费分类保障政策。改革后的司法财政体制严格遵守"收支两条线"，同时来自中央财政的专项转移支付和省内诉讼费用统筹的引入使得法院在经费的来源上更加丰富多样，一定程度上缓解了法院经费紧缺的现象，同时减少了法院因财政被地方政府"绑架"的现象。

以湖北省法院为例，目前法院经费的主要来源有六项：一是同级地方财政的预算拨付；二是中央财政转移支付；三是国债投资基金；四是中央补助人民法院办案专款；五是中央补助死刑二审开庭专用装备经费；六是省级财政转移支付。[1] 实行新的经费保障体制后，人民法院办案的经费需求基本得到了满足，办案效率和办案质量也有了提升、整体而言，我国的司法财政体制是趋于科学，但也还存在着一些问题。比如，诉讼费与法院经费保障之间"挂钩"的现象仍然存在，同时地方财政一般只保障法院基本日常支出和办案经费，对法院基础性建设和物质装备安排的资金过少，导致法院的工作环境和办案条件仍然比较差等。

对于"司法财政体制的科学性"这一评价指标，课题组在湖南省发放的 600 份调查问卷中，设置了问题"您认为目前我国法院系统的财政体制是否科学？"从结果反馈来看，认为"十分科学"的有 175 份，认为"比较科学"的有 100 份，认为"不太科学"的有 34 份，认为"很不科学"的有 65 份，认为"不太清楚"有 226 份，加权计算值为 55.59，所占权重为 2 分（2%），因此指标得分为 1.11 分（见表 5 - 25）。

表 5 - 25　　　　　司法财政体制科学性的评价统计

司法财政体制的科学性	十分科学	比较科学	不太科学	很不科学	不太清楚
统计（份）	175	100	34	65	226
加权计算值	55.59				
指标得分（分）	1.11				

---

[1]　湖北省高级人民法院课题组：《改革与完善人民法院经费保障体制的调研报告》，《人民司法》2009 年第 9 期。

5.3.2.3 司法经费收支的合理性

司法经费收支的合理性，描述的是人民法院在知识产权审判经费上其收入与支出是否均衡，侧重于研究其支出的项目、范围、额度等是否合法合理，是否符合经济原则。如果说司法活动的财政保障度考察的是国家财政在知识产权司法保护中的投入力度大小，那么司法经费收支的合理性，考察的则是已经投入的国家财政在法官系统中的使用情况如何。由此我们可以区分，究竟是国家财政投入环节还是法院使用环节导致了我国知识产权司法保护的现状，即问题是在于经费投入的不够还是在于经费使用得不合理。本部分主要从以下两个方面进行考察：一个方面是通过对全国经费收支情况主要是支出情况进行描述，从整体上分析司法机关的财政支出是否合理；另一个方面是通过将司法经费的收支情况与案件审理量进行对比，从成效角度反映我国司法经费支出是否有效。如同财力投入部分的第一个指标"司法活动的财政保障度"所示，本部分先介绍整个法院的经费收支现状，然后再采用数据模拟方法得出知识产权审判经费收支的情况。

根据表 5 - 26，我们可知，2009 年的经费支出相比 2008 年有所增加，增长了 44.56 亿元，增长幅度为 11.07%。2008 年全国法院的经费收支基本保持平衡，2009 年支出总额低于收入总额，但差距也不大，说明人民法院在经费的用度上，基本保持了计划性和适当性。具体而言，从人均支出金额、院均办案业务经费、人均办案业务经费、案均办案业务经费等四个方面来看，这四项指标在 2009 年的经费支出均增加，增幅分别为 9.23%、20.42%、15.19%、16.67%，但支出总额还是控制在了收入总额之内。这说明人民法院在对经费的使用水平上能力有所提升，同时也说明我国政法经费保障体制落实得比较到位。同时根据《人民法院经费保障体制改革情况调研报告》的数据显示：调研的 10 省市法院 2012 年比 2007 年人均支出总额增长了51.67%，人均办案业务经费和业务装备经费增长了 60.15 %。① 这说明在 2009 年之后，上述经费支出随着社会经济、法官数量、法院数量、案件数量的增长也一直在增长，相比 2007 年已经增长了 50% 以上，以适应社会动态发展的需求。

表 5 - 26　　　　　2002—2009 年全国法院经费支出状况②

年份 \ 费用	收入总额	支出总额	人均支出金额	院均办案业务经费	人均办案业务经费	案均办案业务经费
2008 年	402.46 亿元	402.47 亿元	12.78 万元	346.65 万元	3.95 万元	0.12 万元
2009 年	467.77 亿元	447.03 亿元	13.96 万元	417.44 万元	4.55 万元	0.14 万元

从表 5 - 27③ 可知，我国法院知识产权审判经费收支情况与全国法院的整体收支情况基本吻合，其中支出方面，2009 年比 2008 年增加 0.6 亿元，增长 33.15%，而全国的增长幅度为 11.07%。由此说明，国家财政在知识产权投入上的力度加大；人民法院在知识产权审判上的经费支出力度也加大，且在法院各类经费支出中所占的比重越来越大；法院内部本身对于知识产权审判工作也越来越重视，经费保障力度越来越强。从人均经费支出和案均经费支出的数

---

① 唐虎梅、李学升、杨阳、郭丰：《人民法院经费保障体制改革情况调研报告》，《人民司法》2013 年第 21 期。所调研的 10 个省（市）为：贵州、云南、上海、山西、辽宁、大连、湖南、浙江、宁波、西藏。

② 唐虎梅、郭丰、李军：《全国法院经费保障体制改革情况调研报告》，《人民司法》2011 年第 17 期。

③ 收入和支出总额的数据根据表 5 - 26 模拟所得。其中人均经费支出 = 支出总额/知识产权法官人数，案均经费支出 = 支出总额/知识产权一审案件审结量。

据变化，我们可以发现，人均经费支出出现变化主要是源于在年度知识产权支出总额增长比较大的情况下，全国知识产权法官数量的变化却不大，而案均经费支出变化不大，基本保持一致，说明我国知识产权审判经费支出的增长主要与近年来知识产权案件数量的增长密切相关。由此可以推测知识产权经费支出也主要用于案件的审理。这是比较正常的现象，说明法院知识产权经费支出总体上是较为合理的。同时 2008 年和 2009 年的知识产权人均经费支出与案均经费支出，都高于全国的平均水平。由此说明知识产权审判工作始终在法院各项经费支出活动中占据重要地位，且这种地位一直在巩固并呈现强化趋势。

表 5 - 27　2008—2009 年全国法院知识产权审判经费与案件审结量对比

项目 年份	收入总额	支出总额	知识产权法官人数	知识产权一审案件审结量	人均经费支出	案均经费支出
2008 年	1.81 亿元	1.81 亿元	2126 人	27876 件	8.51 万元	0.65 万元
2009 年	2.53 亿元	2.41 亿元	2284 人	36140 件	10.55 万元	0.67 万元

对于"司法经费收支的合理性"这一指标的评价，课题组在湖南省内发放了 600 份调查问卷，设置问题为："您认为近年来人民法院知识产权审判经费的收支状况是否合理？"从结果反馈来看，认为"非常合理"的有 171 份，认为"比较合理"的有 120 份，认为"基本合理"的有 40 份，认为"不太合理"有 10 份，认为"不太清楚"的有 259 份。加权计算值为 61.51，所占权重为 2 分（2%），因此指标得分为 1.23 分（见表 5 - 28）。

表 5 - 28   司法经费收支合理性的评价统计

司法经费收支的合理性	非常合理	比较合理	基本合理	不太合理	不太清楚
统计(份)	171	120	40	10	259
加权计算值	61.51				
指标得分(分)	1.23				

5.3.3 机构投入

5.3.3.1 司法机构设置的合理性

司法机构设置的合理性描述的是司法机构的设置情况,主要考察司法机构的数量、分布、层级等设置的合理性。近年来,我国在知识产权司法保护机构设置上的主要着力点即推进专门知识产权审判庭的建立,知识产权"三审合一"试点工作以及完善知识产权案件的管辖布局,因此,本部分也将从这三个角度进行绩效分析:一是通过对历年知识产权案件管辖布局的调整和具体法院分布情况进行阐述,揭示我国为优化审判机构的职能付出的努力;二是通过对知识产权审判庭的设立情况进行分析,反映我国在知识产权机构改革中所做的主要工作和取得的主要成效;三是通过描述我国历年进行知识产权"三审合一"试点法院的数量和层级分布,分析我国在"三审合一"审判机制改革中的投入情况。这三个方面其实是一脉相承的关系。首先,管辖是基础,只有具有知识产权案件管辖权的人民法院才具有设立知识产权审判庭的资格。其次,知识产权审判庭是"知识产权三审合一"试点工作的前提和载体,即一般法院只有在设立独立的知识产权审判庭之后才具有进行知识产权案件"三审合一"试点的可能,因此本部分先介绍知识产权案件管辖的情况,再描述知识产权审判庭的建设情况。最后,分析知识产权"三审合一"试点法院的情况。

在管辖方面，根据《最高人民法院关于审理专利纠纷案件适用法律问题的若干规定》，其一，专利纠纷一审案件由各省级人民政府所在地中级人民法院和最高人民法院指定的中级人民法院管辖。其二，商标民事纠纷一审案件，管辖法院为中级以上人民法院；各高级人民法院经最高人民法院批准可以根据本辖区实际情况，在较大城市确定 1 个或 2 个基层人民法院来受理一审商标民事纠纷案件。其三，中级以上人民法院对著作权民事纠纷案件享有管辖权；各高级人民法院可以根据本辖区实际情况确定若干基层人民法院管辖一审著作权民事纠纷案件。可见，我国主要类型的知识产权侵权案件大体上由中级以上人民法院管辖，在少数情况下，经最高人民法院指定或批准，可以由基层人民法院受理。

近年来国家对知识产权案件管辖的布局越来越趋于合理化和科学化，从国家对知识产权案件管辖的政策即可发现：由对专利等技术类案件和驰名商标案件管辖法院数量的"严格控制"，到"开始探索"基层法院管辖部分专利案件，再到"适度集中"专利案件、驰名商标案件以及反垄断案件的管辖权，最后到"适度下放"专利案件管辖权。① 用

---

① 2009 年 5 月，最高人民法院发出《关于做好调整和完善知识产权案件管辖制度相关工作的通知》，要求地方法院在继续坚持技术类案件指定管辖制度，严格控制新增专利案件管辖权中级人民法院数量的同时，按照既方便当事人诉讼又方便法院审理原则，积极开展中、基层法院跨区管辖工作。2010 年 1 月，最高人民法院发布《关于调整地方各级人民法院管辖第一审知识产权民事案件标准的通知》和《关于印发基层人民法院管辖第一审知识产权民事案件标准的通知》，全面调整和统一明确了各级法院知识产权民事案件级别管辖标准；在严格控制技术类案件和驰名商标案件管辖权法院的同时，适当增加管辖一般知识产权案件的基层法院，鼓励中基层法院开展跨地区划片集中管辖，探索指定部分基层法院管辖部分专利案件。2011 年，在经济、科技和文化相对发达的地区，适当增加批准管辖一般知识产权案件的基层法院，鼓励中级法院和基层法院根据工作需要开展跨地区划片集中管辖。2012 年，在适度集中专利案件、驰名商标案件以及反垄断案件审理管辖权的基础上，适当增加了受理一般知识产权案件的基层法院，鼓励基层法院实行跨区域管辖，管辖法院布局更加合理。2013 年，根据专利案件不断增长的趋势，最高人民法院发布《关于修改〈最高人民法院关于审理专利纠纷案件适用法律问题的若干规定〉的决定》，适当下放专利案件管辖权，指定符合条件的基层人民法院管辖第一审专利纠纷案件；同时，集中布局专利等技术类民事案件的管辖法院，按需灵活布局驰名商标等特殊类型案件管辖法院。

词的变化背后是国家政府对知识产权案件管辖布局态度的转变，国家对专利等技术类和驰名商标认定等案件的管辖权控制一直呈现弱化趋势，不断扩充基层法院的知识产权案件管辖范围和改进管辖方式。这与我国近年来知识产权案件剧增、法院审判压力过大的社会现实情况有关，体现出国家在调整知识产权案件管辖布局上越来越切合实际需求，灵活布局管辖法院。从表5-29，我们可以明确了解具有上述所列案件类型管辖权的法院的变化情况，其中具有专利、植物新品种、驰名商标认定案件管辖权的中级法院数量一直在增加，其中专利案件管辖法院保持稳定的增长，2013年比2009年增长了16%；植物新品种和驰名商标认定案件管辖法院数量增长速度很缓慢，2013年比2009年只增加了4家法院；具有集成电路布图设计案件管辖权的中级人民法院则一直保持在46个。同时，具有一般知识产权民事案件管辖权的基层法院数量增长比较快，从2009年到2013年五年间增加了81.52%。这些数据表明国家从2009年到2013年，在知识产权案件管辖权的优化上一直投入工作，并取得了较为显著的效果。

表5-29　2009—2013年我国知识产权案件管辖法院数量历年分布情况①

年份＼数量	中　　级				基　层
	专利	植物新品种	集成电路布图设计	驰名商标认定	一般知识产权民事案件
2009年	75	41	46	41	92
2010年	76	44	46	41	101

---

① 背景为：2009年5月，最高人民法院发出《关于做好调整和完善知识产权案件管辖制度相关工作的通知》，要求地方法院在继续坚持技术类案件指定管辖制度，严格控制新增专利案件管辖权中级人民法院数量的同时，按照既方便当事人诉讼又方便法院审理原则，积极开展中、基层法院跨区管辖工作。

续　表

数量 年份	中　级				基　层
	专利	植物新 品种	集成电路 布图设计	驰名商标 认定	一般知识产 权民事案件
2011 年	82	45	46	43	119
2012 年	83	45	46	44	141
2013 年	87	45	46	45	160 + 7①

　　1993 年起，北京市高级人民法院和中级人民法院率先设立了能够专门审理知识产权案件的业务庭，1996 年 10 月，最高人民法院成立知识产权审判庭，在全国范围内，中级以上人民法院以及一些案件比较集中的基层法院也陆续设立了知识产权审判庭。截至 2008 年 10 月，相关统计显示，各地方法院单独设立的知识产权庭有 298 个，专设知识产权合议庭 84 个;② 在 2009 年，多数有知识产权民事案件管辖权的各级人民法院大多都设立了专门的知识产权审判庭;③ 2012 年，中级以上人民法院已经普遍设立知识产权审判庭，141 个具有一般知识产权民事案件管辖权的基层人民法院也全都设立了知识产权审判庭，到 2012 年 12 月底，全国各级法院设立的知识产权审判庭共有 420 个;④ 2013 年，西藏自治区在那曲、阿里、林芝、山南的四

---

　　① 2013 年具有一般知识产权案件管辖权的基层人民法院为 160 个，具有实用新型和外观设计专利纠纷案件管辖权的基层人民法院为 7 个。依据:2013 年 4 月 15 日施行的《最高人民法院关于修改〈最高人民法院关于审理专利纠纷案件适用法律问题的若干规定〉的决定》对原有第二条规定增加一款:最高人民法院根据实际情况，可以指定基层人民法院管辖第一审专利纠纷案件。对于专利民事纠纷案件数量较多同时具备专利民事纠纷案件审理能力的基层法院而言，该司法解释为其管辖此类案件提供了明确的法律依据。

　　② 截至 2009 年，全国地方普通法院共有 31 个高级人民法院、409 个中级人民法院和 3119 个基层人民法院。

　　③ 参见《2009 年中国法院知识产权司法保护状况》白皮书。

　　④ 参见《2012 年中国法院知识产权司法保护状况》白皮书。

个中级人民法院设置了专门的知识产权审判机构；福建的鼓楼、思明、晋江三个基层法院设立了知识产权审判庭；湖北在襄阳、黄冈、荆门、宜昌、黄石等中级人民法院设立了知识产权审判庭。[1] 由上面描述可以得知，近年来我国的知识产权审判改革在国家稳步有序地推动下，知识产权审判庭的数量每年都有所增长，从 2008 年的 298 个知识产权审判庭到 2012 年的 420 个，五年间增长了 122 个，增幅为 40.94%，说明国家在推动知识产权审判机构的独立化、专门化以及优化审判资源的配置方面可谓不遗余力；同时知识产权庭从中级法院的陆续设立、基层法院的开始设立到中级法院的普遍设立、具有知识产权案件管辖权的基层法院的全部设立。我国知识产权审判庭的设立随着知识产权案件管辖布局的调整优化，逐渐向各层级人民法院深入，说明国家对知识产权审判机构的重视和投入从未停歇。

从图 5-22、表 5-30 可知，2009—2013 年，我国实行知识产权"三审合一"试点的法院历年均在增加，从 2009 年的 78 个增加到 2013 年的 157 个，增长了 101.28%。其中，试点的高级法院增长比较稳定，中级法院尤其是基层法院增幅比较大，中级法院增加 79.55%，基层法院则增加 144.83%。由此可见，我国知识产权"三审合一"试点工作在中级和基层法院开展的力度较大。知识产权"三审合一"审判改革是我国知识产权司法领域的一项重要改革，其意义和影响深远，其对审判资源分配的最优化、知识产权审判的专业化、法院职能分工的明确化都起到推动作用。因此，国家在这一方面的投入始终是近些年知识产权司法保护的重心所在。

---

[1] 参见《2013 年中国法院知识产权司法保护状况》白皮书。

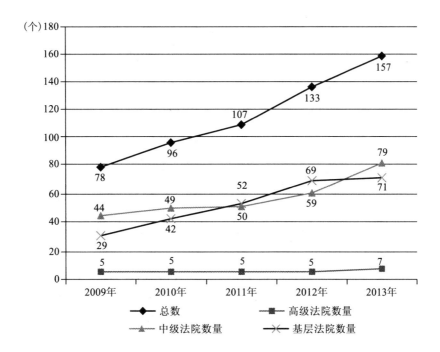

图 5 – 22　2009—2013 年我国知识产权"三审合一"试点法院历年分布情况

表 5 – 30　2009—2013 年我国知识产权"三审合一"试点法院历年分布数据

年份 ＼ 数量	高级	中级	基层	总数
2009 年	5	44	29	78
2010 年	5	49	42	96
2011 年	5	50	52	107
2012 年	5	59	69	133
2013 年	7	79	71	157

对于"司法机构设置的合理性"这一评价指标，课题组在湖南省发放的 600 份调查问卷中，设置了问题"您认为现行的知识产权审判

机构设置的合理性程度如何?"从结果反馈来看,认为"非常合理"的有87份,认为"比较合理"的有252份,认为"一般合理"的有178份,认为"较不合理"的有58份,认为"极不合理"有25份,加权计算值为65.60,所占权重为3分(3%),因此指标得分为1.97分(见表5-31)。

表5-31 司法机构设置合理性的评价统计

司法机构设置的合理性	非常合理	比较合理	一般合理	较不合理	极不合理
统计(份)	87	252	178	58	25
加权计算值	65.60				
指标得分(分)	1.97				

5.3.3.2 司法设施条件的充足性

司法设施条件的充足性,描述的是司法机构的设施条件,考察司法设施是否充足、便利,具体体现为法庭的软硬件建设情况。本部分,课题组原本试图从我国知识产权审判庭的基本庭审条件入手,对其法庭面积、办公设施、执法执勤用车配备以及法庭的信息化数字化水平等进行描述,但由于这方面的数据和资料实在有限,因此对于本部分的绩效评价只能通过定性分析和问卷调查相结合的方式进行。

近年来,国家对人民法院法庭的基础建设日益重视,2010年最高人民法院发布《人民法院法庭建设标准》,详细规定了各层级人民法院审判法庭建筑面积应该符合的指标规定。按照规定,高级人民法

院：年审理案件 2500—3500 件的，执行一类标准；年审理案件
1500—2500 件的，执行二类标准；年审理案件在 1500 件以下的，执
行三类标准。中级人民法院：年审理案件在 4000--8000 件的，执行
一类标准；年审理案件 2000—4000 件的，执行二类标准；年审理案
件在 2000 件以下的，执行三类标准。基层人民法院：年审理案件在
3000—8000 件的，执行一类标准；年审理案件 1000—3000 件的，执
行二类标准；年审理案件在 1000 件以下的，执行三类标准。① 这些标
准的出台，为人民法院规范审判场所的面积、范围提供了很好的指导
（见表 5 – 32、表 5 – 33、表 5 – 34）。

表 5 – 32　　高级人民法院审判法庭功能性用房建筑面积指标表

单位：平方米

指标项目	面积指标		
	一类	二类	三类
立案用房	630	600	570
审判用房	7780—10420	6180—8550	4420—6380
执行用房	400	320	250
审判配套用房	3310—3770	2460—2770	1430—1740
辅助用房	2260—2470	2000—2190	1570—1730
合　计	14380—17690	11560—14430	8240—10670

---

① 《人民法院法庭建设标准》（建标〔2010〕143 号），参见其第十五条、第十六条、
第十七条相关规定。

表5-33　　中级人民法院审判法庭功能性用房建筑面积指标表

单位:平方米

指标项目	面积指标		
	一类	二类	三类
立案用房	660	570	350
审判用房	9600—11900	7200—9200	4580—6270
执行用房	370	280	140
审判配套用房	3480—3940	2420—2720	1170—1480
辅助用房	1890—2070	1330—1490	810—940
合　计	16000—18940	11800—14260	7050—9180

表5-34　　基层人民法院审判法庭功能性用房建筑面积指标表

单位:平方米

指标项目	面积指标		
	一类	二类	三类
立案用房	460	350	230
审判用房	5950—6830	4530—5220	3250—3770
执行用房	280	220	110
审判配套用房	1880—2030	1420—1570	830—980
辅助用房	1010—1090	800—860	590—630
合　计	9580—10690	7320—8220	5010—5720

在装备配备方面，财政部、最高人民法院 2010 年下发《基层人民法院基本业务装备配备标准指导意见（试行）》，为提高全省法院物质装备建设水平，在操作和规范层面提供了依据。部分省级行政区已按照"统筹规划、保证重点、总体规划、分年实施"的原则，并根据资金转移支付的规模和本省法院的工作实际，编制了辖区内基层人民法院业务装备配备规划和年度实施计划。从实际调研来看，近些年，人民法院的业务装备条件已经得到明显改善。各级法院已基本实现办公自动化，网络设备和通信设备逐步装备完善，基本能够适应现代化办案需求；法庭庭审记录、录音录像、证据展示、安全检查等设备已广泛应用；法院三级专网已建成运行，目前数字化法庭建设进入实施施工阶段。总之，法院在业务装备建设方面的快速发展，有利于保障审判方式改革，能够为推进法院公平、公正、公开办案提供有力的物质保障。[①]

对于"司法设施条件的充足性"这一评价指标，课题组在湖南省发放的 600 份调查问卷中，设置了问题"您认为人民法院知识产权审判庭现有的司法设施条件如何？"从结果反馈来看，认为"十分充足"的有 117 份，认为"比较充足"的有 200 份，认为"一般充足"的有 187 份，认为"不够充足"的有 30 份，认为"极不充足"有 66 份，加权计算值为 50.13，所占权重为 2 分（2%），因此指标得分为 1.00 分（见表 5 - 35）。

---

① 唐虎梅、李学升、杨阳、郭丰：《人民法院经费保障体制改革情况调研报告》，《人民司法》2013 年第 21 期。

表 5 – 35　　　　　　　　司法设施条件充足性的评价统计

司法设施条件的充足性	十分充足	比较充足	一般充足	不够充足	极不充足
统计(份)	117	200	187	30	66
加权计算值	50.13				
指标得分(分)	1.00				

5.3.3.3　司法岗位设置的科学性

司法岗位设置的科学性，描述的是人民法院知识产权审判岗位设置的科学性，司法岗位的设置相对于上述指标"司法机构的设置"是一个更微观意义上的指标，也是对知识产权审判结构合理性、科学性以及国家对此重视程度和投入力度的一个反映。本部分主要从知识产权审判活动中各岗位的人员参与和构成情况进行分析。

近年来，我国知识产权审判活动中，司法岗位改革最引人关注的莫过于"技术调查官"的设立。从 2009 年积极引进人民陪审员参与知识产权案件审判，建立知识产权审判技术专家库，发挥专家作为人民陪审员在知识产权案件审判中的专业优势；到 2010 年全国地方部分高级人民法院探索建立和完善案件技术事实查明机制，试行专家陪审员和专家证人制度；再到 2012 年各地法院探索知识产权审判专业技术事实查明的有效方式，建立和完善司法鉴定、专家辅助人、专家陪审员等技术事实查明制度；最后到 2014 年知识产权法院的建立，并首次建立独具特色的技术调查官制度，说明我国法院对于优化知识产权审判岗位人员的设置一直在努力并取得了初步成效。技术调查官岗位的设置，在我国当前知识产权法官数量有限，普遍缺乏技术背景的形势下，对于提高知识产权案件审判的专业性，应对越来越复杂的知识产权案件显得尤为重要。

对于"司法岗位设置的科学性"这一评价指标，课题组在湖南省发放的 600 份调查问卷中，设置了问题"您对人民法院知识产权案件现行的审判岗位设置如何评价？"从结果反馈来看，认为"十分科学"的有 126 份，认为"比较科学"的有 150 份，认为"不够科学"的有 145 份，认为"很不科学"的有 9 份，认为"不太清楚"有 170 份，加权计算值为 53.28，所占权重为 2 分（2%），因此指标得分为 1.07 分（见表 5-36）。

表 5-36　　　　　　司法岗位设置科学性的评价统计

司法岗位设置的科学性	十分科学	比较科学	不够科学	很不科学	不太清楚
统计（份）	126	150	145	9	170
加权计算值	53.28				
指标得分（分）	1.07				

5.4　知识产权行政保护与司法保护投入比较分析

5.4.1　人力投入比较

5.4.1.1　人员配备比较

由于行政机关和司法机关的机构设置和人员编制不同，单纯比较两者之间人数的多少并不能反映两者在人员配备充足性上的优劣，此处采取人均处理案件量和结案率的对比方式似乎是一种更为可取的途径。通过对比两个机关的人员每年平均处理的知识产权案件量以及结案率的差异，可以反映两个机关的工作人员面临压力的大小和处理案件的效率，从而得出在现有人员的配备上何者较为充足的结论（见表5 – 37）。

表5 – 37　　　　　行政执法与司法保护人员配备充足性的比较

行政保护指标	权重	得分	司法保护指标	权重	得分
执法人员配备的充足性	2 分	1.03 分	司法人员配备的充足性	2 分	1.11 分

从表5 – 38 的对比情况来看，2012 年和2013 年，人民法院人均处理的案件量都比行政机关要高出许多，2012 年行政机关人均为7.22 件，人民法院人均为36.08 件，2013 年行政机关人均为13.6 件，人民法院人均为34.42 件。这说明在知识产权案件的处理上，人民法院每年面临的审判压力要比行政机关面临的执法压力大很多，因此也很容易认为司法机关的人员配备应该较行政机关紧张，但我们再通过结案率的对比，发现人民法院每年的结案率都比行政机关的要高。这恰恰说明司法机关现有的人员配备相比行政机关而言更为充足，基本能够应付每年的知识产权案件审判压力，同时说明司法机关的案件处理效率更高。这一结论与我们在湖南省内调研得到的评价是一致的。

表5 – 38　2012—2013 年知识产权行政与司法人均处理案件量和结案率比较

年份 / 数量	人均处理案件量		结案率	
	行政	司法	行政	司法
2012 年	7.22 件	36.08 件	88%	96.22%
2013 年	13.6 件	34.42 件	93%	99.60%

5.4.1.2　人员素质比较

在人员素质的比较上，在专业背景方面，法官本身的任职条件和法院规定的招考条件决定了知识产权法官绝大多数都具有法律专业背景，而行政执法人员的招录条件中往往对其专业没有硬性规定，其他专业的人员只要通过公务员考试即可进入执法队伍。特别是在近年来，地方上的知识产权行政机关更加倾向于招收具有理工科背景的或通过专利代理人考试的执法人员，因此理工科背景的人更有机会进入行政机关（见表 5 - 39）。故而在专业背景的比较上，我们能够得出一个比较客观的结论是：行政机关的执法人员相对于司法机关的审判人员，其具有理工科背景的可能性要大一些，而司法机关的审判人员相对于行政机关的执法人员，法律专业背景所占的比例更高些。在学历构成方面，通过以图 5 - 23 进行对比说明。

表 5 - 39　　　　　　　　行政执法与司法保护人员素质的比较

行政保护指标	权重	得分	司法保护指标	权重	得分
执法人员素质的合岗性	2 分	1.20 分	司法人员素质的合岗性	2 分	1.36 分

通过图 5 - 23，我们可以发现，具有本科、硕士及以上学历的人员在行政机关中占 80%，在司法机关则占到 97.5%，而学历为大专及以下的人员，在行政机关占到 20% 的比例，在司法机关这一比例极小，为 2.5%。因此可以得出司法机关审判人员的学历构成要比行政机关的执法人员高，在案件处理中更具有专业性这一结论。综上所述，在人员素质的比较上，司法机关略胜一筹，这与我们通过社会调查得到的社会公众的普遍感知是相吻合的。

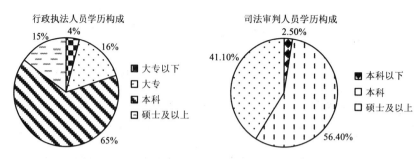

图 5 – 23　知识产权行政执法人员与司法审判人员学历构成比较

5.4.1.3　人员招选比较

行政机关执法人员的招录，我们侧重考察其招录环节是否合乎法律规定，有没有违犯法律程序；司法机关审判人员的选任，我们着重考察的是其选任机制是否科学，是否有利于选择出最合适的知识产权法官。所以，这两项指标在进行实证分析时评价的尺度并非完全一样，但相互之间还是能够做一些比较。

对于知识产权行政执法人员和司法人员的招选，行政机关与司法机关采取的是不同的机制，行政机关招录行政执法人员时，实行的是"公考＋培训"模式，而司法机关实行的是"一职双考"模式。这两种模式的差异在于：行政机关的执法人员只需要通过国家公务员或事业单位这一道公开竞争的程序，至于接下来的专利行政执法培训，原则上只需要参加就能顺利结业取得行政执法资格证；而司法机关的审判人员除了经过国家统一组织的严格控制通过率的法律职业资格考试之外，还需要再经过法检系统组织的公务员考试，这样经过两道法律素质测试筛选程序，最终进入法检系统成为法官的人员往往其专业性有所保障。虽然这两种招选方式自身都存在一定的问题，但相比较而言，司法机关人员选任比行政机关人员的招录更具科学性和合理性（见表 5 – 40）。

表 5 - 40　　　　　　行政执法人员与司法保护人员招选的比较

行政保护指标	权重	得分	司法保护指标	权重	得分
执法人员招录的合规性	2 分	1.02 分	司法人员选任的科学性	2 分	1.08 分

综上所述,根据以上三级指标得分的加总计算,行政执法人力投入的得分为 3.25,司法保护人力投入的得分为 3.55,而该两个二级指标的权重均为 7 分。可见,司法保护在人力上的投入得分要比行政执法在人力上的投入得分高 0.3。也就是说,司法保护在知识产权人力上的投入力度要比行政保护大。

5.4.2　财力投入比较

5.4.2.1　财政保障度比较

根据表 5 - 41、表 5 - 42,从财政投入的额度大小可以发现,国家每年对于知识产权行政机关的投入经费要明显高于知识产权审判机关。这说明近年来,我国对于加强知识产权行政保护特别重视,对知识产权行政执法活动的支持力度也比司法机关大。另外,根据课题组调研的数据反映,对于财政保障度的评分,行政执法机关得分为 1.80 分,司法机关得分为 1.75 分。这也说明知识产权行政执法的财政保障度要优于司法。

表 5 - 41　　　　　行政执法与司法保护财政保障度评分的比较

行政保护指标	权重	得分	司法保护指标	权重	得分
执法活动的财政保障度	3 分	1.80 分	司法活动的财政保障度	3 分	1.75 分

表 5 - 42　　　　　　2008—2013 年行政执法与司法保护财政投入

类　别	行　政			司　法	
年　份	2011	2012	2013	2008	2009
财政投入(亿元)	23.15	24.37	31.25	1.81	2.53

5.4.2.2　财政体制比较

鉴于我国行政执法机关与人民法院的财政保障体制不同，为了更好反映其各自领域的特点及存在的问题，在财力投入部分，课题组对于知识产权行政保护和司法保护选取的指标侧重点是不一样的，也就是三级指标不完全对应。对于知识产权行政执法，课题组关注的是国家财政投入的力度和效果，即国家每年拨付给行政机关的经费能否满足当前日益增长的行政执法案件量的处理需求；对于知识产权司法保护，课题组着重研究我国司法机关经费收支的合理性以及司法经费保障体制改革对人民法院知识产权审判的影响。

对于财政体制的比较，目前我国的行政机关和司法机关均是采用的"收支两条线"制度，但不同之处在于：虽然目前专利执法专项资金并没有在行政机关普遍设立，但已经有一些地方财政在做财政预算时把专利执法经费单列，国家财政部也是如此，说明行政机关在财政体制的改革上也开始予以重视并积极尝试；人民法院虽然在政法财政经费保障体制改革后，法院经费短缺现象有了明显的改善，但知识产权审判专项经费并没有在财政改革中受到重视。因此在这一点上，行政机关财政体制改革的效果在知识产权保护上体现得更为明显，故得分也更高（见表 5 - 43）。

表 5 - 43　　　　　　行政保护与司法保护财政体制的比较

行政保护指标	权重	得分	司法保护指标	权重	得分
执法财政支出的合理性	2 分	1. 18 分	司法财政体制的科学性	2 分	1. 11 分

5.4.2.3　投入效果比较

对于财政投入的效果，从知识产权行政机关和司法机关的社会满意度，可以看出两者的差异。图 5 - 24 源于《2013 年知识产权保护社会满意度调查报告》，行政执法的满意度得分为 59. 08 分，司法保护的满意度得分为 59. 13 分，说明近年来我国对于司法保护上的财政投入取得了较为良好的社会效果。其中，司法的得分高出行政 0. 05 分，说明社会公众对知识产权司法保护的评价更高一些，也说明财政对于

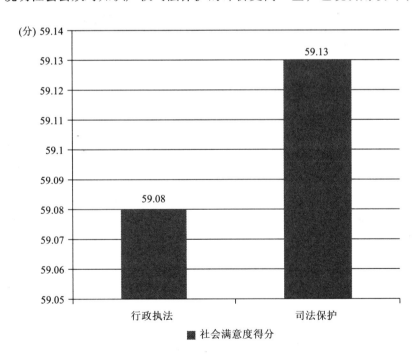

图 5 - 24　2013 年全国知识产权保护社会满意度得分情况比较

司法的投入效果更为显现。结合课题组的调查问卷统计结果，行政执法得分为 1. 20 分，司法保护得分为 1. 23 分。这与全国社会公众的满意度基本保持一致，从而证实在财政投入效果这一项指标上司法保护优于行政执法这一结论。

表 5 - 44　　　　行政执法与司法保护财政投入的效果比较

行政保护指标	权重	得分	司法保护指标	权重	得分
执法财政投入的有效性	2 分	1. 20 分	司法经费收支的合理性	2 分	1. 23 分

综上所述，根据以上三级指标得分的加总计算，行政执法财力投入的得分为 4. 18 分，司法保护财力投入的得分为 4. 09 分，而该两个二级指标的权重均为 7 分。可见，行政执法在财力上的投入得分要比司法保护在财力上的投入得分高 0. 09 分。也就是说，行政保护在知识产权财力上的投入力度要比司法保护大。

5.4.3　机构投入比较

5.4.3.1 机构设置比较

在机构设置上，知识产权的行政保护与司法保护，由于依附的保护主体自身职能和社会角色的不同，采取的是完全不同的设置模式。知识产权行政保护一般由一个单独的知识产权行政机构进行，主要依赖全国自下而上各层级的知识产权局、新闻出版局（版权局）、工商行政管理局等来进行管理和执法，其最大的特点是"多元化、多层级、一体化"。知识产权司法保护虽然也是由全国及地方各层级的人民法院进行，但由于法院受理的不仅是知识产权案件，知识产权审判庭也只是其内部庭室之一，因此相较于行政机关，司法机关的知识产权保护在人事权、财权、事权上很难做到真正独立（见表 5 – 45）。

表 5 – 45　　　　行政执法与司法机关机构设置合理性的比较

行政保护指标	权重	得分	司法保护指标	权重	得分
执法机构设置的合理性	3 分	1.68 分	司法机构设置的合理性	3 分	1.97 分

分散化的执法机构设置模式，形成了我国知识产权行政执法部门繁多、职能杂糅的局面。在大部制改革的时代背景下，知识产权行政执法体制也进行了相应的尝试与改革，并取得了一定成果。目前，全国范围内已经成立集专利、商标、版权等执法职能于一体的行政机构主要集中在东部沿海知识产权保护比较发达的地区。比如，深圳市将知识产权（专利、商标、版权）纳入大市场监管体系，集中行使行政执法权：上海浦东新区知识产权局"三合一"模式将专利、商标、版权的行政执法权统一行使；长沙市和苏州市的知识产权局都将专利和版权的行政执法权统一行使。

知识产权司法保护领域的机构创新，莫过于知识产权法院的建立。2014 年 11 月 6 日全国首家知识产权审判专业机构——北京知识产权法院挂牌，紧接着同年 12 月广州市知识产权法院和上海市知识产权法院正式成立。到目前为止，我国已经成立了 3 个专门的知识产权法院，这是我国知识产权司法保护的一个重要里程碑。

在机构设置方面，现行的行政机构与司法机构均存在一定的问题，但正在进行积极的改革和探索并取得了初步的成绩，因此很难评判两者之间孰优孰劣，也很难区分国家对哪一方更重视投入更大。结合课题组调研所取得的数据，司法机构的得分高于执法机构。可见，对于社会公众而言，由于司法机构相对主体比较单一且机构稳定，可能是更容易获得维权的途径，因此，从这一角度看，知识产权司法保护的机构设置相对更为优化。

5.4.3.2　设施条件比较

在设施条件的比较上，由于知识产权行政机关执法场所、办公面积、车辆配置、执法器具等方面的数据较易获得，所以我们有一个大致客观的描述。但司法机关几乎很难有翔实的有针对性的资料对外公布，所以只能从各种政策性文件中窥知国家在规范知识产权审判场所、改善知识产权审判条件方面所做的主要工作和取得的一些主要成绩（见表5－46）。

表5－46　　　　行政执法与司法机关设施条件充足性的比较

行政保护指标	权重	得分	司法保护指标	权重	得分
执法设施条件的充足性	2分	1.03分	司法设施条件的充足性	2分	1.00分

总体而言，在执法设施条件的改善上，知识产权行政执法机关投入的力度是比较大的，不论是在实现执法处室办公场所的独立化上，还是在增加执法专用车辆配备上，虽然还是没有达到理想中的配备效果，但总体上相对于之前已经有了比较大的改观。司法机关在优化知识产权审判庭的建设方面也正在做相应的努力，从知识产权案件实现庭审直播到数字化法庭审理所需各种设施的配备，人民法院的知识产权审判条件也在逐渐改善。

通过在湖南省调研的600份问卷结果显示来看，在执法设施条件的充足性上，行政机关得分为 1.03 分，司法机关得分为 1.00 分。虽然相差不是太大，但也可见行政机关在知识产权执法设施上投入的力度相对而言更大，改善的效果也取得了社会公众的认可。

5.4.3.3 岗位设置比较

对于岗位的设置，我国当前的知识产权局内部一般都设有处室负责专利行政执法工作并有相应的人员编制，但在执法处室的专门化、独立化，执法人员的专职化方面，东、中、西部差异明显：东部地区一般都成立了独立的执法处室，专门负责本区域的专利纠纷行政调解和侵权纠纷的处理以及查处假冒专利行为；在中西部地区，执法处有些是与其他处室合并在一起共同行使执法职能，有些则根本没有独立的执法岗位设置，只是在某些处室下设定专利行政执法职能。在司法机关，知识产权审判岗位的设置则相对而言比较理想，近年来，不仅注重引入具有理工科技术背景的专家作为人民陪审员参与知识产权案件的审理，更是首创性地建立了技术调查官制度。这对于优化庭审的人员结构，提高知识产权案件审判的专业性很有帮助。因此可以认为，在岗位设置的科学性比较上，司法机关比行政机关优势更为明显。从课题组的调研结果反馈来看，司法机关的得分高于行政机关，与我们的结论也基本符合（见表 5 - 47）。

表 5 - 47　　行政执法与司法机关岗位设置科学性的比较

行政保护指标	权重	得分	司法保护指标	权重	得分
执法岗位设置的科学性	2 分	1.02 分	司法岗位设置的科学性	2 分	1.07 分

　　综上所述，根据以上三级指标得分的加总计算，行政执法机构投入的得分为 3.73 分，司法保护机构投入的得分为 4.04 分，而该两个二级指标的权重均为 7 分，可见司法保护在机构上的投入得分要比行政执法在机构上的投入得分高 0.31 分。也就是说，司法保护在知识产权机构上的投入力度要比行政保护大。

第6章　知识产权保护过程的实证分析

6.1　知识产权保护过程绩效评价概述

过程往往是指与结果相对应的，从事物开始发生到结束之间的一段期间，它强调时间上的持续性和空间上的广延性，是事物及其矛盾存在和发展的形式。从管理学角度讲，过程是一系列已经被定义或规划好的活动，这些活动可能接受一定的条件约束，需要借助一定的资源，使某种形式的输入转变为输出。从输入到输出的期间以及其中任何一段期间都可称为过程。例如，输入是对某种资源的消耗过程，这种消耗的结果是产生并输出另一种资源，从输入到输出还会涉及对过程的控制，过程的有序进行离不开某种相应的程序或机制；机制或资源则是过程活动赖以进行的基础、手段或支撑条件，可以是开展活动的人或软硬件设备等（见图6-1）。[①]

---

① 唐任伍、O. Mejabi.：《过程管理技术》，《浙江大学学报》（工学版）2002年第3期。

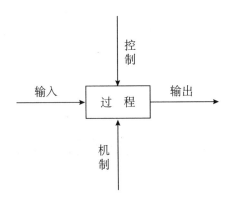

图6-1 过程的元素

如同大多数的组织一样，知识产权保护系统的构成也是基于一定的过程展开的，知识产权保护采取的一系列活动本身就是过程的反映，无论展现的活动步骤是否明显，持续时间是否较长，其都会以过程表现出来，因为过程隐含在具体的每一件事情中。对知识产权保护系统来说，从最初的资源投入到最终的成果产出，中间的过程活动起到了至关重要的作用。它清晰地反映了资源投入与产出之间的因果关系，揭示了系统内部的运作机理，体现了知识产权保护系统对资源进行整合和处理的能力。知识产权保护过程的绩效就是系统从内部或外部配置资源的过程中产生的，它受系统配置资源能力的影响。因此，对知识产权保护过程的绩效评价实质就是对知识产权保护系统运作的中间活动进行目标性的考量和评估。通过对知识产权保护的中间活动进行评估可以诊断和发现知识产权保护过程中存在的问题，进一步优化知识产权保护的活动流程，提高系统运行的质效。

过程是知识产权保护绩效评价最关键、最复杂的一环，是从知识产权保护的实施方式、程序、手段等维度进行的绩效测评。对过程绩效的评价，以往的研究中对某一组织内部流程的绩效评价，通常采用关键绩效指标法（Key Performance Indicator）。所谓关键绩效指标是通过对组织内部流程的输入端、输出端的关键参数进行设置、取样、计算、分析，衡量流程绩效的一种目标式量化管理指标。[1] 它将知识产权保护系统的总体目标进行分解，找出保护过程中最能影响保护目标实现的关键驱动因素，作为保护过程绩效评价的关键指标。关键绩效指标通过将组织或保护系统的目标转化分解为保护的过程和行动，可以监测与知识产权保护目标相关的过程运作情况，及时进行反馈。

在实证分析过程中，考虑到一些数据很难或暂时无法获得，或基于目前数据来源的权威性和科学性的考虑，在本章中我们对个别数据会采取模糊处理或模拟处理，也可能对某些指标放弃评价，仅选取那些最重要、最客观、最能反映现实的关键绩效指标进行评价，尽可能把握知识产权保护过程绩效评价的重点。本章数据来源以权威公开数据为主、自行调研数据为辅，在实证中能找到政府、行业协会等官方数据的，从其数据；在未能找到相应官方数据的，以自行调研的数据为补充。

对于知识产权保护，其首要目标是公正、高效地保护知识产权权利人的合法权益，促进社会技术进步，实现知识产权权利人与社会公共利益的平衡。而通过对知识产权保护过程中的相关因素进行分析，可以找出影响保护过程绩效目标实现的关键因素主要有以下四个：保护的程序、保护的手段、保护行为的公开、保护机制的完善。因此，课题组对知识产权行政与司法保护的过程评价将分别从上述四个因素展开。

---

① 杨洋:《服务型政府转型路径》，清华大学出版社 2009 年版，第 37 页。

6.2 知识产权行政执法过程绩效评价实证分析

6.2.1 执法程序

6.2.1.1 行政立案的便民性

对于行政立案的便民性，主要考量的因素是立案受理的及时性和当事人对行政立案顺畅的满意度，倾向的是当事人的主观评价。对于立案受理的及时性，在知识产权领域通常考察行政机关对知识产权违法举报或投诉处理是否及时，能否对当事人的请求快速反应。实践中对于知识产权违法举报投诉，目前绝大多数省、市知识产权局设立了知识产权举报投诉中心，建立了知识产权举报投诉制度，为执法部门提供诸多执法线索，有效提高了执法效率。但据调研发现，一些知识产权维权投诉机构实际工作情况并不理想，许多工作还流于形式，未能有效发挥其应有的作用。根据中国专利保护协会 2012 年的调研，发现在 456 人中有 52.2% 的人对"专利行政执法机关在专利违法举报或投诉的处理中很及时"持不太同意态度，更有 6.8% 的人直接持不同意态度，说明行政机关对案件的受理效率与社会公众需求还有差距（见图 6 - 2）。①

---

① 中国专利保护协会调研组：《专利权保护制度实施效果评价与完善研究》，2012 年10 月。

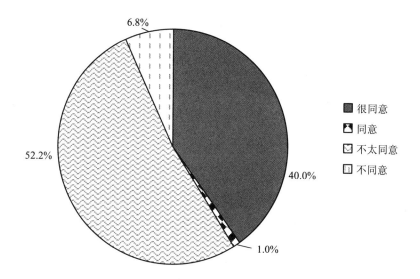

图 6 - 2 关于专利行政执法机关处理专利违法举报和

投诉很及时的同意度调查结果

对于行政立案及时性、顺畅性、便民性的满意度，根据课题组在湖南省内发放的 600 份问卷来看，认为"行政立案及时性、顺畅性、便民性很好"的有 12 份，认为"好"的有 111 份，认为"一般"的有 240 份，认为"差"的 195 份，认为"极差"的 42 份，加权计算值为 50. 20，所占权重为 2 分（2%），因此指标得分为 1. 00 分（见表 6 - 1）。

表 6 - 1 知识产权行政立案及时性、顺畅性、便民性的满意度调查统计

行政立案的及时性、顺畅性、便民性	很好	好	一般	差	极差
统计（份）	12	111	240	195	42
加权计算值	50. 20				
指标得分	1. 00				

6.2.1.2 行政救济的经济性

行政救济的经济性主要考察行政救济的成本问题。如果从当事人申请救济的角度来看，由于行政执法是知识产权主管部门积极、主动的执法行为，是公权力机关的当然义务，一般是不收取费用的。相对而言，司法保护则需要收取高昂的诉讼费，同时还需要聘请律师。如果从行政执法本身花费的成本和代价来看，主要是知识产权行政机关实施行政制裁和行政救助投入的运转经费和人员开支。

关于行政救济的经济成本，课题组未找到公开的行政执法成本投入的审计数据①。根据中国专利保护协会 2010 年的调研数据，在 96 家被调查企业中，认为"行政执法费用高"有 23 家，"低"的有 73 家；而认为"司法审判费用高"的有 87 家，"低"的有 9 家。② 可见，当事人普遍认为行政保护的成本要远低于司法保护，行政保护的低成本契合了当事人的需求，尤其是对于广大的中小企业，维权成本是其必须考虑的因素（见图 6-3）。

根据本课题组在湖南省内发放的 600 份问卷来看，认为行政执法成本低的有 264 份，认为行政执法成本一般的有 105 份，认为行政执法成本较高的有 66 份，认为行政执法成本很高的有 18 份，不清楚的有 147 份，加权计算值为 62.15，所占权重为 3 分（3%），因此指标得分为 1.86 分（见表 6-2）。

---

① 2011 年，国家知识产权局在《专利行政执法能力提升工程方案》明确提出设立"专利行政执法与维权工作专项经费"，但该经费的投入、使用、审计情况本课题组暂未获得，难以对全国范围的情况进行评价。

② 中国专利保护协会调研组：《我国专利行政执法相关问题专题调查研究报告》，2010 年 12 月。

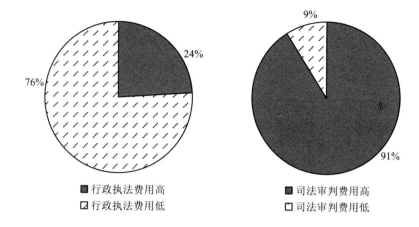

图 6-3 关于行政执法费用与司法审判费用高低的调查结果

表 6-2 知识产权行政执法成本的调查统计

行政执法成本	低	一般	较高	很高	不清楚
统计(份)	264	105	66	18	147
加权计算值	62.15				
指标得分(分)	1.86				

6.2.1.3 行政执法的效率性

要评判行政执法的效率性,可以从知识产权行政机关在行政执法过程的办事效率和处理周期来考察。与司法保护相比,知识产权行政保护的优势之一就在于其效率较高,能克服漫长的诉讼周期导致的拖延,迅速制止侵权,节约时间成本。对于案件的处理,行政机关受理案件后,在执法过程中一般会当场送达请求书副本,当场调查取证,在证据事实清楚的前提下直接做出处罚或促成当事人调解。根据国家知识产权局 2011 年实施的《专利行政执法办法》(局令第 60 号)第十九条:"管理专利工作的部门处理专利侵权纠纷,应当自立案之日起 4 个月内结案。案件特别复杂需要延长期限的，应当由管理专利工作的部门负责人批准。经批准延长的期限，最多不超过 1 个月。对于查处的假冒专利案件，应当自立案之日起 1 个月内结案。案件特别复杂需要延长期限的，应当由管理专利工作的部门负责人批准，经批准延长的期限，最多不超过 15 日。"由此可见，对于专利侵权纠纷，行政机关的处理时限最长可以为 5 个月，而对于假冒专利案件，最长的处理时限为一个半月。

实践中，行政机关执法效率普遍为两个月左右，根据中国专利保护协会 2010 年的调研，在 96 家被调查企业中，选择"专利行政执法时限为一个月"的有 20 家，占 21%；选择"执法时限为两个月"的有 13 家，占 14%；选择"执法时限为两个月，特殊情况可再延长一个月"的有 58 家，占 60%；选择"执法时限在三个月以上"的有 5 家，占 5%（见图 6 - 4）。① 绝大多数企业认为行政机关的执法时限为 2—3 个月，只有极少数的情况为三个月以上的执法时限。可见，与司法保护相比，行政保护具有较高的执法效率。

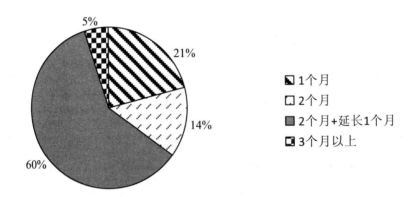

图 6 - 4　关于专利行政执法时限的调查结果

---

① 中国专利保护协会调研组：《我国专利行政执法相关问题专题调查研究报告》，2010 年 12 月。

根据课题组在湖南省内发放的 600 份问卷来看，认为行政执法效率很高，"很满意"的有 69 份，认为行政执法效率较高，"满意"的有 282 份，认为行政执法效率"一般"的有 177 份人，认为行政执法效率较低，"不满意"的有 54 份，认为行政执法效率很低，"极不满意"的有 18 份，加权计算值为 62.15，所占权重为 3 分（3%），因此指标得分为 1.98 分（见表 6 - 3）。

表 6 - 3　　　　　　　　知识产权行政执法效率的调查统计

行政执法效率的满意度	非常满意	满意	一般	不满意	极不满意
统计(份)	69	282	177	54	18
加权计算值	62.15				
指标得分(分)	1.98				

6.2.2　执法公开

6.2.2.1　行政执法的公开性

将知识产权行政执法的信息进行公开，特别是将行政机关查处知识产权侵权、假冒案件的信息及时进行公开，接受人民群众监督，不仅对规范行政机关执法行为，提高执法机关的公信力有着十分重要的意义，而且能对知识产权违法犯罪行为起到很好的震慑作用，有利于营造公平竞争的市场环境。

行政执法的公开既包括执法过程的公开，也包括执法结果的公开。所谓过程公开，是指知识产权行政机关在执法时是否举行听证，是否将损害公益或消费安全的事件予以公开，是否阳光执法等情形。所谓结果公开，是指知识产权行政机关在执法时对影响公众利益的案件结果是否通过上网、上墙、广播等各种渠道和形式予以公开。根据中国专利保护协会 2010 年的调研，在 96 家被调查企业中，认为我国专利行政程序中存在"公开、透明程度不够"问题的有 35 家，占 36.4%（见图 6 – 5）。① 知识产权行政机关在行政执法公开方面所做的工作，虽得到了绝大多数人的认可，但还需要进一步努力。

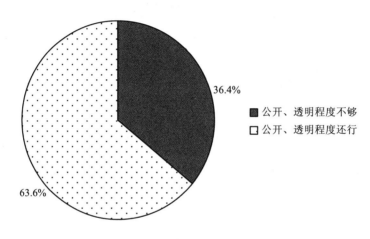

图 6 – 5　关于专利行政执法程序的公开性程度调查结果

根据课题组在对湖南省知识产权局有关人员的访谈调研中，我们了解到，近年来专利类的行政执法案件都进行了立案编号，执法过程虽然难以做到全面公开，但执法结果及相应文书均可在网站看到，也就是公开率达到了 100%。近年来，知识产权各部门联合开展了打击侵犯知识产权和制售假冒伪劣商品专项行动方案，对知识产权保护的宣传力度和公开力度都很大，行政执法的公开性取得了长足进步。由

---

① 中国专利保护协会调研组：《我国专利行政执法相关问题专题调查研究报告》，2010 年 12 月。

于该指标所占权重为 2 分（2%），如果仅从湖南省专利执法的结果公开来看，该指标得分接近 2 分。

6.2.2.2　行政公开的制度化

对执法公开的评价，除了从执法的过程公开程度、结果公开程度考察外，还要从制度化的角度来考察执法公开机制是否完善，是否科学。近年来，在国家层面积极推行知识产权执法信息公开，特别是2011 年国务院颁布的《关于进一步做好打击侵犯知识产权和制售假冒伪劣商品工作的意见》（国发〔2011〕37 号）明确规定："行政执法部门要依法将侵权和假冒伪劣案件纳入政府信息公开范围，案件办结后按有关规定公布案件主体信息、案由以及处罚情况，接受社会监督，警示企业与经营者。"国家知识产权局在其门户网站开辟专栏对知识产权系统执法案件信息进行公开，包括全国范围内各省区各年份、月份各类专利行政执法案件数量，具体到案件的处理情况，案件涉及的当事人情况，假冒专利案件的处罚力度、结果以及涉案当事人的情况等都进行了详细的公开。同时，国家工商局、国家版权局等知识产权部门也对本系统内行政执法案件的信息进行了公开。这些具体的举措对行政执法公开起到了很好的促进作用。

在地方层面，近年来各地方知识产权部门，也积极将知识产权执法信息进行公开。例如，湖南省知识产权局在其门户网站不仅对年度专利执法案件的情况进行公开，而且及时对每一案件的处理决定书进行公布，包括案件当事人、争议事实、处理依据、处理结果等内容。同时，还对一些案件进行事前公告，允许社会公众参加旁听。又如，广东省知识产权局对本省内各市区知识产权执法案件信息进行了公开，内容涉及案件处理的数量及结果等。浙江省知识产权局在门户网站开通了专利行政执法案件信息公开查询栏目，方便社会公众对专利违法案件进行查询了解。可见，知识产权行政机关在行政执法公开的内容、权限、程序、方式以及规范管理和监督保障等方面都做出了一定的努力，也取得了一定的成效。

根据课题组在湖南省内发放的 600 份问卷来看，认为"行政执法公开制度比较完善，运行高效"的有 45 份，认为"行政执法公开制度相对完善，只存在公布不及时现象"的有 54 份，认为"行政执法公开制度很多地方都不完善，审批层级多，公布不及时，公开渠道单一"的有 27 份，认为"行政执法公开制度完全形式化，根本没有发挥应有效果"的有 12 份，认为对"对行政执法公开制度不熟悉"的有 138 份，加权计算值为 54.13，所占权重为 2 分（2%），因此指标得分为 1.08 分（见表 6-4）。

表 6-4   知识产权行政执法公开制度的调查统计

行政公开的 制度化	完善	相对完善	不完善	完全形式化	不熟悉
统计（份）	45	54	27	12	138
加权计算值	54.13				
指标得分（分）	1.08				

6.2.3　执法手段

6.2.3.1　行政查处的合理合法性

行政查处是知识产权行政机关最重要的执法手段，也是知识产权法律法规赋予行政机关最重要的执法权能。由于行政查处是知识产权行政机关运用国家公权力的一种行为，其权力运用是否适当，是否合乎程序，是否合法，是实证研究中重要的考察内容。具体而言，包括：知识产权行政机关是否存在不作为，是否对危害社会公益的侵权事件主动介入，是否在查处过程中进行了合法、充分的取证，做出的行政查处是否恰当、合理，查处手段是否完备等。

关于行政查处的有效性，从行政查处的处罚力度来看，虽然法律提高了知识产权违法行为的处罚标准，但实践中处罚力度仍明显偏低，惩罚性赔偿的规则也还处于争议之中。比如 2008 年《专利法》第三次修改，整合了假冒专利和冒充专利，并提高了行政处罚的标准，将原来的罚款数额从违法所得 3 倍提高到 4 倍，没有违法所得的将罚款数额从 5 万元提高到 20 万元，但是在 2012 年以前，对一般商品的侵权案件，一般处以 3 万元左右罚款。① 这一罚款数额对违法企业的震慑作用显得十分有限，制假售假的利润远远高于法律成本，远不能对不法分子形成有效的震慑作用。从行政查处的实施保障来看，实践中仍显得较弱，缺乏完善的配套机制和相应的规制办法。根据《专利法》的规定，对假冒专利的行政查处手段主要是责令改正、没收和罚款，但是对于责令改正并没有规定相应的配套强制措施，难以有效制止当事人的违法行为，而且实践中行政机关在对涉嫌违法行为进行查处、调查取证时通常会遭到当事人的不配合甚至抵制的现象。这就导致行政处罚的效果大打折扣。

关于行政查处的不作为，既有立法不完善的客观原因，也有实践部门"懒政"的主观原因。从法律的明文规定来看，对于专利违法行为，行政机关查处的范围仅限于假冒专利行为，而不包括专利

---

① 耿雁冰：《知识产权保护将转向司法保护为主，加大处罚力度》，《21 世纪经济报道》2012 年 6 月 13 日。

侵权行为，这导致近年来在现实中发生的群体性、恶意性侵权屡禁不止。根据中国专利保护协会2012年10月的调研，在460家企事业单位中有98.5%的人支持行政机关加大对恶性侵权行为的查处力度（见图6-6）。[1] 相比之下，对于著作权、商标权的侵权行为，在损害公共利益或者情节严重的情况下，知识产权行政机关是可以对侵权人直接进行行政处罚的。根据课题组的走访，随着国家知识产权战略纲要的深入实施，湖南省、市的各行政主管机关对于打击群体性、恶意性侵权都有较高的积极性，也愿意对危害社会公益的侵权事件主动介入。

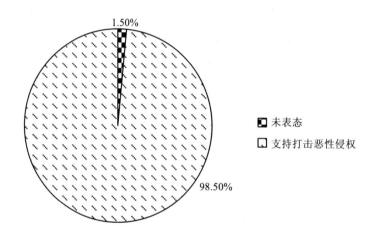

图6-6 关于对行政机关加大对恶性侵权行为查处力度的支持情况调查结果

关于行政查处的合理性和合法性，根据课题组在湖南省内发放的600份问卷来看，对"是否了解、参与或经历过知识产权行政查处过程"这一问题选择"是"的有111份，并在此基础上进一步作答，认为"在知识产权行政查处过程中程序合法、适用法律正确，处罚适当

---

[1] 中国专利保护协会调研组：《专利权保护制度实施效果评价与完善研究》，2012年10月。

的"的有21份，认为"在知识产权行政查处过程中不存在程序违法，处罚适当，但没有进行充分、有力的取证"的有30份，认为"在知识产权行政查处过程中虽存在程序瑕疵，但适用法律正确，处罚适当"的有27份，认为"在知识产权行政查处过程中存在一定的程序违法，处罚不当的"的有24份，认为"在知识产权行政查处过程中存在特别严重程序违法，处罚不当的"的有9份，加权计算值为60.41，所占权重为3分（3%），因此指标得分为1.81分（见表6-5）。

表6-5　　　　　知识产权行政查处合理合法性的调查统计

行政查处的合理合法性	程序合法、处罚适当	取证不充分、处罚适当	程序瑕疵、处罚适当	程序违法、处罚不当	程序严重违法、处罚不当
统计(份)	21	30	27	24	9
加权计算值	60.41				
指标得分(分)	1.81				

6.2.3.2　行政调解的合理合法性

行政调解是目前解决知识产权侵权纠纷的一种重要方式，根据《专利法》第六十条的规定，对于专利侵权纠纷的损害赔偿数额问题，行政机关无权直接做出裁定，只能应当事人请求就赔偿数额进行调解；通过调解实现当事人寻求经济补偿的目的。要考察行政调解的现实运作，可以从以下方面进行分析：知识产权行政机关是否及时、当面地进行调解；在行政调解中是否公正，有无违背当事人意愿强制调解的情况；是否存在违背法定程序或滥用职权的情况；调解协议的履行情况和调解制度的完善情况等。

从目前知识产权行政机关处理专利纠纷的实际情况来看，大部分民事纠纷的当事人都会就损害赔偿部分提出调解请求。根据课题组的调研，以湖南省知识产权局近年来处理的 60 件专利侵权案件为例，当事人明确提出要求行政裁决赔偿损失的案件有 20 件（虽然有此要求，但是并不会得到支持，因为目前专利行政机关对于损害赔偿没有裁决权），占总数的 1/3；申请对损失赔偿进行调解的案件有 16 件，约占总数的 1/4；剩余 24 件案件中当事人未对赔偿损失的处理提出请求（因为这些案件的当事人均聘请了律师，事前已被告知专利行政机关对损失赔偿没有最终裁决权，故直接选择诉讼方式解决纠纷），占总数的 2/5。可见，尽管当事人对行政机关高效解决专利纠纷有迫切愿望，但是由于行政调解协议效力的非强制性，致使相当一部分当事人的请求未必能得到有效解决，迫使其不得不通过诉讼途径寻求救济（见图 6 - 7）。①

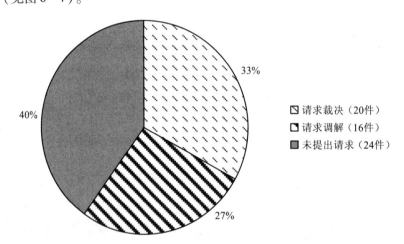

图 6-7　当事人对于专利侵权案件损害赔偿请求情况的调查结果

---

① 何炼红：《论中国知识产权纠纷行政调解》，《法律科学》2014 年第 1 期。

此外，即使进入行政调解程序，真正能达成调解协议的情形也相对较少。从湖南省调研的实际情况来看，在调解过程中，专利行政机关虽然主持调解，但大部分情况是以当事人签署和解协议后撤回处理请求的方式结案，专利行政机关不直接出具行政调解协议书，一般也不在调解协议上签字盖章①。由此可见，行政机关在调解专利纠纷时，也尽量避开行政调解协议效力未定的尴尬，宁愿以当事人达成和解协议来掩盖其在调解过程中付出的辛勤劳动。只有在一些影响重大或者与地方相关产业密切相关的专利纠纷中，行政机关才会在调解协议中签字盖章，体现行政调解的痕迹，显示其对特定纠纷的重视，即使如此，也不另行制作调解协议书。行政机关之所以会出现这种"作为不如不作为"的消极态度，其原因也是在于行政调解手段及结果得不到社会的认可。由此，不仅造成了社会资源的浪费，也加剧了当事人对行政调解的不信任。②

除《专利行政执法办法》外，行政调解在实践中的具体操作程序未有更明确的规定，这可能导致行政调解有违当事人的意愿，存在滥用职权、难以执行的情形。根据课题组在湖南省内发放的 600 份问卷来看，对"是否了解、参与或经历过知识产权行政调解"这一问题选

---

① 目前，专利行政机关在调解民事纠纷的过程中，主要采取了如下三个方式。一是典型的行政调解方式，在当事人提出侵权赔偿方面调解的请求，专利行政机关组织调解后，达成调解协议的，双方签署调解协议，调解机关在协议上签字盖章。二是和解撤诉的方式。在当事人提出调解双方侵权纠纷的请求后，调解组织必须征求对方意见，如对方同意调解，则进行调解；经调解达成调解协议的，由双方签署调解协议或合作协议书，再由权利人向专利行政管理部门提出撤回申请，申请撤回对侵权人的处理或处罚请求。三是对于权属纠纷或发明人报酬纠纷等非以侵权为前提的纠纷，专利行政管理部门在接到一方当事人解决纠纷的请求后，都要向对方征求意见，如果对方当事人不同意调解，则不予立案；同意调解的，组织调解，达成调解协议的，也是由双方签署调解协议，专利行政部门并不在调解协议上签字盖章。

② 何炼红：《论中国知识产权纠纷行政调解》，《法律科学》2014 年第 1 期。

择"是"的有 204 份，并在此基础上进一步作答的结果为：认为"对知识产权行政调解非常满意"的有 24 份，认为"对知识产权行政调解满意"的有 66 份，认为"知识产权行政调解效果一般，调解过程有待完善的"的有 78 份，认为"对知识产权行政调解不满意，不及时不友好"的有 30 份，认为"对知识产权行政调解极不满意，强制调解或滥用职权"的有 6 份，加权计算值为 62.06，所占权重为 3 分（3%），因此指标得分为 1.86 分（见表 6 – 6）。

表 6 – 6   知识产权行政调解合理合法性的调查统计

行政调解的合理合法性	非常满意	满意	一般	不满意	极不满意
统计(份)	24	66	78	30	6
加权计算值	62.06				
指标得分(分)	1.86				

6.2.3.3   行政裁决的合理合法性

现行《专利法》明确规定"裁决"的有两个条文，即第五十七条和第五十八条，讲的都是国务院专利行政部门对强制许可使用费的裁决。在与专利侵权相关的条文中，多使用"处理"一词，但该词并非在行政法范畴内的专业术语。就知识产权部门的侵权处理决定书而言，"处理"实际上行使的就是行政裁决权，涉及对是否构成侵权的具体判断，因此课题组将这里的"侵权处理"视作行政裁决来予以分析。

根据现行《专利法》第六十条的规定，行政机关在处理专利侵权纠纷时，只能对侵权是否成立进行认定，并责令停止侵权行为，而对损害赔偿问题无权处理，只能应当事人的请求，就赔偿数额进行调解。对行政裁决的实证评价主要考察：知识产权行政机关做出的行政裁决是否公正、公平，行政裁决能否有效制止违法侵权行为，行政裁决结果是否令当事人满意等。

关于行政裁决的有效性，主要存在停止侵权的禁令难以执行的问题。当事人寻求行政机关处理专利侵权纠纷，其首要目的就是希望能及时制止侵权行为，避免损失的扩大，恢复其对市场的控制。根据《专利法》第六十条的规定，行政机关在处理专利侵权纠纷时，其权力被限定为"责令停止侵权行为"，并未规定相应的配套强制执行措施，即立法只赋予了专利行政机关发布禁令的权力，却并没有规定该禁令应当如何执行。行政机关对专利侵权行为处理时，无权对侵权产品实施查封、扣押，也无权对实施侵权行为的专用设备进行没收、销毁等。因此，对于这一禁令的执行，就只能寄希望于侵权人的主动停止侵权行为，当侵权人不履行停止侵权行为这一决定时，行政机关只能申请法院强制执行，从而又陷入烦琐的司法审查程序，而且即使法院做出强制执行的决定，对于停止侵权这种以行为为标的的案件，其真正要执行到位也是十分困难的。根据中国专利保护协会 2012 年 10 月的调研，在 425 家企事业单位中，有 58% 的企事业单位认为专利行政执法的处理决定执行难（见图 6 - 8）。①

---

① 中国专利保护协会调研组：《专利权保护制度实施效果评价与完善研究》，2012 年10 月。

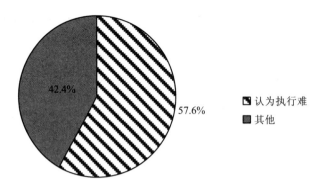

图6-8　企事业单位关于专利行政执法处理决定执行情况看法的调查结果

根据中国专利保护协会在 2012 年 8 月的调研，针对行政机关在处理专利侵权纠纷过程中应具备哪些权力这一问题，在全国 724 家企事业单位中，认为可以处以没收销毁侵权产品的比例为 74%，处以罚款的比例为 68.8%，处以没收、销毁用于实施侵权行为的专用设备的比例为 66.0%，都达到了 65% 以上。[①] 可见，市场主体对行政机关应当具备实施强制执行的权力有着强烈的现实需求（见图 6-9）。

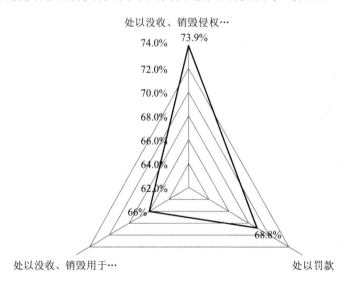

图6-9　企事业单位关于行政机关是否应当具备强制执行权力的调查结果

---

① 中国专利保护协会课题组：《专利行政执法情况调查研究报告》，2012 年 8 月。

关于行政裁决的满意度，根据课题组在湖南省内发放的 600 份问卷来看，对"是否了解、参与或经历过知识产权行政机关处理侵权事件"这一问题选择"是"的有 180 份，并在此基础上进一步作答的结果为：认为"对知识产权侵权行政处理非常满意"的有 12 份，认为"对知识产权侵权行政处理满意"的有 48 份，认为"知识产权行政侵权行政处理效果一般，不能对损害赔偿进行判定"的有 60 份，认为"对知识产权侵权行政处理不满意，无济于事"的有 51 份，认为"对知识产权侵权行政处理极不满意，有失公平公正"的有 9 份，加权计算值为 55.33，所占权重为 3 分（3%），因此指标得分为 1.66分（见表 6-7）。

表 6-7　　　　知识产权行政裁决合理合法性的调查统计

行政裁决的合理合法性	非常满意	满意	一般	不满意	极不满意
统计(份)	12	48	60	51	9
加权计算值	55.33				
指标得分(分)	1.66				

6.2.4　执法机制

6.2.4.1　跨地区协作执法机制的创新

知识产权跨地区执法协作机制是近年来为解决跨区域知识产权执法问题而在实践中逐渐探索出的一种新型执法机制。根据跨地区执法协作机制，不同地区的知识产权执法机关在处理一些跨省跨市县的知识产权违法案件时相互协作，共同打击知识产权违法侵权行为。跨地区执法协作机制的建立，对解决跨区域执法实践中存在的调查取证难、地方保护主义、执法标准不一致等问题具有十分重要的意义。

近年来，为推进跨地区专利执法协作机制的建立，在国家层面，国家知识产权局组织各省市局签订了《跨省专利行政执法协作协议》；在地方层面，不同地区之间探索建立跨地区专利执法协作机制，如泛珠三角区域内地9省（区）专利行政执法协作机制、环渤海地区5省（市）知识产权保护合作机制、长三角地区专利行政执法机制、中部16省（市）、西部12省（市）、东北3省等跨省执法协作机制，一些省份如广东、湖南、河南、四川等地方也建立了省内执法协作机制。在具体的跨地区执法实践中，不同地区的执法机关主要在立案协作、调查取证协作、联合执法、跨地区案件移送、信息共享等方面进行合作。同时，近年来随着知识产权保护力度的加大，跨地区执法协作的范围不断拓宽，机制不断深化，2012年9月25日，北京市知识产权局吸取和借鉴了以往专利执法协作的成功经验，并结合具体工作实际，组织天津市、河北省、上海市、江苏省、山东省、广东省、重庆市、四川省北京市是组织方市签订了《九省市专利行政执法协作协议》，突破了区域限制，形成了全国范围内专利执法大协作的格局。根据该协议相关内容成立了协作组织机构——九省市专利行政执法协作主席团，确立了跨省市协作案件的优先处理原则，建立统一的案件立案标准，九省市执法协作机制的建立为今后完善跨地区专利行政执法协作机制提供了新的思路。

　　而从近年来全国跨地区专利执法协作的次数来看，近几年专利执法协作的次数从 2008 年的 262 次，增加到 2010 年的 972 次，2011 年的 875 次，2010 年、2011 年的跨地区的执法次数明显多于前两年，接近前两年的 4 倍，这一方面说明了跨地区执法的力度在加大，但另一个重要的原因主要由于在 2010 年 10 月至 2011 年 3 月，全国范围内开展了打击侵犯知识产权和制售假冒伪劣商品专项行动。同时要注意到，当前的跨地区知识产权执法协作机制还主要是不同地方之间自发建立，实践中不同的执法协作区域之间存在交叉和重叠现象。此外，地区之间的执法标准也存在一定的差异，这些都在一定程度上制约了跨地区执法协作机制作用的发挥（见表 6－8）。

表 6－8　　2008—2013 年全国知识产权局系统跨地区执法次数统计①

年份	2008 年	2009 年	2010 年	2011 年②	2012 年	2013 年
次数	262 次	204 次	972 次	875 次	—	—

　　关于知识产权跨地区执法协作机制的满意度评价，根据课题组在湖南省内发放的 600 份问卷来看，认为"知识产权跨地区执法协作机制运行顺畅，对执法成效非常满意"的有 69 份，认为"知识产权跨地区执法协作机制运行顺畅，对执法成效满意"的有 231 份，认为"知识产权跨地区执法协作机制有待完善，效果

---

　　① 参见 2008 年、2009 年、2010 年、2011 年《中国知识产权保护状况》白皮书，但 2012 年、2013 年的数据未记载在《中国知识产权保护状况》白皮书中。

　　② 2011 年的数据有 2 个，专项行动期间全国知识产权系统跨地区执法协作有 1092 次，仅知识产权局的全年跨地区执法协作就达 875 次。

一般"的有 252 份，认为"知识产权跨地区执法协作机制运行不畅，对执法成效不满意"的有 42 份，认为"知识产权跨地区执法协作机制运行较为不畅，对执法成效很不满意"的有 6 份，加权计算值为 65.78，所占权重为 3 分（3%），因此指标得分为 1.97 分（见表 6-9）。

表 6-9   知识产权跨地区执法协作机制满意度的评价统计

跨地区执法协作机制的满意度	非常满意	满意	一般	不满意	极不满意
统计(份)	69	231	252	42	6
加权计算值	65.78				
指标得分(分)	1.97				

6.2.4.2   跨部门执法协作机制的创新

跨部门执法协作机制，是为克服当前知识产权行政管理部门分散，单个部门执法力量不足，执法手段单一的问题，在实践中探索出的由同一地区的多个知识产权执法部门联合执法的机制。跨部门执法协作机制的建立对提高知识产权执法效率，加强对知识产权违法案件的查处具有重要的意义，特别是对某些地区和领域知识产权违法行为高发、频发的现象具有很强的震慑作用。

在国家层面，自 2008 年起，公安部分别会同国家工商总局、海关总署、国家版权局等知识产权行政执法部门相继建立起了加强知识产权保护的协作配合机制；2008 年 6 月，会同国家知识产权局联合制定下发了《关于建立协作配合机制共同加强知识产权保护工作的通知》，建立了两部委知识产权保护协调会商机制，为共同加大知识产权保护力度提供了有力的制度保障。① 在地方层面，知识产权跨部门联合执法主要是同一地区的知识产权、工商、版权、广电、新闻出版、公安、海关等多知识产权部门的联合起来进行的执法行动。例如，湖南省的公安、知识产权、工商、版权、质检、药监、海关等部门开展了执法协作，共同打击侵犯知识产权犯罪；版权、公安、通信管理部门联合开展了打击网络侵权盗版专项行动；文化、版权、教育和"扫黄打非"等相关部门联合组织社会图书馆、高校图书馆开展了版权自查自纠工作，加强图书馆著作权保护。②

从近年来全国知识产权跨部门联合执法的次数来看③，2008 年为 327 次，2011 年增加至 623 次，四年增加了将近 1 倍，可见，知识产权跨部门协作执法的力度在不断加大。同时，近年来知识产权跨部门联合执法的机制也在不断完善，如各地普遍建立了知识产权跨部门执法的联席会议机制，在涉嫌犯罪线索通报、执法信息共享、执法培训、侵权事实的认定、疑难问题解决等方面相关的知识产权部门都进行了广泛的合作。需要注意的是，知识产权跨部门联合执法还主要体现为"运动式执法"，具有临时性、突击性的特点，往往针对某一任务进行临时性的执法，任务一旦结束，部门之间的联合行动就被解散。因此，跨部门联合执法并未从制度上根本解决当前知识产权行政管理部门的职能分散、多头执法的问题（见表 6 – 10）。

---

① 参见国家知识产权局公布的 2008 年《中国知识产权保护状况》白皮书。
② 参见 2009 年《湖南省知识产权保护状况》白皮书。
③ 参见 2008 年、2009 年、2010 年、2011 年《中国知识产权保护状况》白皮书。

表 6 – 10   2008—2013 年全国知识产权局系统跨部门执法次数

年份	2008 年	2009 年	2010 年	2011 年	2012 年①	2013 年
次数	327 次	533 次	545 次	623 次	—	—

关于知识产权跨部门执法协作机制的满意度评价，根据课题组在湖南省内发放的 600 份问卷来看，认为"知识产权跨部门执法协作机制运行顺畅，对执法成效非常满意"的有 54 份，认为"知识产权跨部门执法协作机制运行顺畅，对执法成效满意"的有 267 份，认为"知识产权跨部门执法协作机制有待完善，效果一般"的有 207 份，认为"知识产权跨部门执法协作机制运行不畅，对执法成效不满意"的有 66 份，认为"知识产权跨部门执法协作机制运行较为不畅，对执法成效很不满意"的有 6 份，加权计算值为 64.9，所占权重为 3 分（3%），因此指标得分为 1.95 分（见表 6 – 11）。

表 6 – 11   知识产权跨部门执法协作机制满意度的评价统计

跨部门执法协作机制的满意度	非常满意	满意	一般	不满意	极不满意
统计（份数）	54	267	207	66	6
加权计算值	64.9				
指标得分	1.95				

---

① 2012 年、2013 年《中国知识产权保护状况》白皮书改变了统计方式，跨部门执法次数统计不明确。其中，2012 年跨部门查办网络侵权盗版案件 282 件，海关与公安互通侵权案件信息 245 起；2013 年跨部门查办网络侵权盗版案件 512 件（行政处理 190 件）。

6.2.4.3　日常执法与专项行动执法相结合机制的创新

近年来，由于知识产权领域执法开展日常执法与专项执法相结合的机制创新，相关地区和部门加大力度查处了一批侵犯知识产权、制假、售假大案要案，并对违法犯罪分子进行了严惩，一定程度上肃清了社会风气。此外，专项行动具有重点突破，力度较大的优势，在遏制相关知识产权侵权行为和制售假冒伪劣商品方面收效显著，对于维护市场秩序，改善市场环境，树立良好国际形象等具有重要意义。

2008 年，国家知识产权局全系统开展"雷雨""天网"行动，各地方知识产权局共受理专利侵权纠纷案件 1092 件，其他专利纠纷案件 34 件，查处假冒他人专利案件 59 件，查处冒充专利案件 601 件；国家版权局在打击网络侵权盗版专项行动中，共办理互联网侵权案件 453 件；工商行政管理机关 2008 年在全国范围内组织开展了保护奥林匹克标志专有权专项行动，共查处违法使用奥林匹克标志案件 1721 件。[①]

2009 年，国家知识产权局全系统深入开展"雷雨""天网"行动和各具地方特色的执法专项行动，全国知识产权系统全年共受理专利侵权纠纷案件 937 件，受理其他专利纠纷案件 26 件，查处假冒他人专利案件 30 件，查处冒充专利案件 548 件。[②]

为进一步加大知识产权保护力度，建立公平的市场秩序，国务院决定在 2010 年 10 月至 2011 年 6 月，在全国范围内开展打击侵犯知识产权和制售假冒伪劣商品专项行动。2010 年 10 月至 12 月，全国知识产权系统针对侵犯知识产权的高发地区进行集中打击和专项整治，共

[①]　参见国家知识产权局公布的 2008 年《中国知识产权保护状况》白皮书。
[②]　参见国家知识产权局公布的 2009 年《中国知识产权保护状况》白皮书。

执法办案 805 件，占全年总执法办案量的 44.16%。①

2011 年，专项行动期间，全国知识产权系统共出动执法人员 16.7 万余人次，查处各类专利案件 2572 件，罚没物品 8 万多件；国家工商系统立案查处商标侵权假冒案件 9.07 万件；新闻出版总署、国家版权局、全国"扫黄打非"办公室共立案查处 3381 起案件，移送司法机关追究刑事责任案件 179 起；全国海关在专项行动期间共查获进出口侵权货物 12205 批，扣留侵权商品 7615 多万件。②

2012 年，公安部提出了"专项行动常态化、常态打击专项化"的工作理念，印发了《公安部关于进一步加强打击侵犯知识产权和制售伪劣商品犯罪工作的意见》；国家知识产权局印发了《2012 年知识产权执法维权"护航"专项行动方案》，全国知识产权系统全年共受理专利纠纷案件 2510 件；国家林业局组织开展了打击侵犯品种权专项行动，印发了《国家林业局关于严厉打击侵犯植物新品种权行为的通知》。③

2013 年，国家知识产权局组织开展"护航"专项行动，全国知识产权系统全年共受理专利纠纷 5056 件；全国工商机关在打击"傍名牌"专项行动中共查处仿冒侵权案件 2.96 万件，案值 7.44 亿元，罚没款 2.74 亿元；国家版权局联合公安部等开展的互联网专项治理"剑网行动"中共接到投诉举报案件 512 起，行政处理 190 件，移送司法机关 93 件；农业部印发《农作物种子打假护权专项行动方案》，对 9 家涉嫌套牌侵权的企业进行查处（见表 6 - 12）。④

---

① 参见国家知识产权局公布的 2010 年《中国知识产权保护状况》白皮书。
② 参见国家知识产权局公布的 2011 年《中国知识产权保护状况》白皮书。
③ 参见国家知识产权局公布的 2012 年《中国知识产权保护状况》白皮书。
④ 参见国家知识产权局公布的 2013 年《中国知识产权保护状况》白皮书。

表6-12 全国知识产权局系统专项行动执法案件数①

年 份	2008 年	2009 年	2010 年	2011 年	2012 年	2013 年
案件数(件)	1786	1541	1823	2572	2510	5056

为推动打击侵犯知识产权和制售假冒伪劣商品工作的制度化、常态化，各部门、各地方都建立了知识产权保护的长效机制，促进日常执法与专项行动相结合。2011 年 11 月，国务院印发了《国务院关于进一步做好打击侵犯知识产权和制售假冒伪劣商品工作的意见》，从四个方面明确了 12 条意见措施，作为推进打击侵犯知识产权行动的纲领性文件，对各地、各相关部门如何推进工作、落实责任做出了明确部署。同时，成立了专门机构——全国打击侵犯知识产权和制售假冒伪劣商品工作领导小组，包括 29 个成员单位，领导小组办公室设在商务部，承担领导小组的日常工作。2012 年全国打击侵犯知识产权和制售假冒伪劣商品工作领导小组办公室会同 13 个成员单位推动出台了《关于做好打击侵犯知识产权和制售假冒伪劣商品工作中行政执法与刑事司法衔接的意见》，建立健全了线索通报、案件移送、执法协作、信息共享、监督检查等制度。2013 年，中国政府积极创新工作模式，完善协作机制，提升工作能力，建立督查督办制度和绩效考核制度，不断完善知识产权保护评价机制，知识产权保护长效机制建设取得新进展。虽然专项行动的执法案件量逐年攀升、成效显著，但由于

① 参见国家知识产权局公布的 2008 年、2009 年、2010 年、2011 年、2012 年、2013 年《中国知识产权保护状况》白皮书，但该表内的数据仅指全国知识产权局系统的全年专项行动执法案件数，而不包括工商、新闻出版、海关等的专项行动执法案件数。

社会公众的知识产权意识还偏低，加上行政执法机关的执法权限和手段还比较单一，实际执法中遇到的阻力也较大，这在一定程度上制约了专项行动效果的发挥。

关于日常执法与专项执法相结合机制的满意度评价，根据课题组在湖南省内发放的 600 份问卷来看，认为"知识产权日常执法与专项执法相结合的机制运行顺畅，力度非常大，对执法成效非常满意"的有 102 份，认为"知识产权日常执法与专项执法相结合的机制运行顺畅，力度很大，对执法成效满意"的有 201 份，认为"知识产权日常执法与专项执法相结合的机制有待完善，力度较大，效果一般"的有 234 份，认为"知识产权日常执法与专项执法相结合的机制运行不畅，力度一般，对执法成效不满意"的有 63 份，认为"知识产权日常执法与专项执法相结合的机制运行较为不畅，力度不够，对执法成效很不满意"的有 0 份，加权计算值为 66.4，所占权重为 3 分（3%），因此指标得分为 1.99 分（见表 6-13）。

表 6-13　　知识产权日常执法与专项执法相结合机制的满意度评价统计

日常执法与专项执法相结合机制的满意度	非常满意	满意	一般	不满意	极不满意
统计（份）	102	201	234	63	0
加权计算值	66.4				
指标得分（分）	1.99				

6.3　知识产权司法过程绩效评价实证分析

6.3.1　司法程序

6.3.1.1　司法立案的便民性

对于司法立案的便民性，主要考察的是知识产权案件在法院立案的难度、便利度，可否口头立案，可否便式立案，司法保护的权利类型是否完备，是否有立法规定的权利类型不能顺畅进入司法途径，如对于传统资源、遗产资源、民间文化遗产及新科技促生的权利类型法院将不予受理立案。

根据新修订的《民事诉讼法》①第一百二十三条的规定，人民法院应当保障当事人依照法律规定享有的起诉权利。只要知识产权相关案件符合《民事诉讼法》第一百一十九条的起诉条件，都必须受理，且应当在七日内立案，并通知当事人。对于简单的知识产权侵权案件或者当事人书写起诉状确有困难的，可以口头起诉，由人民法院记入笔录，并告知对方当事人。可见，从立法层面，几乎扫清了知识产权民事案件不予立案的形式障碍，但在实务中由于各种维权因素的制约，还可能使少部分案件面临无法立案的情形。

但令人欣慰的是，2015 年 2 月 4 日公布的《最高人民法院关于适

---

① 根据 2012 年 8 月 31 日第十一届全国人民代表大会常务委员会第二十八次会议《关于修改〈中华人民共和国民事诉讼法〉的决定》第二次修正。

用〈中华人民共和国民事诉讼法〉的解释》将过去的立案审批制改为了立案登记制，一定程度上简化了立案程序：当事人向法院递交民事起诉状后，如果符合民事诉讼法相关规定，人民法院即应予以登记立案。如果无法当场判断起诉条件，人民法院也应先接收起诉材料，并向当事人出具表明接收日期的书面凭证。有必要补充材料的，法院应当及时通知当事人，并在相关材料补齐后 7 日内决定立案与否。

从近几年知识产权案件的立案情况来看①，2009 年全国地方法院共新收知识产权民事一审案件 30626 件，比上年增长 25.49%；新收知识产权民事二审案件 5340 件，比上年增长 12.21%；新收再审案件 330 件，比上年下降 1.96%。另外，最高人民法院新收知识产权民事案件 297 件，新收申请再审案件 230 件。

2010 年全国地方法院共新收知识产权民事一审案件 42931 件，比上年增长 40.18%；新收知识产权民事二审案件 6522 件，比上年增长 22.13%；新收再审案件 111 件，比上年增长 11%。另外，最高人民法院新收知识产权民事案件 313 件，新收申请再审案件 198 件。

2011 年全国地方法院共新收知识产权民事一审案件 59612 件，比上年增长 38.86%。新收知识产权民事二审案件 7642 件，比上年增长 17.17%；新收再审案件 294 件，比上年增长 164.86%。另外，最高人民法院新收知识产权民事案件 305 件，新收申请再审案件 255 件。

2012 年全国地方人民法院共新收知识产权民事一审案件 87419 件，比上年增长 45.99%；共新收知识产权行政一审案件 2928 件，比上年增长 20.35%；共新收知识产权刑事一审案件 13104 件，比上年增长 129.61%；新收知识产权民事二审案件 9581 件，比上年增长

① 参见 2010 年、2011 年、2012 年、2013 年《中国法院知识产权司法保护状况》白皮书。

25.37%；新收再审案件 172 件，比上年下降 41.5%。另外，最高人民法院新收知识产权民事案件 237 件，新收申请再审案件 181 件。

2013 年全国地方法院共新收知识产权民事一审案件 88583 件，比上年增长 1.33%（见表 6 – 14）；新收知识产权民事二审案件 11957 件，比上年增长 24.80%（见表 6 – 15）；新收再审案件 75 件（见表 6 – 16），比上年下降 56.40%。另外，2013 年最高人民法院新收知识产权民事案件 457 件，新收申请再审案件 365 件。可见，近年来知识产权一审案件受理爆发式增长，2013 年开始企稳；知识产权二审案件受理一路攀升；知识产权再审案件受理升中有降，说明知识产权审判水平的提高。

表 6 – 14　　2009—2013 年全国新收知识产权民事一审案件数

年份	2009 年	2010 年	2011 年	2012 年	2013 年
案数（件）	30626	42931	59612	87419	88583

表 6 – 15　　2009—2013 年全国新收知识产权民事二审案件数①

年份	2009 年	2010 年	2011 年	2012 年	2013 年
案数（件）	5637	6835	7947	9818	12414

表 6 – 16　　2009—2013 年全国新收知识产权民事再审案件数

年份	2009 年	2010 年	2011 年	2012 年	2013 年
案数（件）	330	309	549	353	440

---

① 数据将最高人民法院的新收案件数计算在内，因为最高人民法院受理的知识产权一审案件几乎可忽略。

对于司法立案的及时性、顺畅性、便民性，根据课题组在湖南省内发放的600份问卷来看，认为"很好"的有204份，认为"好"的有324份，认为"一般"的有48份，认为"差"的18份，认为"极差"的6份，加权计算值为78.4，所占权重为1分（1%），因此指标得分为0.78分（见表6-17）。

表6-17　　　司法立案的及时性、顺畅性、便民性评价统计

司法立案的及时性、顺畅性、便民性	很好	好	一般	差	极差
统计（份）	204	324	48	18	6
加权计算值	78.4				
指标得分（分）	0.78				

6.3.1.2　诉讼救济的经济性

诉讼救济的经济性主要针对当事人在知识产权保护过程中负担的经济成本大小，考察知识产权保护在诉讼过程中花费的经济成本、费用开销。当事人花费的成本对其选择知识产权保护的行为取向在一定程度上有着决定性的影响。正如棚濑孝雄所言："在讨论审判应有的作用时不能无视成本问题，因为，无论审判能够怎么完美地实现正义，如果付出的代价过于昂贵，则人们往往只能放弃通过审判来实现正义的希望。"[①] 对知识产权这一特殊的客体来说，当事人负担的经济成本大小就有着更加特殊的意义，因为在当前的市场环境下，普遍存在着创新成本高、侵权成本低的现象。如果当事人在知识产权司法保

---

① ［日］棚濑孝雄：《纠纷的解决与审判制度》，王亚新译，中国政法大学出版社2004年版，第267页。

护过程中花费的成本较高，尤其是当出现当事人花费的成本与最终通过知识产权保获得的收益相当或者还大于所得的收益时，就很容易挫伤当事人主动寻求诉讼解决纠纷的积极性。

相对于行政保护，司法保护的成本往往偏高，在诉讼维权当中当事人通常要负担诉讼费、律师费以及办案过程中的调查取证费、鉴定费、公证费、差旅费等。此外，在诉讼过程中还可能由于申请诉前禁令、财产保全和证据保全等，需要提供财产担保。在上述费用中，最主要的是诉讼费和律师费两种，其中诉讼费是权利人在立案时向法院预交的受理费，在案件判决胜诉后由败诉方承担。诉讼费与当事人要求赔偿的金额有关，当事人要求赔偿的金额越高，诉讼费也就越高。知识产权民事案件，没有争议金额或者价额的，每件缴纳 500 元至 1000 元；有争议金额或者价额的，按照财产案件的标准缴纳。① 律师费根据不同的服务内容，通常采取计件收费、按标的额收费和计时收费等方式。一般来讲，民事案件的律师费通常按照标的额大小分段计费，以北京市律师协会的规定为例，10 万元以下的按 10% 收取；10 万元至 100 万的按 6% 收费；如果是复杂案件，可以按照不高于规定收费标准的 5 倍收费。而专利案件，尤其是发明专利案件侵权纠纷，一般都较为复杂，律师费通常会比普通民事案件的律师费高出 2—5 倍。据调研发现，以标的额为 50 万元的专利侵权纠纷案件为例，其

---

① 《诉讼费用交纳办法》对知识产权民事案件诉讼费用的缴纳标准所作的规定如下：财产案件根据诉讼请求的金额或者价额，按照下列比例分段累计缴纳：（一）不超过 1 万元的，每件缴纳 50 元；（二）超过 1 万元至 10 万元的部分，按照 2.5% 缴纳；（三）超过 10 万元至 20 万元的部分，按照 2% 缴纳；（四）超过 20 万元至 50 万元的部分，按照 1.5% 缴纳；（五）超过 50 万元至 100 万元的部分，按照 1% 缴纳；（六）超过 100 万元至 200 万元的部分，按照 0.9% 缴纳；（七）超过 200 万元至 500 万元的部分，按照 0.8% 缴纳；（八）超过 500 万元至 1000 万元的部分，按照 0.7% 缴纳；（九）超过 1000 万元至 2000 万元的部分，按照 0.6% 缴纳；（十）超过 2000 万元的部分，按照 0.5% 缴纳。

上述各项开支加起来大概会达到标的额的1/3，当事人在专利侵权纠纷诉讼中花费的成本很高。

根据《专利法》的规定，专利侵权的赔偿数额应当包括权利人为制止侵权行为所支付的合理开支，包括律师费、差旅费等，可以在专利权人胜诉后由侵权人来承担。但由于专利案件的复杂性，其最终能否胜诉难以确定，使得当事人在诉讼中的投入具有很大的风险性。另外，在知识产权案件诉讼中，权利人经常会遇到因对方当事人提起无效复审而中止诉讼的情形，一个案件的诉讼有时会拖几年，即使最终胜诉，权利人也需要等几年才能收回之前垫付的诉讼费用，而如果败诉，当事人投入的诉讼费用便无法收回。因此，现实中，社会公众普遍反映司法保护成本较高。根据中国专利保护协会2012年的调研，在受访的440人中，对通过司法程序维护专利权的成本不算太高"的评价中，持不同意的占24.8%，持"不太同意"的比例占到50.5%（见图6-10）。① 可见，绝大多数人都认为司法保护的成本较高。

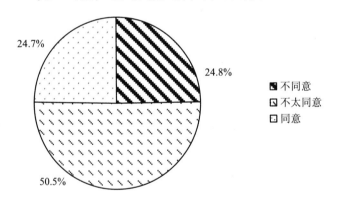

24.7%

24.8%

■ 不同意
▨ 不太同意
□ 同意

50.5%

图6-10　关于是否同意通过司法程序维护专利权的

成本不算太高的调查结果

---

① 中国专利保护协会调研组：《专利权保护制度实施效果评价与完善研究》，2012年10月。

根据课题组在湖南省内发放的 600 份问卷来看，认为诉讼成本"低"的有 0 份，认为诉讼成本"一般"的有 75 份，认为诉讼成本"较高"的有 336 份，认为诉讼成本"很高"的有 162 份，认为诉讼成本"相当高"有 27 份，加权计算值为 50.3，所占权重为 2 分（2%），因此指标得分为 1.00 分（见表 6－18）。

表 6－18　　　　　　　　　　诉讼成本的评价统计

诉讼成本	低	一般	较高	很高	相当高
统计(份)	0	75	336	162	27
加权计算值	50.3				
指标得分(分)	1.00				

6.3.1.3　司法审判的时限性

司法审判的时限性主要考察知识产权案件在审判过程中花费的时限要求，从时限的合法性要求来看，包括诉讼是否存在非司法鉴定等法定因素外的延期审理情形，也包括司法系统对超过期限的处理情况，如举证期限超过、超期羁押等；从时限的效率性要求来看，知识产权案件，与一般民事案件相比，特别是专利侵权案件涉及的专利技术往往更新换代较快，效率对其的重要性不言而喻，往往决定当事人通过诉讼进行维权的目的能否实现，如果一个案件的处理过程耗时过长，往往会出现"赢了官司，输了市场"的现象。目前，司法实践中知识产权审判突破合法性要求的情形较少，相关司法数据也无法获得，但对于司法审判的效率性，可以从个案的审理周期和审限内结案率两个方面来评价。

具体到个案的审理周期，根据现行法律的规定，对一般知识产权案件的审理，特别是涉及专利侵权纠纷，案件的一审法院通常采用普通程序进行审理，期限为 6 个月，特殊情况可以延长至 1 年，若是经过高级人民法院批准的还可以再延长 3 个月。如果一审判决后对结果不服，再次提出上诉，二审的期限为 3 个月，特殊情况还可以再延长 3 个月，一个专利侵权诉讼案件的审理期限通常会超过 1 年，有的甚至会达到 2—3 年。而实践中，案件审理期限的延长一般是由于对方当事人提起无效程序而中止。在法院一旦做出中止诉讼的裁决后，就需等待专利复审委员会做出专利权是否有效的结论，而根据《专利法》当事人如果对复审委员会做出的专利权有效或者无效的决定不服，可以向北京市第一中级人民法院提起行政诉讼，对此不服还可以上诉。法院对专利复审员会做出的专利权有效或无效决定只能做出维持或者撤销的决定，并不能直接裁决专利权的有效或者无效，如果法院做出撤销专利复审委员的裁决，专利复审委又需重新做出专利有效或者无效的决定，对此不服，当事人仍可以向法院提起行政诉讼，如此一来，便形成了"循环诉讼"使专利侵权案件的审理期限变得十分漫长。实践中，经过中止审理的案件，其审理的期限通常会达到 4 年以上，在这一过程中，许多专利技术会失去市场，无继续保护的必要，或者当事人难以承受漫长诉讼的负担，最后放弃诉讼，权利人的诉求并不能真正得到满足。正是这些因素，导致一些案件久拖不决，不能及时审结，因此社会公众普遍反映知识产权司法保护的周期较长，据中国专利保护协会 2012 年的调研，在受访的 447 人中，认为"专利民事司法保护审理时间长"的占 66.7%。[①]

　　具体到法定审限内的结案率，其指的是在法律规定的审理期限内

---

① 中国专利保护协会调研组：《专利权保护制度实施效果评价与完善研究》，2012 年 10 月。

审结的案件数占结案数的百分比。① 我国诉讼法对各类案件审理的时限做了明确规定，同时针对案件审理中的特殊情况，也规定了期限延长的规定。案件在法律规定的审限内结案，即使在延长的审限内结案，也应当是合法的。用审限内结案率来评价审判的效率较为科学，对促进案件在审限内审结，防止案件久拖不决具有重要的意义。从近年来全国法院知识产权案件审限内结案率的数据来看，4 年平均达到了 98%（见表 6 - 19），说明绝大多数的知识产权案件都能在法定的审限内审结。这反映了近年来知识产权案件的审判效率总体上符合法律的规定。

表 6 - 19　　2009—2013 年知识产权民事一审案件审限内结案率②

年　　份	2009 年	2010 年	2011 年	2012 年	2013 年③
审限内结案率	97. 38%	97. 93%	98. 57%	99. 24%	—

根据课题组在湖南省内发放的 600 份问卷来看，认为"司法审判效率很高，公平且非常满意"的有 9 份，认为"司法审判时限性严、效率较高，公平且满意"的有 114 份，认为"司法审判时限性严、效率一般，但公平"的有 348 份，认为"司法审判效率较低，既存在人为延长时限的情形，也存在不公、不满意的情形"有 111 份，认为"司法审判效率很低，经常发生违犯时限性要求的情形，既不公平又极不满意"的有 18 份，加权计算值为 54. 5，所占权重为 2 分（2%），因此指标得分为 1. 09 分（见表 6 - 20）。

---

① 佟季、闫平超：《法定（正常）审限内结案率指标的释疑》，《人民法院报》2011年 10 月 29 日。

② 参见 2009 年、2010 年、2011 年、2012 年《中国知识产权保护状况》白皮书。

③ 2013 年《中国知识产权保护状况》白皮书未记载知识产权民事一审案件审限内结案率。

表 6 – 20　　　　　　　　司法审判时限性满意度的评价统计

司法审判时限性的满意度	非常满意	满意	一般	不满意	极不满意
统计（份）	9	114	348	111	18
加权计算值	54.5				
指标得分（分）	1.09				

6.3.1.4　庭审组织的合理性

庭审组织的合理性是从知识产权案件的庭审组织构成及审理人员构成这一角度来分析的，考察的是司法审判过程中是否按法定要求组成合议庭，是否在庭审中违法任用人民陪审员，是否在专业性强的案件中没有由相应技术背景或专业背景的人员充任合议庭成员等内容。

知识产权诉讼案件较之其他类型的诉讼案件具有强调专业性、技术性的特点，并且更多涉及涉外情形。这就要求为有知识产权案件管辖权的相关法院配置更具有知识产权专业素养审判人员，这些人员最好还应当具有一定的理工知识背景或较高的外语水平。各地区应根据实际需要，按照诉讼法对管辖权的有关规定，在有关法院设立知识产权审判庭，在知识产权案件非常集中的地区，逐步实现知识产权法院的设立。通过审判人员、审判庭、审判法院的专业性增强，确保知识产权案件获得更为公正、及时的处理。

目前，我国的知识产权审判组织制度已经形成了由知识产权庭、行政庭、刑庭分别审理有关知识产权的民事案件、行政案件、刑事案件的格局，且很多地方在开展"三审合一"试点，2014 年国家在北京、上海、广州设立了专门的知识产权法院。据调研得知，为了解决知识产权案件相比于其他案件具有的专业性和技术性问题，在司法实践中主要有三种解决方式：委托鉴定、专家咨询和陪审员制度。北京市法院在 20 世纪八九十年代主要是聘请相关技术领域专家作为陪审员参加案件审理①；90 年代中期则是法院与高校、科研单位实行人员交流机制，交流到法院的人员仍作为陪审员来参与案件；90 年代末，形成知识产权审判的陪审员机制，主审法官可以从陪审员名单中选择具有相关专业素养、专业特长者参与审理；2001 年起，国家知识产权局以及专利复审委员会开始派员交流，所派人员同样是以陪审员身份参加案件审理。2009 年以来，陪审员的选任开始多元化，既有高校教师、技术专家、专利代理人、律师，也有适当比例的国家机关和事业单位工作人员，但陪审员选任考虑了身份混同可能带来审理过程的不公现象。

近几年知识产权案件的陪审员参审率有大幅提升，2011 年，长沙市中级人民法院的知识产权民事一审案件陪审员参审的案件率达到 98%；2012 年，乌鲁木齐市中级人民法院的知识产权案件陪审率达到 100%；2013 年，广西壮族自治区南宁市中级人民法院加大专家陪审员参审力度，有 58 件涉及复杂技术问题的案件吸收"专家陪审员"陪审（见图 6-11）。② 但实质上是陪而不审，对司法公正与效率并无益处的情形仍很严重，甚至存在有些人民陪审员以"隐身人"来参审或承办案件，造成知识产权审判中的"秘密裁判""暗箱操作"的现象。

---

① 赵静：《论知识产权审判组织及审判运行模式的建制》，《知识产权》2003 年第 3 期。
② 参见于 2011 年、2012 年、2013 年《中国法院知识产权司法保护状况》白皮书。

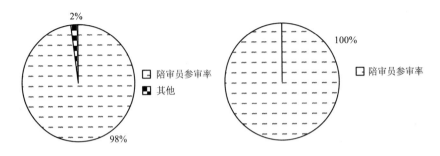

图 6 – 11　长沙中院和乌鲁木齐中院民事一审案件陪审员参审情况比较

根据课题组在湖南省内发放的 600 份问卷来看，认为"知识产权一审民事案件庭审组织合理，充分吸收人民陪审员和技术专家"的有 48 份，认为"知识产权一审民事案件庭审组织合理，大多数案件有人民陪审员和技术专家参与且发挥重要作用"的有 114 份，认为"知识产权一审民事案件庭审组织合理，大多数案件有人民陪审员和技术专家参与且发挥一定作用"的有 258 份，认为"知识产权一审民事案件庭审组织合理，大多情形人民陪审员和技术专家只陪不审"的有 135 分，认为"知识产权一审民事案件庭审组织极不完善，人民陪审员和技术专家的参与度都较低或无意义"的有 45 份，加权计算值为 54.5，所占权重为 1 分（1%），因此指标得分为 0.55 分（见表 6 – 21）。

表 6 – 21　　　　　司法庭审组织合理性的评价统计

庭审组织的合理性	充分吸收	有重要作用	有一定作用	只陪不审	参与度低
统计(份)	48	114	258	135	45
加权计算值	54.5				
指标得分(分)	0.55				

6.3.1.5　举证负担的合理性

在知识产权案件中，尤其是民事侵权案件中，举证责任问题是关乎一场官司能否胜诉的关键。在本课题中，设置"举证负担的合理性"这一指标主要是考察在知识产权司法审判过程中是否合理分配了当事人各方的举证责任，对于当事人无法取得的证据请求法院调查取证是否支持及回应的情况等。

在司法实践中，对案件事实证据的认定及相关举证责任的分配，将直接影响到案件最后的判决结果。在知识产权诉讼中，尤其是计算赔偿额方面，举证难一直是当事人反映较为强烈的一个问题。以专利侵权诉讼为例，根据"谁主张，谁举证"的原则，需要当事人举证证明他人未经许可实施了其专利权，即符合《专利法》第十一条"不得为生产经营目的制造、适用、许诺销售、销售、进口其专利产品，或者使用其专利方法以及使用、许诺销售、销售、进口依照该专利方法直接获得的产品"的规定。但实践中，由于专利的无形性，他人侵犯专利权的方式不是传统的占有，而是擅自使用、假冒、篡改等行为，相应的证据也主要掌握在侵权人手中，权利人想要获得侵权证据就显得非常困难，通常需要委托律师或者聘请专业的公司去调查取证。特别是近年来随着网络技术的飞速发展，侵权人多使用化名或身处外地，往往具有隐蔽性等特点，增加了权利人收集、固定证据的难度。许多权利人，尤其是中小型企业由于其人力、财力的限制在侵权诉讼中无法进行举证，导致不能很好地制止侵权行为，维护自身合法权益。在确定专利侵权赔偿的数额时，权利人通常需要提交被告的会计账册、财务审计报告等资料，而目前，许多企业尤其是中小企业的各类经营单据往往不存档或不齐全，有的甚至为了偷税漏税制作假账，这导致当事人诉讼中难以对侵权赔偿数额的事实进行举证。虽然《专利法》规定了方法发明专利可以实行举证责任倒置，但侵权起诉的基本事实仍需要权利人举证。此外，《民事诉讼法》规定了权利人可以诉前或诉中申请法院进行证据保全，但一些法院由于知识产权法官数量有限且业务繁忙或嫌取证太麻烦，权利人的调查取证申请往往得不到相应的回应。根据中国专利保护协会 2012 年的调研，在受访的 447 人，有 71.4% 认为"举证难度大"（见图 6 - 12）。① 可见，举证难已经成为制约知识产权司法保护的一个重要因素。

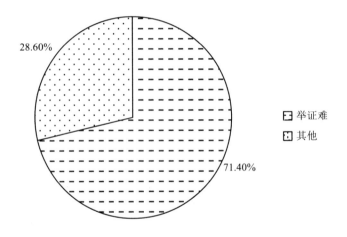

28.60%

71.40%

举证难

其他

图 6 - 12 关于对知识产权侵权诉讼中举证难问题的调查结果

根据课题组在湖南省内发放的 600 份问卷来看，认为"知识产权案件庭审中举证责任分配合理"的有 174 份，认为"知识产权案件庭审中举证责任分配还比较合理"的有 144 份，认为"知识产权案件庭审中举证责任分配基本合理"的有 189 份，认为"知识产权案件庭审

① 中国专利保护协会调研组：《专利权保护制度实施效果评价与完善研究》，2012 年 10 月。

中举证责任分配不合理"的有 75 份，认为"知识产权案件庭审中举证责任分配很不合理"的有 18 份，加权计算值为 67.7，所占权重为 2 分（2%），因此指标得分为 1.35 分（见表 6－22）。

表 6－22 举证负担合理性的评价统计

举证负担的合理性	合理	比较合理	基本合理	不合理	很不合理
统计(份)	174	144	189	75	18
加权计算值	67.7				
指标得分(分)	1.35				

6.3.2 司法公开

6.3.2.1 司法活动的公开性

正义不仅要实现，而且要以人们看得见的方式实现。[①] 司法公开不仅是现代法治的一项基本原则，更是对公民权利保障的一项重要内容。司法公开既包括审判过程的公开，也包括审判结果的公开。所谓过程公开，是指人民法院在处理知识产权案件时是否进行了开庭审理等情形；所谓结果公开，是指人民法院的案件裁判结果是否通过网络或查阅等方式予以公开。

根据现行《民事诉讼法》第一百三十四条、《行政诉讼法》第

---

① ［英］丹宁：《法律的正当程序》，李克强、杨百揆、刘庸安译，法律出版社 2011 年版，第 23 页。

五十四条、《刑事诉讼法》第一百八十三条规定，人民法院审理知识产权民事、行政或刑事案件，除涉及国家秘密、个人隐私或者法律另有规定的以外，应当公开进行；涉及商业秘密的案件，当事人申请不公开审理的，可以不公开审理。因此，一般而言，实践中知识产权案件除涉及技术秘密以外，在司法过程中的公开性都做得比较好。在知识产权审判领域，近年来全国法院还普遍通过召开新闻发布会、巡回审判、法院开放日等形式对法院审理的过程进行公开，提高法院对知识产权案件审理的透明度。

在司法结果公开方面，近年来各级法院也加大了对知识产权案件审理结果的公开力度，最高人民法院于2006年3月10日开通了"中国知识产权裁判文书网"，全国法院系统将知识产权司法裁判文书统一进行上网。截至2011年年底，已经有40175份生效知识产权裁判文书上网公开；截至2012年年底，共有47422份生效知识产权裁判文书进行上网公开；截至2013年年底，通过网络公开的全国各级人民法院生效知识产权裁判文书已达61368份（见图6－13）。[①]此外，最高人民法院还通过发布《中国法院知识产权司法保护状况》白皮书、《知识产权案件年度报告》《知识产权审判案例指导》等材料，对人民法院的知识产权审判工作进行公开；各地法院在实践中也逐渐创新司法公开的新途径，如湖南法院通过邀请人大代表、政协委员定期旁听案件，辽宁法院建立网络庭审直播机制等。这些举措及时公开了法院的审判过程，增加了社会公众对司法保护的信心。

---

① 参见2011年、2012年、2013年《中国法院知识产权司法保护状况》白皮书。

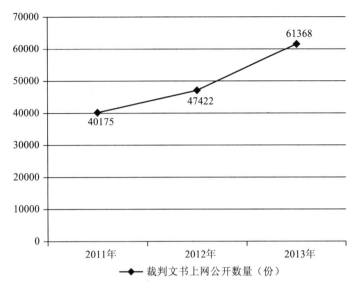

图 6-13　2011—2013 年知识产权司法裁判文书上网公开情况

根据课题组在对湖南省高级人民法院有关人员的访谈调研中，我们了解到，近年来知识产权案件的裁判文书，除涉及国家秘密、个人隐私或者商业秘密的外，公开率几乎是 100%，远远超过其他案件类型。由于该指标所占权重为 2 分（2%），如果忽略法定不公开的情形外，该指标得分差不多接近 2 分。

6.3.2.2　司法公开的制度化

阳光是最好的防腐剂，对司法活动进行公开是对法院审判活动进行监督的一个重要手段，实践中出现的裁判不公等现象，最主要的原因之一就是司法公开没有制度化，审判的过程不透明，审判的文书说理不明晰。将知识产权案件审判的信息进行公开，自觉接受人民群众监督，不仅对规范司法机关的裁判行为，提高司法机关的公信力有十分重要的意义，而且对知识产权违法犯罪行为起到很好的震慑作用，对加大打击知识产权侵权违法的力度，维护公平竞争的市场环境能起到很好的推动作用。

2010年4月起，最高人民法院开始发布《最高人民法院知识产权案件年度报告》，汇集全国各地以各种形式评选的知识产权典型案例和优秀案例。这一方面是对审判机关自身工作结晶的展示，另一方面，典型案例的发布对审判方式的创新探索具有一定的指导意义，也有助于推动司法公开。2011年，为了提高司法透明度，提升司法公信力，人民法院通过新闻发布会、法院开放日、庭审网络直播、开通知识产权裁判文书网等形式着力实现司法公开的深化。2012年，在原有司法公开形式基础上，又开展了巡回审判，邀请人大代表、政协委员及社会公众旁听庭审等形式。此外，最高人民法院、最高人民检察院与公安部合作出版了《中国知识产权司法保护年鉴（2011年）》，对2011年中国知识产权司法保护领域的相关工作文件、研究成果、典型案例等进行了集中展示。2013年，最高人民法院知识产权审判庭发布了《人民法院知识产权裁判文书上网公布暂行办法》，全面规划设计了裁判文书上网公开的各项体系和制度。由此可见，近年来我国知识产权领域的司法保护在司法公开、保障公众知情权、参与权、监督权方面获得了很大进展。

虽然司法公开在近年有很大的改进，但同时也要看到，在实践中，基层法院由于受人力、财力、技术等条件的制约，司法公开很多情形并未能真正落到实处。根据课题组在湖南省内发放的600份问卷来看，认为"司法公开制度十分完善，运行高效"的有66份，认为"司法公开制度比较完善，只是公布不及时"的有138份，认为"司法公开制度相对完善，公布力度很不够"的有267份，认为"司法公开制度很多地方都不完善，公布不及时，公开渠道单一"的有96份，认为"司法公开制度完全形式化，根本没有发挥应有效果"的有33份，加权计算值为58.6，所占权重为2分（2%），因此指标得分为1.17分（见表6-23）。

表 6 - 23 司法公开制度化的评价统计

司法公开 制度化	十分完善	比较完善	相对完善	不完善	完全形式化
统计(份)	66	138	267	96	33
加权计算值	58.6				
指标得分(分	1.17				

6.3.3 司法手段

6.3.3.1 临时禁令的回应性

临时禁令虽包括诉前禁令和诉中禁令,但诉前禁令作为知识产权特设的制度之一,极具研究价值。知识产权诉前禁令是 TRIPS 协议中规定的"临时措施"之一,它是指人民法院为及时制止正在实施或即将实施的侵害权利人知识产权或有侵害之虞的行为,在当事人起诉前根据其申请发布的一种禁止行为人从事某种行为的强制性命令①。诉前禁令的作用体现在能够在诉讼程序开启前预先地防止他人继续实施侵权行为,从而减少权利人因相关侵权行为所受的损害。在英、美、法国家属于救济制度中的"临时禁令",而在大陆法系国家被归于民事诉讼行为保全制度中"假处分"的范畴。

临时禁令制度作为"入世"后为加大知识产权保护力度而引进的一项新制度,《专利法》《商标法》《著作权法》都相继对该制度进行了规定。最高人民法院也通过出台相应的司法解释对诉前禁令制度的适用程序加以细化和明确,如 2001 年和 2002 年先后通过了《最高人民法院关于对诉前停止侵犯专利权行为适用法律问题的若干规定》《最高人民

---

① 韩天岚:《知识产权诉讼中的诉前禁令的适用》,《电子知识产权》2004 年第 4 期。

法院关于诉前停止侵犯注册商标专用权行为和保全证据适用法律问题的解释》《最高人民法院关于审理著作权民事纠纷案件适用法律若干问题的解释》等。此外，为了能够及时地保护知识产权，很多知识产权领域的保护条例也分别规定了在特定情况和条件下，相关权利人可以申请实施诉前禁令，如《计算机软件保护条例》《集成电路布图设计保护条例》。在《关于诉前责令停止侵犯专利权、商标权、著作权行为案件编号和收取案件受理费问题的答复》中对于诉前禁令案件的案号和受理费问题也做了统一的规定。① 目前，通过知识产权司法保护通常需要经过较长的诉讼周期，很难及时制止侵权行为，而诉前禁令制度正好契合了权利人的这一需求，能快速制止违法侵权行为。

从图 6 – 14、图 6 – 15 和表 6 – 24 可以发现，实践中法院受理的临时禁令案件数量极少，占法院受理的民事一审案件数量的比例很低，不足 1%，这说明诉前禁令制度在当前的知识产权司法保护中还远未发挥其应有的制度价值。根据《专利法》的规定，对于诉前禁令法院应当在 48 小时内进行审查并做出决定，而根据当事人向法院提出诉前禁令申请的条件，法院在 48 小时内需要对"有证据证明侵权行为存在或即将发生"和"难以弥补的损害"这两个条件进行审查并做出判断，这在实践中存在很大的困难。同时，当事人提出诉前禁令申请少的原因还与当前诉前禁令的执行缺乏保障有关，诉前禁令对侵权行为的执行，并非像财产执行可以查封和扣押等，而侵权行为又往往具有隐蔽性，法院的监督也具有滞后性，这就导致禁令的有效执行大打折扣，当事人的请求得不到满足，挫伤权利人申请诉前禁令的积极性。

---

① 姜军霞：《知识产权诉前禁令制度研究——以程序公正为视角》，硕士学位论文，辽宁大学，2011 年，第 20 页。

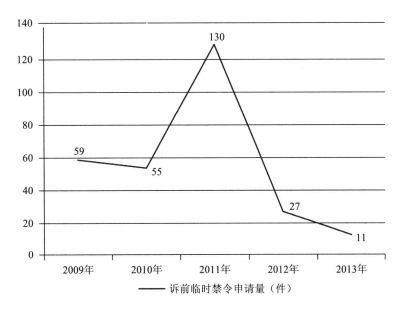

图 6 - 14　2009—2013 年知识产权诉前临时禁令的申请情况

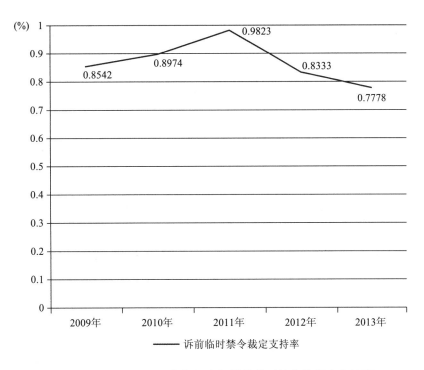

图 6 - 15　2009—2013 年知识产权诉前临时禁令的裁定支持率

表 6 – 24   2009—2013 年知识产权诉前临时禁令的适用情况①

年　份	2009 年	2010 年	2011 年	2012 年	2013 年
民事一审案件量（件）	30626	42931	59612	87419	88583
诉前临时禁令申请量（件）	59	55	130	27	11
比例	0.19%	0.13%	0.22%	0.03%	0.01%
裁定支持率	85.42%	89.74%	98.23%	83.33%	77.78%

　　根据课题组在湖南省内发放的 600 份问卷来看，对"是否了解、申请过知识产权诉前禁令制度"这一问题选择"是"的有 33 份，并在此基础上进一步作答的结果为：认为"效果很好：诉前禁令制度能有效制止侵权，实施无障碍的"的有 3 份，认为"效果好：诉前禁令制度能有效制止侵权，但申请时举证太难"的有 12 份，认为"效果一般：诉前禁令制度制止侵权的效果一般，举证和获得法院支持有难度"的有 9 份，认为"效果差：诉前禁令制度制止侵权效果无力度，举证和获得法院支持都太难"的有 6 份，认为"效果极差：诉前禁令制度制止侵权完全无法达到预期目标，举证和获得法院支持都太难"的有 3 份，加权计算值为 58.64，所占权重为 2 分（2%），因此指标得分为 1.17 分（见表 6 – 25）。可见，许多权利人对诉前禁令这一制度并不了解，也是诉前禁令申请比例低的一个原因。

---

　　① 参见 2009 年、2010 年、2011 年、2012 年、2013 年《中国法院知识产权司法保护状况》白皮书。

表 6 – 25　　　　　　　　　　临时禁令回应性的评价统计

临时禁令的回应性	很好	好	一般	差	极差
统计(份)	3	12	9	6	3
加权计算值	58.64				
指标得分(分)	1.17				

6.3.3.2　证据保全的回应性

证据是知识产权民事诉讼所必须解决的核心问题之一，证据的合法性、真实性、关联性的强弱直接影响着在具体案件中侵权是否成立、侵权损害如何、赔偿范围大小和数量多少的问题。在知识产权领域，客体的无形性直接导致了相关侵权行为的多样性、隐蔽性和复杂性，进一步在证据上也表现出隐蔽性强、难于举证、易于灭失的特点，这些特征使得证据保全对于知识产权民事诉讼的开展非常重要。[1]实现知识产权审判质量和效率的提升，必须从实证方面对证据保全制度进行考察，规范相关的证据保全行为，及时解决证据保全过程中产生的问题。

我国关于知识诉讼证据保全的相关法律主要是"入世"后为了适应 TRIPS 协定的相关要求而修订的，民事诉讼、知识产权等法律和司法解释共同构建起我国知识产权诉前证据保全制度的基本框架与法律理据。具体体现在：2001 年修正的《商标法》第五十八条，2002 年

---

①　罗剑青、祝建军：《知识产权民事案件证据保全存在的问题及对策》，《科技与法律》2007 年第 6 期。

公布的《关于诉前停止侵犯注册商标专用权行为和保全证据适用法律问题的解释》第一一三条；2001 年修正的《著作权法》第五十条，2002 年公布的《关于审理著作权民事纠纷案件适用法律若干问题的解释》第三十条，2001 年公布的《计算机软件保护条例》第二十七条和 2006 年修订的《最高人民法院关于审理涉及计算机网络著作权纠纷案件适用法律若干问题的解释》第七条；2001 年颁布的《最高人民法院关于对诉前停止侵犯专利权行为适用法律问题的若干规定》，专利纠纷的诉前证据保全申请要求与诉前禁令同时提出，2006 年《专利法》在第六十七条增加了诉前证据保全制度；2012 年修正的《民事诉讼法》第八十一条①。通过法律与司法解释、一般法与特别法的相互补充，知识产权诉讼证据保全制度得以全面确立。

纵观近年知识产权纠纷中当事人向法院提出诉前证据保全申请量来看，虽然数量在不断增加，由 2009 年的 237 件增加到 2012 年的 320 件，但占知识产权纠纷案件受理总量的比例还很低，2009 的比例为 0.77%，2012 年的比例为 0.37%，2013 年甚至降为 0.20%。同时，从法院对诉前证据保全案件申请的裁定支持率来看，平均在 95% 以上，可见，法院对诉前证据保全申请的支持率很高。而实践中当事人提出申请的比例如此低，一方面可能与法律规定当事人提起诉前证据保全申请的门槛较高有关，另一方面，据调研发现，目前许多权利人在法院起诉时往往没有申请诉前证据保全的相关意识，有的甚至不知道可以申请诉前证据保全。因此，就导致了诉前证据保全这一措施没有发挥出其应有的价值（见图 6 - 16、图 6 - 17、表 6 - 26）。

---

① 《民事诉讼法》第八十一条："在证据可能灭失或者以后难以取得的情况下，当事人可以在诉讼过程中向人民法院申请保全证据，人民法院也可以主动采取保全措施。因情况紧急，在证据可能灭失或者以后难以取得的情况下，利害关系人可以在提起诉讼或者申请仲裁前向证据所在地、被申请人住所地或者对案件有管辖权的人民法院申请保全证据。"

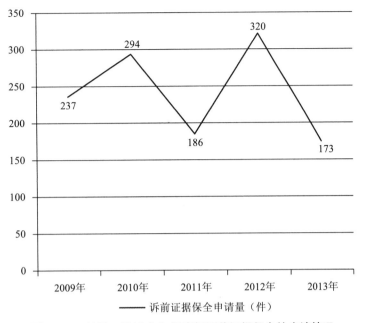

图 6 – 16　2009—2013 年知识产权诉前证据保全的申请情况

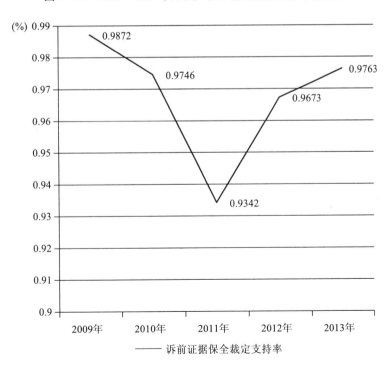

图 6 – 17　2009—2013 年知识产权诉前证据保全的裁定支持率

表 6 - 26　　2009—2013 年知识产权诉前证据保全的适用情况①

年　份	2009 年	2010 年	2011 年	2012 年	2013 年
民事一审案件量(件)	30626	42931	59612	87419	88583
诉前证据保全申请量(件)	237	294	186	320	173
比　例	0.77%	0.68%	0.31%	0.37%	0.20%
裁定支持率	98.72%	97.46%	93.42%	96.73%	97.63%

　　根据课题组在湖南省内发放的 600 份问卷来看，对"是否了解、申请过知识产权诉前证据保全制度"这一问题选择"是"的有 39 份，并在此基础上进一步作答的结果为：认为"诉前证据保全制度能有效制止侵权，法院回应的满意度很好"的有 6 份，认为"诉前证据保全制度能有效制止侵权，法院回应的满意度较好"的有 9 份，认为"诉前证据保全制度制止侵权有一定效果，法院回应的满意度一般"的有 12 份，认为"虽然诉前证据保全制度制止侵权有较好效果，法院回应的满意度较差"的有 6 份，认为"诉前证据保全制度提出后，很难得到法院积极的支持，满意度很差"的有 6 份，加权计算值为 56.54，所占权重为 2 分（2%），因此指标得分为 1.13 分（见表 6 - 27）。

表 6 - 27　　　　　　　　诉前证据保全回应性的评价统计

诉前证据保全的回应性	很好	较好	一般	较差	极差
统计(份)	6	9	12	6	6
加权计算值	56.54				
指标得分(分)	1.13				

①　参见 2009 年、2010 年、2011 年、2012 年、2013 年《中国法院知识产权司法保护状况》白皮书。

6.3.3.3　财产保全的回应性

财产保全是指人民法院在案件受理前或诉讼过程中，对利害关系人或者当事人的财产或者争议的标的物，依据利害关系人或当事人的申请或依据法院的裁定，采取的一种强制性措施，包括诉讼财产保全和诉前财产保全。① 财产保全是一种保障法院裁定得以顺利执行的措施，是一种民事诉讼保障制度，有助于维护当事人的合法权益，并确保法院裁定的执行效力。

对于知识产权诉讼财产保全，以前的法律并未规定，主要参考民事诉讼法的相关要求进行财产保全。但近年来，知识产权法律变动较大，2010 年修订的《专利法实施细则》第八十七条、第八十九条、第九十条都有相关规定，2013 年修订的《商标法》第六十五条、2010 年修订的《著作权法》第五十条都有具体规定。2012 年修正的《民事诉讼法》第一百条也规定："人民法院对于可能因当事人一方的行为或者其他原因，使判决难以执行或者造成当事人其他损害的案件，根据对方当事人的申请，可以裁定对其财产进行保全、责令其作出一定行为或者禁止其作出一定行为；当事人没有提出申请的，人民法院在必要时也可以裁定采取保全措施。人民法院采取保全措施，可以责令申请人提供担保，申请人不提供担保的，裁定驳回申请。人民法院接受申请后，对情况紧急的，必须在 48 小时内做出裁定；裁定采取保全措施的，应当立即开始执行。"同时《民事诉讼法》第一百零一条与第一百零二条还对财产保全的管辖与范围进行了规定，管辖由被保全财产所在地、被申请人住所地或

---

① 由于诉前财产保全对于知识产权案件处理有特殊的意义，本课题的实证仅对诉前财产保全予以分析。

者对案件有管辖权的人民法院管辖；保全范围限于请求的范围，或者与本案有关的财物。

纵观 2009—2013 年知识产权纠纷中当事人向法院提出诉前财产保全申请案件的数量来看，每年申请诉前财产保全的数量都很少，占受理知识产权纠纷案件总量的比例不足 0.5%。而从法院对诉前财产保全案件申请的裁定支持率来看，法院对诉前财产保全申请的支持率很高，2009 年和 2011 年几乎所有的案件都获得了支持。而实践中当事人提出申请的比例如此低，一方面可能与法律规定当事人提起诉前财产保全申请要提供担保，一旦出错，可能要赔付相关损失费用；另一方面，也有当事人认为可以申请诉讼财产保全，适用诉前财产保全意义不大有关，因此许多权利人在法院起诉时不知也不愿申请诉前财产保全（见图 6 – 18、图 6 – 19 和表 6 – 28）。

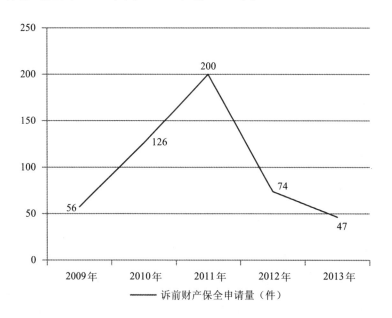

图 6 – 18　2009—2013 年知识产权诉前财产保全的申请情况

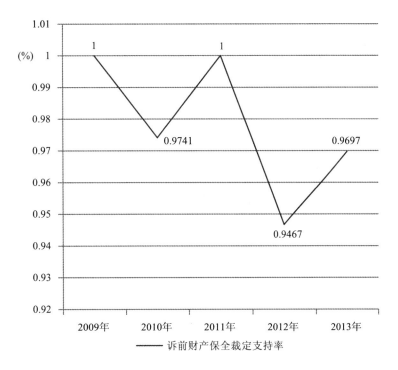

图 6 - 19　2009—2013 年知识产权诉前财产保全的裁定支持率

表 6 - 28　　2009—2013 年知识产权诉前财产保全的适用情况①

年　份	2009 年	2010 年	2011 年	2012 年	2013 年
民事一审案件量(件)	30626	42931	59612	87419	88583
诉前财产保全申请量(件)	56	126	200	74	47
比　例	0.18%	0.29%	0.34%	0.08%	0.05%
裁定支持率	100%	97.41%	100%	94.67%	96.97%

---

　　①　参见 2009 年、2010 年、2011 年、2012 年、2013 年《中国法院知识产权司法保护状况》白皮书。

根据课题组在湖南省内发放的 600 份问卷来看，对"是否了解、申请过知识产权诉前财产保全制度"这一问题选择"是"的有 120 份，并在此基础上进一步作答的结果为：认为诉前财产保全制度能有效保障执行，法院回应的满意度"很好"的有 21 份，认为"较好"的有 36 份，认为"一般"的有 24 份，认为"较差"的有 18 份，认为"诉前财产保全制度提出后，因为可能存在保全失误且比较麻烦，很难得到法院积极的支持，法院回应的满意度很差"的有 21 份，加权计算值为 58.00，所占权重为 2 分（2%），因此指标得分为 1.16 分（见表 6 - 29）。

表 6 - 29　　　　　诉前财产保全回应性的评价统计

诉前财产保全的回应性	很好	好	一般	差	极差
统计(份)	21	36	24	18	21
加权计算值	58.00				
指标得分(分)	1.16				

6.3.3.4　强制执行的合理性

法院对知识产权纠纷的处理，其最终的裁判结果能否得到有效执行直接涉及当事人的利益能否最终实现，如果法院的审判结果很难执行，将会挫伤当事人通过诉讼途径解决知识产权纠纷的积极性；但如果法院的强制执行不合法或不合理，存在不当损害当事人、第三人或其他可能的利害关系人的利益时，又会导致强制执行权力的滥用。目前，整个学术界和理论界的目光都紧盯着知识产权案件的"执行难"问题，少有人问津执行合法性和执行合理性的问题。

对于知识产权案件强制执行的实证分析，可以从执行的结果有效性来考察，也可以从执行过程本身存在的合法合理性来考察，前者将放在"司法产出"部分的"司法质效产出"指标中予以具体分析，后者则放在"司法过程"部分的"司法手段"指标中予以具体分析。但由于从知识产权案件的执行过程本身存在的问题来研究的成果几乎为空白，且涉及的数据多为负面数据，司法机关要么未做统计，要么不愿披露，因此这方面的客观数据是不可获得的，在本课题中只能对抽样获得的主观数据予以评述。[①]

实践中，之所以存在强制执行不合法、不合理的现象：一是由于法院的执行权缺少有效的约束机制，无论理论上还是立法上对强制执行措施与执行制裁措施的区分都很含糊，导致执行过程中权力滥用；二是现行强制执行措施的体系不够完善，这就要求司法实践对法律的规定予以补充，如代位执行、以物抵债、强制管理、信用曝光等，而这种立法的不健全或缺漏势必导致操作中的恣意和妄为；三是执行人员的素质参差不齐，很多缺乏相应法律专业训练的转业军人也被安排在执行岗位，导致执行过程存在不合理不合法的情形。

根据课题组在湖南省内发放的 600 份问卷来看，对"是否了解、经历过知识产权诉讼强制执行"这一问题选择"是"的有 84 份，并在此基础上进一步作答的认为"知识产权诉讼强制执行制度落实得很好，不存在合理、合法性问题"的有 9 份，认为"知识产权诉讼强制执行制度落实得较好，不存在合法性问题，但少量案件存在合理性问题"的有 30 份，认为"知识产权诉讼强制执行制度落实得一般，但少量案件既存在合法性问题，也存在合理性问题"的有 39 份，认为

---

① 在此，客观数据主要指因强制执行程序不合法或强制措施不当的年被投诉量、信访量；主观数据主要指强制执行的外部评价满意度。

"知识产权诉讼强制执行制度落实得较差，但有个别案件存在合法性问题，很多案件在执行中都存在合理性问题"的有 6 份，认为"知识产权诉讼强制执行制度落实得很差，有大量案件的执行存在合法性、合理性问题"的有 0 份，加权计算值为 65.00，所占权重为 3 分（3%），因此指标得分为 1.95 分（见表 6 - 30）。

表 6 - 30　　　　　　　强制执行合理性的评价统计

强制执行的合理性	很好	较好	一般	较差	极差
统计(份)	9	30	39	6	0
加权计算值	65.00				
指标得分(分)	1.95				

6.3.4　司法机制

知识产权保护系统要能适应未来知识产权保护形势不断发展的要求，就需要不断完善和创新其工作机制。所谓机制完善创新就是指不断改革调整旧制度、旧机制和发展创造新制度、新机制，以确保各项具体机制成为面向实践、面向未来的开放系统，随着实践的发展和形势的变化不断地加以改进、创新和完善。[①] 持续的机制创新是确保知识产权保护系统未来能够与时俱进，实现可持续发展的重要保证。

---

① 王资博：《关于党建机制完善创新系统工程的思考》，《哈尔滨市委党校学报》2011年第 1 期。

6.3.4.1　三审合一审判机制的改革

在当前知识产权司法保护中，知识产权民事、刑事和行政案件分别由法院内部的民事、刑事和行政审判庭分别进行审理，而民事、刑事和行政审判庭在具体审理案件过程中适用的程序以及依据的裁判理念和思路各不相同。因此，法院在处理基于同一事实的知识产权民事、刑事和行政案件时，就有可能做出相互不一致的结论，在法院内部形成冲突，也不利于当事人进行维权，制约了司法保护整体效能的发挥。

为解决知识产权案件三审分立存在的弊端和问题，近年来在制度层面提出设立专门的知识产权审判庭统一审理知识产权民事、刑事和行政案件，即探索实行"三审合一"的知识产权审判模式。2008 年制定的《国家知识产权战略纲要》（以下简称《纲要》）指出，要"研究设置统一受理知识产权民事、行政和刑事案件的专门知识产权法庭。研究适当集中专利等技术性较强案件的审理管辖权问题，探索建立知识产权上诉法院"。2009 年《最高人民法院关于贯彻实施国家知识产权战略若干问题的意见》也提出："积极探索符合知识产权特点的审判组织模式。按照《纲要》要求，研究设置统一受理知识产权民事、行政和刑事案件的专门知识产权审判庭。"在《人民法院第三个五年改革纲要（2009—2013）》中进一步提出："建立健全符合知识产权案件特点的审判体制和工作机制，在直辖市和知识产权案件较多的大中城市，探索设置统一受理知识产权案件的综合审判庭。"

实践中，各地法院在知识产权案件"三审合一"的审判模式方面进行了积极的探索，最早的"三审合一"模式来自 1996 年上海浦东法院的"飞鹰"商标案，被称为"浦东模式"，此后各地出现了"武汉模式""南海模式""珠海模式""西安模式""重庆模式"等多种模式。这些模式的表现形式不尽相同，其中，"浦东模式"的做法是将辖区内的知识产权刑事、民事、行政三类案件，统一由基层人民法院的知识产权庭审理，二审统一集中于中院的知识产权庭；"武汉模式"的做法是辖区内的知识产权民事案件和武汉市的知识产权刑事和行政案件统一由基层法院管辖，上诉案件统一由武汉市中级人民法院知识产权庭审理；"南海模式"的做法是辖区内知识产权民事、刑事和行政案件统一由基层法院审理，上诉案件中民事、刑事和行政案件仍分别由中级人民法院的民事庭、刑事庭和行政庭分别审理；"珠海模式"的做法是珠海市中级人民法院设置独立的知识产权法庭，负责受理全市知识产权民事一审案件和中级人民法院管辖的知识产权刑事和行政的一审、二审案件；"西安模式"的做法是将知识产权刑事和行政一审案件提级到市中级人民法院统一管辖，但是仍分别各自在刑事和行政庭审理，只是有民事法官参与案件的审理；"重庆模式"的做法是由基层法院和中级法院的知识产权庭统一审理知识产权民事、刑事和行政案件，高院知识产权审判庭进行统一指导，即"三级联动、三审合一、三位一体"的知识产权审判模式。从上面六种模式可以看出，当前"三审合一"实际的运作模式主要有两种：一种情况是基层法院知识产权庭统一受理民事、刑事、行政三种案件，二审统一由中级人民法院的知识产权庭受理，或者到二审再分到三个不同的审判庭审理，另外一种情况就是案件的审理庭不变，只是在具体案件的审理过程中将三个庭的法官组合在一起共同审判知识产权案件。

近年来"三审合一"的试点法院数量呈逐年增长趋势，从 2009 年的 78 家增加到 2012 年的 133 家。截至 2013 年年底，全国已有 7 个高级法院、79 个中级法院和 71 个基层法院开展了知识产权审判"三审合一"试点（见图 6 – 20）。① 各地在"三审合一"的审判实践中，通过在审判组织的设置和审判人员的配备方面实现了案件审理过程中的事实认定、法律适用以及裁判尺度等方面的统一，取得了良好的效果。例如，上海浦东新区法院在实行"三审合一"审判以来，集合各类审判人员，建立综合合议审判庭，发挥综合审理的优势，对当事人权利给予全方位的救济，对外与公安、检察沟通，解决知识产权刑事司法关系，正确解决刑事犯罪的问题等。浦东新区人民法院从 1996 年起就试行由知识产权审判庭集中审理涉及知识产权的民事、行政和刑事案件，至今走过了 15 个年头。截至 2010 年 6 月，该院已受理各

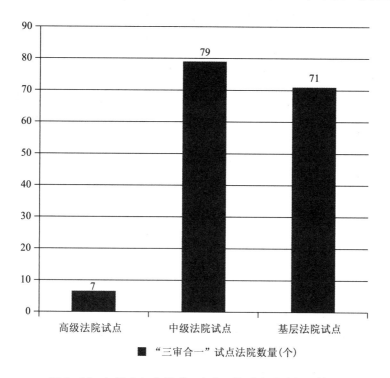

图 6 – 20　知识产权审判"三审合一"试点法院数量情况

---

① 参见 2013 年《中国法院知识产权司法保护状况》白皮书。

类知识产权案件 2149 件，其中民事案件 2066 件、刑事案件 81 件、行政案件 1 件；审结各类知识产权案件 1848 件，其中民事案件 1768 件、刑事案件 79 件。[①] 广州市天河区法院自 2006 年三审合一审判试行以来，至 2012 年，共受理知识产权案件 3985 件，其中知识产权民事案件 3884 件，知识产权刑事案件 90 件，知识产权行政案件 11 件。近三年仅 15 件案件因二审出现新证据被发回或改判，发改率仅为 0.98%。[②]

但实践中，"三审合一"的审判模式还存在以下三个问题。一是三类案件类型不平衡。实践中，从上面浦东新区法院和天河区法院实际审理的案件类型来看，"三审合一"审理的案件绝大多数是民事案件，涉及刑事案件和行政案件的数量很少。二是"三审合一"在宏观上缺乏相配套的制度支持。实践中"三审合一"机制还存在着条块分割的现象，上下级的机构之间存在不相匹配的现象。比如，在试点地区案件一审是由统一的审判庭进行审理，而二审又由三个庭分别审理，上下级法院之间不相配套。三是审判人员也缺乏稳定性，在具体案件的审理中经常出现法官临时组合的现象，未形成稳定的审判队伍。此外，由于民事、刑事和行政三类案件在审理的思路上也存在一定的差异，法官在不同类案件的审理过程中的思维转换也存在一定的困难，制约了"三审合一"审判效果的发挥。

根据课题组在湖南省内发放的 600 份问卷来看，认为"三审合一审判机制运行非常好，能缩短审判周期，提高审判公正率"的有

---

① 魏小毛：《知识产权"三审合一"的六大模式》，载于《中国知识产权报》，2010 年 7 月 9 日。

② 符丹萍、许琛：《知识产权"三审合一"审判的实践》，《广东科技报》2012 年 9 月 21 日。

117 份，认为"三审合一审判机制运行良好，能缩短审判周期，提高审判公正率，给建立统一的知识产权法院提供了有益参考"的有252 份，认为"三审合一审判机制运行欠佳，案件结构不平衡，程序冲突，亟待建立统一的知识产权法院"的有138 份，认为"三审合一审判机制只是法院改革的一种尝试，将不同专业领域的人员进行组合，提高了审判公正率，但效果不理想"的有69 份，认为"三审合一审判机制运行效果很差，审判组织不稳定，配套机制不健全，还在一定程度上有损传统审理模式的程序正义"的有24 份，加权计算值为67. 30，所占权重为3 分（3%），因此指标得分为2. 02 分（见表6 – 31）。

表6 – 31　　　　　　　三审合一审判机制改革的评价统计

三审合一审判机制的改革	很好	好	一般	差	极差
统计（份）	117	252	138	69	24
加权计算值	67. 30				
指标得分（分）	2. 02				

6.3.4.2　技术事实认定机制的确立

准确认定案件事实对案件最终的公正裁判具有决定性的意义，与普通的民事案件相比，知识产权案件由于其具有较强的技术性和高度的专业性，对知识产权案件事实的认定，往往较为困难。特别是在专利侵权纠纷中对是否构成侵权事实的认定，通常需要从技术的角度去考虑两种技术是否相同、发挥的功能是否相同等，对这些事实的认定，将直接影响到案件的最后裁判。在案件审判过程中，法官面对不同技术领域的问题时，很难完全准确地对上述问题做出判断，这就需要引入相关技术专家协助对案件进行事实认定。因此，完善知识产权案件的技术事实认定机制就显得尤为必要。

近年来在知识产权案件的审判实践中，法院开始逐渐重视技术案件的事实认定问题，并探索建立技术事实认定机制。上海市高级人民法院是最早注意发挥技术专家在解决知识产权纠纷中的作用的地方法院之一，2009 年建立了知识产权审判技术专家库。① 2010年，最高人民法院与中国科学技术协会联合签署了知识产权司法保护合作备忘录，这为二者提供了一个加强知识产权司法保护合作与交流的长期稳定的沟通平台。此外，还建立了最高人民法院特邀科学技术咨询专家库，钟南山、袁隆平等 11 位两院院士受聘担任最高人民法院科学技术咨询专家。② 各地法院在实践中也探索建立了诸如专家证人、专家陪审员制度以及技术专家咨询库等制度：2011 年山东、湖南等省高级人民法院与本省科协签署知识产权司法保护合作备忘录，聘请特邀科学技术咨询专家，制定特邀科学技术咨询专家工作办法，积极探索技术专家参与知识产权审判的新途径；江苏省高级人民法院指导辖区内中院普遍成立技术专家库，出台《知识产权技术专家库管理办法（试行）》；广东省高级人民法院建立法律咨询顾问制度。③ 2012 年，黑龙江省高级人民法院拟定了《黑龙江省知识产权审判科学技术咨询实施细则》；内蒙古自治区高级人民

---

① 参见 2009 年《中国法院知识产权司法保护状况》白皮书。
② 参见 2010 年《中国法院知识产权司法保护状况》白皮书。
③ 参见 2011 年《中国法院知识产权司法保护状况》白皮书。

法院与自治区科学技术协会签署了知识产权司法保护合作备忘录，聘任 25 位技术专家担任诉讼辅助人；江苏省高级人民法院总结专家证人在知识产权诉讼中的运用方法，形成经验总结材料《专家证人在知识产权案件审判中的运用实践》；乌鲁木齐市中级人民法院的知识产权案件陪审率达到 100%。北京市第二中级人民法院运用"三人技术组、五人合议庭"的模式，审理涉及复杂技术事实查明的专利案件。[①] 2013 年，浙江省高级人民法院制定了技术专家工作办法，聘请了 20 位技术专家专门协助法官解决案件的技术事实认定难题；湖北省高级人民法院建立三个专家库，成为法庭审判专业问题的智囊团；广西壮族自治区南宁市中级人民法院加大专家陪审员参审力度，有 58 件涉及复杂技术问题的案件是通过邀请专家陪审员陪审来确保审判的质量和效率。[②]

根据课题组在湖南省内发放的 600 份问卷来看，认为"技术事实认定机制运行很好，技术专家参与复杂案件事实认定率达 90% 以上，有力提高了审判质效"的有 36 份，认为"技术事实认定机制运行良好，技术专家参与复杂案件事实认定率达 70% 以上，有力提高了审判质效"的有 168 份，认为"技术事实认定机制运行效果一般，技术专家参与复杂案件事实认定的比例大概为 50%"的有 291 份，认为"技术事实认定机制运行效果差，虽建立了技术专家库，但实际参与复杂案件事实认定的比例不足 30%"的有 90 份，认为"技术事实认定机制运行效果很差，技术专家库建设名存实亡，未真正发挥认定效果"的有 15 份，加权计算值为 62.50，所占权重为 3 分（3%），因此指标得分为 1.88 分（见表 6 - 32）。

---

① 参见 2012 年《中国法院知识产权司法保护状况》白皮书。
② 参见 2013 年《中国法院知识产权司法保护状况》白皮书。

表 6 – 32　　　　　　　　技术事实认定机制的评价统计

技术事实认定机制的确立	很好	好	一般	差	极差
统计（份）	36	168	291	90	15
加权计算值	62.50				
指标得分（分）	1.88				

6.3.4.3　司法衔接机制的完善

司法衔接机制，从广义来说包括诉讼与行政调解的衔接、诉讼与人民调解的衔接、诉讼与仲裁的衔接、行政裁决与司法判决的衔接、行政确认与司法判决的衔接、公检法机关在刑事案件中的配合等；从狭义来说主要指诉调对接机制。诉调对接机制是近年来我国地方法院与知识产权行政管理部门、行业协会等在实践中逐渐探索出的知识产权纠纷快速解决机制。诉调对接是指诉讼与调解的相互衔接，具体是指法院诉讼与人民调解、行政调解、行业调解、商事等各类调解方式的有机衔接，其实质是提升非诉调解协议的效力，整合社会资源，高效、经济地解决知识产权纠纷，达到快速维权的目的。[①] 这对降低当事人维权成本，促进知识产权纠纷高效、快速地解决具有十分重要的意义。

近年来，各地区人民法院在知识产权诉讼与非诉讼衔接和矛盾纠纷解决机制方面进行了积极的探索，这包括构建和完善大调解工

---

① 张妮：《知识产权纠纷诉调对接评析——基于地方实践》，《知识产权》2013 年第5 期。

作机制和体系，即人民调解、行政调解与司法调解相结合，对人民调解协议进行司法确认，促进调解组织、仲裁机构、行业协会等非诉讼主体充分发挥纠纷解决的作用，以化解社会矛盾，缓解案件累积等司法压力。实践中，主要体现为以下三点。一是当事人起诉前在诉讼外请求调解，达成调解协议后申请人民法院司法确认。例如，湖南省高级人民法院在长沙市岳麓区基层法院开展专利纠纷行政调解协议的司法确认试点工作；浙江省高级人民法院和浙江省知识产权局共同在专利纠纷案件处理的诉调对接机制；内蒙古自治区高级人民法院通过与自治区知识产权局、工商局、新闻出版局、文化厅等部门协调，明确了知识产权诉前调解与诉讼程序的衔接，以及诉讼过程中邀请调解、委托调解等制度内容；福州市中级人民法院与福州市海关、工商局等行政执法部门签订了"知识产权纠纷诉调对接协议"等。二是当事人立案后法院委托有关组织进行调解，达成调解协议后，当事人申请法院司法确认或者法院根据协议内容制作调解书。例如，北京市法院系统通过委托调解、联合协作等方式，积极落实与中国互联网协会调解中心、中国作家协会、北京市知识产权局等单位建立的纠纷化解机制；浙江省高级人民法院积极探索建立专利民事纠纷委托调解机制等。三是高度重视关联案件的调解工作，引导当事人将侵权法律关系转化为市场合作关系。例如，江苏省高级人民法院针对卡拉 OK 行业著作权侵权关联案件多的情况，多次组织著作权权利人、著作权集体管理组织、卡拉 OK 业主代表与有关主管部门进行集中座谈，从源头上一揽子解决卡拉 OK 行业的著作权纠纷。2011 年，全国知识产权民事案件一审调撤率达到 72.72%，同比上升 4.13 个百分点；2012 年，全国知识产权民事一审案件的调撤率达到 70.26%；2013 年，全国法院知识产权民事一审案件平均调解撤诉率达到68.45%（见图6－21）。①

图6－21 2011—2013年全国知识产权民事一审案件调撤率变化情况

　　从知识产权案件的调撤率来看，近几年一直呈下降趋势，虽然幅度不大，但也反映了诉调对接机制可能存在三个问题。一是现有的诉调对接机制主要来自地方探索的实践，法律上关于诉调对接还缺乏明确的规定，已有的《人民调解法》和《关于人民调解协议司法确认程序的若干规定》仅对人民调解的司法确认做出了规定，但对行政调解等其他调解形式、途径、效力等缺乏具体的规定。二是各地在诉调对接实践中，由于知识产权的高度专业性，能够胜任知识产权案件调解工作的人员不多，知识产权专业的调解人员缺乏，这也在一定程度上制约了诉调对接机制作用的发挥。三是当事人的知识产权维权意识和维权能力在提高，开始倾向于司法判决，而不是走调解结案的途径。

---

① 参见2011年、2012年、2013年《中国法院知识产权司法保护状况》白皮书。

根据课题组在湖南省内发放的 600 份问卷来看，认为"诉调对接机制运行很好，不存在违法调解、强制调解的情形"的有 27 份，认为"诉调对接机制运行较好，可能存在个别的违法调解、强制调解的情形"的有 336 份，认为"诉调对接机制运行效果一般，一些调解结果不能获得司法环节的认可"的有 141 份，认为"诉调对接机制运行效果差，基于法律制度的不完善，很大部分调解的结果无法获得司法环节的认可"的有 90 份，认为"诉调对接机制运行效果很差，大量的非诉和诉讼资源浪费，变相延长了纠纷处理周期"的有 6 份，加权计算值为 64.60，所占权重为 3 分（3%），因此指标得分为 1.94 分（见表 6 - 33）。

表 6 - 33　　　　　　　　诉调对接机制的评价统计

诉调对接机制的完善	很好	好	一般	差	极差
统计（份）	27	336	141	90	6
加权计算值	64.60				
指标得分（分）	1.94				

6.4　知识产权行政保护与司法保护过程比较分析

6.4.1　执法程序与司法程序的比较

6.4.1.1　立案方面

立案是启动行政途径和司法途径的前提。由于行政权的属性和政府部门的角色使命，知识产权行政保护除了可以依当事人的请求启动外，还可以由知识产权行政机关主动启动。而知识产权司法保护则只能是由当事人的起诉而被动启动。

根据课题组的评估，由于保护体系的构成要素及其各自的差异，"行政立案的便民性"与"司法立案的便民性"的指标虽然在知识产权行政保护体系和司法保护体系当中所占的权重不均衡，但经过"均化处理"，即假设在同一权重下，"行政立案的便民性"指标的权重也为1%的时候，其得分应是0.50分，而"司法立案的便民性"指标的得分为0.78分，可见司法保护中的立案便捷性要优于行政保护的立案便捷性（见表6-34）。

表6-34 行政立案与司法立案便民性的比较

行政保护指标	权重	得分	司法保护指标	权重	得分
行政立案的便民性	2分	1.00分	司法立案的便民性	1分	0.78分

之所以出现这样的评估结果，课题组分析，原因有二：一是由于司法立案已有一整套完善规范的受理流程和操作指南，只要当事人能按照《民事诉讼法》第一百一十九条的起诉条件，就可以顺利获得受理，而行政保护过程中暂未像法院一样形成系统的规范化的收案流程。二是法院人员的专业化素质可能比行政主管机关的相关人员更高，且司法作为权利保护的最后一道屏障，决定了法院也不得随意拒绝案件裁判。这在实践中表现为只要形式要件准备齐备，大多数情形下在法院立案可能更易于行政机关立案。

6.4.1.2 成本方面

作为理性的经济人，当事人在做出任何行动时，都会考虑到成本因素。当事人所花费的成本对其是否选择进行保护或者选择何种保护模式有着很大的影响，如果某种保护模式的成本较低，当事人可以经济而便利地选择该种模式进行维权，相反，如果某种模式付出的代价较高，当事人选择该种保护模式所获得的收益在实际上会被部分地抵销和贬值，则当事人就有可能放弃该种保护模式。

与司法保护高昂的成本相比，低成本也是行政保护的一大优势。当事人请求行政机关处理侵权纠纷的成本往往较低，不需要交司法保护那样高昂的诉讼费，有的案件当事人通常不需要聘请律师，只需要向行政机关交少量的案件处理费，在不聘请律师的情况下，当事人只需花费几百元。但在司法保护中，当事人除了向法院或有关第三方机构缴纳诉讼费、鉴定费、公证费外，还需要支付昂贵的律师费，在需要采取保障措施时可能需要提供财产担保。

根据课题组的评估，由于保护体系的构成要素及其各自的差异，"行政救济的经济性"与"诉讼救济的经济性"的指标虽然在知识产权行政保护体系和司法保护体系当中所占的权重不均衡，但假设在同一权重下，"行政救济的经济性"指标的权重也为 2% 的时候，其得分则是 1.24 分，而"诉讼救济的经济性"指标的得分为 1.00 分。可见，行政保护中的救济经济性要远远高于司法保护的救济经济性，当事人花费的成本更低（见表 6 - 35）。

表 6 - 35　　　　　行政救济与司法救济经济性的比较

行政保护指标	权重	得分	司法保护指标	权重	得分
行政救济的经济性	3 分	1.86 分	诉讼救济的经济性	2 分	1.00 分

6.4.1.3 效率方面

在行政权的行使中，除了强调权力的限制和约束外，也非常注重权力行使的高效、快捷。而司法效率也是现代诉讼法律目标体系的构成要素，各级法院也在尽量缩短个案审理周期，全面加强提升司法效率。但将行政执法与司法审判相比，课题组发现，假设在同一权重下，"行政执法的效率性"指标的权重也为2%的时候，其得分是1.32分，而"司法审判的时限性"指标的得分为1.09分。可见，行政执法的效率性要远远高于司法审判的效率性（见表6-36）。

表6-36　　　　　行政执法效率性与司法审判时限性的比较

行政保护指标	权重	得分	司法保护指标	权重	得分
行政执法的效率性	3分	1.98分	司法审判的时限性	2分	1.09分

这也反映了知识产权行政保护的优势，由于司法具有被动性，而行政保护具有主动性，在公权力的介入方式上就体现得更为积极，更易发挥行政权保护的作用和长处。行政机关为了查明事实，维护公共利益和市场秩序，可以在程序上积极履行一系列的职权，甚至在应对危机或紧急事由时可以灵活运用权力，便宜行事。

而司法审判，由于大量积案的压力，各级法院都在法律规定的时限内努力缩短案件处理周期，但为了确保公正审判、充分的举证质证，司法审判就不能盲目追求效率而损害公平。因为在诉讼中，相应的期限如举证期限、答辩期限等都是为了确保案件审理的程序公正而设置的，若单纯追求高效率而随意压缩案件的审理期限则有可能损伤诉讼过程的程序正义，进而影响到案件的公正审理，背离了司法裁判对正义价值的追求。

知识产权案件与普通民事案件相比，对时效性要求更高，特别是能否及时认定侵权并制止侵权行为，直接关系到当事人的权利能否得到及时的救济。但对司法保护的效率应持一种理性的态度，在追求高效率的同时不能以牺牲程序正义为代价。当事人可以借助行政保护的优势，充分调动知识产权行政主管机关的能动性，制止知识产权侵权行为的发生。

6.4.1.4 组织方面

在知识产权行政保护中，不像司法保护那样，会形成稳定的庭审组织，因此该指标在知识产权行政保护体系中没有相互对应的设置。根据2012年修订的《民事诉讼法》第三十九条、第四十条的规定，人民法院审理第一审民事案件，由审判员、陪审员共同组成合议庭或者由审判员组成合议庭；适用简易程序审理的民事案件，由审判员一人独任审理；人民法院审理第二审民事案件，由审判员组成合议庭；合议庭的成员人数，必须是单数。在行政保护中，虽然会设置专门机构或者配备专职执法人员开展行政执法，但没有稳定的组织形式，人员组成比较随机，对情节复杂或者重大违法行为给予较重的行政处罚的，也是由管理专利工作的部门负责人集体讨论决定，也就是采用会议形式，而不是庭审形式（见表6-37）。

表6-37 行政保护与司法保护组织的合理性比较

行政保护指标	权重	得分	司法保护指标	权重	得分
—	—	—	庭审组织的合理性	1分	0.55分

因此，从组织的合理性来看，知识产权司法保护要比行政保护更有组织性和稳固性。

6.4.1.5 举证方面

无论是在知识产权行政保护，还是在知识产权司法保护当中，举证都是不可忽略的关键一环。对于知识产权行政保护而言，只要当事人能提供一些线索，即使证据不够确凿、充分，甚至未能提供有关证据，也可以基于其请求而启动行政保护程序，这是由行政权的公共管理属性决定的。但在知识产权司法保护中，尤其是知识产权民事侵权案件中，如果不提交初步的证据使其符合《民事诉讼法》第一百一十九条的起诉条件，当事人面临的要么是不被受理或驳回起诉，要么是无法胜诉。在庭审过程中，根据"谁主张谁举证"的原则，如果当事人对自己主张的事实无法举证，则可能承担举证不能的不利后果。因此，当事人举证对于知识产权司法保护举足轻重，对于知识产权行政保护则相对不那么重要，故未在知识产权行政保护体系中设置"举证负担的合理性"指标（见表6－38）。

表6-38　　　　　　行政与司法保护举证负担的合理性比较

行政保护指标	权重	得分	司法保护指标	权重	得分
—	—	—	举证负担的合理性	2分	1.35分

在知识产权行政保护中，并非当事人完全不负举证责任，而是涉及危害公共安全时或需要做出行政处罚决定时，由知识产权行政主管机关来主动调查取证。《专利行政执法办法》第三十五条规定了类似于《民事诉讼法》的做法，"在专利侵权纠纷处理过程中，当事人因

客观原因不能自行收集部分证据的，可以书面请求管理专利工作的部门调查取证。管理专利工作的部门根据情况决定是否调查收集有关证据。在处理专利侵权纠纷、查处假冒专利行为过程中，管理专利工作的部门可以根据需要依职权调查收集有关证据"。可见，对于专利侵权纠纷的处理和查处假冒专利行为，知识产权行政主管机关调查取证的态度和做法是不同的。

综上所述，根据以上三级指标得分的加总计算，行政执法程序的得分为4.84分，司法程序的得分为4.77分，而该两个二级指标的权重均为8分，可见行政执法程序得分要高于司法程序得分0.07分。也就是说，行政执法在程序的启动、成本和效率等方面整体上稍优于司法程序。

6.4.2　执法公开与司法公开的比较

6.4.2.1　行为公开方面

除了技术秘密等特殊的知识产权类型外，一般而言知识产权是以公开换保护的，知识产权制度的宗旨也是围绕着知识共享、文化传播和科技进步展开的，因此知识产权执法和司法行为的公开并不妨害知识产权的保护。从国家权力监督和阳光政府建设的角度而言，知识产权行政执法的行为也应公开，这是公众了解政府行为的直接途径和公众监督政府行为的重要依据。2007年《政府信息公开条例》颁布，知识产权行政主管机关的政务信息公开力度也非常大，主动通过知识产权年报、机关门户网站、新闻发布会以及报刊、广播、电视等便于公众知晓的方式公开各类执法信息。虽然在过程公开方面仍需更加透明，但专利类的行政执法案件都有立案编号，执法结果及相应文书均可在网络上查询。对于司法公开，由于《民事诉讼法》第一百三十四条、《行政诉讼法》第五十四条、《刑事诉讼法》第一百八十三条都有明确的规定，除涉及国家秘密、个人隐私或依申请不公开审理的商业秘密案件外，一律公开开庭审理。而且随着"中国知识产权裁判文书网"的开通，知识产权领域的司法裁判文书几乎 100% 公开。因此，在行为公开方面，无论是知识产权行政保护还是知识产权司法保护，尤其是结果公开，都有较好效果（见表 6 - 39）。

表 6 - 39　　　　　　行政与司法保护行为公开性的比较

行政保护指标	权重	得分	司法保护指标	权重	得分
行政执法的公开性	2 分	2.00 分	司法活动的公开性	2 分	2.00 分

6.4.2.2　制度建设方面

法治化进程中一个重大的里程碑就是法制化，制度建设对于一切公权力运行都有极其重要的意义。对于知识产权保护而言，无论行政公开还是司法公开，制度建设都是其不可或缺的组成部分，也是其获得有力支撑的重要保障。在行政公开的制度建设方面，知识产权行政主管机关都在其门户网站开辟了专栏，对知识产权系统执法案件信息进行公开，及时对每一件行政执法的处理决定书进行公布。同时，对一些重大知识产权执法案件进行事前公告，采取公开听证，方便公众监督。在司法公开的制度建设方面，近年来全国法院普遍通过召开新闻发布会、巡回审判、法院开放日、网络庭审直播、邀请人大代表和政协委员旁听等形式对审判过程进行公开，提高法院对知识产权案件审理的透明度。同时，通过网络公布判决书、发布知识产权司法保护状况白皮书、知识产权司法保护年鉴等文件，对知识产权案件审理的情况进行公开，这些举措进一步增加了社会公众对知识产权司法保护的信心。但实践中，由于受人力、财力、技术等条件的制约，司法公开也未能充分落实。

根据课题组的评估，"行政公开的制度化"与"司法公开的制度化"在知识产权行政保护体系和知识产权司法保护体系中所占的权重一样，但"行政公开的制度化"指标的得分是 1.08 分，而"司法公开的制度化"指标的得分是 1.17 分，这说明单就知识产权审判公开而言，在全国范围要好于知识产权行政公开（见表 6 - 40）。

表 6 - 40　　　　　　　　行政公开与司法公开制度化的比较

行政保护指标	权重	得分	司法保护指标	权重	得分
行政公开的制度化	2 分	1.08 分	司法公开的制度化	2 分	1.17 分

综上所述，根据以上三级指标得分的加总计算，行政执法公开的得分为 3.08 分，司法公开的得分为 3.17 分，而该两个二级指标的权重均为 4 分，可见司法公开在制度化等方面比行政公开的得分要高 0.09 分。也就是说，在知识产权保护领域，司法审判的公开透明度超过了行政执法的公开透明度。

6.4.3　执法手段与司法手段的比较

6.4.3.1　处理形式方面

执法手段作为实施知识产权保护活动的载体，是执法过程的关键环节，知识产权保护的一切活动都需要通过执法手段这一载体来实现。要确保在知识产权执法活动中能真正查清案件事实，对案件做出正确处理，执法主体就必须具备一定的执法权限和执法手段，而行政裁决、行政查处和行政调解是知识产权行政保护的三种基本形式，与之相应的知识产权司法保护的形式则相对单一，主要是司法判决及裁定。①

由于"司法判决的合理合法性"归根结底涉及司法保护的方方面面，在知识产权司法保护体系中设置该指标则显得空泛、无意义，因此没有设置相应指标并赋予权重。相对于行政保护的各种处理形式，司法判决由于要经过严格的一审、二审程序，其中会赋予双方当事人充分的诉讼权利，保障举证、质证、辩论、送达等环节完整展开，即使出现错案，也会由于程序正义而最大化保障实体正义，减少错案率。当然，不排除法官行使自由裁量权会有不合理的情形，但也会在法律规定的裁定幅度以内。而在知识产权行政保护中，虽然引入和参考了司法审判的做法，比如《专利行政执法办法》第二章关于专利侵权纠纷的处理，借鉴了民事诉讼法中的庭审流程和审判机构组成，第三章关于专利纠纷的调解，借鉴了人民调解和诉讼调解的经验，第五章关于调查取证，借鉴了民事诉讼法和行政诉讼法的有关规定，但由于行政权的行使要求高效、迅捷，就不可能做到像司法审判那样充分保障当事人的诉权及抗辩权后再采取行政行为。因此，行政查处、行政调解和行政裁决是否合理合法，就是知识产权行政保护体系中需要重点考察的因素，行政权在这些保护形式中的运用也会更加恣意、武断，更加便宜行事，更加膨胀，不受羁束（见表6-41）。

---

① 当然，在开庭之前，法院也可以进行庭前调解，在诉讼过程中还可以进行诉讼调解。

表6-41 行政处理形式与司法判决的合法性比较

行政保护指标	权重	得分	司法保护指标	权重	得分
行政查处的合理合法性	3分	1.81分			
行政调解的合理合法性	3分	1.86分	司法判决(诉讼调解)的合理合法性	—	—
行政裁决的合理合法性	3分	1.66分			

从这些处理形式的生效结果来看，在知识产权行政执法过程中，行政主管机关做出的行政处罚、行政决定书，当事人应当在法律规定的期限内履行，即使该具体行政行为在行政复议或行政诉讼程序中，一般情况也不会停止执行。但在知识产权司法保护中，如果当事人提出上诉，一审判决将不生效，由此决定的民事责任、行政责任或刑事责任在做出有效判决前都不能履行。另外，在知识产权行政保护中，行政主管机关的行政处罚决定并不是终局性的，可能因当事人提起行政诉讼，而受到司法审查。而在知识产权司法保护中，经过两审终审以后，法院的司法判决是具有终局效力的，除非确实存在错案，需要启动审判监督程序予以纠正外。

6.4.3.2 保障措施方面

保障措施是一切保护方式得以顺利进行的重要手段，在知识产权行政保护中主要融贯于行政查处的整个过程中，对于行政调解和行政裁决的执行，主要依托于司法机关进行强制执行。在知识产权司法保护中，保障措施主要包括：临时禁令、证据保全、财产保全、强制执行等（见表6-42）。

表6-42   行政与司法保护保障措施的比较

行政保护指标	权重	得分	司法保护指标	权重	得分
行政查处的合理合法性	3分	1.81分	临时禁令的回应性	2分	1.17分
			证据保全的回应性	2分	1.13分
			财产保全的回应性	2分	1.16分
			强制执行的合理性	3分	1.95分

相对而言，知识产权行政执法可以提供的救济手段和保障措施更丰富多样。比如，对于知识产权侵权行为的处理，可以责令立即停止侵权行为，可以没收、销毁侵权商品和专门用于制造侵权商品、伪造标识的工具，可以处以罚款等。根据《行政强制法》第九条的规定，行政强制措施有以下五类：其一，限制公民人身自由；其二，查封场所、设施或者财物；其三，扣押财物；其四，冻结存款、汇款；其五，其他行政强制措施。根据使用场合和所追求目标的不同，知识产权行政强制措施可以分为执行性强制措施、即时性强制措施和一般性强制措施（包括限制人身自由、处置财物、进入住宅、场所等），表现出杂、乱、滥、重等特征。但在知识产权司法保护中，法院只能依据当事人或公诉机关的请求，做出停止侵害、消除影响、赔礼道歉、赔偿损失或处以刑罚等判决，诉讼过程中的保障措施也限于禁令制度、保全制度和先予执行制度。

从保障措施的行使情况来看，知识产权行政保护往往运行效率高而效力低，司法保护则运行效率低而效力高。行政执法的效力低，主要讲其效力不稳定，可能面临司法审查，而非指其没有震慑力。比如在查处知识产权假冒伪劣商品时，罚款对侵权人具有惩戒性，没收、销毁制造侵权产品的工具和设备具有源头打击性，尤其是在侵权产品生产设备和工具较为复杂和贵重的情形下，可以有力减少二次侵权的可能性，或增加继发性侵权的高昂成本。可见，知识产权行政保障措施对于侵权行为的惩罚效果也比较明显，有利于防止再次侵权的发生。由于知识产权行政保护多出于维护公共利益的需要，对私人之间的侵权补偿主要按照当事人的请求进行行政调解，调解不成仍需再通过司法途径解决。在行政处理过程中，其相对于民事司法赔偿稍有不足，虽然目前的知识产权民事案件多采用法定赔偿方式，根据侵权情形和权利人损失的大小判定在 1 万元以上至 100 万元以下，以补偿性为原则，但也可能存在一定的惩罚性。

根据本课题组的调研，在知识产权司法保护过程中，申请临时禁令得到有力回应的比例不高，需要有证据证明侵权行为存在或即将发生，且有难以弥补的损害，而如果当事人启动行政救济手段，可以较快达到相应的禁令效果。在司法保全方面，由于需提供一定的担保，也使得当事人较少采用该保障措施。而强制执行在司法保护过程中属于判决文书生效后的另一个阶段，需要按知识产权标的或件数重新缴纳执行费或花费律师费，也使得司法保护的优势并不明显。

6.4.4　执法机制与司法机制的比较

机制创新是知识产权保护富有成效和有力推进的灵魂，无论是知识产权行政保护还是知识产权司法保护，实践中的机制创新一直在探索，各种新机制、新做法、新经验都逐渐被总结和提炼出来，但基于各自的特点，行政保护的机制创新与司法保护的机制创新在切入的方向上各异，在侧重的领域也各异。

相对而言，由于知识产权行政保护更富灵活性和操作的弹性，其机制创新比知识产权司法保护的机制创新内容更丰富，形式更多样。从跨区域合作而言，知识产权行政保护已经开始建立跨地区执法协作机制，各省、市、县（区）经过相互支持和统一协调，在大规模知识产权侵权事件的查处上能够密切配合，紧急响应，有力地打击了跨区域知识产权侵权行为；而知识产权司法保护主要是通过管辖权的上移来解决，可喜的是知识产权法院和巡回法院的建立给跨区域司法改革带来了新的曙光。从跨部门合作而言，知识产权行政保护主要是在中央一级设立了全国知识产权保护协调小组，建立了跨部门的协调会商机制和联合执法机制，保护力度和成效都非常突出；知识产权司法保护也毫不逊色，近年来一直在完善知识产权司法衔接机制和"三审合一"审判机制，公、检、法的配合更加密切，刑庭、民庭和行政庭的相互支撑更加有力。此外，知识产权行政保护在机制创新方面的一大亮点，还体现在建立了日常执法与专项行动相结合的机制，这开始使我国的运动式执法逐渐转变为经常性执法，将专项行动的力度和特性融入日常执法当中去。而在知识产权司法保护方面，已经逐步确立专利等案件的技术事实认定机制，并日趋完善（见表6-43）。

表6-43　　　　　行政执法与司法保护机制创新的比较

行政保护指标	权重	得分	司法保护指标	权重	得分
跨地区执法协作机制的创新	3分	1.97分	司法衔接机制的完善	3分	1.94分

续　表

行政保护指标	权重	得分	司法保护指标	权重	得分
跨部门执法协作机制的创新	3 分	1.95 分	三审合一审判机制的改革	3 分	2.02 分
日常执法与专项行动相结合机制的创新	3 分	1.99 分	技术事实认定机制的确立	3 分	1.88 分

根据课题组的评估，上述三级指标得分的加总计算后，行政执法机制创新的得分为 5.91，司法机制创新的得分为 5.84，而两个二级指标的权重均为 9 分。可见，在同一权重下，行政执法机制创新要比司法机制创新更富有成效、更易获得公众的认同。

第7章 知识产权保护产出的实证分析

7.1 知识产权保护产出绩效评价概述

在管理学上，产出是指生产者向社会提供有形的物资产出和无形的服务产出。可见，产出就是在一定的生产过程中实际创造的结果。本课题研究认为，知识产权保护的产出就是人民法院或者知识产权行政主管机关依据法律规定生产的最终产品，即通过对违法案件或侵权案件的处理达到对知识产权权利人利益的维护和市场创新秩序的维持，其最终的落脚点体现为对知识产权违法案件的实际处理，既包括实际处理的案件数量，也包括对具体案件处理的质量。数量反映了知识产权保护系统对违法案件处理的规模、力度，即对多少件知识产权违法案件进行了处理；质量反映了对具体知识产权违法案件的处理效果，案件的处理是否达到知识产权保护的目的，使当事人满意的程度。因此，知识产权保护系统产出既包括最终案件处理的数量，也包括对案件处理的质量。研究知识产权保护系统的产出，可以很好地反映近年来我国知识产权保护所取得的成绩，同时通过对最终产出的情况与最初的投入进行对比可以体现知识产权保护的效率，特别是对行政保护和司法保护二者的投入产出比可以很好地比较二者在实践中运行效率的高低。

对于产出数量的评价，主要从近年来处理的知识产权违法案件或侵权案件数量来考察，案件数量的多少，一定程度上反映了知识产权保护力度的大小，尤其是近年来案件数量的变化情况体现了知识产权保护产出的变化趋势。其中，行政保护主要分为行政查处的案件数量、行政调解的案件数量和行政裁决的案件数量，司法保护主要分为民事案件数量、行政案件数量和刑事案件数量。

对于产出质量的评价，主要从知识产权行政保护和司法保护的质效角度来考察。对于知识产权行政保护的评价，主要基于三个方面：一是考察结案情况，即执法案件的结案率、调解率、撤诉率等；二是考察行政执法的质量，即执法的合理性、合法性、正当性；三是考察行政执法的效益，即相对于行政相对人的成本收益比。对于知识产权司法保护的评价，主要基于四个方面：一是考察司法准确性，在某种程度上也可以说是案件处理的公正性；二是考察司法效率性，即司法处理案件的周期；三是考察司法效益性，即司法活动的投入产出比；四是司法执行性，即能否顺利进行强制执行或自动履行。

目前，关于司法产出质量的研究，绝大多数是对法院裁判公正性的评价，从裁判正确率、上诉率、再审率、改判发回重审率、裁判文书合格率等角度进行考察。比如，胡志斌在《法院审判质量认证体系的构建及运行研究》一文中对法院审判质量的评价主要是根据法院审判活动的不同阶段，每个阶段选择具有代表性的指标，分别为：立案正确率、调解成功率、裁判正确率、上诉率、再审率、改判率、裁判文书合格率作为法院审判质量的认证指标。[①] 何仕玖在其硕士论文《我国民事审判质量管理研究》中将审判质量评价的指标归纳为：上诉率、再审率、改判发回率、涉诉信访数、自动履行裁判率、裁判文书差错率。[②] 上述指标都在一定角度反映了裁判结果的公正性，由于本课题对司法产出质量的评价，主要侧重于从当事人的角度考察案件处理的实际效果，因此从案件处理后当事人的反应情况来考察案件处理的效果，主要选择上诉率、再审率、改判发回重审率等指标来进行评价。对于行政保护产出质量的评价，主要从当事人对行政机关执法的效果是否满意的角度考察，可以选择侵权纠纷案件处理后向法院的起诉率、假冒案件查处后的行政诉讼提起率等来评价。

在实证分析过程中，考虑到一些数据很难或暂时无法获得，或基于目前数据来源的权威性和科学性的考虑，在本章中我们对个别数据会采取模糊处理或模拟处理，也可能对某些指标放弃评价，仅选取那些最重要、最客观、最能反映现实的关键绩效指标进行评价，尽可能把握知识产权保护产出绩效评价的重点。本章数据来源以权威公开数据为主、自行调研数据为辅，在实证中能找到政府、行业协会等官方数据的，从其数据；在未能找到相应官方数据的，以自行调研的数据为补充。

对于知识产权保护，其首要目标是公正、高效地保护知识产权权利人的合法权益，促进社会技术进步，实现知识产权权利人与社会公共利益的平衡。而通过对知识产权保护产出中的相关因素进行分析，

---

① 胡志斌：《法院审判质量认证体系的构建及运行研究》，《安徽农业大学学报》（社会科学版）2011年第6期。

② 何仕玖：《我国民事审判质量管理研究》，硕士学位论文，西南政法大学，2007年。

可以找出表征保护产出绩效目标的重要成分，主要有以下三个方面：保护的文件产出、保护的结果产出、保护的质效产出。因此，课题组对知识产权行政与司法保护的产出评价将分别从上述三个方面展开。

7.2　知识产权行政执法产出绩效评价实证分析

7.2.1　执法文件产出

7.2.1.1　执法文件出台的适当性

对于知识产权执法，有法可依、执法必严是前提和保障，只有相应的执法文件、法律法规的制定出台才能使知识产权执法事业规范化。执法文件出台的适当性，是指执法文件体系及法律法规体系是否完备，是否因应社会发展及时出台相应的文件制度，是否存在执法文件制定颁布的任意性。对该指标考量的因素主要有执法文件的产出量、产出的密集度、立法真空区的产出周期、不合法执法文件的产出量等。

从近几年执法所依据的法律法规、规范性文件的制定情况来看，2008 年，专利方面，对《专利法》进行了第三次修改，同时配套启动《审查指南》的修改工作，研究修订了《专利实施许可合同备案办法》《专利权质押合同登记办法》；商标方面，制定并实施了《商标审查及审理标准》《商标实质审查工作规程》《商标审查质量管理暂行办法》《商标审查质量检查评价标准》《关于商标评审案件提前审理范围的规定》《商标评审案件审理工作制度》等一系列规章制度；著作权方面，文化部颁布了《国家级非物质文化遗产项目代表性传承人认定与管理暂行办法》；其他方面，农业部发布了《第七批农业植物新品种保护名录》《农产品标志管理办法》《农产品地理标志登记程序》《农产品地理标志使用规范》，修订了《农业植物品种权申请审查指南》《农业植物新品种测试工作手册》《农业植物新品种保藏工作手册》等规章制度。

2009 年，专利方面，修订了《专利法实施细则》和《知识产权海关保护条例实施办法》；商标方面，制定了《驰名商标认定工作细则》和《国家工商行政管理总局商标局审理驰名商标认定案件工作规范意见》；著作权方面，修订颁发了《著作权行政处罚实施办法》，出台了《广播电台电视台播放录音制品支付报酬暂行办法》；其他方面，完成了《知识产权海关保护条例实施办法》的修订。

2010 年，专利方面，《专利行政执法办法》《专利审查指南》等12 部规章的制定、修订工作基本完成；商标方面，《商标法》修订工作持续推进；著作权方面，公布了《著作权质权登记办法》；其他方面，修订了《中华人民共和国知识产权海关保护条例》；农业部会同国家林业局联合研究制定了《关于台湾地区申请人在大陆申请植物品种权的暂行规定》，组织制定了《农产品地理标志质量控制技术规范（编写指南）》，《第八批农业植物品种保护名录》。

2011 年，专利方面，完成《职务发明条例（讨论稿）》的起草和《专利实施许可合同备案办法》的修订；商标方面，修改形成《商标法（修订草案第二次公开征求意见稿）》；著作权方面，颁布《关于进一步规范作品登记程序等有关工作的通知》，起草《版权执法指导意见》《教科书法定许可付酬办法》《政府机关使用计算机软件条例》；其他方面，农业部制定《农业植物品种命名规定》。

2012 年，专利方面，起草《职务发明条例（草案）》，完成《专利标识标注办法》《专利实施强制许可办法》和《国家知识产权局行政复议规程》的修订工作；商标方面，国家工商行政管理总局与司法部联合制定发布了《律师事务所从事商标代理业务管理办法》；著作权方面，修订《出版文字报酬规定》《全国版权示范城市、基地、单位（园区）管理办法》，起草《教科书法定许可使用作品支付报酬办法》《互联网传播影视作品著作权监督管理办法（草案）》《版权执法指导意见》；其他方面，农业部起草制定《第九批植物品种保护名录》，制定《农产品地理标志登记程序》《农产品地理标志使用规范》《农产品地理标志登记审查准则》，修改《农产品地理标志专家评审规范》《农产品地理标志核查员注册管理办法》。

2013 年，专利方面，完成《职务发明条例草案（送审稿）》的起草和《专利审查指南》的修改工作；商标方面，积极开展《商标法实施条例》的修改工作；著作权方面，《教科书法定许可付酬办法》公布；其他方面，农业部配合《种子法》的修改，起草了植物新品种保护相关条款，印发《第九批农业植物品种保护名录》《农产品地理标志登记专家评审规范》《农产品地理标志登记审查准则》《全国农产品地理标志核查员注册管理办法》等制度规范。

总体而言，国家知识产权局、国家工商行政管理总局、国家版权局、海关总署、农业部、国家林业局等相关部委在近五年间在立法和规范性文件制定出台方面，密集度很高，能及时根据知识产权事业的发展状况，对过时的、有缺漏的制度进行填补、更新、修订，有着非常积极的作为，知识产权行政保护制度日益完备。根据课题组在湖南省内发放的 600 份问卷来看，认为"行政执法性文件、法律法规出台的非常适当、及时"的有 102 份,认为"行政执法性文件、法律法规出台的适当、及时"的有 303 份,认为"行政执法性文件、法律法规出台的适当性、及时性都很一般"的有 87 份,认为"行政执法性文件、法律法规出台的不太适当,要么太超前,要么太落后"的有 72 份,认为"行政执法性文件、法律法规出台完全不能适应日新月异的知识产权发展需求,行政主管机关立法很滞后"的有 36 份,加权计算值为 67.10,所占权重为 3 分(3%),因此指标得分为 2.01 分(见表 7 – 1)。

表 7 – 1   表 7 – 1   行政执法文件出台适当性的评价统计

执法文件出台的适当性	很好	好	一般	差	极差
统计(份)	102	303	87	72	36
加权计算值	67.10				
指标得分(分)	2.01				

7.2.1.2   执法文件出台的科学性

在本课题中,"执法文件出台的适当性"和"执法文件出台的科学性"指标,都涵盖了法律法规、规范性文件。在某种程度上,执法文件出台的科学性是科学立法的重要体现,既指执法文件体系在立法程序上的科学性,也指执法文件体系在内容上的科学性,不存在不同位阶法律衔接或同一法律文件内部的冲突、矛盾,针对性、实用性、可操作性较强。

从近几年执法文件出台的程序而言,知识产权行政执法文件及法律法规的制定、修订,都日益注重立法技术、遵循立法程序、强调民主立法，坚持人民的主体地位，在立法工作中贯彻党的群众路线，通过各种方式使立法、规范性文件能更好地汇聚民意、集中民智，体现人民的利益和需求。以《著作权法》修订为例，国家版权局专门成立了"国家版权局著作权法修订工作领导小组"和"国家版权局著作权法修订工作专家委员会"，广泛征求社会各界对修法工作的意见和建议，委托国内著作权领域影响较大的教学科研单位分别研究并起草著作权法修订专家建议稿。在修订草案形成初稿以后，由国家版权局主持并通过其官方网站和专函等形式，向社会各界（包括立法、司法、行政部门，社会公众，相关团体等）广泛征求意见，使修改意见汇集不同领域、不同行业和不同部分的观点和主张，组织和参与意见征求的专题会议，充分听取相关利益主体的意见和建议，最终在多次研究和反复论证的基础上形成了《中华人民共和国著作权法》的修订草案第一稿、第二稿、第三稿和最终送审稿多个版本。

从近几年执法文件出台的内容体系而言，执法文件及法律法规的修订都在力图改变目前处罚成本高、执法成本大、执法队伍不足的现状，尽量减少宣示性或执行不力、形同虚设的条款，减少规定较为抽象、没有具体处罚措施和明确执法主体的"僵尸条文"，注重法的渊源、部门、体例和内部结构的和谐，尊重知识产权发展的客观规律和法律体系的内在规律。以目前最为纷繁复杂的罚款条款为例，2012年，国务院法制办会同有关部门认真做好"一揽子"修改《著作权法实施条例》《信息网络传播权保护条例》《计算机软件保护条例》《植物新品种保护条例》等行政法规关于罚款数额的规定工作，2013年已完成所有修订。又如，2014年《专利行政执法办法》的修订，是紧紧围绕经济社会快速发展、技术进步和市场竞争加剧带来的新情况、新问题展开的，将"深入推进依法行政"明确写入执法办法的立法宗旨中；明确强调加强专利行政执法力量建设，严格行政执法人员资格管理，落实行政执法责任制，加强行政执法信息化建设和信息共享；注重发挥行政执法优势，适应互联网发展新需求，加强电子商务领域的行政执法，明确管理专利工作的部门可以通知电子商务平台对涉嫌侵权或假冒专利商品的相关网页采取删除或屏蔽等措施，以及时制止侵权和假冒专利行为。

根据课题组在湖南省内发放的600份问卷来看，认为"行政执法性文件、法律法规的制定、修订非常科学、合理"的有66份，认为"行政执法性文件、法律法规制定、修订的科学性较好"的有261份，认为"行政执法性文件、法律法规制定、修订的科学性一般"的有126份，认为"行政执法性文件、法律法规制定、修订的科学性一般，存在一定的冲突和不和谐，尤其是行政执法性文件在程序和内容上的科学性都不足"的有120份，认为"行政执法性文件、法律法规制定、修订的科学性较差，存在大量冲突、不和谐"的有27份，加权计算值为62.30，所占权重为3分（3%），因此指标得分为1.87分（见表7-2）。

表7-2　　　　行政执法文件出台科学性的评价统计

执法文件出台的科学性	很好	好	一般	差	极差
统计(份)	66	261	126	120	27
加权计算值	62.30				
指标得分(分)	1.87				

7.2.2　执法结果产出

7.2.2.1　行政查处的产出量

行政查处是知识产权行政主管机关行使职能的重要方面，包括行政检查和行政处罚。在知识产权领域，主要是对冒充知识产权、假冒他人知识产权等严重危害市场秩序和社会公共利益的行为进行查处。"行政查处的合理合法性"主要是从过程的维度考察其立案、调查取证、告知（听证）、作出处罚决定、送达、执行、结案等情形；"行政查处的产出量"则主要是从处理违法案件的数量方面来考察。

行政机关对假冒知识产权的行政查处是知识产权行政保护的一个重要组成部分，包括对假冒专利行为的行政查处、假冒商标行为的行政查处、假冒商业性标识的行政查处、盗用他人姓名发表等。以专利行政执法为例，对假冒专利的行政查处可以作为考察专利行政保护产出的一个重要侧面。在统计中，由于2008年专利法第三次修改将冒充专利和假冒他人专利合并为假冒专利行为，因此，本课题在进行数据统计时，对2008年和2009年两年的数据采用了假冒他人专利和冒充他人专利数量之和作为假冒专利的数量。从表7-3所列的六年来行政机关查处的假冒专利案件数量来看，除2009年数量有所下降外，其他年份的数据都在激增，尤其是2013年假冒专利案件数量已经突破万件，达到11171件，相对于2008年增幅为1593%（见表7-3）。从2011年以来案件数量变化呈直线上升，数量剧增的原因主要是：近年全国知识产权系统进一步加大了对知识产权领域侵权犯罪行为的打击力度，通过加强对相关行政执法工作的指导以及积极开展执法维权的"护航"专项行动，集中检查、整治了一批涉及民生、经济的重点案件，特别是整顿清理了大型商品流通场所和展会，在专利侵权纠纷的调查和假冒专利的查处方面成绩显著，① 这在一定程度上导致了行政机关执法办案数量的大幅提升。总体上，从专利行政机关查处假冒专利案件数量的变化情况来看，行政机关对假冒专利的查处力度在逐渐加大。

表 7 - 3　　　　　　2008—2013 年查处假冒专利案件数量②

年份	2008 年③	2009 年④	2010 年⑤	2011 年	2012 年	2013 年
结案数(件)	660	578	728	1704	6512	11171

表 7 - 4　　　2010—2013 年的假冒专利案件类型及数量　　　　单位:件

类　　型	2010 年	2011 年	2012 年	2013 年
第一项,在未被授予专利权的产品或者其包装上标注专利标识,专利权宣告无效后或者终止后继续在产品或者其包装上标注专利标识,或者未经许可在产品或者产品包装上标注他人的专利号	319	735	1711	2328

---

① 《2012 年全国知识产权系统各项执法工作取得较大成效》，http://www.sipo.gov.cn/yw/2013/201304/t20130415_791480.html，2013 年 10 月 8 日访问。

② 数据来自 2008 年、2009 年、2010 年、2011 年、2012 年和 2013 年的《国家知识产权局统计年报》，http://www.sipo.gov.cn/tjxx/，2014 年 5 月 14 日访问。

③ 2008 年,查处假冒他人专利行为的立案、结案数均为 59 件,其中假冒他人发明专利 4 件、实用新型 12 件、外观设计 43 件;查处冒充专利行为立案、结案数均为 601 件。

④ 2009 年,查处假冒他人专利行为的立案、结案数均为 30 件,其中假冒他人发明专利 1 件、实用新型 16 件、外观设计 13 件;查处冒充专利行为立案、结案数均为 548 件。

⑤ 《国家知识产权局统计年报(2010 年)》开始将假冒专利案区分了五种类型,但未披露立案数。

类　　型	2010 年	2011 年	2012 年	2013 年
第二项,销售第一项所述产品	326	750	4272	6341
第三项,在产品说明书等材料中将未被授予专利权的技术或者设计称为专利技术或者专利设计,将专利申请称为专利,或者未经许可使用他人的专利号,使公众将所涉及的技术或者设计误认为是专利技术或者专利设计	51	99	230	759
第四项,伪造或者变造专利证书、专利文件或者专利申请文件	2	5	29	83
第五项,其他使公众混淆,将未被授予专利权的技术或者设计误认为是专利技术或者专利设计的行为	30	115	270	1660
合　　计	728	1704	6512	11171

从 2010—2013 年的假冒专利案件类型（见表 7 - 4）及数量表可知，销售"在未被授予专利权的产品或者其包装上标注专利标识、专利权被宣告无效后或者终止后继续在产品或者其包装上标注专利标识或者未经许可在产品或者产品包装上标注他人的专利号"的产品所占的比例最大，均超过 44% ，且所占的比例越来越大；伪造或者变造专利证书、专利文件或者专利申请文件的行为比例很小，小于 0.7%（见图 7 - 1）。

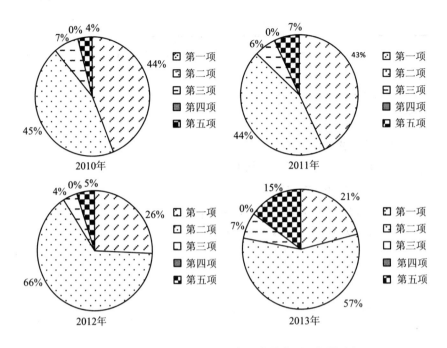

图7-1 2010—2013年的假冒专利案件类型及数量比例图

从表7-5可知①，全国范围内湖南省的查处假冒专利工作力度是最大的，自2012年开始突破千件。从区域对比来看，中部地区的查处假冒专利力度要超过东部和西部地区，但江苏省和广东省的查处假冒专利量持续上升；从时间来看，2012年和2013年的假冒专利案件查处量的增幅是最大的，基本上各省在2013年均有上涨。但如果从各省的年度查处假冒专利案件数来看，有些省份在这6年来是有升有降，并不是逐年上升的，这说明查处假冒专利案件工作在这些省份还未成为稳定的日常工作，而会随着领导换届、专项行动或工作重心转移导致查处假冒案件数量波动，还未形成真正的长效机制。

---

① 数据来自2008年、2009年、2010年、2011年、2012年和2013年的《国家知识产权局统计年报》，http://www.sipo.gov.cn/tjxx/，2014年5月14日访问。

表7-5　　　　2008—2013年三类地区查处假冒专利案件数量（单位：件）

地　区		2008年	2009年	2010年	2011年	2012年	2013年
东部	广东	78	25	71	49	664	435
	江苏	18	2	54	472	1277	1979
	浙江	0	5	32	50	129	191
中部	湖南	83	116	69	191	1338	2399
	河南	55	9	16	26	82	698
	安徽	6	1	49	42	92	169
西部	贵州	1	88	97	114	5	355
	云南	47	6	0	3	335	73
	甘肃	0	0	0	13	0	119

　　由于"行政查处的产出量"指标属于客观数值，需要整体了解，才便于评价，因此本课题采取德尔菲法汇总30位专家的意见①，在综合考虑、对比分析知识产权行政查处案件的类型构成、年度查处量的波动变化、地区间查处量的不均衡等因素的基础上，对该指标统计得出的加权计算值为87.84，②所占权重为3分（3%），因此指标得分为2.64分。

---

　　① 课题组选取了10位知识产权行政主管机关的相关工作人员、10位高校、科研院所的知识产权教学研究人员、10位专利代理机构、律师事务所及其他中介机构人员，作为评分组专家，同时负责校正在湖南省内分发的200份问卷数据。

　　② 由于课题组当初给了30位专家评分标准及档级，但难以将所有专家评分及加权计算的过程列示，在此暂略。

7.2.2.2 行政调解的产出量

随着服务行政的发展，知识产权行政调解已经是知识产权行政主管机关职能运行的一个重要方面，也是解决知识产权侵权纠纷及其他纠纷的一种重要形式。"行政调解的合理合法性"主要是从过程的维度考察知识产权行政调解是否及时，是否存在强制违法调解，是否存在滥用职权等情形；"行政调解的产出量"则主要是从处理知识产权侵权纠纷及其他纠纷的案件数量方面来考察。从2008—2013年全国专利侵权纠纷案件的调解数量及调解率①可知，近年来，全国知识产权局调解数量是逐年攀升，2013年已突破千件，达到1774件；调解率也由2008年的26.02%逐年上升至2013年的50.17%（见表7-6）。可见，知识产权行政调解已经成为行政主管机关处理专利侵权纠纷的最重要的方式和手段，在制止专利侵权行为、处理专利侵权纠纷方面发挥着非常重要的作用。

表7-6 2008—2013年全国专利侵权纠纷案件调解数量及调解率

年 份	2008年	2009年	2010年	2011年	2012年	2013年
结案数（件）	838	741	712	1019	1294	3536
调解数（件）	218	234	218	330	603	1774
调解率	26.02%	31.58%	30.62%	32.38%	46.60%	50.17%

由于"行政调解的产出量"指标属于客观数值，需要整体了解，才便于评价，因此本课题采取德尔菲法汇总30位专家的意见，在综

---

① 数据来自2008年、2009年、2010年、2011年、2012年和2013年的《国家知识产权局统计年报》，http://www.sipo.gov.cn/tjxx/，2014年5月14日访问。

合考虑、对比分析知识产权侵权纠纷及其他纠纷案件的调解量及比率、知识产权行政调解面临的法律障碍等因素的基础上，对该指标统计得出的加权计算值为 78.12，① 所占权重为 3 分（3%），因此指标得分为 2.34 分。

7.2.2.3　行政裁决的产出量

现行《专利法》明确规定可以行政裁决的情形只有：国务院专利行政部门对强制许可使用费的裁决。在与专利侵权相关的条文中，多使用"处理"一词，但该词并非在行政法范畴内的专业术语，就知识产权部门的侵权处理决定书而言，实际上行使的就是行政裁决权，涉及对是否构成侵权的具体判断，因此本课题组将这里的"侵权处理"视作行政裁决来予以分析。而且实际工作中，除了强制许可使用费外，也有对侵权处理的裁决情形，本课题对该部分指标的统计将"处理"和"裁决"的案件数进行了加总统计。

从 2008—2013 年全国专利侵权纠纷案件处理、裁定的数量可知，由于受法律规定的限制，全国使用"行政裁定"方式结案的专利侵权案件一般在 10 件左右；使用"行政处理决定"方式结案的专利侵权案件要高得多，在 150 件左右，2011 年和 2013 年都突破了 200 件。从裁决率来看，包括行政处理和行政裁定的侵权案件量，从 2008—2011 年都是微幅上扬，但到了 2012 年、2013 年开始降至 11.13% 和 7.10%（见表 7-7）。之所以出现这种情形，可能跟法律规定的不明确有关，而且行政处理缺乏有效的程序控制和程序规范，加上行政调解手段的广泛运用，这些因素都导致了行政裁决率在下降。可见，知

---

① 由于课题组当初给了 30 位专家评分标准及档级，但难以将所有专家评分及加权计算的过程列示，在此暂略。

识产权行政裁决虽然作为知识产权法律明确规定的非常重要的处理专利侵权纠纷的手段，但由于与传统的行政行为类型化和规范化不协调，目前在制止专利侵权行为、处理专利侵权纠纷方面发挥的作用也显得有限。

表7-7 2008—2013年全国专利侵权纠纷案件处理、裁定数量及裁决率①

年 份	2008 年	2009 年	2010 年	2011 年	2012 年	2013 年
结案数(件)	838	741	712	1019	1294	3536
处理数(件)	144	166	139	225	138	241
裁定数(件)	7	0	4	13	6	10
裁决率②	18.02%	22.40%	20.08%	23.36%	11.13%	7.10%

从2008—2013年全国非专利侵权纠纷案件处理数量也可知，进入2012年后权属纠纷和除权属纠纷、资格纠纷、奖酬纠纷、临时使用许可费纠纷外的其他纠纷开始大幅上涨，2013年和2012年结案数分别达到峰值，即2013年权属纠纷结案数为321件，2012年其他纠纷结案数为48件（见表7-8）。虽然非专利侵权纠纷案件可能采取调解方式结案，但主要方式为处理、裁定方式结案，故本课题将相关数据也纳入本部分分析讨论。

---

① 数据来自2008年、2009年、2010年、2011年、2012年和2013年的《国家知识产权局统计年报》，http://www.sipo.gov.cn/tjxx/，2014年5月14日访问。
② 计算裁决率时，将处理案件量和裁定案件量进行了加总计算。

表 7 - 8　　　　2008—2013 年全国非专利侵权纠纷案件处理数量①　　　（件）

年　份	2008 年	2009 年	2010 年	2011 年	2012 年	2013 年
立案数	34	26	18	27	268	372
结案数	31	17	14	21	92	348
结案纠纷种类　权属纠纷	27	14	7	8	32	321
资格纠纷	0	1	0	0	3	7
奖酬纠纷	1	0	3	0	3	6
临时保护使用费纠纷	0	0	0	0	6	2
其他纠纷	3	2	4	13	48	12

　　由于"行政裁决的产出量"指标属于客观数值，需要整体了解，才便于评价，因此本课题采取德尔菲法汇总 30 位专家的意见，在综合考虑、对比分析知识产权侵权纠纷及其他纠纷案件的处理数、裁定数及裁决率等因素的基础上，对该指标统计得出的加权计算值为 51.64，② 所占权重为 3 分（3%），因此指标得分为1.55 分。

---

　　① 数据来自 2008 年、2009 年、2010 年、2011 年、2012 年和 2013 年的《国家知识产权局统计年报》，http：//www.sipo.gov.cn/tjxx/，2014 年 5 月 14 日访问。
　　② 由于课题组当初给了 30 位专家评分标准及档级，但难以将所有专家评分及加权计算的过程列示，在此暂略。

7.2.3 执法质效产出

7.2.3.1 行政执法的结案

量的规定性和质的规定性是反映一个事物的两个维度，在考察知识产权行政执法的产出情况时也应从"量"和"质"两个方面进行。课题组设置"执法结果产出"指标是纯粹从"量"的角度来看执法产出，设置"执法质效产出"指标是从"质"的角度来看执法产出。行政执法的结案情况，尤其是在一定周期内的结案率，是体现行政执法质量和成效的重要方面。由于官方未公布查处假冒专利案件的立案情况，无法计算其结案率，在此仅以专利侵权纠纷案件与其他非专利侵权纠纷案件结案率的分析为例。

从 2008—2013 年行政机关处理的专利侵权纠纷案件的结案情况来看，这 6 年中除 2009 年和 2010 年由于专利侵权纠纷立案数量较少，结案的数量也较少外，整体而言结案的数量呈上升趋势。但其实际的结案率并不高，6 年的结案率都低于 80%（见表 7-9）。这既与当前专利行政执法人员不足、执法力量薄弱有关，也与近年来专利侵权纠纷案件的日趋复杂有关，执法人员的专业水平有时难以胜任处理复杂的知识产权案件任务，处理一个案件通常耗时过长。因此，上述客观原因在一定程度上制约了行政机关处理专利侵权纠纷结案率的提高。

表 7-9　　2008—2013 年全国专利侵权纠纷案件数量及结案率①

年　份	2008 年	2009 年	2010 年	2011 年	2012 年	2013 年
立案数(件)	1092	937	1077	1286	2225	4684
结案数(件)	838	741	712	1019	1294	3536
结案率	76.74%	79.08%	66.11%	79.24%	58.16%	75.49%

---

① 数据来自 2008 年、2009 年、2010 年、2011 年、2012 年和 2013 年的《国家知识产权局统计年报》，http://www.sipo.gov.cn/tjxx/，2014 年 5 月 14 日访问。

从 2008—2013 年行政机关处理的非专利侵权纠纷案件的结案情况来看①，这 6 年中除 2012 年结案率跌破 50% 以外，其余年份的结案率要相对高于行政机关处理的专利侵权纠纷案件的结案率，其中 2008 年与 2013 年分别达到 91.18%、93.55%。可见，非专利侵权纠纷案件的结案率呈"微笑曲线"，两边翘，2008 年可能跟《专利法》的修订出台有关，2013 年可能跟国家知识产权局的执法重视有关。

表 7 - 10　2008—2013 年全国非专利侵权纠纷案件数量及结案率

年　份	2008 年	2009 年	2010 年	2011 年	2012 年	2013 年
立案数(件)	34	26	18	27	268	372
结案数(件)	31	17	14	21	92	348
结案率	91.18%	65.38%	77.78%	77.78%	34.33%	93.55%

从 2008—2013 年三类地区行政机关处理专利侵权纠纷结案率来看，东部地区的结案率要远远高于中西部地区，且广东省、江苏省、浙江省、湖南省的结案率很平稳，但安徽省、河南省、云南省的结案率波动极其大，虽有些年份超额完成年立案量，但说明这些省份的专利侵权纠纷处理工作没有常态化。甘肃省在 2012 年、2013 年的结案率都维持在比较高的水平，分别达到 92.31% 和 89.29%。从表 7 - 11 可见，行政机关处理专利侵权纠纷存在地区间的差异，各省情况并不均衡，且每年之间也有较大波动。

---

① 数据来自 2008—2013 年的 6 份《国家知识产权局统计年报》，http://www.sipo.gov.cn/tjxx/，2014 年 5 月 14 日访问。

表 7 - 11　2008—2013 年三类地区行政机关处理专利侵权纠纷结案率①

地　区		2008 年	2009 年	2010 年	2011 年	2012 年	2013 年
东部	广东	99.50%	64.90%	73.79%	69.90%	46.37%	75.58%
	江苏	38.82%	84.47%	87.93%	82.98%	31.73%	69.61%
	浙江	75%	46.77%	95.35%	69.91%	92.43%	83.78%
中部	湖南	78.67%	86%	55.32%	103%	24.18%	66.13%
	河南	52.88%	102%②	23.26%	29.49%	33.64%	72.69%
	安徽	21.05%	32%	50.94%	170%③	40.43%	69.31%
西部	贵州	40%	0	66.67%	100%	25%	87.5%
	云南	50%	42.11%	59.26%	119%	7.14%	7.41%
	甘肃	44.44%	16.67%	48.57%	33.33%	92.31%	89.29%

根据课题组在湖南省内发放的 600 份问卷来看，认为"行政执法结案及时，很满意"的有 42 份，认为"行政执法结案及时，满意"的有 267 份，认为"行政执法结案工作一般"的有 153 份，认为"行政执法结案率较低，不满意"的有 120 份，认为"行政执法结案率很低，极不满意"的有 18 份，加权计算值为 61.50，所占权重为 5 分（5%），因此指标得分为 3.08 分（见表 7 - 12）。

---

① 本部分根据计算所得，原始数据来自 2008—2013 年的 6 份《国家知识产权局统计年报》，http：//www.sipo.gov.cn/tjxx/，2014 年 5 月 14 日访问。

② 2009 年，河南省专利侵权纠纷立案数为 53 件，而结案数为 54 件（含以往原未结案件），贵州省专利侵权纠纷立案数和结案数均为 0 件。

③ 2011 年，安徽省、湖南省、云南省专利侵权纠纷立案数分别为 20 件、162 件、21 件，而结案数为 34 件、167 件、25 件（含以往原未结案件）。

表 7 - 12　　　　　　　　行政执法结案满意度调查统计

行政执法的结案	非常满意	满意	一般	不满意	极不满意
统计(份)	42	267	153	120	18
加权计算值	61.50				
指标得分(分)	3.08				

7.2.3.2　行政执法的质量

行政执法的质量是"执法质效产出"指标的核心要素，强调行政执法全过程及其结果的合理性、合法性、正当性，一般可从行政复议提起率、行政诉讼提起率、行政赔偿提起率、执法后的二次侵权率、当事人对行政执法的满意度、行政执法的执行率等六个方面考量。

从表 7 - 13[①] 中可知，撤诉率、调解率、处理率处于历年结案方式的前三名，裁定率最低、最平稳，几乎维持在 1% 左右；撤诉率和处理率在 2012 年以后下降幅度很大，相应的调解率有较大回升。行政机关在处理专利侵权纠纷的过程中调解和撤诉的比例较高，二者之和达到 70% 左右，当事人在行政处理过程中之所以选择调解或者和解撤诉的方式来结案，有时可以当场履行赔偿等行为，对纠纷解决较为有利。这种结案方式的结构性变化，说明专利行政执法质量的改变，在专利侵权纠纷案件中更注重当事人之间的意思自治，更注重服务行政本质的转型。

---

① 本部分根据计算所得，原始数据来自 2008—2013 年的 6 份《国家知识产权局统计年报》，http://www.sipo.gov.cn/tjxx/，2014 年 5 月 14 日访问。

表 7 – 13　　　2008—2013 年全国专利侵权纠纷案件结案方式（单位：件）

年　份	2008 年	2009 年	2010 年	2011 年	2012 年	2013 年
处理率	17.18%	22.40%	19.52%	22.08%	10.66%	6.82%
裁定率	0.84%	0	0.56%	1.28%	0.46%	0.28%
调解率	26.02%	31.58%	30.62%	32.38%	46.60%	50.17%
撤诉率	51.07%	39.27%	41.99%	38.86%	32.77%	13.04%
驳回率	1.55%	3.37%	1.26%	2.45%	3.01%	15.05%
其　他	3.34%	3.37%	6.04%	2.94%	6.49%	14.65%

　　对于行政机关处理的侵权案件或者查处的假冒专利案件，事后当事人是否向法院提起行政诉讼，可以反映当事人对行政机关案件处理的结果是否满意，体现了行政机关对案件处理的效果。近几年，专利侵权纠纷案件向法院提起行政诉讼率和假冒专利案件向法院提起行政诉讼的比例来看，所占的比例很小。这说明当事人对行政机关的处理结果较为认同（见表 7 – 14）。这也与中国专利保护协会 2012 年的调研情况相符，在 445 人中对"专利行政执法机关在处理违法行为时能做到公正、公开、公平"的评价，认为"同意"的比例为 51.6%，较高于"不太同意"和"不同意"的比例。[①] 但当事人提起行政诉讼比例较低的原因还在于当前我国的法制环境

---

　　①　中国专利保护协会调研组：《专利权保护制度实施效果评价与完善研究》，2012 年 10 月。

下，行政诉讼中相对人基本很难胜诉，相对人对行政诉讼不抱希望，普遍存在不愿告、不敢告行政机关的现象。各种因素的综合，就导致在专利案件中当事人提起行政诉讼的比例极低。

表 7－14　2008—2013 年全国行政系统处理专利案件的司法审查率①

年　份	2008 年	2009 年	2010 年	2011 年	2012 年	2013 年
侵权纠纷案件民诉提起率	—	—	1.69%	2.36%	2.47%	—
假冒专利案件行诉提起率	—	—	0.00%	0.12%	0.02%	—

根据《知识产权保护社会满意度调查报告》的数据，2013 年其分解的行政执法三级指标有 7 项低于 60 分，表明社会对知识产权行政执法的工作效率、执法主动性、执法活动持续性、地方保护现象和执法资源情况诉讼周期和举证责任负担比较关注且均不满意。与 2012 年相比，2013 年的行政执法指标除"执法标准一致性"有得分提升外，其余指标都低于 2012 年，因此行政执法的质量并未得到有效改善（见图 7－2）。

根据课题组在湖南省内发放的 600 份问卷来看，对"行政执法的质量很满意"的有 39 份，对"行政执法的质量满意"的有 237 份，认为"行政执法的质量一般"的有 195 份，对"行政执法的质量不满意"的有 96 份，对"行政执法的质量极不满意"的有 33 份，加权计

---

① 数据来自国家知识产权局执法统计与分析，http://www.sipo.gov.cn/zlgls/zfgl/zftjyfx/index_1.html，2013 年 6 月 18 日访问。2010—2012 年的数据为逐月累计所得，2013 年因只公布前两个月数据，无法计算全年数据。

算值为 60.28,① 所占权重为 5 分（5%），因此指标得分为 3.01 分（见表 7 – 15）。

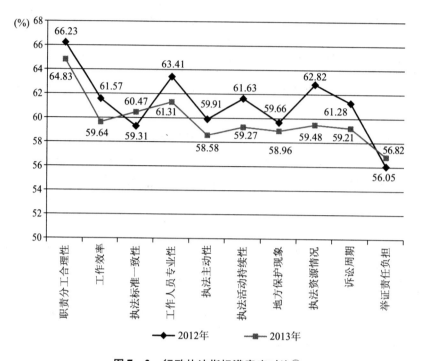

图 7 – 2　行政执法指标满意度对比②

表 7 – 15　　　　　　　行政执法质量满意度调查统计

行政执法的质量	非常满意	满意	一般	不满意	极不满意
统计（份）	39	237	195	96	33
加权计算值	60.28				
指标得分（分）	3.01				

---

①　湖南省内调研的指标评分略高于全国平均水平，说明湖南省的知识产权行政执法质量，相对走在前面。

②　该图来自中国专利保护协会、中华商标协会、中国版权协会、北京美兰德信息公司的《知识产权保护社会满意度调查报告（2013 年度）》，其中"诉讼周期"和"举证责任负担"是司法保护指标。

7.2.3.3 行政执法的效益

在本课题中,"行政执法的效益"是指依据法律的规定投入的人力、物力、财力所取得的执法效果。为了与司法保护的效益形成对应,此处的"行政执法的效益"主要是从寻求行政执法救济的申请者角度而言的。因为目前的统计少有人针对"行政执法的效益"进行数据采集,因此本课题也很难从实证的数据开展翔实的分析。

如果从宏观的社会整体效益角度来看,以 2012 年为例[①],全国知识产权系统全年共受理专利纠纷案件 2510 件,办案总量 9022 件;全国工商系统全年共立案查处侵权假冒案件 12.04 万件,罚没金额 8.51 亿元,涉案金额 20.24 亿元;全国文化行政部门和文化市场综合执法机构共受理知识产权案件 12015 件,办结案件 9492 件,捣毁侵权制假窝点 1088 个,总涉案金额 2447.3 万元;海关组织开展知识产权保护"特别行动月"和"冬季行动",查扣侵权货物 1.5 万余批次,涉及商品 9100 多万件。可见,知识产权行政系统在执法方面的社会经济效益影响极大,也有利于消费者权益的保护。

如果从微观的行政相对人收益角度来看,由于行政执法是知识产权行政主管部门积极、主动的执法行为,是公权力机关的当然义务,一般是不收取费用的,也就是由知识产权行政主管部门自行开支运转经费和人员薪资,申请行政执法救济的行政相对人除特殊情形外无须花费费用,经济成本可以说是微乎其微。根据中国专利保护协会 2010 年的调研[②],在回答问卷的 96 家被调查的企业中,选择"维权成本低"的有 54 家,占 56.2%(见图 7-3)。

---

① 数据来自 2012 年的《中国知识产权保护状况》白皮书。
② 中国专利保护协会调研组:《我国专利行政执法相关问题专题调查研究报告》,2010 年 12 月。

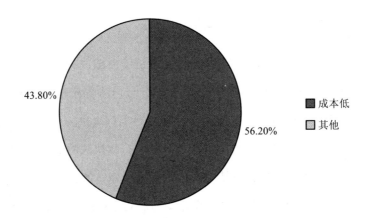

图7-3　关于企业通过知识产权行政执法部门进行维权成本情况的调查结果

　　虽然没有非常直接有力的数据说明行政执法的效益高，但行政执法公认的成本低从另一个侧面说明了行政执法的效益相对高。得出这一结论，可以基于以下四项理由。其一，行政执法具有主动性，在很多情况下无须权利人的积极作为即可主动及时地恢复权利人的权利。其二，行政执法程序无须体现出司法程序上审判员、原告方、被告方的三方交流和制衡，而是从行政管理和服务的角度出发，自主性强，一定程度上也节省了程序成本，而相对简便快捷的程序对于降低权利人维权成本、及时处理案件而言能够体现出一定的优势性。其三，行政管理部门对于知识产权领域著作、商标、专利等客体的不同而在管理主体上进行了一定的划分，专业性更强，能够科学有效地处理比较复杂的专业或技术问题。其四，行政处罚能够对知识产权侵权行为起到有效的震慑和预防作用。①

　　根据课题组在湖南省内发放的600份问卷来看，认为"行政执法效益很高"的有159份，认为"行政执法效益高"的有252份，认为

————————

　　①　中国专利保护协会调研组：《我国专利行政执法相关问题专题调查研究报告》，2010年12月。

"行政执法效益一般"的有 105 份,认为"行政执法效益低"的有 66 份,认为"行政执法效益很低"的有 18 份,加权计算值为 70.6,所占权重为 5 分(5%),因此指标得分为 3.53 分(见表 7-16)。

表 7-16　　　　　　行政执法效益调查统计

行政执法的效益	很高	高	一般	低	很低
统计(份)	159	252	105	66	18
加权计算值	70.6				
指标得分(分)	3.53				

7.3　知识产权司法产出绩效评价实证分析

7.3.1　司法文件产出

7.3.1.1　司法性文件颁布的及时性

知识产权案件一般案情复杂,涉及很多技术问题,且对于很多地方法院和法官都比较陌生,为了加强知识产权案件审判标尺的统一性、强化知识产权审判业务的指导性,无论是最高人民法院还是各省高级人民法院都会颁布一些司法性文件,予以规范和确保法律正确实施。本课题主要针对最高人民法院出台的司法性文件予以研究,包括司法意见、司法解释等。司法性文件颁布的及时性,是从司法性文件颁布是否紧跟实际、及时应对司法实践中出现的问题来考量的。

根据课题组在北大法律信息网的法律法规数据库查询的结果,截至 2015 年 3 月 1 日,标题含"知识产权""专利""商标""著作权"

字样的最高人民法院历年发布的规定、通知、案例、年度报告、司法解释等分别共有 115 篇、85 篇、35 篇、38 篇，各省高级人民法院发布的通知、公告、意见等地方司法文件分别共有 99 篇、17 篇、13 篇、14 篇；标题含"域名""植物新品种""集成电路布图设计"字样的最高人民法院历年发布的规定、通知、案例、年度报告、司法解释等分别共有 2 篇、7 篇、1 篇，各省高级人民法院发布的通知、公告、意见等地方司法文件共有 1 篇、0 篇、0 篇（见表 7 – 17）。

表 7 – 17　中央和地方法院司法文件发布情况统计（截至 2015 年 3 月 1 日）

单位：篇

检索字符	知识产权	专利	商标	著作权	域名	植物新品种	集成电路布图设计
中央司法文件	115	85	35	38	2	7	1
地方司法文件	99	17	13	14	1	0	0

就严格意义的司法解释而言，自 1985—2009 年，最高人民法院共制定了 41 件知识产权司法解释，现行有效的仍有 29 件；还出台了 40 多份司法指导性文件，对于下级法院处理相关案件具有普遍的指导意义。从 2000 年开始，随着建设创新型国家和加入世界贸易组织的内外在需要，最高人民法院加强了司法解释的力度，制定了 25 件知识产权司法解释。[①]

2009 年，最高人民法院公布了《最高人民法院关于审理涉及驰名商标保护的民事纠纷案件应用法律若干问题的解释》和《最高人民法院关于审理侵犯专利权纠纷案件应用法律若干问题的解释》，进一步明

[①]　参见 2009 年、2010 年、2011 年、2012 年、2013 年《中国法院知识产权司法保护状况》白皮书。

确了驰名商标的保护条件、标准和证据要求等，规范了专利权利要求的解释规则。同时，下发了《关于涉及驰名商标认定民事纠纷案件管辖问题的通知》，将有关案件管辖权集中至省会（首府）和计划单列市中级人民法院，有效规范了驰名商标的司法认定工作；发布《关于学习贯彻修改后的专利法的通知》，明确了新旧专利法适用的衔接问题。①

2010 年，最高人民法院发布《最高人民法院知识产权案件年度报告（2009）》《最高人民法院关于审理商标授权确权行政案件若干问题的意见》《关于做好涉及网吧著作权纠纷案件审判工作的通知》等重要知识产权司法文件，首次以规范性文件的方式，对商标授权确权行政案件的若干司法审查标准提出指导性意见，也针对涉及网吧著作权纠纷案件中存在的突出问题，及时明确了该类案件的审理原则和具体标准。②

2011 年，最高人民法院完成起草《关于审理因垄断行为引发的民事纠纷案件应用法律若干问题的规定》，并与最高人民检察院、公安部联合发布了《关于办理侵犯知识产权刑事案件适用法律若干问题的意见》，进一步明确了有关知识产权犯罪的定罪量刑标准，完善了知识产权刑事司法保护规范体系。③

2012 年，最高人民法院发布司法解释《关于审理因垄断行为引发的民事纠纷案件应用法律若干问题的规定》与《关于审理侵害信息网络传播权民事纠纷案件适用法律若干问题的规定》，发布司法政策性文件《关于充分发挥审判职能作用为深化科技体制改革和加快国家创新体系建设提供司法保障的意见》，对于指导人民法院正确适用反垄断法、应对互联网环境给传统著作权保护制度带来的冲击和挑战具

---

① 参见《中国法院知识产权司法保护状况（2009）》。
② 参见《中国法院知识产权司法保护状况（2010）》。
③ 参见《中国法院知识产权司法保护状况（2011）》。

有重要意义。①

2013 年，最高人民法院围绕专利侵权判定标准、专利授权确权行政案件审理标准、商标法律适用、商标授权确权行政案件审理标准、驰名商标和服务商标保护、商业秘密保护、涉卡拉 OK 经营者著作权纠纷法律适用等问题进行了专题调研，为起草和推出相应的司法解释做准备。为确保新修订的商标法的正确贯彻实施，最高人民法院及时起草发布了《最高人民法院关于商标法修改决定施行后商标案件管辖和法律适用问题的解释》。北京市高级人民法院制定下发了《专利侵权判定指南》，统一指导协调全市法院专利执法标准。②

根据课题组在湖南省内发放的 600 份问卷来看，认为"司法性文件颁布十分适当、非常及时"的有 84 份，认为"司法性文件颁布适当、及时"的有 288 份，认为"司法性文件颁布的适当性、及时性一般"的有 120 份，认为"司法性文件颁布不适当、及时"的有 72 份，认为"司法性文件完全不能适应日新月异的知识产权发展需求，颁布严重滞后"的有 36 份，加权计算值为 65.40，所占权重为 3 分（3%），因此指标得分为 1.96 分（见表 7 – 18）。

表 7 – 18　　　　　　司法性文件颁布及时性的调查统计

司法性文件颁布的及时性	很好	好	一般	差	极差
统计（份）	84	288	120	72	36
加权计算值	65.40				
指标得分（分）	1.96				

① 参见《中国法院知识产权司法保护状况（2012）》。
② 参见《中国法院知识产权司法保护状况（2013）》。

7.3.1.2 指导性案例发布的针对性

知识产权案件作为一类特殊的审理难度大、审理技巧要求高、审理标准不统一的新型案件，在地方司法实践中五花八门、相差悬殊，亟须最高人民法院通过发布指导性案例履行监督职能、指导审判工作，也亟须最高人民法院通过发布指导性案例来统一裁判尺度和法律适用标准，保障公正司法，增强司法透明度，提升司法公信力。指导性案例发布的针对性，主要是指案例的发布是否具有全国普适性、对今后判案是否具有指引性、案件类型化是否合理、对当前案件热点及背后反映的问题是否具有针对性和前瞻性。

最高人民检察院、最高人民法院分别自2010年12月、2011年12月开始发布第一批指导性案例，截至2015年3月最高人民检察院已发布5批指导性案例[①]，最高人民法院已发布9批指导性案例。其中，涉及知识产权的案件有以下3件（见表7-19）。

表 7-19 2010—2015 年最高人民法院和最高人民检察院发布的涉及知识产权的 3 件指导性案例情况统计

编号	案　　名	裁判要旨
第五批 C20	深圳市斯瑞曼精细化工有限公司诉深圳市坑梓自来水有限公司、深圳市康泰蓝水处理设备有限公司侵害发明专利权纠纷案	专利权人无权禁止他人对专利临时保护期内制造、销售、进口的被诉专利侵权产品的后续使用、许诺销售、销售
第七批 C29	天津中国青年旅行社诉天津国青国际旅行社擅自使用他人企业名称纠纷案	擅自将他人已实际具有商号作用的企业名称简称作为商业活动中互联网竞价排名关键词，使相关公众产生混淆误认的，以利于不正当竞争行为

---

① 最高人民检察院发布的案例暂未有涉及知识产权犯罪的典型案件。

续　表

编号	案　　名	裁判要旨
第七批 C30	兰建军、杭州小拇指汽车维修科技股份有限公司诉天津市小拇指汽车维修服务有限公司等侵害商标权及不正当竞争纠纷案	经营者之间具有间接竞争关系,行为人违背反不正当竞争法的规定,损害其他经营者合法权益的,应当认定为不正当竞争行为

从 2010 年 4 月开始,最高人民法院开始发布上年度的中国法院十大知识产权案件和 50 件典型知识产权案件,2013 年开始增加发布十大创新性知识产权案件①,2014 年开始最高人民检察院也开始发布上年度中国检察机关保护知识产权十大典型案例(见表 7 - 20 和图 7 - 4)。

表 7 - 20　　　2009—2013 年最高人民法院发布的十大知识产权
案件和 50 件典型案件情况统计

年　　度	十大案件	50 件典型	
2009 年	1. 正泰诉施耐德"小型断路器"实用新型专利案;2. 江汉石油"牙轮钻头"商业秘密案;3. 武汉晶源"烟气脱硫"方法专利案;4. 宝马诉世纪宝马驰名商标案;5. "吴良才"商标及不正当竞争案;6. "鲁锦"商标及不正当竞争案;7. "道道通"导航电子地图著作权案;8. "黄金假日"诉"携程"机票预订不正当竞争案;9. "采乐"商标撤销行政诉讼案;10. "番茄花园"软件网络盗版案	民事 46 件	专利侵权案件:5 件
			植物新品种侵权案件:1 件
			著作权侵权案件:11 件
			商标侵权案件:16 件
			不正当竞争案件:10 件
			知识产权合同案件:3 件
		行政 3 件	专利授权确权案件:2 件
			商标授权确权案件:1 件
		刑事 1 件	销售假冒注册商标的商品罪:1 件

---

　① 因制表内容所限,十大创新性知识产权案件暂不予列示。

续　表

年　度	十大案件	50 件典型		
2010 年	1. 上海世博会法国馆"高架立体建筑物"发明专利案；2."鳄鱼"商标案；3. 伊莱利利公司吉西他滨及吉西他滨盐酸盐专利案；4."天府可乐"配方及生产工艺商业秘密案；5. 干扰搜索引擎服务不正当竞争纠纷案；6."红肉蜜柚"植物新品种权属案；7. LED 照明用集成电路布图设计案；8. 本田汽车外观设计专利无效案；9."杏花村"商标异议复审案；10. 制售假冒洋酒案	民事 43 件	专利侵权案件:11 件	
			著作权侵权案件:18 件	
			商标侵权案件:10 件	
			不正当竞争案件:4 件	
		行政 4 件	商标授权确权案件:3 件	
			商标行政处罚案件:1 件	
		刑事 3 件	销售假冒注册商标的商品罪:1 件	
			假冒注册商标罪:1 件	
			侵犯著作权罪:1 件	
2011 年	1. 淘宝网商标侵权纠纷案；2."拉菲"商标纠纷案；3."大运"与"江淮"汽车商标纠纷案；4. 空调器"舒睡模式"专利侵纠纷案；5. 厚度 Mp3 搜索著作权纠纷案；6."3Q"之争引发的不正当竞争纠纷案；7."开心网"不正当竞争纠纷案；8."卡斯特"商标三年不使用撤销行政纠纷案；9."抗 β-内酰胺酶抗菌素复合物"发明专利无效案；10. 非法复制发行计算机软件侵犯著作权罪案	民事 35 件	专利侵权案件:9 件	
			著作权侵权案件:8 件	
			商标侵权案件:9 件	
			不正当竞争案件:6 件	
			植物新品种案件:2 件	
			技术合同案件:1 件	
		行政 10 件	专利授权确权案件:6 件	
			商标授权确权案件:4 件	
		刑事 5 件	假冒注册商标罪:1 件	
			侵犯著作权罪:4 件	

续　表

年　度	十大案件	50 件典型		
2012 年	1."IPAD"商标权属纠纷案;2. "三一"驰名商标保护案;3. 计算机中文字库著作权纠纷案;4. "葫芦娃"动画形象著作权权属纠纷案;5. 涉及百度文库著作权纠纷案;6. CDMA/GSM 双模式移动通信方法专利侵权纠纷案;7. "泥人张"不正当竞争纠纷案;8. 侵害姚明人格权及不正当竞争纠纷案;9. "乐活"商标侵权行政处罚案;10. 网络游戏私服侵犯著作权罪案	民事41 件	专利侵权案件:7 件	
			著作权侵权案件:11 件	
			商标侵权案件:16 件	
			不正当竞争案件:6 件	
			植物新品种案件:1 件	
		行政5 件	专利授权确权案件:3 件	
			商标授权确权案件:2 件	
		刑事4 件	假冒注册商标罪:2 件	
			侵犯著作权罪:2 件	
2013 年	1. 新材料技术领域等同判定专利侵权案;2. "威极"酱油侵害商标权及不正当竞争纠纷案;3. 钱钟书书信手稿拍卖诉前行为保全案;4."奥特曼"著作权纠纷案;5. 树脂专利相关信息侵害商业秘密纠纷案;6. 标准必要专利许可使用费案件;7. 确认"两优996"品种权实施许可合同无效纠纷案;8."圣象"驰名商标保护案;9."金骏眉"通用名称商标行政纠纷案;10. 假冒食用油注册商标犯罪案	民事42 件	专利侵权案件:10 件	
			著作权侵权及权属纠纷案件:9 件	
			商标侵权案件:13 件	
			不正当竞争案件:6 件	
			植物新品种案件:1 件	
			技术合同案件:3 件	
		行政5 件	专利授权确权案件:4 件	
			商标授权确权案件:1 件	
		刑事3 件	假冒注册商标罪:1 件	
			侵犯著作权罪:1 件	
			生产、销售伪劣产品罪:1 件	

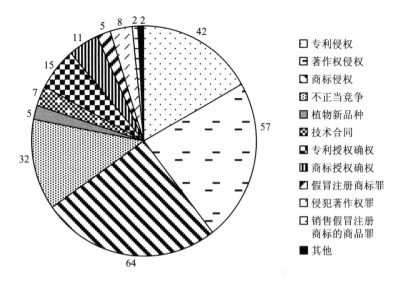

图 7 - 4　2009—2013 年中国法院年度 50 件典型案件的总计类型分布

　　除了上述指导性案例的发布方式外，最高人民法院知识产权审判庭还自 2008 年开始发布《最高人民法院知识产权案件年度报告》。2008 年在该年度审结的 184 件案件中，选取了 23 件典型案件的判理摘要；2009 年从已有最终结论性意见的知识产权案件中精选了 37 件具有普遍指导意义的典型案例，并以新的体例撰写；2010 年精选了 36 件案件的裁判中涉及的 43 个具有普遍性指导意义的问题；2011 年精选了 34 件典型案件，归纳出 44 个具有普遍指导意义的法律适用问题；2012 年精选了 34 件典型案件，归纳出 37 个具有普遍指导意义的法律适用问题；2013 年精选了 30 件（案件事实和法律问题基本相同的关联案件计为 1 件）典型案件，归纳出 39 个具有普遍指导意义的法律适用问题。这些问题都反映了最高人民法院在知识产权和竞争审判领域处理新型、疑难、复杂案件的审判标准、裁判方法和司法政策导向，具有较强的针对性。①

----

①　参见 2008—2013 年《最高人民法院知识产权案件年度报告》。

关于指导性案例发布的针对性，根据课题组在湖南省内发放的600份问卷来看，选择"没有了解过、关注过最高人民法院的指导性案例"的有378份，认为"指导性案例发布多元、及时，很有针对性"的有111份，认为"指导性案例发布及时，有一定的针对性"的有54份，认为"指导性案例发布的针对性一般"的有36份，认为"指导性案例发布的针对性较差，也不能及时反映和解决现实司法存在的问题"的有21份，加权计算值为77.97，所占权重为3分（3%），因此指标得分为2.34分（见表7-21）。

表7-21　　　　　　　指导性案例发布针对性的情况统计

指导性案例发布的针对性	很好	好	一般	差	未关注
统计（份）	111	54	36	21	378
加权计算值	77.97				
指标得分（分）	2.34				

7.3.2　司法结果产出

7.3.2.1　司法判决的产出量

司法判决和司法裁定是知识产权司法活动最为主要的形式，其中司法判决是针对当事人争议的权利义务即实体法律关系做出的实施法律的具体判断活动，司法裁定则主要是针对程序性法律关系做出的实施法律的司法活动。由于司法裁定可以在诉讼过程的任何阶段基于各种缘由做出，既可以书面做出也可以口头做出，极其纷繁复杂，因此本课题仅选择司法判决的产出量来考察司法结果的产出情况。由于司法判决的统计数无法在公开渠道获得，课题组是在案件审结统计数①的基础上对判决数进行了反推计算，不一定准确，但表 7 - 22 至少可以准确地反映 2008—2013 年的知识产权民事判决产出量的整体趋势，判决产出量是随着社会、经济的发展和知识产权立案量的激增而逐年大幅攀升的，相对于 2008 年的 15151 件，2012 年的知识产权民事判决就已经翻了 1 倍，到 2013 年达到 39503 件。但民事再审案件的判决数一直维持在较低的水平，2011 年达到峰值 224 件，但到 2013 年回落到 96 件（见表 7 - 22）。这说明知识产权民事再审案件有大幅锐减，证明法官处理知识产权民事纠纷的审判水平有较大提升。

表 7 - 22　　2008—2013 年全国法院知识产权民事案件判决情况

年　份	2008 年	2009 年	2010 年	2011 年	2012 年	2013 年
一审审结数（件）	23518	30509	41718	58201	83850	88286
二审审结数（件）	4699	5492	6481	7659	9292	11553
再审审结数（件）	71	107	109	224	223	96
一审调撤率	55.86%	61.08%	66.76%	71.32%	70.26%	68.45%
判决数（件）	15151	17473	20457	24575	34452	39503

① 数据来自 2008—2013 年的六种《中国知识产权保护状况》白皮书和最高人民法院网权威发布的司法数据（http://www.court.gov.cn/qwfb/sfsj/index.html）。由于白皮书只公开了审结数和调撤率，而民事一审案件的审结方式除了判决，还有调解、撤诉等，因此判决数要根据上述数据反推，民事二审、再审案件的审结方式虽存在调解等情形，但比例非常小，本课题中二审、再审案件的审结数视同判决数。

由于刑事案件的特殊性，不存在调解、撤诉等情形，审结数原则上就是判决数。从表 7-23 可见，在知识产权刑事案件中，判决产出量、判决生效人数、有罪判决人数在 2012 年都达到峰值，分别为 12794 件、15518 件、15518 件（见表 7-23）。从案件审结数与判决生效人数、有罪判决人数的比值关系变化，也可以看到在缩小，从大概"二人犯一案"到 2012 年的"1.2 人犯一案"，这可以得出：知识产权犯罪从可能的多人共犯情形更多地转至一人亦成立犯罪的情形。①从判决生效人数和有罪判决人数的差值可以看出，人数差额很小，说明知识产权刑事立案和移送的质量较高。

表 7-23　2008—2013 年全国法院知识产权刑事案件判决情况②

年　份	2008 年	2009 年	2010 年	2011 年	2012 年	2013 年
审结数(件)	3326	3660	3942	5670	12794	9212
判决生效人数(件)	5388	5836	6001	7950	15518	13424
有罪判决人数(件)	5386	5832	6000	7892	15518	13422

2008—2013 年的 6 年间，知识产权行政诉讼案件逐年攀升，相对于 2008 年的 1032 件，2012 年和 2013 年知识产权行政诉讼的判决产出量增长到 4 倍，其中从 2011 年到 2012 年的一年间就有成倍增长，2011 年才 2470 件，到 2012 年就达到 4287 件（见表 7-24）。

---

① 当然，这种结论不见得是准确的，因为审结数与判决生效人数、有罪判决人数并不能完全一一对应。

② 数据来自 2008—2013 年的 6 种《中国知识产权保护状况》白皮书。

表 7 - 24　2008—2013 年全国法院知识产权行政案件判决情况①

年　份	2008 年	2009 年	2010 年	2011 年	2012 年	2013 年
审结数(件)	1032	1971	2391	2470	4287	4397

由于"司法判决的产出量"指标属于客观数值,需要整体了解,才便于评价,因此本课题采取德尔菲法汇总 30 位专家的意见,在综合考虑、对比分析知识产权民事、刑事和行政三类诉讼案件的特点和整体结构、立案量和审结量的差值、判决数占总立案量的比率等因素的基础上,对该指标统计得出的加权计算值为 86.03,② 所占权重为 3 分 (3%),因此指标得分为 2.58 分。

7.3.2.2　诉讼调解的产出量

调解作为一种多元纠纷解决机制,是争议双方的当事人在第三人的斡旋、疏导、劝说下,以法律、公理、常识和道德为依据,自愿达成互谅互让、利益妥协的协议,从而使纠纷得以有效解决的活动,主要包括法院调解、人民调解和行政调解三种类型。在本课题中,研究知识产权的司法产出状况,主要是研究诉讼调解的产出情况,包括诉前调解和诉中调解,这可能是当事人撤诉,也可能形成调解书。

从表 7 - 25 可见,2008—2013 年这 6 年期间,全国法院知识产权民事一审案件的调解撤诉率基本平稳地维持在 55.86%—71.32%,也

---

①　数据来自 2008—2013 年的 6 种《中国知识产权保护状况》白皮书。由于行政案件的特殊性,虽无调解,但可能存在撤诉的情形,由于无判决数据,因此本课题暂以结案数代替判决数,并将行政一审案件和行政二审案件进行了加总计算。

②　由于本课题组当初给了 30 位专家评分标准及档级,但难以将所有专家评分及加权计算的过程列示,在此暂略。

就是在65%上下浮动，2011年、2012年调解撤诉率最高，超过70%；2008年调解撤诉率最低，仅55.86%。这说明，知识产权民事一审案件有差不多2/3是调解和撤诉结案的，之所以调解撤诉率这么高，可能基于以下五个原因：一是知识产权案件过于复杂，技术审理难度大，法官更愿意调解；二是知识产权的无形性导致举证非常困难，知识产权的价值往往难以具体量化，案件当事人对赔偿数额的具体数目往往也很难确定，为双方当事人在处理纠纷中进行调解留下了空间；三是提起知识产权诉讼对于商业运营来说，更多的是一种竞争策略，一旦市场目的到达，当事人也愿意调解结案；四是目前专利权人的维权能力不高，在未获得足够证据的情况下往往轻率起诉，导致对最后的判决胜诉没有足够的信心；五是我国当前许多专利的质量较差，专利申请文件的保护范围狭窄，许多专利申请文件的措辞很难经得起真正的诉讼。

表7-25 2008—2013年全国法院知识产权民事一审案件调解撤诉情况①

年 份	2008年	2009年	2010年	2011年	2012年	2013年
一审审结数(件)	23518	30509	41718	58201	83850	88286
一审调撤数(件)	13137	18635	27851	41509	58913	60432
一审调撤率	55.86%	61.08%	66.76%	71.32%	70.26%	68.45%

调解作为司法审判过程中一种重要的补充手段，在化解民事纠纷方面近年来一直发挥着十分重要的作用。对知识产权案件来说，调解

---

① 数据来自2009年—2013年的5种《中国法院知识产权司法保护状况》白皮书，调撤数是根据审结数和调撤率的乘积计算所得。

与判决相比，其社会效益相对较好，由于普遍存在"执行难"的现象，许多案件即使法院做出判决后，其最后的执行仍然存在很大的困难，不仅当事人在经济上得不到相应的补偿，而且涉案的专利技术也没有推广应用，难以发挥其应有的社会效益。而在案件处理过程中，法官在法律规定的前提下，遵循当事人自愿合法的基础上，对案件进行调解，双方当事人达成一致意见，不仅很好地避免了"执行难"的问题，而且双方往往会进行相应的合作，为知识产权的实施应用创造条件，发挥了其应有的社会效益。

由于"诉讼调解的产出量"指标属于客观数值，需要整体了解，才便于评价，因此本课题采取德尔菲法汇总 30 位专家的意见，在综合考虑、认真分析知识产权诉讼调解的形成机理、知识产权案件的特点、调解撤诉率的大小和波动情况等因素的基础上，对该指标统计得出的加权计算值为 76.12，[①] 所占权重为 2 分（2%），因此指标得分为 1.52 分。

7.3.2.3 司法确认的产出量

司法确认是指人民法院依据双方当事人的共同申请，就行政机关、人民调解组织或行业协会等组织促成的具有民事合同性质的调解协议，确认其法律效力的司法制度。这既是人民法院运用司法权对人民调解和行政调解工作的一种有力支持，也是对当事人消除调解协议效力不确定性的一种司法保障，通过司法确认赋予调解协议强制执行力，可以有效保障协议的执行。由于司法确认案件并未纳入司法统计

---

① 由于课题组当初给了 30 位专家评分标准及档级，但难以将所有专家评分及加权计算的过程列示，在此暂略。

范畴，相关数据无法获得。表 7 - 26 数据①是根据中国裁判文书网的
查询所得，因文书上传不及时、不全面，可能存在很大偏差。同时，
由于 2011 年新修订的《民事纠纷案由规定》将"请求确认人民调解
协议效力"作为独立的案由，而知识产权类案件并无司法确认的单独
案由，致使检索结果并不准确。但表 7 - 26 至少从宏观层面反映了
2008—2013 年全国法院司法确认案件产出量的走势，对于普通民事纠
纷确认调解协议的效力案件呈暴涨趋势。这可能跟近几年实施"大调
解机制"有关，越来越重视纠纷的多元处理和自治管理，司法衔接的
程序和机制也越来越完善。

表 7 - 26　　　　2008—2013 年全国法院司法确认案件产出情况

案件类型	2008 年	2009 年	2010 年	2011 年	2012 年	2013 年
知识产权纠纷	0	0	0	0	1	2
其他民事纠纷	1	2	1	7	65	1173

在知识产权领域，人民调解协议的司法确认早已纳入常规轨道，
但行政调解协议的司法确认自 2012 年才开始试点。2012 年，湖南省
高级人民法院以《湖南省专利条例》为依据，在长沙市岳麓区人民法
院开展专利纠纷行政调解协议的司法确认试点工作。目前，长沙市岳
麓区人民法院已被最高人民法院确定为全国"扩大诉讼与非诉讼相衔
接的矛盾纠纷解决机制改革"试点法院，自 2013 年来共审查湖南省
知识产权局和长沙市知识产权局主持调解的各类专利纠纷行政调解协
议案件 22 件，正式立案并得到裁定确认的 16 件，分别为：2013 年度

---

① 数据来自中国裁判文书网，关键词输入"确认调解"的查询结果，http://
www.court.gov.cn/zgcpwsw/，2014 年 5 月 17 日访问。

确认 3 件，2014 年度确认 8 件，2015 年度确认 5 件。其中，侵害外观设计专利权 9 件，专利权权属纠纷 7 件。有 17 家调解组织进入该院的特邀调解组织名册，有律师、人民陪审员、专家学者等共计 39 人进入该院特邀调解员行列。2013 年 4 月，该院在全国法院多元纠纷解决机制改革试点中期评估中名列湖南片区第一，在最后的汇总评估中获得全国第三名的好成绩。①

与此同时，西藏、河北、河南、江苏等各地法院也十分重视多元化解矛盾纠纷机制的建立与完善，积极推动司法调解、人民调解、行政调解"三位一体"调解格局的形成与良性发展。比如 2012 年 4 月 26 日，福州中级人民法院与福州海关、福州市工商局等知识产权行政执法四部门签订了"知识产权纠纷诉调对接协议"，并以五部门的名义联合发布了《关于建立知识产权纠纷"大调解"联动机制的若干意见》。② 2013 年，青岛中级人民法院成功审结了一起知识产权行政案件，对行政机关确定的专利权利保护内容进行了司法确认。③

由于"司法确认的产出量"指标属于客观数值，需要整体了解，才便于评价，因此本课题采取德尔菲法汇总 30 位专家的意见，在综合考虑、认真分析诉调对接平台的建立情况、调解规则的规范情况、司法确认调解协议效力的运行机制等因素的基础上，对该指标统计得出的加权计算值为 56.25，④ 所占权重为 2 分（2%），因此指标得分为 1.13 分。

---

① 舒秋膂：《树立新理念用活新机制》，《人民法院报》2015 年 4 月 10 日。

② 詹旋江：《"四色"司法添彩福建》，《人民法院报》2012 年 10 月 15 日。

③ 《山东法院知识产权司法保护报告（2013）》，山东省高级人民法院网，http://sdfy.chinacourt.org/article/detail/2014/05/id/1286436.shtml，2015 年 1 月 8 日访问。

④ 由于本课题组当初给了 30 位专家评分标准及档级，但难以将所有专家评分及加权计算的过程列示，在此暂略。

7.3.2.4 批捕移送的产出量

随着知识产权成为越来越重要的无形资产和竞争利器，知识产权犯罪也越来越频繁，但知识产权犯罪相关的刑法条文却比较粗线条，这在一定程度上制约了知识产权刑事案件的实务工作开展。但要评价知识产权刑事案件的发展情况，除了从法院刑事判决的角度考察外，还有必要从检察院批捕、提起公诉的角度来考察，因此本课题将批捕移送的产出量也作为一个三级指标予以分析。

从表 7-27 可见，2008—2011 年全国检察院知识产权刑事案件批捕案数曲线和移送起诉案数曲线除有微幅间距外，差不多可贴合，但 2012 年和 2013 年则变动极其大，有很大的起落。2012 年、2013 年，移送起诉案数分别超过批捕案数 4453 件、2057 件。从 2008—2013 年全国检察院知识产权刑事案件批捕移送的人数来看，2008—2010 年起诉人数超过批捕人数都在 500 人左右，但到了 2012 年、2013 年起诉与批捕的人数差分别为 7158 人和 3721 人。相对于起诉人数，批捕人数在减少，这在某种程度说明知识产权犯罪作为一种重要的经济犯罪，在人身控制和刑事处罚上趋向宽松。

表 7-27　2008—2013 年全国检察院知识产权刑事案件批捕移送情况①

年　份	2008 年	2009 年	2010 年	2011 年	2012 年	2013 年
批捕案数(件)	1210	1256	1566	3532	4159	3272
批捕人数(人)	2107	2119	2613	5952	6995	5081
起诉案数(件)	1432	1535	1697	3786	8612	5329
起诉人数(人)	2697	2695	3066	6870	14153	8802

---

① 数据来自 2008 年、2009 年、2010 年、2011 年、2012 年、2013 年《中国知识产权保护状况》白皮书。

由于"批捕移送的产出量"指标属于客观数值，需要整体了解，才便于评价，因此本课题采取德尔菲法汇总 30 位专家的意见，在综合考虑、认真分析知识产权刑事案件的特点、检察院批捕移送的监督制约机制等因素的基础上，对该指标统计得出的加权计算值为 64.18,[①] 所占权重为 2 分（2%），因此指标得分为 1.28 分。

7.3.3　司法质效产出

7.3.3.1　司法准确性

司法质效从总体上讲，可以用是否符合"司法公正"或"司法正义"这一标尺来衡量。正义在不同的法学家眼中，有着不同的诠释[②]，包括分配正义和矫正正义，也包括制度正义、程序正义和形式正义。在本课题中，将"司法准确性"作为司法正义的一个维度，来考量司法的质效产出，可以分析一审裁判上诉率、上诉案件发回重审率、民事案件再审率等三个指标。

司法准确性，包括两层含义：一是事实认定和证据采信的准确性；二是法律适用的准确性。司法准确性要求法官审判不偏不倚，坚持公正中立的立场，如果出现司法不公，当事人就会谋求上诉或者申诉等法律赋予的司法救济通道。上诉是当事人的一项法定权利，一审法院做出裁判后，当事人是否提起上诉，应由其自行决定，任何组织和个人都无权加以限制和剥夺。[③] 当事人对一审案件提出上诉，虽然

---

① 由于本课题组当初给了 30 位专家评分标准及档级，但难以将所有专家评分及加权计算的过程列示，在此暂略。

② 柏拉图认为"各尽其职是正义"；乌尔比安认为"正义就是给每个人以应有权利的稳定的永恒意义"；休谟认为"公共福利是正义的唯一源泉"；凯尔森认为"正义是一种主观的价值判断"；罗尔斯在《正义论》提出了正义两原则及制度设计。

③ 田平安：《民事诉讼法原理》，厦门大学出版社 2004 年版，第 358 页。

不一定意味着法院的裁判一定存在问题，但至少说明当事人对案件一审裁判的法律效果不满意，法院的裁判没有达到服判息诉的效果。因此，上诉率的高低在一定程度上反映了裁判效果的好坏。申诉主要是针对已发生法律效力的判决或裁定，当事人或其他有关公民对此不服，依法向法院或者检察机关提出重新处理的要求。从某种程度上，申诉率的大小就直接反映了错案率的大小。改革开放30年来，人民法院知识产权司法保护水平不断提高，知识产权民事案件上诉率从2008年的49.32%下降到2009年的48.82%，再到2012年的39.53%；二审改判发回率从2008年的6.20%下降到2009年的6.00%，再到2013年的5.84%；再审率从2008年的0.44%下降到2009年的0.33%，再到2013年的0.09%（见表7-28）。可见，案件的审判质量在不断提高。

表7-28　　　2008—2013年全国法院知识产权民事案件审判质量①

年　份	2008年	2009年	2010年	2011年	2012年	2013年
民事案件上诉率	49.32%	48.82%	49.65%	47.02%	39.53%	—②
上诉案件改判、发回重审率	6.20%	6.00%	4.57%	3.66%	5.46%	5.84%
民事案件再审率	0.44%	0.33%	0.27%	0.51%	0.20%	0.09%

单从近年来全国法院知识产权案件的上诉情况来看，2008—2012年民事一审案件的上诉率都很高，除2012年为39.53%之外，其余几

① 数据来自2009—2013年的5种《中国法院知识产权司法保护状况》白皮书。

② 2013年《中国法院知识产权司法保护状况》白皮书没有上诉率数据，但新增行政案件数据：全国地方人民法院知识产权行政案件一审结案率为87.04%，比上年提高0.5%；审结的上诉案件的改判发回重审率为9.8%；再审率由2012年的0.21%下降至2013年的0.069%。

年都将近 50%。如此高的上诉率，说明经过案件处理后至少有一方当事人对法院处理案件的公正性不是很满意，法院对知识产权案件一审案件的裁判很大一部分不能达到"息事宁人"的目的。上述上诉率的数据与中国专利保护协会在 2012 年关于《专利权保护制度实施效果评价与完善研究》的调研①所反映的情况一致，在 445 人中，有 58.4% 的人对"专利民事案件法院审判结果都很公正"持负面评价的态度。但同时也要注意到当事人对案件提起上诉，只能说明当事人对法院的裁判结果不满意，并不能说明法院处理的结果就一定存在问题，因此，不能单独从上诉率一个指标来评价司法裁判的公正性。而经过上诉后案件的改判发回重审率、再审率可以在一定程度上反映法院对一审案件的裁判结果是否正确，所以对司法准确性的评价要综合上诉率、发回重审率、再审率等指标进行综合评价。而从近年来改判发回重审率和再审率的数据来看，两者占比都很低，近 5 年改判发回重审率平均只有 5.18%，再审率平均只有 0.35%。这说明法院审理的一审案件中绝大多数是裁判公正的，是符合法律规定的。

此外，法院对案件审判的公正性还与近年来知识产权审判实践中面临的挑战有关。近年来知识产权的新类型案件不断出现，而当前我国的知识产权法律在面对一些新的知识产权纠纷时存在空白，导致许多问题很难找到相应的法律依据，同时，知识产权案件的疑难问题通常较多，对案件的准确理解和把握较为困难，这都对案件的公正判决带来了很大的挑战。另外，也与知识产权案件中法官的自由裁量有很大的关系，在知识产权案件中涉及的认定是否构成侵权、具体确定赔偿数额等问题时，法官的主观因素起着很重要的作用，而法官的个人

---

①　中国专利保护协会调研组：《专利权保护制度实施效果评价与完善研究》，2012 年 10 月。

专业素养、知识结构等方面的因素对法官判断上述问题时产生很大的影响。

根据课题组在湖南省内发放的 600 份问卷来看，认为"知识产权司法准确性高，判决公正很满意"的有 192 份，认为"知识产权司法准确性较高，判决公正满意"的有 309 份，认为"知识产权司法准确性一般，判决结果能接受"的有 66 份，认为"知识产权司法准确性差，判决存在一定不公正现象"的有 24 份，认为"知识产权司法准确性很差，判决结果完全无法接受"的有 9 份，加权计算值为 76.70，所占权重为 5 分（5%），因此指标得分为 3.84 分（见表 7 - 29）。

表 7 - 29　　　　关于司法准确性、判决公正的满意度调查统计

司法准确性	很满意	满意	一般	不满意	很不满意
统计(份)	192	309	66	24	9
加权计算值	76.70				
指标得分(分)	3.84				

7.3.3.2　司法效率性

在知识产权司法保护实践中，可能困扰民事司法的一大难题就是诉讼迟延。"迟到的公正等于不公正"，办案效率作为现代司法的重要价值指标之一，已经和公正一样被赋予了同样重要的地位。办案效率的高低直接影响到知识产权案件审理的社会效果，办案效率低，案件久拖不决，意味着当事人和法院诉讼成本的增大。因此，课题组将司法效率性作为考察司法质效产出的重要指标。

司法效率最集中的体现是审判效率，也就是知识产权案件在审判

过程中所花费的时间长短。考虑到司法数据的难获取性，本课题主要选取了结案率、个案审判周期来评价。关于个案的审判周期，一般知识产权案件的审理，一审法院通常采用普通程序进行审理，期限为 6 个月，特殊情况可以延长至 1 年，若是经过高级人民法院批准的还可以再延长 3 个月，也就是一审审判周期可以长达 15 个月。知识产权案件的二审审限是 3 个月，特殊情况还可以再延长 3 个月，也就是二审审判周期可以长达 6 个月。如果对方当事人提起无效程序，导致诉讼中止，或者提起无效程序后再打行政诉讼官司，则整个知识产权案件的审理周期会无限延长。

关于知识产权案件的结案率，《中国知识产权保护状况》白皮书给出了两组数据：一是知识产权民事一审案件的年度结案率；二是知识产权民事一审案件的审限内结案率。前者可能是延期审理案件（包括积案）的结案率；后者主要针对新案在法定的审限内的结案率。

从表 7-30 可见，2008—2013 年知识产权民事一审案件结案率一直呈幂律上升，由 2008 年的 81.73% 稳步上升到 2013 年的 87.95%。虽然近年来全国法院民事一审案件的结案率有所增加，但总体上结案率并不是很高，平均为 86%，出现这样的原因主要是近几年知识产权纠纷数量爆发式增长，2008 年为 1316 件，到 2012 增加到 6512 件，而知识产权法官队伍却未实现同步增加，据统计，2008 年全国知识产权法官数量为 2126 人，到 2012 年知识产权法官数量为 2759 人，只增加了 633 人，[①] 法官队伍的数量远不能满足当前知识产权纠纷的快速增长。此外，结案率不高也与近年来知识产权纠纷，特别是专利侵权

---

① 数据来自 2008 年、2009 年、2010 年、2011 年、2012 年《中国知识产权保护状况》白皮书。

纠纷案件的日趋复杂有关，而法官的专业水平有时难以胜任处理复杂的知识产权案件任务，处理的案件耗时通常过长。

表 7 – 30　　2008—2013 年知识产权民事一审案件年度结案率①

年　份	2008 年	2009 年	2010 年	2011 年	2012 年	2013 年
结案率	81.73%	85.04%	86.39%	87.61%	87.61%	87.95%

2008—2013 年知识产权民事一审案件审限内结案率呈直线上升，维持在 97% 以上，由 2009 年的 97.38% 上升到 2012 年的 99.24%（见表 7 – 31）。这说明知识产权司法保护效率在提高，审限内的结案率反映了知识产权司法审判基本上能在法律规定的期限内完成。虽然相对于知识产权行政保护进行横向比较，知识产权司法保护的效率性显得不足，这是由司法权作为判断权要维护公正审判必须牺牲的代价。但从其本身的纵向发展来看，知识产权司法保护的效率性却一直在持续提高。

表 7 – 31　　2008—2013 年知识产权民事一审案件审限内结案率②

年　份	2008 年	2009 年	2010 年	2011 年	2012 年	2013 年③
审限内结案率	—	97.38%	97.93%	98.57%	99.24%	—

根据课题组在湖南省内发放的 600 份问卷来看，认为"司法审判效率很高，公平且很满意"的有 12 份，认为"司法审判时限性严、效率较高，公平且满意"的有 138 份，认为"司法审判时限性严、效率一般，但公平"的有 321 份，认为"司法审判效率较低，既存在人为延长

---

① 数据来自 2008—2012 年的 5 种《中国知识产权保护状况》白皮书。
② 同上。
③ 2008 年、2013 年《中国知识产权保护状况》白皮书均未记载知识产权民事一审案件审限内结案率。

时限的情形，也存在不公、不满意"的情形有 111 份，认为"司法审判效率很低，经常发生违犯时限性要求的情形，既不公平又极不满意"的有 18 份，加权计算值为 55.5，所占权重为 2 分（2%），因此指标得分为 1.11 分（见表 7 – 32）。

表 7 – 32　　　　　关于司法审判效率的满意度调查统计

司法效率性	非常满意	满意	一般	不满意	极不满意
统计（份）	12	138	321	111	18
加权计算值	55.5				
指标得分（分）	1.11				

7.3.3.3 司法效益性

司法效益性指的是当事人在知识产权司法保护中除去维权成本的消耗后实现的法律收益。这里的司法效益一定程度上是综合效益，主要讲的是经济效益，当然也可能包括社会效益。在本课题中，司法效益性可以从维权成本与司法保护收益比、法定赔偿所占的比例、损害赔偿是否足额等方面来考察。

以专利侵权纠纷为例，专利侵权损害赔偿一直是近年来知识产权理论和实务界讨论的热点问题，如何确定损害赔偿额对解决专利侵权纠纷十分关键。赔偿额的提高或减少，反映出专利侵权损害赔偿制度对专利保护的程度，直接关系到专利权人的经济利益，同时也是激励创新、促进经济发展的有效政策杠杆。[1] 关于专利侵权损

---

[1]　贺宁馨、李杰伟、丁秀好：《专利侵权损害赔偿额的影响因素研究———基于我国 24 个地区专利侵权案件的实证》，《情报杂志》2012 年第 12 期。

害赔偿数额的计算，根据我国《专利法》第六十五条的规定，主要分为以下四种方式：一是依据权利人因侵权受到的损失确定；二是依据侵权人因侵权所获得的利益确定；三是依据专利许可使用费的合理倍数确定；四是适用1万元以上至100万元以下的法定赔偿。上述四种计算方式在适用上具有一定的顺序限制，只有在依据前一种计算方式无法确定时，才可依据后一种方式计算，即法院在确定专利侵权赔偿的具体数额时，应先根据权利人的损失来确定侵权赔偿数额，在权利人损失难以确定的情况下，再按照侵权人获得的利益确定，侵权人获得的利益难以确定的情况下，再按照专利许可使用费的合理倍数来确定，在专利许可使用费的合理倍数无法确定的情况下，最后适用法定赔偿。对于赔偿的范围，除了权利人实际受到的损失外，还包括权利人为制止侵权所支付的合理开支，如调查取证费、交通住宿费、公证费、咨询费、保全费、印制费等。虽然法律的设计理想很美好，但实际上专利侵权损害赔偿计算并不如意，也不见得实现足额补偿。

根据贺宁馨、袁晓东的实证研究成果[1]，2005—2010年我国人民法院受理的552件专利侵权的胜诉案件中，以"专利权人所受损失、侵权人所获利润、合理许可费的倍数"计算损害赔偿额的案件仅有6件，剩余546件案件都是适用了"法定赔偿"计算规则。在这546件采用法定赔偿规则的标的案件中，其获得赔偿的平均值为8.366万元，最低额为0.05万元，最高额为50.36万元。其中，赔偿额在1万元以下的有64件，1万—5万元范围的有242件，5万—10万元范围的有131件，10万—50.36万元范围内的有109件。可见，实践中专

---

① 贺宁馨、袁晓东：《我国专利侵权损害赔偿制度有效性的实证研究》，《科研管理》2012年第4期。

利侵权纠纷的损害赔偿绝大多数采用了法定赔偿的计算方式，而且实际赔偿的数额较低，平均只有 8 万元。虽然 2008 年《专利法》的修改将原来法定的赔偿的上限由 50 万元提高到了 100 万元，但大部分案件的赔偿数额还停留在 10 万元左右，如此低的损害赔偿额，很难对权利人的损失进行足够的补偿。

课题组调研发现，在知识产权侵权损害赔偿诉讼中，法院之所以大量案件采用法定赔偿的计算方法，而且实际的赔偿额又很低，主要原因在于权利人不能对自己因侵权受到的损失以及侵权人因侵权所获得的利益提供充分的证据，法院只能参考侵权的持续时间、范围以及知识产权的市场价值等因素酌情确定赔偿数额，无法对当事人的损失进行全面赔偿。这一方面由于当前许多企业在生产经营过程中缺乏知识产权意识，对各类经营单据不注意保存，导致在计算损失或者利润时无法举证；另一方面，对于新上市的产品，影响其市场份额和其销量变化的因素有很多，很难确定哪些市场份额的减少是由于侵权的影响，法律对其也没有做出明确的规定。在此情形下，当事人不仅举证较为困难，而且即使收集到证据也可能不被法院采纳，因此发生侵权纠纷后，当事人对于举证的态度也并不积极。这导致法院大量案件采用法定赔偿来计算，最终的赔偿数额难以真正弥补权利人因侵权受到的损失。此外，由于目前法律尚未做出对恶意的侵权行为进行惩罚性赔偿的规定，导致许多企业在知识产权侵权案件胜诉后依然被侵权，司法保护的效益性不足严重挫伤了企业进行维权的信心。

根据《知识产权保护社会满意度调查报告》的数据，"赔偿金合理性"和"侵权损害赔偿的及时性、足额性"两个指标均低于 60 分，2013 年的满意度相对于 2012 年更差。"赔偿金合理性"指标在 2012

年是 58.76 分, 但 2013 年是 55.96 分, 降了 2.80 分;"侵权损害赔偿的及时性、足额性"指标在 2012 年是 50.19 分, 但 2013 年是 46.68 分, 降了 3.51 分 (见图 7-5)。

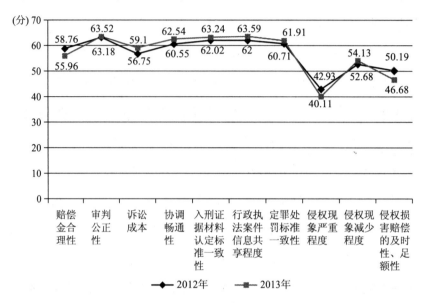

图 7-5 2012—2013 年知识产权司法指标满意度对比①

根据课题组在湖南省内发放的 600 份问卷来看,认为"知识产权诉讼效益较高,侵权赔偿收益超额补偿损失"的有 0 份,认为"知识产权诉讼效益高,侵权赔偿收益足额补偿损失"的有 114 份,认为"知识产权诉讼效益一般,侵权赔偿收益勉强补偿损失"的有 273 份,认为"知识产权诉讼效益性低,侵权赔偿收益无法补偿损失"的有 186 份,认为"知识产权诉讼效益非常低,侵权赔偿收益相对于损失完全无法补偿"的有 27 份,加权计算值为 50.80,所占权重为 3 分 (3%),因此指标得分为 1.52 分 (见表 7-33)。

---

① 该图来自中国专利保护协会、中华商标协会、中国版权协会、北京美兰德信息公司的《知识产权保护社会满意度调查报告 (2013 年度)》。

表 7 - 33　　　　　　　　　关于司法审判效益的满意度调查统计

司法效益性	很满意	满意	一般	不满意	很不满意
统计(份)	0	114	273	186	27
加权计算值	50.80				
指标得分(分)	1.52				

7.3.3.4　司法执行性

知识产权案件的"执行难"已经成为社会公众普遍关注的一个问题。法院对知识产权纠纷的处理,其最终的裁判结果能否得到有效执行直接涉及当事人的利益能否最终实现,如果法院的审判结果很难执行,将会挫伤当事人通过诉讼途径解决知识产权纠纷的积极性。因此,司法执行性是反映司法质效产出的一个重要方面,本课题将其作为三级指标,从司法的强制执行率、强制执行的顺畅度、当事人对司法强制执行的满意度等方面予以考察。

根据中国专利保护协会 2012 年的调研,在受访的 445 人中,对"专利民事司法判决结果都能得到有效执行"的评价中持"不同意"的比例为 8.1%,持"不太同意"的比例为 64.7%,"不太同意"的比例是"同意"比例的 2 倍多。[1] 绝大多数人认为司法保护最终的执行难。据最高人民法院统计,全国法院 2008 — 2012 年执结的被执行人有财产的案件中,70% 以上的被执行人存在逃避、规避甚至暴力抗拒执行的行为,自动履行的约 30%(见图 7 - 6)。[2]

---

[1]　中国专利保护协会调研组:《专利权保护制度实施效果评价与完善研究》,2012 年 10 月。

[2]　魏小毛:《新司法解释破解知识产权案执行难》,《中国知识产权报》2013 年 7 月 24 日第 8 版。

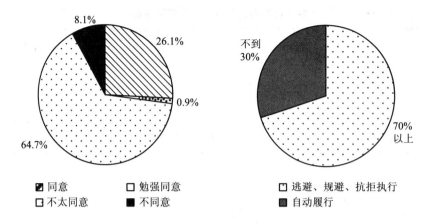

图7-6　关于专利民事司法判决执行情况的民意调查以及

被执行人履行判决情况统计

根据中国专利保护协会2012年的调研，在受访的447人中，对"当前我国专利民事司法保护存在的问题"的评价中，认为"赔偿执行难"的有60.2%（见图7-7）。[①]

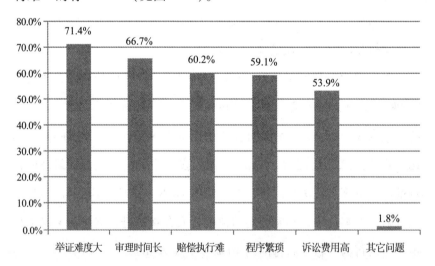

图7-7　当前我国专利民事司法保护存在问题的情况统计

---

① 中国专利保护协会调研组：《专利权保护制度实施效果评价与完善研究》，2012年10月。

　　与一般的财产案件相比，当事人通过诉讼解决知识产权纠纷，其目的一方面是获得侵权损害赔偿，最终得到经济利益的补偿；另一方面是制止他人侵权，获得技术的垄断，实现其对市场份额的控制。因此，知识产权案件最终的执行，不仅要对财产执行，即对损害赔偿的数额的执行，而且涉及对行为的执行，即对停止侵权行为的执行，甚至还会涉及消除影响、赔礼道歉等，而对行为的执行，通常需要侵权人的配合，其难度要远大于对财产的执行。此外，对于知识产权侵权案件，侵权人的地域分布往往较广，甚至分布在不同的省级行政区，法院在执行时需要委托当地法院执行或者赴当地进行执行。这给实际执行带来很大困难，有时还会受到地方保护主义的干扰。正是由于上述原因，导致法院最终的裁判结果难以执行，降低了当事人通过诉讼维权的信心。

　　当前，知识产权侵权问题层出不穷的一个很重要的原因之一就是社会诚信制度尚不健全：一方面，企业自身诚信缺失，知识产权意识淡薄，对他人的知识产权缺乏应有的尊重，随意侵犯他人的知识产权；另一方面，社会诚信体系尚未建立，对违犯诚信，侵犯他人知识产权的行为未能进行有效规制。针对当前执行难的现状，2013 年 7 月最高人民法院出台了《关于公布失信被执行人名单信息的若干规定》，决定建立知识产权失信被执行人名单制度，通过信用惩戒制度，督促被执行人及时履行生效法律文书确定的义务，化解执行难的问题。这一规定的出台对于破解知识产权案件执行难问题不失为一个行之有效的措施，意义重大。

　　根据课题组在湖南省内发放的 600 份问卷来看，认为"知识产权司法的执行性很高，执行结果非常满意"的有 72 份，认为"知识产权司法的执行性高，执行结果满意"的有 264 份，认为"知识产权司

法的执行性一般，执行结果差强人意"的有156份，认为"知识产权
司法的执行性差，执行结果不满意"的有81份，认为"知识产权司法
的执行性很差，执行结果非常不满意"的有27份，加权计算值为64.1，
所占权重为5分（5%），因此指标得分为3.21分（见表7-34）。

表7-34　　　　　　关于司法执行性的满意度调查统计

司法执行性	很满意	满意	一般	不满意	很不满意
统计(份)	72	264	156	81	27
加权计算值	64.1				
指标得分(分)	3.21				

7.4　知识产权行政保护与司法保护产出比较分析

7.4.1　执法文件产出与司法文件产出的比较

无论是知识产权行政保护，还是知识产权司法保护，其运转的指
挥棒或者说核心媒介都是文件。在行政保护领域，文件的表现形式可
以是令、函、通知、决定（书）、意见、战略纲要、实施方案等；在
司法保护领域，文件的表现形式主要是司法解释、司法意见、函、通
知、指导性案例等。

鉴于中国行政和司法的实际运作，为了更好反映其各自领域的
特点及存在的问题，课题组对于知识产权行政保护和司法保护选取

的指标侧重点是不一样的，也就是三级指标不完全对应。对于知识产权行政保护，课题组的关注点在于行政执法文件出台是否适当，合乎国情和实情，不存在颁布的任意性；是否科学，在程序、内容、体系衔接上是否矛盾、冲突。当然也存在合法性问题，但由于法制建设的发展，近年来知识产权行政主管机关在执法文件颁发方面存在违法的情形很少，所以未纳入课题组评价。对于知识产权司法保护，课题组的关注点在于司法性文件颁布的及时性，也就是司法往往滞后于社会情势发展，是否及时出台回应性解释是其突出的问题，而科学性、适当性在司法文件评价上要相对弱化，因为司法解释出台一般要经过充分调研、多次研讨、广泛征求意见，科学性和适当性不存在太大问题。另外，指导性案例已经通过最高人民法院或最高人民检察院的案例公报形式，成为司法性文件的重要组成部分，对于其评价本课题组的关注点在于案例遴选是否具有针对性，是否切合司法活动中的频发案件、重大案件、新型案件。因此，在本课题中对执法文件产出与司法文件产出的三级指标进行逐一比对，缺乏对应性，只对二级指标进行概括性比较。由于"执法文件出台的适当性"指标得分为 2.01 分，"执法文件出台的科学性"指标得分为 1.87 分，加总后"执法文件产出"得分为 3.88 分；"司法性文件颁布的及时性"指标得分为 1.96 分，"指导性案例发布的针对性"指标得分为 2.34 分，加总后"司法文件产出"得分为 4.30 分（见表 7 - 35），可见，在权重占比相同的情形下，"司法文件产出"比"执法文件产出"高 0.42 分。这说明司法文件产出制定的规范性、程序性、科学性等从总体上要好过行政文件产出，而行政文件产出由于行政权行使的恣意性，其制定出台的随意性就相对要大，科学性也大打折扣。

表 7 – 35　　　　　执法文件产出与司法文件产出的指标比较

行政保护指标	权重	得分	司法保护指标	权重	得分
执法文件出台的适当性	3 分	2.01 分	司法性文件颁布的及时性	3 分	1.96 分
执法文件出台的科学性	3 分	1.87 分	指导性案例发布的针对性	3 分	2.34 分

7.4.2　执法结果产出与司法结果产出的比较

7.4.2.1　结果产出的指标比较

对于执法结果产出和司法结果产出的指标设计，课题组采取的是将主要的知识产权行政保护行为和知识产权司法保护行为进行类型化分解的方式构建的。知识产权行政保护目前最主要的方式是行政查处，这包括行政检查和行政处理，是知识产权执法的主体部分，另外行政调解日益受到重视，行政裁决由于法律明文规定的限制，其分量是最小的。知识产权司法保护目前最主要的方式是司法判决和司法裁定，司法裁定的发生情形太多，数量庞大，很难统计，因此放弃对其的实证考察；其次是诉讼调解及基于行政调解和人民调解予以审查的司法确认。另外，因司法保护牵涉到刑事侦查、检察起诉等程序，考察批捕移送的产出情况也有很必要。

在本课题中，如果根据行政执法行为和司法行为具体类别的重要性进行比较，"行政查处的产出量"指标的得分是 2.64，而"司法判决的产出量"指标的得分是 2.58，也就是行政查处的产出量和产出绩效要高于司法判决的。如果根据行政执法行为和司法行为具体类别的相似性进行比较，由于行政裁决是行政机关居中裁判的准司法行为，"行政裁决的产出量"指标理应对应于"司法判决的产出量"指标，但"行政裁决的产出量"指标的得分是 1.55 分，比"司法判决的产出量"指标的得分少了 1.03 分。可见，行政裁决的成熟度远远不及司法判决。

相应的，"行政调解的产出量"指标对应于"诉讼调解的产出量"指标，前者得分为 2.34 分，后者得分为 1.52 分，经过"均化处理"，即假设在同一权重下，"行政调解的产出量"指标的权重也为 2% 的时候，其得分应是 1.56 分，而这略高于"诉讼调解的产出量"指标的得分。这可能是由于近几年知识产权行政主管机关非常重视行政调解导致的自然结果。由于司法确认是直接针对调解机制设置的特别程序，如果将其也纳入与"行政调解的产出量"指标的对比分析，可见"诉讼调解的产出量"指标和"司法确认的产出量"指标加总计算后的得分为 2.65 分，经过"均化处理"，即假设在同一权重下，该两指标的权重总共为 3% 的时候，其得分应是 1.99 分。可见"行政调解的产出量"指标的得分仍要高于诉讼调解和司法确认的产出量。

严格而言，由于批捕移送的刑事制裁特殊性，"批捕移送的产出量"在行政保护体系中很难找到对应的指标，其得分为 1.28 分（见表 7 - 36），如果跟"行政查处的产出量"做对比，经过"均化处理"，即假设在同一权重下，"行政查处的产出量"指标的权重也为 2% 的时候，其得分应是 1.76，也远远高于"批捕移送的产出量"的指标得分。

表 7 - 36　　　　　执法结果产出与司法结果产出的指标比较

行政保护指标	权重	得分	司法保护指标	权重	得分
行政裁决的产出量	3 分	1.55 分	司法判决的产出量	3 分	2.58 分
行政调解的产出量	3 分	2.34 分	诉讼调解的产出量	2 分	1.52 分
			司法确认的产出量	2 分	1.13 分
行政查处的产出量	3 分	2.64 分	批捕移送的产出量	2 分	1.28 分

值得说明的是，上述指标对比之后的得分偏高，并不意味着相应的工作就做得更好，只能表明相应的产出量更大。这可能跟知识产权行政执法和知识产权司法不同的权力配置、职能行使、功能定位、不同阶段的行政及司法政策、不同主管机关的主观重视度等都有关系。

7.4.2.2 结果产出的纵向比较

为了更好更全面地用采集的数据反映实证研究中发现的问题，课题组决定对执法结果产出和司法结果产出进一步作跨年度的纵向对比分析和跨地区的横向对比分析，以得到更有价值的研究结果。

从表7-37可见，2003—2013年全国专利侵权纠纷数量大幅增长，其中当事人通过法律途径即通过法院和专利行政机关处理的专利侵权案件数量总和从2003年的3558件，增加到2013年的13879件，10年增加了3.9倍。

表7-37 2003—2013年行政机关与法院受理[①]的专利侵权纠纷案件数量[②]

年份　　类型	行政受案数量(件)	司法受案数量(件)	合计(件)	行政机关受案比例	法院受案比例
2003 年	1448	2110	3558	40.70%	59.30%
2004 年	1414	2549	3963	35.68%	64.32%
2005 年	1360	2947	4307	31.58%	68.42%

① 由于客观因素制约，本课题组收集的结果产出量数据不全面且部分内容上述章节已有分析，基于结果产出量直接源于受理量的情况，此处以受理量进行替代分析。司法受案数量采集的年度新收专利案数，虽存在确权等案件类型，但相对于侵权纠纷案比例非常小。

② 数据来自2003—2013年的《中国知识产权保护状况》白皮书和《国家知识产权局统计年报》(其中2012年白皮书中行政机关受理的专利侵权纠纷数量为2232件，而2012年专利统计年报中公布的行政机关受理的专利侵权纠纷数量为2225件，为便于历年数据统一分析，本课题中2012年数据采用白皮书中的2232件)。

续　表

年份　类型	行政受案数量(件)	司法受案数量(件)	合计(件)	行政机关受案比例	法院受案比例
2006 年	1227	3196	4423	27.74%	72.26%
2007 年	986	4041	5027	19.61%	80.39%
2008 年	1092	4074	5166	21.14%	78.86%
2009 年	937	4422	5359	17.48%	82.52%
2010 年	1077	5785	6862	15.70%	84.30%
2011 年	1286	7819	9105	14.12%	85.88%
2012 年	2232	9680	11912	18.74%	81.26%
2013 年	4684	9195	13879	33.75%	66.25%

通过对行政机关受理的案件数量与法院受理的案件数量进行对比发现，在 2011 年之前行政机关受理的案件并未有太大变化，虽有升有降，但都维持在 1000 余件左右，2003 年为 1448 件，2011 年为 1286 件，2012 年开始冲到 2232 件，2013 年案件数量更是骤然倍升，达到 4684 件。与同期法院受理的案件数量对比，法院受理的专利侵权纠纷案件数量却在逐年增加，2003 年为 2110 件，到 2012 年达到顶峰，近 10000 件，2013 年为 9195 件，10 年增加了约 4.6 倍。

在 2011 年之前，行政机关受理专利侵权纠纷案件数量占受理案件总数的比例一直呈下降趋势，2003 年为 40.70%，下降到 2011 年的 14.12%，但由于 2012 年后知识产权行政执法的强势介入，案件数量占比开始回弹，从 2012 年的 18.74% 上升至 2013 年的 33.75%。相应的，除 2012 年、2013 年外，法院受理的专利侵权纠纷案件数量占总数的比例在整体上呈逐年上升趋势，2003 年为 59.30%，上升到 2011 年的 85.88%。

从总体上可见，近年来专利侵权纠纷案件逐渐向法院分流，司法保护的主导作用日趋明显。当前绝大多数的专利侵权案件选择向法院起诉，而没有选择请求行政机关处理。究其原因，既与专利行政机关在处理侵权纠纷的执法权限下，执法手段弱有关，对侵权纠纷行政机关只能责令停止损失，而无权对赔偿问题做出处理，对侵权纠纷处理不彻底，因此，发生专利侵权纠纷时当事人不愿意选择行政机关，而是选择向法院起诉。此外，也与当前企业的知识产权保护意识有关，据调研发现，在我国目前的双轨制保护模式中，大约有 1/3 的企业对行政保护不太了解，只知道专利的司法保护，不知道利用行政机关的行政执法来快速、高效地维护自身合法权益。这既与当前对专利行政保护的宣传力度不够有关，也与我国当前的知识产权机构设置有关。当前我国在专利执法机构设置方面，不仅大部分地市级知识产权局未设立专门的执法处室，而且部分省级知识产权局未设立专门的执法处室，执法职能往往由其他处室兼任，同时设立有专门执法处室的地方，执法的队伍也不稳定，专业性的执法人才也相对缺乏。当发生专利侵权纠纷时，尤其是在基层发生纠纷时，当事人寻求行政处理解决纠纷就较为困难。

而越来越多的当事人选择向法院起诉处理专利侵权纠纷，这一方面说明近年来我国法院的知识产权审判能力在不断增强，在一定程度上能满足当事人解决纠纷的需求；另一方面也说明当事人越来越倾向于法院司法保护。据调研发现，目前许多大型的企业在发生专利侵权纠纷时，更易于选择向法院起诉来解决纠纷，主要在于司法手段的优越性，法院不仅能够像行政机关一样为当事人提供停止侵权的保护手段外，还能够提供临时措施保护、损害赔偿等全面的保护。因此，在我国坚持行政保护和司法保护并行、相互衔接的双轨制模式下，权利人更倾向于法院的司法保护。虽然知识产权行政保护在打击侵权方面速度快，费用较低，适应了人们的要求，在一开始占有重要地位，但是随着我国经济、社会发展和科学技术的突飞猛进，加上近年来我国注重知识产权法律保护意识的普及，使得专利侵权纠纷司法解决手段的优势不断凸显。当然，这也与知识产权案件，尤其是专利案件的日趋复杂程度有关，当事人更加需要高水平的司法保护。2012 年后，行政机关受理专利侵权纠纷案件比例上升。这与国家知识产权战略纲要实施、知识产权联合执法、知识产权主管机关强势介入以及行政调解司法确认新机制的建立都有较大关系。

7.4.2.3　结果产出的横向比较

为了对近年来不同地区专利行政执法的办案产出情况进行对比分析，本课题选取 2008—2013 年三类地区行政机关处理专利侵权纠纷案件立案数量作为跨年跨区域分析的样本。

由于我国地域辽阔，各地科技、经济发展水平差异较大，各地知识产权保护状况也有较大区别，为了便于分析，本课题根据我国经济发展水平的差异，分别从东部、中部和西部地区选择三个有代表性的省份作为样本进行分析，东部地区选择广东、江苏、浙江三个省份，中部地区选择湖南、河南、安徽三个省份，西部地区选择贵州、云南、甘肃三个省份。从表 7 - 38 可见，2008—2013 年全国各地专利侵权纠纷行政机关受理数量都有不同程度的增长，东部发达地区行政机关受理量比中部、西部地区要多得多，形成极为悬殊的"剪刀差"。

表7-38　2008—2013年三类地区行政机关处理专利侵权纠纷立案数量①

单位:件

地　区		2008 年	2009 年	2010 年	2011 年	2012 年	2013 年
东部	广东	199	151	145	206	496	1851
	江苏	85	103	58	47	104	385
	浙江	84	29	86	113	317	376
合　计		368	283	289	366	917	2612
中部	湖南	75	43	94	162	91	124
	河南	104	53	129	156	217	227
	安徽	19	50	53	20	47	101
合　计		198	146	276	338	355	452
西部	贵州	5	0	3	2	16	8
	云南	8	19	27	21	14	27
	甘肃	9	12	35	18	13	28
合　计		22	31	65	41	43	63

---

①　数据来自2008年、2009年、2010年、2011年、2012年和2013年的《国家知识产权局统计年报》，http://www.sipo.gov.cn/tjxx/，2014年5月14日访问。

从图 7 - 8 可见，东部地区行政机关受理的专利侵权纠纷案件立案总量历年平均值是 806 件，中部地区的历年平均值是 294 件，西部地区的历年平均值是 44 件。尤其是 2011 年以后，东部、中部、西部地区行政机关受理的专利侵权纠纷案件立案总量呈现越来越大的差距，其中 2013 年东部地区总量 2612 件，是西部地区总量的 41 倍，是中部地区总量的 5. 8 倍。

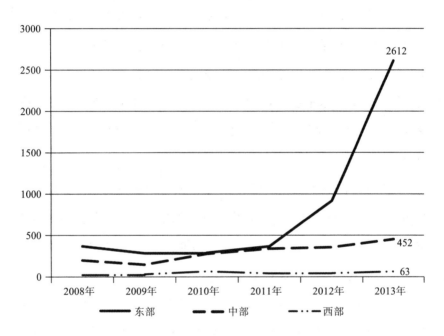

图 7 - 8　2008—2013 年三类地区行政机关处理专利
侵权纠纷立案总量对比

之所以出现这种状况，这一方面与地区经济、科技发展水平有关，经济发展水平越高，专利的数量与专利运用水平也较高，相应地发生专利侵权违法的案件数量也较多，而西部地区经济水平较为落后，专利运用水平较低，发生纠纷的机会也较少，因此行政机关受理的专利侵权案件的数量也较少。另一方面也与各地的专利执法体系完善程度不同有关，在东部沿海省份以及一些中部省份的知识产权局都专门设立有专利执法处，执法体系较为健全，对专利执法及侵权处理工作较为重视，而西部地区执法机构普遍不健全、专利执法人员严重不足，专利执法及侵权处理工作存在很大困难。

我国各地经济发展、科技创新水平很不平衡，各地的知识产权需求及保护途径差异也较大，总的来看，经济发达的地区，科技创新能力强，特别是像广东省拥有一批类似华为、中兴这样能够娴熟运用知识产权参与国际竞争的高科技企业，知识产权保护有较大的实际需求，保护水平也相对较高。以下，单以 2011 年的行政机关受理的专利纠纷案件数量与法院受理的专利纠纷案件数量进行统计分析。

以 2011 年为例，东部地区三个省专利行政机关与法院受理的专利纠纷案件总数达 5292 件；而中部地区的经济发展与科技创新虽然与东部发达地区相比有一定差距，但近年来经济与科技也取得了长足的发展，其知识产权保护也有一定的需求。2011 年中部地区三个省专利行政机关与法院受理的专利纠纷案件总数达 759 件，却仅为东部地区的 14.34%。西部地区，由于科技、经济水平较低，知识产权工作基础薄弱，知识产权在当地的表现也主要是政府通过财政补贴资助的方式来鼓励企业申请专利，专利的数量本身也较少，其知识产权保护的需求也相对较小，2011 年西部地区三个省专利行政机关与法院受理的专利纠纷案件总数仅为 151 件（见表 7-39）。可见，受经济发展水平的不同，知识产权保护状况在不同地区之间发展较为不平衡。

表 7-39　2011 年三类地区行政机关及法院一审受理专利民事纠纷案件数量①

地　区		行政机关受理数量(件)	法院受理数量(件)	行政机关受案数量占比
东部	广东	207	2797	6.89%
	江苏	52	793	6.15%
	浙江	113	1330	7.83%
合　计		372	4920	7.03%
中部	湖南	167	111	60.07%
	河南	165	222	42.64%
	安徽	20	74	21.28%
合　计		352	407	46.38%
西部	贵州	2	26	7.14%
	云南	21	56	27.27%
	甘肃	18	28	39.13%
合　计		41	110	27.15%

①　数据来自 2011 年的《国家知识产权局统计年报》，http：//www.sipo.gov.cn/ghfzs/zltjjb/jianbao/year2011/h/h1.html，2014 年 5 月 16 日访问。行政机关受理数量是行政机关立案的专利侵权纠纷和其他纠纷数量之和，而法院受理的一审专利民事纠纷数量是行政机关受理数量除以《2012 年全国专利实力状况》（第 65 页表 15）中上述几个省份行政机关受理案件数量与法院新收一审专利民事案件数量的比值得到，行政机关受案数量占比是行政机关受理数量与行政机关、法院受理数量总和的比值。

除了整体上不同地区的知识产权保护发展不平衡外，在不同地区内部知识产权保护的模式也不尽相同，三个地区解决纠纷途径的差异较为明显。2011 年，东部地区行政机关处理的专利纠纷所占比例很小，只占 7.03%；中部地区行政机关处理纠纷的比例则较大，达46.38%；西部地区行政机关处理的专利纠纷所占比例为 27.15%。可见，在东部经济发达地区专利侵权纠纷主要通过司法途径处理，专利行政机关处理的案件只占很小的比例，而在中部地区，发生的专利侵权纠纷中有相当大的比例是通过行政机关进行处理，行政机关在专利侵权纠纷的处理中发挥着非常重要的作用。西部地区行政机关处理的专利侵权纠纷比例也较小，这主要与西部地区发生专利侵权纠纷的案件数量本身较少有关。

上述三类不同地区，专利侵权纠纷处理模式的差异，是地区经济发展程度、知识产权工作水平以及社会公众知识产权意识等多方面因素综合作用的结果。东部沿海地区由于其经济较发达，知识产权工作基础较好，社会公众的知识产权意识较高，对知识产权保护的需求也较高，尤其是这些地区汇聚了大量的科技创新水平高、经济实力雄厚的外向型企业，如华为、中兴等企业这些企业在发生专利侵权纠纷后，更倾向于寻求司法途径解决纠纷。中部地区近年来经济发展迅速、科技实力显著增强，但由于这些地区的知识产权基础以及社会公众的知识产权意识与东部发达地区相比还有一定的差距，发生纠纷后对行政机关的依赖性还较大，专利侵权纠纷在一定程度上主要依靠行政机关来处理。特别是中部地区创新能力强、经济实力雄厚的大企业较少，绝大多数的科技创新企业属于中小企业，这些企业受知识产权意识以及企业自身资金、人才的制约，发生纠纷后更倾向于请求行政机关处理。西部地区由于经济发展水平较低，知识产权资源较稀缺，社会公众的知识产权意识薄弱，地方知识产权工作的基础相对较差，因此，不论是通过行政机关还是法院处理的专利侵权纠纷案件数量都较少。

7.4.3　执法质效产出与司法质效产出的比较

为了更好地分析知识产权行政和司法保护的实证效果，除了对行政执法和司法办案的产出量予以分析外，还需对其产出的质效情况予以考察。在本课题中，根据行政执法和司法的各自特点和运行规律，我们将从行政执法的结案、行政执法的质量和行政执法的效益三个维度研究行政执法的质效产出，而对司法的质效产出将进一步从其构成要素分解为司法准确性、司法效率性、司法效益性和司法执行性四个指标予以考察。由于行政执法和司法的功能目标和侧重点有显著差异，其指标设置不完全对应，根据其各自的特征，赋予各指标的权重也各不一样。

对于行政执法的结案，主要考察的是知识产权行政主管机关在一定周期内的结案率，而在多长时期内能否结案、结案多少在司法领域就集中反映了司法效率性，不同的是司法办案周期具有法定性，其延长、转换审判程序都需要审批，且延长时间也是法律明确规定的。由于司法关注的重心在于保障人权和维护公平，而行政执法关注的重心在于快速启动维护市场秩序，因此本课题中司法效率性的赋值比重偏低。经过"均化处理"，即假设在同一权重下，"行政执法的结案率"指标的权重也为2%的时候，其得分应是1.23分，而"司法效率性"指标的得分为1.11分（见表7-40）。可见，司法保护中的效率状况要远远低于行政保护的。

表7-40　　　行政执法质效产出与司法质效产出的指标比较

行政保护指标	权重	得分	司法保护指标	权重	得分
行政执法的结案率	5分	3.08	司法效率性	2分	1.11
行政执法的质量	5分	3.01	司法准确性	5分	3.84
			司法执行性	5分	3.21
行政执法的效益	5分	3.53	司法效益性	3分	1.52

对于行政执法的质量，强调的是行政执法全程及其结果的合理性、合法性、正当性，这一指标的考察指向除了执法结果是否合理、正当外，还特别关注执法权的运用是否合法、程序正当。在司法过程中，对其质量的评判主要在于司法的准确性，即司法裁判的事实认定是否客观准确，司法裁判的法律适用是否准确无误，司法裁判的利益衡量是否公允公正。另外，司法审判的质量直接决定了司法执行的可能性和可接受性，因此司法执行性的指标也从另一个向度反映了司法的质量。从本课题的实证测算来看，在权重都是5%时，行政执法的质量得分是3.01，而司法准确性的得分是3.84分，司法执行性的得分是3.21分。可见，无论是从司法准确性的角度，还是从司法执行性的角度来比较，司法在维护公平正义方面体现的质量都要高于行政执法的质量。

对于行政执法的效益，考察的是行政相对人在行政执法过程中的维权成本与行政保护的收益比关系，是以行政相对人的视角来评判，而非从行政主管机关的运行视角来谈。同样，司法活动的效益，本课题考察的也是当事人在知识产权司法保护中的成本收益比。由于考虑到行政执法和司法的差异性，对指标赋值有一定的不平衡性，经过"均化处理"，即假设在同一权重下，"行政执法的效益"指标的权重也为 3% 的时候，其得分应是 2.12 分，而"司法效益性"指标的得分为 1.52 分。可见，当事人在知识产权司法保护中的成本收益比要远远低于行政保护。

由于"行政执法的结案"指标得分为 3.08 分，"行政执法的质量"指标得分为 3.01 分，"行政执法的效益"指标得分为 3.53 分，加总后"执法质效产出"得分为 9.62 分；"司法效率性"指标得分为 1.11 分，"司法准确性"指标得分为 3.84 分，"司法执行性"指标得分为 3.21 分，"司法效益性"指标得分为 1.52 分，加总后"司法质效产出"得分为 9.68 分，可见在权重占比相同的情形下，"司法质效产出"比"行政执法质效产出"高 0.06 分。这说明知识产权司法的公允性、程序规范性和可执行性等从总体上要好过知识产权行政执法，但在效率性、效益性等个别指标上知识产权司法其实是不如知识产权行政执法的。

第8章　知识产权保护影响的实证分析

8.1　知识产权保护影响绩效评价概述

在管理学上，影响是指以间接或无形的方式来作用或改变人或事的行为、思想或性质。在某种程度，影响也可以看作产出的部分，也就是产出除了结果产出外，还可以包括影响产出。为了分析的深入和细致化，本课题将影响独立出来，对影响和结果、效应进行了区分：结果（result）就是事物发展或阶段终了的直接状态；效应（effect）是在有限环境下，一些因素和一些结果构成的一种因果现象；影响（influence）是一事物或行为对其他事物或个人产生的间接的、深远的、无形的作用（见图 8 - 1）。

就本课题的知识产权保护系统来说，知识产权保护的影响就是法院和知识产权行政主管机关在司法和行政执法过程中对微观市场主体的观念和行为、对宏观社会生活状态所产生的作用或改变，包括社会影响和经济影响，前者主要包括推进知识产权体制改革、改善知识产

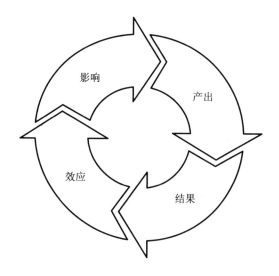

图 8 - 1 影响、结果、效应和产出的关系

权保护环境、提高公众知识产权保护意识等方面，后者主要包括提升知识产权经济水平、保障知识产权市场秩序、提高社会创新总量等方面。

如果说产出是可量化的，影响相对而言就比较难，因为影响更多的是复合性的、无形的。影响是一种漫长而深远的力量，对社会的改变可能是"秋风扫落叶"，如法国大革命，但更多的可能是"润物细无声"，如欧洲文艺复兴。所以，影响的测度是很难的，可以感知到，但无法精确化。因此，本课题对知识产权保护影响的实证研究更多的也是基于定性分析，辅以适当的、初步的定量数据。

如上所述，知识产权行政执法和知识产权司法活动的影响，对于整个社会而言是综合性的，是多因素交织在一块产生的网链式反应，既很难区别到底是执法影响的结果还是司法影响的结果，也很难辨别影响的到底是哪个方面或哪个具体的领域。而且在具体的实践工作中，也没有具体细分出影响的不同层级和不同作用源，导致无法对知识产权行政执法和知识产权司法保护的各自影响进行精细的对比分析，因此本课题只能将执法影响和司法影响放在一起，进行统合分析。

在实证分析过程中，考虑到一些数据很难或暂时无法获得，或基于目前数据来源的权威性和科学性的考虑，在本章中我们对个别数据会采取模糊处理或模拟处理，也可能对某些指标放弃评价，仅选取那些最重要、最客观、最能反映现实的关键绩效指标进行评价，尽可能把握知识产权保护影响绩效评价的重点。本章数据来源以权威公开数据为主、自行调研数据为辅，在实证中能找到政府、行业协会等官方数据的，从其数据；在未能找到相应官方数据的，以自行调研的数据为补充。

8.2　知识产权保护影响绩效评价实证分析

8.2.1　社会效果

8.2.1.1　知识产权体制改革的推进

世间万物之力都是相辅相成的，知识产权行政执法和知识产权司法的实施会面临各种各样的问题，而这些问题的解决需要从体制的角度予以深层的反思，带来的直接社会效果就是进一步推进知识产权体制的改革。知识产权体制改革的推进，这一指标要描述的就是知识产权体制建设，考察的是知识产权行政执法与知识产权司法保护是否带来了体制改革，公众、媒体、学者对制度运行效果的评价及负面报道是否增多，实践操作中是否努力规避了制度弊端，并提出改革性建议等方面。

自2008年《国家知识产权战略纲要》发布以来，知识产权体制改革层层推进，硕果累累。行政执法领域主要体现在以下四个方面。一是专项执法成效显著。2008年和2009年，国家知识产权局系统组织开展了"雷雨行动""天网行动"，国家版权局、公安部、工业和信息化部联合开展了打击网络侵权盗版专项行动，文化部开展了文化市场"奥运保障行动"；2010年，各部委联合开展了打击侵犯知识产权和制售假冒伪劣商品专项行动、上海世博会、广州亚运会知识产权保护专项行动，公安部开展了"亮剑行动"，国家版权局开展了"剑网行动"；2011年，除了继续开展打击侵犯知识产权和制售假冒伪劣商品专项行动、"亮剑行动"和"剑网行动"，国家林业局开展了打击侵犯林业植物新品种专项行动；2012年，开展了知识产权执法维权"护航"专项行动、动漫市场专项整治行动和侵犯品种权专项行动；2013年，"亮剑""护航""剑网"等专项行动继续开展。另外，还开展了"破案会战"、打击"傍名牌"、农作物种子打假护权等专项行动。二是部门协作配合机制建立。2008年，公安部与工商、海关、版权等知识产权行政执法部门相继建立起加强知识产权保护的协作配合机制或协调会商机制；2009年，国家知识产权局联合国家知识产权战略实施工作部际联席会议28家成员单位共同发布《2009年中国保护知识产权行动计划》，启动"5·26"工程与全国专利保护重点联系机制建设工作；2010年，建立了公安机关"主动侦查"与行政部门"阵地控制"相结合的工作模式，形成"信息共享、事先介入、联合行动、优势互补"的协作机制；2013 年，全国打击侵犯知识产权和制售假冒伪劣商品工作领导小组办公室作为独立机构开始运行，召开全国"两法衔接"工作推进会，指导地方建立了联席会议等制度。三是区域协作执法机制建立。2009 年，农业部在山东等 22 个省（自治区、直辖市）开展农业植物品种权执法试点工作，探索跨区协作执法、重大案件联合办理机制；2010 年，国家版权局与香港海关、台湾地区智慧财产部门创造性地建立区域联防协作机制。四是社会参与体系健全。2008 年，版权领域社会参与体系开始建立，中国音像著作权集体管理协会、中国文字著作权协会和中国摄影著作权协会相继成立；2009 年，国家版权局大力支持中央级版权相关协会及有条件地区探索建立版权调解机制。①

司法领域主要体现在以下三点。一是程序衔接机制的完善。近年来，检察机关积极推动行政执法与刑事司法相衔接机制的建立，特别是推动各地充分运用高科技手段，建立"网上衔接、信息共享"机制。二是案件审理分工的明确。2009 年，最高人民法院审判委员会讨论通过《最高人民法院关于专利、商标等授权确权类知识产权行政案件审理分工的规定》，将授权确权类知识产权案件统一交知识产权审判庭审理，结束了 7 年来知识产权审判庭和行政审判庭分别受理的历史。三是"三审合一"模式的试点。截至 2012 年年底，全国已有 5 个高级法院、59 个中级法院和 69 个基层法院开展了"三审合一"的相关试点。2014 年 8 月 31 日，全国人大常委会做出《关于在北京、上海、广州设立知识产权法院的决定》，成为"三审合一"试点的综合性成果。知识产权法院管辖有关专利、植物新品种、集成电路布图

---

① 以上数据参见 2009 年、2010 年、2011 年、2012 年、2013 年《中国知识产权保护状况》白皮书。

设计、技术秘密等专业技术性较强的第一审知识产权民事和行政案件，并实行跨区域管辖。这将进一步推动实施国家创新驱动发展战略，加强知识产权司法保护。[①]

行政执法领域之所以出现频繁的联合执法，从另一个方面也反映出两大问题。一是知识产权管理机构设置分散。美、日、德、印等国都是将专利和商标的管理合为一个机构，英国和加拿大是将专利、商标和版权的管理合为一个机构，而我国分设了国家知识产权局、工商行政管理总局、版权局，甚至地理标志、植物新品种归国家质检总局、农业部和林业局等部门管理。二是知识产权管理部门职能重叠。由于我国实行的是条块分割式管理，多个部门之间缺乏沟通渠道和协调机制，存在职能重叠和交叉现象，造成行政资源的浪费。

根据课题组在湖南省内发放的 600 份问卷来看，认为"近年来，知识产权执法和司法有力地推动了知识产权体制改革，知识产权系统运行非常高效、科学"的有 93 份，认为"近年来，知识产权执法和司法有力地推动了知识产权体制改革，取得了显著成果"的有 240 份，认为"近年来，知识产权执法和司法有力地推动了知识产权体制改革，但未有实质性突破"的有 144 份，认为"近年来，知识产权执法和司法有力地推动了知识产权体制改革，但管理成本仍然过高，行政资源及司法资源浪费严重"的有 117 份，认为"近年来，知识产权行政执法和司法对知识产权体制改革几乎没有太大的影响"的有 6 份，加权计算值为 64.90，所占权重为 4 分（4%），因此指标得分为 2.60 分（见表 8 – 1）。

---

① 以上数据参见 2009 年、2010 年、2011 年、2012 年、2013 年《中国知识产权保护状况》白皮书。

表 8 - 1 知识产权体制改革推进情况的调查统计

知识产权体制改革的推进	很好	好	一般	差	极差
统计（份）	93	240	144	117	6
加权计算值	64.90				
指标得分（分）	2.60				

8.2.1.2 知识产权保护环境的改善

知识产权保护环境的改善是一项综合性的评价指标，涉及知识产权保护环境建设的制度、运行等各方各面，考察的是知识产权行政执法是否带来了社会的保护环境改善，犯罪率和恶意侵权、大规模侵权、反复侵权案件是否下降，国际社会的指责与评价是否变化，权利保护水准是否超过实际国情，知识产权保护对地方综合竞争力有什么影响等。基于分析的必要，本课题仅对知识产权保护环境最重要或数据较易获得的部分要素予以评价，以便对知识产权保护环境的改善有一个概览性或重点性的认知与把握。

根据《知识产权保护社会满意度调查报告》的数据，2013 年我国知识产权保护社会满意度得分为 64.96 分，较 2012 年的 63.69 分高 1.27 分，知识产权保护总体满意度有所提高，其中知识产权法律与政策保护工作、管理与服务工作评价相对较高，对执法工作评价相对偏低（见图 8 - 2）。[①] 虽仍处于及格水平，但总体的知识产权保护环境已有一定的改善。

---

① 中国专利保护协会、中华商标协会、中国版权协会、北京美兰德信息公司：《知识产权保护社会满意度调查报告（2013 年度）》，2014 年 2 月。

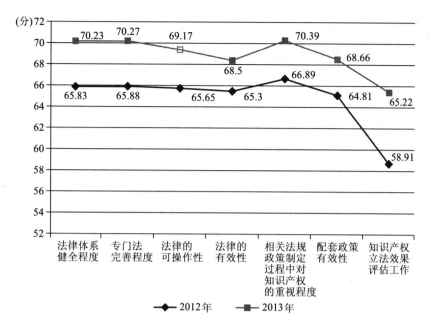

(分) 72

70.23　70.27　69.17　　　　　70.39
　　　　　　　　　　68.5　　　　　　68.66

65.83　65.88　65.65　65.3　66.89　64.81　65.22

58.91

法律体系　专门法　法律的　法律的　相关法规　配套政策　知识产权
健全程度　完善程度　可操作性　有效性　政策制定　有效性　立法效果
　　　　　　　　　　　　　过程中对　　　　　评估工作
　　　　　　　　　　　　　知识产权
　　　　　　　　　　　　　的重视程度

◆ 2012 年　　■ 2013 年

图 8 - 2　2012—2013 年法律与政策保护指标满意度对比

从中国专利保护协会、中华商标协会、中国版权协会、北京美兰德信息公司的调研可知，知识产权保护的立法环境相对较理想，除立法效果评估工作外，其余三级指标 2013 年都在 70 分上下，各指标相对于 2012 年有 5 分左右的提升；知识产权保护的行政执法与司法环境改善情况不太理想，2013 年有 9 个三级指标的满意度相对于 2012 年有所增长，但有 13 个指标的满意度低于 2012 年 1—2 分，集中在工作人员专业性、执法活动持续性、执法资源情况、诉讼周期、赔偿金合理性、侵权现象严重程度和侵权损害赔偿的及时性、足额性等七个方面；知识产权保护的管理与服务体系建设环境有较大改善，各项三级指标相对于 2012 年都有增长，特别是地方政府对知识产权保护工作的重视程度的满意度增长了 5.12 分，涨幅明显，说明地方政府更加重视知识产权保护工作，受到社会各界的认可；知识产权保护的宣传教育环境的改善略有降低，除培训效果满意度相对较高，其他三级指标都低于 2012 年，表明社会希望加大知识产权宣传和培训力度（见图8－3、图8－4、图8－5）。

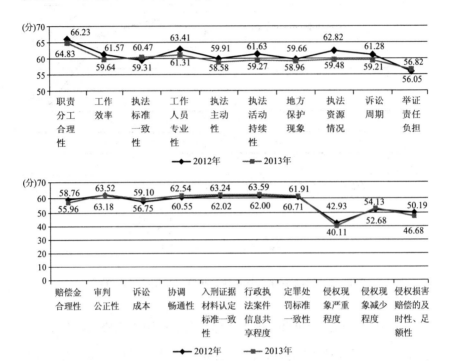

图 8－3　2012—2013 年行政执法与司法指标满意度对比

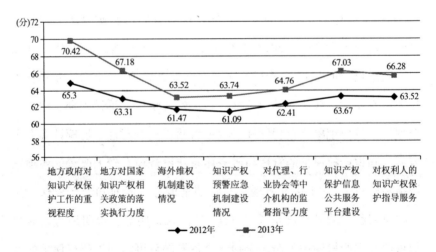

图 8－4　2012—2013 年管理与服务指标满意度对比

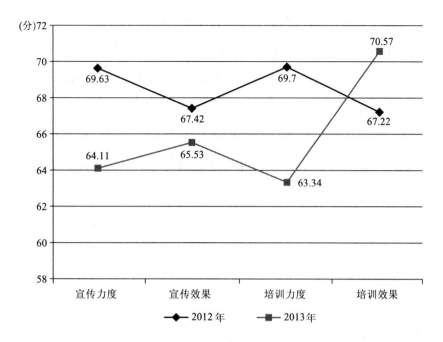

图 8 - 5　2012—2013 年宣传教育指标满意度对比

　　从国际社会评价的角度而言，近年来相关行政主管机关及司法机关积极参与知识产权保护的国际合作，认真履行涉外知识产权保护的条约义务，极大地提高了我国在知识产权保护方面的国际影响力。2008 年，我国派员参加 WIPO 框架下的成员国大会，积极参与版权保护国际新规则的制定工作，签署中美版权《战略合作备忘录》。2009 年，我国与东盟成员国达成《中国—东盟知识产权领域合作谅解备忘录》，完成 WTO 对我国第八次过渡性审议工作及两年一次的政策性审议的准备工作。2010 年，我国深度参与 WIPO 发展议程、PCT 改革等议题磋商，积极推动 WIPO 在华继续设立版权保护优秀案例示范点，认真履行《国际植物新品种保护公约》，承担 3 项国际测试指南编制工作，国家工商行政管理总局在上海世博会上被授予"西班牙品牌在中国的友好使者"称号。2011年，我国积极参加WIPO第49届成员国大会、第18届PCT国际单位会议及《生物多样性公约ABS名古屋议定书》履约会议等，成功实现将中国专利文献纳入PCT最低限度文献目标。2012年，我国签署35份双边合作协议及工作计划，召开首届金砖国家知识产权机构会议，成功举办世界知识产权组织保护音像表演外交会议并顺利缔结《视听表演北京条约》，促成上海合作组织成员国海关签署《上海合作组织成员国海关关于知识产权保护合作的备忘录》，公安部经济犯罪侦查局获得全球反假冒机构颁发的"2012年度全球反假冒执法部门最高贡献奖"。2013年，中国作为正式会员继续参加中、美、日、欧、韩商标五方会谈，成功举办第四届中国—东盟知识产权局长会，同时积极推进中、蒙、俄三边知识产权合作，全方位推动双边知识产权合作。

无论是知识产权保护的国内环境，还是知识产权保护的国际环境，在近年来都有极大的改善和优化。根据课题组在湖南省内发放的600份问卷来看，认为"近年来，知识产权执法和司法保护极大地改善了知识产权保护的环境，取得了显著成果"的有108份，认为"近年来，知识产权执法和司法保护较好地改善了知识产权保护的环境，取得了一定成果"的有327份，认为"近年来，知识产权执法和司法保护虽一定程度上改善了知识产权保护的环境，但成效一般"的有99份，认为"近年来，知识产权执法和司法保护水平并没有较大提升，知识产权维权保护仍很困难"的有66份，认为"近年来，知识产权执法和司法保护对知识产权保护环境的改善没有太大意义"的有0份，加权计算值为70.90，所占权重为3分（3%），因此指标得分为2.13分（见表8-2）。

表 8 - 2　　　　　　　　知识产权保护环境改善情况的调查统计

知识产权保护环境的改善	很好	好	一般	差	极差
统计(份)	108	327	99	66	0
加权计算值	70.90				
指标得分(分)	2.13				

8.2.1.3　公众知识产权意识的提升

由于我国知识产权事业起步较晚，20 世纪 70 年代末 80 年代初才从国外引进，知识产权意识薄弱，知识产权人才缺乏，知识产权保护状况不佳等问题在不同地区不同程度地存在。公众知识产权意识的提升，作为知识产权行政执法和司法保护对人的行为的深层影响，描述的是知识产权维权意识的增强，考察社会公众、企事业单位对知识产权的私有垄断权属性的认识，是否会主动采取保护措施等方面。

根据《知识产权保护社会满意度调查报告》的调研，从三个不同的受访群体类型来看，社会公众的满意度最低，并且与知识产权权利人和专业人士满意度有较大幅度差距，知识产权权利人满意度比专业人士稍低但差距不大，反映了社会公众的期望值与现实情况反差最大。与 2012 年相比，2013 年知识产权权利人和专业人士满意度均有所提高，而社会公众满意度则下降了 2.27 分（见图 8 - 6）。[①] 社会公众满意度低，从某一个侧面也说明公众知识产权意识的提升。

从中国专利保护协会、中华商标协会、中国版权协会、北京美兰德信息公司 2013 年的调研[②]可知，权利人群体中，商标权权利人的满意

---

① 中国专利保护协会、中华商标协会、中国版权协会、北京美兰德信息公司：《知识产权保护社会满意度调查报告（2013 年度）》，2014 年 2 月。

② 同上。

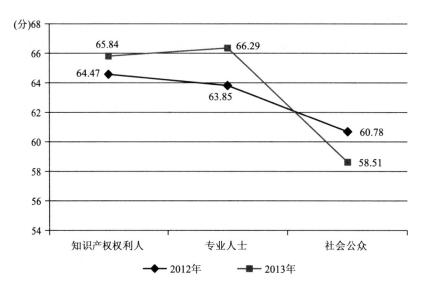

图 8 – 6　2012—2013 年不同群体的知识产权保护满意度对比

度要高于专利权权利人和著作权权利人，说明不同类型知识产权的保护体制对权利人的保护需求满足程度是不一样的（见图 8 – 10）；三资企业的满意度相对于国有企业、集体企业、私营企业要低，与 2012 年形成强烈反差，说明不同性质企业的知识产权意识和对知识产权保护的敏感性不尽相同（见图 8 – 7）；制造业、电力热力燃气及水生产和供应业、采矿业、建筑业的满意度相对于信息传输软件和信息技术服务业、科学研究和技术服务业、交通运输和仓储、邮政业要高，说明不同行业对知识产权保护的认知和需求不一（见图 8 – 8）。专业人士群体中，律师等中介服务机构人员的满意度低于行政管理及行业组织人员，表明不同的职业身份对知识产权保护过程中的期望度不同（见图 8 – 9）。社会公众群体中，越年轻的受访者对知识产权保护的满意度评价明显低于年龄越大的受访者（见图 8 – 11），文化程度越高的受访者对知识产权保护的满意度评价低于文化程度低的受访者（见图 8 – 12），各类职业群体的知识产权保护满意度评价有差异但没有表现出明显的规律性（见图 8 - 13），但相对于 2012 年各种分类下的社会公众满意度均有所降低。这也说明社会公众的知识产权意识越高，对知识产权保护的满意度越低。

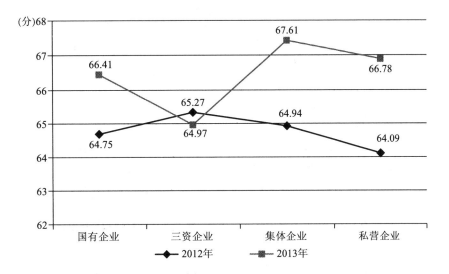

图 8 - 7　2012—2013 年不同企业性质权利人的知识产权保护满意度对比

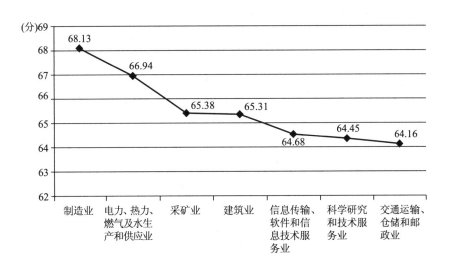

图 8 - 8　不同行业权利人的知识产权保护满意度对比

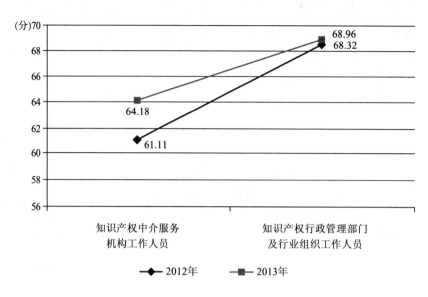

图 8 - 9　2012—2013 年不同专业机构人士的知识产权保护满意度对比

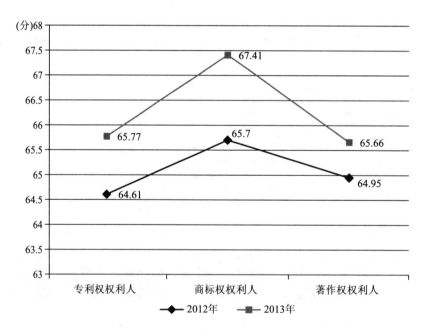

图 8 - 10　不同知识产权类型权利人的知识产权保护满意度对比

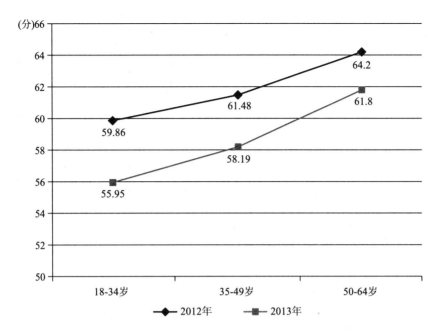

图 8 – 11　2012—2013 年不同年龄段社会公众的知识产权保护满意度对比

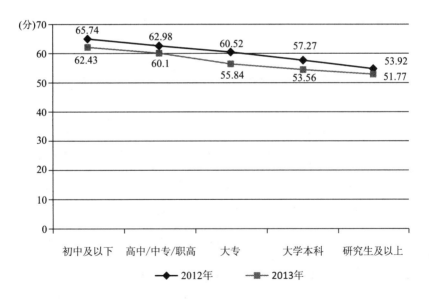

图 8 – 12　2012—2013 年不同学历社会公众的知识产权保护满意度对比

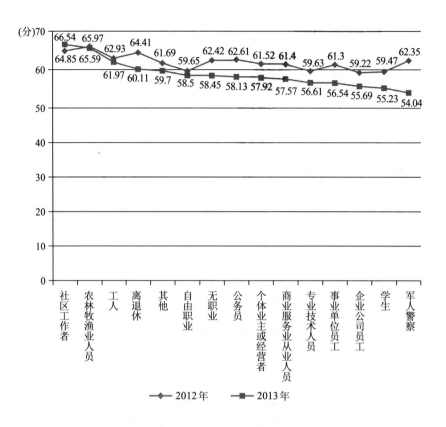

图 8 – 13　2012—2013 年不同职业社会公众的知识产权保护满意度对比

　　从不同国别或地区的专利权人在华侵权纠纷受理量可以分析得出，自 2008 年以来，我国专利权人在自身权利受到侵犯时主动维权诉讼的案件量基本上是逐年上升，2013 年的案件量相对于 2009 年增长了 387.82%，除中国台湾地区外，美国、日本、英国、德国、韩国的专利权人在华侵权纠纷的起诉量也在逐年增长（见表 8 – 3）。这说明近年来，随着中国知识产权保护事业的发展，中国公众尤其是专利权人的知识产权意识越来越增强，也越来越会应用行政执法等手段来进行维权。

表 8 - 3　不同国别或地区的专利权人在华侵权纠纷行政执法受理量对比①

单位:件

专利权人国别或地区	2008 年	2009 年	2010 年	2011 年	2012 年	2013 年
中国大陆	1042	895	986	1176	2141	4366
美国	1	9	8	10	3	56
日本	9	9	11	16	8	60
英国	0	0	2	3	17	22
德国	4	5	0	25	29	12
韩国	0	0	4	0	2	4
中国香港	2	0	1	8	5	3
中国台湾	15	13	15	9	2	6
其他	16	9	50	39	18	155

根据课题组在湖南省内发放的 600 份问卷来看，认为"近年来，知识产权执法和司法保护极大地提升了公众的知识产权意识"的有 252 份，认为"近年来，知识产权执法和司法保护较大地提升了公众的知识产权意识"的有 255 份，认为"近年来，知识产权执法和司法保护对提升公众的知识产权意识效果一般"的有 69 份，认为"近年来，知识产权执法和司法保护水平对提升公众的知识产权意识效果不明显"的有 24 份，认为"近年来，知识产权执法和司法保护对对提升公众的知识产权意识没有意义"的有 0 份，加权计算值为 79.50，所占权重为 3 分（3%），因此指标得分为 2.39 分（见表 8 -4）。

---

① 数据来自 2003—2013 年的 11 种《国家知识产权局统计年报》。

表8－4　　　　　公众知识产权意识提升情况的调查统计

公众知识产权意识的提升	很好	好	一般	差	极差
统计(份)	252	255	69	24	0
加权计算值	79.50				
指标得分(分)	2.39				

8.2.2　经济效果

8.2.2.1　知识经济水平的提升

知识产权行政执法和司法活动对经济发展具有一定引导和促进作用，"知识经济水平的提升"这一指标，描述的就是知识经济的发展水平，考察知识产权行政执法与司法保护给知识经济提升带来的促进效应，主要体现在经济发展水平、经济增长方式转变、经济结构优化等方面。

近年来，随着知识产权保护力度的加大、行政执法与司法保护水平的提高，各地知识产权保护或多或少有所改善。与此同时，知识经济发展也发生了一些微妙的变化。知识经济的培育、发展与壮大可以从第三产业的比重、知识经济产量占 GDP 的比例、技术市场成交额、高新技术产业增加值等指标来分析。

从经济发展水平来看，知识经济成分含量最高的第三产业，产值从 2000 年的 38714.0 亿元一路飙升到 2013 年的 262203.8 亿元，年平均增长速度达到 10.6%；技术市场发展迅猛，成交额从 2000 年的 650.8 亿元跃升到 2013 年的 7469.0 亿元，年平均增长速度达到 20.6%。进入 21 世纪以来，中国高技术产业增加值年均增长 18.2%，2012 年占到全球总量的 24.5%，继 2007 年首次超过日本后已连续 6

年位居世界第 2 位,与美国的差距进一步缩小。

在经济增长方式方面,无论是劳动生产率、资本生产率,还是综合能耗产出率,全国各地都具有明显的差距,但知识经济的效用越来越明显。根据《中国科技统计年鉴(2013)》公布的相关测算结果,若以 5 年为周期进行测算①,近 10 年中国科技进步贡献率②呈平稳增长态势,2012 年达到 52.2%,比 2003 年提高 11.3 个百分点。也就是说,在此期间中国国内生产总值以平均 9.3% 的速度增长,其中 52.2% 是来自科技进步的贡献。③ 从第三产业对国民生产总值增长的拉动来看,2008—2013 年基本维持在 3.5%—4.3%。

在经济结构方面,高技术产业增加值、高技术产品出口额、知识密集型服务业增加值占国民生产总值比重基本上是逐年增长,对产业结构调整发挥着重要作用。我国高技术产业出口额以 21.6% 的世界最高年均增长率飞速增长,近年来占全球总量的份额持续增大,由 2005 年的 15.6% 上升到 2011 年的 26.0%,连续 7 年位居世界首位,相对于德国、美国及日本等国家的领先优势日益扩大。④ 2013 年高技术产品进出口贸易总额达到 12185 亿美元,相对于 2001 年增长了 1259.9%。我国高技术产业增加值占制造业增加值的比重也由 2000 年的 9.6% 提高到 15.0%,高技术产业出口占制造业出口的比重达到 25.8%,也居世界首位,比 2000 年提高了 6.8 个百分点。我国知识服务业增加值占全球比重由 2000 年的 2.7% 提高到 2013 年的 8.8%,位居世界第 3 位,逼近日本的发展水平。这些都说明我国正逐步从制造

---

① 2012 年科技进步贡献率是根据 2007—2012 年相关数据测算的 6 年平均值。

② 科技进步贡献率是在经济增长中由科技进步导致的增长所占的比重,是反映科技与经济相结合,反映经济发展方式转变的一个综合性指标。

③ 中国科学技术发展战略研究院:《国家创新指数报告(2013)》,科学技术文献出版社 2014 年版,第 8 页。

④ 同上书,第 9 页。

大国向知识经济强国迈进。

根据课题组在湖南省内发放的 600 份问卷来看，认为近年来，知识产权执法和司法保护对我国的知识经济水平有"极大提升"的有 198 份，认为有"较大提升"的有 315 份，认为"提升效果一般"的有 60 份，认为"提升效果不明显"的有 24 份，认为"提升没有意义"的有 3 份，加权计算值为 77.70，所占权重为 4 分（4%），因此指标得分为 3.11 分（见表 8-5）。

表 8-5　　　　知识产权保护对经济水平提升情况的调查统计

知识产权保护对经济水平的提升	很好	好	一般	差	极差
统计(份)	198	315	60	24	3
加权计算值	77.70				
指标得分(分)	3.11				

8.2.2.2　相关市场秩序的保障

行政执法与司法保护最直接的作用场域是知识产权市场，行政执法是运用国家的行政权纠正知识产权市场失灵的过程监管行为，知识产权司法保护是运用国家的判断权矫正利益分配不公的事后调剂行为，因此保障相关市场秩序是知识产权行政执法和司法活动的应有要义。本课题中，"相关市场秩序的保障"这一指标，描述的是与知识产权相关的市场秩序状况，考察的是知识产权行政执法与司法保护给相关市场秩序带来的保障及改善，包括知识产权垄断行为滥用的减少、不正当竞争行为的减少、行政性限制竞争现象的减少等。

根据《中国知识产权指数报告（2013）》发布的数据，知识产权技术市场交易指标排名前 10 位的省（市）是北京、上海、江苏、福建、天津、陕西、重庆、广东、湖北、四川，排名后 10 位的省（区）是青海、贵州、广西、内蒙古、云南、海南、新疆、宁夏、山西、西藏（见表 8 - 6）。技术市场规模与区域总体技术市场交易量相关，东强西弱的趋势最为明显；技术市场开放度测度的是区域市场对外联系的密切程度，沿海开放地区明显比内陆地区活跃；技术外溢度与技术流向、优势产业相关，优势产业越强则技术输出性越强，优势产业越弱的地区则为技术输入型区域；技术国际竞争力与地区科技综合实力相关，综合实力越强，技术国际竞争力也越强。虽然这些指标与知识产权行政执法和司法保护力度没有直接相关性，但一定程度上也说明，知识产权行政执法和司法保护力度较大，经济实力相对较强的省份，其技术市场活跃性和市场保障度往往较好。

表 8 - 6　　　2013 年三地区知识产权技术市场指标指数及排名[①]

地　区		技术市场交易		技术市场规模		技术市场开放度		技术外溢度		技术国际竞争力	
		指数	排名	指数	排名	指数	排名	指数	排名	指数	排名
东部	广东	0.233	8	0.186	4	0.125	9	0.522	9	0.101	4
	江苏	0.353	3	0.231	3	0.647	3	0.507	11	0.027	11
	浙江	0.172	13	0.105	8	0.144	6	0.423	16	0.015	15

---

① 王正志主编：《中国知识产权指数报告（2013）》，知识产权出版社 2013 年版，第 50—51 页。

地　区		技术市场交易		技术市场规模		技术市场开放度		技术外溢度		技术国际竞争力	
		指数	排名	指数	排名	指数	排名	指数	排名	指数	排名
中部	湖南	0.149	16	0.047	15	0.018	22	0.494	12	0.037	8
	河南	0.115	19	0.042	16	0.033	17	0.0379	20	0.007	25
	安徽	0.173	12	0.060	13	0.069	12	0.556	6	0.008	23
西部	贵州	0.071	23	0.014	25	0.006	29	0.193	27	0.072	6
	云南	0.059	26	0.014	26	0.018	23	0.198	24	0.005	26
	甘肃	0.160	15	0.063	12	0.014	25	0.553	7	0.009	21

2014 年，相关执法主体围绕整顿和规范市场秩序，着重加强事中、事后监管，给知识产权市场规制带来了较大影响。全国工商机关全年共查处扰乱市场竞争秩序案件 65.87 万件，其中无照经营案件数量占比居首，侵犯知识产权行为仍比较突出，网络违法行为凸显，虚假广告、虚假宣传和虚假标识案件占比呈上升趋势，损害消费者权益案件、格式合同案件占比增大，传销案件增长幅度大。[①] 在反垄断方面，工商总局共立案和授权查处垄断案件 13 件、发布竞争执法公告 8 个；商务部附条件批准经营者集中 4 起，禁止 1 起，无条件批准 236 起；发改委开出罚单超过 18 亿元，创历史之最，既有垄断协议和滥用市场支配地位的案件，也有行政机关滥用行政权力排除限制竞争和

---

① 《2014 年度全国市场主体发展、工商行政管理市场监管和消费维权有关情况》，http://www.saic.gov.cn/ywdt/zjyw/xxb/201501/t20150123_151590.html，最后访问日期：2015 年 1 月 22 日。

滥用知识产权的案件；各地法院受理垄断民事案件 82 件，比上年增加 12%。在反不正当竞争方面，工商系统查处不正当竞争案件 2.6 万件，[①] 新型不正当竞争案件层出不穷，涉及知识产权的互联网竞争案件尤为抢眼，如北京百度网讯科技有限公司等诉北京奇虎科技有限公司等不正当竞争纠纷案。在广告监管方面，商务部开展了针对电视购物的专项整治，工商总局等部门联合开展了整治互联网重点领域广告专项行动，整治后违法违规电视购物广告数量下降了 83.9%，[②] 互联网广告违法率下降 9.20 个百分点，降幅达 50%。[③]

根据课题组在湖南省内发放的 600 份问卷来看，认为"近年来，知识产权执法和司法有力打击了知识产权假冒、不正当竞争等行为，极大地保障了相关市场秩序"的有 198 份，认为"近年来，知识产权执法和司法有力打击了知识产权假冒、不正当竞争等行为，较好地保障了相关市场秩序"的有 306 份，认为"近年来，知识产权执法和司法对保障我国知识产权相关市场秩序效果一般"的有 72 份，认为"近年来，知识产权执法和司法水平对保障我国知识产权相关市场秩序效果不明显"的有 24 份，认为"近年来，知识产权执法和司法对保障我国知识产权相关市场秩序没有意义"的有 0 份，加权计算值为 77.60，所占权重为 3 分（3%），因此指标得分为 2.33 分（见图 8 - 7）。

---

① 张茅：《全面深化改革，加强法治建设，更好发挥工商行政管理在市场监管中的主力军作用——在全国工商行政管理工作会议上的讲话》，《中国工商报》2014 年 12 月 26 日第 2 版。

② 沈丹阳在 2015 年 1 月 21 日商务部召开新闻发布会上的讲话，http://www.mofcom. gov. cn/xwfbh/20150121. shtm，最后访问日期：2015 年 1 月 23 日。

③ 张茅：《全面深化改革，加强法治建设，更好发挥工商行政管理在市场监管中的主力军作用——在全国工商行政管理工作会议上的讲话》，《中国工商报》2014 年 12 月 26 日第 2 版。

表 8-7　　　　知识产权保护对市场秩序保障情况的调查统计

知识产权保护对 市场秩序的保障	很好	好	一般	差	极差
统计(份)	198	306	72	24	0
加权计算值	77.60				
指标得分(分)	2.33				

8.2.2.3　社会创新总量的提高

提高自主创新能力，建设创新型国家是《国家中长期科学和技术发展规划纲要（2006—2020 年)》确立的战略性目标。由于知识产权保护的是人们智力创造活动的成果，直接关系到社会创新的动力和活力，因此知识产权行政执法和司法保护必将对社会创新活动产生激励效应，带来社会创新总量的提高和知识创新经济的活跃。社会创新总量的提高，描述的是社会创新水平的发展，考察知识产权行政执法和司法给社会创新发展带来的激励作用，包括知识产权的年申请量及增长率、创新辐射的经济价值总量及增长率等情况。

近年来，随着知识产权行政执法和司法保护力度的加大，我国创新环境继续优化，创新投入力度不断加大，创新产出能力明显提高，创新成效稳步增强。根据中国科学技术发展战略研究院的测算，设定 2005 年为 100，2012 年中国创新指数（CII）为 148.2，比上年增长 6.2%（见表 8-8）。其中，创新环境指数、创新投入指数、创新产出指数和创新成效指数分别为 144.0、152.2、164.2 和 132.4，分别比上年增长 4.3%、8.2%、9.5% 和 2.2%。

表 8 - 8   2005—2012 年的中国创新指数①

年 份	2005 年	2006 年	2007 年	2008 年	2009 年	2010 年	2011 年	2012 年
中国创新指数	100	105.7	110.8	116.5	125.5	131.8	139.6	148.2

科技创新是社会创新活动的主体部分，是创新水平和创新能力的重要体现。科技论文的产出情况代表的是国家原始创新能力，而专利申请及授权情况则直接表征着国家的创新活跃程度和技术创新水平。从科技论文的发表来看，可以说是量质齐升，2012 年我国 SCI 论文数量达到 18.7 万篇，占到全球总量的 13.9%，SCI 论文数量年均增长 16.4%，居全球之首。2008—2012 年我国 SCI 论文被引证数达到 307.3 万次，居世界第 4 位。从专利申请与授权来看，发明专利的涨势强劲，2012 年我国国内发明专利申请量达到 53.5 万件，占世界总量的 37.9%，居世界首位，国内发明授权量达到 14.4 万件，占世界总量的 22.3%，仅居于日本之后。从科技成果登记情况来看，近年来一直缓和上升，从 2008 年的 35971 件上涨到 2013 年的 52477 件。从科技成果获奖情况来看，自 2008 年以来，国家技术发明奖维持在 55 项左右，国家科学技术进步奖维持在 250 项左右（见表 8 - 9）。

表 8 - 9   科技创新总量的相关指标②

指 标	2008 年	2009 年	2010 年	2011 年	2012 年	2013 年
发表科技论文（万篇）	119	136	142	150	152	154
出版科技著作（种）	45296	49080	45563	45472	46751	45730

---

① 有关数据来自国家统计局社科文司 2013 年发布的《中国创新指数（CII）研究》。

② 有关数据来自 1996—2014 年的《中国统计年鉴》，参见 http://www.stats.gov.cn/tjsj/ndsj/。除以个为单位，其余均以亿为单位。

续　表

指　标	2008 年	2009 年	2010 年	2011 年	2012 年	2013 年
科技成果登记数（项）	35971	38688	42108	44208	51723	52477
国家技术发明奖（项）	55	55	46	55	77	71
国家科学技术进步奖（项）	254	282	273	283	212	188
专利申请受理数	828328	976686	1222286	1633347	2050649	2377061
专利申请授权数	411982	581992	814825	960513	1255138	1313000

根据《中国创新指数（CII）研究》课题组的测算，自 2000 年以来，中国的知识创造指数排名总体处于持续快速的上升阶段，特别是"十二五"期间呈现加速提升的态势。2012 年，中国知识创造指数继续保持快速增长，比 2011 年再次提升了 6 个名次，在世界 40 个主要国家中排名升至第 18 位；中国创新绩效排名第 14 位，与 2011 年持平，大大领先于其他发展中国家，有效发明专利数量指标得分排名第 4 位，比 2005 年提高 2 位。2013 年，国际科学论文被引用次数已上升到世界第 5 位，研发人员的发明专利申请量已经上升至 16 件，每万名就业人员的研发人力投入跃升至 42 人/年，每万人发明专利拥有量从 2010 年的 1.7 件迅速增长到 3.2 件，全国技术市场成交合同金额达到 7469 亿元。R&D/GDP 提高到 1.98%。科技进步贡献率提高到 52.2%。国家创新指数世界排名从 2010 年的第 21 位上升到 2013 年的第 19 位。[①] 根据课题组在湖南省内发放的 600 份问卷来看，认为"近年来，知识产权执法和司法保护极大地提升了

---

① 　中国科学技术发展战略研究院：《国家创新指数报告（2013）》，科学技术文献出版社 2014 年版，第 23、29、36 页。

我国的社会创新总量"的有 144 份，认为"近年来，知识产权执法和司法保护较大地提升了我国的社会创新总量"的有 291 份，认为"近年来，知识产权执法和司法保护对提升我国的社会创新总量效果一般"的有 102 份，认为"近年来，知识产权执法和司法保护水平对提升我国的社会创新总量效果不明显"的有 48 份，认为"近年来，知识产权执法和司法保护对提升我国的社会创新总量没有意义"的有 15 份，加权计算值为 71.70，所占权重为 3 分（3%），因此指标得分为 2.15 分（见表 8-10）。

表 8-10　　知识产权保护对社会创新总量提高情况的调查统计

社会创新总量的提高	很好	好	一般	差	极差
统计(份)	144	291	102	48	15
加权计算值	71.70				
指标得分(分)	2.15				

8.3　知识产权行政保护与司法保护影响比较分析

由于知识产权行政保护和司法保护对社会经济产生的影响往往是交织在一起的，难以辨识影响力的具体来源，加上采集的数据多为综合性数据，因此在本课题中很难对知识产权行政保护与司法保护的影响作精确的定量比较分析，只能进行粗略的定性比较分析。

8.3.1 影响的方式

行政保护的影响更直接，而司法保护的影响相对间接。从作用的不同方式来看，知识产权行政保护具有主动性和直接性，知识产权行政主管机关既可以依职权又可以依权利人申请开展行政执法活动，履行主动保护的职责。而知识产权司法保护具有被动性，在民事诉讼中实行的是"不告不理"原则，刑事诉讼虽由公安、检察机关主动发起，但刑法中关于知识产权犯罪的罪刑体系并不完善，使得司法实践中刑事追诉的行为类别并不全面。正是由于作用方式的差异，加上行政权力的扩张和强势地位，行政保护对知识产权市场秩序的维系、对侵权假冒行为的打击、对知识产权保护环境的改善等影响就更加直接，而司法保护因其自身的中立性和救济的事后性，其对社会的调整方式是"由个案到普遍"，因此司法保护对整个社会、经济的影响是相对间接的。

8.3.2 影响的渗透力

行政保护的影响更具广泛性，而司法保护的影响更具深远性。从作用的渗透力来看，知识产权行政保护往往是多个知识产权行政主管部门采取联合集中打击侵犯知识产权和制售假冒伪劣商品等形式的专项行动，涉及面广，打击力度高，办案效率高，虽然是运动式的执法，但具有拉网式的效应，加上每次专项行动，都会配以铺天盖地的执法宣传与新闻报道，其影响就会极其广泛。而司法保护虽也涉及知识产权侵权、确权等各方各面，但司法判决多针对个案，加上知识产权案件裁判的赔偿额不高，其影响力相对较弱。与行政保护不同的是，对于那些形成司法性指导案例的部分前沿性、经典性判决，可能起到弥补立法缺陷、改变知识产权交易规则的作用，对整个社会经济产生深远的影响。

8.3.3　影响的覆盖面

行政保护的影响具有宽频性，而司法保护的影响相对窄幅。从作用的影响面来看，知识产权行政保护的影响更具普遍性，而知识产权司法保护的影响偏具体性和个别性，因为行政保护往往是在全国范围内或整个行业中以联合专项行动的方式强势推行，涉及各行各业、各县各市、各个领域，作用面相对比较宽，影响面相对比较广。而知识产权司法裁判则主要是针对个案及个案所涉及的某一类行为产生影响，其作用面可能局限于某个"点"或某条"线"，影响面就相对窄幅。同时，由于司法过程为避免新闻舆论对裁判的绑架，一般不允许在司法裁判过程中以宣传报道的形式进行渲染，则也使得司法保护的影响幅度比行政保护要小一些。

8.3.4　影响的国际性

行政保护的影响更具国际性，而司法保护的国际影响相对较弱。从影响的域外性来看，由于近年来各知识产权行政主管部门深入参与世界知识产权组织等相关组织的国际事务，深化与各国知识产权机构在执法方面的横向合作，积极拓展国际合作空间，不断完善跨国执法合作机制，合作方式、范围、层次都得到进一步发展，知识产权行政保护的国际影响力不断增强。而知识产权司法保护虽然从总体办案效果而言，也具有一定国际影响力，但囿于司法的空间效力和知识产权的地域性，加上我国的司法判例无法改变国际规则，也不具有域外性，其国际影响力相对较弱。

第 9 章 知识产权行政和司法保护的发展对策

9.1 知识产权行政和司法保护绩效评价结论

9.1.1 知识产权行政和司法保护绩效评价结果

9.1.1.1 知识产权行政保护绩效评价

近年来中国知识产权行政保护绩效评价，综合前文，如表 9 - 1 所示。

表 9 - 1　　　　　　　　知识产权行政保护绩效评价

一级指标	权重	得分（分）	二级指标	权重	得分（分）	三级指标	权重	得分（分）
执法投入	20 分	11.16	人力投入	6 分	3.25	执法人员配备的充足性	2 分	1.03
						执法人员素质的合岗性	2 分	1.20
						执法人员招录的合规性	2 分	1.02
			财力投入	7 分	4.18	执法活动的财政保障度	3 分	1.80
						执法财政支出的合理性	2 分	1.18
						执法财政投入的有效性	2 分	1.20
			机构投入	7 分	3.73	执法机构设置的合理性	3 分	1.68
						执法设施条件的充足性	2 分	1.03
						执法岗位设置的科学性	2 分	1.02

一级 指标	权重 （分）	得分 （分）	二级 指标	权重 （分）	得分 （分）	三级指标	权重 （分）	得分 （分）
执法 过程	30 分	19.16	执法 程序	8 分	4.84	行政立案的便民性	2 分	1.00
						行政救济的经济性	3 分	1.86
						行政执法的效率性	3 分	1.98
			执法 公开	4 分	3.08	行政执法的公开性	2 分	2.00
						行政公开的制度化	2 分	1.08
			执法 手段	9 分	5.33	行政查处的合理合法性	3 分	1.81
						行政调解的合理合法性	3 分	1.86
						行政裁决的合理合法性	3 分	1.66
			执法 机制	9 分	5.91	跨地区执法协作机制的创新	3 分	1.97
						跨部门执法协作机制的创新	3 分	1.95
						日常执法与专项行动相结合 机制的创新	3 分	1.99
执法 产出	30 分	20.03	执法 文件 产出	6 分	3.88	执法文件出台的适当性	3 分	2.01
						执法文件出台的科学性	3 分	1.87
			执法 结果 产出	9 分	6.53	行政查处的产出量	3 分	2.64
						行政调解的产出量	3 分	2.34
						行政裁决的产出量	3 分	1.55
			执法 质效 产出	15 分	9.62	行政执法的结案	5 分	3.08
						行政执法的质量	5 分	3.01
						行政执法的效益	5 分	3.53

续 表

一级指标	权重	得分（分）	二级指标	权重	得分（分）	三级指标	权重	得分（分）
执法影响	20分	14.71	社会效果	10分	7.12	知识产权体制改革的推进	4分	2.60
						知识产权保护环境的改善	3分	2.13
						公众知识产权意识的提高	3分	2.39
			经济效果	10分	7.59	知识经济水平的提升	4分	3.11
						相关市场秩序的保障	3分	2.33
						社会创新总量的提高	3分	2.15

9.1.1.2 知识产权司法保护绩效评价

近年来，中国知识产权司法保护绩效评价，综合前文，如表9-2所示。

表9-2　　　　　　　　知识产权司法保护绩效评价

一级指标	权重	得分（分）	二级指标	权重	得分（分）	三级指标	权重	得分（分）
司法投入	20分	11.68	人力投入	6分	3.55	司法人员配备的充足性	2分	1.11
						司法人员素质的合岗性	2分	1.36
						司法人员选任的科学性	2分	1.08
			财力投入	7分	4.09	司法活动的财政保障度	3分	1.75
						司法财政体制的科学性	2分	1.11
						司法经费收支的合理性	2分	1.23
			机构投入	7分	4.04	司法管辖架构的科学性	3分	1.97
						司法设施条件的充足性	2分	1.00
						司法岗位设置的科学性	2分	1.07

续 表

一级指标	权重	得分（分）	二级指标	权重	得分（分）	三级指标	权重	得分（分）
司法过程	30分	19.19	司法程序	8分	4.77	司法立案的便民性	1分	0.78
						诉讼救济的经济性	2分	1.00
						司法审判的时限性	2分	1.09
						庭审组织的合理性	1分	0.55
						举证负担的合理性	2分	1.35
			司法公开	4分	3.17	司法活动的公开性	2分	2.00
						司法公开的制度化	2分	1.17
			司法手段	9分	5.41	临时禁令的回应性	2分	1.17
						证据保全的回应性	2分	1.13
						财产保全的回应性	2分	1.16
						强制执行的合理性	3分	1.95
			司法机制	9分	5.84	三审合一审判机制的改革	3分	2.02
						技术事实认定机制的确立	3分	1.88
						司法衔接机制的完善	3分	1.94
司法产出	30分	20.49	司法文件产出	6分	4.30	司法性文件颁布的及时性	3分	1.96
						指导性案例发布的针对性	3分	2.34
			司法结果产出	9分	6.51	司法判决的产出量	3分	2.58
						诉讼调解的产出量	2分	1.52
						司法确认的产出量	2分	1.13
						批捕移送的产出量	2分	1.28

续　表

一级指标	权重	得分（分）	二级指标	权重	得分（分）	三级指标	权重	得分（分）
司法产出	30分	20.49	司法质效产出	15分	9.68	司法准确性	5分	3.84
						司法效率性	2分	1.11
						司法效益性	3分	1.52
						司法执行性	5分	3.21
司法影响	20分	14.71	社会效果	10分	7.12	知识产权体制改革的推进	4分	2.60
						知识产权保护环境的改善	3分	2.13
						公众知识产权意识的提高	3分	2.39
			经济效果	10分	7.59	知识经济水平的提升	4分	3.11
						相关市场秩序的保障	3分	2.33
						社会创新总量的提高	3分	2.15

9.1.2　知识产权保护的成效与特色

9.1.2.1　近年来取得的保护成效

9.1.2.1.1　知识产权行政保护绩效显著，重要地位不可替代

从2008—2013年专利行政保护的实证数据进行统计分析，可以发现行政机关在制止专利违法行为、保护专利权人利益方面，发挥着重要的作用，不论从行政机关处理的案件数量，还是案件最终处理的质量来看，知识产权行政保护的绩效都十分显著。专利行政机关处理的专利侵权纠纷数量从2008年的1092件上涨到2013年的4684件，

行政机关查处的假冒专利案件从 2008 年的 660 件飙升到 2013 年的 11171 件，行政机关参与调解的专利侵权案件从 2008 年的 218 件增加到 2013 年的 1774 件，数量增幅巨大，同时案件处理的效果较好，专利侵权纠纷经行政机关处理后调解和解的比例较高，向法院提起诉讼的比例很小，当事人对行政机关案件处理的质量较为满意。

在商标权和著作权领域，相关研究也曾以实际数据对行政保护的强化趋势予以佐证。例如，2003—2010 年，全国地方法院共审结各类知识产权一审案件 176515 件，而同期全国工商行政管理部门查处的各类商标违法案件就有 403316 件。在著作权领域，1997—2005 年著作权行政处理、行政处罚与司法保护处理的著作权案件分别占三者总量的 8.95%、66.93%、24.12%。这些数字表明，行政保护便捷高效的特点使其对我国知识产权保护起到了不可或缺的作用，因此，知识产权行政保护在我国仍有其存在的重要意义和价值，短期内不可能也不应当予以废止。[①]

由此可见，我国知识产权行政主管机关在处理知识产权民事纠纷方面的作用是不容忽视的，地位也是不可替代的，其发展势头强劲，能有力地维护知识产权权利人的合法权益。

9.1.2.1.2 知识产权司法保护举足轻重，主导作用日趋明显

对知识产权民事纠纷，我国采取行政保护与司法保护并行的双轨制模式，发生纠纷后，当事人既可以寻求行政机关的处理也可以向法院起诉。从 2003—2012 年行政机关和法院受理的专利侵权纠纷案件数量来看，专利行政机关受理的案件数量虽在逐年增加，但基本保持

---

① 宋惠玲：《我国知识产权行政保护的概念、问题及解决之策》，《学术交流》2013 年第 7 期。

在一定的数量，呈现平稳发展的态势，且受理的比例从 2003 年的 40.70% 逐年下降到 2012 年的 18.74%。与此相反，法院受理的起诉案件数量急剧增加，在增幅上远超行政机关，当事人越来越倾向于选择向法院起诉，其原因在于相对于行政保护，司法保护除了可以提供责令停止侵权，还可以提供损害赔偿以及临时措施等全方位的救济手段，同时随着社会侵权行为的日趋多样和侵权手段的日趋复杂，知识产权案件审理的难度也越来越大，当事人对于知识产权保护的水平要求越来越高，社会公众对知识产权的司法救济信心在不断增强。

从近年来全国各地法院受理的各类案件数量变化来看，民事一审案件从 2008 年的 24406 件增加到 2013 年的 88583 件，民事二审案件从 2008 年的 4759 件增加到 2013 年的 11957 件，行政一审案件从 2008 年的 1074 件增加到 2013 年的 2886 件，审结的刑事案件从 2008 年的 3326 件增加到 2013 年的 9212 件，各类案件数量都在逐年增加，与法院受理的各类普通案件数量相比，知识产权案件的增幅遥遥领先。这与法院加大对知识产权的保护力度密不可分，尤其是加大了知识产权行政案件和刑事案件的审判力度。同时从案件处理的实际效果来看，民事一审案件的结案率、调解撤诉率都在逐年增加，二审改判发回重审率、再审率却在逐年下降，说明法院的审判质量和法官的审判水平也在不断提升，知识产权司法保护的绩效也十分明显。

总的来说，行政保护在当前的知识产权保护中发挥着极其重要的作用，社会公众对行政保护也有较强的需求，但司法保护的主导作用越来越明显，其相对优势也日趋体现出来。

9.1.2.1.3 知识产权保护投入力度明显增大，保护条件日益改善

近年来，在知识产权保护条件的改善上，国家投入的力度越来越

大，不论是在保护主体数量的充实以及素质的提高上，在保护经费拨付的额度以及使用的效率上，还是在保护机构职能的设置以及设施的配备上，政府始终不遗余力，对我国知识产权保护环境的优化和保护能力的提升贡献明显具体体现在以下三个方面。

首先，在保护队伍的壮大上，2008—2013 年，为了应对日益增多的知识产权侵权纠纷和违法案件，国家对行政执法岗位和司法审判岗位的编制进行大范围的增设。随着专利行政执法人员以及知识产权审判庭法官人数的扩充，知识产权保护主体的力量得到了较大的充实。为了提高知识产权保护的水平以及社会公众对知识产权保护的满意度，国家在保护主体素质的提升上也苦下功夫，每年均组织开展各种各样的针对知识产权行政执法和司法审判人员的教育培训活动。通过严格执行知识产权行政执法人员持证上岗制度以及司法审判人员岗前培训制度，同时保证人员招录环节的审慎遴选，知识产权保护主体的整体素质有了较大提升，国家和政府的形象塑造也得到逐步改善。

其次，在保护经费的给付上，近年来随着国家对知识产权保护越来越重视，在财政上的支持力度也越来越大。通过在国家财政预算中单列知识产权行政执法经费以及设立专项的知识产权保护资金，知识产权侵权纠纷和违法现象得到了更及时有效的解决和遏制，知识产权保护活动的开展也变得越来越顺畅。得益于国家财政投入的增加，知识产权权利人享受到了更为便捷高效的公共服务，有利于提高其维权的积极性，同时各种宣传活动的开展，也有利于促进公众树立尊重产权保护创新的良好风气，收到了良好的社会效果。

最后，在保护机构的健全上，近年来知识产权行政执法机构和司法审判机构的改革步伐一直从未停歇。宏观上，从专利、商标、版权"三合一"的知识产权综合管理体制改革的试点，到民事、行政、刑事"三审合一"知识产权审判庭以及专门知识产权法院的建立，国家对于知识产权保护机构完善的决心可见一斑；微观上，从执法处室的单独设立、执法车辆器具等设施的配备到执法服装和执法标志的统一等方面，都说明我国知识产权保护的条件正在进行全面的改善并且取得了一定的成效。

9.1.2.1.4 知识产权保护机制更加完善，相互衔接日益顺畅

近年来，为加大知识产权保护力度，在实践中逐渐探索建立了一些新的机制，如"三审合一"审判机制、技术事实认定机制、跨部门联合执法机制、跨地区执法协作机制等。这些机制的建立和完善对知识产权保护水平的提升起到了明显的促进作用，主要体现在以下六个方面。

第一，跨部门联合执法机制的完善。近年来，在知识产权执法实践中逐渐形成了由同一地区的知识产权、工商、版权、广电、新闻出版、公安、海关等多部门的联合执法行动。在不断加大跨部门执法协作力度的同时，知识产权跨部门联合执法的机制也在不断健全和完善，各地普遍建立了知识产权跨部门执法联席会议制度，在涉嫌犯罪线索通报、执法信息共享、执法培训、侵权事实的认定、疑难问题解决等方面开展广泛的合作。

第二，跨地区执法协作机制的完善。近年来，全国范围内的跨地区专利执法协作机制不断完善，形成了若干个区域协作执法的大格局。在具体的跨地区执法实践中，建立和完善了立案协作、调查取证协作、联合执法协作、跨地区案件移送、跨地区信息共享等合作机制。

第三，日常执法与专项行动相结合机制的完善。2010 年 10 月至

2011 年 3 月，打击侵犯知识产权和制售假冒伪劣商品专项行动取得了良好效果，建立了知识产权保护长效机制，促进了日常执法与专项行动相结合。2011 年 11 月，国务院印发了《国务院关于进一步做好打击侵犯知识产权和制售假冒伪劣商品工作的意见》，成立了专门机构，建立健全了线索通报、案件移送、执法协作、信息共享、监督检查等制度，初步形成了专项执法的长效机制。

第四，"三审合一"审判机制的完善。为克服知识产权案件三审分立存在的弊端和问题，近年来探索实行了"三审合一"的知识产权审判模式，设立专门的知识产权审判庭统一审理知识产权民事、刑事和行政案件，出现了"浦东模式""武汉模式""南海模式""珠海模式""西安模式""重庆模式"等多种审判模式。截至 2013 年年底，全国已有 7 个高级法院、79 个中级法院和 71 个基层法院开展了知识产权审判"三审合一"试点。2014 年，北京、上海、广州成立知识产权法院，在"三审合一"的基础上，实现了案件审理过程中的事实认定、法律适用以及裁判尺度等方面的统一，取得了良好的效果。

第五，技术事实认定机制的完善。为解决知识产权审理过程中涉及的技术事实难以认定的问题，近年来在审判实践中，法院通过引入相关技术专家协助对案件事实进行认定，建立了诸如科学技术专家咨询库、专家证人、专家陪审员等制度。这在一定程度上弥补了知识产权法官在专业技术知识方面的不足，对科学准确认定案件事实、提高案件审判质量起到了非常重要的作用。

第六，诉调对接机制的完善。为促进知识产权纠纷的快速解决，降低当事人的维权成本，近年来人民法院探索建立了法院诉讼与人民调解、行政调解、行业组织调解等各类调解方式的衔接机制，如行政调解协议司法确认机制、诉讼中邀请调解、委托调解等制度。实践中通过诉调对接机制的建立，整合了社会资源，强化了非诉调解协议的效力，对妥善处理知识产权纠纷具有重要的意义。

9.1.2.1.5　知识产权保护意识逐渐增强，保护环境日益改善

近年来，国家知识产权局、工商、新闻出版等部门通过"雷雨""天网""剑网"等全国范围内的各种有针对性的大型专项执法行动，对知识产权领域严重的侵权现象，如群体侵权、反复侵权和跨地区侵权等进行了严厉的打击和规制，同时对大型展会的知识产权保护力度也明显加强。这对遏制知识产权侵权违法者的不当行径、维护知识产权权利人的合法权益以及在全社会营造抵制假冒伪劣、尊重知识产权的良好氛围，起到了巨大的推动作用。

同时，为进一步塑造一个激励自主创新的知识产权环境，通过科技创新培育新的产业形态，发挥企业的品牌效应对经济增长的引领和助推作用，知识产权相关部门充分利用"世界知识产权日"等重要的时间段，开展各种形式的宣传活动，利用新媒体新手段吸引社会公众对于知识产权保护的关注和重视，有些部门还专门开展了环境优化活动。比如2009年，全国法院系统以"优化自主创新司法环境"为主题，开展年度知识产权审判主题活动，着重解决当前司法活动中对知识产权自主创新产生制约和阻碍的问题。

得益于知识产权保护环境的改善，公众的知识产权保护意识有了明显的提升。根据《知识产权保护社会满意度调查报告》，2013年我国知识产权保护总体满意度有所提高，得分为64.96分，比2012年的63.69分高出1.27分，说明公众对知识产权保护环境在逐渐改善是持普遍认可态度的。而从不同国别或地区的专利权人在华侵权纠纷案件数量来看，我国专利权人在自身权利受到侵犯时主动维权的诉讼

案件基本上是逐年增加，2013 年的案件量相对于 2009 年增长了387.82%。这也说明我国专利权人的知识产权意识越来越增强，也越来越会应用行政执法、司法诉讼等手段来进行维权。

9.1.2.2　近年来呈现的保护特色

近年来呈现的保护特色主要有以下三点。

9.1.2.2.1　不同类型市场主体对知识产权保护的需求存在差异

在当前我国经济转型、产业升级的关键阶段，创新已经成为企业在激烈的社会竞争中立于不败之地的生存之道，也是企业想要发展壮大必须具备的核心本领，而知识产权便是维护技术创新成果的最佳保障途径。面对我国当前的知识产权保护状况，绝大多数的企业都认为政府应当加大知识产权的保护力度，为企业的自主创新提供良好的市场环境。但具体到企业来讲，不同类型的企业在发生知识产权侵权纠纷时，保护的需求又有所不同：中小企业在发生侵权纠纷时需要的主要是能够能及时制止侵权，获得赔偿；创新能力较强的大型企业在发生侵权纠纷时除了希望能够及时制止侵权，获得赔偿外，更加注重通过知识产权的保护来获得市场竞争的优势，进一步占领和控制市场。

在发生侵权纠纷时，企业在选择保护方式时，通常会考虑以下三个因素：其一，保护的成本，企业都希望以最小的成本获取最大的效益；其二，保护的效率，由于技术的更新换代较快，效率对知识产权的保护具有了更加重要的意义，如果案件的处理周期过长，专利技术很容易就会失去进行保护的意义；其三，保护的公正性，企业寻求知识产权保护，目的就是纠纷能得到公正处理，如果案件处理结果的公正性得不到保证，将会严重挫伤企业寻求知识产权保护的积极性。但在实践中，企业遭遇专利侵权纠纷时，中小型创新企业与创新能力强的大企业在选择保护方式上考虑的侧重点又有所不同。中小企业由于其人力、财力的限制，保护的成本是其首要考虑的因素，尤其是在创业初期，难以承受诉讼成本高昂的司法保护，也难以等待诉讼周期漫长的司法裁判，而行政保护的低成本、高效率正好符合了中小企业实际的保护需求，因此行政保护在中小型创新企业中具有较大的适用空间。而创新能力强的大型企业由于其经济实力较为雄厚，知识产权管理体系健全，保护成本并不是其要考虑的主要因素，其更需要的是寻求知识产权全方位、公正的保护，以更好地控制市场，而司法保护相对行政保护程序较为完善，保护更加全面，公正性也较强，因此司法保护对创新能力强的大企业更具有吸引力。

9.1.2.2.2　不同地区之间知识产权保护需求的差异较为明显

由于我国各地经济、科技发展不平衡，知识产权保护的状况分布也较为不平衡。从本课题对东部、中部、西部三个地区的代表性省份专利行政保护与司法保护的实证分析来看，经济发展不同级差的地区差异十分明显，以 2011 年专利侵权纠纷为例，东部地区主要通过司法途径处理，行政机关处理的比例仅为 7.03%，中部地区行政机关处理的比例则较高，为 46.38%，西部地区的行政机关处理的比例为 27.15%。由此可见，现阶段发生知识产权纠纷后，东部经济发达地区主要通过寻求司法保护进行救济，对知识产权的司法保护需求旺盛，而中西部地区则对行政机关还有一定的依赖性。因此，在未来东部地区在加大知识产权保护力度的同时，要更加侧重于提供高水平的司法保护，以满足权利人对知识产权保护质量的要求。中部地区需要同时重视知识产权的行政保护与司法保护，尤其是要充分发挥行政机关在当前化解知识产权侵权纠纷中的重要补充作用。而西部地区由于经济水平较为落后，知识产权工作基础薄弱，其首要任务是政府加大对知识工作的扶持力度，提高知识产权的拥有量，夯实知识产权的工作基础，进而促进知识产权保护整体水平的提升。

值得注意的是，随着经济的发展，东部与中西部的差异会逐渐缩小，地区之间知识产权保护的不平衡现象也会慢慢消失，东部发达地区知识产权保护状况的"今天"也许就是中西部地区知识产权保护状况的"明天"，因此东部地区在知识产权保护过程中的尝试和探索可以为中西部地区未来在知识产权保护方面提供有益的经验和借鉴。在当前探讨不同地区知识产权保护状况的差异，需要结合各地的经济发展水平，考虑各地知识产权保护的实际需求，制定符合区域发展的知识产权保护政策，从整体上提升地区的知识产权保护水平。

9.1.2.2.3　不同属性的社会空间对知识产权保护需求的差异极大

这里不同属性的社会空间，指的是虚拟世界和现实世界的巨大差别。近年来随着互联网技术和新商业模式的迅猛发展，网络环境下的知识产权纠纷大量涌现，给知识产权保护的现有框架提出了新的挑战。以淘宝网为例，仅 2012 年一年就处理侵权商品信息 8700 万条，处罚会员 95 万余人次。[①] 据广东省高级人民法院统计，2010—2013 年，广东省内一审知识产权民事案件占全省总数 97% 以上的广州、深圳、珠海、东莞等地区，一审新收涉互联网知识产权案件数占一审知

---

① 参见淘宝公布的《2012 全年打假维权数据》，http：// www. ganggg. com/news/ 680. html，2014 年 3 月 24 日访问。

识产权民事案件总数的比例由 2010 年的 21% 上升至 38%。① 特别是随着移动互联网的迅猛发展，网络交易量剧增②，未来网络环境下的知识产权纠纷还会继续大规模涌现。

实践中，涉及网络知识产权的案件类型主要为两类：一是网络交易平台自身的技术涉嫌侵犯他人的权利；二是他人通过网络交易平台传播与销售侵权产品，其表现形式多样，常见的有著作权侵权、商标侵权和假冒专利侵权。与实体环境下的知识产权侵权行为相比，由于网络环境下的知识产权侵权行为主要发生在虚拟的网络交易平台上，具有以下三个特点：其一，侵权行为隐蔽，由于网络用户多数是匿名用户，发生侵权行为后，侵权行为人很难被查出；其二，侵权的涉及面广、影响大，由于网络传播的及时性，一旦发生侵权后，造成的影响会迅速扩散，而且后果很难消除；其三，侵权取证较难，由于网络知识产权侵权可能同时分布在不同的地方，有的甚至分布在国外，而知识产权行政执法和司法管辖实行地域性原则，针对涉嫌侵权产品的网店，一般只由网店所在地的执法机关进行实地查处，无疑增加了对侵权产品调查取证的难度。

正因为网络环境下的知识产权违法现象存在上述特点，完全通过向法院起诉并不能从根本上解决知识产权纠纷，需要行政机关、网络交易平台商、知识产权权利人等的密切配合，才能从源头上完全解决知识产权违法侵权的问题。网络环境下的知识产权违法侵权，其实质是将电子商务平台作为一种销售渠道，侵权产品依然来自实体领域。

---

① 自 2013 年以来，包括淘宝网、阿里巴巴、唯品会、京东商城、当当网、1 号店等知名网购平台，以及新浪、网易等知名网站，均在广州法院审理的知识产权纠纷案件中涉讼，参见《网络知识产权侵权事件频发，取证难制约监管》，http：//finance. sina. com. cn/roll/20140505/131219003189. shtml，2014 年 5 月 28 日访问。

② 截至 2014 年 1 月，我国移动互联网用户总数达 8. 38 亿户，2013 年移动支付市场交易规模突破 1. 3 万亿元，同比增长 8 倍多，参见《中国移动互联网发展报告（2014）》。

而在电子商务平台上，侵权产品的交易信息都会被记录。通过电子交易平台上的信息，可以实现侵权者的地理定位，这就为网络环境下的知识产权保护创造了"线上"与"线下"合作的可能空间①。可以说网络环境下的知识产权保护更需要强化知识产权保护的协同执法，更需要实现行政保护与司法保护的有机衔接。

9.2　知识产权行政和司法保护绩效评价背后的知识产权保护问题

9.2.1　知识产权行政保护存在的问题

知识产权行政保护中存在以下四个问题。

9.2.1.1　机构职能交叉，法规适用冲突

由于我国针对不同的知识产权客体设置了不同的行政管理机构，这种分散化的机构设置模式导致就是职能交叉、管理重复等弊端，集中表现为以下四点。其一，效率较低。现行知识产权行政保护管理体制呈现为一种条块分割、多元多层级的形态，缺乏纵向的工作指导及横向的交流与协作，导致行政管理和执法效率较低，知识产权行政保护整体效能无法达到预期水平。其二，成本较高。机构多元而分散，

---

① 2011 年，浙江省知识产权局联手阿里巴巴和淘宝网在杭州对外宣布，正式入驻阿里巴巴和淘宝网，建立网络专利侵权处理联动机制，开通网络纠纷处理绿色通道，完善和升级网络维权体系，三方就建立网络知识产权保护机制达成共识。2013 年，阿里巴巴配合中国的刑事执法机关，共办理侵犯知识产权案件 77 起，抓获 51 个售假团伙，涉案价值超 3.6 亿元。参见《阿里巴巴在互联网平台模式下的知识产权保护实践》，http://www.wipo.int/edocs/mdocs/mdocs/zh/wipo_ace_9/wipo_ace_9_24.docx.，2014 年 5 月 16 日访问。

这就要求配备相应的管理和服务部门，在人力资源、财政资金、设备配置等方面均需予以考虑。其三，权利人不便。在行政执法过程中常常会碰到一些案件并非单一的某种知识产权权利类型的纠纷，而有可能是多种纠纷竞合或重叠的情形，多元多层级的行政机构设置就会使某种类型的知识产权处理后，又要到另一类型的知识产权主管机关再行要求处理，给权利人和利害关系人带来了不便。其四，效果不佳。由于执法机构的不统一且缺乏相关统筹渠道，难免出现各主体之间不协调的状况，造成知识产权行政执法整体效能的下降，削弱了执法的效果，使违法行为人有可乘之机，降低了全社会的创新激情。另外，知识产权行政执法力量分散，全国专利执法人员严重缺乏，商标和版权执法分散在工商局的市场稽查和文广新局的文化执法之中，知识产权保护没有形成合力，造成目前知识产权侵权行为泛滥，严重影响了市场主体和科技人员创新的积极性。

由于分散的立法和机构设置，相关法律法规在适用上也存在冲突，制约了行政保护工作的开展，体现在以下四个方面。其一，依据《专利法》和《专利法实施细则》的规定，在我国只有省级政府和设区的市级政府设立的专利行政管理部门才有行政执法权，不设区的市政府和县级及以下政府设立的管理专利工作的部门，无权处理专利侵权纠纷和查处假冒他人专利、冒充专利的违法行为。但对于县级专利行政管理部门是否具有行政权，《专利法》《专利法实施细则》《专利行政执法办法》均没有明确规定，造成地方立法与上位法的冲突。[1] 其二，缺乏明确的

---

[1] 比如，湖南省 2011 年 11 月通过的《湖南省专利条例》，其第四章第二十四条规定："县级以上人民政府管理专利工作的部门应当加强专利执法队伍建设，健全专利执法机制，及时依法处理专利侵权纠纷，查处假冒专利行为，调解专利纠纷，保护专利权人的合法权益。"此条文以立法的形式将专利行政执法权拓展到了县一级的专利管理部门，与作为上位法的《专利行政执法办法》是相冲突的，存在扩大上位法规定的权利主体范围之嫌疑。

关于知识产权行政检查的程序性规定，即关于行政检查的事由、内容以及方式等，基本都属于行政裁量的范围。而实践中，除了对涉及违法行为一般会进行强制性检查之外，对于创造、运用环节的知识产权激励性检查和对滥用知识产权行为的预防性检查较少。其三，对于行政强制措施和行政强制执行的实施，包括回避制度、执法人数、处理时限、调查取证、证据保全等，各知识产权专门法的规定都不尽周全，且不一致。其四，对知识产权纠纷的行政裁决，各知识产权专门法在裁决对象、裁决主体、裁决程序等方面都规定得很模糊；关于是否可以提起行政复议以及提起行政复议的期限，法律规定也模棱两可。

9.2.1.2 行政执法权限不足，缺乏制止侵权行为的有效手段

在当前的知识产权行政保护中，法律法规对于行政执法的措施、种类及执法程序规定不详尽，赋予的执法权限不足，难以有效制止侵权行为的发生，主要体现在以下三个方面。

第一，缺乏必要的调查取证权。由于专利权的无形性，对专利的侵权不是传统的占有，而是他人擅自使用、假冒等行为，其表现形式多样。比如，实践中出现了使用侵权专利技术加盟的方式，将他人已有的专利改头换面再申请专利等样式，特别是在网络环境下发生的专利侵权行为，侵权人多使用化名或身处外地，其行为具有隐蔽性的特点。无论是权利人还是行政机关想要获得知识产权侵权证据都非常困难，加上《专利法》只规定了行政机关在对假冒专利进行查处时的调查取证权，在专利侵权纠纷的处理过程中由于没有调查取证权而无法现场取证。因此，在没有充分的证据下，行政机关很难判断侵权行为是否成立，直接影响纠纷的解决。

第二，停止侵权的禁令难以执行。当事人寻求行政机关处理专利侵权纠纷，其首要目的就是希望能及时制止侵权行为，避免损失的扩大，恢复其对市场的控制。与商标和著作权纠纷的处理相比，专利行政机关在侵权纠纷的处理过程中的权力较弱。① 根据我国现行《专利法》第六十条的规定，行政机关在处理专利侵权纠纷时，其权力被限定为"责令停止侵权行为"，并未规定相应的配套强制执行措施，即立法只赋予了专利行政机关发布禁令的权力，却并没有规定该禁令应当如何执行，导致实践中市场主体在行政保护中很难得到完全有效的救济。因此，专利行政机关发布的"责令停止侵权行为"这一禁令必须与财产的查封、扣押、没收等强制执行措施相结合，否则极易导致行政机关"责令停止侵权"这一权力的虚化，不能真正起到快速制止侵权的作用。

第三，不能对损害赔偿进行判定。当事人请求行政机关处理专利侵权纠纷的目的除了希望能及时制止侵权行为外，还希望能就赔偿问题做出处理，获得一定的经济赔偿。② 但由于专利法并没有赋予专利管理机关对损害赔偿的裁定权③，这就导致实践中，行政机关会对请

① 根据《商标法》规定，在处理侵犯注册商标专用权行为时，行政机关不仅可以"责令立即停止侵权"，还有权"没收、销毁侵权商品和专门用于制造侵权商品、伪造注册商标标识的工具，并可处以罚款"。根据《著作权法》规定，在处理版权侵权行为时，行政机关对于同时损害公共利益的有权"责令停止侵权行为，没收违法所得，没收、销毁侵权复制品，并可处以罚款；情节严重的，著作权行政管理部门还可以没收主要用于制作侵权复制品的材料、工具、设备等"。

② 以湖南省知识产权局近年来调处的 60 件专利侵权案为例，当事人明确提出要求知识产权局裁决赔偿损失的案件有 20 件，占到总数的 1/3，此外，据湖南省知识产权局执法处工作人员介绍，在发生专利侵权纠纷时，当事人一般都会对赔偿损失提出请求，在一些案件中，当事人之所以没有向知识产权局提出请求，原因在于当事人聘请了律师或者专利代理人，事前已知道知识产权局没有对赔偿损失的裁定权。

③ 行政裁决制度扰乱了行政和司法，使得国家行政机关和司法机关之间的分工产生了矛盾。但是，在目前的情况下，行政裁决对知识产权的管理作用正在不断的弱化，甚至作用微乎其微，司法保护却依然起不到应有的作用。本课题组成员对是否赋予行政机关关于损害赔偿的行政裁定权，产生较大争议，总体而言是持谨慎态度的。

求人的损害赔偿不予支持，致使专利侵权纠纷不能得到彻底解决。虽然赋予行政机关对损害赔偿的裁定权可能侵入了司法判断的领域，但在一定程度上反映了当事人主张赔偿损失的现实诉求。

9.2.1.3　行政处罚力度不够，处罚对象范围有限

法律法规对于专利行政执法过程中处罚权的设置与惩罚主义的立法价值观的采纳直接关系到专利行政保护力度的强弱。2001 年《专利法》修改前，法律赋予专利行政管理机关在专利行政保护的过程中有行政处罚权，2001 年《专利法》修改之后，直至 2008 年《专利法》相关规定都没有涉及这个问题，因而专利行政保护的力度大打折扣，特别是由于专利行政处罚没有采纳惩罚主义的价值观，专利行政保护的作用根本没有彰显。

针对知识产权违法行为的行政查处，虽然近年来在法律上提高了处罚的标准，但实践中对知识产权违法行为的处罚数额依旧较低，难以对违法企业发挥很好的惩戒作用，如一般企业制售几百万元的假货，罚款只是几万元，不能对不法分子形成有效的震慑。同时，行政机关对侵权纠纷处理的不彻底性，只能责令停止侵权，而不能强制赔偿。这样不仅不能很好地解决纠纷，满足权利人请求行政机关处理的期望，而且会在某种程度上导致侵权人换一个地方或另一种方式继续侵权。

不同于著作权、商标违法行为，对于专利违法行为，行政机关查处的范围仅限于假冒专利行为，而对于专利侵权行为，无论在何种情况下，行政机关都无权进行行政处罚。① 这就导致近年来在现实中发

---

① 2011 年《专利行政执法办法》第四十一条规定："管理专利工作的部门认定专利侵权行为成立，作出处理决定，责令侵权人立即停止侵权行为。"第四十四条规定："管理专利工作的部门认定假冒专利行为成立，可以作出处罚决定的。"

生的群体性、恶意性侵权屡禁不止，不仅侵犯了权利人的权利，而且对专利市场秩序造成了严重的破坏，损害了社会的公共利益。在面对数量众多的侵权人时，权利人的维权存在着很大的困难，如果只起诉一两家，并不能完全解决问题，而如果将所有人都起诉，则会使权利人陷入漫长的诉讼中，显然不现实。加上，对于一些跨部门、跨地区的专利执法活动，由于地方保护主义作祟，有些地方甚至出现权力滥用。

值得一提的是，随着互联网等新技术的飞速进步，电子商务等新兴领域的专利保护问题逐步显现，相应的行政执法手段也需要变化、创新。实践证明，电子商务平台、网店经营者及权利人对进一步完善知识产权行政执法、解决电商领域知识产权侵权纠纷有较强的需求。但是现行法律法规未涉及相关问题，调整范围过于狭窄，难以满足电商领域知识产权侵权的现实诉求。

9.2.1.4 行政调解协议效力不确定，发挥的作用有限

行政调解作为行政保护的一种重要方式，它克服了当事人通过行政机关不能彻底解决纠纷的问题。以专利侵权纠纷为例，通过调解往往会使专利的侵权关系转变为专利的许可使用关系，避免了日后再次进入漫长的司法诉讼。因此，目前通过行政调解解决侵权纠纷具有很强的现实意义，行政调解理应发挥其在知识产权纠纷解决中的作用。但在实践中由于行政调解协议本质上是民事合同性质，其效力不确定，不具有强制执行力，严重制约了其作用的发挥。目前，各知识产权专门法及其实施细则对于行政调解协议的效力并没有规定，这种模糊的态度容易产生两种后果：一是公众误认为行政调解的效力高于人民调解，与行政裁决一样能直接产生法律效果；二是公众误认为行政

调解效力不及人民调解协议效力，为了满足相关法律法规关于调解协议确立的生效要件，甚至出现了将行政调解协议人为地纳入"人民调解"范围进行操作的实践。如此一来，不仅混淆了行政调解的概念，同时也偏离了知识产权纠纷行政调解专业性与特定权威性的本质特征。①

关于专利纠纷行政调解，《专利行政执法办法》第三章规定了一些基本的程序，从其内容来看，带有鲜明的类司法化倾向，甚至有刻意模仿的痕迹，具体表现为以下四点。其一，在程序启动时，第二十条规定了"请求管理专利工作的部门调解专利纠纷的，应当提交请求书"。这一书面原则与诉讼程序的发起类似，且请求书要求记载的内容跟《民事诉讼法》第一百二十一条起诉状的要求雷同。这种严格书面原则的限制既无必要，也会影响到行政调解程序启动的灵活性。其二，在通知程序中，该办法第二十二条规定，管理专利工作的部门应当及时立案，并通知请求人和被请求人进行调解的时间和地点。管理专利工作的部门这一单方通知的做法，显然逾越了其职权范围，违背了行政调解的自愿选择原则。其三，在调解员的选任上，该办法第二十三条规定，管理专利工作的部门调解专利纠纷可以邀请有关单位或者个人协助，被邀请的单位或者个人应当协助进行调解。政府邀请的调解人员与当事人自由选任的调解员，显然不能同日而语。调解员的选任一旦由行政主管部门来决定，将意味着当事人主导地位的丧失。其四，对于未能达成调解协议的，该办法第二十四条规定，管理专利工作的部门以撤销案件的方式结案，并通知双方当事人，这一做法也不可取。行政调解结案

---

① 何炼红：《论中国知识产权纠纷行政调解》，《法律科学》2014 年第 1 期。

应以制作调解协议书或行政调解终止通知书的方式来结案，而非任意性的撤案处理。虽然以当事人签署和解协议后撤回处理请求的方式结案，可以避开行政调解协议效力未定的尴尬，但造成了社会资源的浪费，加剧了当事人对行政调解的不信任，影响了行政调解手段作用的发挥。[①]

9.2.2 知识产权司法保护存在的问题

9.2.2.1 司法临时措施未有效发挥作用

在知识产权司法保护领域临时措施较多，有诉前禁令、财产保全、证据保全等临时性措施。这些临时措施的适用对及时保护知识产权权利人利益，提高司法保护的效率具有重要的意义，因此临时措施在实践中理应发挥其应有的价值和功能。但当前临时措施在司法实践中适用的比例极低，以 2009—2013 年临时措施适用的情况来看，诉前禁令、财产保全、证据保全的平均适用比例都不足 1%。可见，临时措施目前还处在较高的虚位状态，临时措施在知识产权司法保护中发挥的作用还十分有限，其价值还远未得以真正发挥。这固然与临时措施在司法实践中适用存在一定的困难有关，如知识产权案件侵权的判定较难、法院适用临时措施时的谨慎态度、当事人需要提供担保、禁令的实际执行缺乏保障等，但当事人的主观意识也是一个很重要的原因。实践中许多权利人对适用临时措施，尤其是诉前禁令这一制度无意识、不了解，发生侵权后不知道主动申请临时措施，而通常是在法院释明后，才会去考虑适用临时措施，这就导致很多案件并未适用

---

① 何炼红：《论中国知识产权纠纷行政调解》，《法律科学》2014 年第 1 期。

临时措施。因此，在临时措施的适用上，除了应完善临时措施适用的相关制度，降低临时措施适用的难度外，对当事人进行相关意识的普及也是很重要的一个方面。

9.2.2.2　当事人诉讼维权负担较重

当前，发生知识产权纠纷后致使当事人维权积极性不高的一个重要原因就是当事人通过司法途径维权的负担较重，尤其是对于许多创业初期的中小企业来说这一问题更为突出，发生侵权纠纷后，面对较重的维权负担，权利人有时不得不放弃维权。其原因主要有以下三点。

第一，维权的时间较长。从近年司法保护的实践来看，虽然知识产权案件的审判效率总体上符合法律规定，绝大多数案件都能在法定的审限内结案，2009—2013 年 5 年间审限内平均结案率达到了 98%。但由于与一般民事案件相比，知识产权案件对时效性要求更高，权利人不仅希望能获得赔偿，更在于能及时制止侵权，实现对市场的控制。而实践中，知识产权案件通常按照民事一审普通程序进行审理，期限为 6 个月，如果遇到特殊情况延长期限，或者再经过上诉等程序，其审理的周期有时会超过 1 年，甚至达到 2—3 年。此外，在知识产权案件的审理中通常会由于对方当事人提起无效而中止，经过无效程序的案件审理程序则更加漫长。而当前涉及专利技术的新产品市场寿命往往较短，这就极易出现纠纷最终真正解决时，专利已经失去了保护的意义。

第二，维权的经济成本较高。当事人通过诉讼途径解决知识产权纠纷，需要负担案件处理过程中的各类开支，其中最主要的费用就是诉讼费和律师费。知识产权案件由于较普通民事案件复杂，其费用一般要高于普通民事案件。虽然根据《专利法》的规定，对于专利侵权的赔偿数额应当包括权利人为制止侵权行为支付的合理开支，即当事人在诉讼中合理开支的各项费用在专利权人胜诉后可以由侵权人来承担，但是这些费用需要预先支付，而且知识产权案件的复杂性也使得案件最终的胜诉难以确定，当事人投入具有很大的风险性。

第三，当事人举证负担较重。根据 2012 年中国专利保护协会的调研，受访的 725 家企事业单位中，有 31.6% 的受访者表示，曾在其经营、发展过程中遭遇专利侵权事件，在这些遭遇专利侵权的单位中有 44.4% 的企业未进行维权，而在这些未采取维权行动的企事业单位中，认为取证难而放弃维权的比例达到了 50.4%，[①] 超过了一半。由于知识产权的无形性，与一般有形财产的侵权相比，知识产权的侵权方式往往掌握在侵权人手中，这对权利人调查取证非常不利。尤其是近年来发生在网络环境下的知识产权纠纷，侵权行为更具有隐蔽性，而且处在不同的地方，给权利人调查取证增加了很大的困难。实践中，许多权利人在诉讼中都面临难以举证的问题，直接影响到案件的正确裁判。

9.2.2.3 当事人维权的收益较低

在知识产权诉讼中，当事人能够获得的收益主要包括两个方面：一是获得侵权损害赔偿；二是重新获得对市场的占有。对于前者，在诉讼中，权利人能够获得的赔偿数额非常有限，在目前的司法实践中，法院对专利侵权损害赔偿主要采用法定赔偿的方式进行判赔，而且实际的赔偿数额也较低，加上判决的执行难问题，当事人最终真正

---

① 中国专利保护协会调研组：《专利行政执法情况调查研究报告》，2012 年 8 月。

获得的赔偿数额难以完全弥补当事人因侵权受到的损失以及进行维权所花费的经济成本。此外，对于一些恶意的侵权行为，目前除了商标法外，由于专利法等其他知识产权法尚未规定惩罚性赔偿制度，导致权利人在案件胜诉后依然被反复侵权。而对于后者，权利人通过诉讼达到制止侵权行为，获得对市场的控制是其进行维权的最终目的，但在实践中对停止侵权行为的执行，通常需要侵权人的配合，特别是对于分布在不同地域的侵权行为，在实际执行中还会受到地方保护主义的干扰，停止侵权行为的执行存在很大的困难，经常出现侵权人换一个地方继续侵权的现象。因此，在诉讼中，权利人的收益难以完全实现，严重挫伤了当事人通过诉讼维权的积极性。

9.3　知识产权行政保护制度的完善

知识产权行政保护制度作为我国特色鲜明的一项制度，其存在和发展有着各种相互交织、相互作用的内外因素，行政保护的自身优势会长期存在，应当因势利导，进一步完善行政保护的法律法规、部门规章与地方性法规，规范行政保护行为，加强知识产权行政执法机制建设，加强重点领域知识产权行政执法，切实发挥知识产权行政保护制度的作用。

9.3.1　进一步完善行政保护立法体系

党的十八届四中全会提出，法律是治国之重器，良法是善治之前提。建设中国特色社会主义法治体系，必须坚持立法先行，发挥立法的引领和推动作用，抓住提高立法质量这个关键。① 加强知识产权行政执法，同样首先应当从完善相关法律及配套的行政法规、地方性法规入手，将行政保护的权限、范围、程序等内容规范化、合理化与具体化，以增强可操作性。目前，我国知识产权行政执法体系还存在行政执法措施与行政执法程序欠规范、执法力度不强、执法权力滥用和地方保护主义等问题。有必要对其进一步完善，使行政执法做到主体明确、职能清晰、权限适度、程序规范、标准统一、措施法定，以克服专利行政执法无据、无序、不作为或乱作为的被动局面。具体说来，需要从以下三个方面着手。

9.3.1.1 清理现行知识产权法律，使行政执法标准统一化

要加强知识产权行政保护立法，首要环节便是对现行的知识产权法律进行清理。虽然我国的知识产权法律在"入世"后经过调整已经进一步与国际知识产权规则接轨，但仍然存在立法空白和立法漏洞，且现有的知识产权法律在日新月异的社会变迁中逐渐滞后，必须做出相应的修改才能适应现实的发展需求。对此，可以参照相关国际条约以及国外发达国家的先进立法经验，同时结合我国的国情及发展阶段，对我国的知识产权法律做出统一规划，制订科学的立法、修法计划，同时要明确立法和修法的重点及方向。其中强化知识产权行政保护，主要从以下四个方面完善立法：权利方面，要适当扩大知识产权的保护范围；程序方面，要完善知识产权行政保护的程序规范，尤其是调查取证程序、行政处罚程序、复议程序、执行程序等；主体方面，要整合现有的行政执法主体，明确执法权

---

① 参见《中国共产党第十八届中央委员会第四次全体会议公报》（2014 年 10 月 23 日中国共产党第十八届中央委员会第四次全体会议通过）。

限和责任；救济方面，完善对行政机关的监督机制、追责机制、赔偿机制。在上述基础上统一我国行政执法的适用标准，使我国的知识产权行政保护制度更具有可操作性，从而切实解决现实问题。

9.3.1.2　修订知识产权行政规章，使行政执法程序规范化

我国现行的知识产权行政规章，应考虑与上位法及《行政许可法》《行政处罚法》《行政强制法》《行政复议法》《行政诉讼法》等法律的协调与统一，充分考虑公共利益、科技进步与权利人利益之间的平衡。其中，需解决的关键问题包括以下四个。其一，扩大行政保护权限，简化程序，加大知识产权侵权惩治力度。知识产权侵权的行政裁决目前多限于停止侵害，远远不足以加强对恶性侵权的打击与惩治，应适当扩大对于知识产权侵权的行政执法权限，进一步规范执法秩序。其二，扩大行政保护范围，加强对电子商务平台知识产权侵权与假冒行为的打击。知识产权行政主管机关应当加强电子商务等重点领域的行政执法，快速调解、处理电子商务平台上的知识产权侵权纠纷，及时查处假冒专利、商标行为，明确管理知识产权行政主管机关可以通知电子商务平台对涉嫌侵权或假冒专利商品的相关网页采取删除或屏蔽等措施，以及时制止侵权和假冒行为。其三，明确执法主体与职责，规范对群体侵权、重复侵权等扰乱市场秩序的故意侵权行为的行政保护措施。知识产权行政主管机关认定故意侵权行为成立且扰乱市场秩序的，可以责令侵权人立即停止侵权行为，没收、销毁侵权产品或者用于实施侵权行为的专用设备。其四，加强知识产权行政执法力量建设、行政执法信息化建设和信息共享，实行行政执法人员持证上岗和资格管理制度，落实行政执法责任制，规范开展知识产权行政执法，严格践行依法行政宗旨。

9.3.1.3 赋予地方人大立法权限，使区域执法应对灵活化

知识产权行政执法具有明显的地域差异性，地方性法规的补充和细化作用非常重要。但目前，具有知识产权行政保护地方立法权的覆盖范围窄，有立法权的地方权力机关颁布实施的相应地方立法数量少。[①] 党的十八届四中全会决定提出，要明确地方立法权限和范围，依法赋予设区的市地方立法权，以适应地方的实际需要。2015 年 3 月第十二届全国人大通过的《立法法》修正案为加强知识产权保护，完善知识产权行政保护地方法规提供了理论与空间，特别是《立法法》修正案扩大了设区的市地方立法权，为完善与规范知识产权行政保护地方立法提供了最为直接的法律依据。因此，在知识产权地方立法方面，要充分贯彻落实立法和改革决策相衔接原则，清晰界定知识产权行政保护主体、程序、权限，真正实现依法行政，做到重大改革于法有据、立法主动适应改革和经济社会发展需要。[②] 同时，要相应明确其地方立法权限和范围，避免重复立法，维护国家法制统一。

经济社会的发展直接催生知识产权的创造、运用、保护与管理，经济发展程度不同地区对知识产权行政保护地方立法的现实诉求强度不同。中国地域辽阔，东、中、西部经济发达程度不一，因而知识产权保护的现实需求也完全不同，国家层面的统一立法难以兼顾不同地方的现实诉求。立法滞后、需求超前的现状决定了加强知识产权保护地方立法的节奏与步伐。对于实践条件还不成熟、需要先行先试的，

---

① 目前全国已有 27 个省（自治区、直辖市）、19 个较大城市的人大及其常委会颁布了《专利保护条例》等地方性法规。这些不同省、市的地方立法之间体例和内容相去甚远，特别是对专利侵权的判定原则和处罚标准方面差异很大。

② 关于《中华人民共和国立法法修正案（草案）》的说明（全文），http://news. xinhuanet. com/2015 - 03/08/c_ 1114563179. htm，2015 年 3 月 12 日访问。

可以通过法定程序授权，加强试点地区知识产权行政保护立法。比如广东佛山市顺德区，多次作为改革开放、先行先试的实验田，2014 年全年顺德的专利申请量是 15562 件，较 2013 年新增 1543 件；授权量达 12305 件，较全年的数量年增加约 1745 件。① 因而其知识产权保护的现实需求也很强烈，但是顺德不像深圳、珠海具有地方立法权，可以通过地方立法加强对知识产权的行政保护。因而，对于经济发达、知识产权创造、运用、保护与管理要求强烈的县、区也应通过法定授权，加强地方知识产权保护立法，以满足社会、经济发展的现实诉求。

9.3.2　进一步优化配置行政执法权限

进一步优化配置行政执法权限需要从以下两大方面着手。

9.3.2.1　合理设置机构，实现管理与执法职能分离

中共十八届二中全会提出《国务院机构改革和转变职能方案》，强调要"加大机构整合力度，探索实行职能有机统一的大部门体制"。大部制改革，是指为了推进政府事务综合管理与有机协调，将一些分工过细的部门加以合并，组成超级大部的政府组织体制。大部制改革的目的旨在"转变职能"，即在社会的治理上，政府的角色要从"管理者"向"服务者"转变，把社会的"指挥棒"交还给市场本身，同时充分发挥民间和社会组织的力量，而政府的职能应该集中到宏观调控、市场监管和公共服务的提供上来。

目前我知识产权行政执法部门过于分散，执法机关不统一，难免

---

① 欧阳少伟：《顺德专利申请及授权量五区居首》，http://paper.nandu.com/nis/201502/04/324794.html，2015 年 3 月 12 日访问。

出现不协调、各自为政的状况。加上这些行政机关同时肩负着登记、确权、管理等其他职能，而查处知识产权侵害行为专业化程度高，且投入较大，各行政机关疲于应付，效率不高、效果欠理想。2015 年 3 月，党中央、国务院出台《中共中央 国务院关于深化体制机制改革加快实施创新驱动发展战略的若干意见》等一系列重要文件中，对加强知识产权保护和运用等工作做出重点部署。2016 年 12 月 5 日，习近平总书记主持召开中央全面深化改革领导小组第 30 次会议，审议通过《知识产权综合管理改革试点总体方案》。强调要紧扣创新发展需求，发挥知识产权的引领作用，打通知识产权创造、运用、保护、管理、服务全链条，建立高效的知识产权综合管理体制，构建便民利民的知识产权公共服务体系，探索支撑创新发展的知识产权运行机制，推动形成权界清晰、分工合理、责权一致、运转高效的体制机制。国务院办公厅随后印发了《知识产权综合管理改革试点总体方案》，要求充分发挥有条件的地方在知识产权综合管理改革方面的先行探索和示范带动作用，并对知识产权综合管理改革试点做出整体部署。

近年来，上海、深圳等地方已在知识产权管理机构改革方面取得了一定得的突破，并形成了以下两种代表性的改革模式。

9.3.2.1.1　上海浦东新区专利、版权、商标三合一模式

2014 年 10 月，上海市委决定在浦东探索知识产权综合管理改革试点。2015 年 1 月 1 日，浦东新区正式组建并启动运行了单独设立的知识产权局。作为浦东新区政府的工作部门，该局整合了原区科委的专利行政管理职责和原区市场监管局的商标行政管理和执法职责，增加了市知识产权局委托的专利管理和执法、市版权局委托的版权相关

管理职能，增加了对违犯著作权方面法律、法规、规章的违法行为的行政处罚职责。同时，加强了知识产权保护、促进知识产权创造和运用等方面的职能。通过改革，由一个局综合行使专利、商标、版权相关管理和执法职能，实现了知识产权的集中管理和综合执法。在管理体制上，将专利行政执法事权、版权行政管理和执法事权从原来由市局管理变为由区政府"属地管理"，进一步发挥了地方政府的综合协调功能。在知识产权保护方面，也实现了从原专利、商标、版权分别由不同部门处理申诉、举报变为"诉求处置一体化"，并在此基础上搭建了知识产权纠纷多元化解机制框架及知识产权纠纷快速处理平台，支持以人民调解为主导，鼓励商事调解和行业调解等多种形式参与，实现政府部门行政调解、人民法院司法调解以及人民调解为主导的第三方调解组成的"三调联动"机制。

上海浦东新区的改革是对涉及知识产权创造、运用、保护和管理各个环节的全部要素进行了重新架构，构建起"监管和执法统一、保护和促进统一、交易和运用统一"的知识产权工作体系，做到"一个部门管理、一个窗口服务、一支队伍办案"，形成了"三合一"的知识产权行政管理和执法体系。浦东新区改革模式的优点在于，纵向上有利于打通知识产权的创造、运用、保护、管理、服务"全链条"；横向上有利于发挥专利、商标、版权等知识产权的协同效应。

9.3.2.1.2　深圳市场监管模式

2004年，深圳市将知识产权局从科技局分离出来，率先在知识产权局加挂版权局的牌子，2006年又将副局级升格为正局级单位。2009年初，深圳市委、市政府在《深圳综合配套改革总体方案》中，决定"深化知识产权管理体制改革，实行专利、商标、版权、技术秘密四位一体的大知识产权管理体制"。2009 年 8 月深圳市工商行政管理局（物价局）、质量技术监督局、知识产权局（版权局）整合为市场监督管理局。2012 年 2 月，为了加强知识产权管理，深圳市市场监督管理局加挂市知识产权局的牌子。2014 年 5 月深圳市再次改革，整合了市场监督管理局（食品安全监管局）、药监局，新组建深圳市市场和质量监督管理委员会及市场监督管理局（质量管理局、知识产权局）、食品药品监督管理局。

目前，国家工商总局也提出了在统一市场监督管理体系下的商标、质量、食品药品三合一综合管理改革试点的构想。这一模式的好处是，商标执法可以依托现有的工商执法体系开展工作，基层覆盖面广。不过，如何加强与专利、版权等其他知识产权之间的横向关联性，加强与知识产权创造、运营之间的纵向协同性方面，还需要进一步的探索。

总之，以上改革试点在机构合并、简政放权方面，涉及知识产权行政执法的机构设置与权力配置，为知识产权综合行政执法改革迈出了实践探索的第一步，有利于统一行政执法的机构、防止"多龙治水"的执法模式带来的职能交叉和职能空缺，从而提高行政保护的效率，减少行政保护的成本，实现有限行政资源的最优配置。

9.3.2.2　科学配置权责，赋予行政机关应有的执法权力

目前我国知识产权侵权假冒现象比较严重，侵权手段越来越复杂和隐蔽，甚至存在境内外勾结，有组织地生产、销售、出口侵权产品的情形。面对重复侵权、大规模侵权、群体性侵权，如果不合理配置行政机关的职责，赋予其应有的执法权限，权利人与消费者的权益将得不到切实保护。主要体现在以下三点。

9.3.2.2.1　要明确赋予行政机关主动查处严重侵权行为的权力

现在，我国对于知识产权侵权的查处表现为主动查处、被动查处、协调查处、协助查处等方式。我国现行《专利法》对于专利侵权没有设置主动查处权，而对假冒专利行为却赋予了主动查处权；《著作权法》《商标法》赋予了执法部门对著作权侵权、商标侵权行为的主动查处权。《著作权法》明确规定，著作权侵权行为同时损害社会公共利益的，由地方人民政府著作权行政管理部门负责查处；国务院著作权行政管理部门可以查处在全国有重大影响的侵权行为。《商标法》也有类似规定，而且相关权限规定得非常明确具体。由于《专利法》立法的模糊与空缺，一般情况下，国家知识产权局以及地方管理专利工作的部门对于专利侵权行为的处理，采取被动原则，经由专利权人请求才受理，并根据其请求进行处理。为了改变这种现状，针对恶性侵权行为有必要赋予管理专利工作的部门对涉嫌扰乱市场公共秩序的侵权行为主动查处权以及相应的行政处罚权。① 关于"恶性侵权"概念的界定，指的是故意侵权、群体侵权和反复侵权等扰乱市场秩序的严重侵权行为，具体可以参照商标法第六十条"五年内实施两次以上商标侵权行为或者有其他严重情节的"这一规定进行相应细化。关于主动查处权的范围，可以参考商标法第六十条和第六十二条的规定，包括调查取证权以及查封扣押、没收销毁等采取强制措施的权力。

---

① 参见《中华人民共和国专利法修订草案（送审稿）》（国务院法制办公室 2015 年12 月 2 日公布）第三条：国务院专利行政部门负责管理全国的专利工作，统一受理和审查专利申请，依法授予专利权，负责涉及专利的市场监督管理，查处有重大影响的专利侵权和假冒专利行为。第六十条：对群体侵权、重复侵权等扰乱市场秩序的故意侵犯专利权行为，专利行政部门可以依法查处。

为了贯彻各类知识产权平等保护的原则，赋予专利管理部门对专利侵权的主动查处权力已争议不大。当前，最重要的是要明确行政机关主动查处专利侵权行为的范围及判断标准，特别是对群体侵权、重复侵权、扰乱市场秩序等概念要进行科学的界定，为确定查处范围与标准提供判断依据；同时对国家与地方专利管理部门的管辖与分工进行明确与具体，一般专利侵权由地方管辖，在全国有重大影响与需要由国务院专利部门查处的由国务院专利部门查处。在此基础上进行对查处流程与权限进行规范，以最大限度地发挥专利侵权主动查处对专利的保护功能与作用。

9.3.2.2.2　要明确赋予行政机关对严重侵权纠纷的调查取证权

《专利行政执法办法》规定管理专利工作的部门处理专利侵权纠纷应当以事实为依据、以法律为准绳，遵循公正、及时的原则。同时，要实现知识产权行政保护与司法保护的对接与互动，节约行政资源与司法资源，有必要赋予专利行政执法机关相应的调查取证权，以及时了解侵权相关事实，封存相关证据。具体措施主要有以下三项。

第一，扩大知识产权行政执法机构的权力。知识产权行政主管机关在依法行使查处侵权纠纷时应赋予如下四种权力。其一，询问权：询问有关当事人，调查与专利侵权纠纷有关的情况。其二，查阅复制权：查阅、复制当事人与侵权活动有关的合同、发票、账簿以及其他有关资料。其三，检查权：对当事人涉嫌从事侵犯他人专利权活动的场所实施现场检查。其四，查封扣押权：检查与侵权活动有关的物品，对有证据证明是侵犯他人专利权的物品，可以查封或者扣押。①

---

① 参见《商标法》（2013 年）第六十二条。

第二，提高知识产权行政执法机构调查取证所获得资料的司法采信度。对于知识产权行政主管机关调查取证获得的资料应进行妥善处理，并根据查明事实该进行行政处罚的进行行政处罚，已构成犯罪的则移交司法机关处理，并妥善把调查取证所获资料移交司法机关，以实现知识产权行政保护与司法保护的有机衔接。为提高司法采信度，专利执法人进行执法时，可以邀请公证人员参加，增强收集证据的公信力；也可以邀请知识产权管辖法院技术法官或执法法警参加，开展协同执法取证与联合执法取证。

第三，构建长期高效的知识产权行政保护与司法保护调查取证对接与衔接机制。要真正实现知识产权行政执法调查取证与司法保护的对接，必须完善知识产权行政主管机关调查取证的权限与程序。相关规定应以法律的形式确定，并制定具体的对接机制，使行政机关取得证据的公信力更强，更具有司法说服力。

9.3.2.2.3　要进一步加大严重侵权行为的行政处罚力度

知识产权侵权行为屡禁不止，重复侵权、群体侵权频频发生，其根本原因在于对权利人的知识产权漠视，违法成本低，处罚力度不够。目前，无论是专利法、商标法、著作权法还是其他单行条例的修法过程中，对于侵犯专利权、商标专用权及著作权的处罚力度都有很大的提高。例如，2015 年的《专利法修订草案（送审稿）》对群体侵权、重复侵权等扰乱市场秩序的故意侵犯专利权行为，专利行政部门可以依法查处，责令侵权人立即停止侵权行为，并可以没收侵权产品、专门用于制造侵权产品或者使用侵权方法的零部件、工具、模具、设备等。对重复侵犯专利权的行为，专利行政部门可以处以罚款，非法经营额 5 万元以上的，可以处非法经营额 1 倍以上 5 倍以下的罚款；没有非法经营额或者非法经营额 5 万元以下的，可以处 25 万元以下的罚款。

2013 年修正的《商标法》也提高了工商行政管理部门认定侵权行为成立时的罚款标准，违法经营额①5 万元以上的，可以处违法经营额 5 倍以下的罚款，没有违法经营额或者违法经营额不足 5 万元的，可以处 25 万元以下的罚款；对 5 年内实施 2 次以上商标侵权行为或者有其他严重情节的，应当从重处罚。

但知识产权侵权活动并未因此而下降，这一现象从各种专项行动的成果就得到了体现，因而加大行政处罚力度不能单独停留在罚款，而应构建一个多重处罚体系，具体有以下四点。其一，要继续大力加强行政罚款的力度，增加违法成本，形成对知识产权侵权的震慑作用，同时进一步削弱知识产权侵权行为的侵权能力。其二，知识产权管理部门可以根据需要依法会同工商行政管理部门做出责令停产停业、吊销营业执照等其他行政处罚决定，使其充分认识到知识产权侵权的严重后果，进而使侵权人主动停止侵权、教育有知识产权侵权念头的人不敢进行侵权。其三，要根据《深入实施国家知识产权战略行动计划（2014—2020 年）》的精神，加强知识产权行政执法信息公开，加强重点领域知识产权行政执法，加强知识产权刑事执法和司法保护，推进知识产权纠纷社会预防与调解工作，营造良好市场环境。②其四，加强重点领域的知识产权行政执法，对于那些跨区域、大规模、社会反响强烈的侵权案件，要集中各地区各部门的力量加大查处力度，开展专项执法行动；而对于那些关乎国计民生、重大项目和优

---

① 在这里，《专利法》使用的概念是"非法经营额"，《商标法》使用的概念是"违法经营额"，有待统一。

② 参见《深入实施国家知识产权战略行动计划（2014—2020 年）》（国办发〔2014〕64 号）。

势产业的侵权行为，则要溯本及源，同时作为日常重点防控的对象，最大限度地减少侵权现象发生的可能性。

9.3.3　进一步建立健全行政执法机制

要形成统一的知识产权行政执法机构与工作体系，需要加强科技、知识产权、公安、工商、法制等部门的协作配合及信息交流，实现执法网络的衔接和执法体制的健全，包括以下跨区域执法协作机制、跨部门联动执法机制、公开执法机制及网络执法机制四大机制。

9.3.3.1　完善跨区域执法协作机制

为确保知识产权行政执法落到实处，取得应有的效果，构建与完善知识产权跨区域行政执法协作机制至关重要，国家知识产权局组织各省市局签订了《跨省专利行政执法协作协议》，部分地方局签订了《环渤海地区五省（市）知识产权保护合作协议》《泛珠三角区域内九省（区）专利行政执法协作协议》和《西部十二省区市专利行政执法协作协议》等，2012 年 9 月 25 日，北京市知识产权局在借鉴以往专利执法协作的成功经验以及结合具体工作实际的基础上，组织多个省市签订了《九省市专利行政执法协作协议》。实现了部分地区构建区域执法协作机制，根据该协议相关内容成立了协作组织机构——九省市专利行政执法协作主席团，确立了跨省市协作案件的优先处理原则，建立统一的案件立案标准，为跨省市专利行政执法协作开辟了新的工作思路和手段。

只有大力加强专利行政执法，坚决打击跨区域的侵权假冒行为，才能切实保护知识产权权利人、创新者、广大消费者等社会各界的合法权益，才能深化改革、促进对外开放，加快创新型国家建设与诚信社会建设。要构建与完善全国范围内的跨区域知识产权执法协作机制，应借鉴《九省市专利行政执法协作协议》的经验，扩大跨省市行政执法协作的范围，加强行政保护力度，实现与国际知识产权保护相接轨。具体做法是，组建全国性的协作组织机构负责处理协作的有关事项，确立协作原则——跨区域案件优先处理，搭建全国范围内的交流平台——实现信息资源共享，建立统一的立案处理标准与规范的执法流程。这样有利于节约行政资源，最大限度地发挥跨区域知识产权执法协作机制作用，实现对知识产权的跨区域保护。

9.3.3.2 完善跨部门联动执法机制

知识产权保护工作涉及行政、司法等多个部门、工作环节多，需要知识产权、工商、版权、农林、文化、经贸、质监、司法、海关等有关部门树立全局意识，既做到各司其职、各负其责，又齐心协力、密切配合，形成知识产权行政保护的整体合力。其中，关键的环节是构建与完善跨部门联动执法机制，加强对知识产权保护工作的协调、整体把握和综合指导，努力提高知识产权保护工作的组织程度。

要构建与完善知识产权跨部门联动执法机制，首先，必须设立相关的协调执法机构。2008 年 10 月 9 日，国务院批复同意建立国家知识产权战略实施工作部际联席会议制度。联席会议负责在国务院领导下，统筹协调国家知识产权战略实施工作。联席会议办公室设在国家知识产权局。2016 年 3 月 30 日，《国务院关于同意建立国务院知识产权战略实施工作部际联席会议制度的批复》正式印发。根据该文件精神，国家知识产权战略实施工作部际联席会议升格为国务院知识产权战略实施工作部际联席会议制度，由国务院领导同志担任召集人，联席会议成员单位由 28 个增加至 31 个，极大地增强了联席会议的统筹协调能力。目前，地方政府也相应设立了知识产权保护协调机构，担任起知识产权保护跨部门联动协调的工作。

其次，必须加强知识产权执法联络工作。知识产权与公安、检察、工商、版权、海关等部门及司法机关相互之间要加强协作和交流，实现案件移送的无缝衔接。此外，对于执法信息要及时进行交换；对于成功的经验，应该相互分享并引以为鉴；对于执法中遇到的困难和问题，应该共同研究探讨，同时还可以对执法人员开展统一的培训。对于进出口货物，由于涉及国际知识产权保护，面对的情形更加复杂，因此海关的知识产权保护尤其需要各部门提供支持，在专利、商标、著作权侵权认定方面提供专业意见。在打击知识产权违法犯罪方面，各部门应该与公安、检察部门积极配合，同时要促进与公安、检察部门的合作，建立起联络工作机制。

最后，必须梳理各部门的知识产权执法权限。对于行政执法"法无规定即禁止"，在跨部门联合执法中，既要节约行政资源，提高执法效率，又要避免超越行政权限进行执法。要根据机构改革的要求精简优化协调机构、遴选工作人员、建立规章制度、完善协调机制、明确执法权限、规范执法流程，尤其要对一些影响重大的案件，进行跨部门联合执法。

9.3.3.3 完善执法公开机制

为了进一步加强知识产权各执法部门以及各层级部门之间的业务交流，使相关部门在进行执法决策时能够第一时间得到参考，提升应对的水平和执法的能力，同时为了使行政相对人和其他权利人了解知识产权行政执法的相关程序、流程、结果及自身权利，进一步完善知识产权执法公开机制也十分重要，知识产权执法公开机制主要包括对内公开机制与对外公开机制两个方面。

知识产权执法对内公开机制主要是指知识产权系统的国家局与地方局、地方局与地方局之间、联合执法部门之间有关信息公开、信息共享的机制。其主要措施是国家局通过对知识产权执法信息上报汇编的形式定期对全国知识产权相关执法信息进行公开，地方局和联合执法部门根据相关制度或工作手册对一定时期内完成的知识产权执法信息进行上报或通过信息交流平台对知识产权执法情况进行公开，以方便其他地方或部门对知识产权故意侵权、重复侵权、群体侵权及时了解，并为其行政执法提供参考。对于内部信息公开要作为一项制度进行完善，并明确规定信息公开的时间、程度、方式及未能及时公开的相应处罚，使之成为一种制度化、常态化的公开机制。

知识产权执法对外公开机制主要是指根据《中华人民共和国政府信息公开条例》及知识产权行政主管部门的规范性文件的要求，[①] 对知识产权行政处罚、专利侵权行为、假冒专利行为等行政执法内容向全社会进行公开。公开的内容、公开的形式、公开的时间等都要制度化、规范化。公开内容具体包括：行政处罚决定书文号、行政处理决定书文号；案件名称；违法企业名称或自然人姓名；违法企业组织机构代码；法定代表人姓名；主要违法事实；行政处罚或行政处理的种类和依据；行政处罚或行政处理措施的履行方式和期限；做出处罚决定或处理决定的机关名称和日期；因行政复议或行政诉讼发生变更或撤销的情况；依法移送公安机关的涉嫌犯罪案件的程序信息及结果信息。对公民、法人或其他组织申请公开的其他专利行政执法案件相关

---

① 比如，国家知识产权局下发的《关于依法公开制售假冒伪劣商品和侵犯知识产权行政处罚案件信息的意见（试行）的通知》《关于公开有关专利行政执法案件信息具体事项的通知》等规范性文件。

信息，按照《中华人民共和国政府信息公开条例》和相关法律法规的规定办理，公开时间为 20 个工作日，以方便公众知晓的方式进行公开，真正做到"阳光执法"，使公众充分了解执法相关信息。

9.3.3.4　完善网络执法机制

知识产权网络执法机制的完善，从某种程度上与上述执法机制有部分重叠，具体包括以下四点内容。其一，构建中央与地方、地方与地方之间网络化执法机制，通过网络中介，实现跨地域知识产权行政执法一体化、网络化、全国一盘棋的格局。其二，通过网络信息交流平台、共享信息资源，实现跨部门联合执法的网络机制。其三，通过网络实现对网络知识产权侵权有效处理的执法机制。其四，通过网络对执法的流程进行数字化，并实现行政执法与司法审判的端口对接，逐步完善专门保护与综合执法相结合的长效机制。

要节约行政资源，加强对知识产权的保护，数字化、网络化时代利用网络媒体科学处理中央与地方、地方与地方的分工与合作很有必要。为了破解条块分割的行政壁垒、打破地方各自为政的地方保护主义，借助现代科学技术与媒体实现中央与地方、地方与地方之间知识产权执法一体化、网络化格局十分重要，通过建章立制、合理分工、明确权责，对于提高知识产权执法的执行力可以起到事半功倍的作用。同时，知识产权行政执法涉及的部门比较多，如果不能通过信息交流平台实现资源共享，各部门各吹各的号、各唱各的调，知识产权行政执法难见实效，特别是行政执法行为强调依法定的权限与法定的程序进行，如果没有相应的权限便很难做到依法行政，因而知识产权行政执法离不开跨部门的联合执法，只有借助网络信息交流平台，构建与完善网络执法机制，才能实现最佳效果的跨部门联合执法。随着知识经济时代的来临，数字化、网络化已成为时代的特征，知识产权网络侵权亦频频发生，要实现对网络侵权的打击，知识产权行政执法网络机制的构建与完善已经提上十分重要的日程。只有建立与完善网络执法机制，通过网络调查、网络取证、网络执法才能完成对网络侵权的有效打击，实现对网络知识产权的有力保护。

9.3.4 进一步强化行政调解法律效力

进一步强化行政调解法律效力体现为以下两大方面。

9.3.4.1 强化行政调解的地位

知识产权为私权，虽然其在某种意义上兼具公权的性质，但对知识产权侵权过程的行政保护应尊重其私权的根本属性，尽可能做到遵循当事人意思自治的原则，只有在侵权活动损害公共利益的情况下才赋予行政机关主动查处、裁决的权力。中国知识产权的行政保护包括违法行为的行政查处、侵权确权的行政裁决和民事纠纷的行政调解三种类型。在行政查处和行政裁决中，知识产权行政管理部门是以执法者的身份介入，针对损害公共利益的严重侵权违法案件做出有强制性效力的决定或裁决。在行政调解中，知识产权行政管理部门是以中间人的身份出现，促使当事人合意解决仅涉及私权的损害赔偿纠纷和其他民事纠纷。[①] 我国知识产权行政保护的三种基本方式，由于司法的主导作用日益增强，行政裁决的地位逐渐弱化，而行政调解与行政查

---

① 何炼红：《论中国知识产权纠纷行政调解》，《法律科学》2014 年第 1 期。

处的地位在同步逐渐强化。我国《专利法》《商标法》《著作权法》在历次修法活动中正是遵循知识产权这一根本属性，不断在强化知识产权行政调解的地位，以充分发挥行政调解在知识产权纠纷解决中的作用。

9.3.4.2　强化行政调解的效力

中国知识产权纠纷行政调解有着极大的发展潜力和应用空间，要突破执法模式下存在的困境，行政调解唯有秉承服务理念进行制度重构。建议将"调解专利纠纷"的内容从现行《专利行政执法办法》中分离出来，由国家知识产权局会同国家版权局、国家商标局等相关的知识产权主管部门，制定专门的《知识产权纠纷行政调解办法》，在遵循自愿、合法和保密原则的基础上，从制度层面切实推进行政调解由执法模式向服务模式的转型。具体举措包括以下三点。一是实现行政调解服务主体多元化。依托各省、市知识产权维权援助中心设立知识产权纠纷调解中心，在知识产权行政主管部门的主管下开展工作，聘请具有知识产权专业知识并有相当实践经验的、公道正派的人士担任调解员，组建多元化的调解专家库，建立灵活的调解员选任制度，由当事人自由选任知识产权局提供的调解员，或者是选择其他"适合的"调解员来协助其解决纠纷。二是实现行政调解服务客体的类型化，根据传统知识产权分类和知识产权纠纷的特殊性进行类型化界定。三是建章立制，实现行政调解程序的精细化、规范化。[①]

由于知识产权纠纷行政调解遵循的是自愿性与合法性原则，如何强化行政调解协议的效力，是挖掘行政调解制度潜能的一个重要突破

---

① 何炼红：《论中国知识产权纠纷行政调解》，《法律科学》2014 年第 1 期。

口。行政调解协议本质上为民事契约，仅具有私法效力，经由人民法院司法确认后才能获得强制执行力的保障。强化知识产权行政调解协议的效力，一个行之有效的措施就是建立行政调解协议诉前司法确认机制，即知识产权纠纷行政调解协议经调解机关和调解员签字盖章后，双方当事人可以申请有管辖权的人民法院确认其效力。因此在立法层面，我国《著作权法》《专利法》《商标法》等专门知识产权法，应设置专门条款，对知识产权纠纷行政调解协议的性质、效力和司法确认等内容做出原则性规定，赋予当事人在行政调解协议生效后一定的时限内向有管辖权的人民法院申请司法确认的权利；调解协议经人民法院依法确认后，一方当事人拒绝履行或者未全部履行，对方当事人可以向做出确认裁定的人民法院申请强制执行。[①]

9.3.5 进一步建立知识产权诚信体系

市场经济是信用经济，良好的社会信用是现代市场经济得以良性运行的基石。诚信与知识产权制度高度契合，没有诚信就没有知识产权制度，诚信有助于知识产权制度的确立和完善，同时知识产权制度的发展和进步也能助推诚信社会的构建。[②] 党的十八届三中全会提出"建立健全社会征信体系，褒扬诚信，惩戒失信"，但由于种种原因，我国统一完整的社会征信体系并没有真正建立起来，目前在个人信用方面主要依赖银行的个人信用认证体系，对于企业信用主要靠工商局的全国企业信息公示系统。社会成员信用记录的缺失，造成社会交易成本的增加，同时由于守信激励失信惩戒机制的不健全，导致社会的诚信水平普遍偏低，履约践诺、诚信行事的

---

① 何炼红：《论中国知识产权纠纷行政调解》，《法律科学》2014 年第 1 期。

② 文强：《试析知识产权制度与诚信的契合》，《西南民族大学学报》2013 年第 9 期。

社会风气还有待形成。

根据《深入实施国家知识产权战略行动计划（2014—2020 年)》的有关要求，应当探索建立与知识产权保护有关的信用标准，将恶意侵权行为纳入社会信用评价体系，向征信机构公开相关信息，提高知识产权保护社会信用水平。[①] 建议实施如下四大举措。

9.3.5.1　完善社会诚信体系，建立知识产权诚信子体系

作为社会诚信体系的一个子系统，知识产权信用体系的建立势在必行。首先，要出台知识产权信用评价办法，从创新、维权、尊重知识产权等多维度建立评价准则，规范评价标准。其次，应当健全社会主体的知识产权档案，运用大数据全方位采集其知识产权信用信息，得出信用评分或信用等级，作为知识产权行业准入和淘汰制度的重要指标。再次，建立行业联合惩戒机制，在知识产权行业内实行基于诚信等级的差别化待遇，赋予知识产权诚信在本行业中的具体经济利益，对于屡次出现不尊重知识产权行为的主体，禁止或限制其从事与知识产权相关的商业活动或相关职业的从业资格等。最后，建立全社会的信用约束机制，将仿制、假冒或发生过侵权等不尊重知识产权行为与企业和个人的信誉、奖励、融资、评审等其他制度挂钩，形成黑名单，提高侵权代价，降低维权成本。

9.3.5.2　建立知识产权信用登记系统，加强侵权行为失信登记

首先，各政府部门应尽快完善自身的信息公示制度，除涉及国家安全、商业秘密、个人隐私等不适宜公开的信息，均应当及时发布和

---

① 参见《深入实施国家知识产权战略行动计划（2014—2020 年)》（国办发〔2014〕64 号)。

更新。其次，在政府部门、金融机构、征信服务机构等各征信主体之间建立信息共享渠道，并实现与国家社会信用信息平台的互联互通，同时面对社会大众提供查询服务。最为重要的是加紧知识产权信用登记系统的建设，尤其是侵权行为的黑名单登记和公示制度。同时，对那些失信行为严重的个人、企业、组织实施行业退出机制，从而净化知识产权的保护环境。

9.3.5.3　健全行业守信激励、失信惩戒机制，提高失信成本

要建立健全守信激励和失信惩戒机制，强化知识产权业对守信者的激励作用和对失信者的约束作用。增加失信违法成本，充分发挥法律制裁的震撼作用。建立知识产权行业内的失信惩戒机制，与知识产权行政主管机关共同开展联合惩戒，引导知识产权从业人员诚实守信。同时，要建立自我纠错、主动自新的社会鼓励与关爱机制。只要失信行为不是特别严重，而且真心悔过并加以改正，就可以通过自己的实际行动，重新建立或恢复自己的知识产权信用。要将知识产权信用保护相关的条款修订补充进现行的知识产权法律法规中，以保障知识产权信用体系的稳健运行。

9.3.5.4　加大对知识产权诚信的宣传力度，在全社会普及诚信教育

知识产权诚信文化的内涵，应该从中华民族"民无信不立、业无信不立"的传统理念，以及现代市场经济的契约精神中汲取精华，在大力开展宣传的同时也要加强教育，应该从小树立起社会成员"尊重知识、崇尚创新"的知识产权文化美德，进而在全社会形成诚实守信的良好风尚。

9.4　知识产权司法保护制度的完善

在坚持司法统一、平等保护、利益平衡等原则的前提下，构建完善的知识产权司法保护制度十分重要。健全司法保护的政策法规体系，探索知识产权法院的建立，完善司法保护的救济手段，加大刑事制裁的处罚力度。这些都有利于充分发挥知识产权司法保护的主导作用，加强对知识产权的保护。

9.4.1　健全司法政策法规体系

健全司法政策法规体系包括以下两大方面。

9.4.1.1　完善司法保护法律法规

党的十八届四中全会强调，要全面推进依法治国，贯彻中国特色社会主义法治理论，形成完备的法律规范体系、高效的法治实施体系、严密的法治监督体系、有力的法治保障体系。我国虽然已经建立中国特色社会主义法律体系，但由于民法典的缺席，知识产权司法保护的法律法规尚未系统化，而是由一般法、特别法、政府部门的条例、细则、规章及相关司法解释共同构成了极其繁杂的规范组合，有必要进一步加以完善。

目前，知识产权司法保护问题比较突出的有以下三点。

第一，为解决知识产权维权"举证难"问题，有必要建立符合知识产权案件特点的证据规则体系。建立当事人提供证据与法院依职权调查取证及保全证据，证据披露与排除证据妨碍等统筹协调的证据规则体系。① 知识产权的客体具有非物质性，知识产权侵权行为具有极强的隐蔽性，针对知识产权权利人在知识产权侵权诉讼中难以提供确定赔偿额证据的问题，根据《民事诉讼法》的相关规定，人民法院认定侵犯知识产权行为成立后，为确定赔偿数额，在权利人已经尽力举证，而与侵权行为相关的账簿、资料主要由侵权人掌握的情况下，可以责令侵权人提供与侵权行为相关的账簿、资料；侵权人无正当理由不提供或者提供虚假的账簿、资料的，人民法院可以参考权利人的主张和提供的证据判定侵权赔偿数额。目前，2013 年修改的《商标法》对此已经作了规定，《专利法》第四次修改的送审稿中也采纳了该规定。②

第二，为解决知识产权维权"周期长"问题，除了采取积极改进民行交叉案件的审判机制、推进案件繁简分流、适当扩大简易程序的适用范围等措施外，建立知识产权纠纷行政调解协议司法确认程序也是一种行之有效的手段。以现行《专利法》的规定为例，管理专利工作的部门处理专利侵权纠纷时，可以应当事人请求就侵权赔偿数额进行调解。这主要是解决实践中一些侵权人在达成调解协议以后又不自愿履行，导致专利权人不得不另行起诉的问题。行政调解协议在达成后，如果得不到有效的执行，不仅使得专利侵权纠纷的解决周期大大延长，不利于当事人权益的维护，而且纠纷的重复处理，也是对行政资源和司法资源的一种极大浪费。为了破解知识产权行政调解形同虚设的局面，充分发挥其定纷止争的社会效用，法律应该对行政调解司法确认做出明确规定。

---

① 参见最高人民法院《中国知识产权司法保护纲要（2016—2020）》。
② 《专利法》第四次修改送审稿第六十一条第 3 款。

第三，为解决知识产权维权"赔偿低"问题，要构建以充分实现知识产权价值为导向的侵权赔偿制度，建立"补偿为主、惩罚为辅"的赔偿机制。法定赔偿是目前知识产权案件中最为普遍的赔偿方式。然而，由于近年来经济的快速发展，现行著作权法和专利法等法律规定的法定赔偿上限，已极大地限制了案件的赔偿数额。例如，2016年，北京知识产权法院的著作权侵权案件平均赔偿数额为 45.8 万元，专利侵权案件平均赔偿数额为 141 万元，而我国现行著作权法和专利法规定的法定赔偿上限分别是 50 万元和 100 万元。显然，上述法律已经难以满足实践发展的需求。此外，要加重对恶意侵权、重复侵权等行为的制裁力度，有必要引入惩罚性赔偿制度，以发挥典型案件的震慑作用。因此，要推动在《著作权法》《专利法》《反不正当竞争法》等法律中规定惩罚性赔偿制度，提高知识产权侵权的法定赔偿额，营造良好公平的市场竞争环境。

9.4.1.2 加强知识产权司法政策的制定

知识产权案件由于其自身的复杂性和判断的专业性，往往是各级人民法院难以适从的案件类型，其判决尺度和裁量标准都有很大差异，因此通过制定司法政策指导审判实践，在确保不同时期、不同地区、不同领域知识产权创造、运用和交易纠纷解决的法律适用标准统一透明方面，可以发挥切实有效的作用。自 1985 年《专利法》出台起，最高人民法院先后制定了《最高人民法院关于审理侵犯专利权纠纷案件应用法律若干问题的解释》等十余个涉及专利的司法解释性文件，[①] 规范了专

---

① 参见《全国人民代表大会常务委员会执法检查组关于检查〈中华人民共和国专利法〉实施情况的报告》，http：//www. npc. gov. cn/npc/xinwen/2014 - 06/23/content _1867906. htm，2015 年 4 月 27 日访问。

利权利要求的解释规则，进一步完善了专利侵权判定标准，对于保障专利法的正确贯彻实施，做好专利侵权案件审理工作，积极推进自主创新，具有重要指导意义。自 1982 年《商标法》制定以来，最高人民法院先后颁发了《最高人民法院关于审理涉及驰名商标保护的民事纠纷案件应用法律若干问题的解释》等十余个涉及《商标法》的司法解释性文件，回应了社会较为关注的驰名商标保护等焦点问题，细化和统一了商标侵权判定的法律标准和救济措施。自 1990 年《著作权法》颁布实施以来，最高人民法院制定了《关于审理侵害信息网络传播权民事纠纷案件适用法律若干问题的规定》等涉及著作权的司法解释性文件，指导人民法院积极应对互联网环境给传统著作权保护制度带来的冲击和挑战，为审理著作权案件提供具体办案依据。1985—2016 年，共制定涉知识产权司法解释 34 个，司法政策性文件 40 多件，有效发挥知识产权司法保护的主导作用。当前和今后一段时期，仍将坚持"司法主导、严格保护、分类施策、比例协调"知识产权司法保护基本政策。

虽然最高人民法院在司法政策制定方面取得了一定成绩，但很多问题仍值得深入研究和细化完善。例如，针对专利、商标授权确权行政纠纷案件、商标民事纠纷案件和诉前行为保全中的法律适用问题，要适时制定相关司法解释，统一裁判标准和尺度。要推进植物新品种司法解释修订工作，加强植物新品种权的司法保护。要积极开展对涉及标准必要专利、新商业模式、著作权集体管理、信息网络环境下的知识产权保护等前沿法律适用问题的调研。要加强对中医药、民间文学艺术以及涉及非物质文化遗产的知识产权保护，及时制定司法政策，明确裁判原则和要求。要加强对自由贸易区建设中涉平行进口、转运过境、定牌加工等知识产权纠纷问题的研究。① 不断发展的现实需求，要求进一步加强司法解释的起草调研论证工作，确保有效发挥司法解释统一法律适用的功能，保持我国知识产权司法保护制度的活力和张力。

9.4.2　完善知识产权审判机制

历经 30 年，我国知识产权审判机制逐步健全。1995 年 10 月，最高人民法院成立知识产权审判庭。2014 年 11 月起，北京、广州、上海知识产权法院相继成立。2017 年初，南京、苏州、成都、武汉等知识产权专门审判机构先后设立。2016 年 7 月，知识产权民事、行政和刑事案件审判"三合一"在全国法院推行。技术调查官以及司法鉴定、专家辅助人、专家咨询等技术事实查明多元化机制初步形成。但要建立完善的知识产权审判机制仍需努力探索。笔者认为可以从以下四个方面着手。

9.4.2.1　优化司法管辖权设置

我国现行法律法规对知识产权司法保护的管辖权设置比较混乱，主要体现在知识产权案件的管辖权不集中，即知识产权民事一审案件由中级法院管辖，行政和刑事一审案件则一般由基层法院管辖。这种管辖设置存在的最大弊端就是容易造成越级管辖和司法冲突。以知识产权刑事案件为例，在存在刑事附带民事的情况下，人民法院除了对刑事部分进行审理，也会顺带对民事部分做出裁判，这相当于原本不具备知识产权民事案件管辖权的基层法院，越权审理了本该由中级法院受理的民事案件，造成级别管辖上的越权。再以知识产权行政案件为例，基层法院如果最终认可行政机关对原告做出的行政处罚，相当

---

① 参见最高人民法院《中国知识产权司法保护纲要（2016—2020）》。

于间接承认了原告的行为为侵权行为，如果权利人同时向中级法院提起了民事诉讼，在民事诉讼中法院否认了被告的侵权行为，就会导致两个法院做出的判决相互矛盾。越级管辖和司法冲突的出现是对司法权威的极大损害，因此，要按照知识产权案件适当集中、布局合理、审判模式"三合一"的原则，统筹确定知识产权案件的地域管辖、级别管辖和专门管辖。

知识产权案件地域管辖主要是根据法院设置情况进行知识产权一审案件的区域分工。在中级人民法院辖区内的一般知识产权民事、行政和刑事案件原则上指定一个基层人民法院跨区划集中管辖，案件数量多的地区可以适当增加指定基层人民法院管辖，案件数量少的地区可以由中级人民法院提级管辖。级别管辖主要按照案件类型划分，逐步实现技术类案件集中管辖。要明确案件管辖权移转的条件、范围和程序，重大、疑难复杂、社会关注度高的案件可由上级人民法院提级管辖。知识产权法院及法庭实行跨行政区划专门管辖专利等技术类民事、行政和刑事案件。[①] 在进行知识产权法院级别管辖分工之前必须明确一个前提，即如何厘清知识产权专门法院与普通法院的分工问题。根据知识产权专门法院设立的宗旨，只要是涉及知识产权纠纷的案件，无论是民事诉讼、行政诉讼还是刑事诉讼都应该归知识产权法院管辖，以防普通法院与知识产权法院发生管辖纠纷，同时也可以尽可能规避司法过程中地方保护主义的发生。在此基础上，根据《刑事诉讼法》《民事诉讼法》及相关司法解释及目前司法的实际情况，知识产权案件是采取分类处理的原则，即著作权纠纷或商标权纠纷一审案件，可以放在普通基层法院受理，但有关专利、植物新品种、集成

---

① 参见最高人民法院《中国知识产权司法保护纲要（2016—2020）》。

电路布图设计、技术秘密等专业技术性较强的一审案件放在中级法院一级的知识产权法院受理；高级法院主要受理辖区内有重大影响的知识产权民事、刑事和行政一审案件，同时受理知识产权法院的上诉案件。① 但从理想的状态来说，为了统一案件的审理标准以及节约诉讼成本，知识产权法院的管辖范围应该涵盖区域内所有的知识产权民事、行政和刑事案件，如此才能有效避免知识产权诉讼中的管辖冲突问题。

9.4.2.2　加强专业化队伍建设

加强专业化队伍建设包括以下三点。

第一，构建专业化的知识产权法院法官遴选制度。组建知识产权专门审判机构必须加强知识产权法官队伍建设，知识产权专门审判机构法官选任包括两大类型：知识产权法律型法官与知识产权技术型法官。知识产权法律型法官可以从普通法院的法官中选任，包括知识产权民事法官、知识产权行政法官、知识产权刑事法官。知识产权技术型法官必须是特定技术领域内的专家，具有理工科专业本科以上学历，且应通过相关专业或技术领域的国家考试，而且应具备相关专业或技术领域的实际工作经验，同时应具备法官资格，参加过法律型法官的专业学习。知识产权技术型法官对技术领域与法律领域的要求都比较高。②

第二，建立综合化的审判人员业务培训制度。由于知识产权案

---

① 《关于在北京、上海、广州设立知识产权法院的决定》规定："知识产权法院所在市的基层人民法院第一审著作权、商标等知识产权民事和行政判决、裁定的上诉案件，由知识产权法院审理；知识产权法院第一审判决、裁定的上诉案件，由知识产权法院所在地的高级人民法院审理。"

② 宋云旋、杨光明：《我国知识产权司法职权配置模式之实践衍进与理论研判——论知识产权专门法院的设立》，《专利法研究》（2009），第 54 页。

件本身的专业性和复杂性，因此对知识产权法官的专业背景和审判技能要求也比较高，并且随着技术的不断发展，知识产权案件涉及的问题越来越前沿化、高端化，因此要求法官的专业知识也要不断更新，审判能力不断提升，故定期开展针对知识产权审判人员的业务培训很有必要。培训的内容应该具有综合性，即不拘泥于法学理论和审判实务方面的培训，对于知识产权领域的技术创新和技术应用也要重点予以介绍和了解；培训的方式可以多样化，除了邀请技术第一线的科技人员和专家来进行授课之外，还可以组织各种形式的法官进企业考察、各类型法官定期交流等活动，通过不断地沟通和互动实现各自技能的互补和提升，打造一支专业化复合型的知识产权法官队伍。

第三，引入技术型人民陪审员制度。知识经济时代知识的生命周期大大缩短，技术型法官如果长时间脱离相关专业从事法律审判工作可能会落后于某一技术领域，而且在短时期内要培养大批量的技术型法官难度也不小，因而针对这种现实情况有必要发挥人民陪审员制度的优势来弥补技术型法官的缺口。通过适当引入知识产权行政机关或行业协会的技术型人民陪审员参与到知识产权纠纷案件中来，可以在一些审理难度比较大的知识产权案件中发挥人民陪审员自身的专业优势，通过提供专业的技术意见帮助其他审判人员进行技术事实的认定，从而提高案件审理的效率和质量。

9.4.2.3 完善技术事实查明机制

大量知识产权案件的审理都涉及专业技术问题，要求法官既要准确适用法律，也要依法查明事实，包括对技术事实的查明。但由于审理知识产权案件的法官往往并不具备相关技术背景，事实上也不可能要求法官熟知不同技术领域的知识，因而完善技术事实查明机制对知识产权司法实践活动意义重大，有利于提高知识产权纠纷裁判的准确性，强化民众对法律裁判的认同感，进而提高诉讼效率，实现诉讼资源的最佳配置。

完善知识产权纠纷技术事实查明机制主要包括技术调查官、技术咨询专家、技术鉴定人员等司法辅助人员参与技术事实调查的机制构建与完善。就鉴定机制而言，知识产权司法鉴定主要是对一些难度不大的技术问题由司法技术鉴定机构做出鉴定，为司法审判奠定基础；知识产权技术鉴定是在知识产权诉讼过程中，为查明案件事实，鉴定人运用科学技术或者专门知识对诉讼涉及的有关技术问题进行鉴别和判断并提供鉴定意见的活动。① 对于鉴定机构的选择，应当以当事人的意思自治为原则，优先选择当事人一致认可的鉴定机构，只有在当事人无法达成一致意见时，法院才予以指定。要实行鉴定回避制度，同时要充分保障当事人对鉴定报告质证的权利。

就专家制度而言，包括三种形式。其一，专家论证会。对于某些对案件审判结果有重大影响的技术事实，通过咨询专业技术人员不能查清的，或者法官向不同的专业技术人员咨询得到不同的咨询结果的，可以召开专家论证会。由法院组织，邀请的专家能够精通案件所涉领域的技术知识，从技术角度就案件的技术问题发表客观意见，并将论证结果作为法院审理案件的参考。其二，专家证人。专家证人是指具备知识、技能、经验，受过培训或教育，就证据或事实争点提供

---

① 鉴定机制的法律依据为《中华人民共和国民事诉讼法》第七十二条："人民法院对专门性问题认为需要鉴定的，应当交由法定鉴定部门鉴定，没有法定鉴定部门的，由人民法院指定的鉴定部门鉴定。"

科学、技术或其他专业意见的人。① 专家证人制度在知识产权司法实践中已经广泛适用，但这一制度在专家证人的资格、诉讼地位的定位、专家证人的出庭程序等诸多方面还缺乏具体明确的规定，后续立法应进一步完善。其三，专家陪审。审理涉及专业技术问题的知识产权案件时，可以充分利用人民陪审员制度，根据案件所涉及的具体技术领域，吸收相关领域的技术人员作为陪审员参与知识产权案件诉讼，弥补司法机关对技术认定的不足。

9.4.2.4 完善司法公开机制

知识产权司法公开透明不仅是一种提升知识产权审判震慑力和公信力的外在传播机制，而且是保证司法公正的一种内在压力机制，公开有利于实现司法监督，促进公平正义。② 构建与完善知识产权司法公开机制，就是要加强知识产权案件审判工作的透明度、促进"阳光司法"工程的建设。

完善知识产权司法公开机制涉及公开的内容、程序与方式三个方面。其一，在内容公开方面，应该"由点到线及面"，即从以往简单地公布裁判文书扩展到立案、庭审、执行等各个审判环节再到整个审判工作的全方位公开。其二，在程序公开方面，分为主动公开与应请求的被动公开两种，人民法院对知识产权案件的审判过程与审判结果要采取形式多样的定期主动公开；对公民有针对性的请求，除涉及国家秘密及其他不宜公开的情形，都应向特定的公民公开知识产权案件审判的过程与结果。其三，至于公开的方式，应该更加多样化和便民

---

① 专家证人的法律依据为《关于民事诉讼证据若干规定》第六十一条："当事人可以向人民法院申请由一至两名具有专门知识的人员出庭就案件的专门性问题进行说明。"
② 刘文学：《知识产权审判的机制探索》，《中国人大》2013 年第 1 期。

化，要积极探索移动互联网环境下司法公开的新途径。要强化知识产权审判对中国裁判文书网、中国审判流程信息网、中国庭审公开网等平台的广泛应用，推进知识产权司法公开的信息化、数据化、精细化。加强科技法庭建设，运用视频、音频等技术公开庭审过程，大力推进庭审同步录音录像和庭审网络直播，创新庭审公开形式，拓展庭审公开的范围。要引入数据分析机构、互联网新媒体等第三方专业机构分析研发司法数据，加强司法公开的成果应用，提升司法公开的智能化。① 比如，最高人民法院每年发布的《中国法院知识产权司法保护状况》《最高人民法院知识产权案件年度报告》以及"十大案件和五十个典型案例"等撰写发布工作，就可以采用多平台多渠道的发布方式，使知识产权审判的资讯能够最大限度地被社会公众所接收，从而保障人民群众的知情权和监督权。

9.4.3 完善司法保护救济手段

9.4.3.1 知识产权禁令制度的完善

目前，我国知识产权禁令制度由于缺乏类型化思考和体系化构建，存在禁令概念表述不严谨，禁令类型缺失，立法体系混乱，审查标准和程序规则不完善等一系列问题，有必要从类型化视角重构我国的知识产权禁令制度，以澄清该制度的性质争议，引导其内部体系进行科学构建。②

知识产权禁令类型化的具体步骤分为以下三个层次。

---

① 参见最高人民法院《中国知识产权司法保护纲要（2016—2020）》。
② 何炼红、邓欣欣：《类型化视角下中国知识产权禁令制度的重构》，《中南大学学报》（社会科学版）2014 年第 12 期。

第一，统一知识产权禁令的术语表达方式。为与国际社会接轨，同时考虑实践中概念的接受程度和使用频率，立法可以采用"禁令"这一术语，即"司法机关根据当事人的申请或案件审理情形发出的要求被申请人必须为或者不得为一定行为的命令"。①

第二，划分知识产权禁令的类型。根据我国一贯的立法传统和司法实践，同时借鉴美国"禁令三分法"，② 宜从发布禁令所处的诉讼阶段角度，将知识产权禁令划分为诉前禁令、诉中禁令和永久禁令三种类型。诉前禁令，是指法院根据当事人的申请，在诉讼开始之前发出的要求被申请人做一定行为或不做一定行为的命令。诉前禁令须在诉讼之前提起，且只能根据当事人申请而做出，法院不得依职权裁定；申请诉前禁令，申请人必须提供担保，并在规定的期限内向法院提起诉讼，超过起诉期限，诉前禁令自动解除。诉中禁令，则是在提起诉讼时或诉讼过程中，法院根据当事人申请或案件审理需要而发出的一种命令。对于诉中禁令，申请人提供担保并不是必需条件，人民法院可以视案件具体情形责令申请人提供担保，不提供的予以驳回。永久禁令，是指在案件审理完成之后，法院根据案件审理结果和对侵权人再次侵权可能性的综合考量而做出的要求侵权人未来做或不做一定行为的一种命令。永久禁令作为最终判决的一部分，当事人可将其当作诉讼请求提出申请，法院也可以根据案件具体情形依职权做出判决。③

----

① 美国法律中对禁令的定义是：禁令是指"法庭要求实施某种行为或禁止实施某种行为的命令"。See *Bryan Gamer Black's Law Dictionary*. West Publishing Co. 2009. 9th. p. 855。

② 国际上最典型和最有意义的分类是美国的"禁令三分法"，即将禁令按产生程序不同分为临时限制令（Temporary Restraining Injunction）、初步禁止令（Preliminry Injunction）、终局禁令（Permanent Injunction）三种。

③ 何炼红、邓欣欣：《类型化视角下中国知识产权禁令制度的重构》，《中南大学学报》（社会科学版）2014 年第 12 期。

　　第三，确定知识产权禁令制度的性质。知识产权诉前禁令和诉中禁令，其实质是一种行为保全措施，属于民事诉讼保障制度的内容，故其性质为程序法规范，应由民事诉讼法对其程序和实体规则做出详尽安排，在民事诉讼的程序保障体制内实现救济。知识产权永久禁令作为知识产权侵权的责任承担方式之一，其性质为实体法规范，可以在侵权责任法和知识产权法中明确权利人可以向法院申请永久禁令救济。[①]

　　为构建一个立法层次清晰、制度协调统一的知识产权禁令法律规范体系，需要利用类型化方法对现行知识产权禁令立法进行一定的分化与整合，采用"民事诉讼法 + 侵权责任法 + 知识产权单行法 + 司法解释"的四元层级立法模式。首先，在《民事诉讼法》第九章"保全和先予执行"中，将"保全"和"先予执行"分设为两小节，在第一节"保全"中分别规定财产保全、行为保全和证据保全。其中，行为保全即为"临时禁令"，应区分诉前临时禁令和诉中临时禁令，并在不同的诉讼阶段适用不同的实体和程序规则。其次，对于"永久禁令"应在《侵权责任法》第十五条中增设"永久禁令"这一责任形式，与"停止侵害"责任相互区别和补充，[②] 并为确立知识产权永久禁令提供上位法依据。最后，根据修改后的《专利法》、《商标法》和《著作权法》，应该出台专门的《关于知识产权禁令适用法律问题

　　[①]　何炼红、邓欣欣：《类型化视角下中国知识产权禁令制度的重构》，《中南大学学报》（社会科学版）2014 年第 12 期。

　　[②]　有学者提出可以将侵权责任法中的"停止侵害"、"排除妨碍"和"消除危险"三种责任承担方式整合为"停止侵害禁令"。本课题组认为，侵权责任法中的"停止侵害"与此处的"永久禁令"并不是一回事，在我国民法理论上，停止侵害责任不能适用于有发生之虞的侵权行为，"停止侵害"针对的是现实的侵权行为，适用该责任的前提是侵害行为在判决时仍然存在；而"永久禁令"则是针对未来的侵权行为，强调被告再度侵权的可能性。因此相对而言，增设"永久禁令"这一责任形式更为合理些。

的若干规定》的司法解释，进一步完善知识产权禁令制度的实体内容和程序规则，统一对知识产权领域的诉前禁令、诉中禁令和永久禁令进行细化规范和补充解释，使该制度与知识产权诉讼有机衔接，在司法审判实务中能够灵活操作和良好运行。[①]

9.4.3.2 证据保全制度的完善

在知识产权诉讼中，证据是诉讼的核心，它直接影响到原告指控被告侵权是否成立及侵权人承担民事赔偿责任的大小。由于知识产权客体的无形性，导致知识产权侵权行为的多样性、复杂性和隐蔽性，且知识产权诉讼中涉及的证据具有技术性强、知识范围广、种类繁杂、容易灭失的特点，权利人在维权诉讼中不易举证、不懂举证，证据保全在知识产权诉讼中显得尤为重要。

目前，我国已由法律与司法解释、一般法与特别法相互补充，共同构建了知识产权诉讼证据保全制度的基本框架与法律依据。[②] 但知识产权诉讼证据保全的适用范围与管辖、审查标准与流程、保全方法与担保及技术专家聘请机制等问题还没有细节规定，在司法实践活动中比较混乱，有待继续完善。对此，笔者建议采取以下三点措施。

第一，区分调查取证与证据保全。在司法实践中当事人往往会混淆法院调查取证与证据保全的关系，使法院无法采取正确措施对证据

---

① 何炼红、邓欣欣：《类型化视角下中国知识产权禁令制度的重构》，《中南大学学报》（社会科学版），2014年第12期。

② 具体体现在2001年修订的《商标法》第五十八条、2002年公布的《关于诉前停止侵犯注册商标专用权行为和保全证据使用法律问题的解释》第一、二、三条、2001年修订的《著作权法》第五十条、2002年公布的《关于审理著作权民事纠纷案件适用法律若干问题的解释》第三十条、2001年公布的《计算机软件保护条例》第二十七条、2006年修订的《最高人民法院关于审理涉及计算机网络著作权纠纷案件适用法律若干问题的解释》第七条、2001年颁布的《最高人民法院关于对诉前停止侵犯专利权行为适用法律问题的若干规定》、2008年修订的《专利法》的第六十七条、2012年修订的《民事诉讼法》第八十一条。

进行固定或采集。① 对知识产权诉讼证据保全的适用范围要进行明确界定，知识产权立法只对商标、专利和著作权领域的诉前证据保全进行了规定，而不正当竞争案件、植物新品种侵权案件、商业秘密侵权案件没有明确的法律依据，2012 年修订的《民事诉讼法》第八十一条明确规定了证据保全制度②。为了使各类知识产权能够得到同等保护，我国知识产权方面的立法有必要尽快统一规定，赋予当事人在各类知识产权纠纷中均可提起证据保全申请的权利。

第二，明确管辖权限与审查标准。新修订的《民事诉讼法》第八十一条规定，利害关系人可以在提起诉讼所在地、被申请人住所地或者对案件有管辖权的人民法院申请保全证据，但《诉前停止侵犯注册商标专用权行为和保全证据适用法律问题的解释》第二条规定商标权领域的诉前证据保全由侵权行为地或者被申请人住所地的人民法院对商标案件有管辖权，相互矛盾的规定会引发当事人的迷茫，建议在今后立法或修改法律时，对证据保全的管辖作统一规定，应由侵权行为地、被申请人所在地、主要证物所在地或勘验地法院管辖。同时，对证据保全审查标准也应明确和统一规定，审查内容主要包括：证明权利主体以及该权利遭受被申请人侵犯的证据；证据可能灭失或者以后难以取得的理由；当事人及其诉讼代理人因客观原因不能自行收集的具体说明。③

---

① 杨建成、黄雪梅：《知识产权民事诉讼证据保全制度理论探析》，《人民司法》，2007 年第 21 期。

② 《民事诉讼法》第八十一条："在证据可能灭失或者以后难以取得的情况下，当事人可以在诉讼过程中向人民法院申请保全证据，人民法院也可以主动采取保全措施。因情况紧急，在证据可能灭失或者以后难以取得的情况下，利害关系人可以在提起诉讼或者申请仲裁前向证据所在地、被申请人住所地或者对案件有管辖权的人民法院申请保全证据。"

③ 刘建杰：《知识产权诉前证据保全制度存在的问题及如何完善》，《沧州师范学院学报》2013 年第 9 期。

第三，规范保全行为与保全方法。对于知识产权诉讼证据保全应该采取分类保全原则，即对不同特性的证据类型采用不同的保全方法，其中尤其需要注意被申请人正当利益的保护，采取证据保全应该尽量减少不必要的损失，不影响被保全物的正常流通。由于现行法律对于知识产权证据保全中的担保规定较为原则，司法实践中应该对担保的条件、形式以及程度以及反担保等进行明确，特别是对于担保的形式除现金、实物外，能否以知识产权本身作为担保也应纳入考虑范围。

9.4.3.3 财产保全制度的完善

财产保全是知识产权诉讼保障中的另一项重要制度，对于知识产权诉讼的财产保全，《专利法》《商标法》《著作权法》的规定不一，且都没有具体的细化规定，太过笼统，因此有待完善的空间较大。[①]具体来说，可采用以下两个措施。

第一，完善财产保全的申请流程与审查程序，统一知识产权专门法及其司法解释的有关规定。根据知识产权诉讼的特点，对于知识产权诉讼财产保全的申请流程与审查程序应在 2012 年修正的《民事诉

---

① 《商标法》第六十五条："商标注册人或者利害关系人有证据证明他人正在实施或者即将实施侵犯其注册商标专用权的行为，如不及时制止将会使其合法权益受到难以弥补的损害的，可以依法在起诉前向人民法院申请采取责令停止有关行为和财产保全的措施。"《专利法》第六十六条第一款："专利权人或者利害关系人有证据证明他人正在实施或者即将实施侵犯专利权的行为，如不及时制止将会使其合法权益受到难以弥补的损害的，可以在起诉前向人民法院申请采取责令停止有关行为的措施。"2000 年的《专利法》第六十一条曾规定过财产保全，后来在 2008 年修订时又删除了。《著作权法》第五十条第一款："著作权人或者与著作权有关的权利人有证据证明他人正在实施或者即将实施侵犯其权利的行为，如不及时制止将会使其合法权益受到难以弥补的损害的，可以在起诉前向人民法院申请采取责令停止有关行为和财产保全的措施。"

讼法》基础上进一步细化与完善。① 目前，现行《最高人民法院关于审理专利纠纷案件适用法律问题的若干规定》和《最高人民法院关于人民法院对注册商标权进行财产保全的解释》规定，对专利权或注册商标权进行财产保全，应当向国务院专利行政部门或商标局发出协助执行通知书，载明要求协助执行的事项、对专利权或注册商标权保全的期限以及协助执行保全的内容（包括禁止转让、放弃专利权或注销注册商标、变更注册事项和办理专利权或商标权质押登记等事项），并附人民法院做出的裁定书。对专利权或注册商标权保全的期限一次不得超过 6 个月，自国务院专利行政部门或商标局收到协助执行通知书之日起计算。如果仍然需要对该专利权或注册商标权继续采取保全措施的，人民法院应当在保全期限届满前向国务院专利行政部门或商标局重新发出协助执行通知书，要求继续保全。保全期限届满前未送达的，视为自动解除对该专利权或注册商标权的财产保全。人民法院对出质的专利权或注册商标权可以采取财产保全措施，质权人的优先受偿权不受保全措施的影响；专利权人或商标权人与被许可人已经签订的独占实施许可合同，不影响人民法院对该专利权或注册商标权进行财产保全。对已经进行保全的专利权或注册商标权，人民法院不得重复进行保全。但是对著作权的财产保全没有相关的法律规定和司法解释，因此有必要充分借鉴专利权、注册商标权的相关规定，对财产

---

① 《民事诉讼法》第一百条："人民法院对于可能因当事人一方的行为或者其他原因，使判决难以执行或者造成当事人其他损害的案件，根据对方当事人的申请，可以裁定对其财产进行保全、责令其作出一定行为或者禁止其作出一定行为；当事人没有提出申请的，人民法院在必要时也可以裁定采取保全措施。人民法院采取保全措施，可以责令申请人提供担保，申请人不提供担保的，裁定驳回申请。人民法院接受申请后，对情况紧急的，必须在四十八小时内作出裁定；裁定采取保全措施的，应当立即开始执行。"同时，第一百零一条与第一百零二条对财产保全的管辖与范围进行了规定，管辖由被保全财产所在地、被申请人住所地或者对案件有管辖权的人民法院管辖；保全范围限于请求的范围或者与本案有关的财物。

保全的申请时间、申请方式、审查标准、协助通知书的送达、保全期限、担保方式等内容进行统一、明确的规定，以更好地维护当事人的合法权益。

第二，设立反担保制度，防止财产保全措施的滥用。在知识产权诉讼中利害关系人或当事人提出财产保全措施对被申请人的知识产权进行保全，也许是出于善意为了保证自己胜诉生效判决书的执行；也有可能是出于恶意，滥用知识产权诉讼财产保全制度。因而在制度设置时应考虑周全，防止第二种情况的出现。如果利害关系人或当事人提出财产保全措施，对被申请人的知识产权进行保全，被申请人为了防止自己知识产权的有形损失或无形损失，可以通过提供反担保来解除对自己知识产权的保全。设立反担保制度既是为了防止对知识产权诉讼保全制度的滥用，也是兼顾公平原则的具体运用。

9.4.3.4 举证责任分配的优化

知识产权侵权诉讼中举证责任分配的一般原则是"谁主张，谁举证"。根据我国《民事诉讼法》第六十四条、《关于适用〈中华人民共和国民事诉讼法〉若干问题的意见》第七十四条、《最高人民法院关于民事诉讼证据的若干规定》第一条和第二条的规定，"当事人对自己提出的主张，有责任提供证据"。也就是说，无论是原告、被告还是第三人，谁主张一定的事实，谁都应负担举证责任来证明。在知识产权侵权诉讼中，举证责任分担应当符合《民事诉讼法》的一般原则，除非法律有特殊规定。同理，在知识产权确权诉讼中，举证责任分担应当符合《行政诉讼法》规定的一般原则。

由于知识产权案件举证的复杂性，在一些特殊案件中我国建立了举证责任倒置规则。《专利法》第六十一条、《最高人民法院关于民事诉讼证据的若干规定》第四条规定，"因新产品制造方法发明专利引起的专利侵权诉讼，由制造同样产品的单位或者个人对其产品制造方法不同于专利方法承担举证责任"。为了优化知识产权诉讼的举证责任分配方式，仍需在以下三大方面努力。

首先，完善知识产权诉讼举证责任分配规则。举证责任分配应考虑的要素有政策、公平、证据距离、方便、盖然性、经验法则、请求变更现状的当事人理由等 7 个。① 要在综合考虑上述因素的基础上，构建以一般举证规则为主导、特殊举证规则为补充的举证责任分配规则。根据 TRIPS 协议第三十四条的规定②，适当扩大特殊举证规则——举证责任倒置的适用范围，特别是在法律修正时把商业秘密、计算机软件保护等举证责任倒置的具体情况予以明确，以督促当事人适时提供证据，加强对权利人的知识产权保护。

其次，设立法定条件，构建举证责任转移规则。按照民事诉讼"谁主张谁举证"的一般举证原则，举证责任不会只固定在原被告一方，而是随着双方主张的事实不同在两者之间进行动态流动。具体而言，当一方当事人提出自己主张的事实并加以证明后，另一方当事人如果对此予以反驳，则需要针对反驳的事实承担举证责任，同理，在另一方当人事对被反驳的事实进行证明后，原先的当事人如果提出异议，则举证责任又重新转移到其身上。当事人如果在没有正当理由的

---

① 刘昌龙：《知识产权诉讼的举证责任问题评析》，《法制与经济》2013 年第 1 期。

② TRIPS 协议第三十四条规定：（1）在专利侵权民事诉讼中，如果专利的内容系获得产品的方法，司法当局应有权责令被告证明其获得相同产品的方法不同于该专利方法，所以各成员应规定至少在下列情况下，任何未经专利所有权人同意而生产的相同产品，如无相反的证明，则应被视为是通过该已获专利方法所获得的：（a）如通过该已获专利方法获得的产品是新的；（b）如存在实质性的可能性表明该相同产品是由该方法生产的，而专利所有权人经过合理努力不能确定事实上使用了该方法。（2）只有满足（a）项所指条件或只有满足（b）项所指条件，任何成员方有权规定第一款所指的举证责任在于被指控的侵权人。（3）在引述相反证据时，应考虑被告方在保护其制造和商业秘密方面的合法权益。

前提下拒绝提供与案件事实必要的信息，或者在规定的期限内未予以提供，或者明显妨碍到正常的诉讼程序进行，司法机关可以根据当事人已经对证据发表的陈述意见做出肯定或否定的确认。

最后，适当扩大知识产权法官的自由裁量权。《最高人民法院关于民事诉讼证据的若干规定》规定，"在法律没有具体规定时，依本规定及其他司法解释；无法确定证明责任承担时，人民法院可以根据公平原则和诚实信用原则，综合当事人的举证能力等因素确定证明责任的承担"。该条赋予了法官在法律没有明确规定下对证明责任的划分进行自由裁量的权力，考虑到现实的知识产权诉讼中，权利人很多情况下面临举证难的问题，此时基于公平正义原则，法官应该在双方当事人之间合理分配举证责任，适当减轻权利人的证明责任。

9.4.4　引入惩罚性赔偿制度

损害赔偿的类型包括补偿性赔偿和惩罚性赔偿两种，补偿性赔偿是指以弥补受害人的实际损失为目的的一种损害赔偿，损害赔偿的范围不能超过实际损失。惩罚性赔偿，又称示范性赔偿或报复性赔偿，指由法院做出侵权人向被侵权人支付的赔偿数额超出实际损害数额的赔偿。[①] 目前，我国对知识产权侵权的赔偿一般适用"填平规则"，采用的是补偿性赔偿。[②] 鉴于知识产权具有侵权易发生、隐蔽性和举证难的特点，权利人的维权难度大、成本高，赔偿有时不足以支付权利人实际支出，会严重挫伤权利人维权和自主创新的积极性，有必要引入惩罚性赔偿作为补偿性赔偿的有益补充。

---

① 王利明：《惩罚性赔偿研究》，《中国社会科学》2004 年第 4 期。
② 依据"填平规则"，对知识产权侵权的赔偿主要有四种计算方法，即以权利人的实际损失计算；以侵权人的侵权获利计算；以正常许可使用费的合理倍数计算；法定赔偿，即定额赔偿。

惩罚性赔偿制度的目的在于惩罚知识产权侵权人的主观恶性，震慑潜在侵权行为，鼓励受害者积极提起诉讼，有效抵制侵权。在知识产权侵权赔偿中引入惩罚性赔偿应充分借鉴国外的成功经验，并根据我国经济发展的现实状况及加强知识产权保护的现实需求来构建。下面分三个部分予以论述。

9.4.4.1　适用惩罚性赔偿的构成要件

按照过错主义原则，适用知识产权侵权惩罚性赔偿的构成要件至少应包括四个方面：侵权行为、损害事实、主观过错、因果关系。侵权行为的客观存在是适用知识产权侵权惩罚性赔偿的基点与逻辑展开的起点。由于赔偿的惩罚性，这就要求侵权行为的情节是严重的，需要考量侵权手段恶劣、侵权次数、持续时间等因素，常见的包括重复侵权、恶意侵权、群体侵权等。无损害即无赔偿，有损害的事实是适用知识产权侵权惩罚性赔偿的前提，这里的损害还必须是造成了严重后果，包括物质、精神、商誉等方面的重大损失。主观过错是侵权行为人实施侵权行为时主观上存在过错的一种心理状态。在界定惩罚性赔偿的主观过错时，应当限于故意行为或恶意行为，对于过失行为不适用惩罚性赔偿，无论一般过失还是重大过失。因果关系是适用惩罚性赔偿的内在要求，也是一切侵权行为判断的基本要求。鉴于我国目前的实际情况，惩罚性赔偿制度设置的目的在于制裁侵权行为极其恶劣的侵权者以及对潜在的侵权者形成威慑作用，不宜无限度地适用和扩大打击面，否则会扼杀整个市场的积极性，实践中应当限缩惩罚性赔偿制度的适用空间，主要还是以补偿性赔偿为主。

9.4.4.2 惩罚性赔偿数额的确定

惩罚性赔偿的计算基点、考虑因素、赔偿幅度是构建惩罚性赔偿制度的重要内容。只有确定一个合理的倍数，适度遏制，才能在保障社会进步和维护弱势群体利益之间寻求到平衡点。关于惩罚性赔偿的计算基点，讨论得比较多的有按权利人的实际损失计算与许可使用费的合理倍数计算，本课题组认为采用实际损失的合理倍数比较合理。在赔偿的基数上国外赔偿数额的确定方式有两种：一种是直接按照实际损失的倍数确定具体赔偿数额；另一种是直接确定赔偿数额的上限和下限。① 这两种方式相对都比较合理，具体考虑知识产权侵权的实际情况，在我国采用第二种方式更加易于操作，同时把幅度控制在一个合理的区域，本课题组认为1—3倍相对合理，由法官根据侵权情况进行自由裁量。人民法院适用惩罚性赔偿制度确定侵权赔偿数额时，主要应当考虑以下6个侵权情节：侵害人的过错程度；权利人遭受实际损失的程度；侵权人获得非法利益的程度；侵权行为的社会影响；侵权时间的长短；侵权规模的大小等②。法官通过考量侵权情节在法定的赔偿幅度范围内确定具体的赔偿数额。这样法官既可以遵循法定的原则，又可以根据不同个案的实际情况进行灵活处理，兼顾到个案的平衡。

9.4.4.3 惩罚性赔偿范围的确定

知识产权侵权惩罚性赔偿适用的前提是侵权人的行为给知识产权

---

① 史玲、王英军：《惩罚性赔偿制度在我国知识产权法领域的适用》，《天津法学》2012年第1期。

② 朱丹：《知识产权惩罚性制度研究》，博士学位论文，华东政法大学，2013年，第193页。

人造成了损害，根据《侵权行为法》的规定，损害赔偿的范围可能是财产损害，也可能是精神损害，可能是现有利益的灭失或减少，也可能是可期待利益的减少，上述这些损害是否均可以适用赔偿性赔偿，学术界观点并不统一。有学者主张精神损害和可期待利益的减少理应纳入损害的范围来适用惩罚性赔偿，因为精神损害和可期待利益的减少均是知识产权侵权中常见、又无法具体衡量的。① 但课题组认为精神损害和可期待利益本来就应该是补偿性赔偿的范畴，只是司法实践一般不将不可预计的损失计算在内，而精神损害赔偿原本就带有抚慰性和象征性，不宜再将精神损害和可期待利益作为计算知识产权侵权惩罚性赔偿的基数。

9.4.5　加大刑事制裁的力度

知识产权的刑事保护是知识产权司法保护中重要的一环，也是切实维护知识产权权利人利益的最后一道防线。根据罪刑法定的原则，"法无明文规定不为罪，法无明文规定不处罚"，而我国《刑法》关于知识产权的犯罪规定极不完善，在很大程度上制约着对权利人合法利益的保护和救济，有的甚至成为对知识产权司法保护的桎梏和羁绊。② 因此，有必要对现有刑事法律法规进行系统梳理，弥补其立法缺陷，完善其救济途径，加大其制裁力度。具体而言，可从以下四大方面着手。

---

① 袁杏桃：《知识产权侵权惩罚性赔偿的正当性基础与制度建构》，《甘肃社会科学》2014 年第 5 期。

② 赵星、董士昙：《论我国知识产权犯罪立法缺陷及其完善》，《山东社会科学》2008 年第 1 期。

9.4.5.1　完善刑事立法体系

我国《刑法》共规定了七个侵犯知识产权的罪名，主要涉及商标权、专利权、著作权和商业秘密等方面的内容。为了准确地适用法律，"两高"颁布了三个司法解释、一个意见：1998 年最高人民法院《关于审理非法出版物刑事案件具体应用法律若干问题的解释》，明确了有关侵犯著作权犯罪的定罪量刑标准；2004 年最高人民法院、最高人民检察院《关于办理侵犯知识产权刑事案件具体应用法律若干问题的解释（一）》，明确了七个知识产权犯罪的定罪量刑标准，较大幅度地降低了刑事责任的门槛；2007 年最高人民法院、最高人民检察院《关于办理侵犯知识产权刑事案件具体应用法律若干问题的解释（二）》，进一步降低了侵犯著作权罪的入罪门槛；2011 年最高人民法院、最高人民检察院、公安部《关于办理侵犯知识产权刑事案件适用法律若干问题的意见》，进一步明确了近年来在办理侵犯知识产权刑事案件中遇到的法律适用疑难问题，完善了知识产权刑事司法保护规范体系。

基于《刑法》修改程序的严格性和知识产权民事权利体系发展较快的现实，与其选择通过修改《刑法》这种集中型立法模式来应对知识产权保护过程中出现的新情况、新问题，不如采用结合型立法模式，在遵循刑法的原则性规定基础上直接在各知识产权部门法中规定构成犯罪的行为和刑事处罚。当然，无论选择哪种知识产权刑事法律保护二元模式，都需在坚持刑法基本原则的前提下，提高知识产权刑事保护的针对性、及时性与实效性。

9.4.5.2　适度扩大刑事保护范围

我国《刑法》规定的侵犯知识产权犯罪，包括假冒注册商标罪、销售假冒注册商标的商品罪、非法制造、销售非法制造的注册商标标识罪、假冒专利罪、侵犯著作权罪、销售侵权复制品罪等七个罪名。但随着科学技术的飞速发展，不断出现的新型知识产权未纳入《刑法》的保护范围之内。对此，建议采取以下三项措施。

一是将一些新型的知识产权纳入刑法保护的范围之内，如植物新品种权、集成电路布图设计权、地理标志权、信息网络传播权、奥林匹克标志权、世博会标志权等。要把专利侵权行为、反向假冒商标行为、非法出租侵权复制品的行为、著作权的网络侵权行为等规定为犯罪，用刑事立法对其加以规范。二是取消著作权犯罪中的"以营利为目的"的主观要件，以加强对"不以营利为目的"的侵犯著作权违法行为的打击力度，同时也减轻刑事司法机关查明相关犯罪的证明之负担。三是逐步完善定罪标准，将给权利人带来的损失作为定罪的标准，取消笼统的"非法所得数额"和"销售金额"的定罪依据，以使知识产权犯罪的定罪标准更加趋于合理。[①]

9.4.5.3　规范刑事处罚标准

《刑法》关于知识产权犯罪的刑罚标准主要有两个：犯罪情节与销售数额。其中，以情节为标准的具体规定为："情节严重的，处三年以下有期徒刑或者拘役，并处或者单处罚金；情节特别严重的，处三年以上七年以下有期徒刑，并处罚金"；以销售数额为标准的具体规定为："销售金额数额较大的，处三年以下有期徒刑或者拘役，并处或者单处罚金；销售金额数额巨大的，处三年以上七年以下有期徒刑，并处罚金"。这种处罚标准操作性不强，给司法实务带来了诸多困惑。为了增强刑事处罚标准的可操作性，2004 年最高人民法院、最

---

① 杨辉忠：《我国知识产权刑事立法之检讨》，《政治与法律》2008 年第 7 期。

高人民检察院《关于办理侵犯知识产权刑事案件具体应用法律若干问题的解释》对侵犯知识产权犯罪的情节严重与情节特别严重、销售数额较大与销售数额巨大进行了举例式与概括式的规定，但还是比较笼统，略显宏观，门槛较高。①

对于侵犯知识产权犯罪行为的处罚，其目的有保护私权和维护社会秩序两个方面。对于未危及刑法法益、尚未达到追诉标准的，可以由行政处罚发挥替代作用；对于严重扰乱社会秩序的，理应上升到刑法规制，适当降低知识产权刑事门槛，根据经济、社会发展的实际需要设立新的犯罪情形及罪名。

9.4.5.4 健全刑事诉讼程序

1997年《刑法》和2007年最高人民法院、最高人民检察院《关于办理侵犯知识产权刑事案件具体应用法律若干问题的解释（二）》第五条为进一步健全知识产权刑事诉讼程序提供了法律依据。② 应构建以公诉为主、自诉为辅的知识产权刑事诉讼制度，由于知识产权是私权，在公安机关和人民检察院未介入的情形下，是否追究犯罪人的刑事责任应尊重权利人的意思自治，将此类犯罪归为自诉案件的种类。知识产权犯罪严重危害社会秩序和国家利益的，则由人民检察院

---

① 以假冒注册商标罪为例，情节严重具体包括：（1）非法经营数额在5万元以上或者违法所得数额在3万元以上的；（2）假冒两种以上注册商标，非法经营数额在3万元以上或者违法所得数额在2万元以上的；（3）其他情节严重的情形。情节特别严重具体包括：（1）非法经营数额在25万元以上或者违法所得数额在15万元以上的；（2）假冒两种以上注册商标，非法经营数额在15万元以上或者违法所得数额在10万元以上的；（3）其他情节特别严重的情形。

② 《关于办理侵犯知识产权刑事案件具体应用法律若干问题的解释（二）》第五条规定："被害人有证据证明的侵犯知识产权刑事案件，直接向人民法院起诉的，人民法院应当依法受理；严重危害社会秩序和国家利益的侵犯知识产权刑事案件，由人民检察院依法提起公诉。"

依法提起公诉。

此外，审判监督制度的完善也很重要，目前我国《刑事诉讼法》虽然规定了审判监督活动的主要原则，但主要是在公诉案件中由检察机关进行，在没有检察机关参与的刑事自诉案件中，由于监督主体的缺乏导致庭审活动容易处于无监管状态。由于此类案件既可以在审理过程中由自诉人同被告人自行和解，或者撤回自诉，如果出现法官滥用职权、徇私舞弊强迫当事人进行和解、撤诉的情形，没有监督审判机制就不利于知识产权自诉案件权利人的权益保护。

第 10 章　中国知识产权纠纷行政调解专题研究[①]

10.1　中国知识产权纠纷行政调解的传统模式

10.1.1　中国知识产权纠纷行政调解的历史文本解读

从中国知识产权行政保护产生的历史语境来看，其法律规定始于20 世纪 80 年代知识产权法的制定。不可否认，当时中国依然具有比较浓厚的计划经济体制色彩，这一经济体制下形成的全能政府集中所有重要的权力于中央政府，对社会各个领域的公共事务和个人活动进行全面干预。以管制为核心的干预行政是传统行政法的主要内容，其承载的价值是政府必然干预社会与个人的活动，以保证国家与社会摆

---

①　本章的研究成果已经公开发表，参见《论中国知识产权纠纷行政调解》，《法律科学》2014 年第 1 期；《专利纠纷行政调解协议司法确认问题探讨》，《知识产权》2013 年第 9 期。

脱因为经济、政治和文化发展所带来的种种危机。① 因此，中国在
1984 年制定《专利法》时，考虑到人民法院当时审理侵权纠纷有一
定困难，《专利法》第六十条曾规定②，关于专利纠纷案件，专利权
人或者利害关系人可以请求专利管理机关进行处理。按照当时设想，
专利管理机关的处理主要是为了解决民事纠纷，它在处理侵权纠纷的
时候拥有责令停止侵权、赔偿损失等本应当属于人民法院的权限。③
当时知识产权侵权纠纷的行政处理只规定了行政裁决一种方式，专利
行政管理部门有权对当事人之间的损害赔偿等民事问题直接做出裁
定。显然，专利行政管理部门行使的这种行政裁决权本质上是一种司
法权。

众所周知，在西方国家的国家权力体系中，"为了政治自由的建
立和维护，将政府划分为立法、行政和司法三部门。三个部门中的每
个部门都有相应的，可确定的政府职能，即立法、行政和司法的职
能。但是可以在政府的各部门之间对政府职能做独到的划分，做到任
何部门都不再需要行使其他部门的职能。从来也没有实现过，即使可
能，事实上也不可行，因为它将涉及政府活动的中断，而这是无法容
忍的"。④ 在实行三权分立的国家，法院可以通过委任司法的方式授权
行政机关承担一部分民事纠纷的裁决权，而行政机关行使委任司法权
的正当性和合法性，在理论上也已通过"公权力理论"和"新司法审

---

① 章剑生：《现代行政法基本原理》，法律出版社 2008 年版，第 7—8 页。
② 《中华人民共和国专利法》（1984）第六十条：对未经专利权人许可，实施其专利
的侵权行为，专利权人或者利害关系人可以请求专利管理机关进行处理，也可以直接向人
民法院起诉。专利管理机关处理的时候，有权责令侵权人停止侵权行为，并赔偿损失；当
事人不服的，可以在收到通知之日起三个月内向人民法院起诉；期满不起诉又不履行的，
专利管理机关可以请求人民法院强制执行。
③ 汤宗舜：《专利法教程》，法律出版社 2003 年版，第 238 页。
④ ［英］维尔：《宪政与分权》，苏力译，生活·读书·新知三联书店 1997 年版，第
303 页。

查理论"得以解决。因为启动和进行司法程序不仅对于当事人有较高的成本，对于法院而言，随着社会分工的专业化和精细化，法官有限的知识和能力也不可能去应对社会所有纠纷的裁决。如果行政机关因为其自身的专业、高效和成本低廉可以对民事纠纷进行裁决和调解，授予其以委任司法权无疑十分必要。正如威廉·韦德所言，20世纪的社会立法设立裁判所仅仅是出于行政上的原因，是因为它能够提供一种较为迅速、经济，也更为便捷的公正裁判。为了节省国家和当事人的开支应当使争议得到迅速和经济的处理。①

然而，中国的行政权在国家权力架构中运行的方式、走向和功能与西方国家并不相同，现代行政法并不是分权理论的产物，而是国家居高临下地对社会和个人进行全面监控的手段②。从一开始，中国的知识产权行政保护就是以行政行为为核心而展开的，凸显了国家对于知识产权领域民事活动的干预，它界定了国家与个人之间的权利和义务，为国家实施强制执行提供了充分、正当的理由。中国知识产权行政管理部门享有的民事纠纷裁决权，显然不能用"委任司法权"来解释，因为这种行政裁决本身被视为一种有法律效力的具体行政行为。毫无疑问，在1984年《专利法》中，专利管理机关是以行政执法主体的身份出现、并采取单一的行政裁决方式介入民事纠纷的处理。当事人如果不服专利管理机关责令停止侵权或赔偿损失做出的裁决，法律直接为其设定了行政诉讼的救济途径，依照行政诉讼的程序将专利管理机关推上被告席，借此来审查其行政行为的合法性。

随着中国改革开放的深入，经济的发展重组了原有的利益格局，

---

① ［英］威廉·韦德：《行政法》，徐炳等译，中国大百科全书出版社1997年版，第620—621页。

② 章剑生：《现代行政法基本原理》，法律出版社2008年版，第6页。

政府垄断所有资源的局面受到来自市场经济的强烈冲击，它不得不将部分资源交给市场机制来分配。中国政府开始有计划地在社会各个领域撤回行政权力，把经济发展中出现的问题按其解决方式的不同部分交给市场和个人，以缓和昔日管制的强制力，以期实现善治。① 基于这一社会发展背景，政府也开始关注在知识产权保护领域作为一种权力而存在的行政裁决权，应当如何在行政权与司法权之间寻找自身准确的定位。这一问题在《专利法》2000 年第二次修正时得到了回应②，此次立法修改削减了专利管理机关行使行政裁决权的范围，仅限于"认定侵权行为成立的，可以责令侵权人立即停止侵权行为"；对于涉及的损害赔偿问题，"应当事人的请求，可以就侵犯专利权的赔偿数额进行调解"。由此可见，专利纠纷行政调解的内容从行政裁决的范畴中分离出来并得以明确规定，也是在《专利法》第二次修正时才在立法层面有所体现。这意味着专利管理机关行政执法的目的已经改变，不是为了解决民事纠纷，而是因为侵权人的侵权行为同时违犯了公共利益，才需要行政机关加以纠正③。赔偿问题属于民事纠纷，所以专利管理机关只能进行调解而不可以做出裁决。此次专利法修改后，处理专利侵权纠纷的主要任务已经转移到了人民法院，知识产权

---

① 章剑生：《现代行政法基本原理》，法律出版社 2008 年版，第 8 页。

② 《中华人民共和国专利法》（2000 年第二次修正）第五十七条：未经专利权人许可，实施其专利，即侵犯其专利权，引起纠纷的，由当事人协商解决；不愿协商或者协商不成的，专利权人或者利害关系人可以向人民法院起诉，也可以请求管理专利工作的部门处理。管理专利工作的部门处理时，认定侵权行为成立的，可以责令侵权人立即停止侵权行为，当事人不服的，可以自收到处理通知之日起十五日内依照《中华人民共和国行政诉讼法》向人民法院起诉；侵权人期满不起诉又不停止侵权行为的，管理专利工作的部门可以申请人民法院强制执行。进行处理的管理专利工作的部门应当事人的请求，可以就侵犯专利权的赔偿数额进行调解；调解不成的，当事人可以依照《中华人民共和国民事诉讼法》向人民法院起诉。我国 1982 年《商标法》第三十九条以及 2001 年修改的《商标法》第五十三条与《专利法》有类似的规定。

③ 汤宗舜：《专利法教程》，法律出版社 2003 年版，第 239 页。

行政执法权和司法审判权之间得到了相对合理的调整。2008 年《专利法》第三次修改时，有关行政调解的内容得以继续维持，立法层面只是强化了行政机关对假冒专利违法行为的行政处罚力度。自 2012 年起，我国《专利法》启动了第四次修正工作，《著作权法》也已启动了第三次修正工作，在相关修正草案的征求意见稿中，如何完善知识产权纠纷行政调解制度正是大家所关注的一个重要议题。①

立法的这种发展趋势表明，中国知识产权纠纷行政调解制度并不是当初计划经济体制的产物，而是时代向市场经济体制转轨的过程中对于知识产权法制发展提出的新要求。随着行政调解作为一种独立的知识产权纠纷解决方式在立法中得以规定，中国知识产权行政保护的方式呈现出了多样化的选择态势，行政主管机关在知识产权保护中的定位也需要我们重新审视。目前，中国知识产权的行政保护包括了违法行为的行政查处、侵权纠纷的行政裁决和民事纠纷的行政调解三种类型。在行政查处和行政裁决中，知识产权行政管理部门是执法者的身份介入，针对损害公共利益的侵权违法案件做出有强制性效力的决定或裁决。在行政调解中，知识产权行政管理部门是以中间人的身份出现，促使当事人合意解决仅涉及私权的损害赔偿纠纷和其他民事纠纷。如果按照行政活动是否以直接法律效果为目的进行分类，行政机关的公法行为通常分为行政法律行为和行政事实行为，那么目前知识产权行政机关的行政裁决是一种可以直接产生法律效果的行政法律行为，行政调解则是一种服务性行政事实行为，是知识产权行政机关基于服务行政的法律精神，基于行政职权为社会或者特定的行政相对人提供纠纷解决服务的行为。针对前述不同的行政行为，其救济程序在

---

① 2012 年《中华人民共和国专利法修订草案（送审稿）》第六十条、《中华人民共和国著作权法》（修改草案第二稿）第八十二条，均涉及了完善行政调解的内容。

《专利法》中也分别有不同的规定：对于行政裁决不服的，维持了行政诉讼救济的途径；[①] 针对行政调解行为，法律并没有为当事人提供法律救济途径，只是规定，调解不成的，当事人可以就纠纷另行提起民事诉讼。

不可否认，行政调解作为一种服务性行政事实行为，在知识产权保护领域的重要性必然日益彰显。因为服务性行政事实行为是伴随着现代社会中政府服务功能的发展而形成的。这种服务功能的目的，不在于行政权的如何行使，而是通过非干涉性的方式促进公共福利、安全等。[②] 行政管理部门以服务主体的身份介入知识产权纠纷的处理，其手中拥有的权力资源及其具备的专业和行业背景，能增强当事人对其纠纷处理方式的尊重，其权威性地位远比一般的民间调解组织撼不可摇，不仅有助于纠纷的高效处理，而且有利于实现对社会生活的有效治理。这样一种机制是"构成一个社会纠纷解决体系的基础部分"，对于"提高社会解决纠纷的整体质量具有重大意义"[③]。

10.1.2　中国知识产权纠纷行政调解执法模式的现实反思——以《专利行政执法办法》为视角

行政调解自 21 世纪初在我国知识产权立法中有明确规定以来，已有十余年的历史。在中国现代法治社会的进程中，行政调解本该以更科学的姿态回应高新技术时代知识产权纠纷的处理，在服务型政府

---

① 对此，国内有学者提出，行政裁决制度属于现代委任司法制度的重要组成部分，应以此为基础重构行政裁决与诉讼制度的关系，而如果当事人对行政裁决不服的话，那么其应当对行政裁决提起民事"上诉"，而不是以裁决机关为被告提起行政诉讼。参见沈开举《论行政机关裁决民事纠纷的性质》，《昆明理工大学学报》（社会科学版）2009 年第 5 期。

② 陈新民：《公法学札记》，中国政法大学出版社 2001 年版，第 104 页。

③ ［日］棚濑孝雄：《纠纷的解决与审判制度》，王亚新译，中国政法大学出版社 1994 年版，第 79 页。

的角色定位中演绎更具深远影响的价值功能，然而，这些年来中国知识产权纠纷行政调解制度的应用和实施效果却不尽如人意。从行政裁决范畴中独立出来的行政调解，习惯性地被烙上了行政执法的色彩，这可以从国家知识产权局 2011 年修订并颁布实施的《专利行政执法办法》（以下简称《办法》）中窥见一斑①。以下将结合其具体条文，从四个微观的视度对中国知识产权纠纷行政调解执法模式下存在的问题予以反思。

10.1.2.1 调解与执法性质混同

《办法》第二条规定："管理专利工作的部门开展专利行政执法，即处理专利侵权纠纷、调解专利纠纷以及查处假冒专利行为，适用本办法。"在这里，调解专利纠纷与处理专利侵权纠纷、查处假冒专利行为一并被认定为是管理专利工作的部门所开展的专利行政执法行为。这种行为性质的定位偏差，导致了行政调解与行政执法的混同，调解过程一直被视为是一种行政执法过程。在国家知识产权局发布的《2012 年全国专利事业发展战略推进计划》中，创新专利纠纷行政调解工作机制也是完善专利行政执法工作机制的一个重要内容。在政府主导之下，受这种执法思维的束缚和影响，知识产权纠纷行政调解在现实中发挥的作用十分有限，难免会出现强制调解、粗暴执法的情形。加之行政调解有可能给当事人造成不当损害，且目前尚未规定相应的行政赔偿机制，因此，容易引发当事人的反感和不信任。

---

① 《专利行政执法办法》（国家知识产权局令第 60 号）设置了专章"专利纠纷的调解"，涉及行政调解的条款共十一条，分别是第一章的第二条、第三条、第六条、第十三条、第十七条及第三章第二十条至第二十五条。

10.1.2.2　调解与执法主体交叉

《办法》对设置专门的执法部门、配备专职执法人员有明确规定，但对行政调解机构和调解人员却语焉不详。《办法》第六条第 1 款规定："管理专利工作的部门可以依据本地实际，委托有实际处理能力的市、县级人民政府设立的专利管理部门查处假冒专利行为、调解专利纠纷。"目前，我国的知识产权纠纷行政调解工作基本上是由知识产权行政管理机关内设的执法部门来承担，行政调解主体与行政执法主体存在竞合。当调解权和执法权融为一体，其双重身份决定了行政执法主体难以真正把握自己的中立身份。一方面，行政执法者以"查明事实、分清是非"① 为前提，在调解过程中片面强调合法和是非原则，习惯采取教谕方式，过分偏重于维护权利人权益，会导致当事人之间难以达成妥协，甚至出现矛盾激化的情形；另一种方面，行政机关手中的权力和行政资源，也容易使纠纷当事人产生敬畏心理，调解员在调解过程中有可能采用明示或者暗示的方式，给当事人施加心理压力，导致其违心接受调解协议。因此，行政调解一旦被认定为是行政执法，在调解过程中将导致调解主体的角色错位。

况且，按照中国现行《专利法》和《专利法实施细则》的规定，只有省、自治区、直辖市人民政府以及专利管理工作量大又有实际处理能力的设区的市人民政府设立的管理专利工作的部门才有行政执法的职权。目前，尽管有一些省份尝试通过地方立法将行政执法权扩张到了市、县一级，但是从实际情况来看，中国知识产权行政执法队伍

---

① 《专利行政执法办法》第三条第 2 款：管理专利工作的部门调解专利纠纷，应当遵循自愿、合法的原则，在查明事实、分清是非的基础上，促使当事人相互谅解，达成调解协议。

的建设并不理想，尤其是基层的行政执法力量更是相对薄弱。近年来，随着知识产权案件数量快速增长，案情日益复杂，现有执法队伍根本无法满足现实工作的需要。在对知识产权违法行为进行查处时，具备资格的执法人员尚显不足，根本没有富余的人员、时间和精力来承担大量的民事纠纷调解工作。可见，仅靠知识产权行政执法人员来承担纠纷的调解工作，既不科学，也不可行。

10.1.2.3 调解与司法程序同化

《办法》第二章①规定了专利纠纷行政调解的一些基本程序，从其内容来看，带有鲜明的类司法化倾向，甚至有刻意模仿的痕迹，具体而言有以下四点。其一，在程序启动时，第二十条规定了"请求管理专利工作的部门调解专利纠纷的，应当提交请求书"。这一书面原则与诉讼程序的发起类似，且请求书要求记载的内容跟《民事诉讼法》第一百二十一条起诉状的要求雷同。这种严格书面原则的限制既无必要，也会影响到行政调解程序启动的灵活性。其二，在通知程序中，《办法》第二十二条规定，"管理专利工作的部门应当及时立案，

① 《专利行政执法办法》第二十条：请求管理专利工作的部门调解专利纠纷的，应当提交请求书。请求书应当记载以下内容：（一）请求人的姓名或者名称、地址，法定代表人或者主要负责人的姓名、职务，委托代理人的，代理人的姓名和代理机构的名称、地址；（二）被请求人的姓名或者名称、地址；（三）请求调解的具体事项和理由。单独请求调解侵犯专利权赔偿数额的，应当提交有关管理专利工作的部门作出的认定侵权行为成立的处理决定书副本。第二十一条：管理专利工作的部门收到调解请求书后，应当及时将请求书副本通过寄交、直接送交或者其他方式送达被请求人，要求其在收到之日起15日内提交意见陈述书。第二十二条：被请求人提交意见陈述书并同意进行调解的，管理专利工作的部门应当及时立案，并通知请求人和被请求人进行调解的时间和地点。被请求人逾期未提交意见陈述书，或者在意见陈述书中表示不接受调解的，管理专利工作的部门不予立案，并通知请求人。第二十三条：管理专利工作的部门调解专利纠纷可以邀请有关单位或者个人协助，被邀请的单位或者个人应当协助进行调解。第二十四条：当事人经调解达成协议的，由管理专利工作的部门制作调解协议书，加盖其公章，并由双方当事人签名或者盖章；未能达成协议的，管理专利工作的部门以撤销案件的方式结案，并通知双方当事人。

并通知请求人和被请求人进行调解的时间和地点"。管理专利工作的部门这一单方通知的做法，显然逾越了其职权范围，违背了行政调解的自愿选择原则。其三，在调解员的选任上，《办法》第二十三条规定，管理专利工作的部门调解专利纠纷可以邀请有关单位或者个人协助，被邀请的单位或者个人应当协助进行调解。政府邀请的调解人员与当事人自由选任的调解员，显然不能同日而语。调解员的选任一旦由行政主管部门来决定，将意味着当事人主导地位的丧失。其四，对于未能达成调解协议的，第二十四条规定，管理专利工作的部门以撤销案件的方式结案，并通知双方当事人，这一做法也不可取。行政调解结案应以制作调解协议书或行政调解终止通知书的方式来结案，而非任意性的撤案处理。可见，《专利行政执法办法》针对行政调解程序虽然仅涉及五个条文，但是渗透了行政权力的影响，具有明显的政府主导色彩。

10.1.2.4　行政调解协议效力模糊

衡量一种纠纷解决机制处理和解决纠纷的能力，除了考虑纠纷解决机构的权威性、可利用的便利性等因素外，纠纷解决的效力，即处理结果对于当事人双方的约束力和强制性是一个重要的评价标准。如果当事人能够自觉地履行处理结果，或者不履行有相应的机制保证其强制执行，则纠纷解决的效力就高；反之，如果当事人可以随意反悔或者违背这种处理结果，而得不到任何制约或者制裁，则不仅达不到息讼的目的，反而会造成缠诉的结果。[①] 在三大调解制度中，中国法律明确规定了司法调解书具有直接的司法强制执行效力，人民调解依

---

① 范愉、李浩：《纠纷解决——理论、制度与技能》，清华大学出版社 2010 年版，第 45 页。

法达成的调解协议具有民事合同性质并可以申请司法确认，然而，目前《专利法》及其实施细则对于行政调解协议的效力并没有规定，《办法》中对于调解协议的效力问题也只字未提。这样一种模糊的态度，容易产生两种后果：一是公众误认为行政调解的效力高于人民调解，与行政裁决一样能直接产生法律效果；二是公众误认为行政调解效力不及人民调解协议效力，为了满足相关法律法规关于调解协议所确立的生效要件，甚至出现了将行政调解协议人为地纳入"人民调解"范围进行操作的实践。如此一来，不仅混淆了行政调解的概念，同时也偏离了知识产权纠纷行政调解专业性与特定权威性的本质特征。

从目前知识产权行政机关处理专利纠纷的实际情况来看，大部分民事纠纷的当事人都会就损害赔偿部分提出调解请求。以湖南省知识产权局近年来处理的 60 件专利侵权案件为例，[①] 当事人明确提出要求省知识产权局裁决赔偿损失的案件有 20 件（虽然有此要求，但是并不会得到支持，因为目前专利行政机关对于损害赔偿没有裁决权），占总数的 1/3；申请对损失赔偿进行调解的案件有 16 件，约占总数的 1/4；剩余 24 件案件中当事人未对赔偿损失的处理提出请求（因为这些案件的当事人均聘请了律师，事前已被告知专利行政机关对损失赔偿没有最终裁决权，故直接选择诉讼方式解决纠纷），占总数的 2/5。可见，尽管当事人对行政机关能高效解决专利民事纠纷有着迫切愿望，但是由于行政调解协议效力的非强制性，致使相当一部分当事人的请求未必能得到有效解决，迫使其不得不通过诉讼途径寻求救济。此外，即使进入行政调解程序，真正能达成调解协议的情形也相对较

---

① 相关数据来自笔者在湖南省知识产权局进行的调研和统计。

少。从湖南省调研的实际情况来看，在调解过程中，专利行政机关虽然主持调解，但大部分情况是以当事人签署和解协议后撤回处理请求的方式结案，专利行政机关不直接出具行政调解协议书，一般也不在调解协议上签字盖章。① 由此可见，行政机关在调解专利纠纷时，也尽量避开行政调解协议效力未定的尴尬，宁愿以当事人达成和解协议来掩盖其在调解过程中付出的辛勤劳动。只有在一些影响重大或者与地方相关产业密切相关的专利纠纷中，行政机关才会在调解协议中签字盖章，体现行政调解的痕迹，显示其对特定纠纷的重视，即使如此，也不另行制作调解协议书。行政机关之所以会出现这种"作为不如不作为"的消极态度，其原因也是在于行政调解手段及结果得不到社会的认可。由此不仅造成了社会资源的浪费，也加剧了当事人对行政调解的不信任。

以上分析虽然是以《专利行政执法办法》为样本，但是却具有典型意义。因为我国知识产权纠纷行政调解的法律规范并不完善，其内容散见于《专利法》《商标法》等法律及其实施细则之中，且相关的条款相对抽象概括并不具有可操作性，为了开展行政调解工作，有关主管部门必须进一步出台规章制度进行规范。目前，仅有国家知识产权局在其《专利行政执法办法》中对于行政调解进行专门规定，因

---

① 目前，专利行政机关在调解民事纠纷的过程中，主要采取了如下三种方式。一是典型的行政调解方式。在当事人提出侵权赔偿方面调解的请求，专利行政机关组织调解后，达成调解协议的，双方签署调解协议，调解机关在协议上签字盖章。二是和解撤诉的方式。在当事人提出调解双方侵权纠纷的请求后，调解组织必须征求对方意见，如对方同意调解，则进行调解。经调解达成调解协议的，由双方签署调解协议或合作协议书，再由权利人向专利行政管理部门提出撤回申请，申请撤回对侵权人的处理或处罚请求。三是对于权属纠纷或发明人报酬纠纷等非以侵权为前提的纠纷，专利行政管理部门在接到一方当事人解决纠纷的请求后，都要向对方征求意见，如果对方当事人不同意调解，则不予立案。同意调解的，组织调解，达成调解协议的，也是由双方签署调解协议，专利行政部门并不在调解协议上签字盖章。

此，这一部门规章具有代表性，可以折射出整个知识产权领域行政调解面临的问题。

10.2　中国知识产权纠纷行政调解的制度转型

知识产权纠纷行政调解是中国知识产权行政保护的有效组成部分，是知识产权行政管理部门作为调解主体居中协调促使当事人就争议内容达成合意的一种纠纷解决方式。目前在知识产权领域，行政调解在性质上被视为是一种行政执法行为，调解过程习惯性地被烙上了行政执法的色彩，其制度实施效果不尽如人意，亟须向现代服务模式转化。如何突破传统执法模式对知识产权纠纷行政调解制度的束缚，实现服务理念的更新并释放其应有的制度活力，是本专题部分探讨的重点。

10.2.1　中国知识产权纠纷行政调解服务理念的更新

经济、政治和文化的发展已经引发了现代行政法任务的重大变化，"行政法之任务不再限于消极保障人民不受国家过度侵害之自由，而在于要求国家必须以'公平、均富、和谐、克服困境'为新的行政理念，积极提供各阶层人民生活工作上之照顾，国家从而不再是'夜警'，而是各项给付之主体"①。提供公共服务是现代社会中政府履行

---

① 黄锦堂：《行政法的发生与发展》，翁岳生主编：《行政法》（上），台湾元照出版股份有限公司 2006 版，第 43 页。

职能的一个重要组成部分①。知识产权行政调解本质上属于一种经济公共服务，②是通过国家公共资源投入为市场主体从事创新和经济发展活动提供的一种纠纷解决服务，通过这种专业性服务，有助于及时化解知识产权领域的矛盾，为创新经济的发展营造良好的竞争秩序和市场环境。

在国际层面，随着开放式创新模式变得日益普遍，在各种知识产权数量得以大幅提升的同时，也带来了知识产权纠纷的大量增加，这为知识产权领域的调解服务提供了极大的需求。世界知识产权组织仲裁和调解中心（The WIPO Arbitration and Mediation Center）是目前唯一专门处理知识产权争议的国际中心③，其宗旨是为私人当事人在商业活动中发生的知识产权纠纷提供调解或仲裁服务，其服务对象涉及137 个国家的当事人，涉及侵权、许可等各种知识产权纠纷。但是，即使该中心目前运转情况良好，他们还是清醒地意识到了市场上存在许多竞争对手，能否在这一市场中生存下来，将取决于其有效、高质量、有见识地提供各项服务的能力。2010 年 9 月，WIPO 成员国大会第四十八届系列会议通过了《WIPO 中期战略计划（2010—2015年)》，计划中专门提到，应通过以下方式，使 WIPO 的替代性争议解决服务更具吸引力、成为全球用户首选的体系。其一，根据用户不断变化的需求，通过包括基于信息技术的企业解决方案在内的各种手

---

①　对公共服务的理解有广义和狭义之分。在广义上，可以将公职人员使用公共权力与资源所从事的各项工作都看作公共服务。狭义上的公共服务只是同国家承担的经济调控、市场监管、社会管理职能相并列的一项职能，是满足公民生活、生存与发展的某种直接需求，能使公民受益或享受的服务行为。本文所指的公共服务是狭义上的公共服务。

②　公共服务根据其内容和形式可以分为基础公共服务、经济公共服务、社会公共服务和公共安全服务。

③　世界知识产权组织仲裁和调解中心成立于 1994 年，是世界知识产权组织国际局下设的一个行政管理单位，设在瑞士日内瓦。http://www.ipr.gov.cn。

段，调整中心的各项程序和办案基础设施。其二，与知识产权权利人、用户和机构合作，根据各自活动领域经常发生的争议的具体特点，制定特制的程序。① WIPO 先进的服务理念为各国确立知识产权 ADR 制度提供了典范。

在国外，知识产权行政管理部门往往不直接承担执法职能，但是为知识产权纠纷的解决提供服务却是其应然的职责，如何提供高效的调解服务是其发展的主题。以英国为例，从 2006 年 4 月起，英国知识产权局正式对外提供"调解服务"（ediation service），由其内部的"查询与建议服务处"来负责处理。② 调解服务可以普遍适用于专利权、商标权、著作权等知识产权领域的民事纠纷。知识产权局对于判断某一案件是否适合进行调解具有重要作用，他们将协助所有适合调解的案件当事人进行调解，③ 从调解时间和地点的安排、调解员的选任、调解程序的进行到最后调解协议的达成，都充分尊重双方当事人的意愿，为当事人提供高效便捷的服务。尤其是在调解员的选任上重点强调的是"适合"。也就是说，调解员是否具有律师身份、专业背景等特质并不是调解的主要因素，当事人应当考量自身的情况，选择"适合"其案件的调解员。④ 从英国知识产权局对于调解员身份的认知，我们可以发现，知识产权局在提供调解服务时对于调解制度的精

---

① 参见《WIPO 中期战略计划（2010—2015 年）》战略目标二：提供首选全球知识产权服务。

② "查询与建议服务处"设置在英国知识产权局，所提供的服务原为商标检索与建议、新式样设计检索、专利性信息检索、专利不侵权信息检索、专利有效性检索以及研究成果授权等相关信息。在英国知识产权局决定增加调解这一纠纷解决方式后，在该服务处便新增了调解服务的内容。

③ Mediation of Intellectual Property Disputes，http：//www.ipo.gov.uk/mediation.pdf -（Last visited：4 Mar.，2011）.

④ Jon Lang，"A Practical Guide To Mediation In Intellectual Property"，*Technology And Related Disputes*，London：Sweet & Maxwell，2006，p.61.

神有着充分的理解和把握。他们清楚地认识到，调解员的角色不同于法院法官的地位，不在于对争议做出一个公平公正的判断，而是应当协助双方当事人解决争议。调解员应当知悉双方当事人在该争议中面临的利益需求，能为当事人所信赖，能提供可行的意见供当事人参考，这些特质比起仅具有法律专业知识背景更为重要。好的调解员可能来自各个领域，尤其是在知识产权领域，具有与争议相关的专业技术背景知识，比起仅仅具有法律知识背景的人士，可能对当事人更有帮助。① 显然，这样一种服务理念，迎合了知识产权争议的特点，考量了其高度专业性以及商业竞争层面的需求，既能与诉讼制度相区别，达到减轻法院的负担、解决当事人争议的目的，又能顾及双方当事人的隐私与商业利益，有利于实现当事人利益的最大化。②

我国台湾地区与大陆有相同的文化渊源和背景，对于行政调解的作用同样非常重视，尤其是在倡导服务型政府的全球化趋势下，将调解机制陆续引入知识产权法律体系中，这可以在对台湾地区专利法、著作权法等的历次修订和机构设置上窥见一斑，特别是著作权领域专门出台有《著作权争议调解办法》《经济部智慧财产局著作权审议及调解委员会组织规程》《积体电路布局鉴定暨调解委员会设置办法》等一系列规则。在 2003 年修订的《著作权法》第八十二条中，从著作权行政调解的主体、范围、程序、效力到司法审查都作了系统的规定，内容比较完备，机制相对合理。以立法的形式明确行政调解制度，这不仅是对著作权纠纷行政调解作为一种解纷方式的充分肯定，而且是强化调解服务功能的一种保障措施。

---

① Jon Lang, "A Practical Guide To Mediation In Intellectual Property", *Technology And Related Disputes*, London: Sweet & Maxwell, 2006, p. 64.

② 何炼红:《英国知识产权纠纷行政调解服务的发展与启示》,《知识产权》2011 年第 7 期。

当然，我们也必须看到，以英国为代表的这些法制比较健全的国家，国民具有较高的文化素质，政府的职能系统健全高效，法治政府"服务公众"的职能理念深入人心，为知识产权纠纷行政调解服务的发展提供了规范化的根基。加之当今司法理念也在发生转变，开始注重交流与合作、尊重与宽容，从而使得行政调解作为一种特定的知识产权纠纷解决机制，能够成为服务于市场经济发展的一种重要手段。反观我国，从一定程度上而言尚属于社会转型时期，司法尽管发展迅速，调解尽管渊源久远，但法制仍然不健全，政府仍然习惯停留在传统的干预行政理念上。在我国知识产权纠纷解决领域，要在实践中真正实现行政调解服务理念的更新，还需从以下三方面积极地进行引导和规范。

第一，明确行政调解中当事人的主导地位，还原调解的自治本色。知识产权行政调解虽然是一种公力救济手段，但涉及的是私权冲突与利益协调，其本质依然在于尊重当事人的意思自治，以及基于这种自治而做出的利益选择。如果说在执法模式下，知识产权纠纷行政调解难免有对传统行政资源的"路径依赖"，存在政府主导的局面；那么在服务模式下，知识产权纠纷行政调解则面临一个如何回归当事人主导，还原调解自治本色的问题。行政调解主体是以中间人的身份介入纠纷的处理，引导双方当事人就争执的利益尽可能寻求平衡点，促使当事人在互利和双赢的基础上解决争议。调解方案的设计应该充分契合当事人所处的实际情况，从调解程序的进行到调解协议的成立都应当以当事人是否有利、是否有理为基础。只要不越过强制性的边界，当事人可以最大限度地利用法律的空间，在强制与合意之间寻求最符合自身的利益和价值。

第二，理顺行政主体和当事人之间的关系，重塑政府服务形象。

在知识产权民事纠纷处理领域，不存在行政主体完全抽身退出的问题，而是如何回应现实需求，实现其角色和身份从执法主体向服务主体转换问题。既然知识产权行政管理部门是为社会公众提供纠纷解决服务，那么调解工作能否开展并有效，需要获得当事人的信任，且取决于知识产权行政管理部门的服务形象、信誉以及调解的水平和技巧。如果政府通过提供优质的行政调解服务，使知识产权纠纷在解决成本和解决内容两个方面，使其较之诉讼而言更高效、便捷，更有助于当事人实现心目中所追求的实质正义；较之其他调解方式而言更专业、权威，从而带来良好的社会效应，那么行政调解所能产生这种积极效果，正是这一机制得以可持续发展的动力之源。

第三，整合资源，为调解服务提供制度保障。转变政府职能，建设服务型政府，是我国深化行政管理体制改革的核心。当前，我国决策层对于纠纷解决机制的问题越来越重视，为知识产权纠纷行政调解工作带来了新的发展机遇，也为知识产权行政调解机制的健全和创新提供了最强有力的意识形态支持和政治基础。但是，政治理论的范畴和逻辑毕竟不同于法学的逻辑，不能直接转化为法律用语和社会制度。在现行政治体制下，这种话语能够帮助政府和执法者从政治上理解知识产权纠纷行政调解的意义，并转化为具体的政策，却不能必然使行政调解在社会和民众中获得正当性。当事实足以证明社会的某种发展趋势和需求时，通过法律规则和制度的建构能够起到推动和引导社会发展的作用。[1] 鉴于目前我国的行政调解制度还不够完善，行政调解法或行政调解条例尚付阙如，行政调解在纠纷解决机制中的地位

---

① 范愉：《纠纷解决的理论与实践》，清华大学出版社 2007 年版，第 29 页。

不够突出。① 本课题组主张，在知识产权领域，应充分利用现有的行政调解资源，从制度层面切实推进行政调解从执法模式到服务模式的转型，使其在具有权威性和专业性的基础上，通过提供优质的调解服务，回应当今社会纠纷解决和社会治理的实际需求。

10.2.2　中国知识产权纠纷行政调解服务模式的制度重构

在多元化纠纷解决机制得以高度重视的今天，中国知识产权纠纷行政调解有着极大的发展潜力和应用空间。要突破执法模式下存在的困境，行政调解唯有秉承服务理念进行制度重构。本书建议，将"调解专利纠纷"的内容从现行《专利行政执法办法》中分离出来，由国家知识产权局会同国家版权局、国家商标局等相关的知识产权主管部门，制定专门的《知识产权纠纷行政调解办法》，在遵循自愿、合法和保密原则的基础上，从制度层面切实推进行政调解向服务模式的转型。具体而言，宜从以下六大方面着手。

10.2.2.1　行政调解服务主体多元化

当代行政的发展趋势是政府将部分公共权力移交给行政机关以外的社会组织行使，"在国家和公民之间，生长出大量的非政府、非营利组织，社会形成多元化结构，公权力越来越多地向社会转移，其不可能再为国家所垄断"②。因此，行政主体多元化已成为历史选择。在我国，出现了越来越多的因法律、法规授权而成为行政主体的社会组织，它们在法律、法规的授权内，也调解了大量的社会纠纷。

---

① 《行政调解条例》曾纳入了国务院 2011 年的立法计划。参见青峰、袁雪石《美国纠纷解决的体制机制及借鉴意义》，《行政法学研究》2011 年第 3 期。
② 姜明安：《行政法与行政诉讼法》，北京大学出版社、高等教育出版社 2007 年版，第 137 页。

在我国著作权领域，新闻出版总署、上海市政府已于 2010 年 5 月共同搭建了上海版权公共服务平台，同时成立了上海版权纠纷调解中心①，为版权业界，特别是数字出版业界可能出现的版权纠纷提供和谐解决矛盾的便利通道，以实现解决版权纠纷的各种资源共享、优势互补，满足版权产业链中各个群体对版权纠纷解决资源的服务需求。然而，在专利以及其他知识产权领域，行政调解服务目前还远远没有得到应有的重视，因此有必要适应公共治理的要求，建构起一个程序透明、过程开放、公众广泛参与的公共服务平台②。本书建议，制定《知识产权纠纷行政调解办法》时，可充分利用现有资源，从以下三个方面实现行政调解服务主体多元化。

第一，依托各省、市知识产权维权援助中心设立知识产权纠纷行政调解中心，在知识产权行政主管部门的主管下开展工作。知识产权维权援助中心作为政府设立的公益性维权援助机构③，目前承担着咨询、投诉受理及维权援助等职责，通过拓展国家知识产权维权援助中心的职能范围，成立知识产权纠纷行政调解中心，完全可以将其打造成具有较高社会公信力的知识产权纠纷调解公共服务平台。由于知识产权纠纷行政调解中心与行政执法机构之间不存在隶属关系，因而可以避免行政执法的影响和干扰，为当事人提供优质的调解服务。

第二，建立多元化的调解专家库。优化调解服务的主体不仅要从组织设置上着手，而且要有一支高素质的调解队伍。在人民法院的业务指导下，知识产权纠纷行政调解中心应制定科学的纠纷调解规则，

---

① 参见上海版权局官方网站，http：//www.shbanquan.org。
② 袁曙宏：《服务型政府呼唤公法转型》，《中国法学》2006 年第 3 期。
③ 自国家知识产权局于 2007 年 11 月正式启动知识产权维权援助工作以来，截至 2012 年 8 月底，已在全国设立了 75 家知识产权维权援助中心，分布在全国 29 个省、自治区、直辖市，初步构建起全国知识产权维权援助工作体系。

聘请具有知识产权专业知识并有相当实践经验的、公道正派的人士担任调解员，组建多元化的调解专家库。专家库成员应该有来自管理部门、中介服务机构、教学或研究机构、社会团体的专家学者，专业范围应覆盖知识产权法律、信息检索、价值评估、企业管理以及相关的技术领域，以确保提供的调解服务具有权威性、独立性，推进调解活动向专门化方向发展。

第三，建立灵活的调解员选任制度。调解中心备有调解员名册，给予当事人充分自由的选择空间。在调解过程中，我们可以参考英国知识产权局的调解员选任制度，无须预先设定调解委员会及其组成人员，而是由当事人自由选任知识产权局提供的调解员，或者是选择其他"适合的"调解员来协助其解决纠纷。只有赋予当事人自由选任的权利，选任的调解员才会真正站在当事人的立场、为实现当事人的利益需求解决纠纷。

10.2.2.2　行政调解服务客体类型化

知识产权纠纷可以分为知识产权民事纠纷、知识产权行政纠纷和知识产权刑事纠纷。由于行政调解的结果以当事人合意为基础，具有契约的性质，而调解过程则是一个在第三者主持下双方当事人的交涉过程。[①] 本书主张，凡是当事人可合意处分的知识产权纠纷，只要不损害社会公共利益和第三人利益，均可纳入行政调解服务范围之内。在制定《知识产权纠纷行政调解办法》时，可以考虑从以下两种类型化的角度对行政调解服务客体进行规范。

第一，按传统的知识产权类别实现初步类型化。传统的知识产权

---

① 参见［日］小岛武司《诉讼制度改革的法理与实践》，陈刚、郭美松等译，法律出版社2001年版，第177页。

分类是根据知识产权所属的不同领域、具有的不同特点、拥有的不同属性来进行的，目前主要涉及专利、商标、集成电路布图设计、植物新品种、著作权等类别。从现行立法来看，知识产权行政调解适用于专利权领域，主要有五类：专利申请权和专利权归属纠纷；发明人、设计人资格纠纷；职务发明创造的发明人、设计人的奖励和报酬纠纷；在发明专利申请公布后专利权授予前使用发明而未支付适当费用的纠纷以及知识产权管理机关对侵权赔偿数额的调解。① 在商标领域，工商行政管理部门可以就侵犯商标专用权的赔偿数额进行调解。工商行政管理部门还可以受理特殊标志侵权案件，可以依当事人的请求就侵权的民事赔偿主持调解②。对于集成电路布图设计侵权争议，国务院知识产权行政部门可以就侵犯布图设计专有权的赔偿数额进行调解③。省级以上人民政府农业、林业行政部门根据当事人的请求可以对以商业目的生产或者销售授权品种的繁殖材料侵权行为所导致的损害赔偿进行调解④。由此可见，上述知识产权行政机关对知识产权纠纷的调解，目前大多局限在侵权赔偿数额方面。除了专利领域外，相关法律法规对商标权、著作权、集成电路布图设计专有权和植物新品种权等领域的权属纠纷、合同纠纷普遍没有涉及行政调解的规定。知识产权纠纷中行政调解可以适用的范围太窄，将不利于行政机关更好地履行服务职能，也不利于知识产权纠纷的及时化解。为此，有必要进一步扩大知识产权行政调解服务的客体范围，涵括一切当事人可合意处分的又不违犯公序良俗和法律强制性规定的知识产权纠纷。

---

① 《中华人民共和国专利法》（2008 年）第六十条、《中华人民共和国商标法》（2001年）第五十三条。
② 《特殊标志管理条例》（1996 年国务院令第 202 号）第十七条。
③ 《集成电路布图设计保护条例》（2001 年国务院令第 300 号）第三十一条。
④ 《植物新品种保护条例》（1997 年国务院令第 213 号）第三十九条。

第二，按知识产权纠纷的特殊性实现二次类型化，对行政调解的适宜性进行判别。具体来讲，有以下三点。其一，一般的知识产权民事纠纷均可提交行政调解，如知识产权合同纠纷、侵权纠纷、权利归属纠纷以及其他当事人可处分的知识产权民事纠纷。知识产权民事纠纷一旦涉及公共利益和第三人利益，比如出现大规模的群体侵权、重复侵权事件，则不宜通过调解予以处理。其二，行政审查程序中涉及相对条件审查的知识产权纠纷可提交行政调解。例如，商标异议和无效程序中，商标是否与他人在先权利冲突的问题，当事人之间完全可以通过合意协商解决。一旦涉及绝对条件的审查，如涉及商标是否违背商标法禁用条款，是否具有显著特征的审查，是对商标合法性的审查，则不宜通过调解进行处理。其三，属于国家行政机关与相对人之间的行政纠纷，涉及公共利益和第三人利益，应当排除在行政调解的服务范围之外。比如，涉及专利权、商标权、植物新品种权等知识产权的授予、效力认定、强制许可等内容的争议，不适合调解处理。为了便于当事人做出明确的选择，我们可以参考英国的做法，在官方网站或者调解服务指南中，对于选择调解应考虑的因素和可适用调解的知识产权纠纷类型进行具体列举，以强化其可操作性。

10.2.2.3 行政调解程序规则精细化

为了确保纠纷处理的有效性和公正性，行政调解的程序规则应当从以下四个方面进行精细化的规范和指引。

第一，调解的启动。行政调解可书面申请，也可口头申请；可由一方当事人申请，也可由知识产权行政调解中心依职权提出。口头申请行政调解的，知识产权行政调解中心应当记录申请人的基本情况和申请时间、地点、申请调解的请求、主要事实、理由等。依职权提出调解的，应征得双方当事人同意，但不得强制任何一方同意。已向人民法院起诉或向仲裁机构申请仲裁的，其调解申请可不予受理。

第二，调解的受理。知识产权行政调解中心收到行政调解申请后，应当审查申请材料，了解相关情况，在 5 个工作日内决定是否受理并及时告知双方当事人。决定不予受理的，应当说明理由。决定受理的，应当及时告知当事人调解起止时间、调解程序以及当事人依法享有的权利和应当承担的义务。当事人向两个以上具有区域管辖权的知识产权行政调解中心提出行政调解申请的，由最先收到行政调解申请的知识产权行政调解中心受理。

第三，调解的运行。知识产权行政调解原则上应当自受理之日起30 个工作日内办理完毕，可由当事人自由选择调解员、调解时间和地点，也可在发现有利害关系时申请调解员回避。知识产权行政调解中心在调解过程中，应当制作调解笔录，全面客观记载调解的过程和内容。调解时，应当充分听取各方当事人的陈述、申辩和质证，妥善拟定调解方案，对当事人进行说服、劝导，引导争议各方达成谅解。争议纠纷涉及第三人的，应当通知第三人参加行政调解。调解结果涉及第三人利益的，应当征得第三人同意，第三人不同意的，终止行政调解。对于重大复杂的知识产权案件，可以采取专家论证会、召开听证会的方式进行调解。尤其值得一提的是，在调解程序中规定保密条款，保护当事人的个人隐私或商业秘密至关重要。因为参与调解的每一方都很关心其调解过程中的陈述和承认是否可能对其以后产生不利影响，保密条款使当事人可以安全地寻找解决纠纷的各种可能的选择，即使调解失败，也不至于损害各当事人的权益。

第四，调解的结案。行政调解达成协议的，知识产权行政主管机关应当制作行政调解协议书。简单的可即时执行的知识产权争议，也可以直接在调解笔录中记录协议内容而不制作行政调解协议，但当事人要求的除外。行政调解协议书自双方当事人、第三人和调解人员、调解机关签字盖章之日起生效，当事人应当自觉履行。当事人也可以自愿向人民法院申请司法确认。经行政调解达不成协议或者行政调解协议生效之前，一方当事人或者第三人反悔的，应当终止行政调解。终止行政调解的，应当制作行政调解终止通知书，根据案件性质，引导当事人寻求解决矛盾纠纷的其他合法途径。

10.2.2.4　行政调解服务损害可救济化

知识产权纠纷行政调解行为作为行政事实行为尽管没有行政法上的约束力，但是它毕竟是一种基于行政职权的行为。在调解过程中，由于行政机关相对于纠纷的当事人处于较强势的地位，有可能滥用行政权力或是怠于行使单向服务职能，致使当事人的合法权益受到损失。因此，一旦有充足证据证明，行政机关及其工作人员实施的行政调解行为恶意侵犯了当事人的人身权、财产权并造成损失的，赔偿请求人可直接向人民法院提起行政赔偿诉讼。然而，当下我国行政法制中，无论是行政复议法还是行政诉讼法，都还没有为行政相对人对行政事实行为提供法律救济设有相关的、比较完善的制度保障，因为无论是行政复议还是行政诉讼，行政事实行为仍然是其受案范围之外。[1]目前，仅有1997年最高人民法院《关于审理行政赔偿案件若干问题的规定》这一司法解释为行政相对人对行政事实行为提起法律救济有所规定。根据行政法原理，行政机关对于行政事实行为损害结

---

[1]　1997年最高人民法院《关于审理行政赔偿案件若干问题的规定》第三条："赔偿请求人认为行政机关及其工作人员实施了国家赔偿法第三条第（三）、（四）、（五）项和第四条第（四）项规定的非具体行政行为的行为侵犯其人身权、财产权并造成损失，赔偿义务机关拒不确认致害行为违法，赔偿请求人可直接向人民法院提起行政赔偿诉讼。"

果应当承担法律责任，现代行政法已经将行政相对人提起法律救济的标的拓展到行政事实行为，这也是不需要进一步论证的问题。[①]因此，针对知识产权纠纷行政调解有必要建立行政赔偿制度，这样既可以为行政调解过程受到侵害的主体提供救济，同时可以充分发挥权利制约权力的效用，以抗衡行政主体的强势地位，促使其积极合理地行使职能。

10.2.2.5 严格防范虚假行政调解

在调解过程中，当事人有时会说谎，而调解员无法验证到底哪一方说的才是事实。[②]某些不法利益追求者恶意串通，企图通过虚假调解谋取不正当利益。合理规制虚假调解行为，明确虚假调解行为人对其行为应依法承担侵权的民事责任，要建立健全的对虚假调解受害人的损害赔偿制度，赋予虚假调解受害人提起损害赔偿之诉讼的权利。

申请人本身应遵守诚信原则，出于解决纠纷的目的自愿达成协议，不能恶意串通规避法律。不仅应对虚假调解行为人进行经济处罚，加大恶意调解人的调解成本，同时，情节较重、性质恶劣、影响较大的，还应当加大刑事惩罚措施。

行政调解员对虚假调解负有审查以及报告的义务，重点审查调解协议是否存在侵害案外人利益的可能，注意对案件当事人私人关系及利害关系的分析把握。只要行政调解员发现双方当事人存在虚假调解可能性的，就应当中止调解，并向专利行政部门报告。加大行政调解员对容易发生虚假调解等案件的特点及行为规律与特性的研究、把握

---

① 章剑生：《现代行政法基本原理》，法律出版社 2008 年版，第 200 页。
② ［美］珍妮弗·E. 贝尔、卡洛琳·C. 帕卡德：《沃顿商学院最受欢迎的调解课》，钱峰译，中国电力出版社 2014 年版，第 230 页。

与学习，强化识别力度，有效防范虚假调解行为。同时，要严格调解人员的选任和培训，从源头上防范虚假调解。

法院在司法确认时也要有效防控虚假调解的案件，认真研究调解协议，主要审查是否符合虚假调解的构成要件。调解各方当事人是否有恶意串通等行为；恶意串通等行为有无侵害国家利益、公共利益或者他人合法权益等。在必要的时候向调解组织了解案情，可依职权调查事实及证据，加强与调解组织的交流与沟通。其次是履行警示义务，明确告知当事人虚假调解的法律后果。法院如果经审查符合虚假调解构成要件的，应当根据情节轻重予以罚款、拘留；构成犯罪的，依法追究刑事责任；如果经审查不符合虚假调解构成要件的，应当征求当事人的意见，恢复调解程序。

可借鉴《比利时司法法典》的规定：对于可能涉及国家或者他人利益的，都会通知相关当事人到场确认，进行司法确认会使恶意串通行为更加公开，而且，关于恶意串通的刑事责任体系也会起到震慑和阻止作用，最重要的是，凡是可以申请司法确认的调解协议，都必须是在具有调解资格的调解员主持下达成的，如果当事人的调解协议可能损害国家或者第三人利益，调解员有权利也有义务终止调解并通知法官恢复审理。[①]

10.2.2.6 加快完善诉调对接机制

行政调解功能的发挥不是一个孤立的过程，其多元价值取向注定需要和其赖以生存的社会条件以及其他纠纷解决机制尤其是诉讼机制形成一个相互呼应和共振的效应，才能为自身的发展创造新的契机。

[①] 蒋惠岭主编：《域外 ADR：制度·规则·技能》，中国法制出版社 2012 年版，第 187—188 页。

因此，强化行政调解的效力，行之有效的措施就是和诉讼机制之间实现有机的衔接。

行政调解协议司法确认机制，即专利纠纷行政调解协议经调解机关和调解员签字盖章后，当事人可以申请有管辖权的人民法院确认其效力。人民法院审查后，确认调解协议效力的决定送达双方当事人后发生法律效力，一方当事人拒绝履行的，另一方当事人可以依法申请人民法院强制执行。这一机制与台湾地区的相关规定类似，然而，台湾的著作权行政调解书是否具有强制执行力，依赖于公权力的行使，取决于调解委员会是否履行相关职责。我们建议的行政调解协议司法确认机制是依靠当事人的申请而启动，更能充分尊重当事人的"意思自治"。

行政调解协议司法确认机制是保证行政调解的公正性及其与司法审查程序相互衔接的一个有效途径。通过对行政调解协议进行司法确认，赋予其等同生效判决的效力，从而给予了行政调解实质上的支持，从根本上解决了非诉调解协议缺乏法律强制力的问题，实现了非诉讼调解与司法程序的有效衔接，具有灵活、简便、快捷等显著优势。2010 年 8 月通过的《人民调解法》第三十三条就对非诉调解的司法确认机制作了明确的规定。这充分说明，非诉调解的司法确认机制已经在立法层面正式获得了认可。在知识产权领域，多元纠纷解决机制的协调互动工作，也引起了大家的关注并在一些法院已经开始试点。例如，北京市朝阳法院和北京市高级人民法院先后与中国互联网协会签署合作协议，委托中国互联网协会调解中心调解北京法院受理的网络知识产权纠纷案件，共建互联网调解网络。但是，这种互动仅仅局限于法院和某些行业协会的合作，而且对接方式也非常有限，多局限于非诉调解和司法调解的衔接，非诉调解协议的司法确认工作还没有有效地开展起来。

行政调解本是解决知识产权纠纷的一种有效方式，通过将司法确认机制引入行政调解领域，赋予行政调解协议以法律强制执行效力，能使更多的社会主体和当事人及时、便捷、经济、和平地解决纠纷，从而扩大了法律的作业范围；而由于法院承担了对行政调解协议的制约功能，实际上也导致了司法功能的扩大。[①] 通过创新行政调解司法确认这一机制，也使得我们对于法院在纠纷解决中的功能定位有着进一步的认识，我们"不能把法院在解决纠纷中所做的贡献完全等同于根据判决来解决纠纷。法院的主要贡献是为了私人的、公共场所中所产生的交涉和秩序，提供规范和程序的背景"。[②]

10.3 中国知识产权纠纷行政调解协议司法确认的机制构建

专利纠纷行政调解协议司法确认程序是一种特殊的非诉程序，其设置的初衷在于挖掘行政调解的制度潜能，提升专利行政保护和司法保护的整体合力。厘清司法确认的对象、选择可行的管辖法院、明确司法审查的内容和司法确认的效力、保护当事人和第三人的合法权益等内容是构建行政调解协议司法确认程序的几个关键问题。我国知识产权法修改应对行政调解协议的司法确认做出原则性规定，有关行政和司法部门应出台相应的配套措施，进一步推动行政调解与司法程序

[①]　范愉：《多元化纠纷解决机制》，厦门大学出版社 2005 年版，第 776 页。

[②]　［意］莫诺·卡佩莱蒂编：《福利国家与接近正义》，刘俊祥等译，法律出版社 2000 年版，第 125—136 页。

的有机衔接和制度创新。

10.3.1　知识产权纠纷行政调解协议司法确认的理论探讨

如何强化行政调解协议的效力，是挖掘行政调解制度潜能的一个重要突破口，也是中国目前知识产权法修改中的一个重要议题。在国家版权局 2012 年 7 月提交的《中华人民共和国著作权法》（修改草案第二稿）[①] 中，首次就著作权行政调解做出了规定，并明确"调解协议具有法律拘束力，一方当事人不履行调解协议的，另一方当事人可以申请人民法院司法确认和强制执行"。该条文可谓直接赋予行政调解协议司法性质，貌似赋予了其高度的法律效力，实则并不可行。因为基于传统的"情义"理念，我国民众对表面生硬刻板的司法有着天然的抵触，习惯寄希望于伸缩余地较大的调解途径解决纠纷。如果在知识产权纠纷的处理过程中，对于行政调解与司法程序二者不加明确区分，通过立法直接赋予行政调解协议等同于司法调解的效力，在我国缺乏现实基础和行政司法根基，如此一来，只会混淆行政与司法的性质和职能，失去知识产权纠纷行政调解的正当性基础。

我国台湾地区十分注重行政调解与司法程序的有机衔接，通过司法审查赋予调解协议法律效力。其"著作权法"第八十二条规定，著作权审议及调解委员会制作的调解书并没有法律强制力，著作权主管机关应于调解成立后 7 日内，将调解书送请管辖法院审核，启动司法审核程序，否则调解书便不具有强制执行力。调解经法院核定后，当

---

　　① 《中华人民共和国著作权法》（修改草案第二稿）第八十二条：著作权和相关权纠纷的当事人可以按照《中华人民共和国仲裁法》向仲裁机构申请仲裁，或者向人民法院起诉，也可以申请行政调解。第八十三条：著作权行政管理部门可以设立著作权纠纷调解委员会，负责著作权和相关权纠纷的调解。调解协议具有法律拘束力，一方当事人不履行调解协议的，另一方当事人可以申请人民法院司法确认和强制执行。著作权调解委员会的组成、调解程序以及其他事项，由国务院著作权行政管理机关另行规定。

事人就该事件不得再行起诉、告诉或自诉。经法院核定之民事调解，与民事确定判决有同一之效力。[①] 我国立法修改是否可以借鉴台湾地区的模式，赋予行政调解协议强制执行力，由调解机构依职权直接将其送请法院审核进行司法确认呢？本书认为，尽管我国大陆地区与台湾地区有相同的调解渊源和文化土壤，在行政调解司法审查方面可予参考借鉴，但是，鉴于我国的非诉调解协议司法确认机制是近年来出现的新事物，当事人对此尚不甚了解，诉权保障亦不够充分，如果也由调解机构依职权直接将调解协议送请法院审核进行司法确认，则易限制当事人行使司法裁判请求权，因此，我国大陆目前不宜照搬此做法。[②]

行政调解功能的发挥不是一个孤立的过程，其多元价值取向注定需要与其赖以生存的社会条件以及其他纠纷解决机制形成一个相互呼应和共振的效应，才能为自身的发展创造新的契机。在我国，强化知识产权行政调解协议的效力，一个行之有效的措施就是建立行政调解协议诉前司法确认机制，即知识产权纠纷行政调解协议经调解机关和调解员签字盖章后，双方当事人可以申请有管辖权的人民法院确认其效力。人民法院审查后，确认调解协议效力的裁定送达双方当事人后发生法律效力，一方当事人拒绝履行或者未全部履行调解协议内容的，另一方当事人可以依法申请人民法院强制执行。这一机制与台湾地区的相关规定类似，然而，台湾地区的著作权行政调解书是否具有强制执行力，依赖于公权力的行使，取决于调解委员会是否履行相关

[①] 台湾地区"著作权法"之所以规定行政调解协议由行政机关主动送请管辖法院审核，其原因主要是考虑到，要尊重当事人双方所为的程序处分意愿，既然当事人双方已达成了调解协议，就应该尽快使其内容得到实现；若须经当事人申请方可发动，难免会发生因一方当事人反悔而使整场调解徒劳无功。

[②] 刘敏：《论诉讼外调解协议的司法确认》，《江海学刊》2011年第4期。

职责。本专题研究建议的行政调解协议司法确认机制是依靠双方当事人的申请而启动，更能充分尊重当事人的"意思自治"。行政调解协议本质上为民事契约，仅具有私法效力，经由人民法院司法确认后的调解协议，在私权的实现上省去了可能经过的诉讼程序而直接获得了强制执行力的保障。① 民事协议实现了法律转换，协议内容由于构成了司法裁判的内容，从而产生公法上的效力。通过对行政调解协议进行司法确认，给予了行政调解实质意义上的支持，从根本上解决了行政调解协议缺乏法律强制力的问题。这是知识产权纠纷行政调解协议司法确认程序的落脚点，也是司法介入知识产权纠纷行政调解最直接的切入点。

如何整合知识产权行政保护和司法保护的资源优势，释放知识产权纠纷行政调解的制度潜能，有效化解日益增长的专利纠纷，是知识产权行政管理部门和法院系统必须共同关注的问题。本部分研究接下来将对知识产权纠纷行政调解协议司法确认涉及的若干理论和实务问题进行探讨，以进一步推动知识产权领域行政调解与司法程序的有机衔接和制度创新。下面从四个部分分别予以论述。

10.3.1.1　知识产权纠纷行政调解协议司法确认的性质和功能

知识产权纠纷行政调解协议司法确认是指人民法院根据当事人的申请，对双方在专利行政管理部门调解下达成的专利纠纷调解协议进行审查并确认其效力的过程。从司法程序上讲，调解协议的司法确认是一种特殊的非诉程序。② 2012 年我国新修订的《民事诉讼法》把"申请司法确认调解协议"作为单独的一节放入了"特别程序"一

---

① 占善刚：《人民调解协议司法确认之定性分析》，《法律科学》2012 年第 3 期。
② 向国慧：《调解协议司法确认程序的完善与发展》，《法律适用》2011 年第 7 期。

章，从而以法律的形式正式确立了调解协议司法确认程序的特殊性。尽管调解协议司法确认程序相对于一般的民事诉讼程序具有特殊性，但从该制度设立的目的来看，就是通过一种非诉性质的简易程序，赋予调解协议与民事判决书或调解书同等的强制执行力。这是知识产权纠纷行政调解协议司法确认程序的落脚点，也是司法介入知识产权纠纷行政调解最直接的切入点。知识产权纠纷行政调解协议本质上为民事契约，仅具有私法效力，经由人民法院司法确认后的调解协议，在私权的实现上省去了可能经过的诉讼程序而直接获得了强制执行力的保障。[①] 民事协议实现了法律转换，协议内容由于构成了司法裁判的内容，因而产生公法上的效力。一方当事人不履行调解协议的，另一方当事人可以向人民法院申请强制执行。

知识产权纠纷行政调解协议司法确认程序的非诉性决定了其首要的功能是防范未来的纠纷发生。在传统的民诉理论及立法实践中，根据法院介入私权领域及司法权运作之特质，民事司法程序存在民事诉讼程序与非诉程序之二元对立。民事诉讼程序采取当事人两造对立之基本结构，以言辞辩论为中心，循处分权主义与辩论主义之运作方式，目的在于谋求争执权利的确定实现。与之相反，非诉程序乃法院干预性地介入当事人之间的关系并谋求目的性调整之程序。非诉程序不采用当事人两造对立之基本结构，也不以言辞辩论为中心，循职权探知主义之运作方式[②]，目的是谋求无争议权利的保全。知识产权纠纷行政调解协议的司法确认是人民法院主动防范纠纷而从事的一种职能，具有一定的职权主义色彩。作为一种非诉程序，其目的并不是解决纠纷，而是为了防止当事人未来发生争议。法院事前或者说主动介

---

① 占善刚:《人民调解协议司法确认之定性分析》,《法律科学》2012 年第 3 期。
② [日] 小岛武司、小林学:《基本讲义民事诉讼法》,信山社 2005 年版,第 5 页。

入到当事人之间的法律关系，是代表国家监护民事主体的法律行为，以切实保护其合法的权益。

当然，知识产权纠纷行政调解协议司法确认裁定具有的确定力，也决定了这一程序的基本功能是要赋予调解协议可执行性。例如，我国现行《专利法》第六十条、《专利法实施细则》在第八十条、八十一条、八十五条虽对专利纠纷行政调解的范围、指导、管辖等内容进行了规定，但对于行政调解的效力并没有明确的规定。一般而言，在纠纷处理过程中，如果当事人能够自觉地履行处理结果，或者不履行有相应的机制保证其强制执行，则纠纷解决的效率就高；反之，如果当事人可以随意反悔或者违背这种处理结果，且得不到任何制约或者制裁，则不仅达不到息讼的目的，反而会造成"缠诉"的结果。由于行政调解协议的约束力缺乏强有力的保障，致使当事人在花费许多时间和精力后，纠纷仍然得不到彻底的解决，最终不得不在心灰意冷之下被迫走进法庭，由此导致纠纷解决资源和时间上的浪费，使得行政调解较之人民调解具有的专业性、较之司法调解具有的效率性都未能充分体现出来。知识产权纠纷行政调解面临的这种边缘化困境以及调解协议所遭遇的效力障碍，可以通过司法确认程序得以克服。调解协议一旦通过司法审查，其协议的内容可以凭借确认裁定的形式而获得可执行性，这正是激发行政调解制度活力的突破口之所在。

此外，行政调解协议的司法确认还有助于提升知识产权行政保护和司法保护的整体合力，是实现社会管理制度创新的一种有益尝试。行政调解功能的发挥需要与其他纠纷解决机制相互呼应。通过司法确认，赋予知识产权纠纷行政调解协议以强制执行力，法院可以充分发挥审判职能作用，支持知识产权纠纷行政调解工作，巩固行政调解成果，促进纠纷及时高效解决。知识产权行政管理部门通过司法确认强化行政调解协议的效力，可以进一步发挥行政部门在专利纠纷调处中的专业、效率和协调优势，将矛盾纠纷化解在基层。可见，知识产权纠纷行政调解协议的司法确认，不仅能提升知识产权纠纷行政调解的社会效益，而且能为人民法院与专利行政部门合力化解专利纠纷提供实践平台。

10.3.1.2 知识产权纠纷行政调解协议司法确认的现实基础

欲发挥某种制度解决纠纷的功能，必须有适合于它的一定社会条件存在。换言之，无论什么样的纠纷解决制度，在现实中其解决纠纷的形态和功能总是为社会的各种条件所决定的。[①] 我国现阶段尚处于社会转轨的关键时期，维持社会稳定与和谐是衡量一种纠纷解决机制最重要的价值目标。近年来，党中央和国务院特别强调，要适应我国社会结构和利益格局的发展变化，形成科学有效的利益协调机制、诉求表达机制、矛盾调处机制、权益保障机制。[②] 要把行政调解作为地方各级人民政府和有关部门的重要职责，建立由地方各级人民政府负总责、政府法制机构牵头、各职能部门为主体的行政调解工作体制，充分发挥行政机关在化解行政争议和民事纠纷中的作用。[③] 知识产权纠纷行政调解通过专利行政机关的介入，能鼓励并促使当事人在合意的基础上以相对和平的方式解决纠纷，有利于在社会转型期缓解本土社会和现代知识产权法律规则之间的冲

---

① ［日］棚濑孝雄：《纠纷的解决与审判制度》，王亚新译，中国政法大学出版社1994年版，第21页。

② 《中共中央关于构建社会主义和谐社会若干重大问题的决定》（2006年10月11日中国共产党第十六届中央委员会第六次全体会议通过）。

③ 《国务院关于加强法治政府建设的意见》（国发〔2010〕33号）。

突，具有重要的时代价值。而司法确认程序的应用则能实现行政调解功能的拓展和效力的提升，无疑是对这一纠纷解决机制实质意义上的支持。

在构建"和谐社会"这一政策大背景下，2010 年 8 月通过的《人民调解法》在立法层面首次规定了人民调解协议的司法确认①。最高人民法院先后出台的司法解释则对人民调解协议的司法确认程序做出了具体规范。② 2011 年 4 月，中央社会治安综合治理委员会、最高人民法院等 16 个部门联合发布的《关于深入推进矛盾纠纷大调解工作的指导意见》中规定，经人民调解组织、行政调解组织或者其他具有调解职能的组织调解达成的调解协议，双方当事人认为有必要的，可以依法向人民法院申请司法确认。人民法院应当按照司法确认程序、管辖的相关规定，受理当事人的申请，及时对调解协议进行审查，依法进行确认。作为立法呼应，2012 年修订后的《民事诉讼法》③ 在特别程序中设专节规定了"确认调解协议案件"，为民事诉讼与调解的衔接提供了程序法依据。上述发展动态，为专利纠纷行政调解协议司法确认工作的开展提供了良好的基础。

为了完善知识产权保护机制，积极推进行政保护与司法保护的有

---

① 《人民调解法》第三十三条规定，经人民调解委员会调解达成调解协议后，双方当事人认为必要的，可以向人民法院申请司法确认，人民法院依法审查后确认调解协议的效力。

② 《最高人民法院关于建立健全诉讼与非诉讼相衔接的矛盾纠纷解决机制的若干意见》〔法发〔2009〕45 号〕，规定了"非诉"性质的司法确认程序。《最高人民法院关于人民调解协议司法确认程序的若干规定》〔法释〔2011〕5 号〕，就人民调解协议的司法确认程序进行了具体规范。

③ 《中华人民共和国民事诉讼法》第一百九十四条：申请司法确认调解协议，由双方当事人依照人民调解法等法律，自调解协议生效之日起三十日内，共同向调解组织所在地基层人民法院提出。第一百九十五条：人民法院受理申请后，经审查，符合法律规定的，裁定调解协议有效，一方当事人拒绝履行或者未全部履行的，对方当事人可以向人民法院申请执行；不符合法律规定的，裁定驳回申请，当事人可以通过调解方式变更原调解协议或者达成新的调解协议，也可以向人民法院提起诉讼。

机衔接，湖南省在专利纠纷行政调解司法确认工作领域进行了具有开创性的尝试和探索。2011 年 11 月，湖南省人大常委会审议通过了《湖南省专利条例》，在我国首次以地方立法的形式明确规定了专利纠纷行政调解协议的司法确认机制①。根据湖南省高级人民法院《关于在长沙市岳麓区人民法院开展专利纠纷行政调解协议司法确认试点工作的通知》②，2013 年 4 月，湖南省法院系统在全国率先开展了专利纠纷行政调解协议司法确认试点工作，长沙市岳麓区人民法院成为全国首家开展专利纠纷行政调解协议司法确认试点工作的基层人民法院。③ 湖南省在先行先试过程中取得的经验，无疑可以为这一机制在全国的推广提供有益的参考。

10.3.1.3　知识产权纠纷行政调解协议司法确认程序的构建

目前，我国决策层对于纠纷解决机制的问题越来越重视，这为知识产权纠纷行政调解的制度创新提供了强有力的意识形态支持和政治基础。然而，政治理论的范畴和逻辑并不能直接转化为法律用语和社会制度。由于知识产权纠纷行政调解协议的司法确认在国家立法层面尚无明确规定，而人民调解协议司法确认的相关制度和程

---

① 《湖南省专利条例》第三十一条规定：县级以上人民政府管理专利工作的部门调解专利纠纷，应当遵循自愿、合法的原则，促成当事人和解或者达成调解协议。达成具有民事合同性质的调解协议的，双方当事人认为必要，可以依法向有管辖权的人民法院申请司法确认。

② 根据该《通知》，对专利侵权纠纷中的损失赔偿纠纷、专利申请权和专利权归属纠纷等专利民事纠纷，经岳麓区人民法院辖区内的专利行政管理部门组织调解达成的具有民事合同性质的专利纠纷调解协议，当事人可以向岳麓区人民法院申请司法确认。岳麓区人民法院依法对司法确认申请进行审查，根据审查结果做出确认裁定或驳回确认申请裁定。人民法院对调解协议做出确认裁定后，一方当事人拒绝履行或者未全部履行调解协议内容的，对方当事人可以向做出确认裁定的人民法院申请强制执行。

③ 2013 年 7 月 24 日，长沙市岳麓区人民法院下达了该院首份知识产权纠纷行政调解司法确认民事裁定书 [（2013）岳知调确字第 00001 号]，对长沙知识产权局主持调解的一起外观设计专利侵权纠纷行政调解协议进行了司法确认。

序设置也并不能当然地适用知识产权纠纷行政调解领域。在构建知识产权纠纷行政调解协议司法确认程序时，需要考虑知识产权纠纷行政调解的特殊性，同时兼顾相关法律政策的衔接性和可操作性，对于涉及的以下六个问题进行探讨。

10.3.1.3.1　司法确认的对象

司法确认的对象是知识产权纠纷行政调解协议，调解协议经由法院司法审查之后被赋予强制执行力。法院对当事人没有争议的行政调解协议内容进行确认和固定，目的是为了预防将来有可能发生的争议。凡是当事人可以合意解决的专利纠纷，都可以纳入行政调解的范围；当事人达成的行政调解协议，都可以成为司法确认的对象。具体而言，以专利法领域为例，除了《专利法》第六十条规定的侵权损害赔偿纠纷外，现行《专利法实施细则》第八十五条规定的专利申请权和专利权归属纠纷、发明人（设计人）资格纠纷、职务发明创造的发明人（设计人）的奖励和报酬纠纷、在发明专利申请公布后专利权授予前使用发明而未支付适当费用的纠纷以及其他专利纠纷，经管理专利工作的部门调解达成协议的，都可以向人民法院申请司法确认。

行政调解是一种服务性行政事实行为而不是行政法律行为，管理知识产权工作的部门居中协调促成当事人达成的行政调解协议是一种民事合同。明确行政调解协议的这一私法属性具有重要的意义，可以使我们对于行政主管部门在纠纷解决的定位有一个清醒的认识，即公权力在知识产权纠纷的解决中，是为当事人理性对话、平等协商提供机会和平台，绝不能直接对争议进行裁决。在行政调解过程中秉承这样一种服务理念，才能使之既能与诉讼制度相区别，达到减轻法院的负担、解决当事人争议的目的，又能顾及双方当事人的隐私与商业利益，以实现当事人利益的最大化。[1] 当然，也正是因为调解协议具有民事合同性质，当事人才期待通过司法确认这一非诉程序，实现调解协议的"法律转化"，赋予私法属性的调解协议公法意义上的强制执行力。

10.3.1.3.2　管辖法院的选择

新修订的《民事诉讼法》和《最高人民法院关于人民调解协议司法确认的司法解释》规定，司法确认的案件是由调解组织所在的基层人民法院或其派出法庭受理。由于一审知识产权纠纷案件一般是由中级人民法院管辖，有人提出，知识产权纠纷行政调解协议的司法确认案件应当由中级人民法院受理。本书认为，这一观点在实践中不具有可操作性。因为，知识产权纠纷行政调解协议司法确认是一种非诉特别程序，其案件性质和审理难度均不同于专利纠纷案件，从高效、简便的角度考虑，由独任审判员进行审理即可。根据《民事诉讼法》规定，只有基层人民法院及其派出法庭在简易程序中才可以采取独任审判。况且，我国人民调解协议的司法确认工作主要是由基层法院来承担，中级人民法院尚没有开展调解协议诉前司法确认工作的实践，目前也不具备启动知识产权纠纷行政调解协议司法确认的工作环境。

那么，基层人民法院是否存在受理知识产权纠纷司法确认案件的管辖权障碍呢？这一问题在实践中是可以解决的。近年来，随着全国知识产权纠纷案件爆发式增长，为了减轻中级人民法院的审理负担并加强专业法官队伍的培养，目前已经有一批基层人民法院经最高人民

---

[1]　何炼红：《英国知识产权纠纷行政调解服务的发展与启示》，《知识产权》2011 年第 7 期。

法院指定具有一般知识产权民事案件的管辖权。① 尤其是根据 2013 年 2 月的《最高人民法院关于修改〈最高人民法院关于审理专利纠纷案件适用法律问题的若干规定〉的决定》，最高人民法院根据实际情况，可以指定基层人民法院管辖第一审专利纠纷案件。可见，司法解释的准立法动向对于专利纠纷案件的管辖权问题也是趋于放开和层级下移的态势。因此，具备条件的基层人民法院通过向最高人民法院申请指定，可以取得知识产权纠纷行政调解司法确认案件的管辖权。

总之，知识产权纠纷行政调解协议司法确认案件的管辖，既不同于一般的人民调解协议司法确认案件，也不同于一般知识产权纠纷案件的审理，此类案件宜由具有知识产权案件管辖权的基层人民法院受理。在前期试点的过程中，考虑到知识产权纠纷行政调解协议司法确认案件的数量并不会很大，可以由最高人民法院特别指定的基层人民法院集中管辖，在全省、自治区、直辖市范围内集中立案，统一受理，且可以采用简易程序由独任审判员对行政调解协议予以司法确认。

10.3.1.3.3　确认程序的启动

知识产权纠纷行政调解协议司法确认程序的启动必须有双方当事人的合意，这种合意有两个层面的含义：一是行政调解协议必须是以解决纠纷为目的由双方当事人自愿达成的协议；另一方面是必

---

① 《最高人民法院关于调整地方各级人民法院管辖第一审知识产权民事案件标准的通知》〔法发〔2010〕5 号〕规定，经最高人民法院指定具有一般知识产权民事案件管辖权的基层人民法院，可以管辖诉讼标的额在 500 万元以下的第一审一般知识产权民事案件，以及诉讼标的额在 500 万元以上 1000 万元以下且当事人所住地均在其所属高级或中级人民法院辖区的第一审一般知识产权民事案件，具体标准由有关高级人民法院自行确定并报最高人民法院批准。

须由双方当事人共同向人民法院提出确认申请。因为，调解的核心就是充分尊重当事人的自主性和意思自治，这是调解协议能获得司法确认的正当性来源，也是司法确认制度最根本的动因。[1] 司法确认与其说是对调解协议效力的确认，不如说是对双方基于自愿行使民事权利处分权的确认。而申请司法确认本身也不是诉的形式，它只是一种事实证明的申请，亦即申请对已达成调解协议这一事实进行确认，是法院对当事人达成调解协议的一种证明。[2] 因此，为了确保行政调解协议的非争议性，司法确认程序的启动必须以当事人的合意为前提，调解协议达成后，应由双方当事人共同向人民法院申请司法确认。当然，实践中也可能出现调解协议达成后，一方提出司法确认申请，另一方在一方申请后明确表示同意的情形，这也应视作双方共同申请。

10.3.1.3.4　司法审查的内容

法院在审查知识产权纠纷行政调解协议时，原则上不仅要进行形式审查，还要进行实质审查，包括审查调解协议内容是否违法、是否损害国家和集体利益及第三人的合法权益等。审查过程中，要询问当事人，核对有关证据，必要时还要调阅进行调解的专利管理部门核查的关键性证据，向调解人员调查了解调解时的情况。然而，考虑到调解协议本就是基于双方自愿平等的原则而订立，实践操作过程中的形式和实质双重审查极有可能侵犯当事人的隐私权或商业秘密，违犯意思自治主义，更何况一旦走双重审查程序，司法确认制度也将失去其高效、快捷的解决纠纷优势。因此，知识产权纠纷行政调解协议司法

---

[1]　洪冬英：《论调解协议效力的司法审查》，《法学家》2012年第2期。
[2]　郝振江：《论人民调解协议司法确认裁判的效力》，《法律科学》2013年第2期。

确认的审查方式和审查内容应当区别于一般案件的审理，应侧重于调解程序的合法性审查，而不应过多地对纠纷本身进行审查，否则司法审查会演变成司法审判，脱离了司法确认制度的设立初衷。司法审查只是对调解协议的真实性、合法性进行审查，审查对象应该是调解协议而非案件本身。当然，审查过程中也可能会涉及一些实体内容审查，应仅限于是否有悖于社会公共利益，是否违犯法律法规的强制性规定等方面。

10.3.1.3.5　司法确认裁定的效力

司法确认裁定的权力分以下两种。

第一，司法确认裁定具有形式确定力。司法确认裁定的效力内容指司法确认裁判生效后应具有哪些效力。确定力根据不同的功能定位可以分为形式上的确定力和实质上的确定力。形式上的确定力是指司法裁判做出后一定期间内，相关的当事人没有表示异议，也没有向上一级机关申请复议或提起上诉，请求改判或发回重审，在法定的期限过后即认为相应的裁判合法适当，确定生效，而不能变动。实质上的确定力也称"既判力"，是指司法裁判正式生效后，其内容非依法定程序不能再变动，就做出裁判的人民法院而言，不能对同一违法行为，依同一事实和同一法律依据再做出另一次裁判；就被处罚的当事人来说，也不能就同一事项提起诉讼。总之，形式上的确定力是防止当事人在同一程序内对诉讼标的再次争执，实质上的确定力则是防止当事人在后诉中提出相矛盾的主张及证据。

知识产权纠纷行政调解协议司法确认实行一审终审制度，确认裁定具有形式确定力，当事人不能提起上诉。至于裁决的实质确定力，也就是既判力追求的前后诉裁判的一致性与这一制度并无联系。因为司法确认裁定的效力根据是当事人的合意，合意具有较大的任意性，在先诉讼中的合意未必与在后诉讼中的合意具有同一性，因而无法为具有既判力提供依据。当然，未予司法确认的行政调解协议则不具有确定力。根据《民事诉讼法》第一百九十五条规定，不符合法律规定的，人民法院裁定驳回申请，当事人可以通过调解方式变更原调解协议或者达成新的调解协议，也可以向人民法院提起诉讼。这意味着法律没有限制当事人再次就调解协议申请司法确认的权利，也没有剥夺当事人就纠纷的解决提起诉讼的权利。

第二，司法确认裁定具有执行力。执行力是对于裁判记载的给付请求权能够通过强制执行程序实现的效力。产生执行力的是经司法确认的调解协议中记载的给付内容。知识产权纠纷行政调解协议经人民法院司法确认后，确认裁定书送达双方当事人后发生法律效力，一方当事人拒绝履行的，另一方当事人可以依法申请人民法院强制执行。强制力的依据是调解协议中债权人得到确认的实体权利，它产生的作用力要求债务人必须履行义务。由于双方当事人共同申请司法确认，以表明其自愿接受裁判所可能产生的执行力拘束。因此，尽管调解协议中的给付内容本身无法直接产生强制的效果，然而，借助于非讼程序的运用，使得这一目标具有了实现的可能。

10.3.1.3.6 行政调解和司法程序之间的衔接

在大调解机制中，司法的作用主要在于通过对诉讼外调解达成的协议进行司法审查，确认其效力或者解决有关的争议。因此，行政调解和司法程序之间的对接主要包括以下两大部分。

第一，行政调解协议效力与司法确认裁定效力之间的对接。知识产权管理部门居中协调促成当事人达成的行政调解协议具有民事合同性质，通过司法确认这一非诉程序，实现调解协议的"法律转化"。私法属性的调解协议一旦通过司法审查，其协议的内容可以凭借司法确认裁定的形式而获得公法意义上的执行力。司法确认裁定的性质既不同于法院的判决书，也不同于法院的调解书。其具有拘束力和执行力既是法律的赋权，也是机制的应然设计。但是否具有形成力、确定力，却见仁见智，观点不一。判决之形成力是指由于形成判决的作用，使当事人之间发生新的权利义务关系，或将原有权利义务关系消灭或变更的一种判决效力。本书认为，在知识产权纠纷行政调解协议司法确认程序中，司法确认的是行政调解协议本身所形成的权利义务关系，只是赋予这种已成法律关系在司法上的确定性和可强制执行性，而非形成裁判发生的对原有法律关系状况的改变，因此司法确认裁定不具有形成力。

对于法院调解及人民调解协议司法确认裁判的既判力，有既判力肯定说、既判力否定说、既判力限制说、部分既判力说及既判力限缩说。本书认为，在知识产权纠纷行政调解协议司法确认程序中，如无案外人提起异议，确认调解协议有效的或部分有效的事项应拘束当事人服从该裁定内容，使之不得重复提出同一争执，同时作为国家机关的法院也必须尊重自己做出的裁决，具有终结诉讼的效力，法院不得对同一案件进行审理或另行做出裁判，当事人也不得提出上诉，即具有形式确定力。这也是由调解协议的意思自治性所决定的，当事人对自身诉权做出的放弃选择，使司法确认裁定享有终结性。同样，由于调解协议的合意性和妥协性，也决定了司法确认裁定不应具有约束后诉的既判力。但不予确认部分和全部不予确认的裁定不具有形式确定力，也不具有既判力。当事人在违背真实意思的情况下签订行政调解协议，或者知识产权行政管理部门的调解员与案件有利害关系，调解显失公正的，人民法院对调解协议效力不予确认，而非裁定驳回申请。在知识产权纠纷调解中，当事人也常就划分市场、锁定价格、联合限制或排斥竞争、以知识产权控制或支配市场等内容达成协调一致。这时应依照本身违法原则、综合考察产品的市场份额来寻找知识产权的合法垄断和限制竞争的非法垄断的平衡点。如果构成非法垄断，就属于以协议方式侵害国家利益、社会公共利益的情形，人民法院也应对调解协议做出不予确认的裁定。

此外，在司法确认过程中，由于法官不就具体的纠纷争议进行职权主义探究，有时难以对调解协议存在的瑕疵以及是否侵犯第三人合法权益进行判断，应建立司法确认瑕疵撤销制度，为可能受到侵害的主体提供救济。从《关于人民调解协议司法确认程序若干规定》来看，已经确立了案外人申请撤销制度来保护第三人的权益。① 遗憾的是，该项内容仅规定了确认裁定侵犯他人合法权益时对第三人予以救济的情形，而没有赋予人民法院主动撤销瑕疵裁定的职权。显然，这一撤销制度是不健全的。建议在知识产权纠纷行政调解协议司法确认程序中，不仅规定案外人撤销制度，而且要增加法院依职权撤销的情形，即司法确认程序中的法院依职权探知原理，在其做出调解协议司法确认裁定后一年内，发现原裁定违犯了法律禁止性规定，或者侵犯他人合法权益，情节严重的，可以主动依职权做出新裁定，撤销原裁定。撤销裁判具有溯及既往的效力。确认裁判被撤销后，该裁判视为

---

① 《关于人民调解协议司法确认程序若干规定》第十条规定，案外人认为经人民法院确认的调解协议侵害其合法权益的，可以自知道或者应当知道权益被侵害之日起一年内，向做出确认决定的人民法院申请撤销确认决定。

自始没有发生法律效力。

　　第二，司法确认程序与民事诉讼程序之间的转换。民事诉讼程序采当事人两造对立之基本结构，以言辞辩论为中心，循处分权主义与辩论主义之运作方式，目的在于谋求争执权利的确定实现。与之相反，非讼程序乃法院干预性地介入当事人之间的私人生活关系并谋求合目的性调整之程序，循职权探知主义之运作方式，[①] 目的是谋求无争议权利的保全。在知识产权纠纷行政调解协议司法确认程序的诉调对接模式下，就需要综合权衡两种程序的优缺点，以诉讼之功能补确认程序之不足，因此知识产权纠纷行政调解协议经司法审查裁定不予确认、未获全部确认或确认裁判被撤销后，当事人除可重新达成行政调解协议或和解协议外，还可向人民法院提起民事诉讼。司法确认程序作为非讼程序之一种，法院介入私权确认的目的不在于解决纠纷，而是通过司法确认预防纠纷的再发生，因此司法权运作时要求具有迅速快捷解决社会问题的特质，贯彻职权探知主义，做到"能动司法"。一旦司法确认程序转换成了诉讼程序，相应的司法权运作也由能动司法调整为被动司法，职权探知主义开始转变为当事人主导的辩论主义，法院必须调整裁判姿态，转换角色定位，追求慎重正确判决的诉讼价值目标。

10.3.1.4　立法的完善及配套措施的建立

　　由于知识产权纠纷行政调解协议的司法确认在国家立法层面尚无明确规定，而人民调解协议司法确认的相关制度也并不能当然地适用

---

　　① ［日］小岛武司、小林学：《基本讲义民事诉讼法》，信山社 2005 年版，第 5 页。

知识产权纠纷行政调解领域。为了进一步推动知识产权领域诉调对接工作机制的发展和完善，本书建议，在立法层面，我国《著作权法》《专利法》《商标法》等专门知识产权法中，应设置专门条款，对知识产权纠纷行政调解协议的性质、效力和司法确认等内容做出原则性规定，即"县级以上人民政府知识产权管理部门应当事人的请求，可以就当事人能够合意解决的知识产权纠纷进行调解。经调解达成的协议具有民事合同性质，经调解机关和调解员签字盖章后，双方当事人可以自生效之日起三十日内共同向有管辖权的人民法院申请司法确认。调解协议经人民法院依法确认后，一方当事人拒绝履行或者未全部履行，对方当事人可以向做出确认裁定的人民法院申请强制执行。调解不成的，当事人可以依照《中华人民共和国民事诉讼法》向人民法院起诉"。同时，参照《中华人民共和国民事诉讼法》、《中华人民共和国人民调解法》和《最高人民法院关于人民调解协议司法确认程序的若干规定》，由最高人民人民法院出台《关于知识产权纠纷行政调解协议司法确认程序的规定》，以具体规范知识产权纠纷行政调解协议司法确认程序，指导基层法院开展知识产权纠纷行政调解协议司法确认工作。

10.3.2　知识产权纠纷行政调解协议司法确认的改革现状

湖南省是全国最早探索开展专利纠纷行政调解协议司法确认试点工作的省份。该省的专利纠纷行政调解较成规模，并于 2011 年 11 月实施《湖南省专利条例》，在我国首次以地方立法的形式明确规定了专利纠纷行政调解协议的司法确认机制。2013 年 4 月 18 日，湖南省高级人民法院和湖南省知识产权局在长沙市岳麓区人民法院正式启动专利纠纷行政调解协议司法确认试点工作。试点三年多以来，湖南从提出要探索建立专利行政调解协议司法确认制度，到以专利地方法规《湖南省专利条例》[①] 中的条款对新的制度予以确定并颁布，以及配套措施制定、运行实施等，其中充满着探索与实践。湖南的实践应该说是对具有中国特色的专利行政保护制度的创新，通过这一尝试为行政调解协议司法确认提供了经验和启示，为《专利法》中的行政保护与司法保护衔接提供了可行性借鉴，为完善我国知识产权保护体系提供了实证范本。

10.3.2.1 调研论证及出台配套法规

调研论证及出台配套法规下面分三个部分予以论述。

10.3.2.1.1 存在的分歧

从立法的角度，要建立一种新的法律制度，前期一定要调研论证，湖南省知识产权局针对要解决专利执法实践中的问题，专门设立一个课题，委托高校团队进行研究，研究团队权衡各种方法的利与弊，并与湖南省知识产权局执法者商量后提出，采用专利行政调解协议后续司法确认，赋予调解协议较强效力的机制。随后湖南省人大组织了全方位的调研听取意见，当时意见分歧很大，反对的意见主要有以下三种。

第一，地方法规不能突破上位法，在地方法规中设立专利行政调解司法确认机制于法无据。因为没有一部法律或司法解释对行政调解协议的司法确认进行规定，而《专利法实施细则》在第八十

---

① 《湖南专利条例》第三十一条：县级以上人民政府管理专利工作的部门调解专利纠纷，应当遵循自愿、合法的原则，促成当事人和解或者达成调解协议。达成具有民事合同性质的调解协议的，双方当事人认为必要，可以依法向有管辖权的人民法院申请司法确认。

条、八十一条、八十五条分别对专利纠纷行政调解的指导、管辖、调解范围进行了规定。

第二，专利纠纷案件的管辖与调解协议司法确认的管辖有冲突，司法实践存在障碍。对于专利纠纷案件的管辖级别是很高的，《最高人民法院关于审理专利纠纷案件适用法律问题的若干规定（法释〔2001〕字第 21 号）》第二条规定：专利纠纷第一审案件，由各省、自治区、直辖市人民政府所在地的中级人民法院和最高人民法院指定的中级人民法院管辖。但是对于调解协议司法确认的管辖，根据最高人民法院《关于人民调解协议司法确认程序的若干规定》第二条规定：当事人申请确认调解协议的，由主持调解的人民调解委员会所在地基层人民法院或者它派出的法庭管辖。

第三，救济途径的设计于法无据。经过司法确认的行政调解协议的性质决定救济途径的安排，而专利纠纷行政调解协议司法确认的性质于法无据，因此，专利纠纷行政调解协议司法确认的救济途径是通过诉讼途径还是非诉讼途径，在定位上还存在争议。

10.3.2.1.2 解决方案及回应

解决方案及回应，笔者认为有以下三种。

第一，地方法规在不突破上位法的前提下，可适当补充法律空白。我国社会经济快速发展，全国人大制定法律的步伐不能全面满足发展的需要，特别是知识产权这种非传统类的法律，要适应科技快速变化发展的需求，要通过地方和部门法规规章来补充。因此，作为地方法规的下位法在不突破法治精神、法治原则，不冲突上位法禁止条款的框架下，可以而且应该有所创新。从社会需求和司法实践来看，在多元化纠纷解决机制不断推进和完善的时代背景和发展趋势下，建设多元化的尤其是非诉纠纷解决机制，是缓和社会矛盾，建设多样化的争端解决机制的必然要求，也与我国一贯坚持的法治精神和法治原则相吻合。

第二，专利纠纷案件的管辖与调解协议司法确认的管辖分属不同类型，可以分开设置。由于专利纠纷案件的审理事实与司法确认的审理事实不同，专利行政调解协议的司法确认案件不应归类于一般的专利民事纠纷案件，前者对专利纠纷涉及争议事实做出判断和决定，对审判规则、业务技能、程序设置要求高，故管辖级别高。后者是审查调解协议的真实性和合法性，不对专利纠纷本身进行实质审查，只要求审判者具备审查的基本素质，故管辖级别可以适当降低。因此从法理上，法治原则上是可以协调设计的。

第三，救济途径可以参照人民调解协议司法确认的相关规则。根据 2009 年《最高人民法院关于建立健全诉讼与非诉讼相衔接的矛盾纠纷解决机制的若干意见》第八条的规定①，专利行政机关就专利纠纷当事人之间的民事权利义务关系进行调解达成的协议，具有民事合同的性质。经司法确认后的专利行政调解协议在性质上应该与行政机关、人民调解委员会、商事调解组织、行业调解组织等对当事人的民商事纠纷组织的调解活动下达成的调解协议性质相同，其救济途径与

---

① 2009 年《最高人民法院关于建立健全诉讼与非诉讼相衔接的矛盾纠纷解决机制的若干意见》第八条：为有效化解行政管理活动中发生的各类矛盾纠纷，人民法院鼓励和支持行政机关依当事人申请或者依职权进行调解、裁决或者依法作出其他处理。调解、裁决或者依法作出的其他处理具有法律效力。当事人不服行政机关对平等主体之间民事争议所作的调解、裁决或者其他处理，以对方当事人为被告就原争议向人民法院起诉的，由人民法院作为民事案件受理。法律或司法解释明确规定作为行政案件受理的，人民法院在对行政行为进行审查时，可对其中的民事争议一并审理，并在作出行政判决的同时，依法对当事人之间的民事争议一并作出民事判决。行政机关依法对民事纠纷进行处置后达成的有民事权利义务内容的调解协议或者作出的其他不属于可诉具体行政行为的处理，经双方当事人签字或者盖章后，具有民事合同性质，法律另有规定的除外。

人民调解法所指的经司法确认的人民调解协议一致。另外，最高人民法院关于适用《中华人民共和国民事诉讼法》的解释第三百七十四条对调解协议司法确认裁定的异议和救济程序已做出了相关规定，进一步完善了调解协议的司法确认程序。

经过湖南省人大多次召集相关专家，组织相关部门，充分听取意见，反复研究讨论，在权衡各方意见的基础上，最终形成一致意见：通过以《湖南省专利条例》立法的方式明确规定专利纠纷行政调解协议司法确认制度。

10.3.2.1.3 《湖南省专利条例》的颁布实施

2011 年 11 月 27 日由湖南省十一届人大常委会第二十五次会议审议通过了《湖南省专利条例》，于 2012 年 1 月 1 日起施行。该条例第三十一条规定："县级以上人民政府管理专利工作的部门调解专利纠纷，应当遵循自愿、合法的原则，促成当事人和解或者达成调解协议。达成具有民事合同性质的调解协议的，双方当事人认为必要，可以依法向有管辖权的人民法院申请司法确认。"湖南省在全国率先建立了专利纠纷行政调解协议司法确认制度。为学习宣传贯彻实施好该条例，省人大、省政府法制办、省知识产权局专门召开《湖南省专利条例》贯彻实施动员大会，全省知识产权协调领导小组相关单位，园区、企业和发明人代表约 300 人参加会议。宣传《湖南省专利条例》，营造好实施专利纠纷行政调解司法确认制度的法制环境，湖南通过多种方式宣讲《湖南省专利条例》，在电视上宣传，在报纸上刊登《湖南省专利条例》全文，省知识产权局领导还分别带队到市县，到工业园区、到学校、到企业进行宣讲，宣传的重点内容之一就是介绍湖南专利行政调解司法确认制度的特点。

2012 年，为贯彻落实《湖南省专利条例》，全面实施专利纠纷行政调解协议司法确认制度，省知识产权局与省高级人民法院就实施专利纠纷行政调解协议司法确认制度，组织专家对专利纠纷行政调解司法确认的范围、行政调解与司法确认之间衔接的程序、有关材料的要求、审查的内容、工作的原则等方面进行了全方位的设计研究。省知识产权局与省高级人民法院分别着手各自制定工作流程，省高级人民法院研究指定管辖法院。

2013 年年初，省知识产权局与省高级人民法院以及指定管辖法院共同召开了专利纠纷行政调解协议司法确认对接工作座谈会，对具体实施专利行政调解司法确认相关工作进行了部署，形成了《专利纠纷行政调解协议司法确认对接工作座谈会会议纪要》以及双方的工作规范，并于 2013 年 3 月下发到全省各级法院和知识产权局。

2013 年 4 月 18 日，作为知识产权宣传周的重要内容，湖南省高级人民法院、湖南省知识产权局共同举行了专利纠纷行政调解协议司法确认试点工作启动仪式。多位省级领导和干部出席了启动仪式。湖南省高级法院、长沙市中级法院、长沙市岳麓区法院等法院法官，湖南省知识产权局、长沙、株洲、湘潭市知识产权局的执法人员，湘潭大学、中南大学的教授及相关专家学者，企业代表参加了此次的启动仪式。由此揭开了湖南省专利纠纷行政调解协议司法确认工作在全省范围内铺开的序幕，这项制度在湖南正式开始实施。

10.3.2.2　湖南专利行政调解协议司法确认试点工作的开展

经过基层法院多年的实践和探讨后，最终在《人民调解法》和《民事诉讼法》中确立人民调解协议司法确认制度。人民调解法明确规定人民调解协议可以向人民法院申请司法确认的整体进程，是从多元化纠纷解决机制的提出，到全国各地法院试点实践，到最终立法确定，体现的是人民法院积极探索、勇于创新的精神，回应人民群众迫切的解纷需求，这也为专利行政调解协议司法确认工作机制提供了借鉴。由于专利行政调解的司法确认是一项制度改革，虽然其他省份部分法院在相关方面有了一些尝试，也取得了一些成效，但法律和司法解释毕竟没有明确地对此做出规定。从湖南省的情况来看，全省各地专利行政执法的数量、执法能力、执法的规范程度等方面不均衡，有差异，通过司法确认赋予专利纠纷行政调解协议强制执行力也不宜全面推开。因此，可以在专利行政程序规范、案件较多、执法人员素质相对较高的长沙市先选择1—2个法院开展试点，总结试点工作实践和经验，再予以推广更为科学合理。下面分两部予以论述。

10.3.2.2.1　试点法院的遴选

试点法院应当具备以下三个条件。一是要具有知识产权案件管辖权。试点法院应当熟悉审理知识产权案件的思路和裁判逻辑，具备一定审查知识产权权利证据等方面的专业经验；同时，与辖区内的专利管理部门（知识产权局）关系紧密，业务沟通衔接方便。二是要有一定数量的知识产权案件，即其辖区内的行政管理部门受理的专利行政案件相对较多。三是应有一定经验，既要有知识产权的审判经验，还应积累了一定的人民调解协议司法确认的经验。在湖南省有5个具有一般知识产权案件管辖权的基层法院，分别是长沙市岳麓区、天心区、长沙县法院，株洲市天元区法院和常德市津市市法院。在这5个法院中，岳麓区是湖南省长沙市高新技术开发区所在地，是企业的汇聚之地，还是文化产业聚集区，有丰富的知识产权研发、服务资源，是湖南省两型社会建设的前沿阵地，是省知识产权局、省科技厅等省、市级知识产权行政管理部门所在地，具备全方位的知识产权行政管理与服务体系。省知识产权局、长沙市知识产权局是全省受理专利纠纷较多的部门，2008 年以来平均每年受理专利纠纷 50—100 件。从 2012 年开始，《湖南省专利条例》赋予了各区县管理专利的部门拥有专利纠纷执法权，案件数量有增加趋势。从 2006 年开始岳麓区法院就开展人民调解与司法调解衔接的试点工作，积累了调解协议司法确认的经验，2008 年又在全省率先开展人民调解、行政调解、司法调解衔接的"三调联动"试点工作，积累了丰富的人民调解协议司法确认的经验。2012 年 5 月，又成为湖南省唯一一家，最高人民法院确定的"扩大诉讼与非诉讼相衔接的矛盾纠纷解决机制改革"的试点法院①，有政策上的支持。因此，长沙市岳麓区法院具备试点法院的条件。

10.3.2.2.2　司法确认工作的展开

《湖南省专利条例》颁布后，湖南正式启动专利纠纷行政调解协议司法确认试点工作。为全面推动实施专利纠纷行政调解协议司法确认制度，展开的主要工作有以下五项。

第一，专利纠纷行政管理部门与法院建立长效的司法确认对接工作机制。省高级人民法院代表司法机关与省知识产权局代表专利机关建立试点工作对接工作机制，组成了由省高级人民法院、省知识产权局、试点法院、长沙知识产权局等协调联动的工作机构，落实了人员

---

① 2012 年 4 月 10 日，最高人民法院印发《关于扩大诉讼与非诉讼相衔接的矛盾纠纷解决机制改革试点总体方案》，在全国遴选了 42 家法院对"诉非衔接"机制改革进行试点，长沙市岳麓区人民法院是湖南省唯一一家试点法院。

和经费。省知识产权局负责全省行政机关的专利纠纷行政调解工作的领导、协调工作，确保调解的规范性和准确性。省高级人民法院负责对试点法院的监督和指导，确保试点法院依法开展工作。试点法院支持专利管理部门开展调解工作，协助其完善组织建设，制定相关管理制度和程序规范，建立定期沟通联络机制，发挥其在诉调对接平台中的作用。针对试点工作出现的问题先后多次启动对接联络机制，研究如何简化确认程序问题，如何以远程、视频等方式解决外地申请人的确认问题，如何解决外地当事人的不便立案问题，以及知识产权局的前期材料提交范围、调解协议可能涉及的第三人权益保护、证据材料的提交程度等逐一进行探讨，并形成共识，明确了后期的试点工作方向。还建立了法院与专利行政机关之间相对固定的诉调对接关系，方便对试点工作的联系和协调；法院还根据需要向专利纠纷较多的专利管理部门派出法官巡回办案，方便对行政调解协议的司法确认，使确认工作更加便捷和高效。

第二，在试点法院设立司法确认管理机构。2011 年《最高人民法院关于人民调解协议司法确认程序的若干规定》第六条规定，人民法院受理司法确认申请后，应当指定一名审判人员对调解协议进行审查。在此之前，试点的岳麓区法院已建立"诉调对接中心"，可以由诉调对接中心统一归口管理专利纠纷行政调解协议的司法确认，基于专利纠纷本身存在一定的特殊性，根据《最高人民法院关于人民调解协议司法确认程序的若干规定》的精神，可以由诉调对接中心指定法院知识产权庭的法官负责处理此类案件。这种方式既可以保证专利纠纷解决的统一性和专业性，又把专利纠纷行政调解协议置于诉调对接的大框架内，便于管理和指导。省高级人民法院将加强对试点法院的监督和指导，确保试点法院依法、依规进行试点工作。省高级人民法院知识产权庭（民三庭）负责对试点法院的工作指导，长沙市中级人民法院知识产权庭（民五庭）协助相关的指导工作。省知识产权局加强对专利纠纷行政调解工作的领导、协调，进一步完善专利纠纷行政调解程序，确保调解的规范性和准确性。

第三，制定专利纠纷行政调解协议司法确认规程。为确保试点工作的规范有序开展，在现有法律框架内，完善了相应的规章制度。制定了《长沙市岳麓区人民法院开展专利纠纷行政调解协议司法确认试点工作方案》，明确试点工作的指导思想，成立了试点工作领导小组，对试点工作进行了部署和分工安排；出台了《长沙市岳麓区人民法院专利纠纷行政调解协议司法确认工作规范（试行）》，对司法确认的范围、参与各部门、确认提交的材料、审查的内容和时限、调解协议的瑕疵补正、不予确认的情形、确认裁定的执行以及错误确认的救济程序等问题逐一进行了规范；参考最高人民法院发布的法律文书格式，明确规范了 11 种专利纠纷行政调解协议司法确认工作可能涉及的文书格式，具体为：申请确认时应当提交的材料，包括确认申请书、承诺书、行政调解和解协议书、当事人送达地址确认书、行政机关证据材料移送函的格式和内容等；法院审查询问笔录的格式和内容，应当向当事人交代的事项，以及对涉案的第三人的调查和询问；案卷目录等逐一进行规范。为加强湖南全省知识产权局系统专利纠纷调解案件与司法系统司法确认之间的程序对接，省知识产权局根据《湖南省高级人民法院、湖南省知识产权局专利纠纷行政调解协议司法确认对接工作座谈会会议纪要》，结合工作实际，制定了《湖南省知识产权局系统专利纠纷行政调解协议司法确认工作规范（试行）》，进一步对全省知识产权局系统开展司法确认案件的范围、主体、程序等方面予以了明确。

第四，提高队伍素质，适应行政调解协议司法确认工作需要。省知识产权局系统和试点法院都开展了业务培训，省知识产权局系统在全省400多人参加的专利执法人员培训班上，专门介绍了专利纠纷行政调解程序、原则、方法、调解协议的内容、与法院交接的要求等。试点法院虽于2009年1月经最高人民法院批准，取得审理本辖区内除专利、植物新品种、集成电路布图设计纠纷的第一审知识产权案件管辖权。对专利纠纷案件的审理缺乏相应的专业技能。虽然专利纠纷行政调解协议司法确认案件侧重于对调解程序的合法性审查，审查的对象是调解协议而非案件本身，但是审查的过程多少会涉及专利的专业知识和相应的专利法律法规，这就要求法官要具备相应的专业技能。为正确进行专利纠纷行政调解协议司法确认，调高确认的效率，试点法院对负责该项司法确认案件立案工作和确认工作的立案庭及知识产权庭相关人员组织了相关培训，除系统地对专利法律法规及案例组织学习外，还到上级法院跟班学习相关的专利案件审判技能；加强和行政执法部门的沟通和交流，学习行政部门的执法经验，全面提高行政执法人员和法官素质，为全面实施专利纠纷行政调解协议司法确认制度提供人才保障。

第五，加强对试点工作的理论研讨及试点经验的总结和汇报、宣传工作，扩大影响，推动试点工作的进一步开展。省高级人民法院和省知识产权局系统加强对试点工作相关理论研讨及试点经验的总结和汇报工作，以便及时探讨和解决试点中可能遇到的问题，确保试点工作的良性运行，同时，加强宣传，扩大影响面，进一步推动试点工作的开展。2013年4月12日，长沙市岳麓区人民法院与中南大学法学院、中南大学知识产权研究院等共同承办了湖南省知产局举办的《湖南省专利条例》配套政策实施高层论坛，湖南省发改委、省经信委、省科技厅、省高院、长沙市中院、岳麓区法院，以及来自湘潭大学、中南大学、中国社会科学院等多家单位的专家学者和领导应邀参加了此次高层论坛。与会专家、领导、学者各抒己见，针对专利纠纷行政调解协议的司法确认的理论和实践问题进行了深入探讨，论坛围绕"专利纠纷行政调解协议司法确认试点工作"和"建立湖南省重点经济活动知识产权审议机制"两项主题展开了热烈的讨论，尤其是对开展的专利纠纷行政调解协议司法确认试点工作的必要性和可行性，以及对调解协议如何进行审查，在多大范围内进行审查，以及从行政制度体系的角度等进行了深层次的讨论。2016 年 2 月，中南大学知识产权研究院举办"湖南省专利纠纷行政调解协议司法确认试点推进工作研讨会"，与会人员就专利纠纷行政调解协议司法确认的试点及相关衔接工作进行了回顾，对取得的经验和存在的问题进行了总结，与会专家对多元化解纠纷展开了热烈的讨论。2016 年 3 月，中南大学知识产权研究院与湖南省高级人民法院、岳麓区法院联合调研沪、浙等地专利纠纷多元化解工作，先后到上海知识产权法院、杭州市西湖区人民法院、义乌市人民法院进行了实地调研，考察学习沪、浙两地的知识产权诉调对接及多元化解纠纷机制。2016 年 8 月，中南大学知识产权研究院举办"中国特色知识产权保护制度的地方实践与《专利法》修订研讨会"，湖南省知识产权局、湖南省高级人民法院、湖南省人民政府法制办公室、长沙市知识产权局、长沙市中级人民法院、岳麓区人民法院以及来自高校、企业和中介机构的专家代表参加了此次会议。本次研讨会围绕中国特色的知识产权保护制度，以理论研究、理论探索、理论指导实践为出发点，对新形势下的知识产权保护工作进行了研讨，总结了在全国范围内具有样板意义的地方知识产权保护工作实践，为今后知识产权保护体制的改革和发展提供了重要的智力资源，为知识产权强国建设提供了湖南的实践经验和生动参考。

10.3.2.3　阶段性成果与评价

阶段性成果与评价分以下两部分讨论。

10.3.2.3.1　试点工作运行总体情况

自 2013 年试点以来，湖南知识产权局系统共行政调解专利纠纷 383 件，其中侵权纠纷 175 件，其他专利纠纷 209 件。向人民法院申请司法确认行政调解协议效力的 26 件，得到法院司法确认的 19 件。从数据可以看出取得了以下三项成果。

第一，确认案件数量偏低，当事人申请确认的积极性并不高。笔者认为原因有以下两点：一是由于确认申请必须双方共同提出，双方同时愿意确认较少，启动确认程序的合意难以达成；二是当事人认为确认属于额外程序，如果能自行解决，都不愿再向法院申请司法确认。在试点实践中，当事人申请司法确认前后需要三次，分别是提交确认申请，接受法院询问，领取确认裁定等，感觉耗时费钱费力，需要支出额外的时间、金钱等成本。因此，实践中，当事人仅在存在履行困难的可能，需要依靠法院出具文书确保协议执行的情况，当事人才会向法院申请确认。

岳麓区法院司法确认的专利纠纷行政调解案件类型包括：侵害外观设计专利权纠纷 6 件，侵害实用新型专利权纠纷 5 件，其他专利纠纷 8 件（其中设计发明专利 6 件，设计实用新型专利 2 件）（见表 10 - 1）。

表 10 - 1   **19 件获得司法确认案件信息统计（1）**

案件信息		数量(件)	备 注
案件纠纷类型	侵害外观设计专利权纠纷	6	
	侵害实用新型专利权纠纷	5	
	设计发明专利纠纷	6	
	设计实用新型专利纠纷	2	

第二，经司法确认的 19 件专利纠纷当事人均自觉履行了调解协议，没有一件进入法院的强制执行程序，没有一件确认案件启动审判监督程序，纠纷均得到了实质性解决，初步体现了行政调解和司法确认对接的功能优势。

其中 2013 年司法确认 3 件，2014 年司法确认 8 件，2015 年司法确认 7 件，2016 年司法确认 1 件。另有 7 件因手续不全等原因，纠纷当事人主动撤回了确认申请。

第三，通过调研，7 件撤回的确认案件当事人后续并未再次提出司法确认的申请。其中有 2 件专利纠纷，在相关行政机关工作人员做了大量的工作和引导下，当事人才签订了行政调解协议，但随后向岳麓区法院申请司法确认时遇到了"阻碍"。原因是该两起案件涉及专利权属问题，但由于行政机关对该案调解投入大量的时间、精力，在撤回申请后，降低了其开展行政调解工作的积极性。

10.3.2.3.2 运行效果与评价

湖南省专利行政调解协议司法确认的探索和实践，是对解决专利保护体制法律及运行困境的突破性尝试：在制度设计上，有效加强知识产权行政管理部门与法院系统沟通协调，有利于推进行政执法与司法的无缝对接，提高行政调解的实效；在人才培养上，通过不断规范调解内容和形式、创新调解方法，较大地提高基层执法人员的业务素质，增强了基层调解工作质量，为知识产权执法工作提供了更加坚实的人才保障；在法律程序上，为实现建立低成本、快捷、高效的专利行政保护的同时，兼具强制司法执行力的专利保护模式，提供了良好的实证材料，也为专利纠纷行政调解司法确认在全国的全面推广提供了有效参考。

10.3.2.4 实践中发现的问题与思考

湖南进行了探索性的试点工作，取得了成绩，积累了很多经验，但仍存在很多问题主要体现为以下几个方面。

第一，申请司法确认数量总数偏低。尽管司法确认有赋予调解协议更高效力的优势，但当事人在做出申请确认的选择时也会考虑到确认成本问题。鉴于目前专利行政执法权仅赋予市级以上专利行政部门，而调解协议司法确认工作的涵盖范围只有基层法院，且绝大部分基层法院尚未取得专利纠纷审判权，也未设立相应的司法确认部门，在行政调解与司法确认的层级上往往不能对应。

截至 2017 年 9 月，全国享有专利纠纷一审管辖权的中级法院和基层法院有 59 家。中国大陆 31 个省级行政区中，有 14 个仅有 1 家法院具有专利案件管辖权，9 个有 2 家法院，7 个有 3 家法院。另外，山东省目前有 6 家（见表 10-2）。

表 10 - 2 　　　　全国具有专利纠纷第一审案件管辖权的法院

地　区	法　　院
北　京	北京知识产权法院
上　海	上海知识产权法院
广　东	广州知识产权法院(管辖广东省全省除深圳以外的 专利一审民事和行政案件)、深圳中院
四　川	成都中院内设成都知识产权审判庭(管辖四川省全省的 专利一审民事和行政案件)
湖　北	武汉中院内设武汉知识产权审判庭(管辖湖北省全省的 专利一审民事和行政案件)
云　南	昆明中院
山　西	太原中院
青　海	西宁中院
江　苏	南京中院内设南京知识产权法庭(管辖南京、镇江、扬州、泰州、 盐城、淮安、宿迁、徐州、连云港市辖区内的专利一审民事和行政案件) 苏州中院内设苏州知识产权法庭(管辖苏州、无锡、常州、 南通市辖区内的专利一审民事和行政案件)
海　南	海口中院
甘　肃	兰州中院
西　藏	拉萨中院
宁　夏	银川中院
吉　林	长春中院
陕　西	西安中院

续　表

河　北	石家庄中院
河　南	郑州中院、洛阳中院
安　徽	合肥中院、芜湖中院
广　西	南宁中院、柳州中院
贵　州	贵阳中院、遵义中院
福　建	福州中院、厦门中院、泉州中院
湖　南	长沙中院、株洲中院、湘潭中院
江　西	南昌中院、景德镇中院、宜春中院
内蒙古	呼和浩特中院、包头中院
辽　宁	沈阳中院、大连中院、葫芦岛中院
黑龙江	哈尔滨中院、齐齐哈尔中院
天　津	天津一中院、天津二中院
重　庆	重庆一中院、重庆五中院、两江新区知识产权法庭(管辖渝北区、江北区、北碚区辖区内的起诉标的额为300万元以下的实用新型和外观专利一审民事案件,渝北区辖区内的专利一审行政案件)
新　疆	乌鲁木齐中院、建设兵团分院农八师中级人民法院、建设兵团分院农十二师中级人民法院
山　东	济南中院、青岛中院、烟台中院、潍坊中院、淄博中院、东营中院
浙　江	杭州知识产权法庭跨区管辖杭州市、嘉兴市、湖州市、金华市、衢州市、丽水市六市辖区知识产权民事、行政和刑事案件; 宁波知识产权法庭跨区管辖宁波市、温州市、绍兴市、台州市、舟山市五市知识产权民事、行政和刑事案件; 义乌市法院

以湖南省为例，通过省知识产权局与长沙市知识产权局调解的专利纠纷，只能通过岳麓区法院进行司法确认。但实践中许多涉案的当事人住所地并不在长沙市当地，当事人申请司法确认成本颇高（岳麓区法院司法确认 19 件案件中，当事人住所地不在长沙市内的比例高达 75%）。特别是针对长沙市外地区的当事人在申请司法确认后，因为证据不足，手续不齐全等问题导致不能当场进行立案确认的，司法确认对其而言不是"便捷"而是"累赘"了。这也导致为什么岳麓区法院退回 7 件确认申请，没有当事人选择重新提交申请（见表 10 - 3）。

表 10 - 3　　　　　　　　19 件获得司法确认案件信息统计（2）

案件信息		数量（件）	备　注
当事人住所地	湖南省长沙市内	5	部分案件当事人重合，数据仅统计一次
	湖南省长沙市外	11	
	湖南省外	4	

第二，大部分专利纠纷行政调解协议中存在瑕疵。申请司法确认案件数量 26 件，包含已确认的 19 件及撤回的 7 件，其中得到确认的调解协议没有瑕疵的 1 件，基本无瑕疵的约为 9 件，存在瑕疵的约占一半以上。这些案件一般都存在确认的内容缺乏规范性、明确性，缺乏执行条款的瑕疵。在上文统计 19 件案卷相关数据中，有两件案件（2014 年岳知调确字第 1 号、第 2 号案）仅要求停止侵权；有 5 件案件（2014 年岳知调确字第 7 号、第 8 号案，2015 年岳知调确字第 1 号、第 2 号、第 3 号案）当事人调解协议中仅要求明确涉案专利权的权属，并没有相应的可执行条款（见表 10 - 4）。

表 10 - 4　　　　　　　19 件获得司法确认案件信息统计（3）

案件信息		数量(件)	备　注
司法确认调解协议内容	要求停止侵权	10	2014 年 1 号、2 号案仅要求停止侵权 2014 年 7 号、8 号案，2015 年 1 号、2 号、3 号案仅要求确权
	再次侵权时要求赔偿	2	
	承认专利权有效	1	
	支付许可费	1	
	支付经济赔偿金	4	
	涉及所有权归属问题	8	
	专利普通实施许可授权	2	
	分配收益比例	1	

　　第三，对申请确认的当事人提交证据的范围和程度尚待规范。按照《岳麓区法院专利解纷行政调解协议司法确认试点工作规范》第八条，法院的审查内容主要是审查行政调解协议内容的真实性与合法性，审查的重点是程序，不是实体。只要程序合法，调解协议内容合法，即应当确认。那么，在审查内容是否合法，尤其是调解协议内容涉及第三方权益时，当事人是否应该提交相应的证据材料证明未侵害第三方权益或经过第三方授权，是否增加了当事人负担且是否超出审查范围。因此，对证据的提交范围和程度，有待研讨和规范。

　　第四，部分专利纠纷行政调解中争议的权利不明确，涉及第三人的权利处分。对个别可能涉及第三人权益的调解协议，应确保其不侵害第三人合法权益。部分案件的调解协议可能牵涉到第三方的合法权益保护的问题，对能够通过原告提交的初步证据判定调解协议不侵害第三方权益的，予以确认。对经审查后仍无法确认未侵害第三人权益的，不予立案确认。

我们在调研过程中了解到，2016 年 1 号案件的调解双方达成调解协议后申请司法确认，但其调解协议争议的权利涉及第三人权利。该案件基本案情如下：2010 年 10 月 10 日，威尔曼公司与华夏生物药业公司签订专利许可使用合同。2011 年 9 月 30 日，威尔曼公司与康芝公司签订专利实施许可合同主体变更的补充协议。康芝公司通过专利许可转让获得生产威尔曼公司"抗菌组合药物"（ZL98113282.0）专利产品，同时向威尔曼公司支付相应专利使用费。尔后，康芝公司在专利使用过程中发现威尔曼公司该项专利不符合《专利法》规定，不应授予专利，遂向国家知识产权局专利复审委员会提出专利无效申请。在这期间，威尔曼公司与第三人邓桂兴产生专利权属纠纷，2016年 3 月 7 日，邓桂兴对该项专利向国家知识产权局提交中止程序请求书。国家知识产权局启动中止程序，中止期限自 2016 年 3 月 7 日至2017 年 3 月 7 日。2016 年 4 月 7 日，威尔曼公司与邓桂兴达成《专利纠纷调解协议书》，约定该项发明专利的专利权人由威尔曼公司变更为威尔曼公司和邓桂兴，并约定了收益分配事项。同日，威尔曼公司和邓桂兴对该调解协议共同向法院申请司法确认。法院受理申请后对调解协议予以确认。康芝公司认为，威尔曼公司与邓桂兴恶意串通，虚构事实，利用行政调解机关达成调解协议并向法院申请司法确认，达到中止专利复审委员会对涉案专利的无效宣告审查程序的目的，严重侵害了康芝公司的合法权益，故向法院起诉申请威尔曼公司与邓桂兴达成的《专利纠纷调解协议书》无效。

对案件进行分析可知，威尔曼公司与邓桂兴涉案专利的权属纠纷达成行政调解协议后通过法院司法确认，该调解协议从法律效力上已具有强制执行力。涉案专利权属也因司法确认程序得以明确。但该司法确认也存在风险，可能会侵害案外第三人的合法权益。在威尔曼公司与邓桂兴达成调解协议申请司法确认前，康芝公司已向专利复审委员会申请该专利无效。威尔曼公司与邓桂兴的行为导致该无效申请中止一年。康芝公司仍需要向威尔曼公司支付专利转让费用。康芝公司认为，邓桂兴是威尔曼公司关联公司员工，达成调解协议及申请司法确认是目标一致的协同行为，双方恶意串通进行虚假诉讼。民事诉讼确定虚假诉讼有一定难度，康芝公司因此陷入了权利救济的盲点。通过此案发现，目前当事人在行政机关主持下达成的专利调解协议确实达到了阻止专利无效审查程序的推进效果，导致权利人可相对较长时间地收取许可费。实践中，很多专利权利人利用专利权属纠纷达到用阻却专利无效申请的策略避免自己专利被宣告无效的目的。同时，在出现行政调解协议司法确认程序后，当事人通过权属纠纷达成的调解协议获得了来自公权力的"保障"，原本仅具有民事合同效力的调解协议经司法确认后获得了强制执行力。法院做出的司法确认裁定书未经法院撤销、改判的情况下也具有一般生效裁判同等效力。这种利用规则不完善来避免损失本无可厚非，但这种规则利用会导致第三人损失很难通过正常诉讼程序进行救济。

第五，部分行政调解中当事人的委托手续不规范等。首先通过分析表 10－5 数据，当事人从申请立案至法院正式受理立案所需时间大于 1 天的有 9 件，其中有 2 件时间超过一个月（该 2 件案件为 2015 年岳知调确字第 6 号、第 7 号案，当事人申请时间为 2015 年 7 月 28 日，法院正式立案时间为 2015 年 11 月 6 日）。其次，在案件受理后，有 2 件案件并未在受理当日做出确认裁定（该 2 件案件为 2014 年岳知调确字第 1 号、第 2 号案件，审结时间 5 天）（见表 10－5）。上述数据从侧面说明，当事人在达成行政调解协议时委托手续不规范、提交证据存在瑕疵等问题会直接影响到后续司法确认程序的进行。

表 10 - 5　　　　　19 件获得司法确认案件信息统计（4）

案件信息		数量(件)	备　注
当事人申请到案件立案时间	1 天	10	2016 年 12 号,2014 年 3—8 号案,2013 年 2、3 号案申请到结案仅用一天（其中 2014 年 3—8 号案全于 14、10、22 日申请）
	2—7 日(含 7 天)	7	
	7—30 日(含 30 日)	0	
	30 日以上	2	
案件立案至审结时间	1 天	17	2014 年 1、2 号案审结 5 天（申请到立案 6 天）
	7 天内	2	

　　笔者在调研唯一一件没有瑕疵的案件时发现,该案是由长沙市知识产权局主导的调解,调解员原为长沙市中级人民法院知识产权庭副庭长,后调至市知识产权局任执法处长。在进行行政调解时,因为调解员自身专业过硬,对法院处理知识产权案件有丰富的工作经验,同时对行政机关程序性事项十分熟悉。在她的调解主导下,该案形成的调解协议内容明确,格式规范,提交给法院司法确认的证据材料齐全,很快通过了法院的司法审查,最大限度地节省了当事人及法院时间和精力。

　　第六,专利纠纷行政调解协议司法确认的法律依据有待加强。在没有明确的上位法规范专利纠纷行政调解司法确认机制的情况下,2011 年 11 月 27 日,湖南省第十一届人大常委会第二十五次会议率先通过了《湖南省专利条例》,在我国首次以地方立法的形式明确规定了专利纠纷行政调解协议的司法确认机制,为岳麓区法院开展试点提供了地方上的立法依据。

纵观全国，在专利纠纷行政处理方面，其他省份为发挥行政处理的优势，但苦于没有途径对接，只能选择人民调解模式、法院出具调解书模式来弥补法律空白。湖南省在近三年的试点工作中，发现当事人在经过行政调解达成协议后，绝大多数当事人在达成协议后都自觉履行，向法院申请司法确认的仅有 6.8% 。可见，专利纠纷行政调解协议司法确认机制并不会造成大量案件涌入法院的困境，也从侧面反映出司法确认机制只是对行政调解的一种后置补全程序，仅为当事人有特殊需求时的补充手段，能够发挥很好的规则指引效应和功能，通过对某一类行政调解协议的确认，从而规范和引导大批该类型的行政调解的规范化和协议的自动履行，达到事半功倍的效果。因此，专利纠纷行政调解协议司法确认机制值得大力提倡和广为推广。

10.3.3　知识产权纠纷行政调解协议司法确认存在的问题

任何制度在实践操作中都存在出现错误的可能性，专利纠纷行政调解协议司法确认机制本身在理论上还需更加完善，因此在法院实际对调解协议进行司法确认时存在问题也不足为奇。在湖南省岳麓区人民法院对专利纠纷行政调解协议司法确认进行试点过程中及相关理论研究时发现诸如法院对超出当事人调解协议内容的确认决定、对不得确认之事项进行确认，损害第三人的利益等问题屡见不鲜。因此，本书通过归纳与总结得出，专利纠纷行政调解协议司法确认存在的问题主要集中在前续调解问题的后延效应，当事人自身问题的影响，法院司法审查的内容、标准不明，以及司法确认自身的错误等五个方面。下面分别予以论述。

10.3.3.1　调解协议效力常有瑕疵

在专利纠纷行政调解协议司法确认的试点实践中，一个突出的问题，就是申请确认的行政调解协议常常存在各种各样的瑕疵，既非法言法语，重点又不突出。由行政调解员主持调解，纠纷当事人自身素质不齐，没有基本的法律素养，达成的协议口头语多，用语不规范，概念不周延，给法院的司法审查和确认工作带来了不小麻烦。因为通过法院司法确认的协议，必须相对规范，与其效力相对等的，必须是该协议质量基本达到法院民事调解书的质量标准。由于制作人不一样，风格和质量也差异很大，司法确认的过程，就是一个校正、修补和理顺的过程，经过司法确认，调解协议的瑕疵得到有效校正，协议质量大幅提升，纠纷隐患得以消除。这是司法确认的一个很重要的程序功能。如果达不到法院文书的基本质量要求，法院有权裁定驳回行政调解协议的确认申请。具体而言，调解协议常见以下三种问题。

第一，调解协议表述不规范。专利纠纷行政调解是典型的非诉调解，调解过程较为随意，只要双方当事人愿意，主持调解的行政管理机关可以灵活处置，通过略式程序促成当事人达成调解协议。首先，由于前续调解过程法官没有直接参与，行政调解的质量受调解员素质、调解程序设置、纠纷复杂情况等因素影响而参差不齐，调解协议经常不是法言法语，表述各异，时有错字漏字，逻辑性不强，很难达到司法标准。其次，尽管在国家知识产权局颁布《专利纠纷行政指引》（试行）中，对专利纠纷行政调解工作较以前规定了规范的程序和严格的要求，对调解协议应涉及内容做出了详细规定，但毕竟属于国家知识产权局颁布的政策性文件，不具有法律强制力。最后，当事人更注重专利纠纷的解决，囿于当事人及调解员个人的理解和表述，调解协议的表述可能存在不规范、不周延的问题。

第二，调解协议无执行内容。实践中在专利纠纷行政调解中还可能出现调解协议不具备执行内容的问题，如行政调解协议内容重点不突出，缺乏可执行内容或遗漏调解事项等。行政调解以双方自愿为原则，当事人如何调解、达成什么样的调解结果随意性大，完全取决于双方的合意，无法保障在后续的司法确认阶段具有可供执行的内容。在调解协议内容是否必须具有可执行性这一问题上，虽然目前学界以及司法、行政领域还存在一些分歧，但在湖南的司法确认实践中，法院对调解协议具有可执行性持肯定态度，也就是要求协议内容必须有可执行条款才能获得确认。

第三，调解协议内容有歧义。在湖南已经开展的 26 件专利纠纷行政调解协议司法确认实践中有部分因调解协议不规范导致最终无法得到确认的案件，因调解协议的内容不规范，存在分歧，达不到司法标准，随意性大，导致未能得到司法确认。在 19 件获得确认的案件中，很多行政调解协议的内容也经过了修改和完善。

10.3.3.2 当事人意思自治处分因素限制

在专利纠纷行政调解过程中，即使在当事人没有故意说谎和恶意调解的情况下，当事人基于商业立场，自愿达成的某些创新性调解协议，有时也会出现与法律的具体规定不一致的情形。[①] 例如处分权过界，委托手续不规范导致调解主体不适格等。

专利纠纷行政调解中，当事人之间为追求程序简便，会有意无意规避、模糊一些法律术语或概念，以致在达成调解意向后，调解协议

---

① 刘友华：《知识产权纠纷非讼解决机制研究——以调解为考察中心》，中国政法大学出版社 2011 年版，第 187 页。

的格式和内容"千奇百怪"。而行政调解员基于调解过程中遵循当事人意思自治的原则，针对这些现象也是"睁一只眼闭一只眼"，不会过多干涉。若当事人自动履行了调解协议，专利纠纷的行政调解目的也就达成了。但若双方为保障协议效力，提交法院申请司法确认时，不规范的调解协议就让法院陷入两难的境地：若做出确认的裁定，则会使该调解协议效力等同于一般生效的裁判文书，不规范的调解协议一旦得到确认就会危害法院生效裁判文书的公信力；若做出不予受理的决定或不予确认的裁定，会让当事人及行政机关为调解做出的大量工作付诸东流，不利于纠纷的解决。

10.3.3.3　法院司法审查的内容、标准不明

是否进行司法审查？是形式审查还是实质审查？审查哪些内容？审查时应把握什么样的标准？法律规定不明，实践做法各异，各方认识不同。法院审查专利纠纷行政调解协议时，需要判断该调解协议的真实性和合法性。目前，法律并没有对专利纠纷行政调解司法确认时的审查内容进行明确规定，法院审查程序与诉讼程序的界限难以有效把握，法律对该界限没有做出明确区分。究竟是完全按照非诉程序的形式审查，还是进行一定程度的实质审查，包括审查调解协议内容是否违法，是否损害国家和集体利益及第三人的合法权益；是否需要询问当事人，核对有关证据，调阅进行调解的专利管理部门核查的关键性证据，向调解人员调查了解调解时的情况；是否需要审查专利权的有效性等方面均欠缺相应的规定。

10.3.3.4　司法确认的责任承担机制不明，各方责任不分

实践中存在将所有责任一揽子交由司法承担的倾向，而学界对此

也没有引起足够的重视。司法确认的错误可能涵盖调解程序的错误、当事人虚假调解的错误以及裁定本身的错误等多个方面。有错误即有权利侵害，有权利侵害即有责任承担。专利纠纷行政调解司法确认中，涉及的主体为主持调解的行政机关、纠纷当事人和法院，而在责任承担的问题上，司法、行政与当事人责任目前界分不清。一方面司法承担了过重的责任，不愿意开展司法确认。另一方面，行政机关和当事人的责任不明，也缺少改进自身工作，加强自身自律的积极性和动力，导致该机制推动不了，功能受限，运转不动。

10.3.3.5 司法确认错误后的救济机制不完善

司法确认出错后如何救济？专权权被宣告无效后如何救济？这些救济机制在法律上均没有规定，实践中也没有有效的应对和解决办法。专利纠纷行政调解协议司法确认机制缺乏救济机制。虽然《民诉法解释》第三百七十四条规定了司法确认程序的异议再审救济方式，但这种规定只针对确认裁定错误，即对救济机制本身的救济。专利纠纷行政调解的救济包含范围广泛，既包括实体方面的救济，也包括程序方面的救济；既有对救济机制自身的救济，也有对权利人的救济。在程序救济方面，行政调解程序存在瑕疵时如何救济？在对权利人的救济方面，调解协议侵害第三方真实权利人合法权益怎么救济？司法确认中发现调解协议内容有瑕疵怎么救济？这些问题，现行法律留有空白。

10.3.4 知识产权纠纷行政调解协议司法确认的制度完善

知识产权纠纷行政调解协议司法确认的制度完善包括以下六个方面。

10.3.4.1　完善立法

在国家立法层面，专利纠纷行政调解协议司法确认制度目前尚无明确规定。为了提升专利行政保护和司法保护的整体合力，充分挖掘行政调解的制度潜能，应打破诉调对接法律保障调解类型限制在"人民调解"这一单一格局，参照《人民调解法》对人民调解司法确认的规定，在《专利法》中明确专利行政执法中行政调解协议的司法确认制度。具体说来，包括以下两个方面。

10.3.4.1.1　《专利法》的修改和完善

《专利法》的修改和完善主要包括以下两部分。

首先，在专利法中要具体明确以下五点内容。其一，明确专利纠纷行政调解协议具有民事合同的性质。这一点对于明确行政调解行为的性质很重要，很多人误认为行政调解行为是一种具体行政行为，具有强制效力。其二，明确申请司法确认需双方当事人共同提出。针对专利纠纷行政调解协议的司法确认要求调解协议具备两方面的合意性：一是要求行政调解协议必须是建立在解决纠纷的基础上，双方当事人自愿达成的协议；二是司法确认程序的启动有赖于双方当事人共同向法院提出的请求。其三，是明确限定当事人提出司法确认请求的期限为 30 天。考虑到司法确认程序设计初衷和该制度在实践运行中的特点，不宜将当事人提出确认申请的期限延伸得过长。参照人民调解司法确认制度中，《人民调解法》规定的进行人民调解的纠纷当事人申请司法确认的期限是自调解协议生效之日起 30 日内，这个期限也可以作为专利纠纷行政调解协议申请司法确认的期限，有利于体现专利纠纷行政调解司法确认的制度的构建目的，能够实现及时、快捷、公平、有效的解决专利纠纷。可以参照适用《民事诉讼法》的有关规定申请顺延。其四，明确向有管辖权的基层人民法院申请。按法律和司法解释人民调解协议司法确认的管辖与专利纠纷管辖有冲突，由于专利纠纷行政调解协议司法确认是非诉特别程序，其审查的是调解协议的真实性和合法性，不审查专利纠纷的实体权利义务关系，从实质上分析基层法院管辖不冲突。同时，基于司法确认制度本身要求的简便性，以及考虑与人民调解法和最高人民法院相应司法解释的对接，由基层法院来管辖比较合适。其五，明确经过司法确认后的专利纠纷行政调解协议具有法律强制性，如果一方当事人不履行或者不完全履行调解协议的内容，另一方当事人可以依司法确认的结果请求法院强制执行。强制执行力是解决调解协议效力的重要问题，即在当事人不自动履行裁判内容时可以由法院运用执行措施保障裁判的履行。明确当事人向做出确认裁定的人民法院申请强制执行，有利于解决执行不到位的问题，防止执法落空。

其次，对现行《专利法》送审稿第六十一条应当做出以下三点修改。其一，拓宽行政调解的范围。《送审稿》第六十一条将专利纠纷行政调解协议司法确认的范围仅限定在"专利侵权赔偿数额的纠纷"这一个极小的范围内，既不合理，也会导致多元解纷资源的浪费。《专利法》在规定专利纠纷行政调解协议司法确认机制时，应适当拓宽行政调解的范围，除专利侵权赔偿数额的纠纷可通过行政调解并申请司法确认外，其他如涉及专利权的合同纠纷、转让纠纷和使用费纠纷等，只要不涉及专利权的归属确认问题，不违背民事诉讼法及其解释的相关规定，应都可纳入专利纠纷行政调解协议司法确认的总体范畴。其二，引入行业调解等多样态的调解方式。行业调解、商事调解具有较强的专业性，能够尽快、合理地解决各方之间纠纷。行业协会及其调解组织作为行业内部监督管理的主体，比人民调解委员会等调解主体，也更具权威性。同时，行业调解由于其在行业里的指导地位，其调解方式和调解结论对行业内各主体还具有较强的指导性。在实践中，有些法院受理知识产权纠纷、证券期货纠纷等案件时，通常会邀请有关知识产权纠纷调解中心、证券纠纷调解中心等专业调解组织介入，帮助法院快速化解纠纷。例如，最高人民法院民三庭和一些知识产权法院在审理专业性较强的知识产权案件中引入"技术调查官"出庭协助法官查明技术事实，并就案件涉及的技术问题撰写技术审查意见供法官认定技术事实时参考。行业调解组织的专业性对专利纠纷的化解具有明显的资源优势。其三，完善衔接机制的层级对接。《民事诉讼法》司法解释明确规定，司法确认程序只适用于基层人民法院或人民法庭，中级以上人民法院不能对调解协议进行司法确认。在实践中，专利纠纷一般由中级以上人民法院审理，全国只有 7 家基层人民法院有部分专利案件的管辖权。但中院在推进专利纠纷的多元化解决中，囿于现有法律的桎梏，无法直接对调解协议进行司法确认的情况，只能由调解组织所在地的基层人民法院进行司法确认。这样就导致了诉讼与非诉讼衔接中的脱节，影响了中级以上法院对专利纠纷委托行政调解的积极性。特别是新成立的知识产权法院，没有基层法院，本身就是中级人民法院的架构，其在推进专利纠纷行政调解协议司法确认机制时，迫切需要获得层级对接的司法确认授权。鉴于多元化纠纷解决的实际需要，可以考虑授予确有需要的中级人民法院司法确认的权限，通过适当扩大授权，有力地推动专利等知识产权纠纷非诉调解司法确认的工作，深化专利领域的多元化纠纷解决工作。

专利纠纷行政调解司法确认的救济是一种纠偏机制，旨在对因调解不当而权益受损的当事人进行补救和保障。救济机制可对不合格的调解产品进行鉴别、修补、回炉和校正，使当事人间的专利纠纷得到妥当解决。专利纠纷行政调解协议的当事人申请司法确认时，应当充分考虑当事人的救济保障，当法院驳回当事人的司法确认申请时，宜赋予当事人重新调解以及向法院起诉的双重救济渠道。

据此，建议对现行《专利法》送审稿第六十一条进行修改，其具体的修改内容为："对侵犯专利权的赔偿数额以及其他除权属纠纷外的专利民事纠纷，当事人可请求处理专利侵权纠纷的专利行政部门调解；调解达成协议后，双方当事人可自调解协议生效之日起三十日内，共同向调解组织所在地、有专利纠纷管辖权的人民法院申请司法确认。人民法院依法受理、审查后做出确认与否的裁定。调解协议经司法确认后，一方当事人拒绝履行或者未全部履行的，对方当事人可以申请人民法院强制执行。调解不成的，当事人可以依照《中华人民共和国民事诉讼法》向人民法院起诉。对本条第一款规定的专利纠纷，当事人也可请求行业调解组织或商事调解组织等进行调解。其他内容可参照第一款的相关规定。"

10.3.4.1.2 《专利法实施细则》的修改

建议在现行《专利法实施细则》第七章"专利权的保护"的内容下，对专利纠纷行政调解司法确认相关内容做出具体的规定，增加内容如下：

专利纠纷当事人依照《专利法》第六十一条、《专利法实施细则》第八十五条规定达成调解协议并向人民法院提出司法确认的，应制作调解协议书。

调解协议书由各方当事人签名、盖章或者按手印，专利行政调解人员签名并加盖专利行政管理工作的部门印章之日起生效。

人民法院依法确认调解协议有效后，一方当事人拒绝履行或者未全部履行的，对方当事人可以请求进行司法确认的人民法院强制执行调解协议。①

人民法院依法确认调解协议无效的，当事人可以通过专利行政调解方式变更原调解协议或者达成新的调解协议，也可以向人民法院提起诉讼。②

10.3.4.2　完善程序

从实践层面，专利纠纷行政调解司法确认工作的开展涉及两个方面的工作：一是专利行政部门行政调解程序的规范；二是法院系统司法确认程序的规范。程序公正是实体公正的保障，也是确保调解工作能够及时、顺利、有效地开展的必然要求。对于当事人而言，明确的调解程序可以保证当事人对调解结果的可预测性，使当事人更信任调解本身的公正性和合法性。因此，建立专利纠纷行政调解实践模型，既是专利纠纷行政调解协议获得正当性的必要条件，也是司法确认准确性的必要保证。具体说来，要做到以下三点。

10.3.4.2.1　简化司法确认程序

今后不可能所有基层法院对专利纠纷都有管辖权，在当前司法确

---

① 陈雅忱、何炼红、陈仲伯：《专利纠纷行政调解协议司法确认问题探讨》，《知识产权》2013 年第 9 期。

② 姜芳蕊、陈晓珍、曹道成：《专利纠纷行政调解协议司法确认程序之构建》，《知识产权》2014 年第 9 期。

认试点工作的情况下，在其管辖范围之外的专利纠纷要开展司法确认：一是要到本管辖范围之外的管理专利工作的部门（当地知识产权局）完成行政调解；二是要到岳麓区法院管辖区域内的管理专利工作的部门（省知识产权局、长沙市知识产权局）再履行一次行政调解程序才能申请进行司法确认；三是要到岳麓区法院申请司法确认，到岳麓区法院还需要申请立案、确认审查询问和签收确认书时到庭三次，给当事人带来了极大的不便，尤其是对交通不便的边远地区更是如此。针对该问题，可考虑从三个方面寻找解决办法：一是法院和知识产权局对确认申请的各类材料加强前期沟通和交流，对确认申请需要的各类材料进行前期的审核，待符合要求后再通知申请人到法院，立案和审查询问同时进行，当天签发确认裁定；二是法院在部分地市知识产权局开展现场确认；三是实行网上预立案或通过电子邮件预立案，认为符合条件的，通知申请人到法院，立案和审查询问同时进行，当天签发确认裁定。

10.3.4.2.2 规范专利行政调解程序

在我国目前的行政实践中，由于行政调解的规定散见于各部门法中，使得行政调解缺乏系统的制度化设计，行政调解对行政调解组织、法律地位、调解范围、基本原则、正当程序等没有明确的规定，制度供给不足。从专利纠纷行政调解的程序来看，国家知识产权局发布的《专利行政执法办法》将专利纠纷的调解单列一章，对专利纠纷调解的启动、立案、调解过程、调解协议的达成进行了规范。由于仅有六条，规定相对较为原则，具有指导意义，但对于具体的操作，尚未统一、规范。实践中，行政机关往往依照其他行政执法程序进行调解，导致调解标准不一，质量参差不齐，一方面加大了行政调解的风险，另一方面也影响司法确认制度标准化设定。应通过法律法规规章对行政纠纷调解程序进行统一的规定，增强行政机构调解程序的可操作性和规范性，确保调解过程做到合法有序，标准统一。

10.3.4.2.3　建立司法确认救济程序

司法确认裁定的撤销是指司法确认裁定做出后法院依据当事人的申请，认为裁定确有错误而将其撤销的一项制度，规定于最高人民法院关于适用《中华人民共和国民事诉讼法》的解释第三百七十四条。该条规定，"适用特别程序作出的判决、裁定，当事人、利害关系人认为有错误的，可以向作出该判决、裁定的人民法院提出异议。人民法院经审查，异议成立或者部分成立的，作出新的判决、裁定撤销或者改变原判决、裁定；异议不成立的，裁定驳回"。该条第二款规定："对人民法院作出的确认调解协议、准许实现担保物权的裁定，当事人有异议的，应当自收到裁定之日起十五日内提出；利害关系人有异议的，自知道或者应当知道其民事权益受到侵害之日起六个月内提出。"

根据《民事诉讼法》司法解释的规定，可以设置确有错误的司法确认裁定的撤销程序。

关于错误的司法确认申请的处理。一般而言，人民法院对案外人申请司法确认提供的材料只作初步审查，认为申请确认的调解协议存在损害国家利益、社会公共利益或他人合法权益等情形的，应当裁定驳回申请。

10.3.4.3 明确司法审查的标准及边界[①]

构建司法确认机制，必须严格各方参与主体的权力边界，明确司法审查的负面清单，划定行政调解的义务范围，规范责任分担的方式，以消除程序衔接中的冲突，调动各方参与纠纷解决的积极性，切实推进专利领域的多元化纠纷解决。具体而言，有以下三点。

第一，司法审查先行：专利纠纷行政调解协议司法确认的基本前提。

司法确认程序的核心功能在于确认行政调解协议合法有效，并赋予其法律上的强制执行效力。人民法院对专利纠纷行政调解协议应当进行适度司法审查，即以形式审查为主，兼顾部分实质内容审查。具体可通过列明"负面清单"的方式，合理划定司法确认中的审查边界，凸显其特别程序的本质，在保障司法确认质量的同时，兼顾纠纷解决效率。理由有如下两点。

其一，专利纠纷行政调解协议进行司法确认必须先接受司法审查。经过司法确认的调解协议其性质发生了根本变化，纠纷当事人双方之间的关系由原来地位平等的对称关系，演变成公私对立的压制关系，调解协议的内容也由当事人之间的自主商量约定，演变成法院确认的具有强制性的正式法律文本。因此，司法确认对当事人而言，具有重大的程序利益和实体利益。正因为如此，人民法院在对专利纠纷行政调解协议进行司法确认时，必须先进行司法审查，而不能仅仅只对调解协议的内容进行简单的背书。司法审查的目的，在于保障司法确认质量，降低制度风险，避免协议违法，维护

---

① 何炼红、舒秋膂：《论专利纠纷行政调解协议司法确认的审查边界与救济路径》，《知识产权》2017 年第 1 期。

他人合法权益，同时监督行政调解，提高调解质量，控制解纷成本，避免资源浪费。

其二，专利纠纷行政调解协议进行司法确认必须基本达到司法文书的质量标准。行政调解协议仅具有民事合同效力，如果要转化成具有强制执行效力的法院文书，必须通过法院的司法审查，基本达到法院文书的质量标准。司法确认是法院对司法权的一种"有限让渡"，通过司法诉讼与非诉调解的有机衔接，强化非诉讼调解协议的法律效力，本身存在较大的"制度风险"。

因法院自身通过诉讼程序生产出来的"判决书和裁定书"，经过了严格的司法程序，给予了当事人双方充分的诉辩对抗和表达的权利，由经过严格训练、通过准入门槛的法官谨慎做出，并设置了审级救济和纠偏改错机制，其文书质量有较强的制度保障。而行政调解是一种非诉讼的纠纷解决程序，只要双方当事人愿意，主持调解的行政管理机关可以灵活处置，通过略式程序促成当事人达成调解协议。由于前续调解过程法官没有直接参与，行政调解的质量受调解员素质、调解程序设置、纠纷复杂情况等因素影响而参差不齐。如果未经司法审查，即赋予该"调解协议"具有法院"裁判文书"同等的法律效力，势必会产生"两个标准""两个层次"的法院"生效文书"，既影响法院裁判的整体质量，也会为强调"案件裁判责任终身负责"的法院法官带来巨大的职业风险。司法审查的目的，在于保障司法确认质量，降低制度风险，避免协议违法，维护他人合法权益，同时监督行政调解，提高调解质量，控制解纷成本，避免资源浪费。

第二，适度司法审查：专利纠纷行政调解协议司法确认的职能边界。

法院在司法确认审查的范围和强度上，不能像诉讼程序那样，对当事人争议的事实、调解的程序、协议的内容进行全面、深度审查。否则司法确认程序与司法诉讼程序无异，否定了司法确认程序作为一种民事特别程序的存在。事实上，人民法院在司法确认程序中，对行政调解协议只需进行"负面清单式"的适度审查，即可发挥司法确认的功能作用，同时凸显自身独特的程序价值。主要理由有如下三点。

其一，司法审查的前续程序是行政调解程序。专利纠纷行政调解的主持方是专利行政主管机关，具有权威性和较强的专业性。参与调解的人员，具有一定的查明事实、专业判断和适用法律的能力。因此，对于行政调解，专利行政主管机关既可进行事前规范，也可开展事后救济，对其自身主持行政调解时发生的错误和瑕疵有能力亦有必要承担相应责任。同为公权力机关的法院虽然对行政机关有司法监督权，但对于行政机关自身的行政调解行为，则只有业务指导的职责。对于行政机关负责的调解程序以及调解行为，法院不必进行全面审查，也不能进行深度审查，以避免司法权对行政调解行为的过度干预。

其二，司法审查的基础是当事人的自治协议。行政调解协议的达成以双方当事人意思自治为前提基础和重要原则，司法审查不能干预当事人的自主意愿。对于当事人自主权利处分范围内的意思表示，司法只能尊重其意愿而不能依职权审查和改变。司法确认中的审查，更多的是对超出双方当事人处置权范围的那部分内容，即可能涉及案外第三人合法权益的相关内容，进行一种保护性和防范性的审查，故其审查范围不能过深，而应有所侧重，把握尺度和边界。双方当事人对调解协议本身没有争议，是司法确认程序得以启动的基本前提。双方当事人通过自愿认可的方式，在其处置权限的范围内，主动放弃了对某些纠纷细节和权利内容的审查，根据"法无禁止即可为"的原理，对当事人有权处置的争议内容，法院无须进行全面审查和深度审查，其审查范围宜只限定在"法律禁止性的内容"，以及"案外人保护的范围"，通过合理设定"负面清单"，明晰法院司法审查的边界。

其三，司法审查的后果有责任分担机制作保障。作为行政调解与司法确认衔接的必经程序，司法审查涉及行政调解机关、纠纷当事人和法院三方责任主体。行政调解机关基于其自身的职能和专业优势，在前续调解程序中应当尽到中立、公正、勤勉的调解义务，主持调解的调解员应当具备调解员资质条件，遵守调解职业道德，行政调解机关应当规范调解程序，加强调解管理，构建事后救济渠道，明确调解员的责任义务。纠纷当事人接受行政调解，应当诚信陈述，遵守国家法律规定，遵循诚实信用原则，在协商与谈判过程中，不能超出其自身权利处置的范围。法院在对行政调解协议进行司法审查时，对于行政调解机关自身的内部管理行为不能进行审查，否则就是司法权过度干预行政权，越过了司法审查的边界。对于纠纷当事人自主处分自身权利的自愿意思不能进行审查和调整，否则就是对当事人自愿原则的违犯，直接导致司法确认的行为无效。

综上所述，在负面清单审查模式下，人民法院根据负面清单列举的情形即可进行适当司法审查。法院不得在负面清单规定情形之外另外设定审查事项，这样就可以稳定行政机关以及纠纷当事人对司法确认的预期，降低确认风险，提高解纷效率。通过负面清单审查，查明当事人在调解中的意思表达是否自愿，有无胁迫、欺骗等情节，避免当事人滥用调解达到违法目的或侵害他人合法权益，防止出现重大误解或显失公平等情况，并保障经确认的调解协议具有强制执行的可能性与合理性。①

第三，负面清单：专利纠纷行政调解协议司法确认的审查内容和衡量标准。

《民事诉讼法》司法解释规定司法确认案件采取对席审理的方式进行，法官可依职权调查取证。② 但对于司法确认案件中，法院具体审查哪些内容则规定未明。对于司法确认程序中的司法审查是采形式审查还是实质审查，理论界争议很大，实务界亦做法各异。本书基于司法确认程序的特别程序本性，结合民事诉讼法及其解释的相关规定和司法确认的实践需求，主张法院对行政调解协议的司法审查，应以形式审查为主，兼顾部分实质内容审查。通过列明"负面清单"的方式，合理划定司法确认中的审查边界，凸显其特别程序的本质，在保障司法确认质量的同时，兼顾纠纷解决效率。

"负面清单（Negative List）是私法自治的集中体现，指仅列举法律法规禁止的事项，对于法律没有明确禁止的事项，都属于法律允许的事项。"③ 行政调解协议是一种私人协议。纠纷当事人系私法主体，可以根据自己的意志产生、变更、消灭民事法律关系。专利纠纷复杂多变，法律常滞后于现实，无法对不断变化的科技生活都做出妥当规划和安排，故司法确认在法律上存在"空白地带"在所难免。根据"法无禁止即自由"的理念，负面清单对司法审查的"空白地带"进行了清晰界定（落入负面清单的应进行审查，不在负面清单中的则不

---

① 范愉：《非诉讼程序（ADR）教程》（第三版），中国人民大学出版社 2016 年版，第 166 页。
② 参见《最高人民法院关于适用〈中华人民共和国民事诉讼法〉的解释》第三百五十三条至第三百六十条。
③ 王利民：《负面清单管理模式与私法自治》，《中国法学》2014 年第 5 期。

予审查），有利于消除司法审查范围的不确定性，为司法确认程序中的人民法院、行政调解机关和纠纷当事人均提供一种稳定的行为预期。

结合专利纠纷的特点及司法确认的需要，法院在对申请确认的行政调解协议进行审查时，只需从法院"不能受理、不能认证、不能确认"等负面角度进行审查，采取"排除法"的方式进行确认把关。只要没有司法确认"负面清单"中的情形，该行政调解协议人民法院即可予以确认。司法确认程序中的负面清单审查是有限度、有标准、有范围的审查，明确负面清单，是确保司法确认实效的重要保障。专利纠纷行政调解协议司法确认审查中的负面清单主要包括以下四类。

第一类：受理环节的负面清单。人民法院受理专利纠纷行政调解协议司法确认的申请后，对当事人的申请内容应当进行司法审查，发现有《民事诉讼法》司法解释第三百五十七条规定的不予受理情形的，应当裁定驳回当事人的申请，终结司法确认程序。

第二类：证据认证的负面清单。参照《民事诉讼法》司法解释第三百五十八条、三百五十九条等的规定，双方当事人向法院申请确认行政调解协议，应当共同到场接受法院询问，并提交必要的证据材料。法院经审查，认为当事人的陈述或提交的证据不完整或者存在问题，可以要求其在限定的期间内进行补充。必要时，法院可以依职权向调解组织进行核实。在证据不全、案情不明的情况下，法院可以要求当事人撤回申请处理，终结司法确认程序。

第三类：确认与否的负面清单。行政调解协议具备《民事诉讼法》司法解释第三百六十条规定的情形，人民法院应当裁定驳回当事人的司法确认申请。即法院在对专利纠纷行政调解协议进行司法审查时，从合法性、自愿性和明确性等方面，对行政调解协议逐一进行负面清单审查，只要协议内容符合负面清单中任何一项规定，人民法院将依法裁定驳回当事人的申请，终结司法确认程序。以上几个方面的负面清单设置，可以基本保障经过法院司法确认的行政调解协议，没有违背法律的禁止性规定和社会的公序良俗，保证当事人在调解中的意思表示自愿，没有滥用调解的行为，没有侵害到他人的合法权益，不存在重大误解和显失公平的情形，经过司法确认的调解协议具有可执行的内容并且便于强制执行等。按照此负面清单的制度逻辑，前续行政调解程序必须遵循中立、自愿、保密等原则，保障当事人在调解中的合法权益和程序利益。行政调解员在调解过程中必须严守调解员的职业准则和道德规范，公正且无偏私地中立主持调解活动，不得有强迫调解、诱导调解、压制调解的情形等。

表 10-6　　　　　　　　人民法院不予受理不予确认清单

《民事诉讼法》司法解释	第三百五十七条	具备下列情形之一的,人民法院裁定不予受理:(一)不属于人民法院受理范围的;(二)不属于收到申请的人民法院管辖的;(三)申请确认身份关系无效、有效或者解除的;(四)涉及适用其他特别程序、公示催告程序、破产程序审理的;(五)调解协议内容涉及物权、知识产权确权的。(六)当事人授权委托有瑕疵,没有主体资格的
《民事诉讼法》司法解释	第三百六十条	有下列情形之一的,人民法院应当裁定驳回当事人的司法确认申请:(一)违反法律强制性规定的;(二)超出自身权利处置范围,损害国家利益、社会公共利益或者他人合法权益的;(三)违背公序良俗的;(四)违反当事人自愿原则的;(五)协议内容不明确的;(六)其他不能进行司法确认的情形

第四类：负面清单的修改管理。负面清单并非一成不变，而是随社会的变迁而需要适时修改和调整。专利纠纷行政调解协议司法确认中哪些内容应当列入司法审查的负面清单，或者从负面清单去除，需要参照当前法律，结合司法确认的实践，对其进行评估与检验。[①] 在综合评估与认真检验之后，对于实践证明确实需要列入负面清单的项目，适时予以增加，以保障司法确认的质量。而对于那些无须列入的项目，则应及时将其从负面清单中去除，切实保障当事人的意思自治，尊重行政机关的前续调解。在直接界定司法审查范围的负面清单之外，还应明确对负面清单本身进行修改、变更、管理的规则，并将其上升到法律层面，对负面清单本身进行规范性的管理，使司法审查的负面清单项目保持相对稳定，增进纠纷当事人对司法确认的行为预期。

负面清单审查虽然可以明确划定司法审查的边界，但司法确认裁定出现错误或瑕疵后，各方参与主体仍然存在较大的责任风险。有效化解司法确认的风险，有必要通过责任共担机制，合理分担责任，共同积极应对。只要行政调解机关、纠纷当事人、人民法院各方都尽到谨慎注意义务，则行政调解协议的质量富有保障，法院确认的风险可有效控制，通过多元衔接和责任共担，实现低耗、快捷、多元化解专利纠纷的制度目标。

10.3.4.4　构建司法确认多元救济渠道

"救济是连接实体法与程序法的要素。"[②] 缺失救济机制的调解制

[①]　王利民：《负面清单管理模式与私法自治》，《中国法学》2014 年第 5 期。
[②]　范愉等：《多元化纠纷解决机制与和谐社会的构建》，经济科学出版社 2011 年版，第 61 页。

度，是不完整的调解制度。救济旨在对权益受损的当事人进行补救，对纠纷解决效力给予保障。救济机制既能实现对实体权利的补救，也能消除调解的程序瑕疵，弥补调解的制度缺陷防范实践中的不当调解，对不合格的调解产品进行鉴别、修补、回炉和校正，使当事人之间的专利纠纷得到妥当解决。专利纠纷行政调解协议司法确认中的救济渠道是多元化的，既有对调解协议效力的补强，也有对协议瑕疵的校正和弥补，更有司法确认裁定出错后的救济机制。具体而言，有以下三类。

第一类，行政调解协议司法确认错误的救济。专利纠纷行政调解协议司法确认裁定发生错误后，当事人及利害关系人，可通过提出异议启动再审抗辩，以获得救济。[①] 司法确认的错误涵盖前续调解程序的错误、当事人虚假调解的错误以及裁定本身的错误等多个方面，均可通过异议程序予以再审纠正，撤销或者改变原裁定，恢复原有的权利义务关系。由此造成的损失，由导致确认错误的相关主体承担相应的法律责任。

第二类，行政调解协议中专利权被确认无效的救济。在法院司法确认裁定生效，还未执行的过程中，专利权被确认无效了，此时法院可撤销行政调解协议司法确认裁定，终止执行即可。在法院司法确认协议生效并已经执行完毕情况下，专利权被确认无效了，此时当事人该如何救济以维护自身合法权益？《专利法》第四十七条规定，宣告无效的专利权视为自始即不存在。宣告专利权无效的决定，对在宣告专利权无效前人民法院做出并已执行的专利侵权的判决、调解书，已经履行或者强制执行的专利侵权纠纷处理决定，以及已经履行的专利

---

① 范愉：《非诉讼程序（ADR）教程》（第三版），中国人民大学出版社 2016 年版，第 167 页。

实施许可合同和专利权转让合同，不具有追溯力。但是因专利权人的恶意给他人造成的损失，应当给予赔偿。

依照前款规定不返还专利侵权赔偿金、专利使用费、专利权转让费，明显违犯公平原则的，应当全部或者部分返还。根据该条规定，对已经执行完毕的法院的司法确认裁定，专利权的无效宣告不具有追溯力，司法确认裁定不必撤销，执行完毕的，亦无须回转。如果专利权人恶意，则权益受损的当事人可以另行提起侵权诉讼；如果专利权人没有恶意，但不返还专利侵权赔偿金、专利使用费、专利权转让费，明显违犯公平原则的，权益受损的当事人可另行提起不当得利给付之诉，获得补偿。

第三类，对行政调解协议瑕疵的校正。法官应当对存在瑕疵的调解协议对当事人进行释明。释明包括两个方面的内容：一是释明瑕疵情形；二是释明瑕疵情形的影响。法官要在当事人同时在场的情况下，明确指出存在的瑕疵情形，有必要作进一步解释的，应向当事人充分说明。在此基础上，法官要对瑕疵情形对调解协议的效力、确定性、执行力等方面的影响予以说明。此外，释明应当规范进行，采取书面方式，将瑕疵的释明载于询问笔录，由当事人签字确认。调解协议中存在不影响纠纷实体处理的瑕疵时，法院可引导双方当事人协商弥补，对协议中的瑕疵予以校正和完善，以提升调解的公信力和协议质量。具体来说，有以下两种。

第一，对调解协议表述不规范的救济。这一类瑕疵直接影响了协议的严肃性和规范性。有可能在事后被当事人当作拒绝履行的借口，理应予以校正。对这类瑕疵，第一种的方法是纠正，即根据当事人真正需要表达的实质内容，用合乎法律规定的文字表述替代原来的说法。第二种方法是删除，即无法通过更换说法来纠正，经当事人同意后，予以删除。同时，对于轻微的文字疏漏，如个别字词表达不准确、存在个别错别字等，法官应在认真审查的基础上，本着发挥司法确认制度高效率、低成本的特点，直接予以校正后径行司法确认。对于影响协议权利义务关系确定性和严重影响协议规范性的文字疏漏，如赔偿数额少算、多处文字错误、当事人名字错误等，应当根据当事人真实的意思表示或者事实状态提出正确文字表述，予以更正后，再依法做出是否司法确认的裁定。对调解协议中可能侵害第三方真实权利人合法权益的，法院通过司法确认的审查与校正机制，进行认真甄别和严加防范。对于存在此种情形的，通过驳回确认申请等方式切实保护真实权利人的权益。调解协议中存在不影响纠纷实体处理的瑕疵时，法院可引导双方当事人协商弥补，对协议中的瑕疵予以校正和完善，以提升非诉调解的公信力和协议质量。

第二，对调解协议无执行内容的救济。这一类的瑕疵涉及协议约定的权利义务关系具体内容，直接影响到当事人之间权利义务关系的确定和履行，要慎重对待。对于条款内容界限不明确的，法官要探求当事人的真实意思表示，明确双方所要表达的核心意思，根据这个核心意思提供一种确定性的表述方式供当事人参考。对于条文缺乏实际内容的、无执行内容，不存在校正情形，法官释明后依法做出不予确认的决定，由当事人决定选择重新进行调解或提起诉讼等方式解决。

10.3.4.5　加大宣传力度，扩大公众认识和了解

由于专利纠纷行政调解协议司法确认工作仅在知识产权局系统及部分法院开展，全国也系首创，公众的知晓度不高，相关的知识产权权利人对该项试点工作的便捷、高效和经济性认识不够，司法确认的

案件范围和数量有限。仅仅依靠知识产权行政部门的宣传动员，影响无法扩大。要知识产权部门、法院、高校部门、知识产权中介机构、律师部门、宣传部门等相关单位联合起来，加大对这项工作的宣传力度，增强社会各界尤其是知识产权权利人对该项工作优越性的了解和认识，从而自发地通过该制度更好地维权，进而使该制度得到全面的推广适用。

10.3.4.6　加强对执法人员的培训工作

需进一步加强对行政机关执法人员、法院法官的培训工作。由于行政机关执法人员不熟悉司法确认的证据、调解协议的内容、程序等要求，法院法官不熟悉专利行政调解过程中的相关法律要求等，导致出现个别因调解协议不规范而未能得到确认的情形。要有针对性地对执法人员和法官进行业务培训，提高执法人员的业务水平，通过召开座谈会等方式将调解协议的内容，实践中遇到的问题研讨与培训结合起来，推动执法工作的素质不断提高，从而将行政调解工作与司法程序有机衔接。

10.3.5　研究成果的社会反响

本课题提出的"建立专利纠纷行政调解协议司法确认机制"对策建议，被 2011 年 11 月湖南省人大常委会审议通过的《湖南省专利条例》采纳，在全国率先以地方立法的方式明确规定了专利纠纷行政调解协议司法确认制度。2013 年 4 月 18 日，推动湖南省法院系统在全国率先启动并实施专利纠纷行政调解协议司法确认试点工作。2013 年 9 月，研究成果《专利纠纷行政调解协议司法确认的理论和实践》荣获"第八届全国知识产权（专利）优秀调研报告暨优秀软科学研究成果"二等奖。2016 年 2 月，研究成果《湖南省专利条例立法研究》荣获"第十二届湖南省社会科学优秀成果"二等奖。试点工作"湖南专利纠纷行政调解协议司法确认改革打造专利纠纷多元化解'全国样板'"，入选 2016 年度湖南省最具影响力十大法治事件，取得了良好的社会评价和广泛的社会影响。具体说来，有以下三大影响。

10.3.5.1 本课题提出的对策建议被湖南省地方立法采纳

2011 年，课题主持人承担了《湖南省专利条例》立法研究工作，在立法专家建议稿中吸纳了本课题的研究成果"建立专利纠纷行政调解协议司法确认机制"，在国内首次提出了"建立专利纠纷行政调解协议司法确认制度"的立法建议，该建议被湖南省知识产权局采纳，并在《湖南省专利条例（送审稿）》中有专门规定。

2011 年 11 月 27 日，省十一届人大常委会第二十五次会议审议通过了《湖南省专利条例》，自 2012 年 1 月 1 日起施行。通过后的《湖南省专利条例》在全国率先以地方立法的方式明确规定了专利纠纷行政调解协议司法确认制度。《湖南省专利条例》第三十一条规定，"县级以上人民政府管理专利工作的部门调解专利纠纷，应当遵循自愿、合法的原则，促成当事人和解或者达成调解协议。达成具有民事合同性质的调解协议的，双方当事人认为必要，可以依法向有管辖权的人民法院申请司法确认"。这一制度的确立，是对专利纠纷领域诉讼与非诉讼对接工作制度创新的积极探索，在国内产生了重要的社会影响。

2013 年 4 月 12 日，湖南举办了"《湖南省专利条例》配套政策实施高层论坛"，专家们一致认为，行政调解协议通过司法确认，有利于增强调解协议对双方当事人的约束力，有利于化解社会纠纷，有利于提高行政部门的公信力，也有利于提高行政和司法的效率，是在创新社会管理、保障经济秩序、维护社会稳定方面的有益尝试，是湖南省法院系统和知识产权局系统联合提升知识产权保护水平的重要探索。

10.3.5.2　推动了湖南省法院系统在全国率先启动并实施专利纠纷行政调解协议司法确认试点工作

2013 年 4 月 18 日，湖南省高级人民法院与湖南省知识产权局在长沙市岳麓区人民法院隆重举行了专利纠纷行政调解协议司法确认试点工作启动仪式，省人大常委会副主任谢勇、省高级人民法院院长康为民、省知识产权局局长陈仲伯等领导出席了仪式并讲话。2013 年 7 月 24 日，长沙市岳麓区人民法院下达了该院首份知识产权纠纷行政调解司法确认民事裁定书。专利纠纷行政调解协议司法确认试点工作在全国率先启动并实施，是理论研究服务湖南知识产权法制建设和经济社会发展的重要成果。

2016 年 2 月 5 日，湖南举办了"专利纠纷行政调解协议司法确认试点工作推进研讨会"，法院系统、专利行政执法系统就专利纠纷行政调解协议司法确认的试点及相关衔接工作进行了回顾，对取得的经验和存在的问题进行了总结。

2016 年 8 月 10 日，湖南举办了"中国特色知识产权保护制度的地方实践与《专利法》修订研讨会"，以知识产权行政保护与司法保护的优势互补为主题，探讨建立并形成知识产权大保护格局，使得实践经验得以及时总结，理论研究不断完善。

10.3.5.3　产生了积极的社会影响

湖南的经验，开辟了知识产权保护新渠道，是健全知识产权保护体系的有效途径。湖南省专利纠纷行政调解协议司法确认制度的确立和实施，在国内产生了重要的影响和示范效应。山西、湖北、贵州、重庆、安徽等兄弟省份的省人大、省法制办、省知识产权局先后来湖南省知识产权局学习条例相关经验。陕西省、福建省、北京市等省市已先后将该做法吸纳入当地专利地方立法之中。制度创新和先进经验不仅为其他兄弟省市所学习和借鉴，也引起了国家知识产权局的高度重视。2016 年，全国专利地方立法工作会议将湖南模式作为典型经验予以推介。国家知识产权局于 2016 年 11 月印发的《关于严格专利保护的若干意见》特别指出要进一步发挥行政保护的优势，加快完善行政和司法两条途径优势互补、有机衔接的保护模式，推进诉调对接和司法确认工作，支持对专利纠纷进行诉前、诉中调解，促成当事人和解或达成调解协议，引导当事人依法申请司法确认。

湖南的实践，直接推动了《专利法》条文的修订。2013 年 5 月，本课题负责人受国家知识产权局的邀请，作为起草组专家直接参与了《专利法》第四次修改专家论证工作，通过提升在湖南地方立法和实践中所积累的经验，助推国家层面专利制度的完善。2013 年 5 月 23 日和 2013 年 8 月 23 日，《中国知识产权报》先后在《聚焦专利法修改》《合理界定行政执法与司法保护》等文章中，专门介绍本课题的"专利纠纷行政调解司法确认"立法建议。

在 2015 年 4 月 1 日国家知识产权局公布的《中华人民共和国专利法修改草案（征求意见稿）》第六十条规定"进行处理的专利行政部门应当事人的请求，可以就侵犯专利权的赔偿数额进行调解；调解不成的，当事人可以依照《中华人民共和国民事诉讼法》向人民法院起诉。达成的调解协议经人民法院依法确认有效，一方当事人拒绝履行或者未全部履行的，对方当事人可以向人民法院申请强制执行"。

可见，本课题的研究成果正在推动国家层面知识产权保护制度的完善，产生了积极的社会影响。

2014 年 6 月 9 日国务院法制办公布的《中华人民共和国著作权法修改草案（送审稿）》第八十五条规定："著作权行政管理部门可以设立著作权纠纷调解委员会，负责著作权和相关权纠纷的调解。调解协议的司法确认，适用《中华人民共和国民事诉讼法》有关确认调解协议的规定。著作权调解委员会的组成、调解程序以及其他事项，由国务院著作权行政管理机关另行规定。"可见，本课题的研究成果同时在著作权法修订过程中被吸收和采纳，推动了我国著作权法律制度的完善，产生了良好的社会效益。

结　语

自 20 世纪 80 年代引入现代知识产权制度以来，我国一直奉行的是"两条途径、并行运作、优势互补、司法终局"的知识产权行政保护和司法保护模式，成为中国知识产权保护工作体系的一大特色。但这种模式是否科学、合理或值得重大改善，如何开展实证的考察与研究，这已经成为困扰中国知识产权理论界的重大难题。本研究旨在破解这一难题，通过深入反思现行保护模式的缺陷与不足，科学考量知识产权行政保护与司法保护的地位与作用，同时构建一套明确、科学的绩效评价指标体系来验证假设，并提出知识产权行政保护与司法保护完善的合理化建议，以澄清理论研究的误区，厘清两种保护方式的关系，为国家知识产权战略的实施和知识产权法律法规的制定、修改提供理论支撑与决策参考。

一　本课题成果的重要观点

本课题成果主要得出了以下六个重要观点。

第一，廓清了知识产权行政保护的内涵和外延。知识产权行政保护是指知识产权行政管理机关根据有关的法律规定，依照法定的权限，遵循法定的程序，运用行政手段实施的知识产权纠纷行政处理和违法行为行政执法活动。其中，知识产权纠纷行政处理，是指知识产权行政管理机关作为第三者介入并处理民事纠纷的方式，包括侵权纠纷的行政裁决和民事纠纷的行政调解；违法行为行政执法，是知识产权行政管理机关运用公权力对危害公共利益和社会秩序的违法行为进行的强制性执法活动，包括行政检查、行政处罚、行政强制等措施。

第二，辨清了知识产权行政执法与行政查处概念的误用。目前，无论学术界还是立法文件对知识产权行政执法的概念使用比较混乱，通常将处理知识产权侵权纠纷、调解知识产权纠纷，也作为知识产权行政执法的属概念，犯了将并列概念当作下位概念的逻辑错误。本研究认为知识产权侵权纠纷，仅是发生在双方当事人之间，不应由行政公权力强制介入，除非是大规模的、反复多次的或群体性的有损公益性的侵权违法行为，否则不宜划归知识产权行政执法的范畴。知识产权行政查处的概念，包括行政检查、行政处罚和行政强制：行政检查是行政主体正确做出行政处罚和行政强制行为的前提；行政处罚是行政查处的核心内容；行政强制是行政处罚得以实现的保障。而知识产权的行政调处，主要包括行政调解和行政处理。

第三，厘清了知识产权行政保护与司法保护的辩证关系。目前，关于知识产权行政保护的地位、作用以及去留的理论争执与实践分野较大，其与知识产权司法保护的关系如何也莫衷一是。本研究认为，知识产权行政保护与司法保护两者各有所长、相得益彰、相互补充。两者共同构成我国知识产权保护体系的主体，不可偏废，不能相互替代。中国知识产权行政保护既有合理性，也有正当性，因为这是历史发展的产物，契合中国行政保护的传统。知识产权行政保护与司法保护既是权力分立的必然，契合行政权力内在的张力，也是全面保护知识产权的要求，契合知识产权的特有属性。

第四，提出了知识产权领域行政权与司法权的科学配置方案。要协调知识产权行政保护与司法保护的关系，最首要解决的就是知识产权保护领域行政权和司法权的界分问题。本研究从权力衍进和发展的历史、权力的性质和运行规则、权力的应然配置分析等方面进行了探索，认为知识产权行政权是以公共治理为轴心的，其目的在于追求公共利益，其配置要以结构功能主义为原则，以效率行政为导向，同时由于公权力的天然扩张性，知识产权行政权的设定和配置必须在法治的框架下进行，必须由宪法和法律来预设。要明确司法权的判断权和救济权属性，既要考虑到司法救济机制的普遍共性，又要考虑到知识产权司法实践的独特个性；要从打击知识产权侵权的规律性出发，合理配置知识产权司法资源，把重心前移，将以事后补偿为主的方式转变为以事前预警为主的方式。

第五，创设了知识产权行政保护与司法保护绩效的全新评价体系。在设计知识产权保护绩效评价指标体系时，应坚持科学性、可行性、可比性、可预测性、定性与定量指标相结合等原则，在分析知识产权保护绩效的形成机理与特征的基础上，通过分解评价对象的结构要素和比较不同保护方式的异同，抽取同类项合并，建立抽象与具体层级化的指标体系，并在实施反馈中进行校验、修正和完善，使之尽可能科学化、合理化。本研究从"投入—过程—产出—影响"逻辑框架切入，将一级指标分为投入维度、过程维度、产出维度和影响维度。其中，投入指标主要考察知识产权保护主体的机构设置、人力资源和财力经费的投入情况；过程指标主要考察知识产权行政保护与司法保护的程序、手段、机制和公开等具体运作情况；产出指标主要考察行政执法与司法裁判的文件产出、结果产出与质效产出；影响指标主要考察知识产权行政保护与司法保护对经济社会和创新活动产生的间接效果和相关影响。为便于比较研究，每个维度包含的二级指标或三级指标尽量做到对应，但考虑到知识产权行政保护和司法保护的异质性，指标数与权重值的设置存有一定差异。为获取有效、可信、科学的分析结论，本研究在实证过程中采取了模糊处理、均化处理、无量纲化等综合方法。

第六，反思了知识产权纠纷行政调解制度。本研究认为，中国知识产权纠纷行政调解是伴随着政府服务功能的发展，从行政裁决范畴中独立出来的一种服务性行政事实行为。然而，以《专利行政执法办法》为样本进行剖析的结果显示，知识产权领域的行政调解目前在性质上仍然被视为是一种行政执法行为，调解过程习惯性地被烙上了行政执法的色彩，其实施效果不尽如人意。中国知识产权纠纷行政调解应尽快实现从传统执法到现代服务理念的更新；通过制定专门的《知识产权行政调解办法》，从制度层面切实推进行政调解服务主体的多样化、服务对象的类型化、服务程序的精细化和服务损害的可救济化。专利纠纷行政调解协议司法确认程序是一种特殊的非诉程序，其设置的初衷在于挖掘行政调解的制度潜能，提升专利行政保护和司法保护的整体合力。厘清司法确认的对象，选择可行的管辖法院，明确司法审查的内容和司法确认的效力，保护当事人和第三人的合法权益等内容是构建行政调解协议司法确认程序的几个关键问题。我国知识产权法修改应对行政调解协议的司法确认做出原则性规定，有关行政和司法部门应出台相应的配套措施，进一步推动行政调解与司法程序的有机衔接和制度创新。

二 本研究的实证分析

本研究的实证分析涉及以下四个方面。

第一，知识产权保护投入方面：知识产权司法保护在人员配备和机构建设上的投入效果更为理想，但在经费投入方面，知识产权行政保护的财政保障更为到位。

第二，知识产权保护过程方面：知识产权司法保护程序严谨，但在保护效率方面有一定的局限性。相比之下，行政保护可以采取更灵活的方式，在权利保护的主动性和及时性方面优势明显。

第三，知识产权保护产出方面：知识产权司法保护的公允性、程序规范性和可执行性等从总体上要优于知识产权行政保护，但在效率性、效益性等个别指标上，知识产权司法保护要低于知识产权行政保护。

第四，知识产权保护影响方面：知识产权行政保护的影响比较直接，而司法保护的影响相对间接；行政保护的影响更具广泛性，而司法保护的影响更具深远性；行政保护的影响具有宽频性，而司法保护的影响相对窄幅。

经加权处理，知识产权行政保护的绩效得分为 65.06 分，司法保护的绩效得分为 66.07 分。两者均在及格线 60 分以上，但得分偏低，说明我国的知识产权保护虽然取得了一定成效，获得了社会公众的认可，但还有巨大的提升空间，保护的力度和成效有待进一步加强。司法保护的整体得分虽略胜于行政保护，其主导作用日趋明显，但行政保护的重要地位仍不可替代。

三 根据绩效评价结果提出如下对策建议

根据绩效评价结果提出如下四个对策建议。

第一，建立司法为主、多部门协调的综合性执法体系是知识产权保护的主流，合理配置行政资源、发挥行政执法效率优势是社会现实需求，而设立知识产权法院、知识产权法庭等知识产权专门审判机构是提高司法保护实效的可行路径。

第二，针对知识产权行政保护的机构职能交叉，执法权限不足，处罚力度不够，制止侵权有效手段缺乏，行政调解协议效力不确定等问题，建议进一步完善行政保护立法体系，赋予地方人大相关立法权限，使行政执法标准统一化、执法程序规范化、区域执法灵活化；进一步优化配置执法权限，合理设置行政机构，使管理职能与执法职能相互分离，赋予行政机关主动查处、调查取证等应有的执法权限；进一步建立健全行政执法机制，包括跨区域执法协作机制、跨部门联动执法机制、执法公开机制和网络执法机制；进一步强化行政调解的地位和效力，制定统一的《知识产权纠纷行政调解办法》，推进行政调解由执法模式向服务模式的转型；进一步完善社会诚信体系，建立知识产权诚信子体系和信用登记制度，健全行业守信激励、失信惩戒机制，加大知识产权诚信宣传教育的力度。

第三，针对知识产权司法保护存在当事人诉讼维权负担重、举证难、周期长、赔偿低、临时措施未有效发挥作用等问题，建议健全司法政策体系，发挥司法解释统一裁判规则的功能，通过指导性案例制度等强化业务指导；继续探索知识产权法院建设，优化司法管辖权设置，加强专业化队伍建设，完善技术事实查明机制，健全司法公开机制；完善司法保护救济手段，规范证据保全、财产保全的行为和方法，优化举证责任分配和转移规则，构建由诉前禁令、诉中禁令和永久禁令构成的层次清晰、性质明确、协调统一的知识产权禁令体系；提高法定赔偿的上限，在深入研究惩罚性赔偿的构成要件、赔偿范围、赔偿基数、幅度和算法的基础上，引入惩罚性赔偿作为补偿性赔偿的有益补充；修订知识产权犯罪的刑事规范，适度扩大刑事保护范围，加大刑事制裁的力度，健全公诉为主、自诉为辅的知识产权刑事诉讼制度。

第四，针对知识产权行政保护与司法保护存在衔接不足、对接不畅等问题，建议加强知识产权行政调解与司法程序之间的衔接，完善知识产权纠纷诉调对接机制，构建并推行知识产权纠纷行政调解协议司法确认制度。建议在立法层面，要设置专门条款，对知识产权纠纷行政调解协议的性质、效力和司法确认程序等内容做出原则性规定，并辅以出台《关于知识产权纠纷行政调解协议司法确认程序的规定》等司法指导性文件。

附：调查问卷样本

关于知识产权行政与司法保护绩效评价的
调查问卷

受 访 人：＿＿＿＿＿＿＿＿＿＿＿＿＿＿＿＿＿＿＿＿

工作单位：＿＿＿＿＿＿＿＿＿＿＿＿＿＿＿＿＿＿＿＿

联系电话：＿＿＿＿＿＿＿＿＿＿＿＿＿＿＿＿＿＿＿＿

电子邮箱：＿＿＿＿＿＿＿＿＿＿＿＿＿＿＿＿＿＿＿＿

为了深入贯彻实施《国家知识产权战略纲要》，促进知识产权的创造、运用、管理、保护和服务，充分了解知识产权行政与司法保护的运行现状和绩效情况，中南大学知识产权研究院课题组特制作本问卷，向您开展此次调查，征求您关于知识产权行政与司法保护的意见及建议。调查结果经过分析整理后将用于知识产权行政与司法保护绩效评价指标体系的构建与实证分析，请您认真填写。您所提供的资料及信息将严格保密，确保只用于相关政策分析及课题研究。

感谢您在百忙之中抽出时间做此问卷，不胜感激！

知识产权行政与司法保护绩效研究课题组
2012 年 8 月 20 日

一、受访人基本信息

1.1 您的身份是_____？

A. 个人
B. 大专院校及科研院所人员

C. 小微企业人员
D. 大中型企业人员

E. 代理机构工作人员及律师
F. 公检法机关人员

G. 地方人大代表或政协委员
H. 其他

1.2 您经历、参与或处理过知识产权纠纷或事件主要属于哪种类型？（在相应选项前的字母上打√，多选）

A. 著作权纠纷（含软件著作权）
B. 专利权纠纷

C. 商标权纠纷
D. 集成电路布图设计纠纷

E. 植物新品种纠纷
F. 域名纠纷

G. 奥林匹克或世博会标识权纠纷
H. 商业秘密纠纷

I. 反不正当竞争及其他纠纷

二、知识产权行政保护

2.1 您认为在您所属的机关或参与过的行政执法案件中，行政执法人员的配备是否充足？

A. 配备过剩
B. 配备刚好

C. 配备稍有不足
D. 配备极度缺乏

E. 不太清楚

2.2 在您经历或参与过的行政执法案件中，您对执法人员的素质怎么评价？

A. 素质很好　　　　　　　B. 素质较好

C. 素质一般　　　　　　　D. 素质较差

E. 素质极差

2.3 您认为现在知识产权行政执法机关在招录执法人员时是否合规？

A. 完全合规　　　　　　　B. 比较合规

C. 不太合规　　　　　　　D. 违规严重

E. 不太清楚

2.4 您认为近年来知识产权行政执法机构经费的保障程度如何？

A. 非常充足　　　　　　　B. 比较充足

C. 不太充足　　　　　　　D. 十分欠缺

E. 不太清楚

2.5 您认为近年来知识产权行政执法机构的经费支出是否合理？

A. 十分合理　　　　　　　B. 比较合理

C. 不太合理　　　　　　　D. 极不合理

E. 不太清楚

2.6 您认为近年来国家财政对知识产权行政执法机构的投入效果如何？

A. 效果理想　　　　　　　B. 效果良好

C. 效果较差　　　　　　　D. 效果极差

E. 不太清楚

2.7 您认为现行的知识产权行政执法机构设置的合理性程度如何？

A. 非常合理　　　　　　　B. 比较合理

C. 一般合理　　　　　　　D. 较不合理

E. 极不合理

2.8 您认为知识产权行政机构现有的执法设施条件如何？

    A. 十分充足　　　　　　　　B. 比较充足

    C. 一般充足　　　　　　　　D. 不够充足

    E. 极不充足

2.9 您对知识产权行政执法机构现行的执法岗位设置如何评价？

    A. 十分科学　　　　　　　　B. 比较科学

    C. 不够科学　　　　　　　　D. 很不科学

    E. 不太清楚

2.10 您觉得向知识产权行政机关进行违法举报、投诉立案时，其及时性、顺畅性和便民性如何？

    A. 很好　　B. 好　　C. 一般　　D. 差　　E. 极差

2.11 您觉得向知识产权行政机关进行违法举报、投诉时，需要花费的成本如何？

    A. 通过行政执法救济的成本低

    B. 通过行政执法救济的成本一般

    C. 通过行政执法救济的成本很高

    D. 不清楚行政执法救济的成本

2.12 您觉得通过知识产权行政机关的执法救济，其处理的效率如何？

    A. 很高　　B. 较高　　C. 一般　　D. 较低　　E. 很低

2.13 您觉得知识产权行政执法公开制度的运行情况如何？

    A. 对行政执法公开制度不熟悉

    B. 行政执法公开制度比较完善，运行高效

    C. 行政执法公开制度相对完善，只存在公布不及时现象

    D. 行政执法公开制度很多地方都不完善，审批层级多，公

布不及时，公开渠道单一

E. 行政执法公开制度完全形式化，根本没有发挥应有效果

2.14 您是否了解、参与或经历过知识产权行政查处过程？

A. 是　　　　　　　　　B. 否

您觉得知识产权行政查处的情况如何？（上题选"是"请继续作答）

A. 在知识产权行政查处过程中程序合法、适用法律正确，处罚适当

B. 在知识产权行政查处过程中不存在程序违法，处罚适当，但未进行充分、有力的取证

C. 在知识产权行政查处过程中虽存在程序瑕疵，但适用法律正确，处罚适当

D. 在知识产权行政查处过程中存在一定的程序违法，处罚不当

E. 在知识产权行政查处过程中存在特别严重程序违法，处罚不当

2.15 您是否了解、参与或经历过知识产权行政调解？

A. 是　　　　　　　　　B. 否

您对知识产权行政调解是否满意？（上题选"是"请继续作答）

A. 对知识产权行政调解非常满意

B. 对知识产权行政调解满意

C. 知识产权行政调解效果一般，调解过程有待完善

D. 对知识产权行政调解不满意，不及时不友好

E. 对知识产权行政调解极不满意，强制调解或滥用职权

2.16 您是否了解、参与或经历过知识产权行政机关处理侵权事件？

A. 是   B. 否

您对知识产权侵权行政处理是否满意？（上题选"是"请继续作答）

A. 对知识产权侵权行政处理非常满意

B. 对知识产权侵权行政处理满意

C. 知识产权行政侵权行政处理效果一般，不能对损害赔偿进行判定

D. 对知识产权侵权行政处理不满意，无济于事

E. 对知识产权侵权行政处理极不满意，有失公平公正

2.17 就您所了解的情况，您对知识产权跨地区执法协作是否满意？

A. 知识产权跨地区执法协作机制运行顺畅，对执法成效非常满意

B. 知识产权跨地区执法协作机制运行顺畅，对执法成效满意

C. 知识产权跨地区执法协作机制有待完善，效果一般

D. 知识产权跨地区执法协作机制运行不畅，对执法成效不满意

E. 知识产权跨地区执法协作机制运行较为不畅，对执法成效很不满意

2.18 就您所了解的情况，您对知识产权跨部门执法协作是否满意？

A. 知识产权跨部门执法协作机制运行顺畅，对执法成效非常满意

B. 知识产权跨部门执法协作机制运行顺畅，对执法成效满意

C. 知识产权跨部门执法协作机制有待完善，效果一般

D. 知识产权跨部门执法协作机制运行不畅，对执法成效不满意

E. 知识产权跨部门执法协作机制运行较为不畅，对执法成效很不满意

2.19 就您所了解的情况，您对知识产权日常执法与专项执法相结合的机制是否满意？

A. 知识产权日常执法与专项执法相结合的机制运行顺畅，力度非常大，对执法成效非常满意

B. 知识产权日常执法与专项执法相结合的机制运行顺畅，力度很大，对执法成效满意

C. 知识产权日常执法与专项执法相结合的机制有待完善，力度较大，效果一般

D. 知识产权日常执法与专项执法相结合的机制运行不畅，力度一般，对执法成效不满意

E. 知识产权日常执法与专项执法相结合的机制运行较为不畅，力度不够，对执法成效很不满意

2.20 您认为知识产权相关的行政执法文件出台是否及时、适当？

A. 行政执法性文件、法律法规出台的非常适当、及时

B. 行政执法性文件、法律法规出台的适当、及时

C. 行政执法性文件、法律法规出台的适当性、及时性都很一般

D. 行政执法性文件、法律法规出台的不太适当，要么太超前，要么太落后

E. 行政执法性文件、法律法规出台完全不能适应日新月异的知识产权发展需求，行政主管机关立法很滞后

2.21 您认为知识产权相关的行政执法文件出台是否科学、合理？

 A. 行政执法性文件、法律法规的制定、修订非常科学、合理

 B. 行政执法性文件、法律法规制定、修订的科学性较好

 C. 行政执法性文件、法律法规制定、修订的科学性一般

 D. 行政执法性文件、法律法规制定、修订的科学性一般，存在一定的冲突和不和谐，尤其是行政执法性文件在程序和内容上的科学性都不足

 E. 行政执法性文件、法律法规制定、修订的科学性较差，存在大量冲突、不和谐

2.22 就您所了解的情况，您对知识产权行政执法的结案情况是否满意？

 A. 行政执法结案及时，很满意

 B. 行政执法结案及时，满意

 C. 行政执法结案工作一般

 D. 行政执法结案率较低，不满意

 E. 行政执法结案率很低，极不满意

2.23 就您所了解的情况，您对知识产权行政执法的质量是否满意？

 A. 对行政执法的质量很满意　　B. 对行政执法的质量满意

 C. 行政执法的质量一般　　　　D. 对行政执法的质量不满意

 E. 对行政执法的质量极不满意

2.24 对于权利人的救济而言，您认为知识产权行政执法的效益如何？

 A. 行政执法效益很高　　　　　B. 行政执法效益高

C. 行政执法效益一般　　　　D. 行政执法效益低

E. 行政执法效益很低

三、知识产权司法保护

3.1 您认为在您所属的机关或参与的知识产权案件审理中，知识产权法官的配备是否充足？

A. 配备过剩　　　　　　　　B. 配备刚好

C. 配备稍有不足　　　　　　D. 配备极度缺乏

E. 不太清楚

3.2 您对近年来知识产权司法人员的素质总体上的印象如何？

A. 素质很好　　　　　　　　B. 素质较好

C. 素质一般　　　　　　　　D. 素质较差

E. 素质极差

3.3 您认为人民法院现行的知识产权法官选任机制是否科学？

A. 十分科学　　　　　　　　B. 比较科学

C. 不太科学　　　　　　　　D. 很不科学

E. 不太清楚

3.4 您认为近年来人民法院知识产权审判经费的保障程度如何？

A. 非常充足　　　　　　　　B. 比较充足

C. 不太充足　　　　　　　　D. 十分欠缺

E. 不太清楚

3.5 您认为目前我国法院系统的财政体制是否科学？

A. 十分科学　　　　　　　　B. 比较科学

C. 不太科学　　　　　　　　D. 很不科学

E. 不太清楚

3.6 您认为近年来人民法院知识产权审判经费的收支状况是否合理?

    A. 非常合理   B. 比较合理

    C. 不太合理   D. 极不合理

    E. 不太清楚

3.7 您认为现行的知识产权审判机构设置的合理性程度如何?

    A. 非常合理   B. 比较合理

    C. 一般合理   D. 较不合理

    E. 极不合理

3.8 您认为人民法院知识产权审判庭现有的司法设施条件如何?

    A. 十分充足   B. 比较充足

    C. 一般充足   D. 不够充足

    E. 极不充足

3.9 您对人民法院知识产权案件现行的审判岗位设置如何评价?

    A. 十分科学   B. 比较科学

    C. 不够科学   D. 很不科学

    E. 不太清楚

3.10 您觉得向法院起诉立案时,其及时性、顺畅性和便民性如何?

    A. 很好   B. 好   C. 一般   D. 差   E. 极差

3.11 您觉得通过向法院起诉主张知识产权维权,需要花费的成本如何?

    A. 诉讼成本低   B. 诉讼成本一般

    C. 诉讼成本较高   D. 诉讼成本很高

    E. 诉讼成本相当高

3.12 您对法院处理知识产权诉讼效率等方面的满意度如何?

A. 司法审判效率很高，公平且很满意

B. 司法审判时限性严、效率较高，公平且满意

C. 司法审判时限性严、效率一般，但公平

D. 司法审判效率较低，既存在人为延长时限的情形，也存在不公、不满意的情形

E. 司法审判效率很低，经常发生违反时限性要求的情形，既不公平又极不满意

3.13 您觉得知识产权一审民事案件庭审组织构成是否合理？

A. 知识产权一审民事案件庭审组织合理，充分吸收人民陪审员和技术专家参与庭审

B. 知识产权一审民事案件庭审组织合理，大多数案件有人民陪审员和技术专家参与且发挥了重要作用

C. 知识产权一审民事案件庭审组织合理，大多数案件有人民陪审员和技术专家参与且发挥了一定作用

D. 知识产权一审民事案件庭审组织合理，大多情形人民陪审员和技术专家只陪不审

E. 知识产权一审民事案件庭审组织极不完善，人民陪审员和技术专家的参与度都较低或无意义

3.14 您觉得知识产权诉讼过程中，举证责任分配的合理性如何？

A. 知识产权案件庭审中举证责任分配合理

B. 知识产权案件庭审中举证责任分配还比较合理

C. 知识产权案件庭审中举证责任分配基本合理

D. 知识产权案件庭审中举证责任分配不合理

E. 知识产权案件庭审中举证责任分配很不合理

3.15 您觉得知识产权司法公开制度的运行情况如何？

A. 司法公开制度十分完善，运行高效

B. 司法公开制度比较完善，只是公布不及时

C. 司法公开制度相对完善，公布力度很不够

D. 司法公开制度很多地方都不完善，公布不及时，公开渠道单一

E. 司法公开制度完全形式化，根本没有发挥应有效果

3.16 您是否了解、申请过知识产权诉前禁令制度？

A. 是　　　　　　　　　　B. 否

您觉得知识产权诉前禁令制度的实施情况如何？（上题选"是"请继续作答）

A. 诉前禁令制度能有效制止侵权，实施无障碍

B. 诉前禁令制度能有效制止侵权，但申请时举证太难

C. 诉前禁令制度制止侵权的效果一般，举证和获得法院支持有难度

D. 诉前禁令制度制止侵权效果无力度，举证和获得法院支持都太难

E. 诉前禁令制度制止侵权完全无法达到预期目标，举证和获得法院支持都太难

3.17 您是否了解、申请过知识产权诉前证据保全制度？

A. 是　　　　　　　　　　B. 否

您对知识产权诉前证据保全制度的实施情况是否满意？（上题选"是"请继续作答）

A. 诉前证据保全制度能有效制止侵权，法院回应的满意度很好

B. 诉前证据保全制度能有效制止侵权，法院回应的满意度较好

C. 诉前证据保全制度制止侵权有一定效果，法院回应的满意度一般

D. 虽然诉前证据保全制度制止侵权有较好效果，法院回应的满意度较差

E. 诉前证据保全制度提出后，很难得到法院积极的支持，满意度很差

3.18 您是否了解、申请过知识产权诉前财产保全制度？

A. 是   B. 否

您对知识产权诉前财产保全制度的实施情况是否满意？（上题选"是"请继续作答）

A. 诉前财产保全制度能有效保障执行，法院回应的满意度很好

B. 诉前财产保全制度能有效保障执行，法院回应的满意度较好

C. 诉前财产保全制度能有效保障执行，法院回应的满意度一般

D. 诉前财产保全制度能有效保障执行，法院回应的满意度较差

E. 诉前财产保全制度提出后，因为可能存在保全失误且比较麻烦，很难得到法院积极的支持，法院回应的满意度很差

3.19 您是否了解、经历过知识产权诉讼强制执行？

A. 是   B. 否

您对知识产权诉讼强制执行是否满意？（上题选"是"请继续作答）

A. 知识产权诉讼强制执行制度落实得很好，不存在合理、合法性问题

B. 知识产权诉讼强制执行制度落实得较好，不存在合法性问题，但少量案件存在合理性问题

C. 知识产权诉讼强制执行制度落实得一般，但少量案件既存在合法性问题，也存在合理性问题

D. 知识产权诉讼强制执行制度落实得较差，但有个别案件存在合法性问题，很多案件在执行中都存在合理性问题

E. 知识产权诉讼强制执行制度落实得很差，有大量案件的执行存在合法性、合理性问题

3.20 就您所了解的情况，您对知识产权司法三审合一审判机制改革是否满意？

A. 三审合一审判机制运行非常好，能缩短审判周期，提高审判公正率

B. 三审合一审判机制运行良好，能缩短审判周期，提高审判公正率，给建立统一的知识产权法院提供了有益参考

C. 三审合一审判机制运行欠佳，案件结构不平衡，程序冲突，亟待建立统一的知识产权法院

D. 三审合一审判机制只是法院改革的一种尝试，将不同专业领域的人员进行组合，提高了审判公正率，但效果不理想

E. 三审合一审判机制运行效果很差，审判组织不稳定，配套机制不健全，还在一定程度上有损传统审理模式的程序正义

3.21 就您所了解的情况，您对技术事实认定机制的运行是否满意？

    A. 技术事实认定机制运行很好，技术专家参与复杂案件事实认定率达90%以上，有力提高了审判质效

    B. 技术事实认定机制运行良好，技术专家参与复杂案件事实认定率达70%以上，有力提高了审判质效

    C. 技术事实认定机制运行效果一般，技术专家参与复杂案件事实认定的比例大概为50%

    D. 技术事实认定机制运行效果差，虽建立了技术专家库，但实际参与复杂案件事实认定的比例不足30%

    E. 技术事实认定机制运行效果很差，技术专家库建设名存实亡，未真正发挥认定效果

3.22 就您所了解的情况，您对诉调对接机制的运行是否满意？

    A. 诉调对接机制运行很好，不存在违法调解、强制调解的情形

    B. 诉调对接机制运行较好，可能存在个别的违法调解、强制调解的情形

    C. 诉调对接机制运行效果一般，一些调解结果不能获得司法环节的认可

    D. 诉调对接机制运行效果差，基于法律制度的不完善，很大部分调解的结果无法获得司法环节的认可

    E. 诉调对接机制运行效果很差，大量的非诉和诉讼资源浪费，变相延长了纠纷处理周期

3.23 您认为知识产权相关的司法性文件出台是否及时、适当？

    A. 司法性文件颁布十分适当、非常及时

B. 司法性文件颁布适当、及时

C. 司法性文件颁布的适当性、及时性一般

D. 司法性文件颁布不适当、及时

E. 司法性文件完全不能适应日新月异的知识产权发展需求，颁布严重滞后

3.24 您认为最高人民法院的知识产权指导性案例发布的针对性如何？

A. 指导性案例发布多元、及时，很有针对性

B. 指导性案例发布及时，有一定的针对性

C. 指导性案例发布的针对性一般

D. 指导性案例发布的针对性较差，也不能及时反映和解决现实司法存在的问题

E. 没有了解、关注过指导性案例

3.25 就您所了解的情况，您认为知识产权司法的准确性如何？

A. 知识产权司法准确性高，判决公正很满意

B. 知识产权司法准确性较高，判决公正满意

C. 知识产权司法准确性一般，判决结果能接受

D. 知识产权司法准确性差，判决存在一定不公正现象

E. 知识产权司法准确性很差，判决结果完全无法接受

3.26 就您所了解的情况，您认为知识产权司法审判的效率如何？

A. 司法审判效率很高，公平且很满意

B. 司法审判时限性严、效率较高，公平且满意

C. 司法审判时限性严、效率一般，但公平

D. 司法审判效率较低，既存在人为延长时限的情形，也存在不公、不满意的情形

E. 司法审判效率很低，经常发生违反时限性要求的情形，既不公平又极不满意

3.27 对于权利人的救济而言，您认为知识产权诉讼的效益如何？

A. 知识产权诉讼效益性较高，侵权赔偿收益超额补偿损失

B. 知识产权诉讼效益性高，侵权赔偿收益足额补偿损失

C. 知识产权诉讼效益性一般，侵权赔偿收益勉强补偿损失

D. 知识产权诉讼效益性低，侵权赔偿收益无法补偿损失

E. 知识产权诉讼效益性非常低，侵权赔偿收益相对于损失完全无法补偿

3.28 就您所了解的情况，您认为知识产权司法的执行情况如何？

A. 知识产权司法的执行性很高，执行结果非常满意

B. 知识产权司法的执行性高，执行结果满意

C. 知识产权司法的执行性一般，执行结果差强人意

D. 知识产权司法的执行性差，执行结果不满意

E. 知识产权司法的执行性很差，执行结果非常不满意

四　知识产权保护的影响

4.1 您认为知识产权行政执法和司法保护在推动知识产权体制改革方面的影响如何？

A. 近年来，知识产权行政执法和司法有力地推动了知识产权体制改革，知识产权系统运行非常高效、科学

B. 近年来，知识产权行政执法和司法有力地推动了知识产权体制改革，取得了显著成果

C. 近年来，知识产权行政执法和司法保护有力地推动了知识产权体制改革，但未有实质性突破

D. 近年来，知识产权行政执法和司法保护有力地推动了知识产权体制改革，但管理成本仍然过高行政资源及司法资源浪费严重

E. 近年来，知识产权行政执法和司法保护对知识产权体制改革几乎没有太大的影响

4.2 您认为知识产权行政执法和司法保护在改善知识产权保护环境方面的影响如何？

A. 近年来，知识产权行政执法和司法保护极大地改善了知识产权保护的环境，取得了显著成果

B. 近年来，知识产权行政执法和司法保护较好地改善了知识产权保护的环境，取得了一定成果

C. 近年来，知识产权行政执法和司法保护虽一定程度上改善了知识产权保护的环境，但成效一般

D. 近年来，知识产权行政执法和司法保护水平并没有较大提升，知识产权维权保护仍很困难

E. 近年来，知识产权行政执法和司法保护对知识产权保护环境的改善没有太大意义

4.3 您认为知识产权行政执法和司法保护在提升公众知识产权意识方面的影响如何？

A. 近年来，知识产权行政执法和司法保护极大地提升了公众的知识产权意识

B. 近年来，知识产权行政执法和司法保护较大地提升了公众的知识产权意识

C. 近年来，知识产权行政执法和司法保护对提升公众的知识产权意识效果一般

D. 近年来，知识产权行政执法和司法保护水平对提升公众的知识产权意识效果不明显

E. 近年来，知识产权执行政法和司法保护对提升公众的知识产权意识没有意义

4.4 您认为知识产权行政执法和司法保护在提升知识经济水平方面的影响如何？

A. 近年来，知识产权行政执法和司法保护极大地提升了我国的知识经济水平

B. 近年来，知识产权行政执法和司法保护较大地提升了我国的知识经济水平

C. 近年来，知识产权行政执法和司法保护对提升我国的知识经济水平效果一般

D. 近年来，知识产权行政执法和司法保护水平对提升我国的知识经济水平效果不明显

E. 近年来，知识产权行政执法和司法保护对提升我国的知识经济水平没有意义

4.5 您认为知识产权行政执法和司法保护在保障相关市场秩序方面的影响如何？

A. 近年来，知识产权行政执法和司法保护有力打击了知识产权假冒、不正当竞争等行为，极大地保障了相关市场秩序

B. 近年来，知识产权行政执法和司法保护有力打击了知识产权假冒、不正当竞争等行为，较好地保障了相关市场秩序

C. 近年来，知识产权行政执法和司法保护对保障我国知识产权相关市场秩序效果一般

D. 近年来，知识产权行政执法和司法保护水平对保障我国知

识产权相关市场秩序效果不明显

E. 近年来，知识产权行政执法和司法保护对保障我国知识产权相关市场秩序没有意义

4.6 您认为知识产权行政执法和司法保护在提高社会创新总量方面的影响如何？

A. 近年来，知识产权行政执法和司法保护极大地提升了我国的社会创新总量

B. 近年来，知识产权行政执法和司法保护较大地提升了我国的社会创新总量

C. 近年来，知识产权行政执法和司法保护对提升我国的社会创新总量效果一般

D. 近年来，知识产权行政执法和司法保护水平对提升我国的社会创新总量效果不明显

E. 近年来，知识产权行政执法和司法保护对提升我国的社会创新总量没有意义

调研到此结束，感谢您对我们工作的支持！

后　记

　　本书是在我主持承担的国家社会科学规划基金项目"知识产权行政与司法保护绩效研究"（09CFX033）结项成果的基础上，进一步修改完善的。既是多年来研究工作的一次小结，也是关于知识产权保护理论研究和实践成果的一次汇报。回顾这一段历程，深感太多的不容易，也有太多的感恩需要表达。一路上，有支持，有帮助，有鼓励，有鞭策，才未敢懈怠，奋力前行。

　　首先，我要感谢湖南省知识产权局，感谢前局长龚世益、陈仲伯和现任的肖祥清局长，对于研究工作所给予的大力支持。自2010年起，我有幸承担了湖南省知识产权局的"《湖南省专利条例》的立法研究""湖南省知识产权战略实施评估"等一系列接地气的研究工作。在研究工作中，使我有机会熟悉到地方知识产权工作的方方面面。感谢刘跃红副局长，作为有着20多年行政执法经验的实务专家，给了我很多有益的建议，"专利纠纷行政调解协议司法确认"便是源于她实践经验给予的启迪。感谢丁旭副局长，对研究工作的开展给予了具体指导。感谢行政执法处周广宇副处长，作为"知识产权行政与司法保护绩效研究"课题组成员直接加入了研究工作。正是有接触基层一手资料的亲身感受和真实体会，使我对中国的知识产权行政保护工作有着更为深刻的理解，在此基础上，才能提出一些回应实际需求的建议，以推进行政保护与司法保护的有机衔接。研究成果之所以能产生了一些良好的社会反响和社会评价，离不开省知识产权局领导和各位朋友的鼎力相助。

其次，我要感谢湖南省法院系统。在湖南省高院的指导下，湖南在全国率先开展了专利纠纷行政调解协议司法确认试点工作。感谢省高院刘庆富副院长和民三庭曾得志庭长、伍胜副庭长、蒋琳副庭长，多次莅临工作会议给予指导，支持试点工作的开展。感谢长沙岳麓区人民法院谌晓宇副院长，不仅具体承担了试点实施工作，还和我一起共同承担了 2015 年最高人民法院司法调研重大课题"《专利法》第四次修改中重大问题的调研"，使理论和实践联系更加密切。感谢省高院民三庭陈小珍副庭长、岳麓区法院柳晓寒庭长和周蓉法官：不仅作为课题组成员实质性参加了研究工作，我们还一起开创了"理论和实务双师同堂"精品示范课堂，实现了高校和法院系统教学、科研和人才培养方面的无缝对接。试点工作能荣获 2016 年度湖南省最具影响力十大法治事件，并产生广泛的社会影响，是大家共同努力的结果。

再次，我要感谢中南大学。中南大学推崇"知行合一，经世致用"，鼓励研究成果服务地方经济社会发展，并积极提供和创造有利条件。这里要特别感谢中南大学党委副书记蒋建湘教授，无论是作为当时的法学院院长还是如今的校领导，对中南大学知识产权学科的发展都做出了开创性的贡献，一直以来对我本人予以鼓励，对于课题的开展给予了实质性的指导。感谢中南大学法学院陈云良院长、王新平书记以及各位同事；在大家的支持下，中南大学联合省知识产权局和法院系统先后举办了一系列研讨活动，使得实践经验得以及时总结，理论研究不断完善。感谢中南大学科学研究部彭忠益副部长，使本书有幸得到了"中南大学哲学社会科学学术文库出版基金"的支持。感谢中国社会科学出版社郭晓鸿女士，是她辛勤的劳动和细致缜密的编辑，才使本书得以顺利出版。

此外，我要感谢优秀的研究团队。博士研究生邓文武一直是课题组的核心研究成员，在 2013 年接受我安排的课题任务时，当时他还只是研一的硕士生，然而，其具有扎实的专业基础、娴熟的文字驾驭能力和丰富的实践经验。本课题的研究从指标的选取、实证分析、组织论证和最后通稿，他都做出了实质性贡献，在此表示特别感谢。博士研究生邓欣欣也是我的得意门生，她勤勉努力，尽职尽责，勇挑重担，从不畏惧科研难题。她也是在硕士生阶段就参与了本课题的研究，在调研、分析、论证和成果校对过程中都做出了重要贡献。还要感谢王海金硕士、姜芳蕊博士、舒秋膂博士生、王志雄博士生以及为本课题的开展付出心血的所有同学们。格物致知，教学相长，大家努力拼搏、积极向上，赋予我不断前进的动力。

最后，我要感谢我的家人一如既往的支持，让我能心无旁骛开展教学和研究。我还要感谢诸位读者，本书难免有疏漏和不当之处，无论如何，恳请包容和指正。

何炼红

2017 年 9 月于湖南长沙